제5판 안국신 경제학 길잡이

안국신

경제학 길잡이

5판

Navigator @ Economics

율곡출판사

http://blog.naver.com/ksahn21c
http://ksahnecon@gmail.com

안국신(安國臣) **명예교수**는 서울대 경제학과를 졸업하고 미국 미네소타 대학교에서 경제학 박사학위를 받았다. 1983년 중앙대 경제학과에 부임하여 경제원론, 거시경제학, 경제성장론 등을 가르쳤다. 안 교수는 학부 졸업 직후 한국은행과 외환은행 조사부에 몸 담았다. 이 경험을 바탕으로 일찍부터 실사구시의 자세로 현실과 경제이론을 접합시키는 데에 노력을 기울였다. 신문과 잡지의 칼럼니스트로서 경제현실에 대한 올곧은 비판과 대안 제시도 계속해 왔다. 매일경제신문사가 한 해의 현실경제에 관한 논문들 중 최우수논문을 뽑아 수여하는 이코노미스트 상을 1987년에 받았다. 그가 두 동료교수와 함께 쓴 『현대경제학원론』은 '3인 공저'로 불리는 경제원론의 고전이다.

안 교수는 그간 효율과 형평의 조화, 거시경제정책의 효과, 우리나라의 소득분배, 정경언 유착, 부동산가격, 동아시아 경제발전의 패러다임과 지속 가능한 적정 성장 등에 관해 연구해 왔다. 더불어 경제학을 처음 접하는 사람들과 경제학도들이 경제학이야말로 흥미롭고 실용적이며 중요한 '사회과학의 여왕'이라는 것을 인식할 수 있게 가르치는 데에 관심을 기울여 왔다. 블로그와 『경제학 길잡이』 및 『현대경제학원론』을 통해 재미있고 실용적인 경제학 교육에 계속 정진해 나갈 계획이다.

경제학을 처음으로 배우고자 하는 사람들에게

이 책을 드립니다.

제5판

들어가는 글

Navigator @ Economics
Fifth Edition
Preface

이번에 길잡이 제5판을 낸다.

새천년에 들어와 세계경제는 2008년에 일어난 미국의 금융위기가 글로벌 금융위기로 번져 2010년대에 경제대침체를 겪었다. 완만한 회복세를 보이던 세계경제는 2020년에 창궐한 코로나19와 2022년에 일어난 우크라이나-러시아 전쟁으로 인해 40년간 잊혀졌던 인플레이션이 되살아났다. 팬데믹과 전쟁이 조속히 종결되지 않으면 인플레이션 속에 경기침체가 진행되는 고약한 스태그플레이션이 일어나 세계경제와 각국 경제를 괴롭히지 않을까 우려되는 상황이다. 러시아가 옛 소련의 영광을 되찾기 위해 이웃 나라를 침공한 것을 용인하는 중국은 중국몽을 내세우며 미국과 맞서는 패권전략을 구사하고 있다. 중국과 러시아 등 비자유민주주의(권위주의) 국가들이 개인의 자유와 인권의 존엄을 중시하는 서구와 대립함으로써 가치동맹이 중시되는 신냉전의 시대가 도래하였다. 이에 따라 세계화가 둔화하고 세계공급망이 재편되며, 에너지와 식량 안보가 중요해지는 과도기를 맞고 있다.

이런 과도기에 먹고 사는 경제문제는 더욱 중요해졌다. 많은 개발도상국에서 빈곤층이 급증하고 식량난과 에너지난으로 시위가 일어났다. 정권이 무너지고 국가부도사태에 이르는 나라도 많다. 합리적인 선택과 경국제민의 방책을 다루는 경제학을 제대로 배워야 하는 이유이다. 합리적인 선택을 강조하는 경제학이 제시하는 주요 원리들은 현대생활에서 갈수록 중요성을 더하고 있다. 경제학원론은 세 가지 기본 전제 위에 10여 가지 주요 경제원리를 제시하는 데에서 크게 벗어나지 않았다.

이번 제5판의 특징으로 크게 다음의 두 가지를 들 수 있다.

첫째, 『경제학 길잡이』라는 이름 그대로 경제학을 처음 배우고자 하는 사람들에게 자상한 길잡이 역할을 한다는 초판부터의 다짐에 더욱 충실하게 개정하였다. 현실 경제의 많은 예를 들어가며 주요 원리와 개념들을 설명함으로써 원리를 쉽게 이해하고 이론이 얼마나 폭넓게 응용될 수 있는가를 익히도록 하였다. 독자들은 좀 힘들고 귀찮더라도 각 장의 뒤에 있는 연습문제들을 풀어보기를 권한다. 본문의 핵심 내용을 제대로 이해하고 응용할 수 있도록 연습문제를 만들었기 때문이다. 연습문제 해답은 저자의 블로그(http://blog.naver.com/ksahn21c/)와 율곡출판사 홈페이지에서 확인할 수 있다.

둘째, 우리나라 역대 정부가 추진한 많은 주요 경제정책이 소기의 목적을 달성하지 못하고 실패한 것은 경제원리를 무시한 때문이라는 것을 설명하였다. 박근혜 정부의 747과 줄푸세, 이명박 정부의 474정책이 그 예이다. 특히 문재인 정부의 소득주도성장, 부동산정책, 노동정책, 탈원전정책 등은 한층 두드러진 예이다. 원론적인 틀로 이런 정책들의 효과를 간명하게 분석하였다. 아무리 선량한 정부가 선량한 의도를 가지고 경제정책을 펴더라도 경제원리를 무시하면 전혀 의도하지 않은 부작용과 폐단을 낳는다는 것을 문재인 정부는 여러 가지 정책 사례로 보여주었다. 후속 정부는 그런 과오를 범하지 않도록 경종을 울려주는 생생한 예들을 많이 남긴 것이다. 경제논리를 가볍게 여기고 "경제는 정치이다" 라고 강변하는 사람들을 위해 진정 '경제는 정치' 라는 것을 보여주는 한 가지 예로 제14장 맨 마지막에 구조적 전환기에 처한 우리나라의 바람직한 대응전략을 다루었다.

『경제학 길잡이』의 고유한 기본 틀은 유지하면서 세부적으로는 종전보다 더 이해하기 쉽게 많이 고쳤다. 바뀐 각종 제도와 통계도 충실히 개정에 반영하였다. 이로써 우선 저자 자신이 일응 만족스럽게 여기는 〈한국판 경제학 입문서〉가 되었다고 자부해 본다.

이번에 제5판이 나오는 데에 여러분의 도움을 받았다. 개정과정에서 새삼스레 떠오르는 경제학원론 관련 의문들을 풀어주고 자료 협조를 해준 중앙대 경제학부 이종철, 안일태, 류덕현, 강창희 교수를 비롯한 후배 교수들에게 감사드린다. 그동안 이 책과 관련하여 여러 제안과 비판, 질문을 해주시고 격려해주신 전국 대학의 교수님들과 고등학교 사회 선생님들에게 충심으로 감사 말씀을 드린다. 국민계정, 통화 금융, 국제수지와 관련하여 많은 자문을 해주신 여러 한국은행 전문가들에게 사의를 표한다. 일반인의 입장에서 초교를 통독하고 많은 건설적인 제안을 해준 아내 윤형숙에게 감사드린다.

길잡이 개정을 적극 성원해준 율곡출판사의 박기남 사장과 박정헌 이사, 변함없이 훌륭한 편집 솜씨를 보여준 방조일 이사와 차은지 선생에게 심심한 사의를 표한다.

2022. 8. 2.

일산에서 저 자

초판

들어가는 글

Navigator @ Economics
First Edition
Preface

이 책은 경제학을 배우고자 하는 사람들에게 자상한 길잡이가 되도록 쓴 책이다.

오늘날 우리는 국제화시대를 넘어 범세계화시대를 살고 있다. 교통수단의 발달과 정보통신기술의 혁명으로 갈수록 지구촌이 되어 가는 오늘날 경제는 모든 분야에 심대한 영향을 미치고 있다.

아침에 서울을 나서서 홍콩이나 도쿄에서 상담을 하고 저녁에 여느 때처럼 귀가할 수 있다. 서울 사무실에서 뉴욕, 싱가포르, 런던을 잇는 화상회의를 통하여 경영전략을 논의한다. 인터넷을 통하여 전 세계 증권시장에 실시간대로 투자할 수도 있다. 인터넷을 통한 주식투자와 사이버 서점은 물론 사이버 은행, 나아가 사이버 국가까지 출현하고 있다. 세계경영을 지향하는 다국적기업과 대기업은 값싸게 생산할 수 있는 공장입지, 값비싸게 팔 수 있는 시장을 찾아 전 세계를 누비는 한편 사이버 쇼핑몰을 세우고 있다. 중소기업도 유망한 벤처기술을 선진국에 특허 출원하고 선진국 증권시장에 주식을 상장하여 세계적인 기업으로 도약할 수 있다. 전화와 TV와 인터넷이 결합하는 멀티미디어가 곧 등장한다. 암과 에이즈와 같은 불치병의 치료가 가시화되고 있다. 인간부품의 복제도 한 세대 안에 가능할 것으로 전망되고 있다.

이처럼 어지러울 정도로 빨리 기술혁신과 사회변화가 일어나는 새천년은 기회와 위기의 시대이다. '창조적 파괴'와 혁신으로 세계적인 부와 명성을 얻을 수 있는가 하면 비합리적인 경제활동으로 사회에서 낙오되어 사람 대접을 못 받을 수도 있다. 갈수록 가계와 기업은 물론 정부가 합리적인 경제활동을 하지 않으면 안 되게 강요받는 상황이다. 따라서 경제문제를 다루고 합리적인 경제활동을 연구하는 경제학을 그 기초만이라도 제대로 이해하는 것은 현대인의 삶의 지혜라 하겠다.

경제학은 '사회과학의 여왕'이라는 찬사를 받는 멋있는 학문이다. 그러나 다른 한편 '음울한 학문'이라는 낙인도 찍혀 있다. 이 낙인은 경제학이 자원의 희소성이라는 전제 아래 냉철한 합리주의로 효율성을 따지도록 사람들을 훈련시킨다는 데에서 찍혀진 것이다. 그러나 일반인에게는 이해하기 어려운 고약한 학문이라는 뜻으로 경제학이 '음울한 학문'이 되고 있는 실정이다.

이 책은 경제학이 음울한 학문이 아니라 재미있고 단순하며 우아한 '사회과학의 여왕'이라는 것을 보여주기 위하여 쓰여졌다. 이 목적을 달성하기 위하여 필자는 다음과 같은 세 가지 특징을 부각시키면서 집필하였다.

첫째, 책 전체에 걸쳐 현대경제학의 몇 가지 기본 원리를 확실히 이해하고 응용할 수 있도록 배려하였다. 현대경제학은 몇 가지 기본 원리만 익히면 다양한 경제현상을 일관성 있게 설명할 수 있게 해준다. 경제학의 기본 원리는 위력이 막강하여 경제 이외의 다른 분야에까지 폭넓게 응용되고 있다. 이처럼 중요한 기본 원리를 반복적인 학습과 연습문제를 통해 확실히 체득시켜 주려고 각별히 노력한 것이다.

둘째, 경제학 길잡이로서의 소임을 잘할 수 있도록 쉽고 명료하게 설명하고자 노력했다. 쉽고 명료하게 쓴 국내외 경제학원론 서적들을 두루 참조하여 좋은 점들을 수용하였다. 각종 읽을거리를 통해 현실세계의 비근한 예가 경제학과 밀접하게 관련되는 것을 보였다. 시사성 있는 연습문제들을 실어 다양한 경제현상을 폭넓게 이해할 수 있도록 하였다.

셋째, 책을 간편하게 만들기 위하여 이 책의 자매편으로 별책을 만들었다. 경제학을 좀더 자상하게 가르치고 쉽게 배우기 위해서는 많은 토픽과 연습문제가 필요하다. 그런데 이것들을 한 책에 집어넣으면 부피가 너무 커져 불편하다. 가르치는 분들의 보조교재와 배우는 사람들의 읽을거리 및 자습거리를 별도로 떼어 한 책으로 만든 것이다.

독자들은 이 책과 별책을 통해 경제학의 진수를 맛볼 수 있을 것이다. 교수님들은 1주일에 1개 장을 다루는 방식으로 한 학기 교재로 이 책을 사용할 수 있을 것이다.

이 책은 필자가 일찍이 펴낸 『신경제학개론』을 계승·발전시킨 것이다. 『신경제학개론』은 1990년에 처음으로 펴내고 1993년과 1996년에 두 차례에 걸쳐 개정한 경제학 입문서였다. 이 책은 『신경제학개론』의 기본 틀과 좋은 점은 더욱 잘 살리고 한글세대와 새천년에 맞추어 미흡한 점을 뜯어고쳐 만들었다.

『신경제학개론』 초판부터 이 책이 나오기까지 많은 분들의 도움을 받았다. 그 중에서도 중앙대 경제학과의 선배·동학 교수님들, 조선대학교 노상채 교수님, 창원대학교 권선주 교수님, 대진대학교 정홍모 교수님, 한국은행의 최창호 님, 박이락 님, 조용길 님, 황인용 님, 대우경제연구소의 장용 이사와 주윤 연구원에게서 여러모로 도움을 받았다. 이 분들에게 깊은 감사를 드린다. 일찍이 교정과 색인과정에 참여했던 김남웅, 유용훈, 최호락 군에게 고마움을 표한다.

이 책을 만드는 데에는 중앙대학교 이종철 교수가 절대적으로 기여했다. 개정을 시작하기 전에 책 전반에 관해 많은 도움말을 주고 초교와 재교를 처음부터 끝까지 읽어 여러 가지 미비사항을 지적해 주었다. 이 책과 별책에 실은 대부분의 읽을거리를 발굴해 주었다. 필자의 제자인 김형진 박사도 초교와 재교를 처음부터 끝까지 읽어 문제점들을 지적하고 여러 읽을거리를 제시해 주었다. 이 두 분께 심심한 사의를 표한다.

오늘의 내가 있게 해준 부모님께 감사드린다. 아내 형숙과 두 아들 창현, 정현에게 변함없는 사랑과 고마움을 보낸다.

이 책을 만드는 데에 헌신한 율곡출판사의 박기남 사장과 윤인용 부장, 정수미 대리, 그리고 표지 디자인을 아름답게 만들어준 이승환 선생에게 감사드린다.

2000년 1월
흑석동 연구실에서 저 자

참고문헌

김대식 · 노영기 · 안국신 · 이종철, 『현대경제학원론』

데니 로드릭(이강국 역), 『그래도 경제학이다』

모리스 리바이(이 웅 역), 『이야기 경제학교실』

이승훈, 『경제학 멘토링』

토드 부크홀츠(류 현 역), 『죽은 경제학자의 살아있는 아이디어』

통계청, 『국가통계포털』

한국경제학회, 『경제학 읽을거리』

한국은행, 『알기 쉬운 경제지표 해설』

『한국의 금융시장』

『한국의 통화정책』

『경제통계시스템』

Bernanke, Ben and Robert Frank, *Principles of Economics*

Boyes, William and Michael Melvin, *Fundamentals of Economics*

Heyne, Paul, *The Economic Way of Thinking*

Krugman, Paul and Robin Wells, *Economics*

Lieberman, Marc and Robert Hall, *Introduction to Economics*

Mankiw, N. Gregory, *Principles of Economics*

Samuelson, Paul and William Nordhaus, *Economics*

Stiglitz, Joseph, *Economics*

요약 차례

Navigator @ Economics
Fifth Edition
Contents

V 편 국제경제학 길잡이

Navigator @ Economics part five

VI 편 경제성장과 경제발전

Navigator @ Economics part six

차례

Navigator @ Economics
Fifth Edition
Contents

제2장 경제문제와 시장경제

II편 시장경제와 수요 · 공급의 이론

Navigator @ Economics part two

제3장 가계의 합리적인 소비생활과 수요 · 공급

제4장 기업의 합리적인 생산활동과 수요 · 공급

제5장 수요 · 공급의 이론과 자원배분 및 소득분배

III편 독과점시장과 정부정책

Navigator @ Economics part three

제6장 불완전경쟁시장과 자원배분

제7장 시장의 실패와 정부정책

IV편 거시경제현상과 경제안정화정책

Navigator @ Economics part four

제8장 경제의 순환과 주요 거시경제지표

제9장 재정 · 통화금융과 그 정책

제10장 총수요 · 총공급의 이론과 경제안정화정책

제11장 실업과 인플레이션

V편 국제경제학 길잡이

Navigator @ Economics part five

제12장 국제무역과 국제경제질서

제13장 국제수지와 환율

VI편 경제성장과 경제발전

Navigator @ Economics part six

제14장 경제성장과 경제발전

경제학의 기초

I

Navigator @ Economics

part one

1 경제학의 주요 원리

"경제학의 제1원리는 모든 경제주체들이 자기 이익을 위해 행동한다는 것이다."

— 프랜시스 에지워스(Franscis Y. Edgeworth)

"경제학은 …… 구체적인 진실의 집합체가 아니라 구체적인 진실을 발견하기 위한 엔진이다."

— 알프레드 마샬(Alfred Marshall)

"가족경제와 국가경제의 관리는 국민과 국가를 모두 부유하게 만드는 것이다."

— 애덤 스미스(Adam Smith)

[개요]

경제학은 '먹고 사는 문제'인 경제문제와 각종 경제현상을 다룬다.

경제학은 경제생활을 지배하는 몇 가지 주요 원리를 제시해 준다.

경제이론은 단순한 가정을 세워 경제현상을 조리 있게 설명하고 조건부 예측을 시도한다.

주요 학습사항

◎ 경제학이란?

◎ 경제학의 기본 전제는?

◎ 경제학의 주요 원리는?

◎ 경제이론은 어떻게 태어나는가?

◎ 생산가능곡선이 보여주는 기본 원리는?

◎ 기회비용이란?

◎ 기회비용체증의 법칙이란?

◎ 경제이론을 배울 때 유의할 점은?

1. 경제학의 기본 전제

1.1 경제학이란?

우리는 아침에 일어나서 저녁에 잠자리에 들 때까지 수많은 재화와 서비스를 소비한다.[1] 사람의 일상생활은 재(財)의 소비활동을 떠나서는 생각할 수 없다. 우리가 소비를 하려면 그 재가 어디에선가 생산되어야 하고 우리 곁에 가까이 와 있어야 한다. 이와 같이 재화와 서비스를 생산하고 유통하고 소비하는 것을 **경제활동**이라 한다.

경제활동에는 여러 문제와 흥미로운 현상이 일어난다. 경제활동에 따르는 문제를 **경제문제**라 하고, 경제활동과 관련된 현상을 **경제현상**이라 한다. **경제학**(economics)이란 쉽게 말해 경제문제와 경제현상을 다루는 학문이다.

경제문제에는 개개인의 문제에서부터 가계, 기업, 사회, 국가, 세계의 문제에 이르기까지 온갖 종류가 있다. 개개인이 어떤 직업을 택할 것인가 하는 문제는 어떤 재화와 서비스를 생산할 것인가 하는 경제문제와 직결된다. 친구나 애인과 스마트폰으로 얼마나 오래 통화할까, 어디에서 만나 무엇을 먹고 어떻게 같이 지낼까, PC방에서 얼마나 오랫동안 게임을 하고 공부는 얼마나 할까 하는 것도 경제문제이다. 가계가 어떤 집을 마련하고 어떤 옷을 사며 식단을 어떻게 짤 것인가, 기업이 어떤 상품을 어떻게 얼마나 생산하고 어떻게 판매할까도 물론 경제문제이다. 배추와 과일, 쌀 같은 농산물은 흉작이어도 걱정이지만 풍작이어도 농부의 주름살을 깊게 만드는 경제문제를 낳는다.

필리핀은 1960년대 초에 우리와 비슷하면서도 약간 나은 생활수준을 누렸다. 그런데 지금은 1인당 국민소득이 우리나라의 거의 1/10 수준에 불과하고, 대학을 졸업한 여성들이 싱가포르와 홍콩 등에서 가정부 생활을 기꺼이 하려 한다. 북한은 1970년대 초까지 남한보다 1인당 소득이 높았는데 지금은 저소득국에 속해 있다.

---

1) 재화란 옷 · 음식 · 건물 · 책 · 기계 등과 같이 사람에게 쓸모가 있는 물건을 말한다. 서비스(service)란 의사의 진료, 음악가의 연주, 상인의 도 · 소매 활동 같이 물건이 아니면서도 사람에게 쓸모 있는 것을 말한다. 시장에서 판매할 목적으로 생산된 재화나 서비스를 상품이라 한다. 본서에서는 재화와 서비스를 재(財)나 상품으로 뭉뚱그려 표현한다.

왜 이렇게 되었을까? 우리나라는 1960년대 중반까지 봄철이면 농촌에서 식량이 떨어져 풀뿌리나 나무껍질로 연명하다가 굶어 죽는 사람이 많았다. 지금은 굶어 죽는 것을 걱정할 정도의 절대적 빈곤은 벗어난 지 오래인 고소득국이다. 그러나 이 지구상에는 78억 명 중에 적어도 10억 명의 인구가 굶주림 속에 살고 있고, 매년 수백만 명의 사람들이 굶어 죽는 믿을 수 없는 일이 일어나고 있다. 이런 현상은 왜 일어나며 어떻게 해결해야 하는가?

2020년에 발생한 세계적인 전염병 코로나19는 세계경제를 침체에 빠트리고 빈부 격차와 양극화를 심화시켰다. 우리나라 청년세대가 체감하는 실업률은 25%에 육박하였다. 베네수엘라는 물가가 상상을 초월할 정도로 올랐다. 이런 실업이나 인플레이션 현상은 왜 일어나며, 어떻게 하면 이를 막을 수 있는가?

이처럼 크고 작은 경제문제들, 흥미롭고 중요한 경제현상들은 수없이 많이 있다. 흔히 '먹고 사는 문제' 라 불리는 경제문제들을 슬기롭게 풀어내고 각종 경제현상에 슬기롭게 대처하지 못하면 작게는 손해를 보고 크게는 파산하거나 굶어 죽는다. 개인이 신용불량으로 파산선고를 받고 부실기업이 망하며 국가가 외채 상환 불능 상태에 빠지는 것은 드문 일이 아니다. 슬기롭게 풀어내고 대처하는 사람은 성공하고 기업은 흥하며 국가는 부강해진다. 이런 흥망은 우리 앞에 와 있는 지구촌 경제, 정보화 사회, 세계화 시대에 더욱 뚜렷해진다. 요약컨대 경제활동은 생존을 포함한 다른 모든 활동을 가능하게 하는 가장 기초적이고 중요한 인간활동이다. 이런 경제활동과 관련된 중요한 문제들과 현상들을 연구하는 학문이 경제학이다.

경제학은 경제현상에서 나아가 정치 · 사회 · 문화 · 예술 · 오락 등 다른 다양한 분야의 현상도 특유의 접근 방법을 활용하여 조리 있게 분석해냄으로써 '사회과학의 여왕' , '경제학 제국주의' 라는 찬사와 경계도 받고 있다.

1.2 경제학의 기본 전제

경제학의 바탕에는 몇 가지 기본적인 전제가 있다. 여기에서는 기본적인 전제 세 가지를 들어 본다. '자원은 희소하다' , '세상에 공짜는 없다' , '사람들은 합리적으로 행동한다' 가 그것이다.

자원은 희소하다

무(無)에서 유(有)를 창조할 수는 없다. 우리가 필요로 하는 재화와 서비스를 얻기 위해서는 무언가를 투입해야 한다. 재(財)를 생산하기 위해 투입하는 것을 **(생산)자원**, 혹은 **(생산)요소**라 한다. 경제학의 가장 기본적인 전제는 사람들의 욕망에 비하여 그 욕망을 충족시켜 줄 수단인 자원이 부족하다는 것이다. 이런 자원의 상대적인 부족현상을 **희소성**(scarcity)이라 한다. 현실 사회는 희소성이 지배한다. 희소성 때문에 사람들이 원하는 재화와 서비스를 모두 가질 수는 없다. 일부를 선택하고 다른 것들은 포기해야 한다. 사르트르는 "인생은 B(birth)와 D(death) 사이의 C(choice)이다" 라고 말했다. 경제활동은 끊임없는 선택의 활동이자 포기의 활동이다.

세상에 공짜는 없다[2)]

자원은 희소할 뿐만 아니라 으레 두 가지 이상의 용도를 가진다. 한정된 땅의 과수원은 사과 재배에 쓸 수도 있고 배 재배에 쓸 수도 있다. 한 용도에 쓴다면 다른 용도에 쓰는 기회를 포기하는 셈이다. 이 때문에 자원은 공짜가 아니다. 사과나무와 배나무를 같이 심어도 한 나무를 많이 심으면 다른 나무를 적게 심어야 한다. 따라서 자원을 써서 만드는 재화와 서비스도 공짜가 아니다. 아무리 좋은 정부정책도 비용이 들고 단점이 있게 마련이어서 공짜가 아니다. 워싱턴 DC의 한국전 참전 기념비에 쓰여 있는 말대로 자유도 공짜가 아니다(Freedom is not free). 시간도 물론 공짜가 아니다. 그래서 "시간은 돈이다" 라는 속언이 있다.

경제학에서는 이 세상에 진짜 공짜는 없다고 본다. 무슨 일이든 비용이 들게 마련이라는 것이다.

읽을/생각할 거리 1-1

"세상에 공짜는 있다?"

서양 속담에 '공짜 점심은 없다' 라는 말이 있다. 대접을 받는 당장에는 자기 돈이 들지 않지만 점심을 사는 사람에게 응분의 성의를 표시하고 시간을 내거나 나중에 자기도 사야 하기 때문이다.

2) '세상에 공짜는 없다' 는 기본 전제는 '자원은 희소하다' 는 가장 기본적인 전제에서 이끌어낼 수도 있다. 본서는 직관적인 차원에서 별도의 기본 전제로 들었다.

공짜 점심(free lunch)이란 말은 19세기 말 미국의 골드 러시(gold rush) 때 뉴올리언스 주 술집에서 금광 채굴 노동자들에게 공짜로 점심을 제공한 데서 유래했다고 한다. 빵, 수프, 소시지 등의 점심은 공짜였다. 그러나 노동자들이 즐겨 마시던 위스키에 점심값이 숨어 있었다. 처음부터 공짜 점심은 없었던 것이다.

신용이 탄탄하지 않은 금융회사들은 은행보다 높은 금리를 내걸고 고객들의 돈을 유치하는 경우가 흔하다. 그러나 이런 높은 수익상품에는 이자는커녕 원금도 떼일 위험이 숨어 있다.

경제학은 항상 '세상에 공짜는 없다'고 설교한다. 이 설교에 대해 공기, 태양열, 어머니의 헌신적인 자녀 사랑 등 공짜로 얻을 수 있는 것들이 있지 않느냐고 반론을 제기할 수 있다. 공짜가 있기는 하지만 이는 아주 드물어서 무시해도 좋다. 맑은 공기는 공짜가 아니다. 태양열 주택에서 볼 수 있는 것처럼 태양열을 제대로 얻으려면 비용이 들어간다. 어머니의 헌신적인 자녀 사랑도 공짜가 아니다. 자녀를 헌신적으로 돌보는 시간에 다른 유용한 일을 할 수 있었는데 그 일을 포기해야 했기 때문이다.

공짜인 것처럼 보여도 나중에, 혹은 다른 사람이, 혹은 다른 미묘한 형태로 비용을 부담하게 되어 결국 공짜가 아니라고 보는 것이 경제학의 관점이다.

2010년부터 우리나라에 도입된 무상(無償, free) 급식, 무상 보육 등 각종 무상 시리즈도 당장 당사자가 공짜로 이용할 수 있다는 점에서 '무상'이지만, 나중에 일반 국민에게 세금 부담으로 돌아온다는 점에서 무상이 아니다. 증세 없는 복지 증대를 표방하는 것도 공짜 점심을 바라는 것처럼 허황된 것이다.

사람들은 합리적으로 행동한다

경제활동을 하면서 끊임없이 제기되는 선택의 문제에 대해 그때그때 기분 내키는 대로 결정하거나 습관적으로 결정할 수 있다. 그러나 경제학에서는 '같은 값이면 다홍치마'라는 우리나라 속담처럼 사람들이 가급적 잘 선택하려고 노력한다고 상정한다. 주어진 여건에서 가장 잘 선택한 것을 **합리적(인) 선택** 혹은 **합리적인 행동**이라고 한다. 사람들이 합리적으로 행동한다는 기본 전제 때문에 경제학을 '합리적인 선택에 관한 학문'이라고 광범위하게 정의하기도 한다.

소득이 한정되어 있는 소비자가 그 한정된 소득으로 사과와 귤을 사려 한다 하자. 사과를 많이 사면 귤을 적게 사야 한다. 공짜가 없으니까 사과를 더 살 때에는 귤을 덜 사는 대가를 치러야 하는 것이다. 이 경우 소비자는 가급적 높은 만족을 얻을 수 있는 방향으로 사과와 귤을 쇼핑할 것이다. 이것이 합리적인 소비행동이다. 합리적인 소비행동을 하지 않는 소비자는 나중에 후회하게 된다.

자원이 한정되어 있는 기업은 시장성이 있는 상품을 가능한 한 싼 비용으로 생산하여 많은 수익을 얻고자 할 것이다. 이것이 합리적인 생산활동이다. 합리적인 생산활동을 하지 않는 기업은 손해를 본다. 손해가 쌓이면 그 기업은 시장에서 도태된다.

이처럼 사람들은 합리적으로 행동하거나 적어도 합리적으로 행동하려고 노력한다. 왜냐하면 그렇게 하지 않을 경우 손해를 보거나 후회하거나 망하기 때문이다. 경제학에서는 사람들이 합리성을 일관성 있게 추구한다고 상정한다. 경제학에서 상정하는 합리적인 사람을 **경제인**(homo economicus)이라고 부른다. 경제인은 일정한 노력으로 가장 큰 효과를 얻고, 일정한 효과를 얻는 데에는 가장 적은 비용을 치른다. 이것이 합리적인 행동, 합리적인 선택이다.

자원량이 주어져 있을 때, 이 주어진 자원으로 최대의 효과를 얻는 것을 **최대효과의 원칙**이라고 한다. 한편 일정한 목적을 달성하려고 할 때 사용되는 자원을 최소화하는 것을 **최소비용의 원칙**이라 한다. 최대효과의 원칙과 최소비용의 원칙은 동

읽을/생각할 거리 1-2

사람들은 항상 합리적으로 행동하는가?

경제학에서는 사람들이 일관성 있게 합리적으로 행동할 뿐 아니라 논의 전개의 편의상 항상 합리적으로 행동한다고 상정한다. 하지만 사람들은 때로 즉흥적으로 행동하기도 하고 이성이 아닌 감성의 지배를 받아 행동하는 경우도 흔하다. 따라서 사람이 경제인으로서 항상 합리적으로 행동한다는 기본 전제는 비현실적으로 강한 가정이다. 경제학에서 이처럼 비현실적인 가정을 쓰는 이유는 크게 다음의 두 가지이다.

첫째, 사람들이 항상 경제인인 것처럼(as if) 가정해 전개하는 경제이론이 많은 현실 경제현상을 잘 설명하고 예측한다는 것이다. 이론은 어차피 현실을 단순화시킨 것이기 때문에 이론의 가정이 비현실적이라도 이론 자체가 현실 설명력과 예측력이 좋으면 된다.

둘째, 경제인이라는 가정보다 더 약한 가정으로 현실 설명력과 예측력이 그럴듯한 다른 이론틀이 없기 때문에 강한 가정을 쓸 수밖에 없다.

최근에 일단의 경제학자와 심리학자들이 사람들이 항상 합리적으로 행동한다는 강한 가정을 완화하여 다른 이론틀을 제시하고자 노력하고 있다. 예컨대 기존 경제학이 상정하는 것처럼 완전한 합리성이 아니라 제한된 합리성(bounded rationality)으로 행동한다거나, 때로는 합리적이고 때로는 감성적으로 행동한다는 전제 하에 이론을 전개하는 것이다. 이런 연구분야를 행동경제학(behavioral economics)이라 부른다. 이 분야 연구자들에 따르면 사람들이 경제인인 것처럼 가정하여 전개하는 기존 이론으로는 설명하지 못하는 경제현상들이 꽤 많고 행동경제학이 이런 현상들을 그럴듯하게 설명할 수 있다.

경제학은 다양한 경제모형의 집합이다. 사람들이 제한된 합리성으로 행동한다는 가정 하에 세워진 모형들이 기존 이론틀에 버금가게 풍부한 현실 설명력과 그럴듯한 예측력을 보이게 되면 행동경제학은 머지않아 주류경제학의 한 분파로 포용될 것이다. 경제학에서 사람들이 항상 합리적으로 행동한다는 가정은 편의적이고 유용한 가정일 뿐 고정불변의 공준은 아니다.

전의 양면과 같은 것으로서 둘을 포괄하여 경제적 효율(성)(economic efficiency)이라 한다. 경제학에서 합리적으로 행동(선택)한다는 것은 으레 경제적 효율에 따라 행동한다는 것을 뜻한다. 사람들이 경제적 효율에 따라 행동할 때 자원을 효율적으로 배분한다 혹은 자원배분이 효율적이다라고 말한다.

2. 경제학의 주요 원리

Navigator @ Economics, ch. one

경제학에서 금과옥조로 가르치는 몇 가지 주요 원리가 있다. 이 주요 원리는 단순한 듯 보이면서도 현실 세계에서 막강하게 작용한다. 비단 경제분야뿐만 아니라 다른 사회현상을 설명하는 데에도 아주 유용한 경우가 많다. 경제학의 주요 원리는 현실 세계에서 폭넓게 활용될 수 있고, 실제로 폭넓게 활용되고 있다. 나아가 경제학의 주요 원리와 이론들이 인접 학문에 심대한 영향을 미치고 있다. 경제학이 사회과학의 여왕이라고 불리는 것은 이 때문이다.

이 절에서는 경제학의 주요 원리를 개괄적으로 소개하기로 한다.[3]

사람들은 자기 이익을 위해 행동한다 : 사람들은 경제적 유인에 반응한다

이 장의 앞머리에 쓴 것과 같이 영국의 경제학자 에지워스는 '경제학의 제1원리는 사람들이 자기 이익을 위해 행동한다는 것이다' 라고 말하였다. 대부분의 사람들에게 합리적으로 행동한다는 것은 자기 이익을 위해 행동한다는 것을 뜻한다.

발명가가 불철주야로 연구와 실험에 몰두하는 것은 국가와 민족을 위해서가 아니다. 훌륭한 발명을 하여 상업화에 성공하면 큰 돈을 벌 수 있기 때문이다. 사업가가 자기 사업에 전력투구하는 것도 물론 돈을 벌기 위해서이다. 많은 사람들이 각종 자격시험을 준비하는 것도 자격증을 따면 소득과 신분이 보장되기 때문이다.

돈벌이와는 무관하게 사명감이나 명예, 권력 등 비(非)경제적 유인에 이끌려 경제활동을 하는 사람들도 있다. 그러나 이런 사람들은 극소수이다. 대부분의 사람들

---

3) Bernanke, Hall, Krugman, Mankiw, Stiglitz 등의 경제원론을 참고하였다. 책마다 '경제학의 7개 핵심원리', '8개 기본 원리', '10대 원리' 등의 표현을 쓰고 있는데, 이것들은 저자들이 임의로 정리하여 명명한 것이다.

은 자기 이익을 위해 경제활동을 한다. 여기서 '자기'는 자기 자신뿐만 아니라 자기 가족과 자기가 속한 집단을 포괄할 수 있다.

자기 이익을 위해 경제활동을 하는 사람들은 자기 이익에 영향을 미치는 경제적 유인에 반응한다. 예컨대 휘발유값이 비싸지면 휘발유를 덜 쓴다. 외국 농산물에 방부제가 많이 쓰인다는 사실이 알려지면 수입농산물 소비를 줄인다. 물값과 전기요금이 너무 싸면 정부가 아무리 절약 캠페인을 벌여도 사람들은 물과 전기를 헤프게 쓰게 마련이다.

경제적 유인에 반응하는 구체적인 기준은 어떤 활동을 하는 데에 들어가는 비용과 그 활동에서 얻는 편익을 비교하는 것이다. 비용이 편익보다 크면 그 활동을 하지 않는다. 편익이 비용보다 크면 그 활동을 한다. 이런 상식적인 셈법을 **비용편익분석**(cost benefit analysis)이라 한다.

읽을/생각할 거리 1-3

민주주의를 타락시키는 '돈 선거'와 벌금

우리나라는 역대 대통령과 국회의원, 도지사, 시장 등 각종 공직자를 뽑는 선거에서 고무신과 막걸리를 제공하고 돈 봉투를 돌리는 등 부끄럽고 혼탁한 선거 풍토를 보였다. 이런 민주주의를 타락시키는 돈 선거에 일대 철퇴를 가한 것이 2004년에 개정된 선거법이었다. 이에 따르면 돈과 선물, 식사 등을 제공받은 유권자는 제공받은 금액의 50배의 과태료를 내야 한다. 중앙선거관리위원회가 법 개정 초에 법을 엄격하게 집행하였다. 예컨대 총선 출마 예상자 측으로부터 2만원어치 교통 편의, 초콜릿 선물과 식사 비용을 대접받은 각 유권자에게 100만원의 과태료를 물리고, 제공한 선거 캠프 측을 검찰에 고발하였다. 푼돈 받았다가 푼돈과 비교가 안 되는 큰 경제적 손실을 입기 십상이라는 것이 뚜렷해지자 선거 때 금품류를 주고받던 행태가 싹 달라졌다. 종전에 선거판의 관행이었던 이른바 '향응을 제공한다'는 것이 사라졌다. 만약 제공받은 금액만큼만, 혹은 2~3배만 과태료를 내게 했다면 어땠을까? 50배처럼 예전의 행태가 완전히 달라질 정도까지는 영향력을 미치지 못했을 것이다. 2006년에 '50배의 과태료'에서 '50배 이하의 과태료'로 바뀌었지만 돈 선거에 엄청난 벌금을 무는 틀은 유지되었다. 이 사례는 사람들이 경제적 유인에 반응한다는 것을 여실히 보여준다. 동시에 경제적인 유인체계를 어떻게 설계하느냐가 중요하다는 것을 알려준다.

한 활동의 진짜 비용은 그 활동의 기회비용이다

자원은 인간의 욕망에 비해 희소하다. 또한 자원은 여러 가지 용도를 가진다.

"세상에 공짜는 없다"는 기본 전제에서 드러나는 것처럼 우리가 어떤 활동을 하든 자원이 들어간다. 그 자원은 다른 활동에 요긴하게 사용될 수도 있는데, 해당 활동에 사용되는 바람에 다른 활동에 사용되지 않은 것이다. 따라서 한 활동의 진짜 비용은 그것 때문에 포기해야 하는 수많은 활동 중에 가장 값진 활동의 가치이다. 이를 경제학에서 기회비용이라 한다.

다음의 제3절과 제4절에서 기회비용을 자세히 다룬다. 경제학에서 비용은 항상 기회비용의 개념이다.

합리적인 선택은 한계적으로 이루어진다 : 한계원리

경제활동은 대개 수량화할 수 있다. 생산이나 소비나 수량으로 표시할 수 있는 것이다. 기업이 얼마나 생산할 것인가? 소비자가 얼마나 소비할 것인가? 이에 대해 경제학은 한계원리(marginal principle)로 대답한다.

> **한계원리**란 추가적인 활동에 따른 편익이 비용보다 크면 그 활동을 늘리고, 추가적인 활동에 따른 편익이 비용보다 작으면 그 활동을 줄이라는 것이다.

어떤 활동을 할 것인가 말 것인가를 결정하게 해주는 지침이 비용편익분석이다. 어떤 활동을 한다면 얼마나 할 것인가를 결정하게 해주는 지침이 한계원리이다.

생산, 소비와 같은 경제활동은 수량을 크게 조정할 수도 있지만 조금 조정할 수도 있다. 조금 조정하는 것을 한계적으로 조정한다고 말한다. 한계적인 조정이 지속되면 결과적으로 큰 조정이 된다. 따라서 경제학에서는 한계적인 조정에 주목한다. 한계적으로 조정하는 데 따르는 편익을 **한계편익**, 한계적으로 조정하는 데 따르는 비용을 **한계비용**이라고 한다. 한계편익이 한계비용보다 크면 그 활동을 늘리고, 한계편익이 한계비용보다 작으면 그 활동을 줄이라는 것이 한계원리이다.

술을 한 잔 더 마실까 말까, 시험공부를 한 시간 더 할까 말까, 자녀를 하나 더 가질까 그만둘까, 자동차를 한 대 더 만들까 말까, 한강에 다리를 하나 더 놓을까 말까, 통신위성을 하나 더 띄울까 말까 등등 수량화할 수 있는 수많은 의사 결정문제에 대해 한계원리는 합리적인 선택기준을 제시해 준다.

경제학에서는 합리적인 소비생활과 생산활동을 한계원리로 설명한다. 이에 대하여는 제3장과 제4장에서 자세히 다룬다.

비교우위가 있는 분야를 선택하라 : 비교우위의 원리

농구의 황제 마이클 조단은 최우수 선수로 명성을 날리던 전성기에 야구를 하겠다고 농구를 그만두었다. 그러나 의욕과는 달리 야구 선수로 대성하기 어렵다는 것을 깨닫고 얼마 후 다시 농구계로 복귀하였다. 조단은 야구나 다른 어떤 구기보다 농구에 주특기가 있고, 이 주특기를 잘 살리는 것이 조단과 사회 모두에게 이득이다. 이때 조단은 농구에 비교우위(comparative advantage)가 있다고 말한다. 조단이 열심히 노력하면 야구나 다른 구기도 잘할 수 있을 것이지만 농구가 남보다 더 잘할 수 있는 구기이다.

류현진 선수가 야구 선수가 된 것은 야구가 다른 분야의 일보다 비교우위가 있는 일이기 때문이다. 그가 잘할 수 있는 다른 분야의 일도 있겠지만 야구는 더 잘할 수 있는 일이다.

지체부자유자들이 모여서 목각품을 만든다고 하자. 이 목각품은 전문가가 만드는 제품에 비해 품질이 떨어진다. 그러나 다른 제품을 만들어도 품질이 떨어지는데 목각품 품질이 덜 떨어진다면, 목각품을 만드는 것이 좋다. 못해도 남들에 비해 덜 못하는 분야가 비교우위가 있다, 비교우위를 갖는다고 말한다. 목각품 제작에 비교우위가 있다고 스스로 판단하여 그들이 목각품을 만드는 일에 종사하게 된 것이다.

세상에는 수많은 직업이 있다. 사람들이 그중 어느 하나를 택하는 것은 그 직업이 다른 직업보다 비교우위가 있다고 스스로 생각하기 때문이다. 다른 직업에 종사해도 좋지만 그 직업에 종사하는 것이 더 좋을 것 같다고 생각한 것이다. 사람은 자기 능력과 적성을 감안하여 비교우위가 있는 분야를 선택해야 한다. 비교우위가 있는 분야를 선택하여 최선을 다하고 자기가 하는 일을 즐기는 것이 성공과 행복의 열쇠이다.

지역과 지역, 나라와 나라 사이의 무역에도 이 비교우위의 원리가 적용된다. 이에 대하여는 제12장에서 다룬다.

특화와 분업, 자발적인 거래는 모든 당사자들을 이롭게 한다

현대사회는 분업사회이다. 쌀을 생산하는 농부는 옷까지 직접 만들 필요가 없다. 양복점 주인은 옷 만드는 일에만 전념하고 쌀을 어떻게 얻을까 걱정하지 않는다. 농부는 쌀만 생산하고, 양복점 주인은 옷만 만들어 서로 사고팔면, 각자가 쌀도 생산하고 옷도 만들어 자급자족하는 것과 비교해서 훨씬 능률적이고 풍족한 결과를 얻는다.

재화와 서비스를 사고파는 곳이 시장이다. 시장에서의 자발적인 거래는 모든 거래당사자들을 이롭게 한다. 누구라도 손해가 나는 거래는 원하지 않고, 따라서 그런 거래에 참가하지 않을 자유가 있다. 거래에 참가한다는 것은 그 거래를 통하여 자기가 이득을 얻기 때문이다.

침략국과 식민지 간의 거래처럼 한쪽이 다른 한쪽에 손해가 나는 거래를 강제하는 경우도 있다. 그러나 오늘날 이런 강제적인 거래는 거의 없다. 자유롭게 드나들 수 있고 자발적인 거래가 일어나는 시장을 자유시장(free market)이라 한다. 본서에서 말하는 시장은 자유시장이다. 시장거래는 모든 거래당사자들을 이롭게 한다.

우리가 살아가는 데 필요한 거의 모든 재화와 서비스는 시장에서 거래된다. 시장이 있기 때문에 비교우위가 있는 분야에 특화할 수 있고 분업이 촉진된다. 시장거래에 참가하지 않고는 성공할 수 없는 것은 물론 살아가기 힘든 것이 현대경제이다.

나라와 나라 간에 재화를 자발적으로 거래하는 것을 자유무역이라고 한다. 자유무역은 무역당사국들을 모두 이롭게 한다. 이에 대하여는 제12장에서 다룬다.

시장은 균형을 향하여 움직인다

시장에서 사는 사람이 많아 물건이 모자라면 그 물건은 값이 비싸진다. 파는 사람이 많아 물건이 남아돌면 그 물건은 값이 싸진다. 모자라면 비싸지고 남으면 싸지는 것이 시장의 생리이다.

모자라지도 않고 남지도 않으면 값이 비싸지지도 않고 싸지지도 않는다. 즉, 값이 현재수준에서 변하지 않는다. 이 경우 시장이 균형이라고 말한다. 시장의 두드러진 특징은 균형을 향하여 움직이는 경향이 있다는 점이다. 사는 사람과 파는 사람이 시장에서 상호작용하여 물건이 모자라지도 않고 남지도 않게 해주는 수준에서 시장가격이 결정된다고 설명하는 이론을 수요 · 공급의 이론이라고 한다. 수요 · 공급의 이론은 경제학에서 가장 중요한 이론이다. 모든 시장에서 소비자와 생산자가 가격을 지표로 삼아 사고팔면 수요 · 공급의 이론이 통용되고 경제 전체적으로 자원배분이 효율적이다. 이를 제5장에서 다룬다.

사람들의 소득은 그들이 제공하는 생산자원의 시장가치에 의해 결정된다

근로자의 소득은 그가 생산하는 제품의 시장가치와 그가 얼마나 많은 제품을 생산해 내느냐에 달려 있다. 비싼 제품을 많이 생산해 낼 수 있는 근로자의 소득은 높다. 싼 제품을 적게 생산해 내는 근로자의 소득은 낮다.

자본가의 소득은 그가 생산과정에 제공하는 생산시설의 성능이 얼마나 우수하며 얼마나 많은 생산시설을 갖고 있느냐에 달려 있다. 우수한 성능의 생산시설을 많이 갖고 있는 자본가일수록 소득이 높다.

기업가의 소득은 그가 얼마나 기업경영을 잘하느냐에 달려 있다. 기업경영을 잘하여 높은 이윤을 내는 기업인일수록 높은 보수를 받는다.

시장경제에서 사람들의 소득은 그들이 제공하는 생산자원이 생산과정에서 얼마나 요긴하게 사용되는가, 시장에서 얼마나 높게 평가되는가에 따라 결정된다. 이에 대하여는 제5장에서 자세히 다룬다.

정부가 때로는 시장의 성과를 개선할 수 있다

시장은 모든 거래당사자들을 이롭게 하고 효율적인 자원배분을 이룬다고 하였다. 그러나 예외 없는 규칙이 없다는 말이 있듯이 시장이 항상 이런 좋은 결과를 낳는 것은 아니다.

때로 시장은 불완전하다. 부동산시장, 주식시장, 외환시장, 국제금융시장 등은 단기에 과잉반응하여 경제를 혼란에 빠뜨릴 수 있다. 약육강식의 치열한 경쟁 끝에 한 기업이 시장을 석권하여 독점시장이 되기도 한다. 이런 경우 효율에 문제가 생긴다. 사회에는 돈과 재주가 없어서 시장거래에 제대로 참여할 수 없는 사람들도 있다. 이 경우에는 형평의 문제가 생긴다. 이처럼 시장이 완전하지 않아 효율이나 형평의 문제가 생길 때 정부가 개입하여 바람직한 방향으로 개선을 꾀할 수 있다. 이에 관하여는 제7장에서 다룬다.

단기와 장기에 성과가 아주 다를 수 있다

다음 장에서 다루는 사회주의체제는 경제발전의 초기 단계에 자본주의체제보다 우월한 체제로 부각되었다. 그러나 20세기를 아우른 체제경쟁에서 자본주의체제에 패퇴하였다. 이처럼 경제현상에서는 단기와 장기의 성과가 딴판인 경우가 많다. 우선 먹기는 곶감이 단데, 단 것을 밝히면 나중에 충치와 당뇨병으로 고생하는 것과 같은 이치이다. 경제정책의 효과가 당장에는 좋은데 나중에는 좋지 않고, 당장에는 나쁜데 나중에는 나쁘지 않은 경우가 많은 것이다. 이 때문에 경제문제가 풀기 어렵고 경제학이 어렵다는 말을 듣는다.

정책당국과 정치인들은 으레 단기적인 성과에 집착한다. 그런데 정부정책의 성과가 단기와 장기에 딴판인 경우가 유난히 많다. 따라서 정부의 좋은 의도가 나중에 나쁜 결과를 낳는 경우가 흔하다. 정부가 시장의 성과를 개선할 수도 있지만 악화시키는 경우도 많다. 경제학이 일반적으로 "작은 정부, 큰 시장"을 옹호하는 것은 이 때문이다. 이에 관하여는 제7장에서 다룬다.

장기에 한 나라 국민의 생활수준은 그 나라의 생산능력에 달려 있다

개별 국가경제는 일반적으로 시간이 흐를수록 생산과 소비의 규모가 커지고 사람들의 생활수준도 향상된다. 1960년대에 우리나라는 인구의 40%가 봄철에 식량이 없어 풀뿌리나 나무껍질을 먹으면서 겨우 연명하였고, 굶어 죽는 사람도 많았다. 그러나 오늘날 이렇게 가난한 사람들은 거의 없다. 우리나라의 생산능력이 눈부시게 발전해 왔기 때문이다. 반면에 북한은 우리 남한의 1970년대만큼 많은 주민들의 생활이 어렵다. 북한의 생산능력이 너무 낮기 때문이다.

오늘날 우리나라가 옛날에 비해, 그리고 대부분의 개발도상국에 비해 훨씬 풍족한 생활을 할 수 있는 것은 생산능력이 크고 근로자들의 생산성이 높기 때문이다. 미국과 일본 국민의 생활수준이 우리나라보다 높은 것은 그 나라의 자본과 인적 자원이 우리나라보다 많고 근로자들의 숙련도와 기술이 높기 때문이다.

한 나라의 자본과 인적 자원의 규모와 증가율, 기술진보 등을 결정하는 요인에 대하여는 제14장에서 다룬다.

돈은 경제활동의 윤활유이다. 그러나 돈이 많이 풀리면 물가가 오른다

돈은 상품을 사고팔고, 빌려주고 빌리고, 저축하고 투자하고, 상품들의 가치를 비교하는 것 등을 쉽게 해준다. 돈을 경제활동의 윤활유나 인체의 피로 묘사하는 것은 이 때문이다. 그러나 돈의 양(통화량)이 많아지면 물가(일반 상품의 평균적인 가격수준)가 올라간다.

가계소득이 두 배로 오른다 해도 물가가 두 배로 오른다면 가계의 생활수준은 나아지지 않는다. 물가가 오르면 물건값이 전반적으로 비싸져서 같은 돈으로 살 수 있는 물건의 양이 줄어든다. 물가가 올라가는 현상을 인플레이션(inflation)이라 한다. 인플레이션은 사람들의 돈을 도둑질해 가는 것과 같다. 국민생활의 안정을 위해서는 물가가 안정되어야 한다.

단기에 물가가 오르는 요인에는 여러 가지가 있을 수 있다. 그러나 장기에 물가가 오르는 가장 중요한 요인은 통화량이다. 돈이 적게 풀리면 물가는 적게 오르고, 돈이 많이 풀리면 물가는 많이 오른다.

1년에 수백 %, 수천 %씩 물가가 오르는 나라는 거의 예외 없이 돈이 엄청나게 많이 풀리는 나라이다. 인플레이션이 장기에 화폐적인 현상이라는 것은 경제학의 중요한 기본 원리로 자리 잡고 있다.

인플레이션과 실업은 단기에 상충관계가 있지만 장기에는 아무런 관계가 없다

인플레이션은 국민생활의 안정을 해치는 공공의 적(public enemy)이다. 돈줄을 조여 인플레이션을 잡을 수 있다면 왜 현실 세계에서 인플레이션을 없애지 못하는 것인가? 이는 물가를 안정시키고자 할 때 단기적으로 또 다른 공공의 적인 실업이 늘어나기 때문이다. 인플레이션과 실업은 단기에 반대 방향으로 움직이는 경향이 있다. 이런 인플레이션율과 실업률의 상충관계(trade-off)를 발견자의 이름을 따서 **필립스곡선**(Phillips curve)이라 부른다.

단기에 물가도 안정시키고 실업도 줄일 수 있다면 금상첨화일 것이다. 그러나 이런 묘약은 없다. 물가를 안정시키려면 단기에 실업이 늘어나는 것을 각오해야 한다. 실업을 줄이려면 단기에 물가가 오르는 것을 감수해야 한다. 이것이 정책당국이 직면하는 현실이다.

다행스러운 것은 인플레이션과 실업 간의 역관계는 단기적인 현상이고, 장기적으로는 양자 간에 특별한 관계가 없다는 것이다. 장기에는 인플레이션의 크기와 관계없이 실업률이 일정 수준으로 접근해 간다. 경제가 장기적으로 접근해 가는 실업률을 자연실업률이라 한다. 장기에는 인플레이션의 높고 낮음에 상관 없이 실업률은 자연실업률 근처에 있을 수 있는 것이다.

인플레이션과 실업 간의 장・단기 관계에 대하여는 제11장에서 다룬다.

경제정책은 단기의 경기변동과 장기의 경제성장에 영향을 미친다

오늘날 각국 경제는 단기에 기복을 보이는 가운데 장기에 성장해 나가는 양상을 보이고 있다. 단기에 경제활동이 지나치게 위축되어 있거나 과열상태일 때 정부는 경제안정화정책을 써서 지나친 변동을 완화시킬 수 있다. 장기에 경제가 성장해 나가는 속도가 느릴 때 정부는 인적・물적 투자와 기술개발을 촉진하는 정책을 써서

읽을/생각할 거리 1-4

경제학과 가슴이 뜨거운 주장들

"경제문제에 관한 한 국민 다수의 의견은 항상 틀리게 되어 있다." 미국의 경제학자 존 갤브레이스(John Galbraith)의 말이다. 국민 다수는 이른바 '가슴이 뜨거운' 주장을 당연히 맞는 것으로 생각한다. 그러나 경제학은 세상에 공짜가 없기 때문에 가슴이 뜨거운 주장을 실천하는 데 들어가는 비용에도 주목한다. 그 주장을 실천함으로써 얻는 편익과 실천에 들어가는 비용을 비교하여 편익이 비용보다 큰 경우에만 그 주장이 맞다고 평가한다. 그래서 영국의 경제학자 마샬(Alfred Marshall, 1842~1923)은 경제학을 배우는 자세로 '서늘한 머리와 따뜻한 가슴'(cool head but warm heart)을 강조했다.

독자들은 이 책을 읽고 나서 평소에 당연하다고 생각한 명제들이 틀리거나 여러 조건이 충족되어야만 맞는 명제가 되는 것을 알게 될 것이다. 그런 예를 몇 가지 들어 보면 다음과 같다.

- 시장경제는 약육강식의 비정한 경제체제이다.
- 가격을 오르지 않게 정부가 통제하는 것이 소비자에게 이익이 된다.
- 물값, 전기요금, 버스요금 등 공공요금은 쌀수록 좋다.
- 아파트 분양가격은 투명하게 공개해야 한다.
- 무주택자가 많은 현실에서 집을 여러 채 보유하는 것은 나쁜 것이다.
- "부자들은 잘 갚는다고 해서 이자율이 매우 낮고 원하는 만큼 빌려준다. 가난하면 안 빌려주고 이자를 엄청나게 높게 낸다. 정의롭지 않다."
- "사람에게 일을 시키면 생활하는 데 필요한 임금을 지불해야" 하는 것은 고용의 대원칙이다.
- 최저임금은 최저생계비를 보장해 주어야 한다.
- 농민의 밥줄인 쌀시장을 개방하지 말았어야 한다.
- 노사화합 차원에서 노조전임자에게도 회사에서 임금을 지급해야 한다.
- 사회적 약자들이 생존권 차원에서 불법시위를 하는 것은 법대로 하지 말고 관용해야 한다.
- 정부가 일반 국민의 생계를 책임져야 한다.
- 의식주 문제와 교육 · 의료를 개인의 책임으로 떠넘겨서는 안 된다.
- 기업은 공익을 추구하는 조직체로서 부의 사회적 환원을 제1목표로 해야 한다.
- 국가 기간산업을 담당하는 공기업은 민영화해서는 안 된다.
- 정리해고제는 근로자에게 일방적으로 불리한 제도이다.
- 비정규직을 2년 쓰면 정규직으로 전환해야 한다.
- 지식재산권 보호보다 지식재산권의 성과를 모든 사람이 공유하는 것이 중요하다.
- 우리 기업의 국제경쟁력을 제고하기 위해서는 국산품을 애용해야 한다.
- 국내에 진출한 외국기업은 국내기업과 차별을 두어야 한다.
- 경제성장률은 높을수록 좋다.
- 투자는 소비보다 바람직하다.
- 국내기업의 해외 매각은 국부의 유출이다.
- 국내에 진출한 외국기업보다 외국에 진출한 우리나라 기업이 우리나라 경제에 더 많이 기여한다.
- 남녀 간 임금격차가 큰 것을 줄이도록 법으로 강제해야 한다.

적절한 경제성장을 꾀할 수 있다.

정부의 경제정책은 나라 전체의 생산과 고용에 영향을 미친다. 정부의 적절한 경제성장 촉진정책은 유효하고 바람직하다. 단기의 경제안정화정책이 유효하고 바람직한가에 대하여는 앞에서 나온 '작은 정부, 큰 시장'과 연결하여 논란이 많다. 이에 대하여는 제10장에서 다룬다.

3. 경제학의 방법론

3.1 경제학의 분류

경제학이란 경제현상을 연구하고 경제문제를 다루는 학문이다.

영국의 논리학 교수이자 도덕철학 교수였던 애덤 스미스(Adam Smith, 1723~1790)가 『국부론』(*An Inquiry into the Nature and Causes of the Wealth of Nations*, 1776)을 펴냄으로써 경제학을 독립된 사회과학으로 만들었다. 『국부론』은 미국이 독립을 선언한 1776년에 출판되었다. 미국의 독립선언은 '생명과 자유와 행복의 추구'가 인간의 양도할 수 없는 권리라고 선언하였다. 『국부론』은 이러한 권리가 보장되는 새 사회를 자유시장경제에 의해 건설할 수 있다는 것을 이론적으로 보여주었다.

경제학이 구체적으로 어떤 학문인가 하는 것은 다음에 나오는 경제학의 여러 가지 분류에서 드러난다. 경제학은 기준을 달리함에 따라 여러 가지로 분류할 수 있다.

경제이론, 경제사와 경제정책론

경제학의 학문체계는 전통적으로 경제이론, 경제사, 그리고 경제정책론의 세 분야로 분류된다.

경제이론은 여러 경제현상 간에 존재하는 상호(의존)관계를 연구하고 그 관계를 이용하여 현재의 경제현상을 설명하거나 미래의 경제현상을 예측하는 분야이다. 다음의 경제모형의 예에서 다루는 생산가능곡선이 한 경제이론이다. 경제이론은 **이론경제학**이라고도 한다.

경제사는 과거의 경제를 연구하는 분야이다. 경제이론이 연구하는 경제법칙들은 대부분 과거의 역사적 사실과 연관되어 있다. 따라서 경제이론은 경제사의 도움을 받음으로써 경제법칙들을 쉽게 탐구할 수 있다. 반대로 경제사를 연구할 때에는 과거의 경제현상들 사이에 존재했던 경제법칙을 탐구할 때 경제이론에 의존한다.

경제정책론은 어떤 경제상태가 바람직하며, 그 바람직한 상태를 달성하기 위해서는 어떻게 해야 하는가를 다루는 분야이다. 바람직한 경제상태와 그 상태를 이루는 방법에 대해서는 사람마다 생각이 다르기 쉽다. 따라서 가급적 경제현상 간의 상호관계에 입각하여 정책처방을 내려야 한다. 그렇지 않으면 경제정책론은 사람마다 다르게 마련인 주관적 가치판단에 빠짐으로써 객관성을 잃어버릴 것이다.

경제사와 경제이론은 경제정책론을 통해 사회과학으로서의 실천적 유용성을 갖게 된다. 따라서 경제사 · 경제이론 · 경제정책론은 상호 유기적인 관계를 갖는다.

본서에서는 경제이론을 주로 다루면서 경제이론에 바탕을 둔 경제정책론을 다룬다.

실증경제학과 규범경제학

경제학은 가치판단의 유무에 따라 실증경제학과 규범경제학으로 분류할 수 있다. 실증경제학(positive economics)은 경제현상을 '있는 사실'(what is) 그대로 분석하고 경제현상 간에 존재하는 상호관계를 발견하여 경제현상의 변화를 예측하는 학문이다. 보통 경제학이라고 말할 때는 이 실증경제학을 지칭한다. 앞에서 설명한 경제사와 이론경제학은 바로 실증경제학이다.

규범경제학(normative economics)은 '바람직한 상태'(what should be)를 설정하고 그 상태에 도달하기 위해서는 어떻게 해야 하는가를 다루는 경제학이다. 앞에서 설명한 경제정책론이 규범경제학에 속한다.

있는 사실 그대로를 묘사하거나, 참인가 거짓인가를 밝힐 수 있는 문장을 실증적인 기술(positive statement)이라 한다. 좋다, 나쁘다 혹은 바람직하다, 바람직하지 않다라는 가치판단이 개입되는 문장을 규범적인 기술(normative statement)이라 한다. 예컨대 '최저임금제가 실업을 유발한다'는 실증적인 기술이고, '형평보다 효율이 더 중요하다'는 주장은 규범적인 기술이다. 실증경제학은 실증적인 기술로 구성되어 있고, 규범경제학은 규범적인 기술로 구성되어 있다.

오늘날 경제학은 어떤 경제현상이 있는가, 왜 그런 현상이 있는가를 다루고 나서 으레 그 현상이 바람직한가, 더 바람직한 상태는 무엇인가를 연구한다. 실증경제학의 바탕 위에 규범경제학을 전개함으로써 양자가 융합되어 있는 것이다.

미시경제학과 거시경제학

경제학은 연구대상에 따라 미시경제학과 거시경제학으로 분류한다. 미시경제학(microeconomics)은 개별 경제주체들의 경제행위와 그 상호작용을 연구대상으로 한다. 자본주의시장경제를 다루는 미시경제학에서 경제행위의 상호작용은 주로 시장에서 나타나는 상호작용이다. 시장에서의 상호작용은 시장가격을 둘러싸고 이루어진다. 가계의 소비와 기업의 생산이 이어지는 시장에서 가계와 기업의 상호작용이 가격을 결정하고, 거꾸로 가격은 개별 경제주체들의 상호작용에 영향을 미친다.

거시경제학(macroeconomics)은 개별 경제주체들로 구성된 국민경제의 전체적인 현상을 연구대상으로 한다. 총생산 · 총고용 · 총소비 · 총저축 · 총투자 · 물가 · 통화량 · 정부지출 · 조세 · 이자율 · 환율 · 인플레이션 · 실업률 · 경제성장 · 국제수지 등이 거시경제학에서 즐겨 다루는 경제지표(경제변수)들이다.[4] 이 거시경제지표들 간에 어떤 관계가 있는가, 경제정책은 각각의 거시경제지표에 어떤 영향을 미치는가, 경제정책을 어떻게 운용하는 것이 바람직한가 등을 연구하는 것이 거시경제학의 주요 분야이다.

본서는 미시경제학과 거시경제학을 개론 차원에서 쉽게 풀어 다룬다. 제II편과 제III편은 미시경제학개론이고, 제IV편에서 제VI편까지는 거시경제학개론이다.

3.2 경제이론의 구성

본서에서 주로 다루는 경제이론은 경제현상을 설명하고 여러 경제현상들 사이의 상호관계를 밝히며, 그것을 기초로 하여 앞으로 어떤 경제현상이 일어날 것인가를 예측하는 데에 목적이 있다. 상호관계는 상관관계일 수도 있고 인과관계일 수도 있다. A와 B 중에 어느 하나가 변할 때 다른 하나도 변하면 A와 B 사이에 상관관계(correlation)가 있다고 말한다. A가 B를 일으키거나 B가 A를 일으키면 A와 B 사이에 인과관계(causality)가 있다고 말한다. A가 B를 일으킨다면 A는 B의 원인이고 B

---

4) 각 경제지표는 제8장 이하에서 설명하는 바와 같이 구체적으로 측정된다. 일반적으로 경제학에서는 경제지표의 값이 시점이나 기간을 달리함에 따라 달라지기 때문에 경제지표를 경제변수(economic variables)라고 흔히 부른다.

는 A의 결과이다. A와 B 사이에 상관관계가 있어도 인과관계가 없을 수 있다. 제3의 C가 A와 B를 일으킬 수 있기 때문이다. 경제이론은 경제변수들 간의 구체적인 인과관계나 안정적인 상관관계를 밝히고자 한다.

경제이론은 대개 경제모형을 이용하여 전개되고 설명된다.

경제모형의 설정

경제모형(economic model)이란 경제변수들 간의 상호관계를 단순화하여 묘사한 틀이다.

유용한 경제모형은 '다른 조건들이 일정하다면 한 요인이 변함에 따라 어떤 경제변수는 어떻게 변한다'와 같은 형식으로 표시될 수 있다. 경제학자는 미래를 알아맞히는 점쟁이가 아니다. 그가 미래를 예측한다면 '다른 조건들이 일정할 때 A라는 일이 일어나면 B라는 일이 일어날 것이다'(If A occurs, then B will occur, other things being equal)라는 조건부 예측이다. 조건부 예측을 하게 해주는 도구가 모형이다. 경제이론은 경제모형을 가지고 경제현실을 설명하고 조건부 예측을 하는 것이다. 조건부 예측을 이끌어내는 과정은 수학이나 논리학의 분석도구를 이용하여 논리 정연해야 한다. 이를 모형의 내적 일관성(internal consistency) 혹은 논리적 정합성(logical consistency)이라 부른다.

경제모형의 검증

단순화한 경제모형이 현실적으로 쓸모 있는가를 확인하기 위해서는 그 모형이 예측하는 경제변수들 간의 관계가 현실에 부합하느냐 안 하느냐를 검증해야 한다. 검증(test)이란 자료(data, 데이터)를 이용해 모형이 현실과 일치하는가를 검사하는 것을 말한다. 어떤 모형이 현실과 부합하는 것으로 검증되면 그 모형은 외적 적합성(external adequacy)을 갖는다고 말한다. 내적 일관성과 외적 적합성을 갖는 경제모형은 하나의 경제이론이 되어 경제현상을 설명하고 변화를 예측하는 데 유용하게 사용된다. 경제이론이란 검증을 통과한 경제모형이다.

한 경제모형이 검증을 통과했다 하더라도 그것이 항상 외적 적합성을 갖는 것은 아니다. 시대와 사회, 경제구조에 따라 경제변수들 간의 상호관계가 달라질 수 있기 때문이다. 따라서 경제이론은 부단한 검증을 필요로 하는 명제이다. 종래의 경제모형이 현실에 잘 부합하지 않을 때 현실을 더 잘 설명하는 새로운 경제모형이 등장한다. 경제학은 계속 진화하고 있는 사회과학 분야이다. 특히 거시경제학은 더욱 그러하다.

3.3 경제모형의 예 : 생산가능곡선

제1절에서 경제학의 세 가지 기본 전제를 소개하였다. '자원은 희소하다', '세상에 공짜는 없다', '사람들은 합리적으로 행동한다'가 그것이다. 이 세 가지 기본 전제를 수용하여 자원의 효율적인 배분에 관한 기초적인 명제를 제시해 주는 모형이 있다. 생산가능곡선이 그 모형이다.

생산가능곡선

경제문제의 핵심은 합리적인 선택의 문제이고 희소한 자원의 효율적인 배분에 관한 문제이다. 이를 시각적으로 쉽게 이해할 수 있도록 보여주는 그림이 생산가능곡선(production possibilities curve : PPC)이다. 한 사회의 자원과 생산기술이 주어져 있고 생산할 수 있는 재화가 소비재와 자본재의 두 가지뿐이라고 가정하자.

> **생산가능곡선**이란 한 사회의 자원과 기술이 주어져 있을 때 그 사회가 **모든 자원을 효율적으로** 사용하여 생산할 수 있는 두 생산물의 조합을 나타내주는 곡선이다.

그림 1-1에서 가로축(= 횡축)은 소비재의 생산량을, 세로축(= 종축)은 자본재의 생산량을 나타낸다. 사회가 가지고 있는 모든 자원을 자본재 생산에만 사용하면 최대한 OA만큼 생산할 수 있다는 것을 보여준다. OA보다 적게 생산할 수는 있지만 이는 최대효과의 원칙에 어긋나므로 비효율적이다. 비효율적인 결과를 얻는 것은 자원의 일부를 낭비하거나, 사용하지 않거나, 혹은 자원을 모두 사용하더라도 열악한 생산기술을 사용하기 때문이다. 현존하는 자원과 기술 여건에서 OA보다 더 많이 자본재를 생산할 수는 없다. OA만큼 자본재를 생산하면 모든 자원을 자본재의 생산에 사용했으므로 소비재의 생산량은 물론 0이다.

이제 소비재를 OB_1만큼 생산하려 한다고 하자. 소비재를 생산하려면 자본재의

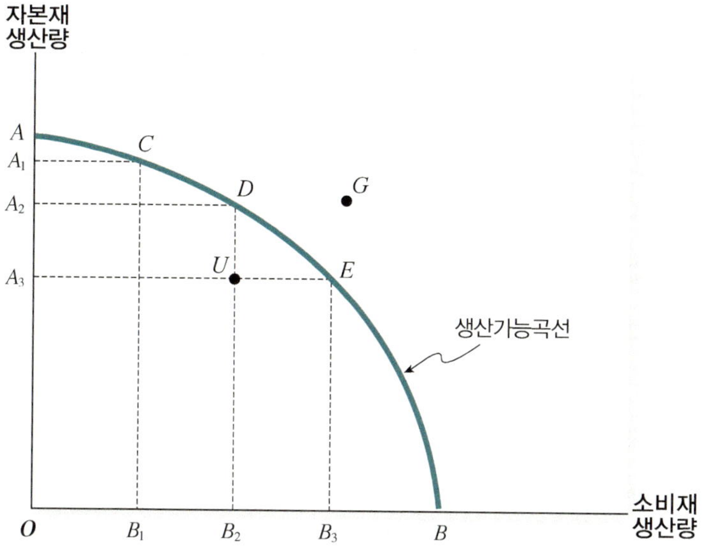

그림 1-1

생산가능곡선

자원은 희소하고 공짜가 아니기 때문에 생산가능곡선은 우하향한다.

생산에만 사용되어 온 자원 중에서 일부를 소비재 생산에 돌려야 한다. 아무런 자원도 사용하지 않고 소비재를 거저 생산할 수는 없다. 희소성이 지배하는 이 지구에서는 공짜가 없기 때문이다. 자원 일부가 자본재의 생산에서 빠져나가면 자본재는 OA만큼 생산될 수 없다. **그림 1-1**은 OB_1의 소비재를 최소의 자원으로 생산하고 나머지 자원으로 자본재를 최대로 생산하면 OA_1만큼 생산할 수 있다는 것을 보여준다. 따라서 C점은 A점과 같은 생산가능곡선 위에 있게 된다. 이와 같은 방법을 되풀이하여 $ACDEB$의 생산가능곡선을 얻는다.

생산가능곡선이 오른쪽으로 갈수록 수평이거나 올라가지 않고 내려간다는 것, 즉 우하향의 곡선이라는 것에서 세상에 공짜는 없다는 기본 전제와 선택의 문제가 드러난다. 우리는 자본재를 많이 생산하는 동시에 소비재도 많이 생산하고 싶어한다. 그러나 자원이 완전고용된(=주어진 모든 자원이 사용되고 있는) 사회에서 단기에 이것은 불가능하다. 한 재화를 더 생산하려면 다른 재화의 생산량을 줄여야 한다.

1950년대에 미국 대통령을 연임한 아이젠하워(D. Eisenhower)는 "한 사회가 만들어내는 총, 군함, 로켓은 궁극적으로는 헐벗고 굶주리는 사람들로부터 빼앗은 것이다" 라고 말하였다. 대통령이 아니라 경제학자의 입에서 나왔음직한 이 말은 한정된 자원을 군수품 생산에 돌릴수록 의식주와 관련된 생활필수품 생산이 줄어들 수밖에 없는 냉엄한 현실을 잘 표현한 것이다.

그림에서 생산가능곡선 밖에 있는 *G*점은 사회가 도달하고 싶어도 주어진 자원과 기술로는 도달할 수 없는 점이다. 생산가능곡선 밖에 있기 때문이다. *U*점과 같이 생산가능곡선 안에 있는 점들은 도달할 수는 있지만 자원배분이 비효율적인 점들이다.[5] 자원을 완전고용하고 우수한 생산기술을 활용하면 *U*점과 비교하여 어느 재화의 생산도 감소시키지 않고 적어도 한 재화의 생산을 증가시킬 수 있는 생산가능곡선 위의 *DE*구간으로 옮겨 갈 수 있기 때문이다.

한 사회가 실업문제로 골머리를 앓고 있다면 이는 그 사회가 *U*점과 같이 생산가능곡선 안에 있다는 것을 뜻한다. 이 경우 어떤 정책수단을 써서 생산가능곡선으로 옮겨 가느냐 하는 것이 중요한 문제로 등장한다. 생산가능곡선 위의 어떤 점으로 옮겨 가느냐 하는 점도 풀어야 할 중요한 문제가 된다. 이것들은 사회가 해결해야 할 선택의 문제이자 희소한 자원의 효율적인 배분에 관한 문제이다.

기회비용

어떤 것을 선택한다는 것은 다른 대안(代案)들을 포기한다는 것을 뜻한다. 따라서 선택에는 다른 '기회'를 포기함으로써 발생하는 비용이 따른다. 생산가능곡선에는 경제학에서 중요하게 다루는 기회비용(opportunity cost)이라는 개념이 나타난다. **그림 1-1**에서 *C*점을 보면 OB_1의 소비재를 생산하기 위하여 AA_1이라는 자본재를 생산할 기회를 포기한 것을 알 수 있다. 따라서 소비재 OB_1 생산의 기회비용은 자본재 수량 AA_1이라고 말한다.

어떤 활동의 **기회비용**이란 그 활동 때문에 포기해야 하는 대안들 가운데 최선의 대안에서 얻을 수 있었을 가치이다.

주말에 즐기는 데이트의 기회비용은 데이트에 들어가는 시간과 돈으로 할 수 있는 여러 가지 활동(예컨대 토익시험 준비, 야구경기 관람, 독서, 바둑, 당구 등등) 중에서 가장 낫다고 생각하는 활동의 가치를 말한다.

---

5) 이처럼 생산가능곡선은 한 사회가 현재의 주어진 자원과 기술로 도달할 수 없는 영역과 도달할 수 있는 영역을 구분해 주는 경계선 노릇을 하기 때문에 생산가능경계선(production possibilities frontier)이라고도 부른다.

그림 1-1에서는 소비재를 생산하기 때문에 포기해야 하는 것이 자본재 생산뿐이다. 따라서 소비재 생산의 기회비용은 자본재 생산량으로 표시된다. 소비재를 B_1B_2, B_2B_3, B_3B만큼 추가로 생산하는 기회비용은 각각 자본재 수량 A_1A_2, A_2A_3, A_3O이다(물론 그 역도 성립한다. 예컨대 자본재 A_3O 생산의 기회비용은 소비재 생산량 B_3B이다).

사회가 현재 그림 1-1의 D점에 있다고 하자. 어느 경우에 D점에서 E점으로 옮겨 갈 것인가? E점으로 옮겨 가면 소비재가 B_2B_3만큼 더 생산되지만, 그 대신 자본재 생산을 A_2A_3만큼 포기해야 한다. 따라서 그 사회가 B_2B_3의 소비재를 A_2A_3의 자본재보다 더 높게 평가한다면 E점으로 옮겨 갈 것이다. 반대로 B_2B_3의 소비재를 A_2A_3의 자본재보다 더 낮게 평가한다면 B_2B_3의 소비재 생산을 포기하고 D점에 그대로 있을 것이다. 이는 B_2B_3의 소비재를 생산하는 기회비용 A_2A_3가 커서 B_2B_3의 소비재 생산을 포기하는 것이라고 말할 수 있다.

일반적으로 사람이 어떤 활동을 한다는 것은 그 활동의 기회비용이 작다는 것, 즉 그 활동 대신 할 수 있는 다른 활동들에 작은 가치를 부여한다는 것을 뜻한다. 어떤 활동을 하지 않는다는 것은 그 기회비용이 크다는 것, 즉 그 활동보다 다른 활동에 더 큰 가치를 부여한다는 것을 뜻한다.

그림 1-1은 소비재의 생산을 증가시킴에 따라 소비재 1단위의 기회비용이 점점 증가하는 것을 보여주고 있다. 이를 **기회비용체증(遞增)의 법칙**이라고 한다. 경제학에서는 기회비용체증의 법칙이 현실 세계에서 일어나는 일반적인 현상이라고 본다. 기회비용체증의 법칙은 그림 1-1에서와 같이 원점에 대하여 오목한 생산가능곡선으로 그려진다.

자본재만을 생산하다가 소비재를 조금 생산하기 시작할 때에는 (경제적) 효율에 입각하여 자본재 생산에 별로 기여하지 않고 소비재 생산에는 크게 기여하는 자원만을 빼내어 생산할 수 있다. 따라서 최초에는 소비재 생산을 늘릴 때 감소시켜야 하는 자본재 수량이 적다. 그러나 소비재 생산을 계속 늘려나가면 자본재 생산에 적합한 자원까지 소비재 생산으로 전용해야 한다. 그 결과 감소되는 자본재 수량은 점점 커진다. 이것이 기회비용체증의 법칙이 일반적으로 성립하는 근거이다.

모든 자원이 자본재와 소비재 생산에 기여하는 몫이 똑같다면 기회비용이 체증하지 않고 일정하여 생산가능곡선은 우하향의 직선이 될 것이다. 그러나 모든 자원이 동질적이지는 않기 때문에 기회비용체증의 법칙이 성립한다. **자원의 비동질성** 때

그림 1-2

생산가능곡선과 경제성장

경제성장은 생산가능곡선의 바깥 이동으로 표시된다. 현재소비를 줄이면 미래의 경제성장이 커진다.

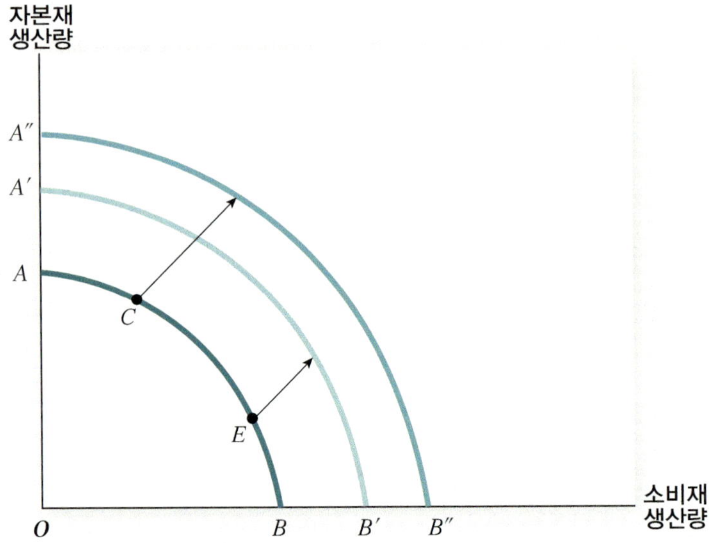

문에 경제학에서는 생산가능곡선을 **그림 1-1**처럼 원점에 대하여 오목하게 그린다.

경제성장

앞에서 생산가능곡선을 설명할 때 자원과 기술이 주어져 있는 상황에서 그려진 곡선이라고 하였다. 따라서 생산가능곡선은 경제성장이라는 개념을 도외시하고 그려진 곡선이다.

경제성장은 자원의 부존량이 늘어나고 기술이 향상되는 것으로 특징지워진다. 시간이 흐름에 따라 경제가 성장하면 종전보다 더 많은 재화를 생산할 수 있다. 그림 1-1의 *G*점은 경제가 성장하면 도달할 수 있는 것이다. 따라서 경제성장은 **그림 1-2**와 같이 생산가능곡선이 바깥으로 이동하는 것으로 표시할 수 있다. 바깥으로 많이 이동하면 경제가 크게 성장하는 것을 나타낸다. *AA′*과 *BB′* 중 어느 쪽이 더 큰가는 증가된 자원과 향상된 기술이 어느 재화 생산에 더 기여하느냐에 달려 있다.

사회가 현재의 생산가능곡선 *AB* 상에서 어느 점을 선택하느냐 하는 것이 경제성장의 크기를 결정한다. 예컨대 현재 *E*점을 택할 때 차기에 생산가능곡선이 *A′B′*으로 이동한다고 하자. 그러면 *C*점을 택할 때 차기에 생산가능곡선은 *A″B″*처럼 *A′B′*보다 더 바깥으로 이동한다. *C*점에서는 *E*점보다 허리띠를 졸라매어 현재의 소비를 줄이고 미래의 생산능력을 확충시키는 자본재 생산을 증가시키기 때문이다. 생산가능곡선은 단순한 개념이지만 시간의 흐름에 따른 자원배분의 선택까지도 다룰 수 있게 해주는 중요한 분석도구이다.

3.4 경제이론의 방법론

앞에서 설명한 경제이론을 전개하는 데에는 몇 가지 유의할 사항이 있다. 다른 사회과학도 마찬가지지만 자칫 빠지기 쉬운 방법론상의 오류를 피해야 한다.

인과의 오류

개별적인 사실들로부터 일반적인 사실이나 법칙을 끌어내는 방법을 **귀납법**(induction)이라 한다. 가정을 세울 때 이 귀납법을 제대로 활용하기 위해서는 많은 요인들을 두루 살펴보아야 한다. 그러나 그 많은 요인들을 모형을 세울 때 다 수용할 수는 없기 때문에 중요하다고 생각되는 요인들만 뽑고, 나머지는 '다른 조건들이 일정할 때' 라는 가정으로 처리한다. 그런데 중요하다고 생각되어 뽑은 요인들이 실상 중요하지 않을 수가 있다. 이를 유념하여 귀납법을 올바로 활용하도록 경종을 울려주는 것이 인과의 오류이다.

여러 현상 간의 인과관계를 구명함에 있어서 A라는 현상이 B라는 현상보다 먼저 관찰되었다는 이유로 A가 B의 원인이라고 논단하기 쉽다. 이를 **인과의 오류**(posthoc fallacy)라 한다. '까마귀 날자 배 떨어진다' 라는 속담을 곧이곧대로 받아들여 배 떨어지는 원인을 까마귀 나는 데에서 찾는다면 인과의 오류를 범하는 것이다.

어떤 경제현상들 간의 단순한 선후관계는 제3의 요인에 의한 상관관계인 경우가 많다. 이를 인과관계로 단정해 버리는 인과의 오류를 피해야 한다.

구성의 오류

일반적인 사실이나 법칙으로부터 구체적인 사실이나 법칙을 이끌어내는 방법을 **연역법**(deduction)이라 한다.[6] 경제학에서 연역법은 귀납법과 함께 상호보완적

---

6) 많은 독자들이 영어의 induction과 deduction을 혼동할 것이다. 혼동을 피하는 한 가지 방법은 일반적인 사실이나 법칙이 개별적인 사실들의 중앙에 자리 잡고 있다고 생각하는 것이다. 개별적인 사실들로부터 이 중앙 '으로' (in) 들어가는 것이 귀납법이다. 중앙에서 멀어지면서(de) 개별적인 사실 쪽

으로 이용되고 있다. 연역법에 있을 수 있는 오류 중 경제학에서 범하기 쉬운 것이 구성의 오류이다. 부분이 참이라고 해서 전체도 참이라고 생각하는 것이 구성의 오류(fallacy of composition)이다.

경기장의 관중석에서 경기를 관람할 때 어느 한 사람이 일어나면 그 사람은 경기를 더 잘 볼 수 있다. 그러나 모든 사람이 일어서면 각자가 종전보다 경기를 더 잘 볼 수 있다고 말할 수 없다.

부분이 참일 때 전체가 참인 경우도 많다. 구성의 오류가 말하는 것은 이 명제가 항상 옳지는 않다는 것이다.

구성의 오류는 경제학에서 중요한 역할을 수행한다. 거시경제학을 단순히 미시경제학의 연장이나 확대로 보지 않고 별도로 다루는 이유도 주로 구성의 오류 때문이다. 제10장에서 다루는 것처럼 국민 각자가 근검절약하여 저축하는데 그 결과 총수요가 침체하고 국민소득이 작아져 국민 전체로는 저축이 늘어나지 않거나 오히려 감소할 수 있다. 이를 절약의 역설이라 부른다. 절약의 역설은 대표적인 구성의 오류의 예이다.

3.5 경제이론의 표현 방법

서술적인 방법

경제이론의 표현은 우선 서술적인 방법에 의존한다. 서술적인 방법이란 수식이나 그림 등을 사용하지 않고 문장으로 표현하는 것이다. 다음 장에서 설명하는 바와 같이 수요의 법칙을 '다른 조건들이 일정할 때 어떤 생산물의 가격이 상승(하락)하면 그 생산물에 대한 수요량은 감소(증가)한다'라고 표현하는 것이 서술적인 방법이다.

수리적인 방법

서술적인 방법은 읽으면서 그 의미를 바로 파악할 수 있다는 장점이 있는 반면, 표현이 길기 때문에 여러 경제현상을 동시에 설명할 때 장황해지는 단점이 있다. 이를 보완하는 방법으로 경제이론을 수리적으로 표현하는 방법이 많이 사용된다. 앞에서 서술적으로 표시한 수요의 법칙을 수리적으로 표현하면 다음과 같다.

으로 가는 것이 연역법이다.

$$Q^D = f(P),\ \frac{\Delta Q^D}{\Delta P} < 0 \tag{1-1}$$

식 (1-1)에서 $Q^D = f(P)$는 'Q^D는 P의 함수이다' 라고 읽는다. Q^D는 한 상품에 대한 수요량, P는 그 상품의 가격을 표시한다. 함수란 한 변수의 값이 정해지면 다른 변수의 값이 유일하게 결정되는 관계를 말한다. 한 상품의 가격이 결정되면 그 상품에 대한 수요량이 유일하게 결정되는 것을 $Q^D = f(P)$로 나타낸다. 이때 가격을 독립변수라 하고, 수요량을 종속변수라 한다. Δ(delta)는 증분 또는 변화분을 뜻한다. $\frac{\Delta Q^D}{\Delta P} < 0$는 가격의 증분과 수요량의 증분의 부호가 다르다는 것, 즉 가격과 수요량이 반대 방향으로 움직인다는 것을 표시한다.[7] 식 (1-1) 전체를 'Q^D는 P의 감소함수이다' 라고 읽는다.

수리적인 표현 방법은 일단 수학의 기초 개념을 익히고 나면 여러 경제현상들의 관계를 간명하게 표현하고 이해할 수 있게 해준다.

기하학적인 방법

경제학에서는 흔히 여러 변수들 간의 관계를 표나 그림으로 알기 쉽게 표현한다. 대개 표보다는 그림이 많은 정보를 더 쉽게 제공한다. 경제이론을 그림으로 표시하는 데에는 일반적으로 직각좌표(또는 평면)를 사용한다. 이는 두 변수를 세로축과 가로축에 측정하여 두 변수의 관계를 그림으로 나타내준다. 경제학에서는 가격을 세로축, 수량을 가로축으로 측정하는 것이 영국의 경제학자 마샬 이래 관행으로 되어 있다.

예를 들어 가격을 세로축에 측정하고 수요량을 가로축에 측정하여 '가격이 상승(하락)하면 수요량은 감소(증가)한다' 라는 수요의 법칙을 **그림 1-3**에서 보는 바와 같이 우하향하는 수요곡선으로 표현할 수 있다. 그림 1-3의 수요곡선은 가격이 P_0에서 P_1으로 하락하면 수요량은 Q_0에서 Q_1으로 증가한다는 것을 나타낸다.

이상에서 설명한 세 가지 표현 방법은 상호보완적이다. 따라서 본서에서는 세 가지 표현 방법을 적절히 혼합하여 경제이론을 설명하기로 한다.

---

7) $\frac{\Delta Q}{\Delta P} > 0$는 ΔP와 ΔQ의 부호가 같다는 것, 가격과 수요량이 같은 방향으로 움직인다는 것을 나타낸다. 즉, $\Delta P > 0$이면 $\Delta Q > 0$이고, $\Delta P < 0$이면 $\Delta Q < 0$이다. 이 경우 'Q는 P의 증가함수이다' 라고 말한다. 식에서 P를 독립변수, Q를 종속변수라 부른다. 독립변수는 영향을 주는 변수이고, 종속변수는 영향을 받는 변수이다.

그림 1-3

경제이론의 기하학적인 표현

수요의 법칙은 우하향하는 수요곡선으로 나타낸다.

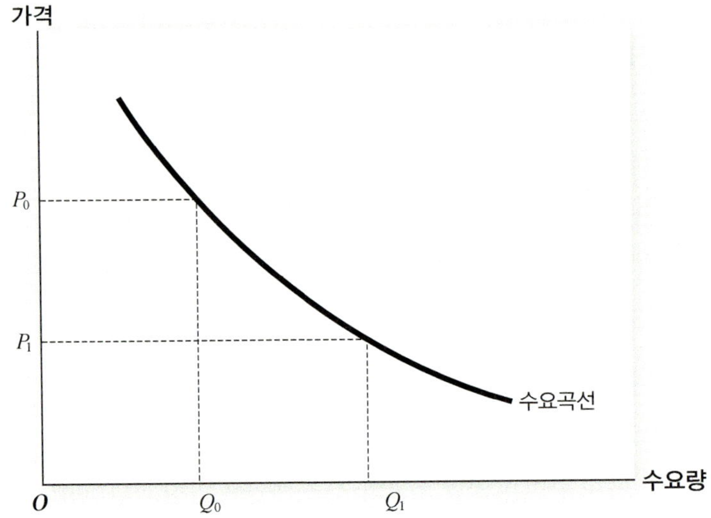

요약 및 학습

01 경제학은 경제문제를 다루는 사회과학의 한 분야이다. 재화와 서비스를 생산 · 유통 · 소비할 때 발생하는 문제를 경제문제라 한다.

02 경제학의 기본 전제는 '자원은 희소하다', '세상에 공짜는 없다', '사람들은 합리적으로 행동한다'의 세 가지이다.

03 다음은 본서에서 수시로 등장하게 될 경제학의 주요 원리이다.

① 사람들은 자기 이익을 위해 행동한다(사람들은 경제적 유인에 반응한다).

② 한 활동의 진짜 비용은 그 활동의 기회비용이다.

③ 합리적인 선택은 한계적으로 이루어진다(한계원리).

④ 비교우위가 있는 분야를 선택하라(비교우위의 원리).

⑤ 특화와 분업, 자발적인 거래는 모든 당사자들을 이롭게 한다.

⑥ 시장은 균형을 향하여 움직인다.

⑦ 사람들의 소득은 그들이 제공하는 생산자원의 시장가치에 의해 결정된다.

⑧ 정부가 때로는 시장의 성과를 개선할 수 있다.

⑨ 단기와 장기에 성과가 아주 다를 수 있다.

⑩ 장기에 한 나라 국민의 생활수준은 그 나라의 생산능력에 달려 있다.

⑪ 돈은 경제활동의 윤활유이다. 그러나 돈이 많이 풀리면 물가가 오른다.

⑫ 인플레이션과 실업은 단기에 상충관계가 있지만 장기에는 아무런 관계가 없다.

⑬ 경제정책은 단기의 경기변동과 장기의 경제성장에 영향을 미친다.

04 경제학의 학문적 체계는 전통적으로 경제사 · 경제이론 · 경제정책론의 세 분야로, 가치판단의 유무에 따라서는 규범경제학과 실증경제학으로, 연구대상에 따라서는 미시경제학과 거시경제학으로 분류한다.

05 경제이론은 대개 경제모형을 이용하여 전개되고 설명된다. 경제모형이란 경제변수들 간의 상호관계를 단순화한 틀이다. 쓸모 있는 경제모형은 "다른 조건들이 일정할 때 A가 일어나면 B가 일어날 것이다"라는 조건부 예측을 하여 이 예측이 맞는지 틀리는지 검증하게 해준다. 경제이론은 맞다고 검증된 경제모형이다.

06 경제모형의 간단한 예로 생산가능곡선을 들 수 있다. 생산가능곡선이란 한 사회의 자원과 기술이 주어져 있을 때 그 사회가 모든 자원을 효율적으로 사용하여 생산할 수 있는 두 생산물의 조합을 나타내는 곡선이다. 기회비용은 어떤 활동을 함으로써 포기해야 하는 대안들 가운데 최선의 대안에서 얻을 수 있었을 가치이다. 생산가능곡선은 우하향한다. 즉, 한 사회에 주어진 모든 자원을 효율적으로 사용할 때 한 재의 생산을 늘리려면 다른 재의 생산을 줄여야 한다. 생산가능곡선은 우하향하되 원점에 대해 오목하게 우하향하는데 이는 기회비용체증의 법칙을 나타낸다. 기회비용체증의 법칙이란 한 재의 생산을 늘릴 때 그 기회비용이 점점 커지는 것을 말한다.

07 경제학에서는 자연과학처럼 통제된 실험을 할 수 없기 때문에 여러 가지 방법론상의 문제점들이 발생한다. 경제학을 공부함에 있어서는 귀납법과 연역법의 분석 방법을 사용하되 인과의 오류와 구성의 오류를 피해야 한다.

08 경제이론의 표현 방법에는 서술적인 방법, 수리적인 방법, 기하학적인 방법의 세 가지가 있다.

연습문제

01 여러분이 아침에 잠자리에서 일어나 밤에 잠자리에 들 때까지 일상적으로 소비하는 재화와 서비스를 열거해 보라. 이 생산물들을 누가 어떻게 생산한 것인지 생각해 보라. 시대 · 사회 · 계층이 다름에 따라 소비행태가 다른 것을 확인하라.

02 현실 세계에서 '사람들은 합리적으로 행동한다'는 경제학의 기본 전제와 부합되는 예와 부합되지 않는 예를 세 가지 이상씩 들어보라.

03 영국의 이론물리학자 에딩턴 경은 "어떠한 실험도 그것이 이론에 의하여 확인될 때까지는 결코 믿지 않겠다"고 말하였다. 이 발언은 본문에서 설명한 이론 구성의 방법과 배치되는 것인가?

04 다음을 기회비용과 관련지어 설명하라.

① A는 주말마다 데이트를 하는데 B는 데이트를 전혀 하지 않는다.

② A는 탁구를 치고 B는 당구를 치고 C는 골프를 한다.

③ 전시에는 평화 시에 비해 정조관념이 약해진다.

④ 초범보다 재범이 더 쉽다.

⑤ "독재정권 하에서 기업을 하려면 시류를 따르지 않을 수 없었다."

⑥ 정치인들은 식언을 많이 한다.

⑦ 검찰과 경찰이 정권의 시녀라고 지탄받을 일을 많이 해 왔다.

⑧ 부산을 가는데 A는 무궁화호로, B는 고속철도로, C는 비행기로 간다.

⑨ 설이나 추석 때는 고속도로가 거북이 도로가 되는데도 불구하고 고향을 찾는다.

⑩ 백화점이 일요일에 쉬지 않고 평일에 쉰다.

05 제2차 세계대전 중 소련은 전쟁 전보다 군수품(軍需品) 생산은 증가하고 민수품(民需品) 생산은 감소하였다. 반면에 미국은 전쟁 전에 비해 군수품과 민수품의 생산이 모두 증가하였다. 두 나라의 차이를 생산가능곡선을 이용하여 설명해 보라.

06 다음은 어떤 경제에서 부존자원과 생산기술을 이용하여 얻을 수 있는 빵과 옷의 최대 생산량 조합을 나타낸다.

조합	빵(톤)	옷(1,000벌)
A	200	0
B	190	10
C	170	20
D	140	30
E	100	40
F	50	50
G	0	60

(1) 각 조합들을 직선으로 연결해 생산가능곡선(PPC)을 그려라.
위 표와 비교하여 PPC는 얼마나 많은 정보를 제공해 주고 있는가?

(2) 왜 PPC는 우하향하는가?

(3) 각 조합점에서 옷의 기회비용을 계산하라.

(4) 각 조합점에서 빵의 기회비용을 계산하라.

(5) 100톤의 빵과 30,000벌의 옷은 PPC 상에 있는가? PPC 상에 있지 않다면 그 이유는?

(6) 50톤의 빵과 60,000벌의 옷은 PPC 상에 있는가? PPC 상에 있지 않다면 그 이유는?

(7) 어느 경우에 100톤의 빵과 50,000벌의 옷을 생산할 수 있는가?

07 로빈슨 크루소는 하루에 물고기만 잡으면 20마리까지 잡을 수 있고, 바나나만 따면 40개까지 딸 수 있다.

(1) 로빈슨 크루소의 생산가능곡선을 그려라.

(2) 로빈슨 크루소의 생산가능곡선은 직선으로 그려도 되지만 현대산업사회의 생산가능곡선은 기회비용체증을 반영하여 원점에 대해 오목하게 그려야 하는 까닭을 설명하라.

08 필자 블로그(blog.naver.com/ksahn21C) 경제학 길잡이 제1장 읽을거리 1-C부터 1-G까지 읽고 토론해 보라.

09 다음 기술이 옳은가 그른가를 밝히고, 그 이유를 설명하라.

① 현실 세계에서 자원은 절대적으로 희소하다.

② 경제정책은 실증경제학에 속하기도 하고 규범경제학에 속하기도 한다.

③ 실업과 비효율적인 자원배분을 둘 다 PPC 안의 점으로 표시할 수 있다.

④ 근로자 정년이 57세에서 60세로 연장되면 PPC가 바깥쪽으로 이동할 것이다.

⑤ 한 재화의 생산을 증가시킴에 따라 포기해야 하는 다른 재화의 수량이 점점 커지는 현상을 기회비용체증의 법칙이라고 한다.

⑥ 기회비용체감 현상이 일어난다면 생산가능곡선이 원점에 대해 볼록할 것이다.

⑦ 효율적인 자원배분이 이루어지고 있는 경제에서 단기에 모든 재화와 서비스의 생산을 동시에 증가시킬 수는 없다.

⑧ "통화증가율을 낮추면 인플레이션율이 낮아질 것이다"는 규범적인 기술이다.

⑨ '소비의 크기는 소득의 크기에 의하여 결정된다'는 가설에서 소비는 독립변수, 소득은 종속변수이다.

⑩ 연역법은 구체적인 사실에서부터 이론으로 옮겨간다.

⑪ "모든 인간은 죽는다. 영웅은 인간이다. 따라서 영웅도 죽는다"는 삼단논법은 귀납법에 속한다.

⑫ 구성의 모순은 '전체는 단순한 부분의 합이 아니다'를 보여준다.

⑬ 사회과학자는 미래를 예언할 수는 없지만 조건부 예측은 할 수 있다.

⑭ 인과관계가 있으면 상관관계도 있다. 그러나 그 역(逆)은 성립하지 않는다.

⑮ 류현진이 농구를 하지 않고 야구를 하는 것은 농구를 하는 기회비용이 아주 크기 때문이다.

⑯ 자발적인 교환과 무역은 윈 · 윈 게임이다.

2 경제문제와 시장경제

"인류의 정치적 문제는 경제적 효율, 사회 정의, 개인의 자유, 이 세 가지를 결합하는 것이다."

— 존 메이너드 케인스(John M. Keynes)

"공산주의는 생물학자들이 발명했을까? 정치가들이 발명했을까?"
"그야 물론 정치가들이 발명했지. 생물학자들이라면 쥐에게 먼저 시험해 보았을 거야."

— 옛 소련 사회의 농담

"과거 소련 계획당국은 판유리 생산을 늘리기 위해 수량을 기준으로 작업성과를 평가하는 방식을 도입했다. 그랬더니 유리 두께가 너무 얇아져 쉽게 부서졌다. 그래서 무게를 평가 기준으로 바꾸었더니 유리가 너무 두꺼워져 반투명상태가 되어 쓸 수 없게 되었다. 유리 두께를 가장 적당한 크기로 생산하게 하려면 중앙 계획당국이 아니라 시장에 맡겨야 한다는 교훈이다."

— 경제체제론 사례

[개요]

이 장에서는 경제문제들을 풀어나가는 방식인 경제체제에 대하여 다룬다. 경제체제는 크게 전통경제, 자본주의경제, 사회주의경제의 세 가지로 구분할 수 있다. 오늘날 대부분의 나라들은 자본주의경제를 주축으로 삼고 있다. 자본주의경제는 시장경제라고 흔히 불린다. 시장경제에서 경제문제들이 풀리는 방식을 설명하는 모형이 수요 · 공급의 이론이다.

주요 학습사항

◎ 기본적인 경제문제란?

◎ 자본주의경제와 사회주의경제의 장 · 단점은?

◎ 가격의 기능은?

◎ 시장경제원리란?

◎ 시장경제는 기본적인 경제문제를 어떻게 해결하는가?

◎ 보이지 않는 손이란?

1. 경제문제와 경제체제

1.1 기본적인 경제문제

제1장에서 설명한 바와 같이 희소성은 경제학의 기본 전제이다. 소비자의 경우 희소성은 한정된 소득으로 나타난다. 소비자는 한정된 소득으로 어떤 재화와 서비스를 얼마나 소비하고, 언제 소비할 것인가를 결정해야 한다. 소비자의 소득은 크게 노동소득과 재산소득으로 나누어진다. 노동소득은 생산에 참여한 대가로 얻는다. 재산소득은 자기가 가지고 있는 여러 가지 재산을 활용하여 얻는다. 따라서 어떤 직업과 직장을 선택하며, 재산을 어떻게 활용해야 할 것인가도 결정해야 한다. 이것들이 소비자에게 기본적인 경제문제가 된다.

생산자도 생산에 관한 여러 가지 문제를 갖고 있다. 생산에 초점을 맞추어 미국의 대표적인 경제학자 새뮤얼슨(Paul A. Samuelson)은 어느 사회든 간에 다음과 같은 세 가지 **기본적인 경제문제**를 해결해야 한다고 하였다.

① 무엇을 얼마나 생산할 것인가(What & How Much to produce)
② 어떻게 생산할 것인가(How to produce)
③ 누구를 위하여 생산할 것인가(For Whom to produce)

라는 문제들이 그것이다. 첫째는 한 사회가 생산해야 할 생산물의 종류와 수량에 관한 것이다. 둘째는 생산조직과 생산기술의 선택에 관한 문제이다. 첫째와 둘째는 자원의 사용량과 사용 방법에 관한 문제도 된다. 셋째는 생산물의 분배에 관한 문제이다.

최근에는 세 가지 기본적인 경제문제 외에 또 한 가지 중요한 문제에 주목한다. 그것은

④ 언제 생산할 것인가(When to produce)

이다. 이 문제는 석유, 석탄, 기타 광물과 같이 한 번 써버리면 재생할 수 없는 자원(exhaustible resources)의 시간적인 배분에 관심을 가지면서 그 중요성이 부각되었

다. 지구상에 존재하는 자원의 양은 한정되어 있기 때문에 지금 많이 써버리면 미래 세대가 쓸 몫이 줄어든다. 따라서 부존량이 한정된 자원을 현재와 미래에 걸쳐 어떻게 나누어 쓸 것인가 하는 문제가 생기는 것이다.

무엇을 얼마나 생산할 것인가, 어떻게 생산할 것인가, 누구를 위하여 생산할 것인가, 언제 생산할 것인가, 이 네 가지 문제는 개별 생산자에게도 기본적인 경제문제이다.

1.2 경제체제

새뮤얼슨이 말한 기본적인 경제문제는 어느 사회를 막론하고 어떤 형태로든 풀어야 한다. 인류는 기본적인 경제문제를 여러 가지 방식으로 해결해 왔다.

경제문제를 풀어나가는 제도나 방식을 **경제체제**(economic system), 간단히 줄여서 **경제**(economy)라 한다.

원시시대부터 현대에 이르기까지 이 지구상에는 다양한 경제체제가 존재하여 왔다. 다양한 경제(체제)를 크게 전통경제, 자본주의경제, 사회주의경제의 세 가지로 분류할 수 있다.

전통경제

기본적인 경제문제들이 전통적인 관습이나 신분제도 등에 의해 해결되는 경제체제를 **전통경제**(traditional economy)라 한다. 18세기에 자본주의가 출현하였는데 그 이전의 다양한 경제체제를 전통경제로 뭉뚱그릴 수 있다. 현생 인류인 호모사피엔스가 지구상에 살아온 역사는 학설이 분분하지만 길게 보아 대략 30만 년인 것으로 최근에 의견이 모아지고 있다.[1] 30만 년 중에 처음 29만 년은 씨족이나 부족으로 집단을 이루어 짐승과 물고기를 잡고 나무 열매와 풀을 따 먹는 **수렵채취시대**였다. 이런 원시시대에 무엇을 얼마나 생산할 것인가 하는 경제문제는 무엇을 얼마나 잡고 딸 것이냐는 문제로서 집단의 지도자들에 의해 결정되었다. 어떻게, 언제, 누구를

---

1) 이지순, 『인간해방의 경제학』, 문우사, 2021 참고.

위하여 생산할 것인가 하는 문제는 공동으로 생산에 참여하고 공동으로 분배하여 소비함으로써 해결하였다. 각 씨족이나 부족은 자급자족 생활을 하고, 구성원 상호 간에 평등한 관계를 이루었다. 독일의 유명한 철학자이자 경제학자인 칼 마르크스(Karl Marx, 1818~1883)는 이를 **원시공산경제**라 불렀다.

수렵채취시대 다음에 등장하여 약 1만 년 동안 지속된 것이 농경목축시대이다. 한곳에 정착하여 농작물을 경작하고 동물을 가축으로 기른 시대이다. 이 시대에는 재산의 사유화가 일어나고 노예제도라는 신분제도가 생겨 원시사회의 경제적 평등의 관계가 지배・피지배의 관계로 바뀌었다. 무엇을 얼마나, 어떻게, 언제, 누구를 위하여 생산할 것인가 하는 문제는 노예 소유주에 의해 결정되었다. 농업・수공업・각종 서비스업 등 육체노동을 요하는 일들은 노예의 손으로 행해졌다. 노예 노동의 계속적인 공급에 필요한 최소한의 몫만 노예에게 돌아가고 나머지 생산물은 노예 소유주에게 돌아갔다. 마르크스는 이를 **고대노예경제**라 불렀다.

서양 중세사회에서는 대규모의 토지를 소유하는 영주들(동양 중세사회에서는 우리나라의 양반과 같은 지배층)이 토지를 농민에게 빌려주고 농민으로부터 고율의 지대를 받는 **봉건제도**가 주류를 이루었다. 봉건제도에서 무엇을 얼마나, 어떻게, 언제 생산할 것인가 하는 문제는 주로 토지에 매어 있는 농민에 의하여 결정되었다. 그러나 누구를 위하여 생산할 것인가 하는 문제가 영주에 의해 불공평하게 결정되었다. 대다수 농민들은 겨우 생존을 유지할 정도로 빈궁했지만 농지를 떠날 수도 없어 농노(serf)로 불렸다. 이처럼 18세기 이전까지 인류는 전 역사를 통해 기본적인 경제문제들이 관습이나 신분제도 등에 의해 해결되는 전통경제의 형태를 띠었다.

자본주의경제

> **자본주의경제**란 사유재산제도와 경제적 자유를 두 축으로 하여 개별 경제주체가 자기 책임 하에 자유롭게 자기 이익을 추구하는 가운데 시장에서 기본적인 경제문제들이 해결되는 경제체제이다.

사유재산제도란 자본과 토지 등 생산수단을 개인이 소유하고 소유자가 생산수단을 자유롭게 사용・처분할 수 있는 제도를 뜻한다. **경제적 자유**란 경제행위에 대한 개인의 의사 결정이 자유롭게 이루어지는 것을 뜻한다. 경제적 자유에는 계약의 자유, 영업의 자유(자유기업주의), 직업 선택의 자유, 거주 이전의 자유 등이 포함된다.

자본주의경제에서는 개별 경제주체들이 시장에서 형성되는 가격을 지표로 하여 시장에서 만나 자유롭게 생산 · 교환(유통) · 소비활동을 한다. 자유로운 시장경제활동을 강조하여 자본주의경제를 **자유시장경제**(free market economy), 혹은 간단히 줄여서 **시장경제**라고 부른다.

자본주의경제에서는 생산수단을 갖고 있는 자본가가 이윤을 얻을 목적으로 노동자를 고용하여 상품을 생산한다. 이 체제에서는 생산물은 물론 토지 · 노동 · 자본과 같은 생산요소도 시장에서 상품으로 매매된다. 그리하여 생산 · 교환 · 소비가 모두 시장을 통하여 이루어진다. 시장의 구체적인 작동과 그에 따른 자원배분을 연구하는 것이 본서 제II편과 제III편의 주요 내용이다.

자본주의(경제)는 16세기 중엽부터 18세기 중엽까지 유럽에서 형성된 상업자본주의에서부터 발달하였다. 당시 유럽은 지방분권적인 봉건제도가 점차 붕괴되고 중앙집권적인 절대왕정이 이루어지고 있었다. 각국은 근대민족국가를 튼튼하게 세우기 위하여 정부 주도 하에 부국강병책을 쓰고 해외 식민지를 적극적으로 개척하였다. 부(富)는 유통과정에서 창출된다고 보아 상업, 특히 무역을 중요시하는 **중상주의**(重商主義, mercantilism)가 시대의 주류를 이루었다. 중상주의에 입각한 정부정책은 봉건제도 말엽부터 발달하기 시작한 상업과 수공업을 크게 발전시켰다. 상업의 발전은 상품의 본격적인 공장생산이 이루어질 수 있도록 자본을 최초로 축적시켜 주었다는 뜻에서 **상업자본주의**라 부른다.

17세기 말부터 18세기 말까지 기계와 동력의 발명에 힘입어 공업(제조업)부문의 생산력이 획기적으로 증가한다. 이를 **산업혁명**(industrial revolution)이라 한다. 산업혁명이 광범위하게 파급된 18세기 중엽부터 개인의 부와 국부가 유통과정이 아니라 생산과정에서 창출된다는 것을 인식하게 되었다. 이에 따라 종래의 수공업생산 대신 기계에 의한 공장생산이 일반적인 생산형태로 보급되어 산업이 비약적으로 발전하였다. 상업이 아니라 제조업이 자본축적과 경제발전의 원동력이 되었다. 그리하여 18세기 중엽부터 자본주의의 원형이라 할 산업자본주의가 등장한다. 이어 일어난 시민혁명으로 정치적으로 민주주의, 사회적으로 시민사회가 형성된다. 이를 바탕으로 사유재산제도와 경제적 자유를 근간으로 하는 **산업자본주의**가 완성된다. 산업자본주의 하에서 인류는 일찍이 경험하지 못한 비약적인 생산력의 증가를 보였다. 30만 년간 줄곧 가난을 벗어나지 못했던 인류가 종전에는 상상할 수 없었던 경이적인 경제성장을 이룩한 것이다.

산업자본주의는 19세기 중후반부터 심한 빈부 격차와 주기적인 공황을 경험하였다. 1930년대의 대공황을 겪고 나서 서구의 산업자본주의는 정부가 공공의 이익을 위해 사유재산제도와 경제적 자유의 일부를 제한하는 형태를 취하게 되었다.

사회주의경제

산업자본주의에서 나타난 부익부 빈익빈의 빈부 격차와 공황 등 자본주의의 모순을 극복하기 위해 자본주의와 정반대의 경제체제로 출현한 것이 사회주의경제이다. 사회주의경제는 1917년 러시아에서 노동자 · 농민혁명이 일어나 처음으로 등장했다.

사회주의경제란 생산수단을 국가가 소유하고, 생산 · 분배 · 소비가 국가의 계획에 의하여 이루어지는 경제체제이다.

사회주의경제의 기본 특징은 생산수단의 국유화와 중앙계획[2]이다. 생산수단의 사유화를 부정하기 때문에 자본주의경제에서와 같은 이윤동기에 의한 상품 생산은 원천적으로 부정된다. 무엇을 얼마나, 어떻게, 누구를 위하여, 언제 생산할 것인가 하는 기본적인 경제문제가 모두 중앙당국의 계획에 의하여 해결되기 때문에 사회주의경제를 **계획경제**(planned economy)라고도 한다.

사회주의경제의 중앙당국은 효율(efficiency)보다 평등(equality)에, 경제적 자유보다 경제 자립에 주안점을 둔다. 효율을 앞세워 자본가가 이윤을 추구하는 자본주의경제에서는 한 직종에서도 노동생산성에 따라 임금이 다르고, 노동생산성이 임금수준에 못 미치면 그 노동자는 일자리를 잃게 마련이다. 경기가 나쁠 때에는 물건이 안 팔리고 기업의 사정이 어려워져서 능력 있는 노동자도 일자리를 잃는다. 개인은 직업 선택의 자유를 누리는 반면 실업의 책임도 스스로 져야 한다. 그런데 사회주의경제에서는 공식적으로 실업자가 한 명도 없다. 국가가 책임지고 일자리를 마련해 주기 때문이다. 그 대신 중앙당국의 명령에 의해 노동자들이 각 직장에 배치되기

2) 때로 사유재산제도냐 국유재산제도냐의 기준으로만 자본주의와 사회주의를 구분하기도 한다. 그래서 덩샤오핑은 "자본주의에도 계획이 있고, 사회주의에도 시장이 있다"라고 말했다. 이에 대하여는 필자의 블로그 경제학 길잡이 제2장 읽을거리 2-A 사유재산권을 참고할 것.

때문에 직업 선택의 자유가 없다. 평등을 중시하기 때문에 직종이 같으면 열심히 일하든 안 하든 관계없이 임금도 같다. 더디 가도 사람을 생각한다는 것이 사회주의사회의 정신이다.

각자가 자유와 창의를 발휘하여 피나는 경쟁을 뚫고 억만장자가 되는 것이 얼마든지 미화되는 사회가 자본주의사회이다. 그 대신 경쟁에서 탈락하여 쪽박을 차는 경우도 흔하다. 이에 반해 사회주의사회는 혼자 부자가 될 수 있는 자유도 없고, 혼자 거지가 될 수도 없는 집단주의사회이다.

제2차 세계대전 이후 동구권과 중국 · 베트남 · 쿠바 · 북한 등 여러 나라들이 소련의 뒤를 이어 사회주의경제를 채택하였다. 그리하여 1980년대까지 전 세계 인구의 약 1/3이 사회주의경제에서 생활해 왔다.

지금까지의 설명을 바탕으로 하여 두 경제체제를 대비하면 **표 2-1**과 같다.

표 2-1

자본주의경제와 사회주의경제

비교기준	자본주의경제	사회주의경제
생산수단 소유	사유화	국유화
추구하는 주요 가치	효율 · 자유	평등 · 자립
조정기구(자원 배분기구)	시장	계획(명령)
계획수립 및 추진자	개별 경제주체	중앙계획당국
의사 결정방식	분권화	중앙집권화
경제행위의 동기	이윤/손실(경제적 유인)	포상/벌(비경제적 유인)
운영원칙	개인주의 · 경쟁원칙	집단주의 · 협동원칙

현대의 경제체제

오늘날 각국 경제에는 시장경제의 요소와 계획경제의 요소가 섞여 있다. 이는 앞에서 설명한 자본주의와 사회주의가 완전하지 않고 각각 특유의 단점을 가지고 있기 때문이다. 자본주의의 단점은 크게 세 가지로 요약할 수 있다.

① 소득과 자산의 분배가 불공평하다.

② 탐욕스런 이윤 추구로 인하여 약자가 착취되고, 환경이 파괴되며, 사익과 공익의 괴리(예컨대 마약이나 밀수의 성공적인 거래는 사익을 높이지만 공익을 해친

다)가 일어난다.

③ 실업과 인플레이션이 번갈아 발생하며 경제가 불안정하다.

사회주의는 사유재산과 이윤 추구를 부정하고 국가적인 계획·통제를 함으로써 자본주의의 문제점들을 극복할 수 있다. 그러나 사회주의는 고상한 이념임에도 불구하고 현실에서는 다음과 같은 일련의 단점을 드러낸다.

① 자원배분이 비효율적이다 : 이윤 추구나 재산축적의 경제적 유인이 없기 때문에 개별 경제주체들이 품질 향상, 기술혁신 등에 관심을 갖지 않는다.
② 경직적인 계획의 수정장치가 없다 : 중앙계획에 의하여 자원배분이 이루어지므로 그릇된 판단에 의한 중앙계획의 효과는 전 경제에 파급된다. 오류를 자동적으로 수정할 장치가 없으므로 일단 오류가 생기면 계획기간 중 수정이 아주 어려워 그 부작용이 엄청나게 커진다. 경제가 초기 발전단계를 지나 복잡해질수록 이런 문제는 더욱 두드러진다.
③ 이념이 경제를 지배하여 개인의 자유가 제약되고 독재정치가 불가피하다 : 자원배분의 결정에 경제적 효율성보다 정치적·이념적 목적이 우선한다. 계획의 수립과 집행을 위하여 방대한 행정기구가 필요해진다. 이에 따라 개인의 정치적·경제적 자유가 제약된다. 소비자의 선호가 반영되지 않고 완전히 무시되는 경우가 흔하다. 계획의 획일성과 자본가 계급의 부정은 으레 공산당(혹은 노동당) 일당 독재를 필요로 하게 된다.

이 장의 처음에 소개한 케인스의 말을 빌린다면 사회주의는 인류가 직면하는 세 가지 중요한 문제 중에서 사회 정의(평등)를 지나치게 앞세운 나머지 경제적 효율과 개인의 자유를 희생시킨다. 더디 가더라도 사람을 생각한다는 사회주의가 현실 운영과정에서 사람을 제대로 대접하는 데에도 실패하면서 너무 더디 가는 비효율이 두드러지게 나타나는 것이다. 북한이 1970년대 중반 이후 남한보다 생활수준이 떨어지기 시작하여 오늘날 저소득국에 속해 있는 이유는 이런 사회주의의 비효율 때문이다. 소련이 미국과의 체제경쟁에서 진 것도 사회주의의 비효율 때문이다.

사회주의경제의 단점은 그대로 자본주의경제의 장점이 된다. 자본주의는 ① 효율적인 자원배분과 기술진보를 이루며, ② 자동적으로 오류를 수정해 나가는 시장기구로 체제 면에서 유연성을 가지며, ③ 개인의 자유를 보장하고 정치적 민주주의와 손잡고 나간다.

1930년대의 대공황을 겪고 난 후 서구 자본주의국가들은 일부 기간산업을 국유화하고, 사유재산의 사용이 공공복리에 적합하도록 규제하며, 사회보장제도와 경제안정화정책을 실시함으로써 분배의 공평과 경제 안정을 도모하였다. 사유재산제도와 경제적 자유의 큰 골격을 유지하면서 자본주의의 단점을 시정하기 위하여 정부가 경제에 개입하게 된 것이다.

자본주의 요소와 사회주의 요소가 섞여 있는 경제를 **혼합경제**(mixed economy)라 한다. 오늘날 (자유)시장경제라고 불리는 선진 자본주의경제는 자본주의를 주축으로 하고 정부의 규제 · 조정 기능을 보완적으로 활용하는 혼합경제이다.

사회주의국가에서도 1960년대 이후 일정한 목표 달성에 경제적인 보상을 해주는 유인제도(incentive system)를 도입하고 일부 소비재에 대해 민간기업과 자유로운 시장거래를 허용함으로써, 생산의 효율을 높이고 소비자의 선호를 부분적으로나마 반영하는 노력을 기울여 왔다. 현실 사회주의는 계획경제를 주축으로 하고 시장경제 요소를 보조적으로 활용하는 혼합경제를 취해 온 것이다. 그러나 1989년에 일어난 대변혁을 계기로 동구권은 더 이상 계획경제가 주축인 혼합경제가 아니다. 공산당 일당 독재가 무너지고, 정치적 · 경제적 자유가 허용되며, 시장경제 요소가 광범위하게 도입되었다. 사회주의 종주국인 소련은 1991년에 해체되고, 러시아를 중심으로 시장경제 요소를 과감히 도입하였다. 이제 시장경제 요소가 계획경제 요소를 능가하는 시장경제로 이행하였다. 동구권과 러시아 등은 계획경제에서 시장경제로 전환했다는 뜻에서 **체제전환국**(country in transition)이라 불린다.

오늘날 대부분의 개발도상국들은 시장경제가 주종을 이루면서 정부가 시장기구의 역할을 보조적으로 교정하는 혼합경제이다. 많은 개발도상국들은 경제개발계획을 수립 · 추진함으로써 서구 선진국에 비하여 정부의 계획 · 조정 요소가 큰 역할을 수행한다. 현재 사회주의경제를 채택하고 있는 개발도상국들은 중국, 쿠바, 북한 등 극소수의 나라들뿐이다.

중국은 일당 독재가 지속되고 있고 사회주의를 지향하는 공산당 강령이 수정되지 않고 있지만 실상 체제전환국이다. 1970년대 말에 본격적으로 개혁 · 개방을 표방한 이후 점진적으로 시장경제 요소들을 도입하고 고도성장을 이루는 등 시장경제에 성공적으로 적응하고 있다. 현재 중국은 이른바 '중국 특색의 **사회주의 시장경**

제'(the socialist market economy with Chinese characteristic)를 표방하고 있다. 이는 토지를 국가가 소유하고 자원배분을 시장에 맡기되 필요하면 공산당이 통제하며, 민간기업 못지않게 국유기업을 키운다는 것이다. 중국은 이름 그대로 사회주의 요소와 시장경제(자본주의) 요소가 섞여 있는 혼합경제인데 전 세계의 혼합경제 중 사회주의 요소가 가장 많은 나라이다. 계획경제에서 시장경제로 서서히 전환하고 있는 나라라는 뜻으로 체제전환국이다. 쿠바와 북한도 중국식 체제전환을 추진하고 있다. 따라서 공식적으로 사회주의경제를 채택하고 있는 나라들도 실제로는 체제전환국이다.

요약컨대 오늘날 모든 나라의 경제체제는 혼합경제이지만 시장경제의 요소가 주축이거나 주축이 되어 가는 혼합경제이다. 이하에서는 시장경제가 주축을 이루는 혼합경제를 언론매체에서 흔히 쓰는 대로 **시장경제**라 부르기로 한다.

2. 시장경제의 원리와 작동

Navigator @ Economics, ch. two

2.1 시장과 가격

우리가 살고 있는 시장경제에서는 거의 모든 재화와 서비스가 시장에서 거래된다. **시장**(market)이란 사람들이 상품을 사고팔게 해주는 매개체이다. 일상적으로는 사람들이 물건을 사고파는 장소를 시장이라 부르지만 시장이 반드시 지리적인 장소에 국한되는 것은 아니다. 국제금융시장이나 사이버 마켓(cyber market)과 같이 전신 · 전화 · 인터넷 등에 의해 지리적으로 서로 떨어져 있는 사람들이 연결되어 거래할 수 있기 때문이다. 최근 '인터넷 장터', '인터넷 정거장' 이라는 뜻으로 많이 쓰이는 플랫폼(platform)도 시장이다.

시장에 나가 보면 온갖 상품이 각각 가격을 갖고 있다. 상품마다 가격이 각각이고, 같은 상품이라도 품질에 따라 가격이 다르다.

> 상품의 가격(price)이란 그 상품 1단위와 교환되는 화폐액을 말한다.

배 한 상자의 가격이 5만원이라는 것은 배 한 상자를 얻기 위해서는 훔치거나 강제로 뺏지 않는 한 5만원의 돈을 지불해야 한다는 것을 뜻한다. 상품을 훔치거나 강제로 뺏는 것은 시장경제에서 허용되는 경제활동(교환)이 아니다.

상품 '단위'는 여러 가지로 분류할 수 있다. 배 1단위이면 배 한 상자일 수도 있고 1kg, 혹은 한 개일 수도 있다. 경제학에서는 상황에 따라 독자들이 융통성 있게 쓸 수 있도록 막연히 '1단위'로 표기한다. 상품을 3단위 샀다면 소비자는 그 상품을 사기 위해 그 상품가격의 세 배를 지불한 것이다. 소비자의 어떤 상품에 대한 총지출액은 그 상품가격에 구입수량을 곱하여 얻는다.

2.2 가격의 기능

시장경제에서 가격은 크게 세 가지 기능을 수행한다.

첫째, 가격은 생산활동과 소비활동을 하는 데 유용한 신호(signal)를 전달한다. 스웨터 한 벌의 가격이 상당 기간 동안 10,000원이라면 기존 기업들이 10,000원을 받고 수지를 맞추고 있다는 신호를 시장에 전달해 준다. 스웨터 생산에 뛰어들고자 하는 기업은 품질이 같을 때 10,000원 이내의 가격으로 수지를 맞추어야 한다는 신호를 받는다. 한편 소비자는 스웨터를 사기 위해 한 벌에 10,000원을 지불해야 한다는 신호를 제공받는다. 가격은 합리적인 경제활동을 하는 데 필요한 최소한의 기초정보를 꼭 알아야 할 사람들에게 전달하는 것이다.

둘째, 가격은 유인(incentive)을 제공한다. 한 상품의 가격이 오르면 소비자는 그 상품을 종전보다 적게 소비할 유인이 생기고, 기업은 많이 생산할 유인이 생긴다. 기존 기업이 생산시설을 늘릴 것인가 줄일 것인가, 해당 품목 생산을 중단할 것인가를 결정하는 데에, 그리고 새 기업이 해당 업종에 진입할 것인가 말 것인가를 결정하는 데에 가장 중요한 역할을 하는 것이 해당 상품의 현재가격과 미래에 예상되는 가격이다. 소비자가 현재 소비할 것인가 미래에 사서 소비할 것인가를 결정하는 데에도 가장 중요한 역할을 하는 것이 해당 상품의 현재가격과 미래에 예상되는 가격이다. 시장가격은 기업에게 생산의 유인을, 소비자에게 소비의 유인을 제공한다.

셋째, 가격은 자율적인 조정(coordination)의 기능을 한다. 한 사회에 사과는 100개밖에 생산되지 않았는데 구성원은 1,000명이라고 하자. 그러면 부족한 사과를 사람들에게 어떻게 배분해야 할 것인가 하는 문제가 발생한다. 사과 생산자를 포함한 사회구성원들 사이에 자유로운 시장거래가 허용될 경우 사과를 꼭 먹고 싶어하는 사람은 아주 비싼 가격을 치르고라도 사과를 사고자 한다. 따라서 사과 가격이 오르게 된다. 사람들이 사고자 하는 사과 수량이 100개를 초과하는 한 소비자들끼리 서로 경쟁적으로 '웃돈'을 주겠다고 나서기 때문에 사과 가격은 계속 올라간다. 그리하여 예컨대 사과 가격은 10,000원이 되고, 사과를 가장 먹고 싶어하는 사람들이 이 가격으로 사과를 산다. 사과 가격이 그처럼 높은 것은 말도 안 된다고 생각하는 대부분의 사람들이 사과 소비를 단념함으로써, 그만큼 높은 가격을 치르고라도 사과를 먹고 싶어하는 사람들에게만 사과가 부족하지 않게 배급되는 것이다. 이처럼 가격은 인위적인 간섭이 없이도 상품을 꼭 필요로 하는 사람에게 배급해 주는 조정의 기능을 수행한다.

2.3 시장경제원리

대중매체에 자주 나오는 말 중에 '경제문제는 정치논리가 아닌 경제논리로 풀어야 한다'는 말이 있다. '경제를 시장경제원리에 맞게 운용해야 한다'는 말도 자주 거론된다. 여기서 경제논리나 시장경제원리는 같은 말이다.

아래에서는 다양하게 사용되는 시장경제원리를 몇 가지로 정리하여 소개하기로 한다. 시장경제원리는 앞 장에서 다룬 여러 가지 경제학의 주요 원리와 중복되거나 연관된다.

가격과 이윤은 중요한 유인 기제(機制)이다

자기 이익을 위해 행동하는 사람들은 경제적 유인에 반응한다. 그런데 앞에서 본 바와 같이 가격은 유인, 특히 경제적 유인을 제공하는 기능을 수행한다.

우리나라는 기름 한 방울 나지 않는 나라이다. 또한 우리나라는 UN에서 물 부족 국가로 분류하고 있다. 갈수록 물 부족이 심화할 것이라고 예측하고 있다. 따라서 정부는 수시로 에너지 절약, 물 절약을 홍보한다. 그러나 싼 에너지 가격과 물 가격을 올리지 않는 한 국민절약운동은 결코 성공할 수 없다는 것을 시장경제원리는 가르쳐 준다. 국민생활의 안정을 위한다는 취지로 모자라고 부족한 자원을 싸게 정책적으로 값을 매겨 놓았다. 이 때문에 기름을 산유국 국민보다 많이 소비하고 물을 헤프게 써서 "물 쓰듯 한다"는 말이 사라지지 않는 것이다.

시장경제에서는 생산의 주체인 기업이 이윤을 얻을 목적으로 상품을 생산한다. 가격이 기업에 경제적 유인을 제공하는 것은 가격이 이윤에 결정적인 영향을 미치기 때문이다. 따라서 이윤이 중요한 경제적 유인 기제라고 말할 수 있다.

자유로운 경쟁이 있어야 발전이 있다

재화와 서비스를 배분하는 방식은 여러 가지가 있다고 하였다. 각종 관습이나 신분제도 등에 의해 경제문제를 해결하려고 한 전통경제에서 인류는 절대적 빈곤의 멍에를 벗어날 수 없었다. 사회주의도 비효율 때문에 절대적 빈곤을 해결할 수 없었다. 아직은 세계인구의 2/3 정도만 그 혜택을 입고 있지만 시장경제만이 절대적 빈곤을 해결하였다.

시장경제가 빈곤을 해결하고 지속적인 경제발전을 낳는 것은 사유재산제도와 경제적 자유라는 두 기둥 때문이다. 경제적 자유에는 누구든지 자유롭게 기업을 만들어 시장에서 자유롭게 경쟁하는 것이 포함된다. 자유로운 의사 결정에 기초한 시장경쟁이야말로 각 분야의 발전을 가져온다. 외부의 간섭을 받지 않는 자유로운 경쟁이 자율적인 노력과 창의를 최대한으로 끌어낼 수 있기 때문이다.

상품을 공급하는 기업들이 소비자들을 끌기 위해 시장에서 서로 경쟁할 때 제품의 질이 좋아지고, 가격이 싸지며, 소비자들은 다양한 선택을 즐길 수 있다. 경쟁은 고달프고 귀찮지만, 경쟁이 없으면 열심히 노력하고 혁신할 유인이 없어져 발전도 없게 된다.

기술이 발전하고, 지식이 축적되고, 생산이 증가하는 것은 모두 노력을 통해서이다. 치열하게 노력하도록 만드는 것, 그것이 시장경쟁이다.

읽을/생각할 거리 2-1

경쟁은 발전의 원동력이다.

경쟁(competition)은 원래 '함께' 또는 '동시에'(cum) '추구하다'(petere)라는 라틴어에서 유래했다고 한다. 우승을 다투는 각종 단체 스포츠에서 어원에 충실한 경쟁의 의미를 실감할 수 있다. 다른 팀들과 경쟁하지만 승리를 추구하기 위해 수단과 방법을 가리지 않는 것이 아니라 주어진 규칙과 심판의 판정에 따라야 한다. 그리고 팀 안에서는 긴밀하게 협력해야 한다. 이처럼 경쟁에는 원칙과 협력이 따른다. 경쟁은 으레 힘들다. 힘든 것을 피하기 위해 원칙을 무시하거나 팀 안에서 협력하지 않거나 최선을 다하지 않고 승부를 조작하면 어떻게 될까? 관중이 외면하고 스포츠계에서 퇴출당하기 십상이다.

경제학에서 경쟁은 자유경쟁을 뜻한다. 외부 간섭이나 통제를 받지 않고 각자 자기 뜻대로 가격과 품질을 놓고 시장에서 경쟁하는 것이다. 생산자는 좋은 품질의 제품을 만들어 가급적 비싸게 팔고 싶어한다. 그러나 다른 생산자들이 비슷한 제품을 싸게 팔면 자기만 비싸게 팔 수 없다. 소비자들이 너무 비싸다고 느껴 안 사도 비싸게 팔 수 없다. 소비자는 좋은 품질의 상품을 가급적 싸게 사고 싶어한다. 그러나 생산자들이 너무 싸다고 생각하여 팔지 않으면 살 수 없다. 다른 소비자들이 비싸게 사려고 드는 경우에도 자기가 생각한 싼 가격으로 살 수 없다. 다른 사람들이 자기와 다르게 생각하고 행동하는 것을 못하게 강제할 수 없다. 이처럼 시장에서는 생산자들끼리 경쟁하고 소비자들끼리 경쟁하며, 생산자와 소비자들끼리도 경쟁한다. 경쟁 속에 서로 셈이 맞으면 거래가 이루어져 서로 윈윈이 된다. 대등한 상대방의 존재를 인정하고 주어진 규칙에 따라 최선을 다하는 노력 속에 서로가 발전하고 한정된 자원이 효율적으로 배분된다.

오늘날 경쟁이 없는 사회, 경쟁이 없는 분야는 없다. 그런데도 우리나라에서 경쟁은 상당히 부정적인 어감으로 받아들여지고 있다. 이는 크게 두 가지 이유 때문인 것으로 보인다. 하나는 경쟁에서 탈락하면 재기하기 어려운 사회구조 때문이다. 다른 하나는 경쟁이 불공정하다고 느껴 결과에 승복하지 못하는 것이다. 이 두 가지를 개선하려는 노력이 긴요하다. 실패에 관대하고 다시 도전할 수 있게 하는 사회적 풍토를 만들어야 한다. 공정거래, 공정경쟁을 이루기 위한 정부의 건전성 규제가 강화되어야 한다. 이런 노력을 기울이는 한편으로 시장경제와 발전의 바탕인 경쟁을 보는 우리 사회의 눈도 달라져야 한다. 즉, 경쟁을 갈등과 배척으로 보지 말고 대승적인 상생의 기회로 보아야 한다. 남대문시장에 가보면 같은 업종의 경쟁자들끼리 형님 동생 하면서 이웃하여 사이좋게 사업을 하고 있다. 점포가 몰려 있어야 손님이 많이 오는 것을 잘 알기 때문이다. 경쟁은 고달프지만 경쟁 당사자와 공동체를 역동적으로 발전시킨다.

수요 있는 곳에 공급 있다

사람들이 어떤 상품을 많이 찾으면 그 상품은 시장에 공급된다. 사람들이 전혀 찾지 않으면 기업은 그 상품의 생산을 중단한다. 같은 상품이라도 값이 싼 것을 찾는 사람이 있고 품질이 좋은 것을 찾는 사람이 있다. 같은 쌀이고 청바지라도 가격과 품질이 다양한 제품들이 나와 있는 것은 소비자의 다양한 취향과 수요를 반영한 때문이다.

시장경제에서는 소비자가 다양한 취향에 입각하여 자유롭게 선택할 수 있다. 시장은 소비자의 자유로운 선택을 존중한다. 이 때문에 시장경제는 소비자주권의 사회라고 흔히 일컬어진다.

경제적 성공과 실패는 자기의 몫이다

값이 싸거나 질 좋은 상품은 잘 팔리고, 그런 상품을 만들어 이윤을 내는 기업은 흥한다. 유능한 경영자와 근로자는 업계에서 인정을 받으며 높은 보수를 받는다. 일반적으로 시장수요가 많은 제품이나 생산요소를 공급하는 주체는 성공한다. 이윤을 내지 못하고 계속 손실을 내는 기업은 시장에서 퇴출된다. 시장수요가 적은 제품이나 생산요소를 공급하는 주체는 실패한다. 시장경제에서 성공의 과실을 자기가 누리는 것처럼 실패의 책임도 자기가 져야 한다. 손해를 보거나 파산하는 것은 자기 책임이다.

시장경제의 기둥인 경제적 자유는 자기 책임과 동전의 양면관계이다.

읽을/생각할 거리 2-2

시장경제의 기생충

1987년 김만철 씨 가족 전체가 '따뜻한 남쪽 나라'로 탈출하여 첫 가족 단위 탈북자로 기록되었다. 그 김만철 씨가 몇 차례 사기를 당해 어렵게 생활하고 있다고 언론에 보도되었다. 기자와 인터뷰하는 도중에 그는 "남쪽엔 사기꾼들이 너무 많아 살기가 어렵다"고 말했다고 한다. 사리사욕을 취하기 위해 수단과 방법을 가리지 않는 시장경제의 기생충이 많은 것이다.

사유재산권이 보장된 시장경제에서 재산을 잘 관리하고 불리는 것은 각자의 책임이다. 힘센 사람이 약한 사람의 재산을 강탈하는 것은 국가가 치안·사법활동을 통해 막아야 하는 국가의 책임이다. 그러나 감언이설에 속아넘어가 재산을 날리는 것은 일차적으로 개인의 책임이다. 교묘한 사기는 법원에서도 잘잘못을 가리기가 쉽지 않고, 가리는 데도 시간이 너무 많이 걸린다. 따라서 사기를 안 당하도록 슬기로워야 한다. 옛말에 '부자 몸조심'이랬지만 가난한 사람도 몸조심해야 한다. 공짜심리, 일확천금, 맹목적인 믿음, 용의주도하지 못함 등은 사기의 초대장이다. 실상 사기꾼이 없는 나라는 없다. "눈 감으면 코 베어 간다"라는 옛말도 있다.

일찍이 공정거래위원회는 소비자를 대상으로 한 각종 사기를 ① 다단계판매 사기 : 과다한 투자수익을 보장한다면서 물품 구매를 강요함, ② 미끼상혼 사기 : 응모한 적도 없는 행사·복권에 당첨되었다고 하거나 외국인으로부터 거액의 재산을 받으라고 권유하면서 은행계좌 정보를 요구하고 세금·수수료 명목의 돈을 송금하라고 함, ③ 방문판매 사기 : 가정을 방문하여 과장된 선전으로 현혹시켜 물건을 사게 함, ④ 금융사기 : 급전이 필요한 사람들을 대상으로 대출해 준다고 유혹하면서 불법 카드할인을 통해 고율의 수수료를 챙겨 가거나 은행대출을 알선해 준다면서 선수금을 받아 가로챔, ⑤ 인터넷 사기 : 고가제품을 파격적인 할인가격으로 판다고 광고한 뒤 구매대금을 송금받아 빼돌림의 다섯 가지 유형으로 분류한 바 있다. 최근에는 위 다섯 가지 유형을 비웃는 **피싱**(Private data + Fishing : 전기통신수단 등을 통해 개인 금융정보를 낚아 금융사기를 침), **보이스피싱**, **스미싱**(스마트폰 피싱), 변종 스미싱 등 첨단 금융사기가 크게 번지고 있다. (금융감독원, 보이스피싱 지킴이 참고.)

시장경제에서는 시간 활용과 직업 선택은 말할 것도 없고 재산관리와 투자 등도 자기 뜻대로 할 수 있다. 그 대신 책임도 자기가 져야 한다. 자유로운 경제행위에는 **자기 책임의 원리**가 항상 뒤따르는 것이다.

경쟁과 경제적 성패는 동태적 과정이다

경쟁력 있는 기업은 번창하고 경쟁력 없는 기업은 쇠퇴한다. 그러나 현재 경쟁력을 갖추었다고 해서 그 경쟁력이 앞으로도 저절로 지속되는 것은 아니다. 계속적인 노력을 통해 시장경쟁을 이겨내지 못하면 곧 경쟁력이 없어져 쇠퇴한다. 현재 경쟁력이 떨어지더라도 부단한 구조조정과 혁신의 노력을 기울이면 머지않아 경쟁력을 갖추어 번창할 수 있다.

시장경제에서 경쟁과 경제적 성패는 일회적 현상이 아니라 계속적으로 일어나는 동태적 과정이다. '실패는 성공의 어머니이다' 라는 격언은 이런 동태적 과정을 쉽게 풀어 쓴 말이다. 각 분야에서 일류기업은 으레 기술개발과 혁신도 일류로 하고 있다. 일류기업이나 억만장자라도 잘못 판단한 선물투자나 불법적인 활동, 경제성이 없는 실물투자를 한다면 파산하게 된다.

자원배분의 주역할은 시장이 맡는 것이 낫다

시장이 만능은 아니다. 제7장에서 시장의 실패로 설명하는 바와 같이 시장이 자원의 효율적 배분을 이루어내지 못하는 경우가 있다. 그럼에도 불구하고 자원배분의 주된 역할은 시장이 담당하는 것이 바람직하다. 정부가 시장을 대신하여 자원배분의 주역할을 맡게 되면 사회주의의 실패에서 보는 것처럼 경직적인 정부규제와 관료주의로 인해 자원배분의 비효율성이 훨씬 커지기 때문이다. 시장의 실패가 있다고 해서 무조건 정부가 시장을 대신하려고 하지 말고, 먼저 시장이 원활하게 작동하도록 법과 제도를 정비하는 데에 주력해야 한다.

법치가 중요하다

국민을 특정인이 지배(인치, 人治)하거나 관료집단이 지배(관치, 官治)하지 않고 법이 지배하는 것이 **법치**(法治, rule of law)이다. 자유민주사회에서는 법치가 기본이다. 법치의 핵심은 국민의 생명과 자유와 재산권을 보호하고 균등한 경쟁의 기회를 보장하는 것이다.

법질서가 허술하여 시민의 생명, 자유, 사유재산제도가 보호받지 못한다면 시장경제가 제대로 작동할 수 없다. 경제적 자유를 무시하고 협박으로 계약을 강요할 때, 혹은 경제적 자유에 입각하여 맺은 자율적인 계약을 한쪽이 멋대로 파기하거나 사기계약을 할 때, 사기나 폭력으로 다른 사람의 재산을 뺏을 때, 이를 사법제도가 엄정하게 처벌하지 못한다면 시장경제가 자랄 수 없다. 경쟁의 기회가 균등하게 주어지지 않은 상황에서의 자유로운 경쟁은 시장을 약육강식의 정글로 만들고, 패자가 결과에 승복하지 못하게 만든다.

시장경제에서는 ① 사유재산제도를 보호하고, 경제적 자유에 따르게 마련인 책임을 묻는 법과 제도를 엄정하게 세우며, ② 이 법과 제도를 공정하고 투명하며 일관성 있게 집행하는 것을 필요로 한다. 이 두 가지를 포괄하여 법치라 부를 수 있다.[3)]

오늘날 선진국들은 예외 없이 시장경제를 채택하고 있다고 했다. 이 선진국들에서는 예외 없이 법치가 확립되어 있다. 법치는 시장경제의 토양이자 기본 규칙이다. 시장경제를 표방하면서도 시장경제가 꽃피지 못하는 개도국들은 거의 예외 없이 집단이기주의, 정치적 고려 등의 요인으로 법치가 이루어지지 않고 있는 나라들이다.

이 밖에 제1장에서 배운 경제학의 기본 원리 중

— 특화와 분업, 자발적인 시장거래는 모든 당사자들을 이롭게 한다
— 시장은 균형을 향하여 움직인다
— 사람들의 소득은 그들이 제공하는 생산자원의 시장가치에 의해 결정된다

는 시장경제와 직접 관련된 시장경제원리이다.

2.4 가격의 결정 : 수요 · 공급의 이론

시장에 나와 있는 상품들에는 각각 가격이 매겨져 있다. 그 상품들의 가격은 왜 다른 수준이 아닌 현재의 그 수준에 있는 것일까? 왜 20년 전에는 고구마 한 가마가 쌀 한 말과 값이 같았는데, 오늘날엔 쌀 한 가마보다 비싸게 되었을까? 경제학에서는 이런 가격의 결정원리를 수요 · 공급의 이론으로 설명한다.

상품의 가격이 비싸지면 일반적으로 소비자는 그 상품을 적게 사려 하고 생산자는 그 상품을 많이 팔려고 한다. 가격이 싸지면 소비자는 많이 사려 하고 생산자는 적게 팔려고 한다. 이에 따라 시장에서 사고자 하는 수량과 팔고자 하는 수량이 같아지는 방향으로 가격의 조정이 이루어진다. 즉, 시장이 균형을 향하여 움직이는 결과

3) 법의 공정한 집행과 관련하여 특히 중요한 것은 국가기관부터 평등하게 법 적용을 받아야 한다는 점이다. 이 점에서 법치 = 법의 지배는 법을 지배도구로 삼을 뿐인 법에 의한 지배(rule by law)와는 전혀 다르다. 법치의 핵심은 사람의 지배에 따르는 권력의 자의성을 통제한다는 데 있다.

그림 2-1

수요 · 공급의 이론
시장경제에서 상품의 가격은 해당 상품에 대한 시장수요곡선과 시장공급곡선이 만나는 수준에서 결정된다.

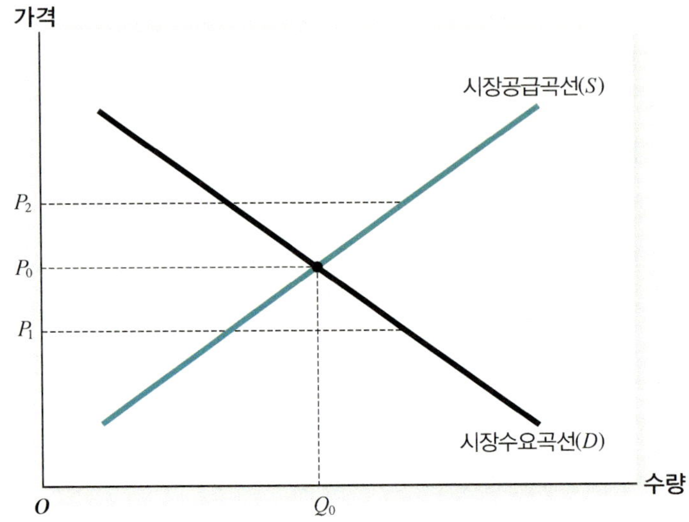

로 가격이 결정된다.

시장에서 사고자 하는 수량을 **시장수요량**, 팔고자 하는 수량을 **시장공급량**이라 한다. 상품의 시장가격과 시장수요량의 관계는 우하향하는 시장수요곡선으로 나타낼 수 있다. **그림 2-1**에서와 같이 우하향하는 시장수요곡선은 소비자의 시장수요량이 가격이 싸지면 많아지고 가격이 비싸지면 적어지는 것을 보여준다. 상품의 시장가격과 시장공급량의 관계는 우상향하는 시장공급곡선으로 표시된다. 우상향하는 시장공급곡선은 생산자의 시장공급량이 가격이 싸지면 적어지고 가격이 비싸지면 많아지는 것을 보여준다.

수요 · 공급의 이론에 의하면 시장가격은 시장수요곡선과 시장공급곡선이 만나는 수준에서 결정된다. 두 곡선이 만나지 않는 수준에서는 시장수요량이 시장공급량보다 많거나 적다. 그림 2-1의 P_0보다 낮은 가격(예컨대 P_1)에서는 시장수요량이 시장공급량보다 많기 때문에 사람들이 사고 싶은 만큼 살 수 없다. 이때에는 소비자끼리 경쟁이 일어나서 가격이 올라간다. P_0보다 높은 가격(예컨대 P_2)에서는 시장공급량이 시장수요량보다 많기 때문에 생산자들이 팔고 싶은 만큼 팔 수 없다. 이 경우 생산자들끼리 경쟁이 일어나서 가격이 떨어진다. 이처럼 상품의 시장수요량과 시장공급량이 일치하도록 가격이 인도한다고 보는 것이 수요 · 공급의 이론이다.

그림 2-2

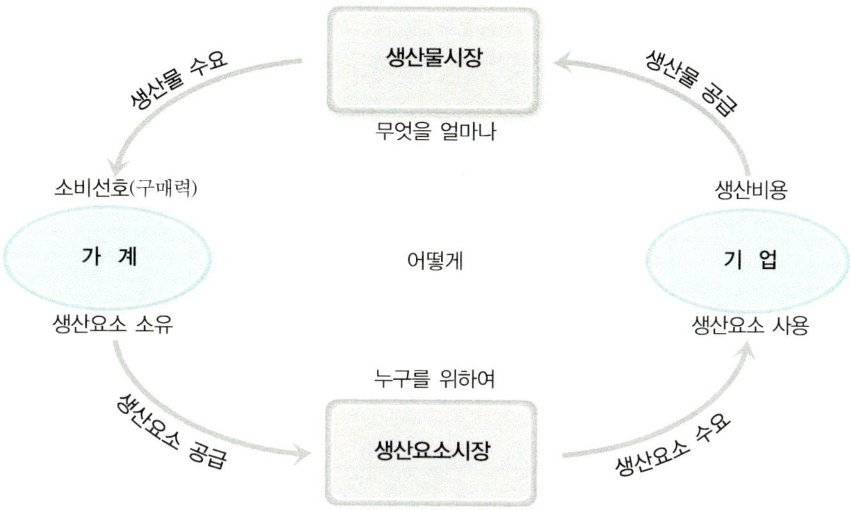

자유시장기구의 작용

자유시장기구는 세 가지 기본적인 경제문제를 자율적으로 해결한다.

수요 · 공급의 이론이 작용하는 시장조직을 자유시장기구(free market mechanism) 또는 시장기구, 가격기구(price mechanism)라고 한다. (자유)시장경제는 이 가격기구를 바탕으로 운영된다.

2.5 시장경제와 기본적인 경제문제

시장경제는 수요와 공급을 통하여 앞에서 설명한 세 가지 기본적인 경제문제, 즉 ① 무엇을 얼마나, ② 어떻게, ③ 누구를 위하여를 해결한다. 시장기구가 이 문제들을 어떻게 푸는가를 **그림 2-2**를 중심으로 알아보자.

무엇을 얼마나 생산할 것인가

의식주 · 문화 · 오락과 관련된 각종 상품은 생산물시장에서 거래된다. 가계는 생산물시장에서 수요자(사고자 하는 사람)로 나타나고, 기업은 공급자(팔고자 하는 사람)로 나타난다. 시장에 나와 있는 가계들이 얼마나 사고 싶어하는가에 따라 각 상

그림 2-3

소비자가 많이 선호하면 많이 생산된다

소비자가 많이 선호할수록 시장수요곡선이 오른쪽으로 이동하여 가격이 오르고, 시장거래량과 생산량이 증가한다.

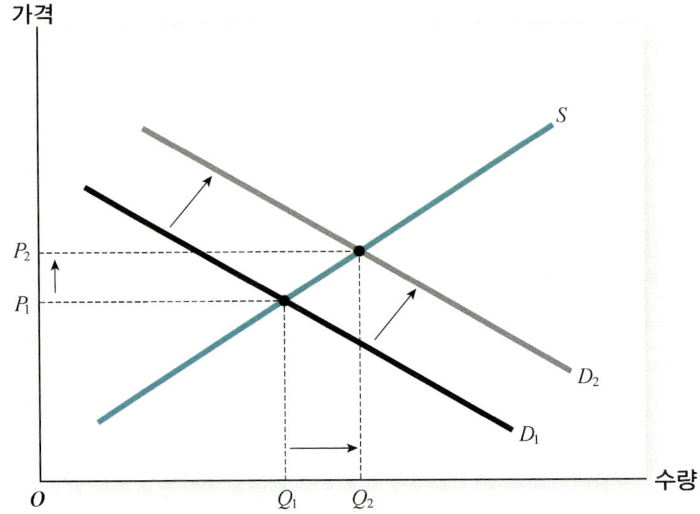

품의 시장수요곡선의 위치가 정해진다. 시장에 나와 있는 기업들이 얼마나 팔고 싶어하는가에 따라 각 상품의 시장공급곡선의 위치가 정해진다. 각각의 생산물시장에서 시장수요곡선과 시장공급곡선이 만나 가격과 거래량이 결정된다. **그림 2-1**의 시장수요곡선과 시장공급곡선으로 묘사되는 상품은 시장에서 Q_0가 거래되기 때문에 Q_0만큼 생산된다. 무수히 많은 상품들이 각각 시장수요 · 공급곡선에 의하여 거래량과 나아가 생산량이 결정됨으로써 무엇을 얼마나 생산할 것인가 하는 첫 번째 문제가 풀리는 것이다.

시장경제에서 어떤 상품이 많이 생산되고 어떤 상품이 적게 생산될까? 단적으로 말해서 소비자가 많이 선호하고 생산비용이 싼 상품은 많이 생산된다. 소비자가 적게 선호하고 생산비용이 비싼 상품은 적게 생산된다.

그림 2-3에서 시장수요곡선 D_2가 D_1보다 세로축에서 멀리 떨어져 시장공급곡선과 만나기 때문에 많이 생산된다. 시장수요곡선 D_2는 D_1보다 각 가격수준에서 소비자들의 수요량이 많다. 따라서 소비자들이 많이 선호하는 상품일수록 많이 생산되고 적게 선호하는 상품일수록 적게 생산된다는 것을 알 수 있다. 소비자가 전혀 찾지 않는 상품은 생산되지 않는다.

제품을 만드는 데 들어가는 비용이 싸지면 각각의 제품가격에서 팔고자 하는 수

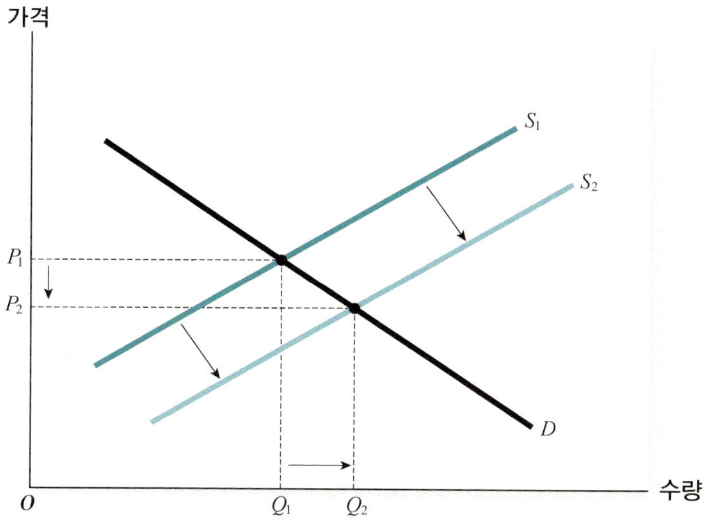

그림 2-4

비용이 싸지면 많이 생산된다

생산비용이 싸질수록 시장 공급곡선이 오른쪽으로 이동하여 가격이 싸지고, 거래량과 생산량이 증가한다.

량이 늘어난다. 예컨대 **그림 2-4**에서 비용이 싸지면 시장공급곡선이 S_1에서 S_2로 이동한다. 이에 따라 시장거래량과 생산량이 Q_1에서 Q_2로 증가한다.

어떻게 생산할 것인가

시장경제에서 '어떻게 생산할 것인가' 라는 두 번째 문제는 기업의 이윤극대화를 위한 생산활동을 통해 저절로 해결된다.

북한에서는 땅을 파는 데 주로 삽을 이용한다. 그러나 남한에서는 1960년대에나 삽을 이용했을 뿐 지금은 포크레인을 이용한다. 모를 심는 기계가 등장하기 전에는 농부들이 직접 손으로 모를 심어야 했다. 그러나 이앙기가 등장한 이후 갈수록 모를 손으로 심는 경우는 찾아보기 힘들게 되었다. 요즘 기업들은 생산자동화, 공장자동화(factory automation : FA)를 위한 시설투자를 활발하게 하고 있다. 이러한 일련의 생산방식의 변동은 정부의 명령에 의해 일어나고 있는 것이 아니다. 자본에 비해 노동의 값이 비싸짐에 따라 기업들이 자발적으로 선택해 일어나고 있다.

자본과 토지를 얼마나 사용하고 노동자와 중견간부를 몇 명이나 고용하며, 어떤 생산기술을 사용하고 어떻게 생산활동을 위한 조직을 구성할 것인가 하는 모든 문제가 결국 이윤을 추구하는 기업에 의해 결정된다.

식탁을 만드는 데 노동과 자본만 들어간다고 가정하자. A라는 기계를 사용하면 식탁 한 개를 만드는 데 10시간의 노동이 소요되고, B라는 기계를 사용하면 7시간의 노동만 소요된다고 하자. 기계 A를 임대하여 생산에 투입하면 식탁 한 개당 임대료가 10,000원인 반면, 기계 B의 식탁 한 개당 임대료는 20,000원이다. 시간당 임금은 8,000원이다. 기계 A를 쓰든 B를 쓰든 식탁의 품질은 같다고 하면 기업들은 어떤 기계를 사용할까?

기계 A를 사용하는 경우 식탁 한 개를 만드는 비용은

$$10 \times 8{,}000\text{원} + 10{,}000\text{원} = 90{,}000\text{원}$$

이다. 반면 기계 B를 사용하는 경우 식탁 한 개를 만드는 비용은

$$7 \times 8{,}000\text{원} + 20{,}000\text{원} = 76{,}000\text{원}$$

이다. 따라서 비용절감과 높은 이윤을 추구하는 기업은 기계 A 대신 B를 사용할 것이다. 식탁 한 개의 시장가격이 10만원이면 기업들은 기계 B를 사용하여 식탁 한 개당 이윤 24,000원을 낸다. 이는 기계 A를 사용할 때의 이윤 10,000원보다 훨씬 크다. 이윤동기가 기업으로 하여금 주어진 자원으로 최대의 가치를 창출할 수 있도록 유도하는 것이다.

위의 예를 바꾸어 작년까지 기계 A만 있어서 모든 기업들이 기계 A를 써 왔는데 올해 노동절약적인 기계 B가 출현하였다고 하자. 이러한 기술진보는 생산비용을 절감시켜 식탁의 시장공급곡선을 오른쪽으로 이동시킴으로써 식탁의 가격이 떨어지게 한다. 식탁의 가격이 80,000원으로 떨어졌다고 하자. 그러면 기계 A를 사용하는 기업은 매기당 10,000원의 손실을 본다. 시간이 흐를수록 이 손실은 누적된다. 따라서 그 기업은 파산하거나, 다른 업종으로 바꾸거나, 아니면 기계 B를 사용하지 않을 수 없게 될 것이다. 결국 모든 기업들이 기계 B를 사용하게 된다. 이처럼 시장경제는 가격의 신호를 무시하는 기업들에게 보이지 않는 채찍을 내리면서 몰개성적(impersonal)으로 작용한다.

생산자들은 소비자들의 돈을 얻기 위해 시장에서 경쟁한다. 다른 기업보다 나은 품질의 상품을 공급하는 생산자는 더 많은 소비자들을 끌게 된다. '같은 값이면

다홍치마' 라고 소비자는 좋은 품질의 상품을 선호하기 때문이다. 각 기업의 가급적 많은 이윤을 얻기 위한 노력은 상품의 품질을 계속 개선시키는 동력으로 작용한다. 시장경제는 어떻게 생산할 것인가 하는 문제를 해결함에 있어서 활발한 기술진보가 일어나도록 유도한다.

누구를 위하여 생산할 것인가

시장경제에서 생산된 수많은 생산물들은 누구에게 어떻게 분배될까? 이 문제를 가격기구는 두 가지 차원에서 해결한다.

첫째, 개별 생산물 차원에서는 생산물에 대한 시장수요량과 시장공급량이 일치하여 가격과 거래량이 결정된다는 수요 · 공급의 이론에 의해 분배의 문제가 해결된다. 앞에서 예로 든 식탁의 경우 식탁의 시장가격이 균형수준에 있으면 식탁에 대한 수요량과 공급량이 일치한다. 균형가격 이상으로 돈을 치를 의사와 능력이 있는 소비자라면 누구나 그 식탁을 살 수 있다. 균형가격만큼의 돈을 치를 의사가 없거나 의사가 있어도 능력이 없는 소비자는 그 식탁을 살 수 없다. 식탁을 누가 소비해야 하느냐 하는 문제는 이처럼 간단하고 몰개성적으로 해결된다.

둘째, 개별 생산물 소비의 차원을 넘어서 전반적인 소비수준을 논하기 위해서는 생산요소시장과 결부시켜 설명하여야 한다. 소비자가 어느 재화를 시장가격으로 살 의사와 능력이 있느냐의 여부는 그의 소득이 얼마나 되느냐에 크게 의존한다. 재벌이라면 무수히 많은 생산물을 시장가격으로 살 수 있다. 반면에 달동네에 사는 소년소녀 가장이 시장가격으로 살 수 있는 생산물은 아주 적다.

시장경제에서 소비자의 소득은 그가 보유하고 있는 여러 가지 요소의 수량과 그 요소의 가격에 의해 결정된다. 노동자는 그가 보유하고 있는 노동을 제공하여 노동소득을 얻는다. 이 노동소득은 단위시간당 임금에 총노동시간을 곱한 것이다. 임금은 노동시장에서 결정된 임금수준이다. 이 임금수준은 노동자들이 각각의 임금수준에서 얼마만큼 일하고자 하는가를 나타내는 시장노동공급곡선과 기업들이 얼마만큼 사람을 쓰고자 하는가를 나타내는 시장노동수요곡선이 만나는 점에서 결정된다.

자본가가 제공하는 자본, 지주가 제공하는 토지에 대해서도 위와 같은 논의가 적용되어 자본소득, 토지소득 등의 재산소득이 그 소유자에게 돌아간다.

어떤 사람들은 많은 자본이나 토지, 혹은 좋은 기술과 지성, 근면성 등 우수한 자원을 갖고 있다. 반면에 이런 자원이 거의 없는 사람들도 있다. 나아가 생산과정에서 창출하는 가치가 큰 자원을 갖고 있는 사람이 있는가 하면, 창출하는 가치가 별로 없는 자원을 갖고 있는 사람도 있다. 따라서 시장경제에서 어떤 소비자들은 사회가 생산하는 생산물들을 너무 많이 소비하고, 다른 소비자들은 너무 적게 소비할 수 있다. 이 소득분배의 불평등은 제7장에서 논하는 시장의 실패의 한 유형이다.

누구를 위하여 생산할 것인가 하는 문제를 시장경제가 이상적으로 해결해 주지 못하기 때문에 정부가 시장에 개입하는 당위성이 생긴다.

자유시장기구는 '보이지 않는 손'이다

앞에서 자유시장기구는 분배 면에서 형평의 문제를 일으키지만 '무엇을 얼마나' '어떻게' 생산할 것인가 하는 문제를 효율적으로 해결하는 것을 살펴보았다. 전지전능한 신이나 정부의 개입 없이 자기 이익을 좇는 경제주체들에게 그냥 맡겨 두어도 가격기구를 통해 효율적인 자원배분이 저절로 이루어지는 것이다. 이러한 가격기구의 바람직한 속성을 애덤 스미스는 **보이지 않는 손**(invisible hand)이라 표현하였다.

스미스에 의하면 사람들이 일상생활에서 제각각 자기 이익을 위해 행동하기 때문에 무질서하기 짝이 없을 것 같지만 마치 보이지 않는 손에 이끌리듯이 결과적

읽을/생각할 거리 2-3

보이지 않는 손

우리가 저녁식사를 할 수 있는 것은 정육점 주인이나 양조장 주인 또는 빵집 주인의 자비심이 아니라 사리(私利, self-interest) 때문이다. 우리는 그들의 인간성에 호소하지 않고 그들의 이기심에 호소하며, 그들에게 우리 자신의 필요를 이야기하지 않고 그들의 이득을 이야기한다. …… 전체 사회의 복리가 아닌 사리에 대한 추구는 자연적으로, 아니 필연적으로 사람들로 하여금 사회에 가장 이익이 되는 방식을 취하도록 이끈다. 각자는 일반적으로 공익을 증진시키려고 하지도 않거니와 자기가 얼마나 공익을 증진시키고 있는지도 알지 못한다. 다만 스스로의 이익을 위하여 행동할 뿐이다. 이렇게 하는 가운데 '보이지 않는 손'의 인도를 받아 자신이 의도하지 않았던 다른 목적도 달성하게 된다. 즉, 사리를 추구하는 가운데 공익도 저절로 증진된다. 이것이 의도적으로 공익을 증진시키려고 하는 경우보다 오히려 공익을 더 효과적으로 증진시킨다.[4)]

4) Adam Smith, *The Wealth of Nations,* New York : Modern Library, 1937, p.421, p.423.

으로 다른 사람들과 사회에게도 이득을 준다는 것이다. 보이지 않는 손은 자유시장 기구에 대한 최대의 찬사이자 시장경제가 계획경제보다 자원배분의 효율성 면에서 우월한 체제임을 밝혀주는 논거이다. 스미스의 통찰에 비추어 볼 때 사회주의경제가 그 고상한 이념에도 불구하고 자본주의경제에 압도당한 것은 결코 놀랄 일이 아니다.

요약 및 학습

01 어느 시대, 어느 사회건 ① 무엇을 얼마나, ② 어떻게, ③ 누구를 위하여, ④ 언제 생산할 것인가 하는 네 가지 기본적인 경제문제를 해결해야 한다. 기본적인 경제문제를 해결하는 제도나 방식을 경제체제(혹은 경제)라 한다. 경제체제는 크게 전통경제, 자본주의경제, 사회주의경제로 구분된다.

02 전통경제란 관습이나 신분제도 등의 전통에 의해 경제문제가 해결되는 경제체제이다. 자본주의경제란 사유재산제도와 경제적 자유를 근간으로 하여 개별 경제주체들이 자기 책임 하에 자유롭게 사리를 추구하는 가운데 기본적인 경제문제들이 시장에서 해결되도록 하는 경제체제이다. 사회주의경제는 생산수단의 국가 소유를 바탕으로 기본적인 경제문제가 국가의 계획과 명령에 의하여 해결되는 경제체제이다. 자본주의경제를 시장경제, 사회주의경제를 계획경제라고도 부른다.

03 현대의 경제체제는 시장경제 요소와 계획경제 요소가 섞여 있는 혼합경제이다. 그러나 시장경제 요소가 단연 주축을 이루고 있다. 종전에 사회주의경제를 채택했던 국가들도 이제 시장경제 요소를 광범위하게 도입하기 때문에 체제전환국이라고 불린다. 본서에서는 시장경제 요소가 주축을 이루는 혼합경제를 자유시장경제, 혹은 줄여서 시장경제라고 부른다.

04 시장경제에서는 모든 사람들이 가격을 지표로 자기 책임 하에 자유롭게 각종 경제활동을 한다. 시장경제에서 가격은 ① 생산 · 소비활동에 필요한 신호 전달, ② 유인 제공, ③ 자율적인 조정 등 세 가지 기능을 수행한다.

05 우리가 사는 시장경제에서 통용되는 몇 가지 기본 원리가 있다. 이 시장경제원리는 제1장에서 배운 경제학의 주요 원리와 대부분 중복되거나 연관된다.

(1) 가격과 이윤은 중요한 유인 기제이다.

(2) 자유로운 경쟁이 있어야 발전이 있다.

(3) 수요 있는 곳에 공급 있다.

(4) 경제적 성공과 실패는 자기의 몫이다.

(5) 경쟁과 경제적 성패는 동태적 과정이다.

(6) 특화와 분업, 자발적인 시장거래는 모든 당사자들을 이롭게 한다.

(7) 시장은 균형을 향하여 움직인다.

(8) 사람들의 소득은 그들이 제공하는 생산자원의 시장가치에 의해 결정된다.

(9) 자원배분의 주역할은 시장이 맡는 것이 낫다.

(10) 법치가 중요하다.

06 시장경제에서는 가격이 소비자가 사고자 하는 수량과 생산자가 팔고자 하는 수량이 같아지도록 조정해 준다. 애덤 스미스가 '보이지 않는 손'이라고 부른 가격의 자율적인 조정 기능에 의해 기본적인 경제문제들이 효율적으로 해결된다. 이를 설명해 주는 경제모형이 수요 · 공급의 이론이다.

연습문제

01 오늘날 경제에 전통경제의 요소는 없는가? 우리나라는 시장경제가 주축이지만 계획경제 요소와 전통경제 요소도 섞여 있음을 설명하라.

02 (1) 사회주의경제에도 시장이 존재해 왔다. 자본주의경제의 시장과 사회주의경제의 시장은 어떻게 다른가?

(2) 최근에 시장경제를 흔히 자유시장경제와 사회적 시장경제로 나눈다. 양자의 차이를 조사해 보라.

03 다음을 논평하라.

(1) "공산주의와 전체주의는 이념상으로 좌우 양극에 위치하지만 국민경제를 통제 · 관리하려 했다는 점에서는 똑같다. 20세기에 두 번에 걸쳐 엄청난 관리경제 실험이 있었지만 결국 둘 다 실패했다."

(2) "공산권이 무너지고 국제경쟁이 심화되는 지구촌경제시대에는 체제보다 제도가 중요한 문제이다."

(3) "북한이 중국처럼 일찍이 집단농장을 해체하고 농업부문에 시장경제 요소를 도입했다면 식량난을 극복하고 식량의 자급자족을 달성할 수 있었을 것이다."

(4) "자본주의를 혁파하고 모든 억압과 착취가 사라진 사회주의사회를 건설한다." (민노당 강령)

(5) "귀족정치, 봉건제, 절대왕정, 독재정권, 공산당 일당 체제 하에서는 법이 있어도 법치라 할 수 없고 인치(人治)나 관치(官治)이다."

04 다음 기술을 부연 설명하라.

"자본주의경제의 주요 특징인 경제적 자유에는 책임과 공정한 경쟁이 병행되어야 한다. 자유만 누리면서 책임은 지지 않으려는 풍조가 만연하고 불공정경쟁이 횡행하면 효율성과 최소한의 형평성이 둘 다 깨진다."

05 경제학은 시장경제원리에 비추어 우리나라 의료보험제도와 교육제도에 대해 부정적인 평가를 내리고 있다. 우리나라 국민건강보험제도와 교육에서의 3불 정책의 내용을 알아보고 시장경제원리와 어떻게 상충되는가를 따져보라.

06 본문에서 든 각 시장경제원리에 어긋나거나 시장경제원리를 무시하는 현상들을 찾아보고 토론하라.

07 "공급 있는 곳에 수요 있다"는 명제는 맞기도 하고 틀리기도 한 명제이다. 이를 설명해 보라.

08 애덤 스미스는 이기심과 자애심 혹은 자리심(自利心)을 구분하였다. 와이트 지음, 안진환 옮김의 『애덤 스미스 구하기』를 읽고 어떻게 구분하였는지 확인하라.

09 다음 기술이 옳은가 그른가를 밝히고, 그 이유를 설명하라.

① 무엇을 얼마나, 어떻게, 누구를 위하여 생산할 것인가 하는 문제는 시장을 통해 이상적으로 해결된다.

② 풍요 속의 빈곤(생산시설과 인력이 풍부함에도 불구하고 발생하는 빈곤)은 자본주의경제의 폐해현상 중 하나이다.

③ 빈곤 하의 평등은 사회주의경제의 폐해현상 중 하나이다.

④ 초기 사회주의국가와 현 북한에는 자본가와 민간기업이 없다.

⑤ 보이지 않는 손을 통해 사익은 물론 공익도 달성할 수 있다.

⑥ 1980년대까지 이른바 공산국가라고 불리던 사회주의국가는 이제 대부분 체제전환국이다.

시장경제와 수요 · 공급의 이론

II

Navigator @ Economics
part two

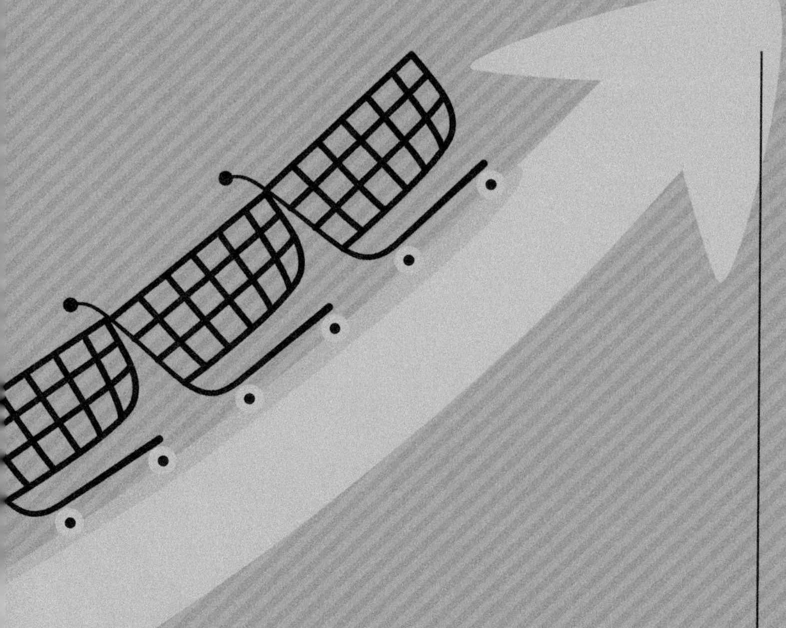

3 가계의 합리적인 소비 생활과 수요 · 공급

"사람의 음식에 대한 욕구는 위장의 좁은 수용능력에 의해 제한된다. 그러나 편리해지고 싶은 욕구와 집 · 옷 · 가구 등을 꾸미려고 하는 욕구에는 일정한 한계가 없는 것 같다."

— 애덤 스미스(Adam Smith)

"왜 물은 생존에 필수불가결인데 시장가격이 그리 싸고, 다이아몬드는 없어도 생활에 전혀 지장이 없는데 가격이 그리 비쌀까?"

— 애덤 스미스(Adam Smith)

"소비자는 투표자이다. 유권자가 좋아하는 후보에게 표를 던지듯이 소비자는 자기가 좋아하는 상품에 돈을 던진다."

— 폴 새뮤얼슨(Paul A. Samuelson)

[개요]

가계(혹은 소비자)는 생산물시장에서 생산물을 구입하고 생산요소시장에서 생산요소를 판매한다. 경제학에서는 소비자가 자기 만족의 극대화를 위해 생산물을 구입하고 생산요소를 판매한다고 상정한다. 이 장에서는 이렇게 상정하는 한계효용의 이론을 다룬다. 한계효용의 이론에 의해 소비자의 생산물수요곡선은 우하향하고 생산요소공급곡선은 우상향하는 것을 보인다. 나아가 인간생활에 없어서는 안 되는 물의 가격은 싸고, 없어도 그만인 다이아몬드의 가격은 비싼 이치도 설명한다.

주요 학습사항

◎ 총효용과 한계효용의 관계는?

◎ 소비자의 생산물수요곡선과 효용극대화조건의 관계는?

◎ 생산물수요곡선을 이동시키는 요인들은?

◎ 가치의 역설은 무엇인가? 왜 결국 역설이 아닌가?

◎ 수요의 탄력성과 가계총지출액의 관계는?

◎ 가계의 노동-여가 선택과 우상향하는 노동공급곡선

1. 소비선호와 효용함수

1.1 효용이란?

사람들은 다양한 욕망을 가지고 있다. 먹고 입고 자는 의식주에 관한 욕망은 기본적이다. 오락을 즐기고 각종 문화 · 예술의 혜택을 누리고 싶어한다. 사랑하며 사랑을 받고자 하는 욕망도 있다. 이러한 다양한 욕망은 대부분 다양한 재화와 서비스를 소비함으로써 어느 정도 충족된다.

지식을 축적하고자 하는 욕망은 책을 사서 시간을 들여 공부하는 것으로 실현될 수 있다. 테니스를 하고 싶은 욕망은 테니스 라켓과 볼이라는 재화를 사고 테니스 코트의 사용이라는 서비스를 삼으로써 충족될 수 있다. 소비활동이 뒤따르지 않는 사랑 역시 생각할 수 없다. 가장 숭고한 사랑의 형태라고 하는 아가페적인 사랑에도 시간이라는 자원을 소비해야 한다. '시간은 돈이다' 라는 말처럼 시간은 희소한 자원이자 상품이다.

재화나 서비스를 소비함으로써 느끼는 소비자의 만족을 **효용**(效用, utility)이라고 한다.

사람들이 재화나 서비스를 소비하는 것은 효용을 얻기 때문이다. 효용은 사람마다 다르다. 똑같은 피자라도 갑이 먹을 때 얻는 효용과 을이 먹을 때 얻는 효용이 다르다. 같은 사람이라도 상황과 시간에 따라 얻는 효용이 다르다. 이처럼 효용은 주관적이다. 그럼에도 불구하고 본서에서는 효용을 길이나 무게처럼 객관적으로 정확하게 측정할 수 있다고 가정한다. 이런 터무니없는 가정을 사용하는 이유는 두 가지이다.

첫째, 터무니없는 가정일지라도 이런 가정 위에 세워진 소비이론이 소비자들의 현실 소비행태를 그럴 듯하게 설명한다는 점이다. 제1장에서 설명한 바와 같이 경제이론은 복잡다단한 경제현실을 단순화한 틀로서 중요하지 않다고 생각되는 경제변수나 상호관계는 도외시하게 마련이다. 단순화하는 과정에서 명시적 · 암묵적으로 여러 가정이 도입되는데 이런 가정들이 모두 현실적이기를 기대하기는 어렵다. 가정이 비현실적이라도 모형의 현실 설명력이 좋으면 그 모형은 유용한 모형이다.

둘째, 효용을 측정할 수 있다는 가정을 허물어도 논의가 복잡해질 뿐 분석 결과가 질적으로 달라지지 않는다는 점이다. 똑같은 현상을 약한 가정(더 현실적인 가정)을 세워 설명할 수 있다면 그 이론이 바람직한 것은 물론이다. 이 명제를 논리학에서 **오캄의 면도날**(Occam's razor)이라 부른다. 오캄의 면도날에 의해 중급 이상의 경제학에서는 효용의 가측성을 전제로 하지 않고 소비자이론을 전개한다. 그러나 효용의 가측성을 전제로 한 이론이 단순하여 다루기 쉽기 때문에 경제학개론 수준에서는 이 이론을 즐겨 다룬다.

효용을 길이나 무게처럼 정확하게 측정할 수 있다는 가정은 각 상품 소비에서 얻는 만족의 정도를 정확하게 비교할 수 있다는 것을 뜻한다. 어느 소비자가 피자 한 판에서 얻는 효용이 12이고 콜라 한 캔에서 얻는 효용이 6이라면, 그 소비자가 피자 한 판에서 얻는 효용이 콜라 한 캔에서 얻는 효용의 2배라는 것이다.

1.2 효용함수란?

일상생활에서 우리는 여러 가지 재화와 서비스를 소비한다. 여러 가지 재화와 서비스의 소비조합 혹은 소비바구니의 내용이 달라지면 우리가 얻는 효용의 크기도 달라진다. 예컨대 떡볶이를 먹고 포켓볼 칠 때 얻는 효용과 피자를 먹고 볼링할 때 얻는 효용은 다르다. 소비조합의 내용이 달라짐에 따라 가계나 소비자의 효용이 어떻게 변하는가를 **효용함수**(utility function)로 나타낸다. 경제학에서는 소비의 주체를 가계로 부르기도 하고 소비자로 부르기도 한다. 본서에서도 이 관행을 따라 가계와 소비자를 혼용한다.

효용함수란 일정 기간에 소비자가 각각의 소비조합에서 얻을 수 있는 효용의 크기를 나타낸다.

소비자가 소비하는 재가 X재, Y재 둘만 있다고 가정하자. 효용함수를 수식으로 나타내면 다음과 같다.

$$U = U(\underset{(+)}{X}, \underset{(+)}{Y}) \qquad (3-1)$$

식 (3-1)에서 처음의 U는 소비자의 효용이고, $U(X, Y)$는 소비자의 효용이 X재와 Y재의 소비량에 의존한다는 것을 나타낸다. X, Y는 소비자의 X재 소비량과 Y재 소비량이다.[1] 위 식에서 각 변수 밑에 (+)로 표시했다. 이는 X재든 Y재든 소비량이 증가하면 일반적으로 소비자의 효용은 증가한다는 뜻이다. 본서에서는 효용함수를 다음에 나오는 **표 3-1**, **표 3-2**와 같은 총효용표와 한계효용표로 나타낸다.

1.3 총효용과 한계효용

다른 재(財)들의 소비량을 고정시켜 놓고 한 재의 소비량을 증가시키면 소비자의 효용수준은 어떻게 변할까? 이를 알게 해주는 개념이 **한계효용**(marginal utility : *MU*)이다. 각 재의 한계효용은 그 재만 한 단위 더 소비할 때 총효용이 얼마만큼 증가하는가를 나타낸다.

$$X\text{재의 한계효용}(MU_X) = \frac{\text{효용의 변화분}(\Delta U)}{X\text{재 소비량의 변화분}(\Delta X)} \tag{3-2}$$

$$Y\text{재의 한계효용}(MU_Y) = \frac{\text{효용의 변화분}(\Delta U)}{Y\text{재 소비량의 변화분}(\Delta Y)}$$

식 (3-1)에서의 효용을 한계효용과 대비시켜 **총효용**(total utility : *TU*)이라고 표기하기도 한다. 소비량의 변화분이 아닌 전체 소비량에서 얻는 효용이기 때문이다. 한계효용이란 소비량을 한 단위 증가시킬 때 총효용에 추가되는 효용, 또는 소비량을 한 단위 줄일 때 줄어드는 효용을 말한다.

표 3-1은 어느 소비자가 일정 기간 동안 피자를 한 판, 두 판, … 소비할 경우 얻게 되는 총효용과 한계효용을 표시하고 있다. 표의 제1열은 피자 소비량을, 제2열은 피자를 소비하여 얻는 총효용을 나타낸다. 이 제1열과 제2열은 피자의 각 소비량에서 얻을 수 있는 총효용을 나타내는 단순한 형태의 효용함수이다. 제3열은 피자의 한계효용을 나타낸다. 피자의 소비를 한 판에서 두 판으로 증가시킬 때 총효용이 40에서 70으로 늘어나기 때문에 피자 두 판째 한계효용은

$$\frac{70-40}{2-1} = 30$$

1) X재, Y재는 효용함수 안에 들어가 있을 때는 소비량으로, 본문에서는 그냥 X재, Y재의 뜻으로 쓴다.

읽을/생각할 거리 3-1

돈으로 행복을 살 수 있는가?

우리 모두는 소비자이다. 재(財)의 소비량이 늘면 소비자의 효용이 증가한다. 효용이 증가하면 행복감도 증가한다고 할 수 있다.

소비는 소득이나 돈이 있어야 가능하다. 돈이 많으면 으레 재산소득이 많아진다. 따라서 식 (3-1)로 표시된 효용함수는 돈이 행복('주관적인 복지')을 살 수 있는 것으로 상정하고 있다.

행복은 매우 주관적이고 상대적인 개념이다. 칼 마르크스는 일찍이 이 점을 잘 설파하였다. "집의 크기 자체는 중요하지 않다. 집 옆에 궁전이 들어서면 그 집이 오두막으로 변해버리는 게 문제일 뿐." 2002년에 노벨 경제학상을 받은 미국의 심리학자 대니얼 카너먼(Daniel Kahneman) 교수는 20년 이상 행복을 측정하여 믿을 수 있고 공정한 척도를 만들려고 노력했지만 결국 포기했다. 많은 심리학자들이 여러 행복지수를 여전히 만들어내고 있다. 일부 경제학자들도 기존 경제학에 심리학, 진화생물학, 신경과학 등을 접목하여 행복경제학을 연구하고 있다. 이런 시도와 연구를 통해 얻은 결과는 대략 다음과 같다.

- 소득이 오르기 시작하면 사람들의 행복감도 올라간다. 그러나 어느 정도까지일 뿐이다. 기본 욕구가 충족되면 소득이 증가해도 행복이 증가하지 않는다. 이를 처음으로 보인 미국의 경제사학자 이스털린(Richard Easterlin)의 이름을 따서 **이스털린의 역설**(Easterlin's paradox)이라 부른다.
- 가난은 불편을 초래하고 흔히 불행을 야기한다. 하지만 돈이 있다고 행복해지는 것은 아니다.
- 집단으로 구분할 때 노인세대가 청년세대보다, 장애인이나 만성적인 질환에 걸린 사람들이 보통사람들보다 좀 더 행복감을 느낀다. 자신에게 주어진 삶의 의미를 더욱 소중하게 여기기 때문이다.
- 남과 비교하지 않고 자기가 가진 것에 감사하는 사람들의 행복감이 높다.
- 대인관계에 많은 투자를 하고 운동, 취미생활 등 여가를 즐기며 봉사와 기부활동을 하는 사람들의 행복감이 높다.

돈으로 살 수 없는 소중한 것으로 아기의 미소, 지나간 청춘, 좋은 사람의 사랑, 진정한 우정과 존경, 천국입장권 등이 있다고 한다. 긍정적인 생각을 갖고 매사에 감사해 하며 자족할 줄 아는 사람이야말로 가장 행복한 사람일 것이다. 그래서 성서에 "마음이 가난한 자는 행복하다"라는 구절이 있으며, 가난한 부탄이나 방글라데시 국민이 세계에서 가장 높은 행복감을 느끼는 국민으로 알려져 있다.

돈으로 행복을 살 수 있는가라는 물음에 대한 답변은 "그렇다. 어느 정도까지는"이다. 불의한 돈은 불행의 지름길로 안내한다. 정당한 돈이라도 돈이 많은 사람이 더 행복한 것은 결코 아니다. 샤일록처럼 더 많은 돈을 벌기 위해 아득바득한다면 돈의 노예가 되므로 돈이 행복을 산다고 할 수 없다. 같은 돈을 가진 사람들도 주관적인 만족감은 천차만별이다. 그러나 각자의 성격과 지향 등 여러 요건들이 주어져 있다면 돈이 많을수록 많은 재화와 서비스를 소비할 수 있고 다양한 여가활동을 즐길 수 있어서 행복감이 늘어날 것이다. 경제학에서 다루는 소비자이론은 이런 전제 하에 전개된다.

표 3-1

총효용표와 한계효용표

피자 소비량(판)(1)	총효용(2)	한계효용(3)
0	0	
		40
1	40	
		30
2	70	
		20
3	90	
		10
4	100	
		0
5	100	
		−10
6	90	
		−15
7	75	

이다. 이 30이 피자 소비량 한 판과 두 판 사이에 써 있다.

일정 기간 동안(예컨대 1주일 동안)에 피자를 너무 많이 먹으면 소화가 잘 안 되어 효용이 오히려 감소할 수 있다. 이를 반영하여 표에서는 소비자가 피자 여섯 판을 먹으면 다섯 판을 먹을 때보다 총효용이 감소하는 것으로 표시되어 있다. 총효용이 극대가 되는 점을 **포화점**(saturation point)이라고 한다. **표 3-1**에서는 피자 4판 혹은 5판이 포화점이다.

총효용과 한계효용의 관계

표 3-1로부터 총효용과 한계효용 간에 다음과 같은 두 가지 관계가 성립함을 확인할 수 있다.

첫째, 재 n단위의 총효용은 n단위까지의 각 단위의 한계효용을 모두 합한 것과 같다. 표 3-1에서 피자 세 판의 총효용은 90인데, 이것은 세 판째까지의 한계효용을 모두 합한 것(= 40 + 30 + 20)과 같다. 총효용이 한계효용의 누계이므로 총효용표와 한계효용표 중 어느 하나만 주어지면 다른 하나를 계산할 수 있다.

둘째, 상품의 소비량을 증가시켜 갈 때 한계효용이 양이면 총효용은 증가하고, 한계효용이 음이면 총효용은 감소하며, 한계효용이 0이면 총효용은 최대가 된다.[2)]

2) 이와 같은 총효용과 한계효용의 관계는 다음 장에서 설명할 총생산물과 한계생산물, 총비용과 한계비용, 총수입과 한계수입의 관계에서도 그대로 적용된다. 즉, 총량과 한계량 간에는 일반적으로 위의 두 가지 관계가 성립한다. 한계효용의 누계가 총효용이라는 첫째의 기술은 재 소비량이 0일 때의 총

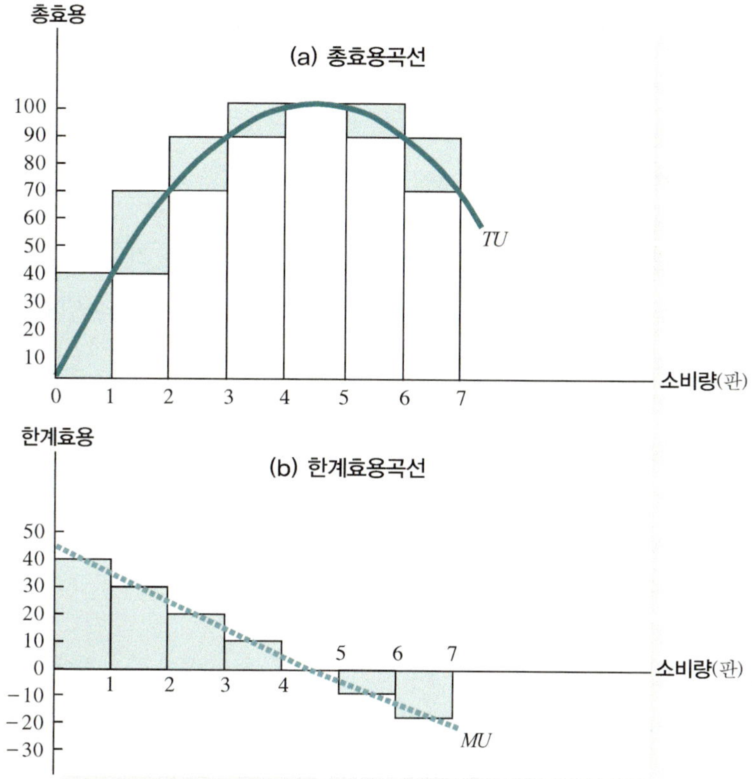

그림 3-1

총효용곡선과 한계효용곡선

총효용곡선에서 한계효용곡선을 도출할 수 있고, 한계효용곡선에서 총효용곡선을 도출할 수 있다. 한계효용곡선은 한계효용체감의 법칙에 의해 우하향한다.

반대로 총효용이 증가하는 한 한계효용의 값은 양이고, 총효용이 감소하면 한계효용의 값은 음이며, 총효용이 극대일 때 한계효용은 0이다.

표 3-1을 곡선과 막대그림표로 표시한 것이 **그림 3-1**이다. 그림 3-1의 (a)에서 피자 소비량 두 판의 총효용 70은 두 판에서의 곡선의 높이로도 나타낼 수 있고 두 판째의 막대그림의 면적(= 밑변 × 높이 = 1 × 70)으로도 나타낼 수 있다. 이 그림을 통하여 앞에서 논한 총효용과 한계효용의 두 가지 관계를 확인할 수 있다. 첫째 관계는 두 그림에서 막대의 열은 녹색으로 나타나고, 둘째 관계는 그림에서 바로 나타난다. 그림 3-1의 (b)에서와 같이 각 막대 위 중간점들을 이어 한계효용곡선을

효용이 0인 경우에 한하여 정확한 기술이 된다. 만약 소비량이 0일 때의 총효용이 a라면 이 a를 추가해야 한다.

그리면 한계효용곡선 아래의 면적(구체적으로 *MU*곡선과 세로축 및 가로축이 만들어내는 면적)이 총효용수준과 거의 같음을 알 수 있다. 본서에서 한계효용곡선, 한계비용곡선 등 각종 한계량곡선은 이와 같은 방법으로 그릴 것이다.

1.4 한계효용체감의 법칙

표 3-1은 소비량이 증가할수록 추가되는 상품 단위의 효용이 감소하게 되어 있다. 경제학에서는 이것이 일반적인 현상이라고 보아 한계효용체감의 법칙이라고 부른다.

> 다른 상품들의 소비량이 고정된 상태에서 한 상품의 소비량이 증가할수록 그 상품의 한계효용이 점점 감소하는 것을 **한계효용체감의 법칙**(law of diminishing marginal utility)이라고 한다.[3)]

소비량이 증가할수록 한계효용이 체감한다는 것은 소비량이 증가함에 따라 총효용이 증가하더라도 점점 조금씩 증가한다는 것을 뜻한다.

갑이라는 소비자가 하루에 밥 세 그릇과 김치 한 그릇을 소비하고 있다고 하자. 이제 갑이 하루에 밥을 한 그릇 더 먹는다면 네 그릇째의 한계효용은 세 그릇째의 한계효용보다 작을 것이다. 갑에게 김치 두 그릇째의 한계효용은 한 그릇째의 한계효용보다 작을 것이다. 운동 후에 마시는 맥주는 으레 첫 잔이 제일 맛있다. 두 번째 시식은 첫 번째 시식만큼 맛있지 않다. 경제학에서 한계효용체감의 법칙이 일반 소비자들에게 통용되는 기본 심리라고 보는 것은 이러한 맥락에서이다.

한계효용체감의 법칙은 우하향의 한계효용곡선으로 표시된다. 한계효용체감의 법칙에 의하면 한 상품의 소비량이 감소함에 따라 그 상품의 한계효용이 증가한다.

독자들은 한계효용체감과 총효용의 감소를 혼동하지 말아야 한다. 한계효용이 체감하더라도 0보다 크면 총효용은 여전히 증가한다. 다만 총효용의 증가분이 감소

---

3) 한계효용체감의 법칙은 **궁극적인 한계효용체감의 법칙**이라고도 부른다. 소비량이 일정 수준에 도달하기 전까지는 한계효용이 증가하는 경우도 생각할 수 있기 때문이다. 피자 한 판을 16조각으로 나누어 먹는다면 두 조각째의 한계효용이 한 조각째의 한계효용보다 클 수 있는 것이다. 그러나 처음에 한계효용이 증가하는 경우라도 소비량을 계속 늘려 가면 궁극적으로 한계효용은 체감하는 것이 우리 일상생활에서 일어나는 일반적인 현상이다.

할 뿐이다. 한계효용이 음이어야 총효용이 감소한다.

2. 합리적인 소비생활과 생산물수요곡선

Navigator @ Economics, ch. three

2.1 합리적인 소비생활 : 소비의 한계원리

한계효용균등의 법칙

경제학에서는 소비의 목적을 효용극대화(utility maximization)라고 상정한다. 한 가계가 월 300만원을 쓴다면 그 300만원으로 가계 구성원들의 효용이 극대가 되게끔 소비계획을 수립한다. 우리 말에 '같은 값이면 다홍치마' 라는 말이 있듯이 합리적인 소비자는 같은 값이면 효용이 최대가 되도록 소비한다는 것이다.

앞 절에서 배운 효용함수는 재화와 서비스가 소비자에게 어느 정도의 효용을 주는가를 나타낸다. 소비자의 선호를 효용함수로 나타내는 것이다. 그러나 소비자의 선호가 주어져 있다고 해서 그 소비자의 구체적인 소비행위가 결정되지는 않는다. 아무리 고급승용차를 사고 싶어도 소득이 변변치 않고 승용차 가격이 너무 비싸다면 차를 살 수 없다. 따라서 소비자의 선호 외에도 그 소비자의 소득과 그가 소비하고 싶어하는 상품들의 시장가격을 알아야 한다.

소비자들의 소득은 한정되어 있다. 한정된 소득을 가지고 어떻게 소비하면 최대의 효용을 얻을 수 있을까?[4] 가계부를 꼼꼼하게 적으면서 알뜰하게 살림하는 가정주부가 각 상품에 대한 자기 가족의 선호와 상품가격을 알고 있다고 하자. 가족의 선호는 식 (3-1)의 효용함수로 표시된다고 하자. X재와 Y재의 시장가격을 각각 P_X, P_Y라 하자. 그러면 다음 식을 만족시키도록 가용소득을 배분하는 것이 합리적인 소비행위이다.

$$\frac{MU_X}{P_X} = \frac{MU_Y}{P_Y} \qquad (3-3)$$

4) 본서에서 '극대'와 '최대'는 같은 뜻으로 쓰인다. 효용극대화와 이윤극대화가 경제학의 관행적인 표현이다. 그러나 극대의 효용, 극대의 이윤보다 어감상의 이유로 최대(의) 효용, 최대(의) 이윤을 주로 쓴다.

위 식은 각 상품의 한계효용을 그 상품의 가격으로 나눈 값이 모든 상품에 걸쳐 같아야 한다는 것을 나타낸다. 이러한 뜻에서 식 (3-3)을 **가중된 한계효용균등의 법칙** 혹은 단순히 **한계효용균등의 법칙**이라 부른다. 가용소득을 가지고 식 (3-3)이 만족되도록 X재와 Y재를 구입하면 그것이 최적 소비조합이 된다는 것이다. 왜 그럴까?

식 (3-3)은 제1장에서 거론한 한계원리를 소비 면에서 나타낸 것이다. 이를 쉽게 알아보기 위해 X재와 Y재의 가격이 같은 경우를 살펴보자. X재와 Y재의 가격이 같으면 X재 1단위의 기회비용은 Y재 1단위이고, Y재 1단위의 기회비용은 X재 1단위이다. 이때 식 (3-3)은

$$P_X = P_Y \text{일 때 } MU_X = MU_Y \tag{3-3$'$}$$

로 고쳐 써진다. X재 소비를 1단위 늘릴 때 얻는 편익은 MU_X이다. X재 소비를 1단위 늘릴 때 드는 비용은 MU_Y이다. X재 소비를 1단위 늘리면 Y재 소비가 1단위 줄고 이에 따라 MU_Y만큼 효용이 줄어들기 때문이다. 따라서 식 (3-3)′은 소비를 조정할 때 한계편익이 한계비용과 같아야 한다는 한계원리를 나타내는 것이다.

X재와 Y재의 가격이 다른 경우에도 마찬가지이다. X재의 소비를 1단위 늘릴 때 얻는 편익은 MU_X이다. X재 소비를 1단위 늘리면 Y재 소비가 $\frac{P_X}{P_Y}$단위 줄어든다(예컨대 X재 가격이 Y재 가격보다 2배 비싸면 Y재 소비가 2단위 줄어든다). 이에 따라 $\frac{P_X}{P_Y} \cdot MU_Y$만큼 효용이 줄어든다. 이 X재 소비의 '한계비용'이 X재 소비의 한계편익 MU_X와 같아야 한다.

식 (3-3)을 또 다른 방식으로 설명할 수도 있다. MU_X는 X재의 마지막 단위가 소비자에게 안겨 주는 추가적인 효용이다. P_X는 X재 마지막 단위를 얻기 위해 치러야 하는 화폐액이다. 따라서 $\frac{MU_X}{P_X}$는 마지막 1원어치의 X재가 소비자에게 안겨 주는 추가적인 효용이다. X재를 1원어치 더 사면 Y재를 1원어치 덜 사야 한다. Y재 소비를 1원어치 줄일 때 잃어버리는 효용은 $\frac{MU_Y}{P_Y}$이다. 따라서 X재 소비를 1원어치 늘리는 데 따르는 한계비용은 $\frac{MU_Y}{P_Y}$이다. 결국 X재 소비를 1원어치 늘리는 데 따른 한계편익과 한계비용이 같아야 한다는 것이 식 (3-3)이다.

한계효용불균등과 소비조정

한계효용균등의 법칙이 성립하지 않으면 어떤 조정이 필요한가를 살펴보자. 만약

$$\frac{MU_X}{P_X} > \frac{MU_Y}{P_Y}$$

이면 X재 소비를 1원어치 늘리는 데 따르는 한계편익이 한계비용보다 큰 상황을 나타낸다. 한계편익이 한계비용보다 큰 활동을 하라는 것이 한계원리이다. 따라서 이 경우 X재 소비를 약간(즉, 한계적으로) 늘려야 한다. X재 소비를 약간 늘린다는 것은 가용소득이 주어져 있을 때 Y재 소비를 약간 줄인다는 것과 같다. 위 부등식이 지속되는 한 X재 소비를 계속 증가시키고 Y재 소비를 감소시키는 것이 바람직하다. X재 소비를 증가시키면 한계효용체감의 법칙에 따라 MU_X가 감소한다. Y재 소비를 줄이면 MU_Y가 증가한다. 따라서 위 부등식이 해소되고 식 (3-3)이 성립되는 방향으로 조정이 이루어진다.

이상의 논리는 위와 정반대인

$$\frac{MU_X}{P_X} < \frac{MU_Y}{P_Y}$$

의 경우에도 그대로 적용된다. 이때에는 Y재 소비를 1원어치 늘리는 데 따르는 한계편익이 한계비용보다 크기 때문에 Y재 소비를 한계적으로 증가시켜야 한다. 위 부등식이 지속되는 한 Y재 소비를 계속 증가시키고 X재 소비를 감소시키는 것이 바람직하다.

결국 재화의 소비량을 한계적으로 조정할 수 있다면 한계원리에 의해

$$\frac{MU_X}{P_X} = \frac{MU_Y}{P_Y}$$

가 성립할 수밖에 없다.

읽을/생각할 거리 3-2

시간의 경제학

식 (3-3)은 X재를 소비하든 Y재를 소비하든 똑같은 시간이 소요된다고 묵시적으로 가정하고 있다. 만약 X재의 소비시간이 Y재의 소비시간보다 많다면 어떻게 될까? 그러면 시간의 기회비용을 따져서 X재의 실가격은 시장가격보다 상대적으로 더 커질 것이다. 이에 따라 시간의 기회비용이 큰 사람일수록 X재가 더 비싸게 느껴진다.

서울에서 부산까지 가는데 고속버스(혹은 무궁화호 열차)의 요금이 비행기 요금보다 훨씬 싸다. 시간에 쫓기지 않는 사람은 시간의 기회비용이 작다. 따라서 고속버스의 요금이 비행기 요금보다 훨씬 싸게 느껴져 고속버스를 탄다. 그러나 시간의 기회비용이 큰 회사 임원들에게는 시간이 많이 걸리는 고속버스를 이용하는 것이 비행기를 이용하는 것보다 실상 더 비싼 셈이다. 따라서 회사 임원들은 비행기를 이용한다.

경제가 발전할수록, 그리고 고소득 직종에 있을수록 사람들의 씀씀이가 커지고 생활수준이 높아지는데 유독 시간만은 쪼들리게 된다. 이는 시간의 기회비용이 커지기 때문이다. 소비시간을 절약시켜 주는 패스트푸드(fast food) 산업이 갈수록 번창하는 것도 이 때문이다.

2.2 효용극대화조건과 최적 소비조합

효용극대화조건

식 (3-3)이 성립하면 단돈 1원의 소득이 더 생겼을 때 그 1원으로 X재를 사거나 Y재를 사거나 소비자로서는 상관이 없다. 그리고 그 1원은 $\frac{MU_X}{P_X} = \frac{MU_Y}{P_Y} = m$이라 할 때 m만큼의 효용을 소비자에게 가져다준다. 따라서 m은 마지막 돈 1원이 가져다주는 효용이라는 뜻에서 '화폐 1단위의 한계효용' 이라 부를 수 있다.

주어진 소득으로 각 상품의 한계효용을 그 상품가격으로 나눈 값이 똑같게 소비하면 (같은 말이지만 각 상품에 대해 화폐 1단위의 한계효용이 똑같도록 소비하면) 소비자는 최대의 효용을 얻게 된다. 이것을 **한계효용균등의 법칙**이라 한다.

이제 위에서 말한 '주어진 소득으로' 라는 수식어를 설명해 보자. 이는 소비자에게 효용을 가져다주는 상품이 X재와 Y재뿐이라면 X재와 Y재의 구입에 사용된 총지출액이 소비자의 가용소득과 같아야 한다는 것이다. 가용소득을 I, X재와 Y재의 가격을 각각 P_X, P_Y라 하고 그 구입량을 각각 X, Y라 한다면 위 기술은 다음과 같은 **가계의 예산제약식**으로 표시된다.

$$P_X X + P_Y Y = I \tag{3-4}$$

위 식의 왼쪽 항은 두 상품에 대한 총지출액을 나타낸다. 총지출액이 소비자의 가용소득을 초과할 수는 없다.[5] 반면에 총지출액이 가용소득보다 적을 때에는 여분의 소득으로 X재나 Y재를 더 구입함으로써 소비자의 효용이 증가한다.[6] 따라서 식 (3-4)와 같은 등식이 성립되어야 한다.

결국 식 (3-4)의 조건 하에서 식 (3-3)을 만족시키도록 X재와 Y재의 구입량을 결정할 때 소비자는 주어진 소득 I로 최대의 효용을 얻게 된다. 식 (3-3)과 (3-4)를 소비자의 **효용극대화조건**이라 한다. 효용극대화조건을 만족시키는 소비수량을 **최적 소비조합** 혹은 최적 소비묶음이라 한다.

효용극대화조건은 상품의 종류가 세 가지 이상인 경우로 쉽게 확대할 수 있다. 소비자가 주어진 소득 I로 n종류의 상품을 구입한다고 가정하자. 각 상품의 가격을 $P_1, P_2, \cdots, P_n$으로, 한계효용을 $MU_1, MU_2, \cdots, MU_n$으로, 구입량을 $Q_1, Q_2, \cdots, Q_n$으로 표시하자. 그러면 효용극대화조건 식 (3-3)과 (3-4)는 다음과 같이 일반화된다.

$$\frac{MU_1}{P_1} = \frac{MU_2}{P_2} = \cdots\cdots\cdots = \frac{MU_n}{P_n} = \text{화폐 1단위의 한계효용} \tag{3-5}$$

$$P_1 Q_1 + P_2 Q_2 + \cdots\cdots\cdots + P_n Q_n = I \tag{3-6}$$

각 상품의 구입에 필요한 총지출액이 가용소득과 같아야 한다는 조건 하에서 각 상품 1원어치(화폐 1단위)의 한계효용이 똑같도록 각 상품을 소비할 때 소비자는 최대효용을 얻게 된다는 것이다. 상품가격이나 소득이 변하지 않는 한 소비자는 식 (3-5)와 (3-6)을 만족시키는 소비수준에서 벗어날 유인이 없다. 지금까지 설명한 소비자의 효용극대화에 관한 이론을 **한계효용의 이론**이라고 한다.

---

5) 가용소득 I에는 소비자가 원한다면 은행이나 타인으로부터 안정적으로 빌릴 수 있는 돈까지 포함되어 있다고 생각하라. 신용카드 사용액은 카드회사로부터 일시적으로 빌리는 돈이다. 사용액이 정상적인 소득 범위 내라면 안정적으로 빌릴 수 있는 돈에 들어간다. 여러 신용카드로 돌려 막는 것은 안정적으로 빌릴 수 있는 돈이 아니다.

6) X재와 Y재만이 소비자에게 효용을 가져다주는 상품이라고 가정한 것을 상기하라. 저축도 효용을 가져다준다면 저축을 제3의 상품으로 간주하여 식 (3-5)와 (3-6)을 이용하면 된다. 이 장의 연습문제 4번을 참조하라.

비(非)소비품목과 한계효용의 이론

슈퍼마켓이나 백화점에 가면 무수히 많은 소비재가 있다. 우리가 소비하는 품목은 그중 일부에 지나지 않는다. 대부분의 소비재를 거들떠보지도 않거나 눈요기만 하고 전혀 소비하지 않는다. 이를 어떻게 설명할까?

한계효용의 이론에 의하면 우리가 전혀 소비하지 않는 상품들은 가격 대비 한계효용이 너무 낮은 상품이다.

한계효용체감의 법칙에 의해 한 상품을 많이 소비할 때보다 적게 소비할 때 한계효용이 높아진다. 그리하여 1단위만 소비할 때의 한계효용이 제일 높다. n이라는 상품을 1단위만 소비하려고 하는데도 식 (3-5)의 등식이 성립하지 않고

$$\frac{MU_1}{P_1} = \frac{MU_2}{P_2} = \cdots\cdots\cdots\cdots = \frac{MU_{n-1}}{P_{n-1}} > \frac{MU_n}{P_n} \qquad (3-5)'$$

의 부등식이 성립한다고 하자. 그러면 그 소비자는 n이라는 상품의 소비를 포기한다.

일반 서민도 비프 스테이크와 고급 포도주가 자기에게 높은 한계효용을 주는 것을 안다. 그러나 가격이 비싸서 가격 대비 한계효용은 삼겹살과 소주보다 낮다. 따라서 일반 서민은 비프 스테이크와 고급 포도주를 소비하지 않고 삼겹살과 소주를 소비한다.

가계소득이 증가하여 기존에 소비하던 품목들의 소비량을 늘리면 그 품목들의 한계효용이 감소한다. 이에 따라 식 (3-5)′에서 n이라는 상품을 1단위만 소비할 때의 가격 대비 한계효용이 다른 품목들의 가격 대비 한계효용과 같아질 수 있다. 소득이 늘어남에 따라 종전에 소비하지 않던 품목을 소비하기 시작하는 것은 이렇게 설명한다.

최적 소비조합의 예

① 소비자의 가용소득은 5,000원이고,

② 소비자는 두 상품 X재와 Y재만을 구입하며,

③ 두 재의 가격은 1,000원이고,

④ 소비자의 X재와 Y재에 대한 선호는 **표 3-2**의 한계효용표로 표시된다고 하자. 최적 소비조합을 쉽게 구하는 방법은 우선 한계효용을 해당 상품가격으로 나누어 한계효용균등의 법칙을 만족시키는 소비조합을 뽑고, 그중에서 가계의 예산제약

표 3-2

한계효용표와 X재와 Y재 사이의 지출 배분

X재 소비량	MU_X	$\frac{MU_X}{P_X = 1,000}$	Y재 소비량	MU_Y	$\frac{MU_Y}{P_Y = 1,000}$
1	4,000	4.0	1	5,000	5.0
2	2,000	**2.0***	2	3,200	3.2
3	1,900	1.9	3	2,000	**2.0***
4	1,800	**1.8**	4	1,800	**1.8**
5	1,700	1.7	5	1,600	**1.6**
6	1,600	**1.6**	6	500	0.5
7	1,000	1.0	7	200	0.2
8	500	0.5	8	100	0.1

식을 충족시키는 소비조합을 찾으면 된다. 식 (3-3)의 한계효용균등의 법칙을 만족시키는 소비조합은 표에서

(i) X재 2단위와 Y재 3단위

(ii) X재 4단위와 Y재 4단위

(iii) X재 6단위와 Y재 5단위

의 셋이 있다. 이 중 두 재에 대한 총지출액이 소비자의 가용소득 5,000원과 같은 소비조합은 (i)이다.

$$2 \times 1,000\text{원} + 3 \times 1,000\text{원} = 2,000\text{원} + 3,000\text{원} = 5,000\text{원}$$

따라서 (i)이 최적 소비조합이다. 이 최적 소비조합에서 얻는 소비자의 총효용은 X재 2단위와 Y재 3단위가 기여하는 각각의 한계효용을 합한 16,200이다.

$$(4,000 + 2,000) + (5,000 + 3,200 + 2,000) = 16,200$$

2.3 가계의 생산물수요곡선

수요량과 수요함수

앞에서 X재와 Y재에 대한 선호가 **표 3-2**의 한계효용표로 표시되는 소비자는 X재 가격이 1,000원, Y재 가격이 1,000원, 가용소득이 5,000원일 때 X재 2단위, Y재 3단위를 소비하는 것이 효용을 최대로 하는 소비행위라는 것을 보았다. 따라서 이러한 상황에서 소비자는 X재를 2단위, Y재를 3단위 사고자 할 것이다. 이 사고자 하는 욕구를 수요, 사고자 하는 수량을 **수요량**(quantity demanded)이라 한다.

수요량은 다음과 같은 세 가지 특성을 가진다.

첫째, 가격이 주어져 있을 때 수요량은 그 가격으로 소비자가 사고자 하는 최대 수량(maximum quantity desired)이다. 앞의 예에서 소비자 소득이 5,000원이고 X재 가격이 1,000원, Y재 가격이 1,000원일 때, 소비자는 X재를 2단위까지 사고 싶어한다. X재를 3단위 이상 사려고 하지 않는다. 따라서 X재 수요량은 2단위이다.

수요량이 소비자가 실제로 구입한 수량(quantity purchased)과 항상 일치한다는 보장은 없다. 시장에 나가 보니 X재가 다 팔리고 1단위밖에 없었다면 소비자의 X재 수요량은 2단위지만 구입량은 1단위이다. 물자부족 현상이 없어야만 수요량과 실제 구입량이 같아진다.

둘째, 수요량은 막연히 의도된 수량이 아니라 구매력을 가지고 구입하고자 하는 수량을 의미한다. 구매력이란 상품을 구입할 수 있는 능력, 즉 상품의 대가를 지불할 수 있는 능력을 말한다. 표 3-2에서 소비자는 식 (3-3)을 만족시키는 X재 6단위와 Y재 5단위를 소비하고 싶어한다. 그러나 그의 가용소득이 5,000원인 한 이 욕구는 실현시킬 수 없는 욕구로서 수요량이 아니다.

셋째, 생산물에 대한 수요량은 일정한 기간을 명시해야 비로소 그 의미가 명확해진다. 예컨대 어느 소비자의 사과에 대한 수요량이 10개라면 명확한 의미를 갖지 못한다. 만일 하루의 수요량이 10개라면 소비자는 사과를 엄청나게 많이 먹는 사람일 것이다. 1년의 수요량이 10개라면 소비자는 사과를 거의 먹지 않는 사람일 것이다. 이와 같이 생산물에 대한 수요량은 1일간, 1개월간, 1년간 등의 기간을 명시해야만 그 의미가 명확히 전달될 수 있는 **유량**(流量, flow)이다.

일정 기간을 밝혀서 표시하는 유량과 대조되는 것은 일정 시점을 밝혀서 표시하는 **저량**(貯量, stock)이다. 저량과 유량의 개념은 원래 저수지와 연관된다. 저수지에 고여 있는 물이 저량이다. 저수지에서 흘러 나오는 물이나 저수지로 흘러 들어가는 물은 유량이다.[7] 소양강댐의 저수량이 15억 톤이라면 이는 '어제 정오 현재'와 같이 어떤 시점에서 측정한 것이다. 이 댐에서 흘러 나오는 물은 초당 1,000톤, 또는 분당 6만 톤과 같이 기간을 명시해야 뜻이 확실해진다. 기간의 길이를 굳이 밝힐 필요가 없을 때에는 대개 **매기당**(per unit time)이라는 말을 쓴다.[8] 이상에서 살펴본 수요량의 개념을 정의해 보면

> 생산물에 대한 수요량이란 일정 기간에 소비자가 구매력을 갖추고 구입하고자 하는 생산물의 최대수량이다.

어떤 상품에 대한 수요량은 여러 가지 요인들에 의해 영향을 받는다. **표 3-2**에서 X재에 대한 수요량은 X재의 가격은 물론 Y재의 가격, 소비자의 소득 등이 변함에 따라 변한다. 어떤 상품에 대한 소비자의 수요량은 다음에서 설명하는 바와 같이 해당 상품의 가격, 소비자의 소득, 소비자의 선호, 연관상품의 가격, 소비자의 예상, 소비자의 재산 등에 의해 영향을 받는다.

> 생산물에 대한 수요량에 영향을 미치는 요인들과 수요량 사이에 존재하는 관계를 **수요함수**(demand function)라 한다.

어떤 재 X에 대한 수요량을 D_X, X의 가격을 P_X, 소비자의 소득을 I, 소비자의 선호를 T, 연관상품의 가격을 P_R, 소비자의 예상을 E, 소비자의 재산을 W로 표시해 보자. 그러면 X재의 수요함수는 일반적으로 다음과 같이 표시된다.

$$D_X = f(P_X\,;\, I, T, P_R, E, W) \tag{3-7}$$

여기서 f는 D_X와 P_X, I, $\cdots$, W 사이에 1 : 1의 관계가 있다는 기호로서 식 (3-7)

7) 수요량이 모두 유량인 것은 아니다. 사람들은 부동산 · 채권 또는 화폐와 같은 자산도 갖고 싶어한다. 이러한 자산에 대한 수요량은 저량이다. 자산 자체가 일정 시점에서 측정되는 저량이기 때문이다. 생산물에 대한 수요량은 유량이다. 유량과 저량의 개념에 관하여는 제8장에서 국민소득을 다룰 때 다시 설명한다.

8) 이는 모든 유량 개념에 적용된다. 본서에서 다루는 여러 가지 유량에 특정 기간을 명시하지 않았을 때에는 '매기당'의 수식어가 붙어 있는 것으로 생각하면 된다.

을 'D_X는 P_X, I, ⋯, W의 함수이다' 라고 읽으라는 표시이다.

수요곡선과 수요의 법칙

일반적으로 소비자의 입장에서 어떤 상품에 대한 수요량을 결정하는 데 가장 큰 영향을 미치는 요인은 그 상품의 가격이다. 따라서 해당 상품가격 이외의 다른 요인들은 일정하다고 가정하고 해당 상품의 가격이 변함에 따라 그 상품 수요량이 어떻게 변하는가를 살펴볼 수 있다.

$$D_X = f(P_X\,;\,\overline{I}, \overline{T}, \overline{P_R}, \overline{E}, \overline{W}) \qquad (3-8)$$

식 (3-8)에서 P_X 이외의 다른 변수들 위에 그은 횡선은 해당 변수가 일정 불변하다는 표시이다. 이 식의 P_X와 D_X의 관계를 숫자로 표시한 것을 **수요표**(demand schedule)라 한다. 세로축을 X재 가격, 가로축을 X재 수요량으로 놓고 식 (3-8)을 그림으로 표시한 것을 수요곡선이라 한다.

> X재의 **수요곡선**이란 X재의 수요량에 영향을 미치는 다른 요인들은 일정하다고 가정하고 X재 가격만 변경시킬 때 X재 수요량이 어떻게 변하는가를 보여주는 곡선이다.

수요곡선은 일반적으로 우하향한다. 즉, 어떤 상품의 가격이 하락하면 그 상품에 대한 수요량은 증가하고, 가격이 상승하면 수요량은 감소한다. 이처럼 한 상품의 가격과 그 상품에 대한 수요량 간의 역의 관계를 **수요의 법칙**(law of demand)이라 한다.

표 3-2를 이용하여 X재의 수요곡선을 도출하고 수요의 법칙이 성립하는가를 알아보자. 표에서 X재 가격이 1,000원일 때 X재 수요량은 2단위였다. X재 가격이 500원으로 떨어지면 X재 수요량은 얼마가 될까?

X재의 수요곡선을 도출하기 위하여 X재의 가격만 변경시키고 수요량에 영향을 미치는 다른 요인들은 일정하다고 해보자. 표에서 X재 수요량에 영향을 미치는 다른 요인들은 소비자의 소득, 다른 상품 Y재의 가격, 소비자의 선호 등이다(소비자의 선호는 두 재화의 한계효용표로 표시되어 있다). 따라서 이 요인들을 종전과 같게 놓고 X재 가격만 500원으로 하락하는 경우를 보자.

표 3-3

X재 가격이 500원으로 하락할 때 최적 소비조합의 조정

X재 소비량	MU_X	$\frac{MU_X}{P_X = 500}$	Y재 소비량	MU_Y	$\frac{MU_Y}{P_Y = 1,000}$
1	4,000	8.0	1	5,000	5.0
2	2,000	4.0	2	3,200	3.2*
3	1,900	3.8	3	2,000	**2.0**
4	1,800	3.6	4	1,800	1.8
5	1,700	3.4	5	1,600	1.6
6	1,600	**3.2***	6	500	0.5
7	1,000	**2.0**	7	200	0.2
8	500	1.0	8	100	0.1

표 3-3에서 두 재의 한계효용표와 Y재 가격은 **표 3-2**와 똑같다. X재 가격만 1,000원에서 500원으로 바뀌었다. 이때 효용을 극대로 하고자 하는 소비자는 식 (3-4)와 (3-5)의 효용극대화조건을 만족시키는 새로운 최적 소비조합을 찾아야 한다. 한계효용균등의 법칙을 만족시키는 소비조합은 표에서

(i) X재 6단위와 Y재 2단위

(ii) X재 7단위와 Y재 3단위

의 2개이다. 이 중 두 재에 대한 총지출액이 소비자의 가용소득 5,000원과 같은 소비조합은 (i)이다.

$$6 \times 500\text{원} + 2 \times 1{,}000\text{원} = 3{,}000\text{원} + 2{,}000\text{원} = 5{,}000\text{원}$$

따라서 (i)이 새로운 최적 소비조합이다. 결국 X재 가격이 1,000원에서 500원으로 하락할 때 X재 수요량은 2단위에서 6단위로 증가하는 것이다.

X재 가격이 1,000원일 때 효용을 최대로 하는 X재 수요량은 2단위였다. 이것이 **그림 3-2**에 A점으로 표시되었다. X재 가격이 500원일 때 효용을 최대로 하는 X재 수요량은 6단위이다. 이것이 B점으로 표시되었다. 다른 요인들은 일정하다고 가정

그림 3-2

X재의 수요곡선
효용극대화조건으로부터 우하향하는 생산물수요곡선을 도출한다.

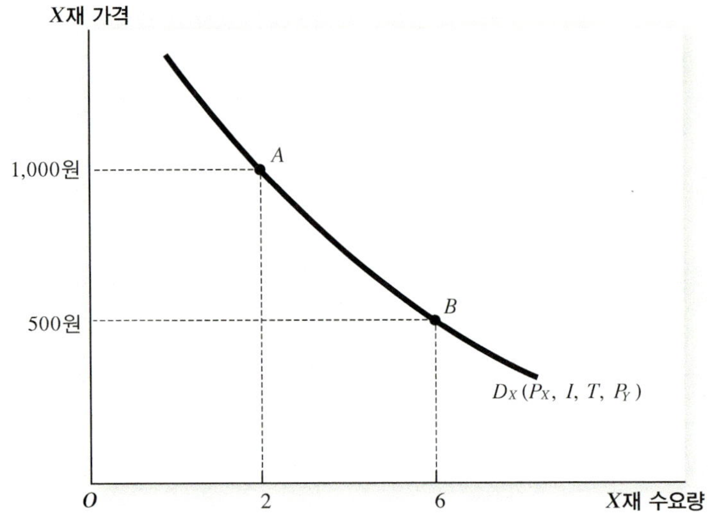

하였기 때문에 정의에 의해 A와 B는 같은 수요곡선 상에 있다. 따라서 수요곡선이 우하향하는 것을 효용극대화조건으로부터 엄밀하게 도출할 수 있다.

한계효용의 이론은 가계의 예산제약식과 한계효용균등의 법칙을 이용하여 소비자의 최적 소비행태를 설명하고 우하향의 생산물수요곡선을 도출한다.

생산물수요곡선이 우하향하는 것, 즉 수요의 법칙이 성립하는 데에는 위의 도출 과정에서 간접적으로 나타난 바와 같이 한계효용체감의 법칙이 중요한 역할을 수행한다. **그림 3-2**에서 X재 가격이 1,000원이면 소비자는 X재를 두 단위까지 사고자 한다. 이는 바꾸어 말하면 X재 2단위를 사기 위해서는 X재 1단위당 1,000원까지 지불할 용의가 있다는 것을 뜻한다. 그림에서 X재 가격이 1,000원을 넘어서면 X재 수요량은 2단위보다 적어진다. 소비자가 상품에 대해 지불할 용의가 있는 최고가격을 수요가격(demand price)이라 한다. 소비자가 어떤 상품의 소비를 증가시킴에 따라 추가되는 상품 단위로부터 얻는 효용(한계효용)은 감소한다. 따라서 소비가 증가함에 따라 그 상품에 대한 수요가격도 하락하는 것이다. 효용극대화를 위한 필요조건

$$\frac{MU_X}{P_X} = \frac{MU_Y}{P_Y} \tag{3-3}$$

의 분자에 있는 것은 각 재화의 총효용이 아니라 한계효용이고, 이 한계효용은 소비가 증가함에 따라 체감한다.

X재 가격이 하락하였다고 하자. 그러면 종전의 최적 소비조합은 더 이상 최적 소비조합이 아니다. 왜냐하면 종전의 최적 소비조합에서는 X재 가격이 하락한 후에는

$$\frac{MU_X}{P_X} > \frac{MU_Y}{P_Y}$$

인 현상이 일어나기 때문이다. 이 부등식을 등식으로 회복시키기 위해서는 소비조정을 통해 MU_X와 MU_Y를 변경시켜야 한다. MU_X를 감소시키거나 MU_Y를 증가시키는 것이 등식으로 회복시키는 방법이다. 한계효용체감의 법칙에 의해 X재 소비량을 증가시키면 MU_X가 감소하고, Y재 소비량을 감소시키면 MU_Y가 증가한다.

소득효과와 대체효과

소비자가 소비하는 상품의 가격이 하락하면 소비자의 후생은 높아진다. X재 가격이 하락하면 종전과 똑같은 소비조합을 구입하고서도 소득이 남아 그 나머지 소득을 추가적인 상품 소비에 사용할 수 있기 때문이다. 이 나머지 소득은 X재 소비에 사용될 수도 있고 Y재 소비에 사용될 수도 있다. 이처럼 가격 하락(상승)이 소비자의 가용소득을 늘리는(줄이는) 것과 같은 효과를 가져오는 것을 가격 변동의 **소득효과**(income effect)라 한다. 가격이 하락하면 소득이 증가한 것과 같은 효과가 생기므로 일반적으로 두 재의 수요량이 증가한다.

가격 변동에는 소득효과 외에 대체효과가 있다. Y재 가격이 불변인데 X재 가격이 하락하면 X재는 상대적으로 싸지고 Y재는 상대적으로 비싸진다. 예컨대 맥주와 소주의 가격이 둘 다 한 병에 5,000원인데 소줏값이 4,000원으로 떨어졌다고 하자. 그러면 맥주 한 병이 종전에는 소주 한 병값이었는데 이제 소주 1.25병값이 되었다. 따라서 맥주가 상대적으로 비싸졌다. 맥주가 소주에 비해 상대적으로 비싸진다면 소주는 맥주에 비해 상대적으로 싸진다.

다른 조건이 똑같을 때 사람들은 상대적으로 싸진 재화를 종전보다 많이 소비하고 상대적으로 비싸진 재화를 종전보다 적게 소비하고자 한다. 이를 **대체효과**(substitution effect)라 한다.

소비자는 X재 가격이 하락하면 대체효과에 의해 상대적으로 싸진 X재를 더 수요한다. 그리고 X재가 소비자의 소득이 증가함에 따라 수요가 증가하는 정상재인 경우 소득효과에 의해서도 X재를 더 수요한다. 따라서 대체효과와 소득효과가 모두 X재 수요량을 증가시킨다. X재 가격이 하락하면 소비자는 대체효과에 의해 상대적으로 비싸진 Y재를 덜 수요한다. 그러나 Y재가 정상재인 경우 소득효과에 의해 Y재를 더 수요한다. 따라서 대체효과와 소득효과 중 어느 것이 크냐에 따라 Y재 수요량의 변동 방향이 결정된다. 일반적으로 대체효과가 소득효과보다 크다. 위의 예에서도 X재 가격이 하락할 때 대체효과가 소득효과보다 커서 Y재 수요량이 종전의 3단위에서 2단위로 감소하였다.

2.4 수요곡선의 이동

앞에서 수요곡선을 도출할 때 해당 상품가격 이외에 수요량에 영향을 미치는 다른 요인들은 모두 일정하다(변하지 않는다)고 가정하였다. 현실 경제에서는 다른 요인들도 얼마든지 변할 수 있다. 어느 한 요인이라도 변하면 수요곡선은 어떻게 될까? 이 경우 수요곡선은 종전의 위치에 있지 않고 오른쪽이나 왼쪽으로 이동한다.

표 3-2에서 소비자의 소득이 5,000원이 아니라 8,000원이면 최적 소비조합은 X재 2단위, Y재 3단위에서 X재 4단위, Y재 4단위로 늘어난다. X재 가격은 여전히 1,000원인데도 X재의 수요량은 2단위에서 4단위로 증가하는 것이다. 종전에 X재 가격이 500원이었거나 1,500원이었거나 간에 소득이 증가하면 종전보다 수요량이 늘어난다. 따라서 수요곡선 전체가 오른쪽으로 이동하는 것이다. 수요곡선 전체가 오른쪽으로 이동하는 것을 **수요의 증가**, 왼쪽으로 이동하는 것을 **수요의 감소**라 한다. 수요를 증가 또는 감소시키는 요인으로는 식 (3-7)에서 열거한 바와 같이 소비자의 소득, 소비자의 선호, 다른 연관상품의 가격, 소비자의 예상, 소비자의 재산 등을 들 수 있다.

(1) 소비자의 소득

앞에서 살펴본 바와 같이, 일반적으로 소득이 증가하면 수요가 증가하고 소득이 감소하면 수요가 감소한다.

그러나 상품에 따라서는 소득이 증가하면 오히려 수요가 감소하는 경우가 있다.

예를 들어 보통 쌀을 소비하던 사람이 소득이 증가하여 살림 형편이 펴지니까 보통 쌀 대신 유기농 쌀을 즐겨 먹는다면, 소득이 증가함에 따라 보통 쌀에 대한 수요가 감소하므로 보통 쌀은 열등재이다.

> 소득이 증가함에 따라 그 수요가 증가하는 상품을 **정상재**(normal goods), 수요가 감소하는 상품을 **열등재**(inferior goods)라 한다.

현실 생활에서 대부분의 상품은 정상재이다. 또 열등재라 해도 낮은 소득수준에서는 정상재였다가 소득이 일정 수준을 넘어서면 열등재가 되는 경우가 많다. 앞의 예에서 나오는 X재와 Y재는 정상재이다.

(2) 소비자의 선호

어떤 상품에 대한 소비자들의 선호(preferences)가 달라지면 그 상품에 대한 수요가 변하여 수요곡선이 이동한다. 레저 붐이 일어나면 기능성 의복과 아웃도어 상품 등에 대한 수요가 증가하는 것이 그 예이다. 한 상품에 대한 소비자들의 선호가 증가하면 그 상품에 대한 수요곡선은 오른쪽으로 이동한다. 반면에 소비자들의 선호가 감소하면 수요곡선이 왼쪽으로 이동한다.

(3) 연관 상품의 가격

상품은 소비 면에서 다른 많은 상품과 대체관계 또는 보완관계에 있다. 따라서 한 상품에 대한 수요는 그 상품과 대체관계 또는 보완관계에 있는 다른 상품의 가격이 변함에 따라 영향을 받는다.

커피와 홍차, 사과와 배처럼 그 용도가 비슷하여 한 상품 대신에 다른 상품을 소비해도 얻는 만족에는 별 차이가 없는 상품들을 소비 면에서 **대체재**(substitute goods)라 하고 대체재 상호 간에는 대체관계가 있다고 말한다. 커피와 설탕, 카메라와 필름, 컴퓨터 하드웨어와 소프트웨어처럼 한 상품씩 따로따로 소비할 때보다 함께 소비할 때 더 큰 만족을 얻을 수 있는 상품들을 소비 면에서 **보완재**(complementary goods)라 하고 보완재 상호 간에는 보완관계가 있다고 말한다.

대체재의 가격 변화와 수요곡선의 이동

한 상품의 가격 변화가 그 상품과 대체관계에 있는 다른 상품의 수요에 미치는

그림 3-3

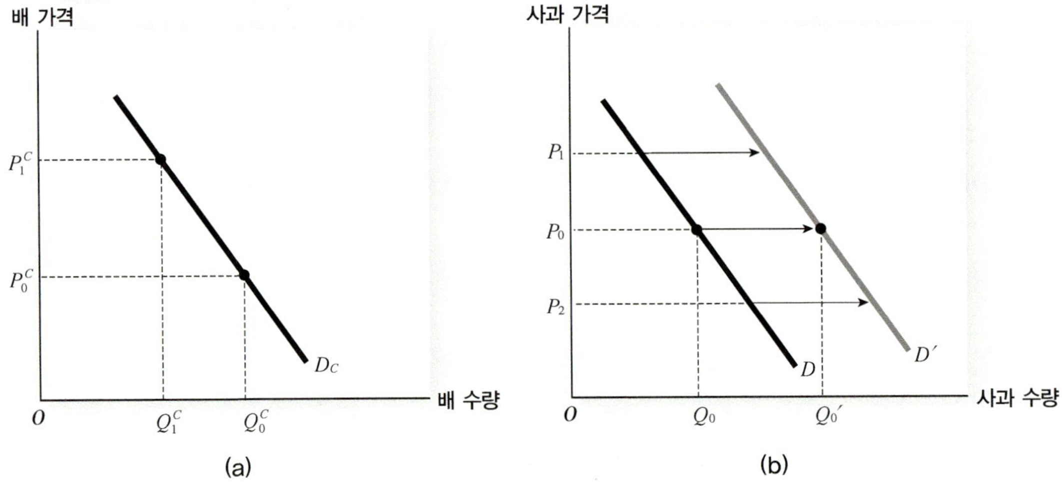

대체재의 가격 변화와 수요의 변화

배 가격이 상승하면 대체재인 사과의 수요가 증가한다.

영향을 사과와 배의 예를 들어 설명해 보자. 사과 가격에는 변함이 없는데 배 가격이 오르면 사과의 수요(사과에 대한 수요)는 어떻게 변할까? 다른 요인들이 불변인 채 배 가격이 오르면 수요의 법칙에 의하여 배 수요량이 줄어든다. 그리고 가격이 오르지 않아 상대적으로 싸진 사과를 사람들이 더 찾게 된다. 즉, 주어진 사과의 가격수준에서 사과 수요량은 종전보다 증가한다. 예컨대 **그림 3-3**의 **(a)**에서 배 가격이 P_0^C에서 P_1^C로 상승하면 배 수요량은 Q_0^C에서 Q_1^C로 감소한다. 이때 그림 3-3의 **(b)**에서와 같이 사과 가격이 P_0로 주어져 있다면 사과 수요량은 Q_0에서 Q_0'으로 증가한다.

이러한 상황은 최초에 사과 가격이 어느 수준에 있든지 간에 마찬가지이다. 배 가격이 오르면 현실적으로 있을 수 있는 사과의 모든 가격수준에서 사과의 수요량이 종전보다 증가하는 것이다. 따라서 그림 3-3의 (b)에서와 같이 사과의 수요곡선은 D에서 D'으로 이동한다.

마찬가지 논리로 배 가격이 하락하면 사람들이 배를 더 소비하는 대신 대체재인 사과 수요량을 줄이는데, 이러한 수요량의 감소는 사과 가격이 종전에 어느 수준에 있었든지 간에 일어나기 때문에 사과의 수요곡선이 왼쪽으로 이동한다.

소비 면에서 대체관계에 있는 두 상품 X재와 Y재의 경우 X재의 가격이 상승(하락)하면 Y재에 대한 수요가 증가(감소)한다.

보완재의 가격 변화와 수요곡선의 이동

이번에는 보완관계에 있는 한 상품의 가격이 오를 때 다른 상품의 수요가 어떻게 변하는가를 커피와 설탕의 예를 들어 살펴보자. 커피값이 오르면 설탕의 수요는 어떻게 변할까? 많은 사람들이 커피에 설탕을 넣어 마신다. 만약 커피값이 오르면 사람들은 커피를 덜 마시기 때문에 설탕의 소비도 줄어들 것이다. 이러한 현상은 설탕 가격이 어떤 수준에 있든지 간에 마찬가지이다. 즉, 커피값이 오르면 있을 수 있는 설탕의 모든 가격수준에서 설탕 수요량이 종전보다 감소하여 설탕에 대한 수요곡선이 왼쪽으로 이동한다. 반대로 커피값이 내리면 설탕 가격이 어느 수준에 있든지 간에 설탕 수요량이 증가하여 설탕의 수요곡선이 오른쪽으로 이동한다.

소비 면에서 보완관계에 있는 두 상품 X재와 Z재의 경우 X재의 가격이 상승(하락)하면 Z재에 대한 수요는 감소(증가)한다.

물론 상품에 따라서는 대체관계도 없고 보완관계도 없는 경우가 있다. 한 상품의 가격 변동이 다른 한 상품의 수요에 아무런 영향을 주지 않을 때 두 상품은 독립관계에 있다고 말한다. 독립관계에 있는 상품들을 **독립재**(independent goods)라고 한다.

(4) 소비자의 예상

상품의 가격 변동에 대한 소비자의 예상이 그 상품에 대한 수요를 변화시켜 수요곡선을 이동시킨다. 어떤 상품의 가격이 가까운 장래에 오를 것이라고 예상된다고 하자. 오르기 전의 재를 X, 오른 후의 재를 Y로 상정하고 X를 현재소비, Y를 미래소비라고 해석해 보자. 똑같은 상품이라도 오늘 소비하는 것과 내일 소비하는 것은 다르기 때문에 별도의 상품으로 생각할 수 있다. 이제 최적 소비조건

$$\frac{MU_X}{P_X} = \frac{MU_Y}{P_Y}$$

를 만족하던 종전의 소비조합에서는 Y재 가격이 상승함에 따라

$$\frac{MU_X}{P_X} > \frac{MU_Y}{P_Y}$$

가 성립한다. 이에 따라 X재(현재소비)를 늘리고 Y재(미래소비)를 줄인다. 이는 X재 가격이 어떤 수준에 있든 간에 성립한다. 따라서 앞으로 가격이 오를 것이라고 예상되는 상품의 현재 수요곡선은 오른쪽으로 이동한다. 가격이 오르기 전에 미리 사려고 하기 때문에 수요가 증가하는 것이다.

소득의 변화에 관한 소비자의 예상도 수요곡선을 이동시킬 수 있다. 가까운 장래에 소득이 증가할 것이라고 예상하면 정상재를 각각의 가격수준에서 종전보다 더 사려고 한다. 이 경우 수요곡선은 오른쪽으로 이동한다.

(5) 소비자의 재산

소비자의 재산도 상품의 수요곡선을 이동시킨다. 여차하면 재산을 현금화할 수 있기 때문이다. 일반적으로 부유한 사람은 가난한 사람보다 상품을 더 많이 수요한다. 소비자들이 부유해지면 으레 종전보다 상품을 더 많이 수요한다.

2.5 생산물의 시장수요곡선

지금까지는 개별 소비자의 수요곡선을 다루었다. 개별 소비자의 수요곡선을 **개별수요곡선**이라 한다. 시장에는 많은 소비자들이 있다. 각각의 상품가격 수준에서 시장에 나와 있는 모든 소비자들이 사고자 하는 해당 상품의 수요량을 보여주는 곡선을 **시장수요곡선**이라 한다.

사람들의 수요가 상호독립적이라고 가정하면 시장수요곡선은 개별수요곡선의 **수평적 합계**(horizontal summation)에 의하여 구할 수 있다. 수평적 합계란 동일한 가격수준에서 모든 소비자들의 수요량을 합하는 것을 뜻한다.

설명의 편의를 위하여 두 사람의 소비자 A와 B만이 존재하는 시장을 가정하자. **표 3-4**와 **그림 3-4**는 사과에 대한 A와 B의 개별수요량을 합계하여 시장수요량을 산출하는 과정을 보여주고 있다. 사과 가격이 350원일 때 사과에 대한 시장수요량은 A의 수요량 20개와 B의 수요량 30개를 합한 50개이다. 같은 방법으로 가격이 250원일 때의 시장수요량은 70개가 된다. 이와 같이 각각의 가격수준에서 A의 수요량과 B의 수요량을 합하면 그 가격수준에 대응하는 시장수요량을 구할 수 있다. 이것을 그림으로 그리면 그림 3-4에서와 같은 시장수요곡선을 도출한다.

표 3-4

사과의 개별수요표와 시장수요표

사과 가격(원)	한 달간 사과 수요량(개)		
	A의 수요량	B의 수요량	시장수요량
400	18	28	46
350	20	30	50
300	24	34	58
250	30	40	70
200	38	48	86
150	50	60	110

그림 3-4

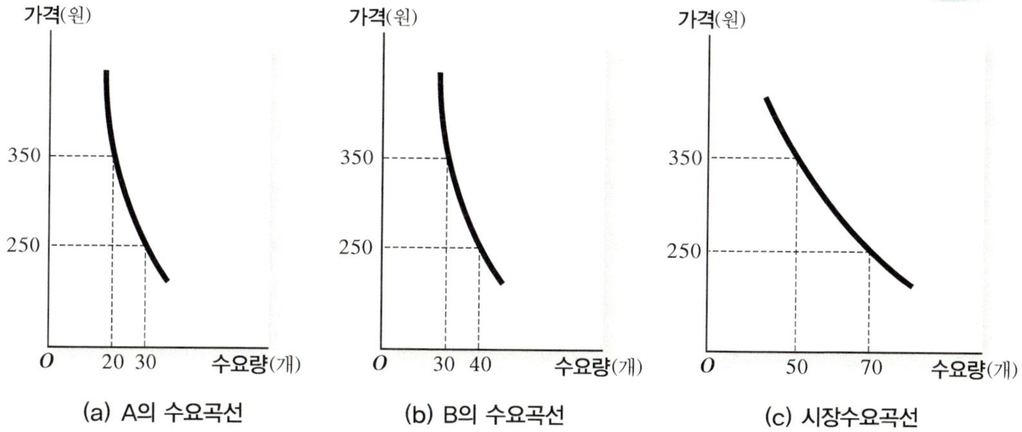

사과의 개별수요곡선과 시장수요곡선

시장수요곡선은 시장에 나와 있는 소비자들의 개별수요곡선들을 각 가격에서 수평으로 합하여 그린다.

그림 3-4의 **(a)**와 **(b)**는 각각 A와 B의 개별수요곡선이고, **(c)**는 (a)와 (b)를 수평으로 합계한 시장수요곡선이다.

시장수요곡선의 도출 과정에서 쉽게 확인할 수 있는 것은 개별 소비자들의 수요곡선이 오른쪽(왼쪽)으로 이동하면 시장수요곡선도 오른쪽(왼쪽)으로 이동한다는 것이다. 따라서 소비자의 소득, 선호, 관련 상품의 가격, 소비자의 예상 등이 변하면 시장수요곡선이 이동한다.

그 밖에 시장수요곡선을 이동시키는 요인으로는 소비자의 수를 들 수 있다. 어떤 시장에 참여하는 소비자가 종전에 1,000명이었는데 인구가 늘어나 2,000명으로 증가한다면 종전보다 시장수요가 증가할 것이다. 비슷한 맥락으로 어떤 상품을 국내 소비자뿐만 아니라 해외 소비자도 종전보다 많이 찾게 되면 시장수요곡선이 오른쪽으로 이동한다. 해외에서 우리 기업이 만든 상품에 대한 수요가 증가하면 상품의 시장수요곡선은 오른쪽으로 이동하는 것이다.

읽을/생각할 거리 3-3

상호의존적인 선호와 시장수요곡선

지금까지 사람들의 선호가 상호독립적이라고 가정하였다. 이는 **표 3-4**에서 A와 B의 수요량이 다른 사람의 소비수준에 관계없이 각각 시장가격에 따라 일정하게 결정된다는 것이다. 만일 A와 B의 수요가 상호독립적이 아니고 A가 사는 것을 보고 B도 덩달아 산다면 시장수요량은 개별수요량의 단순한 합계보다 많아질 것이다. 이를 **편승효과**(bandwagon effect)라 부른다. '친구 따라 강남 간다'는 옛말대로 친구 따라 야구장을 가거나 포털사이트에 가입하는 것 등이 편승효과의 예이다. 반면에 A가 사는 것을 보고 B가 '까마귀 노는 골에 백로가 안 간다'는 고고한 심리가 발동하여 사려던 계획을 취소해 버린다면 시장수요량은 개별수요량의 단순한 합계보다 적어질 것이다. 이를 **백로효과** 혹은 **속물효과**(snob effect)라 부른다. 다른 사람들 소비가 늘수록 소비를 줄이는 명품족을 설명하기 위해 개발된 개념이 백로효과이다. 이처럼 현실 시장에서는 사람들의 선호가 상호의존적으로 나타나는 경우도 많다.

편승효과와 백로효과는 효용함수가 식 (3-1)처럼 자기 자신의 소비량뿐 아니라 다른 사람들의 소비량도 효용에 영향을 미친다는 것이다. 이런 상호의존적인 선호체계 하에서 예산제약식을 만족시키며 효용을 극대화하면 그것도 합리적인 소비생활이다. 주류경제학에서는 상호의존적인 선호가 지배적이지 않다고 보고 상호독립적인 선호를 상정한다.

2.6 가치의 역설과 한계효용의 이론

애덤 스미스는 『국부론』(1776)에서 가치의 역설이라는 문제를 제기하였다.

물은 인간생활에 없어서는 안 될 아주 유용한 재화인데 값이 아주 싸다. 다이아몬드는 없어도 살아가는 데에 전혀 지장이 없는 재화인데 '보석의 왕' 답게 값이 아주 비싸다. 이를 어떻게 설명해야 할 것인가 하는 것이 스미스가 제기한 문제였다.

스미스의 표현에 의하면 물은 없어서는 안 될 필수품이라는 뜻에서 사용가치(value in use)가 높고, 다이아몬드는 없어도 일상생활에 지장이 없다는 뜻에서 사용가치가 낮다. 한편 물의 다이아몬드 수량으로 표시한 교환가치(value in exchange)는 아주 낮고 다이아몬드의 (물 수량으로 표시한) 교환가치는 아주 높다.

스미스가 제기한 가치의 역설은 스미스의 역설(Smith's paradox)로 불리면서 무려 1세기 동안이나 누구도 만족스럽게 설명하지 못한 미해결의 문제였다. 그러다가 1870년대에야 이 장에서 배운 한계효용의 이론으로 가치의 역설을 만족스럽게 설명할 수 있게 되었다.

한계효용의 이론에 의하면 스미스가 말한 사용가치는 총효용의 개념이다. 물의 사용가치가 높다는 것은 사람들이 물 소비에서 얻는 총효용이 크다는 것과 같다. 다이아몬드의 사용가치가 낮다는 것은 사람들이 다이아몬드 소비에서 얻는 총효용이 작다는 것을 뜻한다. 그런데 한 상품의 가격에 영향을 미치는 것은 총효용이 아니라 한계효용이다. 한계효용은 한계효용체감의 법칙에 의해 상품의 소비량이 많을수록 감소한다.

다이아몬드의 가격을 P_D, 물의 가격을 P_W라 하면 소비자의 효용을 극대로 하는 한계효용균등의 법칙은

$$\frac{MU_D}{P_D} = \frac{MU_W}{P_W} \tag{3-3}$$

로 표시된다.

다이아몬드의 부존량은 많지 않다. 따라서 일반인의 소비량은 적다. 실상 서민들의 소비량은 0에 가깝다. 그러므로 다이아몬드 소비를 1캐럿(0.2g) 증가시킬 때의 한계효용은 아주 높다. 반면에 물의 부존은 풍부하고 사람들이 일상생활에서 많이 소비하고 있다. 따라서 물을 $1l$ 더 소비할 때의 한계효용은 낮다.

이러한 상황에서 식 (3-3)이 등식으로 성립하기 위해서는 다이아몬드 가격은 높고 물 가격은 낮아야 한다. 한계효용의 이론에 의하면 '가치의 역설' 은 전혀 역설적인 현상이 아닌 것이다.

옛날부터 전해내려 온 "많아서 지천이다" 라는 속담은 물값이 싼 것을 직관적으로 설명해 주는 우리나라판 한계효용의 이론이다. 골동품, 명화, 명필 등이 부르는 게 값일 정도로 엄청나게 높게 평가되는 것도 다이아몬드처럼 희소성이 두드러져 한

계효용이 아주 높기 때문이다.

3. 수요의 탄력성

앞에서 가격과 수요량이 수요의 법칙에 의해 서로 반대 방향으로 움직이는 것을 보았다. 그러나 반대 방향으로 얼마나 움직이는가는 다루지 않았다. 반대 방향으로 움직이는 크기를 측정하는 척도로 경제학에서는 수요의 가격 탄력성이라는 개념을 사용한다. 탄력성은 탄력도라고도 한다.

3.1 수요의 가격 탄력성

수요의 가격 탄력성(price elasticity of demand)은 가격이 1% 변할 때 수요량이 몇 % 변하는가를 나타낸다.

$$\text{수요의 가격탄력성}(\varepsilon_d) = \left| \frac{\text{수요량의 변화율}}{\text{가격의 변화율}} \right| \quad (3-9)$$

A상품의 가격이 2% 상승할 때 A상품의 수요량이 4% 하락하였다면 위 식에 의해 수요의 가격 탄력성은

$$\varepsilon_d = \left| \frac{-4\%}{+2\%} \right| = 2$$

가 된다. 이는 가격이 1% 상승(하락)하면 수요량이 평균 2% 감소(증가)하는 것을 나타낸다.

가격과 수요량은 수요의 법칙에 의해 항상 반대 방향으로 변하므로 두 변화율을 분수꼴로 나타내면 부호가 음이 된다. 경제학에서는 음의 부호를 무시한 절댓값으로 수요의 가격 탄력성을 나타낸다. 식 (3-9)에서 기호 $|\ \ |$는 절댓값을 취하라는 기호이다. 수요의 가격 탄력성은 줄여서 **수요의 탄력성** 혹은 **수요의 탄력도**라고도 부른다.

수요의 가격 탄력성은 0부터 무한대(∞)까지의 값을 갖는다. 한 상품의 수요량의 변화율과 가격의 변화율이 같다면 수요의 탄력성은 1이 된다. 이 경우 수요는 단위탄력적(unitary elastic)이라고 말한다. 한 상품의 수요량의 변화율이 가격의 변화율보다 커서 수요의 탄력성이 1보다 크면 수요가 탄력적(elastic)이라고 말한다. 반대로 수요량의 변화율이 가격의 변화율보다 작아서 수요의 탄력성이 1보다 작으면 수요가 비탄력적(inelastic)이라고 말한다.

완전탄력적 · 단위탄력적 · 완전비탄력적인 수요곡선

만약 가격이 아무리 변해도 수요량에 아무런 변화가 없다면 분자인 수요량의 변화율이 0이 되기 때문에 수요의 탄력성이 0이 된다. 이 경우 수요가 완전비탄력적(perfectly inelastic)이라고 말한다. 한편 아주 미미한 가격 변화(즉, 거의 0에 가까운 변화)가 아주 큰 수요량의 변화를 초래한다면 수요의 탄력성은 무한히 큰 값을 갖게 되는데, 이때 수요는 완전탄력적(perfectly elastic)이라고 한다.

그림 3-5는 수요가 완전탄력적 · 단위탄력적 · 완전비탄력적인 경우를 보이고 있다. 그림에서 수평선으로 표시된 수요곡선 D_1은 가격이 일정하게 주어져 있는데 수요량은 얼마든지 변할 수 있다. 즉, 가격의 변화율은 0인데 수요량의 변화율은 임의의 양수로 표시된다. 이 경우 수요의 탄력성을 구하는 분수의 분모가 0이어서 수학적으로 값이 정해지지 않는다. 그러나 경제학에서는 가격 변화율을 0에 가까운 아주 작은 양수로 생각하여 수요의 탄력성이 무한대라고 말한다. 수평의 수요곡선은 가격이 아주 미소하게 내릴 기미만 보여도 수요량이 얼마든지 늘어나는 것으로 생각하여 수요의 탄력성이 무한대라고 말하는 것이다. 수직선으로 표시된 수요곡선 D_2는 가격이 어떻게 변해도 수요량의 변화율이 0이므로 수요의 탄력성이 0이다.

이 양 극단 사이에서 수요의 법칙을 만족시키는 우하향의 수요곡선은 수요의 탄력성이 0과 무한대 사이의 값을 갖는다. 수요곡선 D_3에서 A점과 B점 구간의 수요의 탄력성은 1이다. A점과 B점 사이에서 가격의 변화율은

$$\frac{\text{가격의 변화분}}{\text{가격}} \times 100 = \frac{100}{150} \times 100 = \frac{200}{3}\%$$

인데 수요량의 변화율도

그림 3-5

세 가지 특수한 수요곡선의 탄력성

수요의 탄력성이 똑같은 세 가지 특수한 수요곡선을 상정할 수 있다. 수요의 탄력성이 무한대인 수평의 수요곡선, 0인 수직의 수요곡선, 1인 직각 쌍곡선의 수요곡선이 그것이다. 이 특별한 경우를 빼고는 수요곡선의 기울기와 구간에 따라 수요의 탄력성이 달라진다.

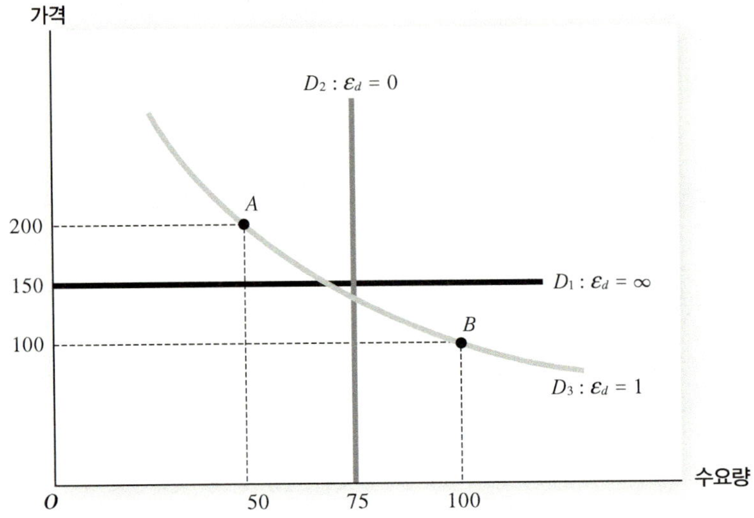

$$\frac{수요량의\ 변화분}{수요량} \times 100 = \frac{50}{75} \times 100 = \frac{200}{3}\%$$

이기 때문이다. A점에서 B점으로 가거나 B점에서 A점으로 가거나 간에 수요의 탄력성을 똑같게 하기 위해 위 계산에서 가격과 수요량은 A, B 두 점의 평균가격과 평균수요량을 취하였다.

그림 3-5는 수요곡선 상의 어떤 점들을 잡아도 수요의 탄력성이 똑같은 세 가지 특별한 경우를 보여준다. 이 특별한 경우를 빼고는 일반적으로 수요곡선의 기울기와 구간에 따라 수요의 탄력성이 달라진다. 대개 수요의 가격 탄력성은 수요곡선 상의 한 점을 놓고 볼 때 그 점을 지나는 수요곡선이 완만할수록(수평선에 가까울수록) 크고, 수요곡선이 가파를수록(수직선에 가까울수록) 작다. 동일한 가격구간에서 수요곡선이 완만하면 가파른 경우에 비해 수요량의 변화율이 커지기 때문이다.

가격을 P, 수요량을 Q^D, 변화분을 Δ(delta)로 표시하면 수요의 가격 탄력성은

$$\varepsilon_d = \left| \frac{\frac{\Delta Q^D}{Q^D} \times 100}{\frac{\Delta P}{P} \times 100} \right| = \left| \frac{\Delta Q^D}{\Delta P} \right| \times \frac{평균가격}{평균수요량} \qquad (3-10)$$

으로 표시된다. 따라서 수요의 탄력성은 수요곡선의 기울기의 역수 $|\Delta Q^D / \Delta P|$와는 다른 개념이라는 것을 알 수 있다. 수요곡선이 직선이면 수요곡선 상의 어느 구간을 잡아도 $|\Delta Q^D / \Delta P|$는 같다. 그러나 P/Q^D는 수요곡선 상의 서북구간을 잡으면 커지고 동남구간을 잡으면 작아진다. 수요곡선이 직선이라도 가격이 낮은 구간을 잡으면 높은 구간을 잡을 때보다 수요의 탄력성이 작게 나오는 것이다.

수요의 탄력성은 개별수요와 시장수요 양쪽에 적용할 수 있다.

수요의 탄력성과 가계지출

어떤 상품에 대한 가계의 지출액은 그 상품의 가격(P)에 가계의 구입량(Q)을 곱한 것이다.

$$\text{가계지출액} = \text{가격}(P) \times \text{구입량}(Q) \qquad (3-11)$$

시장에 물건이 충분히 있어 구입량이 수요량과 같다고 하자. 그러면 수요의 탄력성이 가격 변동에 따른 가계지출액의 변동에 대한 정보를 제공해 준다. 상품가격이 오르면 그 몫만큼은 가계지출을 증가시키지만 수요의 법칙으로 수요량이 감소하여 가계지출을 감소시키는 요인으로도 작용한다. 따라서 가계지출이 증가할지 감소할지 알 수 없다. 이 경우 수요의 탄력성을 알면 가계지출의 변동 방향을 알 수 있는 것이다.

어떤 상품에 대한 수요가 탄력적이라고 하자. 그러면 가격이 오를 때 가격의 상승률보다 수요량의 감소율이 더 크다. 가격이 조금 오를 때 수요량은 크게 감소하는 것이다. 따라서 가계지출액은 종전보다 감소하게 된다. 반면에 가격이 내릴 때에는 가격의 하락률보다 수요량의 증가율이 더 커서 가계지출액이 종전보다 증가한다.

수요가 비탄력적인 경우에는 위와 반대현상이 일어난다. 가격이 오르면 오른 비율만큼 수요량이 감소하지 않으므로 가계지출이 증가한다. 가격이 내리면 내린 비율만큼 수요량이 증가하지 않으므로 가계지출이 감소한다.

수요가 단위탄력적일 때에는 가격의 변화율과 수요량의 변화율이 반대 방향으로 똑같기 때문에 가격이 변하더라도 가계지출이 변하지 않는다.

지금까지 설명한 수요의 탄력성과 가계지출의 관계는 개별 가계에도 적용되고 전체 가계에도 적용된다. 전체 가계의 경우에는 시장수요의 탄력성을 사용한다. 전체 가계의 지출액은 전체 기업의 수입이기도 하다.

표 3-5

수요의 가격 탄력성과 총지출(혹은 총수입)

수요의 탄력성	가격 하락	가격 상승
탄력적 ($\varepsilon_d > 1$)	총지출 증가	총지출 감소
단위탄력적 ($\varepsilon_d = 1$)	총지출 불변	총지출 불변
비탄력적 ($\varepsilon_d < 1$)	총지출 감소	총지출 증가

수요의 탄력성의 결정 요인

수요의 가격 탄력성을 결정하는 요인은 여러 가지가 있다. 그중에서 중요한 몇 가지만 살펴보면 다음과 같다.

① **대체재의 유무와 다소** : 밀접한 대체재가 있는 상품은 없는 상품보다 수요의 탄력성이 크다. 매일우유만 가격이 10% 오른다면 사람들은 서울우유, 파스퇴르우유, 남양우유 등 다른 우유로 소비를 쉽게 전환할 수 있어 매일우유 수요량이 크게 감소할 것이다. 휘발유 가격이 10% 오른다면 휘발유에 대한 마땅한 대체재가 없어 매일우유처럼 당장에 휘발유 수요량이 크게 감소하지는 않는다.

② **상품의 일상생활에 있어서의 중요성** : 쌀과 같은 생활필수품에 대한 수요는 비탄력적이고 다이아몬드와 같은 사치품에 대한 수요는 탄력적이다. 쌀값이 크게 떨어졌다고 해서 하루에 쌀밥을 네 끼, 다섯 끼 먹지는 않는다. 이 장의 첫 머리에 소개한 애덤 스미스의 말대로 음식료품에 대한 욕구는 위장의 수용능력에 의해 제한되기 때문에 일반적으로 음식료품에 대한 수요는 비탄력적이다. 그러나 사치품의 수요량은 특별한 제약 요인이 없기 때문에 가격의 등락에 따라 크게 변할 수 있어서 탄력적이다.

③ **상품의 가격이 가계소득에서 차지하는 비중** : 상품의 가격이 가계소득에서 차지하는 비중이 큰 상품이 미미한 상품보다 수요의 탄력성이 커지는 경향이 있다. 3,000만원 이상 가는 자동차의 가격이 10% 상승하는 경우와 1,000원짜리 볼펜의 가격이 10% 상승하는 경우를 비교해 보라. 많은 사람들은 볼펜 가격이 100원 올라

간 것 정도는 별로 개의치 않을 것이다. 따라서 볼펜에 대한 수요의 탄력성이 자동차에 대한 그것보다 작다.

④ 기간의 장단 : 같은 가격의 변화에 대해 기간이 길어질수록 수요량의 변동이 더 크게 되어 수요의 탄력성이 더 커진다. 가령 쌀값이 대폭 오를 때 단기에는 타성에 젖어 쌀밥을 먹는 소비자도 장기에는 다른 대체식품으로 식사 행태를 점차 바꾸게 된다. 기간이 길어지면 대체재가 많아지고 다른 대체재로의 소비전환도 쉬워진다.

이상을 종합할 때 가계에서 소비하는 소금은 수요의 탄력성이 아주 작을 것이다. 소금은 뚜렷한 대체재가 없고 일상생활에 없어서는 안 될 생활필수품이며, 소금에 대한 지출이 가계소득에서 차지하는 비중이 낮은데, 이러한 상황은 장기에도 별로 달라지지 않을 것이기 때문이다.

3.2 수요의 소득 탄력성과 교차 탄력성

어떤 소비재의 수요량에 영향을 미치는 요인들로는 그 상품의 가격, 소득, 연관 상품의 가격, 소비자의 선호, 예상, 소비자의 재산 등이 있다고 앞에서 설명하였다. 이 중 그 상품 자체의 가격이 변할 때 수요량이 얼마나 변하는가를 나타내는 것이 수요의 (가격) 탄력성이다. 이 외에도 소득과 연관 상품의 가격이 변하면 수요량이 얼마나 변하는가를 각각 수요의 소득 탄력성과 교차 탄력성으로 나타낸다.

수요의 소득 탄력성

수요의 소득 탄력성(income elasticity of demand)이란 소득이 1% 변할 때 수요량이 몇 % 변하는가를 측정하는 척도로서 다음과 같이 정의된다.

$$\text{수요의 소득 탄력성} = \frac{\text{수요량의 변화율}}{\text{소득의 변화율}} \qquad (3-12)$$

대부분의 상품은 소득이 증가함에 따라 그 수요량이 증가하기 때문에 수요의 소득 탄력성은 양의 값을 갖는다. 이러한 상품을 앞에서 정상재라고 하였다. 그러나 열등재는 소득이 증가함에 따라 그 수요량이 감소한다. 따라서 열등재에 대한 수요의 소득 탄력성은 음의 값을 갖는다.

수요의 소득 탄력성은 통상적으로 엥겔곡선에서 구하여진다.

> 엥겔곡선(Engel)은 가계소득과 소비재 수요량의 관계를 보여주는 곡선이다. 정상재의 엥겔곡선은 우상향하고 열등재의 엥겔곡선은 우하향한다.

소득이 증가할수록 식료품에 대한 지출보다 주거비 · 의료비 · 문화비 등 식료품 이외의 지출액이 더 크게 증가한다. 따라서 식료품에 대한 지출액이 소득에서 차지하는 비율은 소득이 증가함에 따라 점차 감소하는데, 이를 엥겔의 법칙(Engel's law)이라 한다. 엥겔의 법칙은 식료품에 대한 수요의 소득 탄력성이 1보다 작다는 것을 뜻한다.

수요의 교차 탄력성

수요의 교차 탄력성(cross elasticity of demand)이란 한 상품의 가격이 1% 변할 때 연관상품의 수요량이 몇 % 변하는가를 측정하는 척도이다.

$$X\text{재 수요의 } Z\text{재 가격에 대한 교차 탄력성} = \frac{X\text{재 수요량의 변화율}}{Z\text{재 가격의 변화율}} \qquad (3-13)$$

수요의 교차 탄력성도 소득 탄력성처럼 부호가 경제적 의미를 갖는다. 두 상품 X와 Z가 서로 대체재라면 Z재 가격이 오를 때 Z재 수요량이 감소하고 이에 따라 X재 수요량은 증가한다. Z재 가격과 X재 수요량이 둘 다 증가하는 방향으로 변하기 때문에 교차 탄력성은 양의 값을 갖는다. 교차 탄력성이 클수록 대체관계는 더 커진다. X와 Z가 보완재라면 Z재 가격이 오를 때 Z재 수요량이 감소하고 이에 따라 X재 수요량도 감소한다. Z재 가격과 X재 수요량이 반대 방향으로 변하기 때문에 교차 탄력성은 음의 값을 갖는다. 두 재화가 독립재일 때는 교차 탄력성이 0이다.

수요의 (가격) 탄력성, 소득 탄력성, 교차 탄력성은 그 크기를 정확히 측정할 수 있다면 정부의 물가정책과 생산 · 소비 조정계획 등에 폭넓게 응용할 수 있다.

세 탄력성의 응용 예

전기 수요의 가격 탄력성은 0.5, 소득 탄력성은 0.4, 전기 수요의 도시가스 요금에 대한 교차 탄력성은 0.3이라 하자. 앞으로 가계소득은 5% 상승할 것으로 예상된다. 정부가 전기요금을 10% 인상하면서도 전기 수요량을 종전과 같게 유지하려 한다고 하자. 이 경우 정부는 도시가스 요금을 어떻게 조정해야 할까?

가계소득이 5% 상승하면 전기 수요의 소득 탄력성이 0.4이므로 전기 수요량이 2% 증가한다. 한편 전기 수요의 가격 탄력성이 0.5이므로 전기요금을 10% 인상하면 전기 수요량은 5% 감소한다. 가계소득과 전기요금이 동시에 변함에 따라 전기 수요량은 종전보다 3% 감소하는 순효과가 발생한다. 따라서 도시가스 요금의 조정으로 전기 수요량이 종전보다 3% 증가하면 된다. 전기 수요의 도시가스 요금에 대한 교차 탄력성이 0.3이라는 정보를 활용하면

$$\frac{\text{전기 수요량의 증가율(3\%)}}{\text{도시가스 요금의 변화율}} = 0.3$$

에서 도시가스 요금을 10% 상승시켜야 한다는 것을 알 수 있다.

4. 생산요소시장에서의 가계의 선택

Navigator @ Economics, ch. three

제1절과 2절은 생산물수요곡선의 배후에 있는 가계의 의사 결정과정에 초점을 맞추어 분석하였다. 그 과정에서 가계의 소득은 일정하게 주어져 있는 것으로 가정하였다. 소득이 증가하는 경우를 상정하였지만 어떻게 해서 소득이 증가하는가를 다루지 않았다.

가계의 소득은 어떻게 해서 생기는가? 가계의 소득은 크게 노동소득과 재산소득으로 구분된다. **노동소득**은 노동이라는 생산요소를 기업에 공급하고 그 대가로 받는 소득이다. **재산소득**은 예금, 주식, 채권 등의 금융자산이나 토지, 주택 등의 실물자산을 운용하여 이자, 배당, 임대료 등으로 받는 소득이다. 가계가 갖고 있는 금융자산은 직접 · 간접으로 기업에 자금을 공급하는 것으로 나타난다. 가계가 은행에 예금한 돈은 대부분 기업이 빌려가 운영자금으로 쓰거나 공장을 짓고 기계, 차량 등 자본설비를 사는 생산자금으로 활용된다. 이에 따라 가계는 노동, 자본, 토지 등의 생산요소시장에 요소를 제공하는 공급자로 나타난다. 생산물시장에서는 가계가 수

요자이지만 생산요소시장에서는 공급자인 것이다.

따라서 가계소득이 어떻게 결정되는가를 알아보기 위해서는 생산요소시장을 분석해야 한다.

4.1 노동시장과 가계의 노동공급곡선

한계효용균등의 법칙과 노동공급곡선

대부분의 가계가 버는 소득은 노동을 제공한 대가로 받는 노동소득이다.

가계는 생산물시장에서 예산제약조건 하에 소비선택을 하듯이 노동시장에서도 일정한 제약조건 하에 선택을 해야 한다. 가계는 ① 어떤 종류의 직업을 가질 것인가, ② 얼마나 일할 것인가 등을 결정해야 한다. 이때 가계 구성원의 능력과 적성, 일자리의 성격, 시장임금 수준 등이 가계의 노동공급에 제약을 준다.

능력이 있고 적성에 맞는 일자리가 있어 정규직으로 취업한 경우 가계는 주어진 임금수준에서 얼마나 일할 것인가를 결정해야 한다. 통상적으로 법정 근로시간(우리나라의 경우 주당 40시간)은 일해야 한다. 법정 근로시간 외에 야간노동이나 주말노동의 제의가 있을 때 그 제의에 응할 것인가, 응한다면 어느 정도나 응해야 할 것인가를 결정해야 하는 것이다. 비정규직으로 취업한 경우에는 주어진 시장임금수준에서 일정 기간 동안에 얼마나 일할 것인가 하는 문제는 더 피부에 와 닿는 경제문제가 된다.

노동시장에서의 노동공급에도 합리적인 선택의 문제가 따른다. 노동공급을 많이 할수록 잔업수당, 주말수당, 초과시간 근무수당이라는 명목으로 많은 노동소득을 얻는다. 그러나 하루는 24시간, 1주일은 168시간으로 시간이 정해져 있다. 일정 기간 동안에 노동시간이 많아지면 그만큼 여가시간이 줄어든다. 집에서 TV를 보고 독서하고 자고, 밖에 나가 영화를 보고 소주를 마시고 노래방에 가는 등 일련의 즐거운 여가시간이 줄어드는 것이다. 반면에 이러한 여가시간이 늘어나면 노동소득이 줄어들어 여가 이외의 상품들에 대한 소비가 줄어든다. 여가가 늘어 효용이 증가하는 한편 다른 상품소비가 줄어들어 효용이 감소하는 양면성이 있는 것이다. 따라서 합리적인 가계는 노동-여가시간을 효용이 최대가 되도록 배분하고자 한다.

노동-여가시간의 최적배분은 한계효용균등의 법칙

$$\frac{MU_X}{P_X} = \frac{MU_Y}{P_Y} \qquad (3-3)$$

에서 X재를 일반 소비재로, Y재를 여가로 생각하여 쉽게 풀 수 있다. 앞에서 설명한 바와 같이 여가는 소비자의 효용을 증가시키는 바람직한 것이다. 그러나 여가에도 다른 상품처럼 한계효용체감의 법칙이 작용한다. Y재를 여가로 생각한다면 여가의 가격 P_Y는 무엇일까? 여가를 즐기는 대신 그 시간에 노동을 하면 시간당 임금을 벌 수 있다. 여가를 한 시간 누리기 위해 한 시간 임금을 지불하는 셈이다. 따라서 (시간당) 임금을 P_Y로 보면 된다.

소비자가 일반 소비재 가격(P_X)과 임금(P_Y)이 주어져 있을 때 식 (3-3)을 만족시키는 최적의 노동-여가시간을 선택하고 있었는데 임금이 올랐다고 하자. 그러면 종전의 노동-여가시간에서는

$$\frac{MU_X}{P_X} > \frac{MU_Y}{P_Y}$$

가 발생하여 노동-여가시간을 조정해야 한다. 이 경우 X재의 수요는 반드시 증가하지만 Y재(여가)의 수요는 증가할지 감소할지 미리 알 수 없다. 제3절에서 설명한 바와 같이 소득효과와 대체효과 중 어느 것이 크냐에 달려 있다.

임금이 오르면 종전과 똑같이 일해도 가계소득이 증가하여 X재의 수요를 증가시킬 수 있다. 임금 상승으로 가계소득이 증가하면 가계는 여가를 늘리고자 한다. 이것이 소득효과이다. 일반적으로 여가는 소득이 증가함에 따라 증가하는 정상재이기 때문이다. 그러나 임금 상승으로 여가의 가격이 높아져 여가가 다른 소비재보다 상대적으로 비싸진다. 따라서 상대적으로 비싸진 여가의 소비를 줄이고 다른 소비재의 소비를 증가시키고자 한다. 이것이 대체효과이다. 대체효과가 소득효과보다 크면 임금이 상승할 때 여가의 소비가 줄어들고, 따라서 노동시간(노동 공급량)은 증가한다.

일반적으로 임금 상승의 대체효과가 소득효과보다 크게 나타난다. 따라서 임금이 상승하면 가계의 여가시간은 감소하고 노동시간은 증가한다.

결국 개별 가계의 노동공급곡선은 단기에 **그림 3-6**과 같이 우상향한다. 개별 가계의 노동공급곡선이 그려지면 모든 가계의 총노동공급곡선이 쉽게 도출된다. 각각의 임금수준에서 개별 가계의 노동 공급량을 모두 합치면 되기 때문이다. 모든 가계의 총노동공급곡선을 시장노동공급곡선이라 부른다. 개별 가계의 노동공급곡선

그림 3-6

가계의 노동공급곡선

임금이 높아지면 가계는 여가시간을 줄이고 노동시간을 늘려 노동공급곡선이 우상향한다.

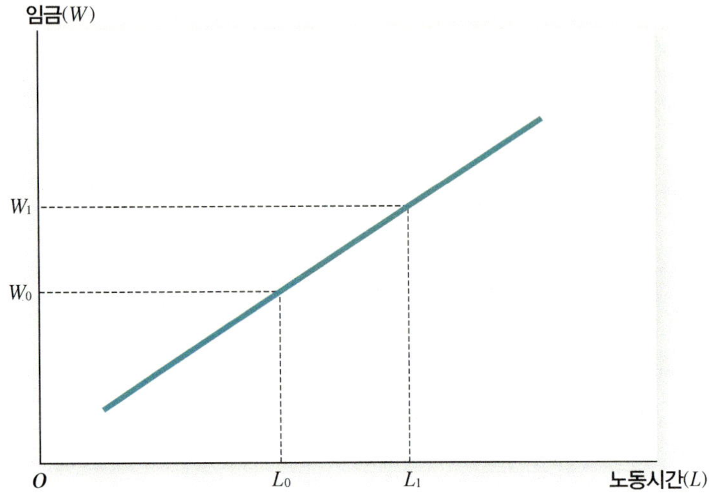

이 우상향하기 때문에 시장노동공급곡선도 우상향한다.[9]

노동공급의 임금 탄력성

생산물수요곡선에서 생산물수요의 (가격) 탄력성을 정의하듯이 노동공급곡선에서 노동공급의 (임금) 탄력성을 정의할 수 있다.

$$\text{노동공급의 임금 탄력성} = \frac{\text{노동공급량의 변화율}}{\text{임금의 변화율}}$$

노동공급의 임금 탄력성은 그 부호가 일반적으로 양이다.

9) 임금이 너무 높아지면 소득효과가 대체효과보다 커져서 노동시간이 오히려 감소할 수 있다. 아주 높은 임금수준에서는 더 높은 임금을 줄 때 일을 더 하는 것이 아니라 오히려 여가를 즐기게 된다는 것이다. 이를 노동공급의 후방굴절현상(backward-bending labor supply)이라고 한다. 노동공급의 후방굴절현상은 단기에 현실 세계에서 흔히 일어나는 일은 아니다.

4.2 금융시장과 가계의 자금공급곡선

돈을 빌리고 빌려주는 시장을 **금융시장**(financial market) 혹은 **대부시장**(loan market)이라 한다. 가계는 저축을 통해 금융시장에 돈의 공급자로 나타난다. 돈의 가격을 이자율이라 한다. 이자율이 높아지면 가계는 저축을 늘림으로써 가계의 돈 공급량이 늘어난다. 이에 따라 이자율을 세로축, 돈 공급량을 가로축으로 하는 평면에서 가계의 대부자금공급곡선은 우상향한다. 이를 가계의 효용극대화문제로 보일 수 있다.[10]

요약 및 학습

01 재화나 서비스를 소비함으로써 느끼는 소비자의 만족을 효용이라고 한다. 효용함수란 일정 기간에 소비자가 각각의 소비조합에서 얻을 수 있는 (총)효용을 나타낸다. 소비자의 선호는 효용함수로 나타낸다.

02 한계효용이란 상품의 소비량이 1단위 증가(감소)할 때 총효용의 증가(감소)분을 말한다. 총효용과 한계효용의 관계는 다음과 같다.

① 한계효용 $> 0 \Leftrightarrow$ 총효용 증가

② 한계효용 $< 0 \Leftrightarrow$ 총효용 감소

③ 한계효용 $= 0 \Leftrightarrow$ 총효용 최대

03 다른 상품들의 소비량을 고정시킨 채 한 상품의 소비량을 증가시켜 나가면 그 상품의 한계효용은 궁극적으로 감소한다. 이를 한계효용체감의 법칙이라고 한다.

04 주어진 소득으로 여러 가지 상품을 소비할 때 각 상품의 한계효용을 그 상품가격으로 나눈 값이 모든 구입상품에 걸쳐 똑같도록 소비해야 소비자의 효용이 최대가 된다. 이것을 한계효용균등의 법칙이라 한다. 한계효용균등의 법칙은 경제학에서 애용하는 한계원리의 하나이다. 한계효용균등의 법칙과 가계의 예산제약식을 합쳐 효용극대화조건이라 한다. 한계효용의 이론은 소비자가 한정된 소득으로 효용극대화를 추구한다고 상정하여 우하향하는 생산물수요곡선을 도

10) 필자의 블로그(http://blog. naver.com/ksahn21c)에서 경제학 길잡이 제3장 보론, "금융시장과 가계의 자금공급곡선"을 참고하라.

출한다. 한계효용의 이론에 의하면 개별 수요곡선 상의 모든 점은 다른 요인들이 일정 불변일 때 각각의 가격수준에서 소비자가 효용극대화를 달성하기 위해 구입하고자 하는 상품의 수량을 나타낸다.

05 상품의 가격과 그 상품의 수요량이 반대 방향으로 움직이는 현상을 수요의 법칙이라고 한다. 수요의 법칙은 우하향의 수요곡선으로 표시된다.

06 상품의 가격이 하락할 때 그 상품의 수요량이 증가하는 효과는 소득효과와 대체효과로 구분할 수 있다. 가격 하락으로 소득이 증가할 때처럼 종전보다 상품을 더 많이 살 수 있게 하는 효과를 소득효과라 한다. 가격이 하락한 상품이 가격이 불변인 상품보다 상대적으로 싸져서 사람들이 가격 하락 품목을 더 소비하고자 하는 효과를 대체효과라 한다. 가격 하락 품목이 정상재이면 대체효과와 소득효과 모두 해당 품목의 수요량을 증가시키는 방향으로 작용한다. 열등재이면 대체효과는 해당 품목의 수요량을 증가시키지만, 소득효과는 수요량을 감소시켜 두 효과의 방향이 서로 다르다. 그러나 일반적으로 대체효과가 소득효과보다 커서 수요의 법칙이 성립한다.

07 개별 소비자의 수요곡선은 해당 상품의 가격이 변할 때 주어진 수요곡선을 따라 이동한다. 그러나 ① 소비자의 소득, ② 소비자의 선호, ③ 소비 면에서 대체재나 보완재의 가격, ④ 소비자의 예상, ⑤ 소비자의 재산 등이 변하면 생산물수요곡선 자체가 오른쪽이나 왼쪽으로 이동한다. 수요곡선이 오른쪽으로 이동하는 것을 수요의 증가, 왼쪽으로 이동하는 것을 수요의 감소라 한다.

08 사람들의 선호가 상호독립적이면 개별 소비자들의 수요곡선을 수평으로 합하여 시장수요곡선을 얻는다. 개별수요곡선을 이동시키는 요인들이나 소비자의 수가 변하면 시장수요곡선은 오른쪽 또는 왼쪽으로 이동한다. 구체적으로 시장수요곡선은 다음의 경우에 오른쪽으로 이동한다.

① 정상재인 경우 가계소득이 증가하거나 앞으로 증가할 것이라고 예상될 때
② 소비선호가 유리하게 변할 때
③ 소비 면에서 대체재의 가격이 오르거나 보완재의 가격이 내릴 때
④ 해당 상품의 가격이 앞으로 오를 것이라고 예상될 때
⑤ 소비자의 재산이 증가하거나 앞으로 증가할 것이라고 예상될 때
⑥ 소비자의 수가 증가할 때

09 수요의 (가격) 탄력성은 가격이 1% 변할 때 수요량이 몇 % 변하는가를 나타낸다. 수요의 탄력성(ε_d)은

$$\varepsilon_d = \left|\frac{\text{수요량의 변화율}}{\text{가격의 변화율}}\right| = \left|\frac{\Delta Q^D / Q^D}{\Delta P / P}\right| = \left|\frac{\Delta Q^D}{\Delta P}\right| \times \frac{\text{평균가격}}{\text{평균수요량}}$$

10 수요의 탄력성은 0에서 ∞까지의 값을 가질 수 있다.

- $\varepsilon_d = 0$: 완전비탄력적 : 수요곡선이 수직일 때
- $0 < \varepsilon_d < 1$: 비탄력적
- $\varepsilon_d = 1$: 단위탄력적 : 수요곡선이 직각쌍곡선일 때
- $1 < \varepsilon_d < \infty$: 탄력적
- $\varepsilon_d = \infty$: 완전탄력적 : 수요곡선이 수평일 때

11 어떤 상품의 가격이 변할 때 그 상품에 대한 가계지출은 그 상품에 대한 수요의 탄력성이 다름에 따라 달리 나타난다. 수요가 탄력적이면 가격이 상승(하락)할 때 가격의 상승률(하락률)보다 수요량의 감소율(증가률)이 커서 가계지출이 감소(증가)한다. 수요가 비탄력적이면 가격이 상승(하락)할 때 가계지출이 증가(감소)한다. 수요가 단위탄력적이면 가격이 변하더라도 가계지출이 불변이다.

12 생산물 수요의 탄력성은 ① 대체재가 많을수록, ② 일상생활에서 차지하는 중요도가 작을수록, ③ 가격이 가계소득에서 차지하는 비중이 클수록, ④ 기간이 길어질수록 크다.

13 수요의 소득 탄력성은 소득이 1% 변할 때 수요량이 몇 % 변하는가를 나타낸다. 수요의 교차 탄력성은 한 상품의 가격이 1% 변할 때 연관상품의 수요량이 얼마나 변하는가를 나타낸다. 수요의 소득 탄력성이 +이면 정상재, −이면 열등재를 뜻한다. 수요의 교차 탄력성이 +이면 두 상품은 대체관계, −이면 보완관계, 0이면 독립관계에 있다.

14 가계는 ① 매기에 주어진 소득으로 어떤 소비재를 얼마나 소비할 것인가 하는 문제 외에, ② 매기에 얼마나 일하고 얼마나 여가생활을 즐길 것인가 하는 노동−여가 선택의 문제와 ③ 현재와 미래에 소비를 어떻게 배분할 것인가 하는 소비−저축의 문제도 풀어야 한다. ②를 효용이 극대화하도록 푸는 과정에서 우상향의 노동공급곡선이 도출된다. ③을 효용이 극대화하도록 푸는 과정에서 우상향의 금융저축(또는 자금공급)곡선을 얻는다. 생산물시장에서 수요자인 가계가 생산요소시장에서는 공급자로 나타난다.

연습문제

01 다음과 같은 주장을 논평하라.

(1) "현실 세계에서는 재화를 1원어치 더 사거나 덜 살 수 없다. 재화를 1원어치 더 사고 덜 사는 것을 상정한 식 (3−3)은 우스꽝스러운 식이다."

(2) "현실 세계의 소비자는 각 재화 소비의 한계효용을 일일이 따지지 않는다. 재화소비의 한계효용을 일일이 따지는 것으로 상정한 식 (3-3)은 우스꽝스러운 식이다."

(3) "일반적으로 신용불량자들은 가계의 예산제약식을 무시했다는 점에서 비합리적인 소비생활을 한 사람들이다."

02 경제적 선택 문제의 세 요소는 목표, 대안, 제약이라고 말한다. 소비이론에서 이를 확인하고 설명하라.

03 X재 가격이 비싸지면 X재가 Y재에 비해 상대적으로 비싸졌다고 말한다. 이는 상대가격 $\frac{P_X}{P_Y}$가 상승한 것을 뜻한다. $\frac{P_X}{P_Y}$의 단위는 무엇인가? $\frac{P_Y}{P_X}$의 단위는?

04 영철이의 하루 용돈이 2,000원이고, 저축을 포함한 재화에 대한 한계효용은 다음 표와 같다고 하자.

(단, A, B, C, D는 상이한 네 재화이고 S는 저축임)

단위 \ 한계효용	MU_A	MU_B	MU_C	MU_D	MU_S
1	50	120	400	1,200	6
2	48	110	250	1,000	5
3	40	105	200	800	4
4	32	100	120	600	3
5	24	75	110	400	2
6	16	50	100	200	1
7	8	40	80	100	0.5
8	4	30	60	50	0.25

(1) 가격이 $P_A = 50$원, $P_B = 50$원, $P_C = 100$원, $P_D = 200$원일 때 최적 소비조합과 최대효용수준을 구하라. 저축은 100원 단위로 한다고 상정하라.

(2) B재의 가격이 100원으로 올랐다고 하자. 새로운 최적 소비조합과 최대효용수준을 구하라.

(3) B재의 수요곡선을 그려라.

(4) C재와 D재 수요의 B재 가격에 대한 교차 탄력성을 구하라. C재와 D재는 B재의 대체재인가, 보완재인가?

(5) 소득이 20,000원 $P_A = P_B = 500$원, $P_C = 1{,}000$원, $P_D = 2{,}000$원일 때 최적 소비조합을 구하라.

05 한계원리를 이용하여 설명하라.

(1) 할아버지 할머니 세대에는 자녀 수가 4～5명 이상인 것이 보통이었는데 이제 자녀 수는 많아야 고작 1～2명이다.

(2) 후진국에서는 쿠데타가 빈발하는데 선진국에서는 쿠데타가 전혀 없다.

(3) 제1장 연습문제 4번에 나오는 각 현상

(4) 이스털린의 역설

06 A는 부유하고 B는 가난하다. 두 사람은 다음 그림처럼 똑같은 화폐의 한계효용곡선을 갖고 있다. A의 소득은 OR이고 B의 소득은 OP라 하자.

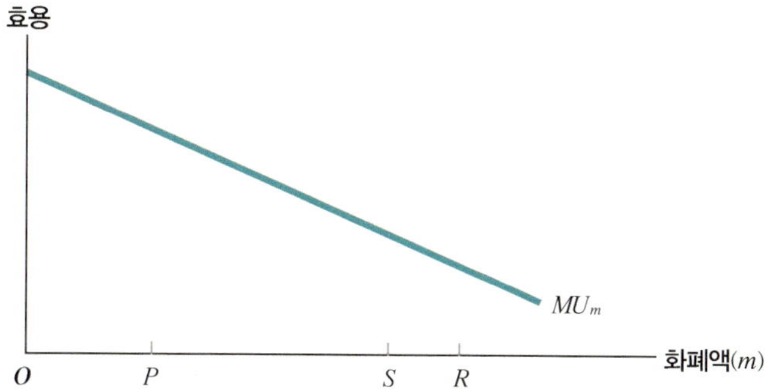

(1) A와 B의 화폐에 대한 한계효용을 구하라.

(2) A와 B의 화폐에 대한 총효용을 구하라.

(3) A로부터 SR만큼의 소득을 징수하여 B에게 준다면 A와 B의 화폐에 대한 새로운 총효용수준은 어떻게 변하는가?

(4) A의 총효용과 B의 총효용의 합계를 최대로 하기 위해서는 소득을 어떻게 재분배해야 하는가?

(5) 위 분석의 문제점은 무엇일까?

07 미국 소비자가 각 상품에 대해 갖는 시장수요의 가격 탄력성에 관한 한 실증분석에 의하면 해외여행 4.0, 외식 2.3, 목제가구 1.3, 승용차 1.1, 교통 서비스 1.0, 영화 0.9, 담배 0.6, 일반 식품 0.6, 의료 0.3, 의복 0.2, 빵 0.2 등으로 나타났다. 수요의 탄력성을 결정하는 요인들과 연관시켜 이 숫자들을 설명해 보라. 가격이 오를 때 가계지출이 증가(감소)하는 품목들은 무엇인가?

08 여행사에서 제공하는 해외관광여행의 요금은 방학 때가 평소보다 비싸고, 설이나 추석 때 제일 비싸다. 이런 기간별 가격차별이 경제논리와 부합하는 것을 설명하라.

09 연탄 수요의 가격 탄력성은 0.8, 소득 탄력성은 −0.2, 연탄 수요의 석유 가격에 대한 교차 탄력성은 0.1이라고 하자. 앞으로 전체 가계소득은 10% 상승할 것으로 예상된다. 채탄비용이 상승하여 정부가 연탄 가격을 5% 인상시키면서 연탄 수요량을 종전보다 5%만 감소시키려고 한다 하자. 석유 가격을 어떻게 조정해야 할까?

10 다음 기술이 옳은가 그른가를 밝히고 그 이유를 설명하라.

① 한계효용체감의 법칙에 따르면 한 상품의 소비량을 줄이면 한계효용이 증가한다.

② 가계가 보유하는 화폐는 예산제약식에도 들어가고 효용함수에도 들어간다.

③ X재 가격이 10% 하락하고 Y재 가격이 20% 하락했다면 Y재가 상대적으로 싸지고 X재는 상대적으로 비싸진다.

④ A의 B 탄력성은 B의 변화율에 대한 A 수량의 변화율의 비율이다.

⑤ 한계효용균등의 법칙만으로 우하향하는 수요곡선을 도출할 수 있다.

⑥ 같은 재화라도 사람에 따라서 정상재가 되기도 하고 열등재가 되기도 한다.

⑦ 한계효용이 감소하면 총효용도 감소한다.

⑧ 자유시장경제에서 실제구입량이 수요량을 초과할 수 없다.

⑨ 뷔페식당에서 좋아하는 음식을 골고루 먹는 것은 한계원리에 맞는 소비행위이다.

⑩ 팔당댐의 저수량은 '일정 기간 동안에 얼마'로 표시된다.

⑪ 엥겔곡선의 기울기를 보면 해당 상품이 정상재인가 열등재인가를 알 수 있다.

⑫ 현재소비의 기회비용은 미래소비량으로 표시되기 때문에 이자율이 높아지면 현재소비의 기회비용이 커진다.

⑬ 일반적으로 쌀 수요는 자가용 수요보다 비탄력적이다.

⑭ 개별수요곡선 상의 모든 점은 그 재화에 대한 소비자의 한계효용을 나타낸다.

⑮ '임금이 오를 때 일을 더 하기보다는 여가시간을 갖고 싶다'는 사람에게 여가는 정상재이다.

⑯ 중국에서 양파를 수입해 오면 국산 양파에 대한 국내수요곡선은 왼쪽으로 이동한다.

⑰ '친구 따라 강남 가는' 편승소비 풍조가 있는 시장에서는 개별수요량을 수평으로 합한 것보다 시장수요량이 더 많다.

⑱ 커피와 설탕 사이의 수요의 교차 탄력성은 0보다 작다.

⑲ 담뱃값을 인상하는 경우 담배인삼공사의 수입이 증가한다면 담배의 수요는 비탄력적이다.

⑳ '사람이 부유해질수록 총가계비 중에서 차지하는 거주비의 비중은 작아진다'는 슈바베의 법칙은 거주비의 소득 탄력성이 1보다 작다는 것을 말한다.

㉑ 성형 · 미용, 보약 등의 의료비와 자녀 교육비는 소득 탄력성이 으레 1보다 크다.

㉒ 한계효용체감이 크게 일어나는 재화라면 소득이 증가할 때 그 재화의 소비가 그리 많이 증가하지 않을 것이다.

㉓ 붉은 포도주가 두어 잔 마시고 난 다음에 맛이 더 좋아진다면 처음에는 한계효용체증이 일어난다는 뜻이다.

㉔ '첫술 밥에 배 부르랴'라는 우리나라 속담은 첫술 밥의 총효용이 작다는 뜻이고 한계효용체감과는 무관한 말이다.

㉕ 수요의 가격 탄력성은 가격구간을 일정하게 놓고 볼 때 수요곡선이 완만할수록 크다.

4 기업의 합리적인 생산 활동과 수요 · 공급

"이윤을 내는 것이 악이라는 것은 사회주의자의 단순한 생각이다. 진정한 악은 손실을 내는 것이다."

— 윈스턴 처칠(Winston Churchill)

"경제적 이윤이 0이면 정상이윤(normal profit)을 얻는 것이다."

— 경제학의 지혜

"생산의 비용이 공급에 영향을 미치지 않는다면 시장가격에도 영향을 미치지 않을 것이다."

— 존 스튜어트 밀(John S. Mill)

[개요]

기업은 생산물시장에서 생산물을 판매하고 생산요소시장에서 생산요소를 구입한다. 경제학에서는 기업이 이윤극대화를 위해 생산물을 판매하고 생산요소를 구입한다고 상정한다. 생산과 비용의 이론에 따르면 기업이 이윤극대화를 추구할 때 생산물공급곡선은 우상향하고 생산요소수요곡선은 우하향한다.

주요 학습사항

- ◎ 단기생산함수와 수확체감의 법칙이란?
- ◎ 총생산물, 평균생산물, 한계생산물의 관계는?
- ◎ 장기생산함수와 규모의 경제란?
- ◎ 회계적 이윤과 경제적 이윤의 차이는?
- ◎ 총비용, 평균비용, 한계비용의 관계는?
- ◎ 평균량과 한계량의 일반적인 관계는?
- ◎ 단기에 평균비용곡선과 한계비용곡선이 U자형인 이유는?
- ◎ 장기에 평균비용곡선과 한계비용곡선이 U자형인 이유는?
- ◎ 총수입, 평균수입, 한계수입의 관계는?
- ◎ 단기에 경쟁기업의 생산물공급곡선과 한계비용곡선의 관계는?
- ◎ 생산물공급곡선을 이동시키는 요인은?
- ◎ 생산물공급의 가격 탄력성을 결정하는 요인은?
- ◎ 기업의 노동수요곡선과 노동의 한계생산물가치곡선의 관계는?
- ◎ 생산요소 수요의 가격 탄력성을 결정하는 요인은?

1. 기업과 이윤

1.1 기업이란?

쇼핑센터에 나가 보면 옷가게, 음식점, 부동산 중개소, 운동구점, 서점 등 의식주, 오락, 문화와 관련된 수많은 가게들을 볼 수 있다. 이 가게들은 일반 소비자들에게 각종 소비재들을 파는 소매상이다. 소매상 뒤에는 도매상이, 도매상 뒤에는 생산기업이 있다. 소매상이 일반 소비자들에게 낱개로 물건을 파는 데 비하여, 도매상은 생산기업으로부터 대량으로 물건을 사서 각 소매상에게 소량으로 판다.

사람에게 쓸모 있는 재화와 서비스를 만들어내는 인간활동을 **생산**이라 한다. 생산을 담당하는 주체를 **생산자**, **공급자** 혹은 **기업**(firm)이라 한다.

물건을 직접 만들어내는 사람만 생산자인 것은 아니다. 도매상과 소매상도 생산자이다. 이들이 유통 서비스를 생산함으로써 우리가 소비를 할 수 있다. 자동차회사, 농부, 의사, 가수, 대학교 등은 모두 생산자이다.

교육 서비스를 생산하는 대학, 전력 · 수도 · 우편 등의 공익사업을 수행하는 공기업, 의료 서비스를 생산하는 국공립병원 등은 **비영리(非營利)기업**이라 불린다. 이윤 추구보다 특별한 사회적 목적을 수행하는 기업이 비영리기업이다. 그러나 민간기업의 대부분은 이윤을 추구하는 **영리기업**이다.

영리기업은 농부 · 의사 · 가수처럼 개인이 단독으로 생산활동을 수행하는 개인기업, 둘 이상이 같이 하는 합명회사(partnership), 주식을 발행하여 필요한 자본을 조달하는 주식회사(corporation) 등이 있다. 개인기업이나 합명회사는 기업을 소유하고 있는 사람이 직접 기업을 경영함으로써 소유자 = 경영자이다. 이에 반하여 주식회사의 경우 불특정 다수의 주식 소유자인 주주 = 소유자와는 별도로 경영자가 기업을 경영한다. 오늘날 경제활동의 비중 면에서 기업의 대종을 이루고 있는 것은 주식회사이다. 불특정 다수의 투자자로부터 대규모 자금을 조달할 수 있기 때문이다. 불특정 다수의 투자자는 주주로서 자기가 가지고 있는 주식 범위 내에서만 이익과 손실을 보기 때문에 각자의 능력과 기업에 대한 미래 전망에 따라 다양하게 투자에 참여할 수 있다.

경제학에서는 영리기업의 소유자나 경영자를 기업가 혹은 기업인이라고 부른다. 그리고 영리기업의 목표를 이윤극대화라고 상정한다. 일부 영리기업은 어느 정도의 이윤만 확보되면 이윤극대화보다 판매액 극대화, 시장점유율 증대 등 다른 목표를 추구하는 경우도 있다. 그러나 다른 목표들도 장기적으로 볼 때 이윤극대화와 서로 통한다. 본서에서는 생산자를 영리기업으로 국한하고 영리기업은 이윤극대화를 추구한다고 가정한다. 제품의 시장가격이 주어져 있을 때 각 기업이 매기당 제품을 얼마나 생산하여 판매해야 이윤이 극대화되는가가 이 장의 주요 내용이다.

읽을/생각할 거리 4-1

기업의 다양한 목표와 이윤극대화

정보 보안업체인 안랩(Ahn Lab)은 일찍이 안철수 연구소 시절에 회사의 핵심 가치와 존재 이유를 다음과 같이 설정한 바 있다. 회사의 핵심 가치는 다음의 세 가지이다.

① 스스로의 발전을 위해 노력한다.
② 존중과 신뢰로 서로와 회사의 발전을 위해 노력한다.
③ 고객의 소리에 귀 기울이고 고객과의 약속은 반드시 지킨다.

회사의 존재 이유는 '끊임없는 연구 · 개발을 통해 사회에 기여한다'이다. 안랩은 '안전해서 더욱 자유로운 세상'이라는 비전을 추가했다.

많은 기업들이 안랩과 비슷하면서 다양한 목표를 제시하고 있다. 준법 · 정도(正道) 경영, 환경친화, 사회적 책임, 사람 중시(重視) 등을 내세우고 인적 자원 개발, 창의력, 비전과 도전 등을 강조한다. 이런 기업의 다양한 목표를 경제학에서는 이윤극대화라는 목표로 단순화시킨다.

경제학에서 기업이 이윤극대화를 추구한다고 말할 때 기본 전제는 기업이 영속적인 존재라는 것이다. 영속적인 기업이 영속적으로 이윤극대화를 추구하기 위해서는 구성원의 능력과 팀워크가 중요하다. 조직체의 발전은 결국 구성원에 달려 있기 때문이다. 고객의 신뢰를 얻는 것은 더욱 중요하다. 시장경제는 소비자주권의 사회이기 때문이다. 안랩은 이런 이치를 알고 구성원과 회사와 고객과 사회 모두 발전하는 상생(相生)의 기업문화를 표방한 것이다. 영속적으로 이윤극대화를 추구하는 기업은 불법이나 한탕주의의 유혹에 빠지지 않고, 인본주의와 '더불어 잘 사는' 정도(正道)경영을 추구하며, 창의력과 도전 등을 중시하게 마련이다.

세계화시대에 기업이 할 일은 국내외의 다른 기업들과 경쟁하여 우선은 살아 남고, 나아가 성장하는 것이다. 이윤을 내는 것은 이런 생존과 성장의 초석이 된다. 기업의 기본 역할은 이윤을 추구하는 과정에서 소비자에게는 좋은 상품, 노동자에게는 좋은 일자리를 제공하고 정부에는 세금을 납부하는 것이다. 다른 고상한 목표들을 아무리 많이 내세워도 이윤을 내지 않으면 영리기업은 결국 생존할 수 없다. 다른 조건들이 다 같을 때 이윤극대화를 추구하는 기업이 추구하지 않는 기업보다 당연히 앞설 것이다.

1.2 이윤이란?

기업의 이윤은 다음과 같이 총수입과 총비용의 차이로 정의된다.

$$\underset{(\pi)}{\text{이윤}} = \underset{(TR)}{\text{총수입}} - \underset{(TC)}{\text{총비용}} \tag{4-1}$$

기업의 총수입을 구성하는 항목은 여러 가지이다. 기업이 가지고 있는 예금이나 채권으로부터 얻는 이자수입, 부동산을 빌려주고 받는 임대료 수입, 부동산이나 주식에 투자하여 얻는 자본이득 등이 그 예이다. 그러나 기업의 일상적인 총수입 중 가장 큰 비중을 차지하는 것은 제품판매 수입이다. 본서에서는 기업이 상품을 공급하여 판매한 수입이 유일한 수입이라고 가정한다. 나아가 기업이 한 가지 상품만 생산하고, 매기에 생산한 것을 재고를 남기지 않고 고스란히 시장에 공급한다고 가정한다. 그러면 기업의 매기당 생산량이 판매량이자 공급량이 된다. 공급량이란 기업이 팔고자 하는 수량, 의도된 판매량이다.

두 가지 이상의 상품을 생산하는 경우에는 각각의 상품에 대해 아래에서 논의하는 총수입, 총비용, 이윤 등을 적용하면 된다. 재고는 다루기 어려운 문제이다. 일반적으로 말해서 한계원리에 따라 재고의 한계편익과 한계비용이 같아지는 수준까지 재고를 보유하는 것이 최적재고전략이다. 본서에서는 최적재고전략에 따른 최적재고량이 0이라고 가정한다.

이상의 가정에 따라 기업의 총수입은 상품의 시장가격과 생산량의 곱으로 표시된다.

$$\underset{(TR)}{\text{총수입}} = \underset{(P)}{\text{상품의 시장가격}} \times \underset{(Q)}{\text{생산량}} \tag{4-2}$$

상품의 시장가격이나 생산량이 변하면 기업의 총수입이 변한다. 현실 시장을 보면 농부나 어부들처럼 자기들이 생산하는 제품의 시장가격을 맘대로 변경시킬 수 없는 경우가 있는가 하면 현대자동차, 삼성전자처럼 자기 제품의 시장가격을 결정할 수 있는 힘을 가진 경우도 있다. 후자의 경우는 제6장의 독과점시장에서 다루기로 하고 이 장에서는 전자를 다룬다.

앞 장에서 소비자들은 시장가격을 변경시킬 힘이 없고 시장가격을 있는 그대로 받아들여 자기 소비량만을 변경시켰다. 이 장에서 다루는 생산자들도 시장가격을 변경시킬 힘이 없고 시장가격을 있는 그대로 받아들여 자기 생산량만을 변경시킨다. 이처럼 시장에 나와 있는 소비자와 생산자가 시장가격을 변경시킬 힘이 없고, 시장에서 결정된 가격을 그대로 받아들이는 **가격수용자**(price taker)로서 행동하는 시장을 완전경쟁시장(perfectly competitive market), 혹은 줄여서 경쟁시장이라 한다.

> **(완전)경쟁시장**이란 수많은 가계와 기업이 주어진 시장가격 하에서 동질의 상품을 자유롭게 사고파는 시장이다. 경쟁시장은 어떤 생산요소나 기업도 자유롭게 들어오고 빠져나갈 수 있으며, 누구나 완전한 시장 정보를 무료로 얻을 수 있는 이상적인 시장이다.

경쟁시장에서 각 가계와 기업이 사고파는 상품의 수량은 전체 시장거래량에 비추어 볼 때 너무 미미하다. 따라서 개별 경제주체는 시장가격을 스스로의 힘으로 변경시킬 수 없다고 보고, 주어진 시장가격 수준에서 자기가 사거나 팔고자 하는 수량을 결정한다.

상품의 시장가격을 기업이 변경시킬 수 없다면 총수입의 변동은 생산량의 변동으로만 발생한다. 생산량은 요소의 투입량과 생산기술에 의해 영향을 받는다. 각 생산요소의 투입량 및 생산기술과 생산량의 관계는 다음 절에서 생산함수로 다룬다. 제3절에서는 기업이 부담하는 비용을 다룬다. 이 두 절의 논의를 바탕으로 제4절에서 이윤을 극대로 하는 기업의 생산물공급곡선을 도출한다.

사람에게 쓸모 있는 재화와 서비스를 공급하기 위하여 기업은 자본 · 노동 · 토지 등의 생산요소들을 필요로 한다. 기업이 이윤을 극대화하기 위하여 생산물을 공급한다는 것은 이윤을 극대화하기 위하여 생산요소를 수요한다는 것과 표리의 관계를 가진다. 제5절에서는 이 점을 명시적으로 고려하여 이윤을 극대화시키는 기업의 생산요소수요곡선을 도출한다.

2. 생산기술과 생산함수

2.1 생산요소와 생산물

세상에 공짜는 없다는 경제학의 기본 전제처럼 인간생활에 요긴한 재화와 서비스는 거저 생기는 것이 아니다. 생산요소를 투입해야 얻을 수 있다. 생산요소를 써서 생산한다는 것을 강조하여 재화와 서비스를 **생산물**이라고 부른다. **생산요소**란 재화와 서비스를 생산하기 위하여 투입되는 것으로서 **자원** 또는 **투입물**이라고도 부른다.

자원은 크게 인적 자원(human resources)과 비인적 자원(non-human resources)으로 나뉜다. **인적 자원**은 노동이나 기업경영능력을 말하는 것으로서 어느 경제에서나 중요한 자원이다. **비인적 자원**은 인적 자원 이외의 자원으로서 자연 자원과 생산재로 다시 나누어진다. 자연 자원은 토지 · 광물 · 석유와 같이 자연적으로 주어진 자원이다. **생산재**는 생산에 사용되는, 사람이 만든 생산수단으로서 원자재 · 공구 · 기계 · 공장 등이 생산재에 포함된다. 생산재는 생산물도 되고 생산요소도 된다. 예컨대 철강은 철광석으로부터 만들어진 생산물이자 자동차 생산에 사용되는 생산요소이다. 생산재는 흔히 **자본**(capital) 또는 **자본재**(capital goods)라고 불린다.

인적 자원을 노동으로, 자연 자원을 토지로 대표시켜 경제학에서는 전통적으로 노동 · 토지 · 자본을 세 가지 본원적인 생산요소라 부른다. 현실 세계에서는 돈이 없으면 생산활동을 수행할 수 없지만 경제학에서는 돈을 본원적인 생산요소로 보지 않는다. 노동 · 토지 · 자본이 생산에 본원적으로 필요한 요소이고, 돈은 이것들을 사기 위해 필요한 것이다. 때로는 토지를 자본에 포함시켜 노동과 자본을 본원적인 생산요소로 보기도 한다. 그 이유는 토지가 원래 자연적으로 주어져 있는 것이지만 사람이 일구지 않으면 토지의 생산력이 유지되지 않기 때문이다.

자원의 수량이 주어져 있을 때 생산물의 수량을 결정하는 것이 (생산)기술이다. **기술**(technology)은 각종 재화와 서비스를 어떻게 생산하는가에 관하여 기술자, 과학자, 노동자, 경영자 등이 가지고 있는 지식의 집적이다.

제6장의 4절에 나오는 지식의 경제학과 제14장 경제성장에서 설명하는 바와 같이 오늘날 생산과 경제성장에 가장 중요한 요인은 지식과 지식의 집적인 기술이다. 한정된 투입량으로 무한대의 생산량을 낳는 기술은 존재하지 않는다. 주어진 투

읽을/생각할 거리 4-2

기업경영, 경영권과 기업가정신

오늘날 기업의 주요 형태는 주식회사이다. 주식회사의 주인은 주식을 가진 모든 주주(株主)이다. 그러나 기업 규모가 확대될수록 불특정 다수인 모든 주주가 주식회사의 경영에 일상적으로 참여할 수 없다. 이 때문에 대주주나 전문경영인이 기업을 경영한다. 기업이 커질수록 대주주가 보유하는 주식비중은 낮아지게 마련이다. 전문경영인은 주식지분이 전혀 없는 경우도 많다. 따라서 오늘날 주식회사는 정도의 차이는 있지만 소유와 경영이 분리되어 있고, 기업지배구조의 핵심은 소유권이 아니라 경영권이라고 할 수 있다.

주식회사든 아니든 기업경영의 최고 책임자를 **최고경영자**(Chief Executive Officer : CEO)라 부른다. CEO와 기타 이사들을 뭉뚱그려 경영진이라 부른다. 경영진이 경영권을 행사한다. 경영권은 ① 노동 · 토지 · 자본 등의 생산요소를 체계적으로 사용하여 생산활동을 조직하고, ② 기업의 비전과 경영전략을 세우며, ③ 사업 확장이나 구조조정을 단행하고, ④ 기술개발과 혁신을 추진하는 일 등을 포괄한다. 시장경제에서는 재산권, 직업 선택의 자유, 자유기업주의 등에 입각하여 경영권을 폭넓게 인정해 주고 있다.

우리나라에서도 노동조합이 기업의 구조조정에 반대하여 파업하는 것을 불법이라고 2002년에 대법원이 판결하였다. 모든 국민은 일할 수 있는 권리와 노동 3권(단결권 · 단체교섭권 · 단체행동권)을 가진다고 헌법은 규정하고 있다. 이런 노동권을 내세워 노동조합은 공장을 닫거나 옮기거나 부서를 없애는 등 구조조정을 할 때에 경영진이 노조와 반드시 합의해야 한다고 주장하였다. 사법부의 판단은 구조조정은 경영권의 고유영역에 속하기 때문에 합의대상이 아니라 협의대상일 뿐이라는 것이다.

경영학에서는 기업경영을 토지 · 노동 · 자본에 이어 제4의 생산요소로 본다. 똑같은 토지 · 노동 · 자본을 갖고도 정주영 회장이나 스티브 잡스 같은 CEO가 경영하느냐 무능한 CEO가 경영하느냐에 따라 기업의 성과가 천양지차로 다르게 나타나기 때문이다. 최근에 일부 경제학자들도 '혁신을 통하여 수익성 있는 기회를 창출하는 기업인의 능력과 의지'를 **기업가정신**(Entrepreneurship)이라고 정의하고, 이 기업가정신을 제4의 생산요소로 보고 있다. 이 경우 기업경영과 기업가정신은 기본적으로 같은 뜻이다.

입량으로 최대한의 생산량을 낳는 기술이 최상의 기술이다. 지금까지 알고 있는 기술 중에 최상의 기술을 써서 사회에 있는 모든 생산요소를 완전고용할 때 만들 수 있는 생산량의 조합을 보여주는 것이 제1장에서 설명한 생산가능곡선이다.

2.2 생산함수란?

소비자가 소비를 할 때 선호가 중요하듯이 기업이 생산을 할 때는 기술이 중요하다. 기업은 지금까지 알려진 생산기술 가운데 가장 우수한 기술을 사용하고자 한다. 이는 경제학에서 생산함수로 표시된다.

생산함수(production function)란 일정 기간에 각 생산요소의 조합으로부터 얻을 수 있는 최대 생산량을 보여준다.

세 가지 본원적인 생산요소인 자본 · 노동 · 토지를 이용하여 일반적인 생산함수를 다음과 같이 표시할 수 있다.

$$Q = F\underset{(+)(+)(+)}{(K, L, N)} \qquad (4-3)$$

단, Q : 한 제품의 매기당 총생산물 수량(총생산량)
K : 매기당 투입되는 자본량, L : 매기당 투입되는 토지량
N : 매기당 투입되는 노동량

자본 · 노동 · 토지의 투입량이 늘어남에 따라 제품의 생산량이 늘어난다. 얼마나 늘어나느냐는 생산기술에 달려 있다. 생산기술은 F라는 생산함수에 축약되어 있다. 생산함수에 관한 중요한 특성은 다음의 두 가지로 요약할 수 있다.

첫째, 생산함수는 유량의 개념이다. 앞 장에서 설명한 수요량과 같이 투입량과 생산량에는 기간을 명기해야 한다.

둘째, 생산함수는 생산요소의 투입량이 주어져 있을 때 현재시점에서 가장 우수한 생산기술을 이용하여 얻을 수 있는 최대 생산량 수준을 보여준다. 미래에는 이보다 더 우수한 기술이 개발될 수 있다. 그러나 현시점에서 이보다 더 우수한 기술은 없다. 생산함수란 기업이 의존하지 않으면 안 되는 현재의 기술적 제약을 묘사한다.

쌀, 철강 등의 재화는 물론 전자오락, 세탁 등의 서비스까지 식 (4-3)과 같은 일반적인 생산함수로 기업의 매기당 투입량과 생산량의 관계를 표시할 수 있다. 제품에 따라 구체적인 생산함수의 꼴만 달라질 뿐이다.

2.3 단기생산함수와 수확체감의 법칙

단기생산함수

기업의 일반적인 생산활동과 관련하여 18세기 후반에 경제학을 정립시킨 영국의 고전학파 때부터 받아들여진 법칙을 단 한 가지만 들라고 하면 수확체감의 법칙

을 들어야 한다. 수확체감의 법칙을 쌀의 생산함수를 예로 들어 설명해 보자.

표 4-1

단기생산함수와 수확체감의 법칙

노동자 수(N)	총생산물(Q)	한계생산물(MP_N)	평균생산물(AP_N)
0	0		–
1	60	60	60
2	140	80	70
3	190	50	63.3
4	210	20	52.5
5	225	15	45
6	231	6	38.7
7	231	0	33
8	228	–3	28.5

우리나라 농가에서 3정보(=9,000평)의 논에 벼농사를 하는데 1년 내내 달라붙는 농부가 한 명, 두 명, 세 명일 때 수확되는 쌀이 각각 **표 4-1**에서 보는 바와 같이 60, 140, 190가마라고 하자. 현재 우리나라에서는 3정보의 논에서 200가마 안팎의 쌀이 생산되고 있다. 표 4-1의 처음 두 열(列)은 이를 감안하여 만들어졌다. 농기계의 숫자는 고정되어 있다고 가정한다.

3정보의 논에 벼농사를 하는데 1년 내내 달라붙는 농부가 3~4명일 때에는 분업과 협업을 통하여 평균 200가마의 쌀이 생산된다. 농부가 한두 명일 때에는 일손이 절대적으로 부족하여 생산량이 아주 낮다. 일손이 하나도 없을 때에는 물론 생산량이 0이다. 농부가 5명을 넘어가면 생산이 증가하지만 증가폭이 미약한 것으로 가정하였다. 한정된 땅에 일꾼이 너무 많을 때에는 일꾼끼리 서로 미루거나 부딪쳐서 오히려 생산이 줄어들 수도 있다. 이 가능성을 표에서 8명의 농부가 7명의 농부보다 적게 쌀을 생산하는 것으로 포착하였다.

표의 첫 두 열이 단기생산함수를 나타낸다.

단기생산함수란 자본이나 토지 등 적어도 한 생산요소의 수량이 고정되어 있는 기간 중의 생산함수를 말한다. 단기에 수량이 고정되어 있는 생산요소를 **고정요소**(fixed input)라 한다. 투입량이 변하는 생산요소를 **가변요소**(variable input)라 한다.

표 4-1에서는 노동이 가변요소이고 농기계 등 자본과 토지(논 3정보)가 고정요소이다.

단기생산함수는

$$Q = F(\underset{(+)}{\overline{K}}, \underset{(+)}{\overline{L}}, \underset{(+)}{N}) \quad (4-4)$$

단, K와 L 위에 그은 횡선은 그 수량이 일정한 것을 뜻함.

으로 표시할 수 있다.

노동의 한계생산물과 수확체감의 법칙

표의 셋째 열에 있는 노동의 한계생산물(marginal product of labor : MP_N)은 다음과 같이 정의된다.

$$\text{노동의 한계생산물}(MP_N) = \frac{\text{총생산량의 변화분}(\Delta Q)}{\text{노동량의 변화분}(\Delta N)} = \frac{F(\overline{K}, \overline{L}, N + \Delta N) - F(\overline{K}, \overline{L}, N)}{\Delta N} \quad (4-5)$$

노동의 한계생산물은 다른 요소들은 고정시킨 채 노동자 한 사람을 더 고용할 때 추가로 생산되는 생산물 수량을 뜻한다. 예컨대 표 4-1에서 농부 수를 두 명에서 세 명으로 늘리면 총생산물은 쌀 140가마에서 190가마로 50가마가 늘어난다. 따라서 세 번째로 추가되는 농부의 한계생산물은 쌀 50가마이다.

표에서 두 번째 농부의 한계생산물은 첫 번째 농부의 한계생산물보다 많다. 그러나 세 번째, 네 번째, 다섯 번째 노동자의 한계생산물은 점점 적어지고 있다. 이와 같은 현상을 한계생산물체감의 법칙(law of diminishing marginal products) 혹은 수확체감의 법칙(law of diminishing returns)이라고 부른다.

> **수확체감의 법칙**이란 다른 생산요소들은 고정시켜 놓고 한 가변요소를 증가시킬 때 어떤 단계를 지나고 나서는 그 가변요소의 한계생산물이 점점 감소하는 현상을 말한다.

앞에서 표 4-1의 처음 두 열이 우리나라 쌀 생산을 어느 정도 현실적으로 묘사하는 단기생산함수라는 것을 설명하였다. 이는 쌀 생산에 수확체감의 법칙이 작용한다는 것을 뜻한다. 농업부문에서 수확체감의 법칙이 일어나지 않는다면 이 지구상에서 매년 수많은 사람들이 굶어 죽는 참혹한 일은 일어나지 않을 것이다. 일정한 농지에 노동을 얼마든지 투입하여 식량을 계속 생산해 낼 수 있을 것이기 때문이다. 수확체감의 법칙 때문에 저소득국에 고질적인 식량부족 문제가 발생한다.

수확체감의 법칙은 가변요소의 질(위의 예에서는 농부들의 능력)이 서로 다르기 때문에 일어나는 것이 아니다. 가변요소의 질이 모두 같더라도 고정요소와 가변요소의 결합 비율이 달라지기 때문에 일어나는 것이다. 단기에 고정요소의 규모가 일정할 때, 이 고정요소에 비해 가변요소의 투입량이 너무 적을 수도 있고 너무 많을 수도 있다. 가변요소가 상대적으로 너무 적을 때에는 가변요소의 한계생산물이 증가하지만 상대적으로 너무 많을 때에는 수확체감의 법칙이 일어난다. 이를 감안하여 수확체감의 법칙을 **궁극적인 수확체감의 법칙**이라고도 부른다.

이제 한계생산물과 관련시켜 단기에 고용량에 대한 개략적인 기준을 말할 수 있다. 그 기준이란 노동의 한계생산물이 0이거나 음인 수준만큼 노동을 고용하지는 않는다는 것이다. **표 4-1**에서 기업은 최대한 6명의 노동자를 고용할 것이다. 합리적인 기업이라면 생산에 전혀 기여하지 못하는 일곱 번째 노동자를 임금을 주어가며 고용하지 않는다. 이런 전제 하에 일반적인 생산함수를 나타내는 식 (4-3)에서 요소의 투입량이 늘어남에 따라 제품의 생산량이 늘어난다고 표시하였다. 그러면 1~6명의 노동자 중 구체적으로 얼마나 고용할 것인가? 이는 생산물의 시장가격과 시장임금 수준이 얼마냐에 따라 달라진다. 그러나 노동의 한계생산물이 증가하는 단계인 한 명만을 고용하지는 않는다. 이는 이 장의 제5절에서 다루어진다.

수확체감의 법칙은 원래 농업부문에서 발견되었다. 그러나 농업부문은 물론 제조업부문과 서비스부문에서도 정도의 차이는 있지만 적어도 한 가지 생산요소가 고정되어 있는 단기에 일어나는 일반적인 현상이다.

2.4 한계생산물과 평균생산물의 관계

노동의 평균생산물

표 4-1에서 네 번째 열에 있는 **노동의 평균생산물**(average product of labor : AP_N)은 총생산물 수량을 노동자 수로 나눈 것으로서 노동자 1인당 생산량을 말한다.

$$\text{노동의 평균생산물}(AP_N) = \frac{\text{총생산량}(Q)}{\text{노동량}(N)} \tag{4-6}$$

표에서 두 명의 농부가 140가마의 쌀을 생산하므로 농부 한 사람의 평균생산물은 쌀 70가마이다. **표 4-1**을 보면 노동의 평균생산물도 한계생산물과 마찬가지로 노동량이 증가함에 따라 결국 감소한다. 이는 그림을 그려서도 확인할 수 있다.

그림 4-1은 표 4-1의 각 행을 점으로 표시하고 이 점들을 직선으로 연결하여 총생산물곡선, 노동의 평균생산물곡선, 노동의 한계생산물곡선을 얻었다. 이 곡선들은 표보다 많은 정보를 제공해 준다. 예컨대 단기생산함수를 나타내는 총생산물곡선을 보면 한 사람의 농부가 쌀 60가마를 생산하고 0.5사람의 농부는 쌀 30가마를 생산한다. 0.5사람의 농부가 쌀 30가마를 생산한다는 것은 한 사람의 농부가 쌀 60가마를 생산하는 데 투입하는 노동시간의 절반만 투입하면 쌀 생산량도 절반으로 줄어든다는 것이다.

사람을 한 명, 두 명 등 정수 단위로 고용하지만 노동시간의 변동으로 노동자의 수는 임의의 분수값을 가질 수 있다. 어느 회사에서 정식사원의 하루 근무시간은 8시간인데 가정주부를 파트 타임으로 고용하여 매일 두 시간씩 일하게 한다면 0.25명의 노동자를 추가로 고용한 셈이다. 이러한 생산요소의 가분성(divisibility) 때문에 표의 점들을 연결하여 각 생산물곡선을 그렸다.

그림에서 노동의 한계생산물곡선은 첫 번째, 두 번째, 세 번째, … 농부의 한계생산물을 각각 0.5, 1.5, 2.5, … 농부에서 표시했다. 이는 앞 장의 한계효용곡선과 같이 한계생산물곡선도 그 곡선의 아래와 세로축, 가로축이 만드는 면적을 총생산물과 같도록 하기 위해서이다.

한계생산물곡선과 평균생산물곡선은 그림에서 보는 것처럼 다음과 같은 중요한 특징을 갖고 있다.

첫째, 한계생산물과 평균생산물은 처음에는 증가하다가 최대점에 도달하고 그 이후에는 감소한다.

둘째, 한계생산물이 처음에는 평균생산물보다 많지만 나중에는 적어진다.

셋째, 한계생산물과 평균생산물이 같을 때 평균생산물이 최대가 된다.

넷째, 한계생산물이 평균생산물보다 많으면 평균생산물을 끌어올리고 한계생산물이 평균생산물보다 적으면 평균생산물을 끌어내린다.

수확체감의 법칙을 반영하여 노동의 한계생산물곡선은 산봉우리(혹은 거꾸로 U

그림 4-1

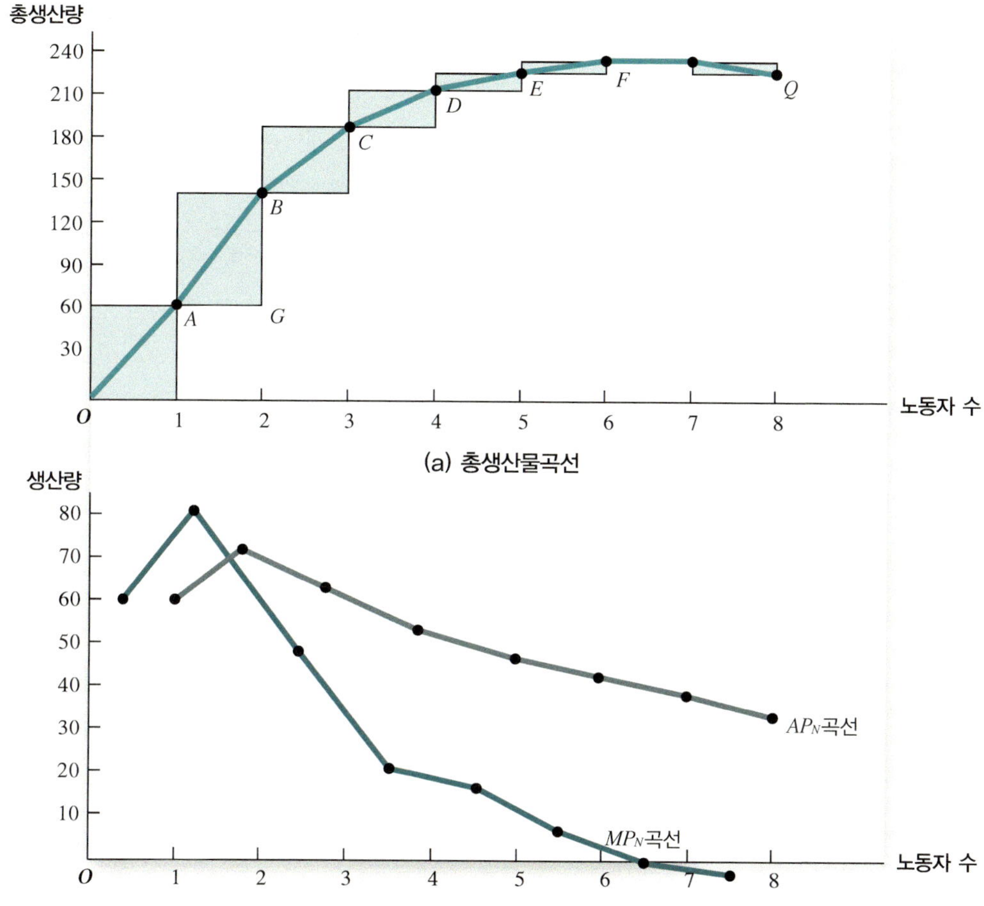

(a) 총생산물곡선

(b) 노동의 한계생산물(MP_N)곡선과 평균생산물(AP_N)곡선

각종 생산물곡선

궁극적인 수확체감의 법칙에 의해 노동의 한계생산물곡선과 평균생산물곡선은 산봉우리형이다. 총생산물곡선은 우상향한다.

자)형이다. 그러면 위에서 확인한 한계생산물곡선과 평균생산물곡선의 관계로부터 노동의 평균생산물곡선도 산봉우리형인 것을 알 수 있다.

참고로 총생산물과 한계생산물의 관계를 보면 총효용과 한계효용의 관계와 같다. 한계생산물이 양이면 총생산물이 증가하고, 한계생산물이 음이면 총생산물이 감소한다. 그리고 한계생산물이 0일 때 총생산물이 최대가 된다.

총생산물, 한계생산물, 평균생산물 가운데 어느 하나만 표나 그림으로 주어져 있으면 나머지 둘을 계산할 수 있다. **그림 4-1**의 (a)에서 두 번째 농부의 한계생산물은 직선 AB의 기울기$(=BG/AG)$로 표시되고, 농부 둘이 생산할 경우의 농부 한 사람당 평균생산물은 O와 B를 직선으로 연결한 선분의 기울기로 표시된다. **노동생산성**(labor productivity)을 높여 우리 기업의 국제경쟁력을 높여야 한다는 이야기가 언론매체에 종종 나오는데, 이때 노동생산성은 대개 노동의 평균생산물을 뜻한다.

2.5 장기생산함수와 규모에 대한 보수

장기생산함수

앞에서 자본과 토지가 고정된 단기생산함수를 통하여 수확체감의 법칙이 성립하는 것을 살펴보고, 총생산물 · 평균생산물 · 한계생산물의 관계를 알아보았다. 장기생산함수는 노동은 물론 자본과 토지까지 그 규모를 변경시킬 수 있을 때의 생산함수이다.

농지가 3정보일 때 8번째 농부의 한계생산물이 음이었다면 이는 고정요소인 농지는 적고 가변요소인 농부는 너무 많았기 때문이다. 농지가 6정보나 10정보라면 8번째 농부의 한계생산물이 양이 될 것이다. 따라서 어느 한 요소의 한계생산물은 다른 요소의 수량이 얼마나 많으냐에 달려 있다. 일반적으로 다른 요소의 수량이 많아지면 한 요소의 한계생산물은 증가한다.

장기에는 자본과 토지도 가변요소가 된다. 그러나 한 요소의 한계생산물은 식 (4-5)처럼 다른 요소들의 수량을 고정시켜 놓고 그 요소의 사용량을 1단위 증가시킬 때 총생산량이 얼마나 추가되는가로 표시한다. 노동의 한계생산물은 자본과 토지가 고정되어 있는 상황에서 노동자 한 명을 더 고용할 때 추가되는 생산물 수량을 나타낸다. **자본의 한계생산물**(MP_K)도 마찬가지이다.

$$\text{자본의 한계생산물}(MP_K) = \frac{\text{총생산량의 변화분}(\Delta Q)}{\text{자본량의 변화분}(\Delta K)} = \frac{F(K+\Delta K, \overline{L}, \overline{N}) - F(K, \overline{L}, \overline{N})}{\Delta K} \qquad (4-7)$$

으로 정의되며, 이때 다른 생산요소들의 수량은 고정되어 있다고 가정하는 것이다. 따라서 모든 요소가 변하는 장기를 설명할 때 요소의 한계생산물 개념은 적절하지 않다.

규모에 대한 보수

장기에 요소들의 투입량과 제품의 생산량의 관계를 나타내는 개념이 규모에 대한 보수이다.

> 규모에 대한 보수 혹은 규모에 대한 수익(returns to scale)은 모든 생산요소를 똑같은 비율로 변동시킬 때 생산량이 어떻게 변하는가를 나타낸다.

생산에 필요한 모든 생산요소를 동일한 비율로 증가시킬 때, 총생산량이 동일한 비율로 증가하는가, 혹은 생산요소의 증가율보다 큰 비율로 증가하는가, 작은 비율로 증가하는가에 따라 각각 규모에 대한 보수 불변, 규모에 대한 보수 증가, 규모에 대한 보수 감소라고 부른다.

① 규모에 대한 보수 불변(constant returns to scale) : 모든 생산요소의 투입량이 2배, 3배로 증가하면 생산량도 2배, 3배 증가한다.

② 규모에 대한 보수 증가(increasing returns to scale) : 모든 생산요소의 투입량이 2배, 3배로 증가하면 생산량은 2배, 3배를 초과하여 증가한다.

③ 규모에 대한 보수 감소(decreasing returns to scale) : 모든 생산요소의 투입량이 2배, 3배로 증가하면 생산량은 2배, 3배보다 적게 증가한다.

규모에 대한 보수 증가는 줄여서 규모의 경제(economies of scale), 규모에 대한 보수 감소는 규모의 비경제(diseconomies of scale)라고도 부른다.

기업이 생산 규모를 확대할 때 모든 생산요소들을 똑같은 비율로 증가시키는 것은 아니다. 그러나 기업들의 확장 과정을 관찰해 볼 때, 만약 모든 요소들을 똑같은 비율로 증가시킨다면 처음에는 규모에 대한 보수 증가가 일어나고 계속 커지면 규모에 대한 보수 불변을 거쳐 보수 감소가 일어난다는 것을 확인할 수 있다. 따라서 모든 생산요소가 가변요소인 장기에 규모에 대한 보수의 개념이 경제학에서 즐겨 사용된다.

생산 규모가 작은 단계에서 생산 규모가 커짐에 따라 규모의 경제가 일어난다. 그 원인으로는 ① 분업과 특화, ② 물리적 법칙, ③ 경영의 효율성, ④ 금전상의 이득 등을 들 수 있다.

분업(division of labor)과 특화(specialization)는 스미스(Adam Smith)가 『국부

론』에서 지적한 이래 규모의 경제의 주요 원인으로 인정되고 있다. 생산 규모가 커지면 각 노동자가 특수분야의 작업에만 전적으로 종사할 수 있게 되어 작업의 반복에 의해 숙련도를 높이고, 이것이 작업의 효율성을 증대시킨다. 기계도 한 대의 다목적 기계 대신 각 공정에 맞는 전문화된 기계를 사용함으로써 생산의 효율을 높이고, 서로 다른 공정을 옮겨다니는 시간을 절약할 수 있다.

물리적 법칙은 흔히 큰 규모를 유리하게 한다. 예컨대 파이프를 통과하는 유량은 파이프의 둘레보다 더 큰 비율로 증가한다. 따라서 장거리 파이프라인(pipeline)은 여러 개의 작은 파이프보다 큰 파이프 하나를 이용한다. 고온공정(高溫工程)은 흔히 큰 규모에서 더 효율적으로 작용하기 때문에 발전기는 더 높은 열과 압력을 이용하면서 커져 왔다.

경영의 효율성은 흔히 큰 규모의 공장 수준에서 달성된다. 탁월한 경영자는 몇 명의 노동자보다 수백 명의 직원들을 더 잘 활용 · 관리할 수 있다.

생산 규모가 커지면 생산요소를 대량으로 구입하고 제품을 한꺼번에 대량으로 팔 수 있다. 생산요소를 대량으로 구입하는 경우에는 대개 **대량구매할인**(volume discount)을 받을 수 있다. 제품을 도매할 경우에는 판매 · 조작비가 절약된다. 따라서 생산 규모가 커짐에 따라 생산기술이나 경영과는 무관한 금전상의 이득을 볼 수 있다.

그러면 생산 규모가 아주 커질 경우에는 왜 규모의 비경제가 발생할까? 그것은 규모의 경제를 가져오는, 앞에서 열거한 ①, ②, ③이 지나치게 큰 생산 규모에서는 규모의 비경제의 원인이 되어 ④를 압도하기 때문이다.

지나친 노동의 전문화는 사기 저하, 인간소외 등을 초래한다. 지나친 기계의 전문화는 한 공정의 기계가 고장날 때 전체 공정이 멈추게 만든다.

물리적 법칙도 궁극적으로는 반대로 작용한다. 너무 큰 파이프는 파열되고 초임계(超臨界) 온도는 불안정하고 위험하게 될 수 있다.

경영의 효율성 면에서도 생산 규모가 지나치게 커지면 비효율성이 나타난다. 규모가 지나치게 커지면 각 부문의 활동을 효과적으로 통제하고 경영하는 일이 어려워지고 관료주의적 폐단이 생겨 효율성이 떨어진다.

읽을/생각할 거리 4-3

분업과 교환

현대사회는 분업과 교환에 기초한 사회이다. 우리가 일상생활에서 소비하는 수많은 재화와 서비스를 각자가 따로따로 만들어 자기가 만든 것만 소비하는 자급자족경제를 상상해 보라. 현재 우리가 누리고 있는 소비수준의 1/100도 제대로 누리지 못할 것이다. 분업과 특화(전문화)가 자급자족보다 얼마나 효율적인가를 보여주는 고전적인 예는 애덤 스미스의 『국부론』 제1장에 나오는 핀(pin, 못바늘) 생산이다.

핀 생산은 대단한 숙련공이라 하더라도 한 사람이 모든 공정을 담당하면 하루에 20개를 만들기도 어렵다. 스미스가 살던 18세기 후반에 핀 제조공정은 대략 18단계로 나눌 수 있었다. 철사를 꺼내 놓는 일, 철사를 펴는 일, 절단하는 일, 뾰족하게 하는 일, 머리부분을 가는 일, 핀 머리를 만드는 일, 머리를 핀 위에 씌우는 일, 핀을 하얗게 염색하는 일, 종이에 싸는 일 등등.

스미스는 소규모 핀 제조공장을 방문하여 열 명의 노동자가 한두 공정씩 맡아 분업과 협업으로 하루에 48,000개의 핀을 만드는 것을 견학하였다. 핀을 혼자 만들면 하루에 노동의 생산성(노동의 평균생산물)이 고작 핀 20개인데 열 명의 노동자가 분업을 하면 48,000/10 = 4,800개로 엄청나게 증가하는 것이다. 스미스에 다르면 분업이 생산성을 높이는 이유는 분업으로 숙련도가 높아지고 작업 전환에 따른 시간이 절약되며, 기계를 사용할 수 있기 때문이다.

생산 규모를 확대할 때 처음에 규모의 경제가 발생하는 것은 이러한 분업의 이득에 크게 기인한다. 분업은 교환을 전제로 한다. 다른 상품과 교환할 수 있다는 보장이 없으면 분업이 활발하게 이루어질 수 없다. 그런데 시장이 클수록 다양한 상품 간의 교환이 가능하다. 따라서 시장이 교환을 가능하게 하고 교환은 분업을 낳고 분업은 생산을 증가시키는 것이다. 이러한 분업의 이점은 한 나라 안에서만 일어나는 것이 아니라 나라와 나라 사이에도 일어난다.

우리나라에는 한국고용정보원이 발간한 『한국직업사전』 통합본 제5판(2020)에 따르면 2020년에 16,891개의 직업이 있다. 일반적으로 경제가 발전할수록, 그리고 시장이 클수록 새로운 직업이 많아진다. 이처럼 다양하고 광범위한 사회의 분업체계에서 사람들은 각자가 소수의 상품 생산에만 전업한다.

그러면 최초에 그 생산에 전업하게 된 이유는 무엇일까? 왜 세탁소 주인은 음식점이나 부동산 중개소를 차리지 않고 세탁소를 차렸을까? 왜 어떤 사람은 변호사가 되고 다른 사람은 의사가 되며 또 다른 사람은 공사판 노동자가 될까? 이에 대하여는 적성, 능력, 교육, 행운이나 불운 등 여러 가지 이유로 설명할 수 있다. 이 모든 것들을 포괄하여 경제학에서는 비교우위와 기회비용이라는 개념으로 설명한다. 그 직업이나 활동에 종사하는 것이 다른 대안보다 상대적으로 낫다고 생각하여 선택한 것으로 보는 것이 비교우위의 원리이다. 이 경우 선택한 직업의 기회비용(= 그 직업 대신 택했을 다른 직업에서 얻는 최고 소득)이 낮다. 비교우위의 원리에 대하여는 제12장에서 다시 다룬다.

3. 비용과 생산

Navigator @ Economics, ch. four

3.1 비용이란?

명시적 비용과 잠재적 비용

영리기업은 매년 대차대조표와 손익계산서를 작성한다. 대차대조표(balance sheet)는 일정 시점에서 기업의 자산, 부채, 자기자본의 내용을 보여주는 표이다. 대차대조표에 나오는 항목들은 일정 시점에서 표시되는 저량 개념이다.

손익계산서는 일정 기간 동안 기업의 수입과 비용, 그리고 이윤을 나타내는 표이다. 손익계산서에 나오는 항목들은 일정 기간을 밝혀야 하는 유량이다. 손익계산서에는 임금, 원재료비, 임대료, 세금 등 각종 명목의 비용이 나온다. 이 비용들은 기업이 실제로 화폐를 지불한 비용이라는 뜻에서 명시적 비용(explicit cost)이라고 한다. 회계학과 공인회계사가 관심을 갖는 것은 명시적 비용이다.

경제학에서 비용을 말할 때에는 명시적 비용보다 더 넓은 의미로 사용한다. 그것은 명시적 비용에 잠재적 비용을 합한 것이다. 잠재적 비용(implicit cost)이란 기업가 자신이 기업에 투입한 노동 · 자본 · 토지 · 생산자금 등에 대한 적절한 보상을 말한다. 명시적 비용에는 기업가가 다른 사람들이 가진 생산요소를 사용함으로써 명시적으로 지출해야 하는 비용만 포함된다. 기업가 자신이 갖고 있으면서 생산활동에 투입한 생산요소들에 대한 응분의 보수는 포함되지 않는다. 그러나 기업가가 갖고 있는 생산요소는 현재의 생산활동 이외의 다른 용도에도 사용할 수 있다. 현재의 생산활동에 투입함으로써 다른 용도에 사용하여 벌 수 있었을 소득을 포기하고 있다. 이 몫까지 경제학에서는 비용으로 포함시키는 것이다.

> 잠재적 비용이란 기업가 자신이 소유하면서 생산에 투입한 생산요소의 기회비용이다. 잠재적 비용은 기업가가 투입한 생산요소가 자기 노동인가, 자기 자본과 토지인가, 자기 자금인가에 따라 각각 귀속임금 · 귀속임대료(귀속지대) · 귀속이자로 구성된다.

경제학에서 말하는 비용은 제1장에서 다룬 기회비용의 개념이다.

승용차를 생산하는 기회비용은 승용차 생산에 투입되는 모든 생산요소들이 승용차 이외의 다른 제품을 만들 때 얻을 수 있는 최대가치이다. 경제학에서 생산요소의 비용이란 그 생산요소가 다른 최선의 용도에 사용될 때 벌 수 있는 보수인 것이다.

표 4-2

손익계산서

(단위 : 만원)

(a) 회계학			(b) 경제학			
총수입		600	총수입			600
총비용 = 명시적 비용		320	총비용 = 총기회비용			630
임 금	200		명시적 비용		320	
보수용품	40		임 금	200		
이 자	20		보수용품	40		
임 대 료	60		이 자	20		
			임 대 료	60		
			잠재적 비용		310	
			귀속임금	300		
			귀속이자	10		
회계적 이윤		280	**경제적 이윤**			−30

기회비용을 회계학에서 사용하는 명시적 비용과 대비하여 예를 들어 보자. **표 4-2**는 쇼핑센터 안에 있는 어느 종합보수코너의 최근 경영활동 중 월평균 실적을 나타내는 손익계산서이다. (a)열에 나와 있는 것이 통상적인 손익계산서이다. 보수용품을 팔고 각종 보수 서비스를 제공하여 한 달에 600만원의 수입을 올렸다. 그중에서 종업원 급여 200만원, 보수용품 구입비 40만원, 보수코너를 열면서 빌린 돈에 대한 월이자 20만원, 코너 임대료 60만원이 명시적 비용 320만원의 내역이다. 이것이 회계학에서 말하는 총비용이 되어 보수코너 운영에 따른 월 순수입(＝이윤)은 280만원이다.

그러나 경제학에서 말하는 비용은 명시적 비용 320만원에 잠재적 비용 310만원을 합친 630만원이다.

보수코너 주인이 보수일을 그만두고 정비업체에 취직하면 월평균 240만원을 벌 수 있고, 가전회사에 취직하면 300만원을 벌 수 있다고 하자. 그러면 귀속임금은 월 300만원이다. 보수코너를 운영함으로써 가전회사 취직이라는 최선의 대안으로 벌 수 있었을 300만원을 포기해야 하기 때문이다.

귀속임대료 혹은 귀속지대는 기업가가 갖고 있는 생산시설과 건물, 땅 등을 생산활동에 투입할 때 이 자본과 땅의 기회비용을 말한다. 표에서는 보수코너가 남의 것이기 때문에 귀속임대료가 없고 명시적 비용에 임대료가 있다. 귀속이자는 기업가가 기업활동에 투입한 자기 자금의 기회비용이다. 표에 있는 귀속이자 10만원은 보수코너에 투자한 자기 자금을 달리 운용하면 한 달에 10만원의 이자소득을 벌 수 있다는 것을 나타낸다. 기업가가 자기가 보유한 자본과 토지, 자금을 생산에 투입하지 않았다면 귀속임대료와 귀속이자는 없을 것이다.

경제적 이윤

명시적 비용에 잠재적 비용을 합한 것이 경제학에서 말하는 총비용이다. 총수입에서 이 총비용을 뺀 것을 경제적 이윤(economic profit)이라 한다. **표 4-2**를 보면 잠재적 비용까지 감안할 때 보수코너 주인은 -30만원의 경제적 이윤, 즉 30만원의 손실을 보고 있다. 30만원의 손실을 본다는 것은 자기 수입이 잠재적 비용까지 충당할 정도로 많지는 않다는 뜻이다.

경제적 이윤이 양이면 초과이윤을 얻는다고 말한다. 경제적 이윤이 음이면 손실을 본다고 말한다. 경제적 이윤이 0이면 정상이윤(normal profit)을 얻는다고 말한다.

손익계산서에서 잠재적 비용과 경제적 이윤을 정확히 계산해내는 일은 쉬운 일이 아니다. 그런데도 경제학에서는 왜 손익계산서를 그냥 사용하지 않고 잠재적 비용과 경제적 이윤을 번거롭게 따질까? 그 이유는 합리적인 경제주체들이 고려해야 할 비용은 기회비용이고, 기회비용이 반영된 경제적 이윤이 자원배분에 관한 중요한 신호를 보내주기 때문이다. 구체적으로 말하면 경제적 이윤은 사업을 계속할지 포기할지를 판단하는 기준이 된다.

표 4-2와 같이 앞으로도 계속 경제적 이윤이 음으로 예상된다고 하자. 이는 보수코너 주인이 소유하면서 보수코너의 경영활동에 투입하는 생산요소들이 앞으로도 제대로 보상을 받지 못한다는 것을 뜻한다. 그러면 보수코너 주인은 조만간 보수코너를 그만두고 가전업체에 취직할 것이다. 보수산업으로부터 다른 산업으로 자원이 빠져나가는 것이다. 표와는 달리 양의 경제적 이윤을 얻고 있다면 보수코너 주인이 사업을 포기할 이유가 없다. 경제적 이윤은 사업을 계속할지 포기할지를 판단하는 기준으로 쓰인다. 제2장에서 이윤이 중요한 유인 기제라고 했는데 그 이윤은 경

읽을/생각할 거리 4-4

기회비용이란? 기회비용의 완전 마스터

경제학에서 기회비용만큼 중요하면서도 어렵고 혼동하기 쉬운 용어는 없다. 기회비용에 관한 문제가 나오면 경제학자들도 틀리게 답하는 경우가 많다. 기회비용에 관한 문제가 틀리게 출제되는 경우도 많다. 기회비용은 다음과 같이 정의한다.

어떤 활동의 기회비용이란 그 활동 때문에 포기해야 하는 대안들 가운데 최선의 대안에서 얻을 수 있었을 (화폐)가치이다.

이 정의는 제1장에 나오는 정의와 똑같다. 제1장에서는 화폐를 도외시하고 한 재의 가치를 다른 재의 수량으로 표시하였다. 현실 사회에서는 으레 가치가 화폐액으로 표시된다. 화폐경제의 현실을 수용하여 (화폐)가치라고 화폐를 덧붙인 것만 다르다.

어떤 활동을 A라 하고 최선의 대안을 B라 하자. 위 정의에 의하면 A의 기회비용은 B의 (화폐)가치인 것처럼 보인다. 그러나 이는 일반적으로 올바른 계산법이 아니다. 세상에 공짜가 없기 때문에 A와 B를 하는 데에 각각 명시적 비용이 들어간다. B보다 A에 더 들어가는 명시적 비용 몫을 A의 기회비용에 포함시켜야 한다. 왜냐하면 A 대신 B를 한다면 이 차액만큼의 가치를 더 얻을 수 있을 것이기 때문이다. 따라서 기회비용의 정확한 계산법은

A의 기회비용 = 최선의 대안 B의 가치 + (A의 명시적 비용 − B의 명시적 비용)

이다. 제1장에서는 똑같은 자원량을 써서 소비재와 자본재의 생산량을 변경시키는 경우였기 때문에 A와 B의 명시적 비용이 똑같았다. 이런 특수한 경우에만 'A의 기회비용은 B의 가치이다'라고 말할 수 있다. 이때 B의 가치란 B를 위해 지불할 용의가 있는 화폐액으로서 B의 총가치라고도 부른다.

위 계산식은 다음과 같이 바꿔 쓸 수 있다.

A의 기회비용 = A의 명시적 비용 + (B의 총가치 − B의 명시적 비용) = A의 명시적 비용 + B의 순가치

위 식은 A의 기회비용에 두 종류의 (화폐)가치가 있음을 보여준다.

첫째, A를 포기하고 B를 선택한다면 A에 들어가는 명시적 비용만큼의 가치를 절약하여 얻을 수 있었다. 달리 말하면 A의 (기회)비용에는 일반 상식대로 A의 명시적 비용이 당연히 포함된다. 둘째, 선택하는 B에 수익과 비용이 따르는데 B의 총가치라는 수익과 명시적 비용의 차액만큼의 순가치를 얻는다.

기회비용을 말할 때 최선의 대안 B가 창출하는 가치에 대해 별다른 묘사가 없으면 B의 총가치와 B의 명시적 비용이 똑같아 B의 순가치를 0으로 상정한 것이라고 보면 된다. 반면에 B의 (총)가치만 나오고 B의 명시적 비용에 대해 별다른 설명이 없으면 B의 명시적 비용이 0이고 B의 (총)가치가 B의 순가치와 같은 것으로 보면 된다.

표 4-2의 예에서 보수코너 경영활동(A)의 기회비용은 A의 명시적 비용 320만원에 가전회사 취업(B)의 순가치를 더한 것이다. B의 총가치는 귀속임금 300만원에다가 A를 하지 않음으로써 풀려나는 자기 보유 자본재와 자금에 대한 보상 10만원을 더하여 310만원이다. 즉, 표의 잠재적 비용이 B의 총가치이다. B의 명시적 비용에 대해 별다른 설명이 없으므로 B의 총가치는 B의 순가치도 된다. 이렇게 계산된 A의 기회비용은 630만원이다. A의 편익은 총수익 600만원이다. 비용이 편익보다 크므로 이런 상황이 개선될 전망이 없으면 비용편익분석에 따라 A를 그만둔다.

제적 이윤이다.

어떤 산업 내의 기업들이 양의 경제적 이윤을 내고 있다고 하자. 이는 그 산업에 투입되어 있는 생산요소들이 기회비용 이상으로 보상을 받고 있다는 것을 뜻한다. 따라서 그 산업 내의 기업들이 다른 산업으로 빠져나가려 하지 않을 것이다. 음의 경제적 이윤을 내는 산업으로부터 이 산업으로 일부 기업들이 진입하여 이 산업은 확장되고 종전보다 많은 자원이 쏠릴 것이다.

경제적 이윤이 0인 산업에서는 기존 기업이 빠져나갈 유인도 없고, 새로운 기업이 이 산업에 진입할 유인도 없으므로, 평균적으로 볼 때 이 산업에 배분되는 자원 규모는 변함이 없을 것이다. 어떤 산업이 확대되느냐 축소되느냐 현상유지를 하느냐를 가늠하게 해주는 요인이 경제적 이윤의 부호이다. 이러한 이유로 경제학에서 기회비용과 경제적 이윤을 즐겨 사용한다. 아래에서 사용하는 비용과 이윤은 기회비용과 경제적 이윤이다.

3.2 단기비용과 단기비용곡선

제2절에서 단기와 장기를 구분할 때 고정요소가 존재하는 경우를 단기라 하고, 모든 생산요소가 가변적인 경우를 장기라고 하였다. 장기와 단기의 구분은 비용을 분석할 때에도 그대로 적용된다. 고정요소가 존재하면 단기비용, 그렇지 않으면 장기비용으로 구분하는 것이다. 이 항에서는 단기비용을 다루고 다음 항에서 장기비용을 다룬다.

표 4-3은 고급 TV를 생산하는 기업의 가상적인 단기비용 체계를 나타내고 있다. 이 표를 중심으로 단기비용의 여러 가지 개념을 살펴보자.

총비용

단기에 자본설비는 고정되어 있다. 공장과 기계는 생산을 하든지 안 하든지 간에 임대료와 보험료 등이 들어간다. 예컨대 공장과 기계를 빌렸다면 임대료를 지불해야 하고, 구입했다면 귀속임대료를 계산해야 한다. 이와 같이 매기당 생산수준과 관계없이 발생하는 비용을 총고정비용이라고 한다. 앞에서 배운 생산의 이론과 결부시켜 정의하면 **총고정비용**(total fixed cost : *TFC*)이란 기업이 매기당 모든 고정요소에 대해 치르는 비용을 말한다.

표 4-3

여러 가지 단기비용 개념

(비용 단위 : 만원)

생산량 (*Q*)	총고정비용 (*TFC*)	총가변비용 (*TVC*)	총비용 (*TC*) *TFC* + *TVC*	한계비용 (*MC*) $\frac{\Delta TC}{\Delta Q}$	평균비용 (*AC*) $\frac{TC}{Q}$	평균고정비용 (*AFC*) $\frac{TFC}{Q}$	평균가변비용 (*AVC*) $\frac{TVC}{Q}$
(1)	(2)	(3)	(4) = (2) + (3)	(5)	(6) = (4) ÷ (1)	(7) = (2) ÷ (1)	(8) = (3) ÷ (1)
0	300	0	300		–	–	–
1	300	60	360	60	360	300	60
2	300	110	410	50	205	150	55
3	300	160	460	50	153	100	53
4	300	200	500	40	125	75	50
5	300	260	560	60	112	60	52
6	300	360	660	100	110	50	60
7	300	510	810	150	116	43	73
8	300	710	1,010	200	126	38	89
9	300	1,060	1,360	350	151	33	118

단기에 고정요소의 수량은 고정되어 있기 때문에 매기당 생산량이 0이든 100단위든 총고정비용은 일정하다. 위에서 임대료로 설명한 것과 같이 잠재적 비용은 고정비용에 포함된다. 기업가 자신의 노동 · 자본 · 토지 · 자금에 대한 보수인 잠재적 비용은 당해 생산활동을 함으로써 어차피 고정적으로 잠겨 있는 비용이기 때문에 고정비용인 것이다.[1)]

단기에 생산량을 증가시키려면 노동의 고용(혹은 노동시간)을 증가시켜야 하므로 노동비용이 증가하게 되고, 원재료비와 연료비 등도 증가하게 된다. 이와 같이 생산수준이 변함에 따라 변동하는 비용을 총가변비용이라고 한다. 앞에서 배운 생산의 이론과 결부시켜 정의하면 **총가변비용**(total variable cost : *TVC*)이란 기업이 매기당 모든 가변요소에 대해 치르는 비용을 말한다.

총가변비용은 생산량이 증가함에 따라 증가한다. 단기생산함수는 고정요소의 수량이 주어져 있을 때 각각의 가변요소 수량으로 만들 수 있는 최대의 생산량을 나

---

1) 경제학에서 때로 매몰비용이라는 말이 사용된다. **매몰비용**(sunk cost)이란 일단 지출하고 난 후에는 회수할 수 없는 비용이다. 카페에서 5,000원을 내고 커피를 받았다면 커피가 맛이 있든 없든 커피값 5,000원은 회수할 수 없는 매몰비용이다. 생산활동에서 생기는 매몰비용은 고정비용으로 들어간다.

그림 4-2

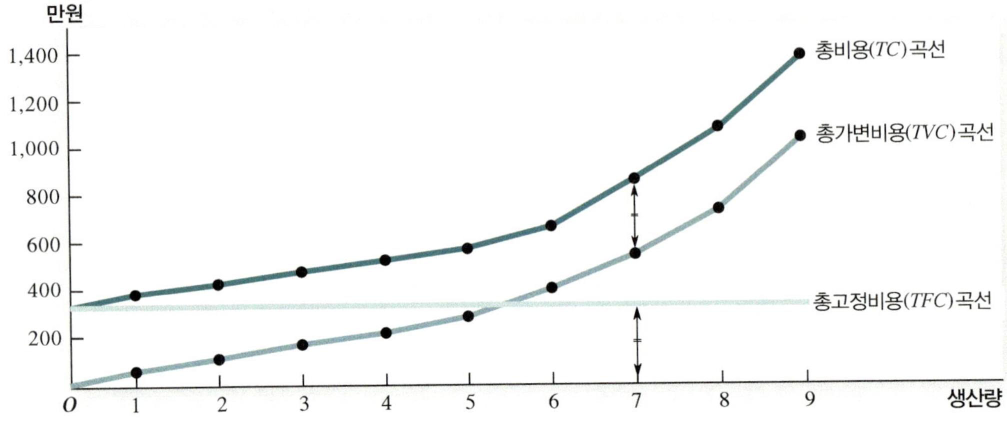

총비용곡선과 그 구성

총고정비용곡선은 수평선으로 그려진다. 총가변비용곡선은 우상향한다. 두 곡선을 수직으로 더하면 총비용곡선이 된다.

타낸다. 이것과 결부시켜 보면 총가변비용은 고정요소의 수량이 주어져 있을 때 각각의 생산량 수준에서 가변요소에 대해 지출하는 비용 가운데 최소비용을 나타낸다.

예컨대 **표 4-3**에서 고정요소의 수량이 주어져 있을 때 매기당 4개의 제품을 만들기 위해서는 가변요소에 대해 최소한 200만원을 지출해야 한다. 비효율적인 방법으로 생산할 때에는 200만원보다 더 들어갈 것이다. 기업이 효율적인 생산활동을 수행할 때 200만원이 총가변비용으로 들어간다. 현재의 생산기술 수준으로는 200만원 미만의 총가변비용으로 4개의 제품을 만들 수 없다.

총고정비용과 총가변비용을 합하여 **총비용**(total cost : *TC*)이라 한다. 총가변비용의 특성에 의해 총비용은 주어진 생산량을 생산하는 데 소요되는 최소비용을 나타낸다.

표 4-3의 총고정비용, 총가변비용, 총비용을 각 생산량에 대응하여 그린 것이 **그림 4-2**이다. 그림에서 총비용곡선은 총가변비용곡선을 총고정비용 300만원만큼 모든 생산량 수준에서 수직으로 올려주면 얻을 수 있다.

평균비용

평균비용(average cost : *AC*)은 제품 1단위당 비용으로서 총비용을 총생산량으로 나누어 얻는다.

그림 4-3

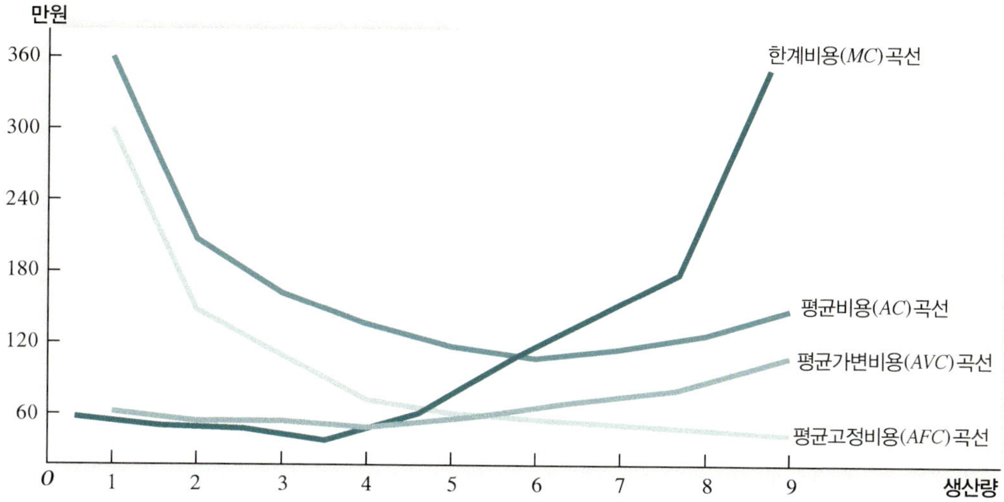

평균비용곡선과 한계비용곡선

평균고정비용곡선은 우하향한다. 평균가변비용곡선, 평균비용곡선, 한계비용곡선은 U자형이다.

$$\text{평균비용}(AC) = \frac{\text{총비용}(TC)}{\text{총생산량}(Q)} \quad (4-8)$$

앞에서 총비용은 총고정비용(*TFC*)과 총가변비용(*TVC*)을 합한 것이라고 설명하였다. 따라서 평균비용은 제품 1단위당 고정비용과 제품 1단위당 가변비용을 합한 것으로 나타낼 수도 있다. 제품 1단위당 고정비용을 **평균고정비용**(average fixed cost : *AFC*)이라 하고, 제품 1단위당 가변비용을 **평균가변비용**(average variable cost : *AVC*)이라 한다.

$$\text{평균고정비용}(AFC) = \frac{\text{총고정비용}(TFC)}{\text{총생산량}(Q)} \quad (4-9)$$

$$\text{평균가변비용}(AVC) = \frac{\text{총가변비용}(TVC)}{\text{총생산량}(Q)} \quad (4-10)$$

$$AC = \frac{TC}{Q} = \frac{TFC + TVC}{Q} = \frac{TFC}{Q} + \frac{TVC}{Q} = AFC + AVC \quad (4-11)$$

각 생산량에 대해 **표 4-3**에 있는 평균비용, 평균고정비용, 평균가변비용을 그리면 **그림 4-3**과 같다.

표에서 평균고정비용은 생산량이 증가함에 따라 계속해서 감소한다. 따라서 평균고정비용곡선은 단조롭게 우하향한다. 한편 평균가변비용과 평균비용은 생산량이 증가함에 따라 처음에는 감소하다가 나중에는 증가한다. 따라서 평균가변비용곡선과 평균비용곡선은 U자형을 취한다.

평균가변비용곡선이 U자형을 취하는 것은 가변요소의 평균생산물곡선이 산봉우리형이기 때문이다. 이를 확인하기 위하여 노동만이 가변요소이고 매기당 각 노동자에게 지불하는 임금이 고정되어 있는 경우를 살펴보자. 노동자 수를 N, 1인당 임금을 w라 하면

$$총가변비용(TVC) = wN$$

이다. 따라서

$$AVC = \frac{TVC}{Q} = \frac{wN}{Q} = \frac{w}{Q/N} = \frac{w}{AP_N} \qquad (4-12)$$

이다. 평균가변비용은 1인당 임금을 노동의 평균생산물(AP_N)로 나눈 것과 같은 것이다. 앞 절에서 노동의 평균생산물은 처음에는 증가하다가 최고점에 도달하고 그 후에는 감소하는 것을 보았다. 따라서 개별 기업이 고용을 증가시키더라도 1인당 임금이 변함이 없다면[2] 평균가변비용은 노동의 평균생산물과 역의 관계에 있게 된다. 평균생산물이 처음에 증가할 때는 평균가변비용이 감소하고, 평균생산물이 최대일 때 평균가변비용은 최소이며, 평균생산물이 감소할 때는 평균가변비용이 증가하는 것이다. **그림 4-4**는 이와 같은 관계를 보여주고 있다.

평균고정비용과 평균가변비용을 합하여 평균비용(AC)을 얻으므로 위 결과를 종합하면

$$AC = AFC + AVC = AFC + \frac{w}{AP_N} \qquad (4-13)$$

가 된다. 처음에 생산이 증가할 때에는 평균고정비용(AFC)과 평균가변비용(AVC)이

---

2) 제3장에서 제5장까지는 생산물시장과 생산요소시장이 경쟁시장이라고 가정한다. 요소시장이 경쟁시장이면 개별 기업이 단독으로 요소 고용을 증감시키더라도 요소가격은 변하지 않는다.

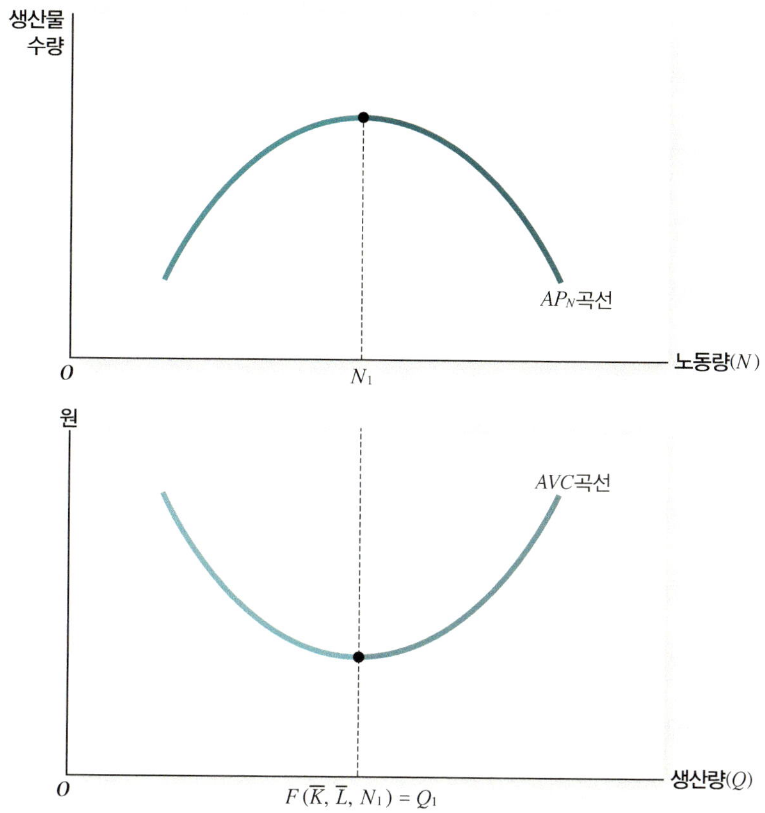

그림 4-4

노동의 평균생산물(AP_N)과 평균가변비용(AVC)의 관계

노동의 평균생산물곡선이 산봉우리형이면 평균가변비용곡선은 U자형이다.

감소하므로 평균비용도 감소한다. 생산량이 충분히 증가하면 *AVC*가 증가하기 시작한다. 그러나 *AFC*는 계속해서 감소한다. 따라서 *AVC*가 증가하더라도 그 증가분이 *AFC*의 감소분보다 작으면 *AC*는 감소할 것이다. *AVC*의 증가분이 *AFC*의 감소분보다 커야만 *AC*가 증가하게 된다. 대개 **표 4-3**에서와 같이 *AVC*가 막 증가하기 시작하는 단계에서는 *AVC*의 증가분이 *AFC*의 감소분보다 작다가 좀 지나서야 커진다. 따라서 **그림 4-3**같이 *AC*는 *AVC*보다 더 많은 생산량 수준에서 증가하기 시작한다.

한계비용

한계비용(marginal cost : *MC*)이란 생산량을 한 단위 증가시킬 때 증가하는 비용을 말한다.[3] 즉,

3) 생산량을 한 단위 감소시킬 때 절약되는 비용으로 한계비용을 정의할 수도 있다. 앞 장에서 설명한

$$\text{한계비용}(MC) = \frac{\text{총비용의 변화분}(\Delta TC)}{\text{총생산량의 변화분}(\Delta Q)} = \frac{\Delta(TFC + TVC)}{\Delta Q} = \frac{\Delta TVC}{\Delta Q} \quad (4-14)$$

이다. 위 식에서 총고정비용은 생산량이 변하더라도 전혀 변하지 않기 때문에 $\Delta TFC = 0$인 것을 이용하였다. 한계비용은 생산량 한 단위를 증감시킬 때 일어나는 총가변비용의 변화분인 것이다.

수확체감의 법칙과 U자형의 단기한계비용곡선

한계비용곡선도 평균비용곡선처럼 U자형을 취한다. 이는 수확체감의 법칙과 관련된다. 앞에서처럼 가변요소가 노동 하나뿐이라면 총가변비용은 wN이다. 이 총가변비용은 임금(w)이 변하거나 고용량(N)이 변하면 변한다. 따라서

$$\Delta TVC = w \cdot \Delta N + N \cdot \Delta w + \Delta w \cdot \Delta N$$

이다.[4] 앞에서처럼 노동시장이 경쟁시장이면 기업이 고용량을 변경시켜도 시장임금이 변하지 않아 $\Delta w = 0$이므로

$$\Delta TVC = w \cdot \Delta N$$

이 된다. 노동을 한 단위 더 고용할 때 들어가는 노동비용의 증가분이 바로 총가변비용의 증가분인 것이다. 그러면

$$MC = \frac{\Delta TVC}{\Delta Q} = \frac{w \cdot \Delta N}{\Delta Q} = \frac{w}{\Delta Q / \Delta N} = \frac{w}{MP_N} \quad (4-15)$$

이다. 한계비용은 노동의 한계생산물(MP_N)과 역의 관계에 있음을 알 수 있다. **그림 4-1**에서 본 것처럼 평균생산물과 같이 한계생산물도 처음에는 증가하다가 최고점에 도달하고 그 이후에 감소한다. 따라서 한계생산물이 증가할 때 한계비용은 감소

바와 같이 변화분(Δ)은 증가와 감소, 두 방향으로 적용된다.

4) 총가변비용은 $TVC = wN$이므로 임금이 상승하거나 고용량이 증가할 때 증가한다. 따라서

$\Delta TVC = (w + \Delta w)(N + \Delta N) - TVC$

$= w \cdot N + w \cdot \Delta N + N \cdot \Delta w + \Delta w \cdot \Delta N - TVC$

$= w \cdot \Delta N + N \cdot \Delta w + \Delta w \cdot \Delta N$을 얻는다.

하고 한계생산물이 최대일 때 한계비용은 최소이며, 한계생산물이 감소할 때 한계비용은 증가한다.

앞 절에서 배운 단기생산함수 $Q = F(\overline{K}, \overline{L}, N)$을 응용하면 고용량 N_0에서 노동의 한계생산물이 최대가 될 때 생산량 $Q_0 = F(\overline{K}, \overline{L}, N_0)$에서 한계비용이 최소가 되고, N_1에서 노동의 평균생산물이 최대가 될 때 $Q_1 = F(\overline{K}, \overline{L}, N_1)$에서 평균가변비용이 최소가 된다. 덧붙여 식 (4-12)와 (4-15)에서 한계생산물과 평균생산물이 일치할 때 한계비용과 평균가변비용이 일치하는 것을 알 수 있다.

결론적으로 U자형의 단기평균비용곡선은 거꾸로 U자형(혹은 산봉우리형)의 평균생산물곡선에서, U자형의 한계비용곡선은 거꾸로 U자형의 한계생산물곡선에서 도출된다. 거꾸로 U자형의 한계생산물곡선은 물론 수확체감의 법칙을 반영한다. 한계생산물곡선이 거꾸로 U자형이기 때문에 한계치와 평균치의 관계에 의해 평균생산물곡선도 거꾸로 U자형이다. 따라서 단기평균비용곡선과 한계비용곡선은 결국 단기생산함수에서 나온 궁극적인 수확체감의 법칙을 반영하여 U자형이라는 것을 알 수 있다.

평균비용과 한계비용의 관계

제2절에서 평균생산물과 한계생산물의 관계를 알아보았다. 이 평균치와 한계치의 관계가 평균비용과 한계비용의 관계에도 그대로 적용된다. 한계비용이 평균비용보다 작으면 평균비용이 감소하고, 한계비용이 평균비용보다 크면 평균비용이 증가한다. **표 4-3**에서 보는 바와 같이 처음에는 한계비용이 평균비용보다 작다. 따라서 평균비용이 처음에는 감소하다가 나중에는 증가하는 U자형을 취한다. 그리고 평균치와 한계치의 관계에서 한계비용은 평균비용의 최소수준에서 평균비용과 같다. 한계비용곡선은 평균비용곡선의 최저점을 통과하는 것이다. 이는 평균가변비용과 한계비용의 관계에도 그대로 적용된다. 각 비용곡선을 부드럽게 그리면서 이러한 관계를 한꺼번에 표시하면 **그림 4-5**와 같다.

그림 4-5

여러 가지 단기비용곡선
한계비용곡선은 평균가변비용곡선과 평균비용곡선의 최저점을 지난다. 세 비용곡선은 U자형이다. 각 생산량에서 평균가변비용에 평균고정비용을 더하면 평균비용이 된다.

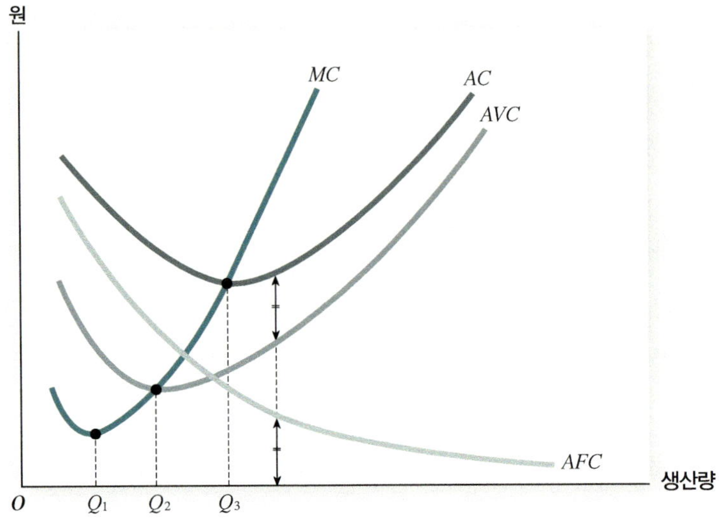

3.3 장기비용과 장기비용곡선

단기비용은 기업의 생산시설이 고정된 단기에 상이한 생산량에 대응하는 비용을 나타낸다. 그러나 장기에는 생산시설을 자유롭게 변경시킬 수 있고 모든 생산요소가 가변적이다. 즉, 장기에는 고정비용이 없고 모든 비용은 가변비용이 된다.

장기비용곡선은 모든 생산요소를 자유스럽게 변경시킬 경우, 각각의 생산량과 그 생산량을 만드는 데 소요되는 최소비용을 짝지은 곡선이다.

장기에는 생산시설의 규모를 자유롭게 변경시킬 수 있으므로 각각의 생산시설 규모에 따른 단기비용곡선이 존재하여 전체적으로 무수히 많은 단기비용곡선이 존재할 수 있다. 장기비용곡선은 각 생산시설 규모에 대응하는 단기비용곡선 중에서 주어진 생산량을 최소의 비용으로 생산할 수 있는 점들을 연결하여 얻는다.

어느 기업이 장기에 소형 · 중형 · 대형 공장 중 어느 한 공장을 지을 수 있다고 가정하자. 소형 · 중형 · 대형 공장을 지을 경우의 단기평균비용곡선은 **그림 4-6**에서 각각 AA', BB', CC'으로 표시되어 있다.

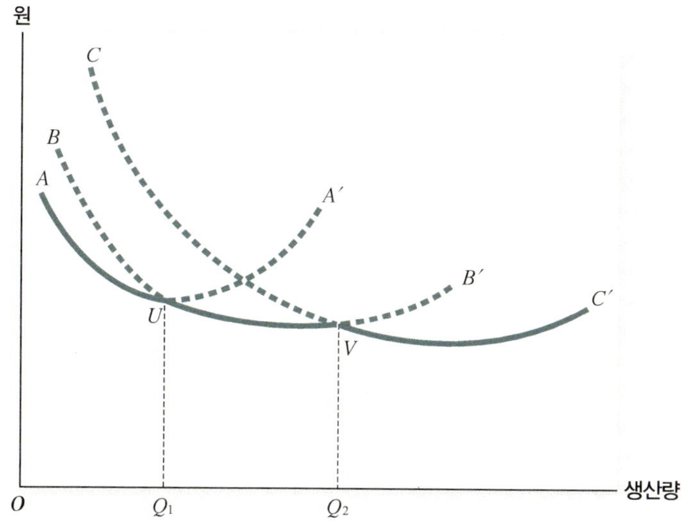

그림 4-6

단기평균비용곡선들과 장기평균비용곡선

장기평균비용곡선은 단기평균비용곡선들을 아래에서 감싸는 포락선이다.

단기에 소형공장보다 중형공장, 중형공장보다 대형공장에 총고정비용이 더 크게 들어간다. 공장을 크게 지어 놓고 매기당 생산을 적게 하면 평균고정비용이 아주 높기 때문에 작은 공장으로 생산하는 경우보다 평균비용이 높을 것이다. 큰 공장은 생산 규모가 커야 작은 공장보다 싼 생산비로 제품을 생산할 수 있는 것이다. **그림 4-6**은 이 점을 고려하여 단기평균비용곡선들을 그렸다.

이 경우 기업은 어떤 크기의 공장을 지을 것인가? 그것은 기업이 매기당 생산량을 얼마로 계획하고 있느냐에 달려 있다. 매기당 생산량을 Q_1 이하로 계획할 때에는 소형공장을 짓는 것이 유리하다. 매기당 생산량을 Q_1보다 많고 Q_2보다 적게 계획한다면 중형공장을 짓는 것이 유리하다. 만약 매기당 생산량을 Q_2보다 많게 계획한다면 대형공장을 짓는 것이 유리하다. 따라서 공장 규모까지 변경시킬 수 있는 장기에 각 생산량과 그 생산량을 생산하는 최소비용을 짝지으면 $AUVC'$이 되는데, 이 $AUVC'$이 장기평균비용곡선이다.

현실 세계에서 여러 가지 상이한 규모의 공장을 지을 수 있다면 장기평균비용곡선(LAC)은 **그림 4-7**에서 보는 바와 같이 부드러운 U자형의 곡선이 된다. 장기평균비용곡선은 생산시설 규모가 가변적일 때 각각의 생산량을 최소비용으로 생산할 수 있는 단기평균비용곡선 상의 점들을 연결한 곡선이다. 이처럼 장기평균비용곡선

그림 4-7

U자형의 장 · 단기평균비용곡선

장기에 규모에 대한 보수 변화를 반영하여 장기평균비용곡선이 U자형이다. 장기평균비용곡선의 최저점과 접하는 단기평균비용곡선 SAC_0를 갖는 시설 규모를 최적시설규모라 한다.

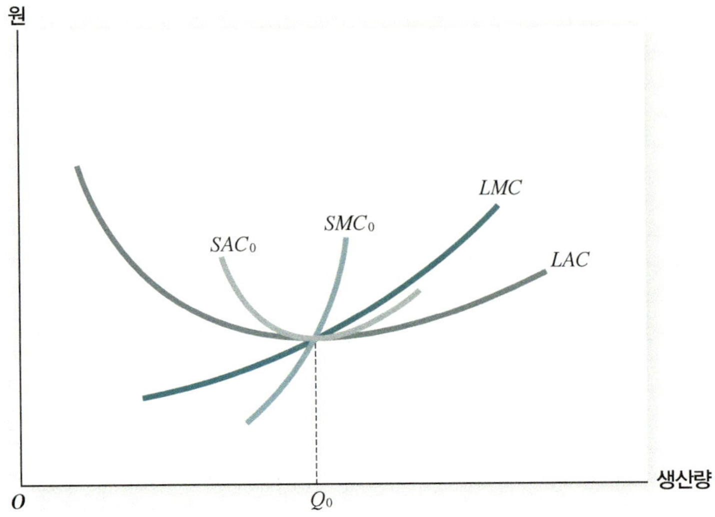

은 단기평균비용곡선들을 아래에서 감싼다는 뜻에서 단기평균비용곡선들의 포락선(包絡線, envelope curve)이라고 부른다.

규모에 대한 보수와 U자형의 장기평균비용곡선

장기평균비용곡선이 U자형을 취하는 것은 규모에 대한 보수와 밀접한 관련을 갖는다. 앞에서 생산시설 규모를 확대해 나갈 때 일반적으로 처음에는 규모의 경제가 일어나지만 나중에는 규모에 대한 보수 불변을 거쳐 규모의 비경제가 일어난다고 설명하였다.

처음에 규모의 경제가 일어난다는 것은 장기평균비용곡선이 우하향한다는 것과 같다. 모든 생산요소를 2배, 3배로 동시에 증가시킬 때 생산량이 2배, 3배를 초과하여 증가하는 경우를 규모의 경제라고 하였다. 생산요소시장이 경쟁시장이어서 개별 기업이 생산을 증가시키더라도 요소가격이 고정되어 있다면 모든 요소들을 2배로 증가시킬 때 총비용은 2배로 증가한다. 그런데 규모의 경제로 생산량은 2배를 초과하여 증가한다. 따라서 장기평균비용은 감소한다.

예컨대 요소투입량이 2배로 늘어날 때 생산량이 4배로 증가한다고 하자. 그러면 원래의 총비용과 생산량 수준을 각각 TC_0, Q_0라 할 때 새로운 평균비용은

$$\frac{2TC_0}{4Q_0}=\frac{TC_0}{2Q_0}=\frac{1}{2}AC_0$$

가 된다. 총비용이 2배 증가하는데 생산량은 4배로 증가하기 때문에 평균비용은 종전의 절반으로 감소하게 되는 것이다. 이와 같이 규모의 경제가 있는 경우에는 생산량이 증가함에 따라 장기총비용은 증가하지만 장기평균비용은 하락한다.

규모에 대한 보수 불변이 일어나는 경우에는 모든 생산요소가 2배, 3배로 늘어나 장기총비용이 2배, 3배로 늘어나더라도 생산량도 2배, 3배로 늘어나기 때문에 장기평균비용이 불변이다. 규모의 비경제가 일어나는 경우에는 모든 생산요소를 2배로 늘려 총비용이 2배로 증가할 때 생산량은 2배보다 적게 증가하기 때문에 장기평균비용이 증가한다. 따라서 생산 규모가 확대됨에 따라 처음에는 규모의 경제가 일어나지만 나중에는 규모에 대한 보수 불변을 거쳐 규모의 비경제로 바뀌기 때문에 장기평균비용곡선은 접시 모양의 U자형인 것이다.

최적시설규모와 최소효율규모

그림 4-7은 Q_0 이하의 생산수준에서는 규모의 경제가 일어나고 Q_0보다 높은 생산수준에서는 규모의 비경제가 일어나는 것을 보여주고 있다. Q_0의 수준에서는 규모에 대한 보수 불변이 일어나면서 장기평균비용이 최소가 되고 있다. 아주 다양한 시설 규모를 세울 수 있다고 가정하면 그림 4-7처럼 장기평균비용곡선의 최저점과 접하는 단기평균비용(short-run average cost : *SAC*)곡선도 존재한다. 장기평균비용곡선의 최저점과 접하는 단기평균비용곡선을 갖는 시설 규모를 **최적시설규모**(optimum scale of plant)라 한다. 지금까지 알려진 생산기술로 제품 1단위당 최소의 생산비를 달성할 수 있다는 뜻에서 최적시설규모는 장기에 세울 수 있는 모든 시설 규모 중 가장 효율적인 시설 규모이다. 최적시설규모의 단기평균비용곡선 SAC_0에서 최소의 평균비용을 보이는 생산량 Q_0를 **최적생산량**(optimum rate of output)이라 한다.

최적생산량 수준에서 단기평균비용이 최소가 되므로 앞에서 배운 평균비용과 한계비용의 관계로부터 단기한계비용이 단기평균비용과 같다는 것을 알 수 있다. 최적생산량 수준에서 장기평균비용(long-run average cost : *LAC*)이 최소가 되므로 장기한계비용도 장기평균비용과 같다. 따라서 그림 4-7에서와 같이 최적생산량 Q_0에서는

그림 4-8

경험적인 장기평균비용곡선

현실 기업에서 관찰되는 장기평균비용곡선은 흔히 L자형이다.

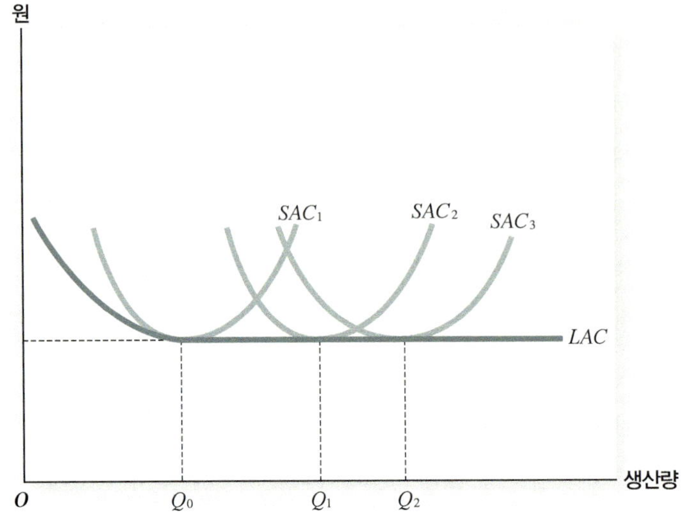

$$\underset{(SAC)}{\text{단기평균비용}} = \underset{(SMC)}{\text{단기한계비용}} = \underset{(LAC)}{\text{장기평균비용}} = \underset{(LMC)}{\text{장기한계비용}}$$

이 성립한다.

현실 세계에서는 규모의 비경제가 일어나는 경우를 별로 찾아볼 수 없다. 이는 기업들이 장기에 생산시설 규모를 조정할 수 있는데 장기평균비용이 상승하는 수준까지 생산시설 규모를 확장하지는 않기 때문인 것으로 보인다. 현실 기업의 장기평균비용곡선은 흔히 **그림 4-8**에서와 같이 처음에는 규모의 경제가 일어나다가 최저점에 이르면 수평이 되는 L자형을 취한다. 이 경우 규모의 경제가 막 끝나는 생산량 Q_0를 최소의 평균비용으로 생산하는 시설 규모를 **최소효율규모**(minimum efficient scale)라 한다. 그림에서는 SAC_1으로 표시되는 최소효율규모나 SAC_2로 표시되는 중규모의 생산시설이나 SAC_3로 표시되는 대규모의 시설이나 모두 최적시설 규모이다.

어떤 산업에 중소기업부터 대기업에 이르기까지 다양한 규모의 기업들이 공존한다면 그 산업의 장기평균비용곡선은 그림 4-8처럼 L자형으로 나타낼 수 있다.

L자형의 장기평균비용곡선에서도 매기당 생산량을 계속 증가시켜 나가면 앞에서 설명한 규모의 비경제가 커져 장기평균비용곡선은 결국 접시 모양의 U자형이 될

것이다. 이러한 이론적인 가능성을 고려하여 경제학에서는 **그림 4-8**보다 **그림 4-7**로 표시되는 U자형의 장기평균비용곡선을 즐겨 다룬다.

3.4 범위의 경제

지금까지 한 기업이 한 가지 제품만 생산한다고 가정하여 논의를 전개하여 왔다. 현실 기업들은 흔히 두 가지 이상의 제품을 생산한다. 이 현실은 한 제품의 생산이 다른 제품의 생산에 영향을 미치지 않으면 아무 문제가 되지 않는다. 각 제품에 대해 본서에서 다루는 이론을 적용하면 되기 때문이다.

한 제품의 생산이 다른 제품의 생산에 영향을 미치면 문제는 복잡해진다. 일단의 제품들을 따로따로 생산하는 것보다 같이 생산할 때 비용이 적게 들면 **범위의 경제**(economies of scope)가 있다고 말한다. 실상 현실 기업들이 여러 제품을 같이 생산하는 이유는 그 제품들 생산에 범위의 경제가 있기 때문이다. 범위의 경제가 있을 때 각 제품의 비용곡선들을 그리는 것은 어려운 과제로서 경제학 길잡이 수준을 벗어난다. 본서는 범위의 경제를 도외시하고 한 기업이 한 가지 제품만을 생산한다고 가정하여 논의를 전개한다.

4. 경쟁기업과 시장의 생산물공급곡선

Navigator @ Economics, ch. four

4.1 경쟁기업의 균형

이제 시장에서 결정된 가격을 그대로 받아들여 매기당 이윤이 최대가 되게끔 생산량을 결정하고자 하는 경쟁기업의 공급 행태를 살펴보자. 앞에서 이윤(π)은 총수입(TR)과 총비용(TC)의 차이로 정의되고, 총수입은 상품의 시장가격(P)과 생산량(Q)의 곱으로 표시됨을 보았다.

$$\underset{(\pi)}{\text{이윤}} = \underset{(TR)}{\text{총수입}} - \underset{(TC)}{\text{총비용}} = \underset{(P)}{\text{제품가격}} \times \underset{(Q)}{\text{생산량}} - \underset{(TC)}{\text{총비용}} \qquad (4-16)$$

그림 4-9

총수입곡선과 총비용곡선

경쟁기업의 이윤극대화 생산량은 총수입과 총비용의 차가 극대화되는 Q_0이다.

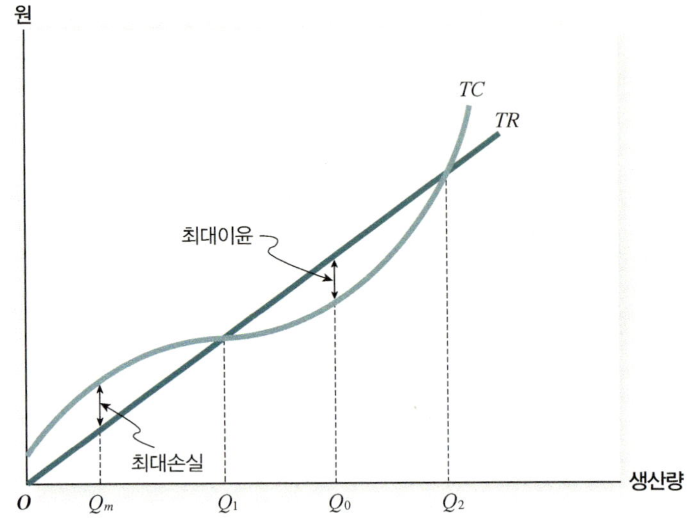

경쟁기업이 자기 생산량 = 공급량을 변경시켜도 개별 기업의 공급량이 시장 전체의 공급량에서 차지하는 비중이 너무 미약하기 때문에 시장가격은 변하지 않는다. 따라서 총수입은 생산량이 증가함에 따라 비례적으로 증가한다. 생산량이 0이면 총수입도 0이다. 따라서 **그림 4-9**에서와 같이 생산량과 총수입의 관계를 보여주는 총수입곡선은 원점을 지나는 직선으로 표시된다. 앞 절에서 총비용곡선은 단기에 각 생산량 수준에서 총고정비용곡선과 총가변비용곡선을 수직으로 더하여 구하였다.

총수입곡선과 총비용곡선이 그림 4-9와 같이 표시된다고 하자. 이 경우 이윤을 극대로 하는 매기당 생산량은 Q_0이다. Q_0 수준에서 총수입과 총비용의 차이가 가장 크기 때문이다. 생산물 가격과 기업의 비용구조가 변하지 않으면 기업은 매기당 생산량을 Q_0로 유지할 것이다. 기업으로서는 Q_0로부터 매기당 생산량을 변경시킬 유인이 없다. 다른 생산량으로 변경시킬 유인이 없기 때문에 Q_0는 균형생산량이다. 생산물 가격과 경쟁기업의 비용구조가 변하지 않는 한 기업의 균형은 총수입곡선과 총비용곡선을 그림으로써 쉽게 구할 수 있는 것이다.[5)]

5) 이 절에서 말하는 균형은 단기균형이고 생산물공급곡선은 단기생산물공급곡선이다. 장기균형은 다음 장 부록에서 다룬다. 장기생산물공급곡선은 경제학원론에서 다룬다.

이제 기업의 비용구조는 변하지 않는데 생산물 가격이 변한다고 하자. 그러면 이윤을 극대로 하는 생산량이 달라진다. 이를 총수입곡선과 총비용곡선으로 표시할 수 있다. 그러나 한계비용곡선을 이용하여 더 쉽게 표시할 수 있다. 이를 알아보기 전에 먼저 총수입으로부터 한계수입과 평균수입이라는 개념을 정의해 보자.

4.2 총수입 · 평균수입 · 한계수입의 관계

평균수입

평균수입(average revenue : *AR*)은 생산물 한 단위당 수입으로서 총수입을 총생산량으로 나누어 구한다.

$$\text{평균수입}(AR) = \frac{\text{총수입}(TR)}{\text{총생산량}(Q)} \tag{4-17}$$

본서에서는 기업이 한 가지 상품만 생산하고 매기에 생산한 것을 재고로 남기지 않고 모두 시장에 공급한다고 가정하였다. 따라서 총수입은 상품의 시장가격(*P*)과 생산량의 곱으로 표시되었다. 그러면

$$\text{평균수입}(AR) = \frac{\text{총수입}(TR)}{\text{총생산량}(Q)} = \frac{\text{제품가격}(P) \times \text{총생산량}(Q)}{\text{총생산량}(Q)} = \text{상품가격}(P) \tag{4-18}$$

이어서 평균수입이 상품의 시장가격과 같게 된다.

한계수입

한계수입(marginal revenue : *MR*)은 생산물 한 단위를 더 팔 때 얻는 수입이다.

$$\text{한계수입}(MR) = \frac{\text{총수입의 변화분}(\Delta TR)}{\text{총생산량의 변화분}(\Delta Q)} \tag{4-19}$$

경쟁시장에서는 상품의 시장가격이 개별 기업의 공급량과 관계없이 일정하므로 기업의 총수입은 공급량이 변할 때에만 변한다.

그림 4-10

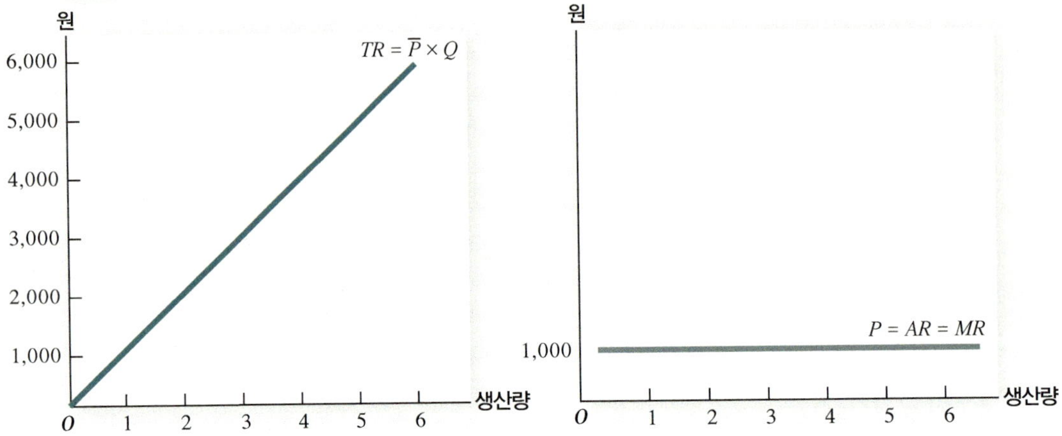

(a) 총수입곡선

(b) 평균수입곡선과 한계수입곡선

경쟁기업의 수입곡선

경쟁기업의 총수입곡선은 원점을 지나는 직선이고 그 기울기는 상품가격이다. 경쟁기업의 평균수입곡선과 한계수입곡선은 상품가격에서 수평이다.

$$\Delta TR = P \times \Delta Q$$

따라서 경쟁기업의 한계수입은

$$\text{한계수입}(MR) = \frac{\text{총수입의 변화분}(\Delta TR)}{\text{총생산량의 변화분}(\Delta Q)} = \frac{\text{상품가격}(P) \times \Delta Q}{\Delta Q} = \text{상품가격}(P)$$

이어서 시장가격과 같게 된다.

예컨대 호떡 한 개의 가격이 1,000원이라면 호떡 한 개를 더 팔 때 호떡 장수가 추가로 얻는 수입은 1,000원이다. 이는 한 개를 팔기 직전에 호떡을 10개 팔았거나 100개 팔았거나 마찬가지이다. 한 호떡 장수의 생산량과 관계없이 호떡 가격이 1,000원 수준에서 변하지 않는다면 11개째 호떡이나 101개째 호떡이나 호떡 장수에게 안겨 주는 추가적인 수입은 1,000원인 것이다. 호떡 한 개당 수입인 평균수입도 시장가격인 1,000원과 같다. 호떡 10개를 팔거나 100개를 팔거나 간에 평균수입은

$$AR = \frac{TR}{Q} = \frac{10 \times 1{,}000}{10} = \frac{100 \times 1{,}000}{100} = 1{,}000 = P$$

이다. 따라서 시장가격은 경쟁기업의 한계수입이자 평균수입이다.

$$\text{상품가격}(P) = \text{한계수입}(MR) = \text{평균수입}(AR) \qquad (4-20)$$

지금까지 설명한 호떡 장수의 총수입과 한계수입, 평균수입을 각각의 생산량에 대해 그림으로 나타내면 **그림 4-10**과 같은 총수입곡선, 한계수입곡선, 평균수입곡선을 얻는다.

4.3 경쟁기업의 생산물공급곡선

경쟁기업의 이윤극대화조건 : $P = MC$

이제 이윤극대화를 추구하는 경쟁기업이 매기에 제품을 얼마만큼 생산 · 공급할 것인가 하는 문제를 풀 수 있는 기초 개념들을 모두 익혔다. 이윤을 극대로 하는 공급량을 결정하는 기본 원리는 제1장에서 설명한 한계편익 = 한계비용의 한계원리인데, 한계편익을 한계수입으로 바꾸어 생각하면 된다. 제품 한 단위를 더 생산할 때의 추가수입(=한계수입)이 추가비용(=한계비용)보다 크면 그 제품 단위를 생산해야 한다. 반대로 제품의 한계비용이 한계수입보다 크면 그 제품 단위를 생산하지 않아야 한다. 이런 생산 조정으로 이윤이 늘어난다. 이윤을 극대로 하는 생산량 수준에서는 한계수입과 한계비용이 같다.

경쟁기업의 경우에는 시장가격이 한계수입이라는 것을 앞에서 보았다. 호떡의 시장가격이 1,000원인데 하루에 100개째 호떡을 생산 · 공급할 때의 한계비용이 900원이면 100개째 호떡을 공급함으로써 99개의 호떡을 공급할 때보다 이윤이 100원 증가한다. 따라서 이윤극대화를 추구하는 호떡 장수는 100개째 호떡을 공급한다. 만약 하루에 300개째 호떡을 공급할 때의 한계비용이 1,200원이면 300개째 호떡을 공급함으로써 299개의 호떡을 공급할 때보다 200원의 손실이 생긴다. 이 경우 300개째 호떡을 공급하지 않고 299개만 공급함으로써 300개의 호떡을 공급할 때보다 200원의 이윤을 증가시킬 수 있다. 이러한 논리를 계속 적용시키면 한계비용이 시장가격과 같은 1,000원인 생산량이 이윤을 극대로 해주는 생산량인 것을 알 수 있다.

시장가격이 한계비용보다 크면 생산을 증가하고 반대로 시장가격이 한계비용보다 작으면 생산을 감소하는 것이 이윤을 증가시키는 길이므로, 시장가격(P)이 한계비용(MC)과 같은 생산량 수준에서 이윤이 극대로 되는 것이다. 이 이윤을 극대로 하는 최적생산조건 $P = MC$로부터 기업의 생산물공급곡선이 도출된다.

기업의 이윤극대화와 생산물공급곡선

그림 4-11은 어느 경쟁기업의 평균비용(AC)곡선과 한계비용(MC)곡선을 부드럽게 그렸다. 그림에서 시장가격이 P_1이라고 하자. 그러면 $P = MC$를 만족시키는 생산량은 Q_1이다.[6] Q_1보다 적은 생산량 수준에서는 시장가격이 한계비용보다 높다. 따라서 생산을 늘리면 이윤도 늘어난다. Q_1보다 많은 생산량 수준에서는 한계비용이 시장가격보다 높다. 따라서 생산을 줄임으로써 이윤을 늘릴 수 있다. 시장가격이 P_1일 때 매기당 Q_1을 공급하는 것이 이윤을 극대로 한다.

같은 논리로 시장가격이 P_2일 때 이윤을 극대로 하는 매기당 생산량은 Q_2이다. 따라서 기업이 이윤극대화를 추구할 때 시장가격이 P_1이면 기업은 Q_1을 공급하고, P_2일 때에는 Q_2를 공급한다. 기업의 **생산물공급곡선**이란 각각의 생산물 가격에 대응하여 기업이 팔고자 하는 생산물 수량을 나타낸다. 이윤극대화를 추구하는 기업의 생산물공급곡선은 그 기업의 우상향하는 한계비용곡선 그 자체인 것을 알 수 있다.

기업이 매기당 팔고자 하는 생산물 수량을 **생산물공급량**이라 한다. 따라서 기업의 생산물 가격과 공급량을 짝지은 곡선이 생산물공급곡선이다. 공급량은 수요량과 같이 유량이고 기업의 생산능력이 뒷받침된 상태에서 팔고자 하는 최대수량이다. 각각의 생산물 수량에 대하여 기업이 꼭 받아야 되겠다고 생각하는 최저가격을 **공급가격**(supply price)이라 한다. 생산물공급곡선은 각 생산물 수량에 대응하는 공급가격을 나타낸다고 정의할 수도 있다.

---

6) 통상적인 U자형의 MC곡선에서는 우하향하는 MC곡선 부분에서 $P = MC$를 만족시키는 또 다른 생산량(Q_m)이 존재할 수 있다. 그런데 이 경우 Q_m보다 생산을 늘리면 $P = MR > MC$여서 이윤이 늘어난다. 따라서 Q_m은 이윤을 극대로 하는 생산량이 아니다. 실상 Q_m은 **그림 4-9**에서와 같이 손실을 극대로 하는 생산량이다. $P = MC$가 이윤을 극대로 하는 조건이라 할 때, 우하향하는 MC곡선 부분은 논외로 하고 우상향하는 MC곡선 부분만 다룬다. MC곡선이 수평인 상태에서 $P = MR = MC$여도 된다. 정확하게 말하면 이윤극대화의 필요충분조건은 MR곡선의 기울기보다 MC곡선의 기울기가 큰 부분에서 $MR = MC$여야 한다는 것이다.

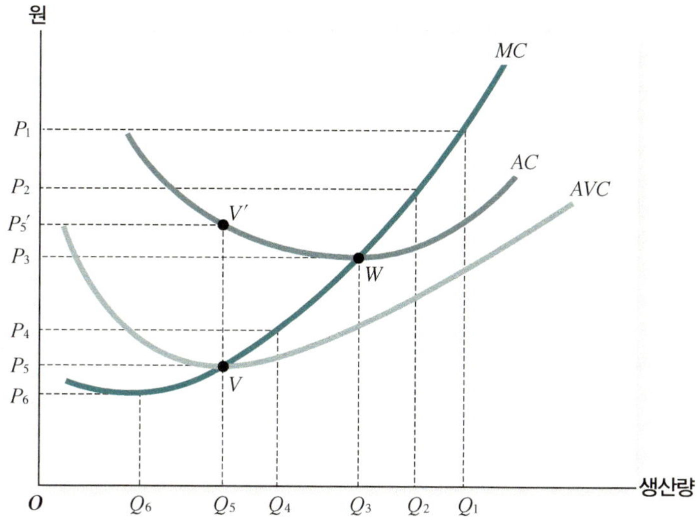

그림 4-11

경쟁기업의 생산물공급곡선

경쟁기업의 생산물공급곡선은 평균가변비용곡선의 최저점 V를 상회하는 우상향하는 한계비용곡선 부분이다.

조업중단점과 손익분기점

이제 우상향하는 한계비용곡선 전체가 경쟁기업의 생산물공급곡선이 되지는 않는다는 것을 살펴볼 때가 되었다. 이는 $P = MC$이더라도 큰 손실을 보는 상황이 존재할 수 있기 때문이다. 우선 **그림 4-11**의 P_4처럼 AC곡선의 최저점 W에 대응하는 가격 P_3보다 시장가격이 낮으면 기업이 아무리 최선을 다하더라도 손실을 보게 된다. 가격이 P_4이면 $P = MC$의 이윤극대화조건을 만족시키는 생산량은 Q_4이다. 그러나 Q_4 수준에서

$$시장가격(P) < 평균비용(AC)$$

이기 때문에 총수입보다 총비용이 많다. 이는 양변에 생산량을 곱하면 쉽게 확인할 수 있다.

$$\begin{aligned}총수입(TR) &= 가격(P) \times 총생산량(Q) < 평균비용(AC) \times 총생산량(Q)\\ &= \frac{총비용(TC)}{Q} \times Q = 총비용(TC)\end{aligned}$$

따라서 이윤은

$$이윤(\pi) = 총수입(TR) - 총비용(TC) < 0$$

이어서 기업이 최선을 다하더라도 손실을 보는 것이다. 단기는 기업이 시설 규모를 바꿀 수 없을 정도로 짧은 기간이기 때문에 단기에 현존 시설을 처분할 수도 없다. 기업이 할 수 있는 일이란 손실을 보면서 생산하거나 생산을 중단하거나 둘 중의 하나이다.

기업은 어떤 조건 하에 손실을 보면서도 생산하고 어떤 조건 하에서 생산을 중단할 것인가? 가격이 평균비용을 밑돌아 손실을 보더라도 가격이 평균가변비용을 상회하면 생산을 계속하는 것이 낫다. 기업이 생산을 중단하더라도 총고정비용은 지불해야 하기 때문에 생산을 중단할 때의 총손실은 바로 총고정비용이다. 따라서 생산할 때의 손실이 총고정비용보다 작으면 생산하는 것이 나은 것이다. 이때 이윤극대화조건 $P = MC$는 손실극소화조건이 된다.

그림 4-11의 P_5처럼 가격이 평균가변비용의 최저점과 같으면 $P = MC$를 만족시키는 Q_5를 생산할 때의 손실이 총고정비용과 같다. Q_5를 생산할 때 총수입은

$$TR = P \times Q = P_5 \times Q_5 = OP_5VQ_5$$

이다. 한편 Q_5를 생산할 때 평균비용은 P_5'이므로 총비용은

$$TC = AC \times Q = P_5' \times Q_5 = OP_5'V'Q_5$$

이다. 따라서 총손실은

$$총손실 = 총비용 - 총수입 = OP_5'V'Q_5 - OP_5VQ_5 = P_5P_5'V'V$$

이다. 그런데 $V'V$는 생산량 Q_5 수준에서 평균비용과 평균가변비용의 수직차이므로 평균고정비용(AFC)이다. 따라서

$$P_5 P_5' V' V = AFC \times Q_5 = TFC$$

이어서 총고정비용과 같다.

시장가격이 P_5이면 생산을 중단하거나 매기당 Q_5를 생산하거나 간에 총손실은 총고정비용이다. 따라서 기업은 생산을 중단하건 Q_5를 생산하건 아무런 차이가 없다. 시장가격이 P_5를 밑돌면 기업이 아무리 최선을 다하더라도 손실이 총고정비용을 상회하므로 생산을 중단하게 된다. 이러한 뜻에서 P_5 혹은 V점을 **조업정지점** 혹은 **생산중단점**(shut-down point)이라 한다. 생산중단점을 상회하는 가격에서는 한계비용곡선이 기업의 공급곡선이 된다.

> 경쟁기업의 생산물공급곡선은 평균가변비용(곡선)을 상회하는 우상향하는 한계비용곡선 부분이다. 따라서 경쟁기업의 생산물공급곡선은 우상향한다.

그림 4-11에서 시장가격이 평균비용곡선의 최저점 W에 대응하는 P_3라면 기업은 초과이윤도 손실도 없이 정상이윤만을 얻는다. 따라서 P_3 혹은 W점을 **손익분기점**(break-even point)이라 한다. 가격이 손익분기점보다 높으면 기업은 초과이윤을 얻고 손익분기점보다 낮으면 손실을 보게 된다.

4.4 경쟁시장의 생산물공급곡선

경쟁기업의 한계비용곡선이 U자형일 때 그 기업의 생산물공급곡선은 우상향하게 마련이라는 것을 배웠다. 경쟁시장의 생산물공급곡선(= 생산물의 시장공급곡선)은 개별 기업들의 공급곡선을 수평으로 합한 것이다. 생산물의 시장수요곡선이 모든 가계의 개별 수요곡선을 수평으로 합하여 얻는 것과 마찬가지이다.

어떤 시장에 기업이 셋만 있고 이 기업들의 공급곡선이 **그림 4-12**의 S_1, S_2, S_3와 같다고 하자. 시장가격이 P_0일 때 기업 1, 2, 3은 각각 25개, 30개, 35개를 시장에 공급한다. 따라서 시장가격이 P_0일 때 시장공급량은 25 + 30 + 35 = 90개이다. 같은 방법으로 가격이 P_1일 때 시장공급량은 15 + 25 + 30 = 70개이다. 각 가격수준에서 개별 기업의 공급량을 수평으로 합하면 시장공급량이 되는 것이다. 개별 기업의 공급곡선이 우상향하면 시장공급곡선도 우상향한다. 공급곡선이 우상향하는

그림 4-12

개별 기업의 공급곡선과 시장공급곡선

개별 경쟁기업의 공급곡선들을 수평으로 더하면 시장공급곡선이 된다.

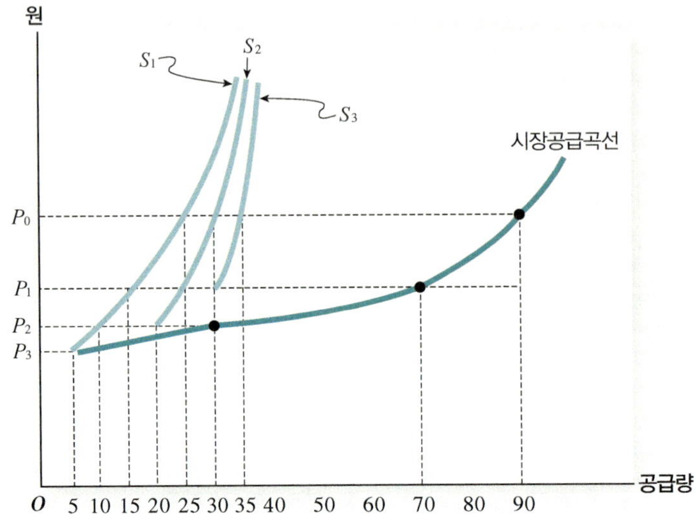

것을 **공급의 법칙**(law of supply)이라고 한다.

물론 시장에 기업이 셋만 있으면 그 시장은 우리가 다루는 경쟁시장이라 할 수 없을 것이다. 기업이 무수히 많고 그 기업들의 생산 규모가 전체 시장 규모에 비해 무시할 수 있을 정도로 미미해야 개별 기업들이 시장가격을 주어진 그대로 받아들이는 경쟁기업이 된다. 여기에서는 논의의 편의를 위해 세 기업만 예를 들었다. 기업이 많아도 각 기업의 공급곡선(＝평균가변비용곡선 윗부분의 우상향하는 한계비용곡선)을 수평으로 합하여 시장공급곡선을 도출한다는 것에는 변함이 없다.

4.5 공급곡선의 이동

기업의 생산물공급곡선은 우상향한다. 즉, 해당 생산물 가격이 상승하면 주어진 생산물공급곡선을 따라 공급량이 증가한다. 그러면 어느 경우에 공급곡선 자체가 오른쪽이나 왼쪽으로 이동할까? 공급곡선이 오른쪽으로 이동하는 것을 **공급의 증가**라 하고 왼쪽으로 이동하는 것을 **공급의 감소**라 한다. 공급을 증가시키거나 감소시키는 요인으로는 다음의 몇 가지를 들 수 있다.

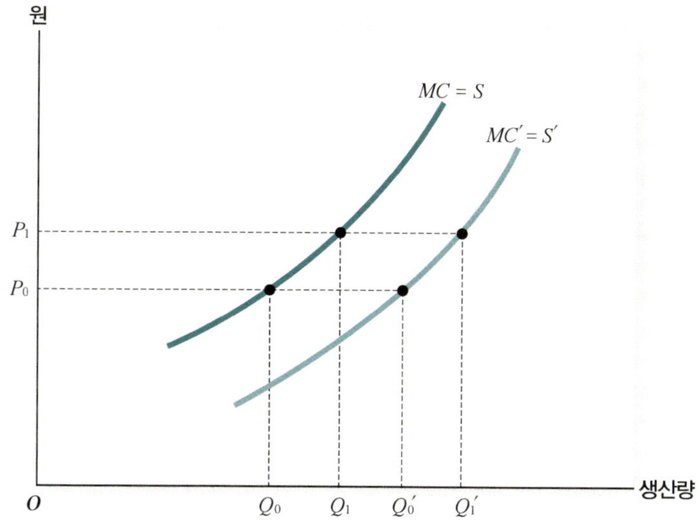

그림 4-13

생산기술 진보와 공급곡선

생산기술이 진보하면 각 생산량을 생산하는 한계비용이 낮아져 기업의 공급곡선이 오른쪽(혹은 아래쪽)으로 이동한다.

(1) 생산기술

생산기술의 진보가 일어나면 으레 제품을 생산하는 한계비용이 낮아진다. 이에 따라 한계비용곡선이 종전보다 아래로 이동한다. 예컨대 **그림 4-13**에서 종전의 한계비용곡선이 MC이면 새로운 한계비용곡선은 MC'이 된다. 이윤극대화조건 $P = MC$에 따라 시장가격이 P_0이면 이윤극대화 생산량이 종전의 Q_0에서 Q_0'으로 늘어난다. 시장가격이 P_1이면 Q_1에서 Q_1'으로 늘어난다. 따라서 종전의 공급곡선 $S = MC$가 $S' = MC'$으로 오른쪽으로 이동한다.

(2) 생산요소 가격

임금 · 임대료 · 이자 등 요소가격이 하락하면 평균비용과 한계비용이 낮아진다. 따라서 생산기술의 진보가 일어나는 경우와 마찬가지로 기업의 공급곡선이 오른쪽으로 이동한다. 요소가격이 상승하면 한계비용이 높아져 기업의 공급곡선이 왼쪽으로 이동한다(공급이 감소한다).

(3) 조세와 정부 보조금

기업에 부과되는 조세는 기업에게는 비용이다. 기업이 파는 제품에 세금을 매기면 생산비용이 증가하고 한계비용이 높아진다. 이에 따라 기업의 공급곡선이 왼쪽으로 이동한다. 정부의 기업에 대한 보조금은 '음(−)의 조세'로서 기업의 비용을 낮춘다. 따라서 특정 상품 생산에 대한 정부 보조금은 해당 상품의 생산비와 한계비용을 낮추어 공급곡선을 오른쪽으로 이동시킨다.

(4) 기업의 예상가격

한 상품의 가격이 가까운 장래에 오를 것이라고 예상된다고 하자. 그러면 기업은 해당 상품의 공급을 가격 인상 이후로 연기함으로써 공급이 감소한다. 이를 직관적으로 이해하기 위해 기업(혹은 같은 종류의 상품을 생산하는 기업들의 집합체인 산업)이 현재와 미래에 걸쳐 쓸 수 있는 자원량이 한정되어 있다고 가정해 보자. 나아가 해당 상품의 현재 공급량을 X, 미래 공급량을 Y라고 하자. Y 가격이 상승하면 종전의 이윤극대화조건 $P_Y = MC_Y$를 만족시키던 공급량 수준에서는 $P_Y > MC_Y$가 되기 때문에 Y 생산이 늘어난다. 기업과 산업이 쓸 수 있는 자원량은 한정되어 있기 때문에 Y 생산이 늘어나면 X 생산이 줄어든다. 이런 상황은 종전에 X 가격이 어떤 수준에 있든 간에 성립한다. 따라서 앞으로 가격이 오를 것이라고 예상되는 상품의 현재 공급곡선은 왼쪽으로 이동한다.

위 네 가지는 개별 기업의 공급곡선을 이동시키는 요인들이다. 개별 기업의 공급곡선이 오른쪽(왼쪽)으로 이동하면 시장공급곡선도 물론 오른쪽(왼쪽)으로 이동한다.

(5) 기업의 수

다른 사정이 같을 때 한 상품을 생산하는 기업의 수가 많아질수록 그 상품의 각 가격 수준에서 공급량이 늘어나기 때문에 그 상품의 시장공급곡선이 오른쪽으로 이동한다. 수입 개방으로 외국 상품의 수입이 자유화되면 해당 상품의 시장공급곡선이 오른쪽으로 이동한다.

4.6 공급의 가격 탄력성

시장공급곡선은 상품마다 기울기가 다르다. 상품가격의 변동에 대해 공급량이 아주 민감하게 변하는 상품이 있는가 하면 아주 둔감하게 변하는 상품도 있다. 가격의 변동에 대해 공급량이 얼마나 민감하게 변하는가를 측정하기 위해 경제학에서는 공급의 가격 탄력성(price elasticity of supply)을 사용한다. 생산물공급의 가격 탄력성은 생산물 가격이 1% 변할 때 공급량이 몇 % 변하는가를 나타낸다.

$$\text{공급의 가격 탄력성} = \frac{\text{공급량의 변화율}}{\text{가격의 변화율}}$$

TV 가격이 1% 오를 때 TV의 시장공급량이 1.5% 증가한다고 하자. 그러면 TV 공급의 가격 탄력성은 1.5이다.

공급의 가격 탄력성은 가격과 공급량이 같은 방향으로 변하기 때문에 양의 값을 갖는다. 탄력성이 1보다 크면 공급이 탄력적이라고 하고 1보다 작으면 비탄력적, 1이면 단위탄력적이라고 한다. 공급곡선이 수직이어서 가격이 변해도 공급량이 전혀 변하지 않을 때 완전비탄력적이라 한다. 반대로 공급곡선이 수평이어서 가격이 변하지 않아도 공급량이 얼마든지 변할 수 있는 경우를 완전탄력적이라고 한다. 이는 수요의 경우와 마찬가지이다.

생산기술, 요소가격, 조세, 기업의 수 등 시장공급곡선의 위치와 형태에 영향을 미치는 요인들이 공급의 가격 탄력성에도 영향을 미친다. 그리고 수요의 가격 탄력성처럼 기간이 길어질수록 일반적으로 공급의 가격 탄력성이 커진다.

서울에 공급되는 채소류를 오후 몇 시간의 최단기로 보면 수직의 시장공급곡선으로 나타낼 수 있을 것이다. 산지에서 아침에 올라온 수량을 처분해야 하기 때문이다. 그러나 하루 혹은 1주일로 기간을 늘리면 우상향의 시장공급곡선이 된다. 산지에서 가지고 올라오는 수량을 가격에 따라 조절할 수 있기 때문이다. 기간을 1년으로 늘리면 재배면적의 조정 등을 통해 단기보다 공급의 탄력성이 훨씬 커진다.

5. 경쟁기업과 시장의 요소수요곡선

5.1 경쟁기업의 요소수요곡선

기업의 이윤극대화와 노동수요곡선

기업은 여러 생산요소를 결합하여 제품을 생산해 낸다. 따라서 앞 절에서 배운 생산물공급의 배후에는 생산요소 수요가 있다. 기업이 이윤을 극대로 하는 생산량을 결정한다는 것은 바꾸어 말하면 이윤을 극대로 하는 생산요소 수량을 고용한다는 것과 같다. 이윤을 극대화하기 위해 생산요소를 고용하는 과정에서 기업의 생산요소수요곡선이 얻어진다.

앞에서 경쟁기업은 이윤을 극대로 하기 위하여 상품의 시장가격과 상품 생산의 한계비용이 같게끔 공급량을 결정한다고 설명하였다.

$$\text{생산물가격}(P) = \text{한계비용}(MC)$$

앞의 식 (4-15)에서 노동이 유일한 가변요소이면 한계비용은 임금(w)을 노동의 한계생산물(MP_N)로 나눈 것과 같다는 것을 보았다. 따라서

$$\text{생산물가격}(P) = \text{한계비용}(MC) = \frac{\text{임금}(w)}{\text{노동의 한계생산물}(MP_N)}$$

이다. 이 식은

$$\underset{(MP_N)}{\text{노동의 한계생산물}} \times \underset{(P)}{\text{생산물 가격}} = \underset{(w)}{\text{임금}} \qquad (4-21)$$

으로 고쳐 쓸 수 있다. 위 식은 이윤을 극대로 하는 노동 고용조건이다. 식의 왼쪽 항 $MP_N \times P$를 **노동의 한계생산물가치**(value of marginal product of labor : VMP_N)라 한다. 노동을 1단위 더 고용할 때 기업이 얻을 수 있는 추가적인 수입을 나타낸다. 노동자를 1명 더 고용하면 그 노동자는 매기당 노동의 한계생산물만큼 제품 생산을 늘려준다. 이 한계생산물이 시장가격으로 팔리면 기업이 노동자를 1명 더 고용하는 데 따르는 한계수입이 된다. 노동자를 1명 더 고용할 때 기업이 지불하는 추가적인 비용은 그 노동의 대가인 임금이다. 식 (4-21)은 매기당 노동 고용에 따른 한계수입과 한계비용이 같아져야 한다는 한계원리를 나타내는 것이다. 경쟁기업의 경우에 노동 고용에 따른 한계수입은 노동의 한계생산물가치이고 노동 고용에 따른 한계비용은 임금이다.

경쟁시장에서 생산물 가격(P)은 개별 기업의 생산량과 관계없이 일정하다. 따라서 노동의 한계생산물곡선 형태를 이어받아 노동의 한계생산물가치곡선도 **그림**

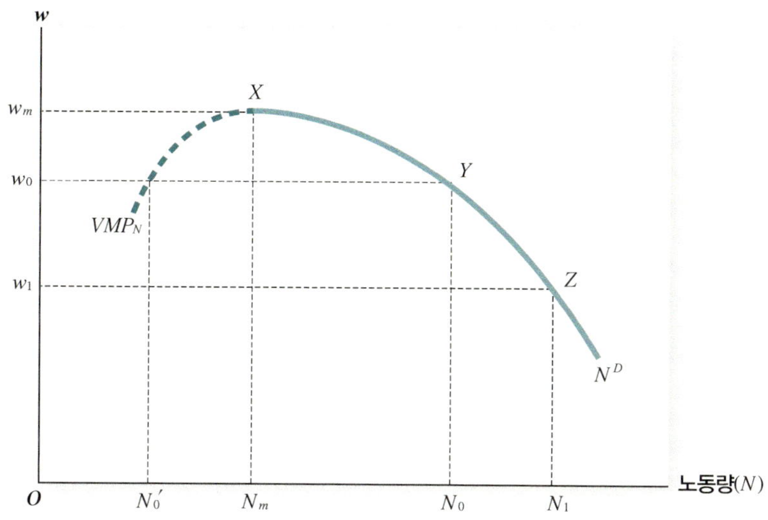

그림 4-14

노동의 한계생산물가치 곡선과 경쟁기업의 노동수요곡선

경쟁기업의 노동수요곡선은 노동의 한계생산물가치곡선의 우하향하는 부분이다.

4-14에서와 같이 고용량을 가로축, 화폐액(임금)을 세로축으로 하는 평면에서 거꾸로 U자형으로 그려진다.

그림에서 시장임금이 w_0 수준이라면 이윤을 극대로 하는 고용수준은 얼마일까? 그것은 $VMP_N = w$인 N_0이다. N_0' 수준에서도 $VMP_N = w$이지만 N_0' 수준에서 고용량을 증가시키면 노동 고용의 한계수입(VMP_N)이 노동 고용의 한계비용(w)을 상회하기 때문에 이윤이 증가한다. 따라서 N_0'은 이윤을 극대로 하는 고용수준이 아니다. 그림에서 고용량이 N_m에 이르기까지는 노동의 한계생산물이 증가하고 N_m 이후에야 수확체감의 법칙이 성립한다. 임금이 w_0로 주어져 있을 때 노동의 한계생산물이 증가하는 단계인 N_0'을 고용하지 않고 수확체감이 일어나는 N_0까지 고용하는 것이다. 같은 이유로 임금수준이 w_1이면 고용량은 N_1, 임금수준이 w_m이면 고용량은 N_m이다. 임금수준이 w_m을 상회하면 이 기업의 고용량은 0이다. 식 (4-21)로부터 경쟁기업의 노동수요곡선은 $XYZN^D$인 것을 알 수 있다.

가변요소가 노동 하나뿐일 때 경쟁기업의 노동수요곡선은 우하향하는 노동의 한계생산물가치곡선이다.

읽을/생각할 거리 4-5

스타 선수의 천문학적인 연봉

같은 노동능력을 가진 근로자들이라도 생산시설이 주어져 있는 단기에 고용 규모에 따라 한계생산성이 다르게 나타난다. 이런 상황에서 기업이 이윤을 극대화하기 위해서는 얼마나 근로자를 고용해야 하는가를 식 (4-21)은 보여준다. 식은 노동능력이 다른 근로자에게 얼마나 보상을 해 주어야 하는가도 보여준다. 예컨대 축구 선수 호나우도, 메시, 손흥민, 야구 선수 류현진 등 스타 운동선수가 엄청난 연봉을 받는 것을 설명해준다. 식의 왼쪽 항은 스타 선수를 끌어옴에 따라 구단이 누릴 수 있는 수입의 증가분이다. 스타 선수의 화려한 기량을 보기 위해 관중들이 늘어나고 각종 스포츠 용품 판매도 늘어난다. 구단의 명성이 높아지고 열혈 팬들이 많아진다. 승률이 높아지고 우승 확률도 높아진다. 이 때문에 구단 수입이 크게 늘어난다. 구단이 파격적으로 높은 연봉을 제안하는 이유다. 메시의 연봉이 2021년에 무려 1,800억원이 넘었는데 이는 메시가 그만큼 구단에 벌어다 주기 때문이다(혹은 그만큼 벌어다 줄 것이라고 기대하였기 때문이다.) 기대되는 메시의 한계생산물가치가 연 1,800억원인데 연봉을 1,500억원밖에 주지 않는다면 다른 구단이 더 높은 연봉을 주고 스카웃할 것이다. 구단은 스타 선수가 창출할 것이라고 기대되는 한계생산물가치만큼을 연봉으로 주지 않을 수 없다.

고숙련 기술직이 저숙련 기술직보다 높은 임금을 받는 것을 식은 쉽게 설명해준다. 생산성이 높은 생산요소는 으레 높은 보수를 받는다. "내 한 시간은 당신의 한 시간과 같다"라는 인본주의적 사고는 시장경제에서는 통용되지 않는다.

이윤극대화 요소고용조건

장기에는 모든 요소가 가변요소가 된다. 장기에 이윤을 극대로 하는 노동 고용조건, 자본과 토지의 임대조건은 각 생산요소에 대해 요소고용에 따른 한계수입(그 요소의 한계생산물가치)과 한계비용(그 요소가격)이 같아져야 한다는 것이다.

$$VMP_N \equiv MP_N \times P = w \qquad (4-22)$$
$$VMP_K \equiv MP_K \times P = r_1$$
$$VMP_L \equiv MP_L \times P = r_2$$

단, r_1은 자본임대료, r_2는 토지임대료임.

이 식에서부터 노동수요곡선은 물론이고 임대자본과 임대토지에 대한 수요곡선이 도출된다. 임금이 하락하면 노동수요량이 증가하듯이 임대료가 하락하면 해당 자본재나 토지의 수요량이 증가하는 것을 이 식에서 쉽게 확인할 수 있다.

이윤을 극대로 하는 요소고용조건과 관련하여 각 요소가격은 요소를 빌리고 매기당 지불하는 사용료이지 요소구입가격은 아니라는 점을 알아야 한다. 노동자의 노동 서비스를 이용하는 대가가 임금이고, 다른 사람이 갖고 있는 자본재와 토지가 제공하는 서비스를 이용하는 대가가 임대료이다. 시장경제의 특징은 기업이 생산활동을 할 때 고대사회의 귀족처럼 노예를 소유할 필요가 없고, 생산에 필요한 기계설비와 토지를 일일이 사들일 필요도 없다는 것이다. 시장임금과 임대료를 지불하고 수지가 맞기만 하면 생산요소들을 빌려 생산한다.[7)]

이윤극대화조건 식 (4-22)로부터

$$\frac{MP_N}{w} = \frac{MP_K}{r_1} = \frac{MP_L}{r_2} \qquad (4-23)$$

을 얻을 수 있다. 이윤을 극대로 하는 요소고용조건이 만족되면 각 요소의 한계생산물을 그 요소가격으로 나눈 값이 모든 요소에 걸쳐 같다는 것이다. 이는 효용을 극대로 하고자 할 때 각 재(財)에서 얻는 한계효용을 그 재화가격으로 나눈 값이 모든 재에 걸쳐 같아야 한다는 앞 장의 식 (3-3)과 상통한다. 가계의 예산제약식과 식 (3-3)을 만족시키면 효용이 극대화되듯이 기업의 예산제약식과 식 (4-23)을 만족시키면 생산량이 극대화된다. 따라서 식 (4-23)을 **생산극대화원칙**이라 부른다. 이윤극대화조건

읽을/생각할 거리 4-6

흑사병과 임금과 토지임대료

14세기 중반(1340~1360년 사이)에 유럽을 공포로 몰아넣은 흑사병(Pest ; Black Death)이 창궐하여 인구의 약 1/3이 사망하였다. 인구가 원상태로 회복된 것은 17세기였다. 이 흑사병은 농부와 지주의 소득에 어떤 영향을 미쳤을까?

우리가 배운 이론에 의하면 인구 감소로 노동공급도 감소하므로 노동의 한계생산물은 증가한다. 따라서 흑사병으로 임금은 상승하였을 것이다. 흑사병에 따른 노동공급 감소로 농부 한 사람이 이용할 수 있는 토지는 상대적으로 더 풍부해진다. 이에 따라 토지의 한계생산물은 감소한다. 따라서 흑사병으로 토지임대료는 감소하였을 것이다.

자료는 이론적 예측을 뒷받침한다. 흑사병으로 인해 실제로 임금은 약 2배 상승한 반면 토지임대료는 50% 이상 감소하였다. 흑사병이 그 시절 인구의 대부분을 차지했던 농부들의 소득을 늘리고 지주계급의 소득은 줄어들게 만든 것이다. 흑사병은 중세의 봉건경제가 와해되기 시작하는 계기가 되었다.

7) 자본과 토지가 기업인 자신의 것이라 하더라도 이것들을 자기가 사용하지 않고 다른 기업에 임대해 줄 수 있기 때문에 잠재적 비용의 개념을 적용하여 이 몫에 대하여도 시장임대료를 계산한다.

이 성립하면 생산극대화원칙이 성립한다. 그러나 그 역이 반드시 성립하지는 않는다.

5.2 경쟁시장의 요소수요곡선

경쟁기업의 생산물공급곡선으로부터 경쟁시장의 생산물공급곡선을 도출하는 것과 같이 경쟁기업의 요소수요곡선으로부터 경쟁시장의 요소수요곡선이 도출된다. 각각의 요소가격에서 기업들이 수요하는 요소 수량을 모두 합하여 요소의 시장수요량을 계산한다. 개별 기업의 요소수요곡선이 우하향하기 때문에 시장의 요소수요곡선(= 요소의 시장수요곡선)도 우하향한다.

요소의 시장수요곡선의 구체적인 위치를 결정하는 요인들은 무엇일까? 우선 개별 기업의 요소수요곡선은 요소의 한계생산물가치($VMP_f = MP_f \times P$)곡선의 우하향하는 부분이므로 요소의 한계생산물(MP_f)과 생산물 가격(P)이 클수록 개별 기업의 요소수요가 많고, 따라서 시장의 요소수요도 많아질 것이다. 요소의 한계생산물의 수량을 결정하는 요인으로는 생산기술과 다른 요소 수량을 들 수 있다. 생산기술이 우수해질수록, 그리고 다른 요소 수량이 많아질수록 당해 요소의 한계생산물은 많아진다. 요소를 사용하여 만든 제품의 시장가격이 높아지면 요소의 수요도 증가한다. 요소수요를 **파생수요**(derived demand)라고도 부르는 것은 이 때문이다. 요소수요는 요소를 사용하여 만든 제품에 대한 수요에 파생하여 이루어진다.

그 밖에 산업 내에 있는 기업의 수가 요소의 시장수요곡선에 영향을 미친다. 산업 내에 기업의 수가 많을수록 요소의 시장수요곡선이 오른쪽으로 이동한다.

요소수요곡선이 오른쪽으로 이동하는 것을 요소수요의 증가, 왼쪽으로 이동하는 것을 요소수요의 감소라 한다. 이는 개별요소수요곡선과 시장요소수요곡선에 마찬가지로 적용된다.

요소공급의 탄력성을 정의하는 것과 같은 방법으로 요소수요의 탄력성을 정의할 수 있다. 앞에서 설명한 요소의 시장수요곡선의 위치와 형태에 영향을 미치는 요인들이 요소수요의 탄력성에도 영향을 미친다.

요약 및 학습

01 사람에게 쓸모 있는 재화와 서비스를 만들어 소비할 수 있게 하는 인간활동을 생산이라 한다. 생산을 담당하는 기업은 크게 영리기업과 비영리기업으로 나누어진다. 대부분의 민간기업은 영리기업이다. 경제학에서는 영리기업이 이윤극대화를 추구한다고 가정한다.

02 매기당 생산요소의 투입량과 최대 생산량의 기술적 관계를 생산함수라 한다. 생산요소의 일부가 고정요소로 존재하는 기간을 단기라 하고, 이 기간 동안 주어진 고정요소 하에 가변요소의 투입량과 최대 생산량의 기술적 관계를 단기생산함수라 한다. 모든 생산요소가 가변적인 기간이 장기이다. 장기에 모든 가변요소의 다양한 투입량과 최대 생산량의 기술적 관계를 장기생산함수라 한다.

03 어떤 생산물의 총량을 그 생산에 투입된 생산요소의 총량으로 나눈 값을 그 요소의 평균생산물이라 한다. 어느 생산요소를 1단위 추가하는 데 따른 총생산물의 증가분을 그 요소의 한계생산물이라 한다. 평균생산물과 한계생산물 사이에는 다음과 같은 관계가 존재한다.

첫째, 한계생산물이 평균생산물보다 많으면 평균생산물이 증가한다.
둘째, 한계생산물이 평균생산물보다 적으면 평균생산물이 감소한다.
셋째, 한계생산물과 평균생산물이 같으면 평균생산물이 최대가 된다.

04 단기생산함수는 생산요소 중 일부가 고정요소로 존재하며 가변요소가 증가함에 따라 한계생산물체감의 법칙이 작용한다. 한계생산물체감의 법칙(혹은 수확체감의 법칙)은 주어진 고정요소에 가변요소를 증가시킬 때 처음에는 가변요소의 한계생산물이 증가하다가 나중에는 점점 감소하는 현상을 말한다. 이 수확체감의 법칙 때문에 가변요소의 한계생산물곡선은 산봉우리형이고, 처음에는 한계생산물이 평균생산물보다 많다가 나중에는 적어진다. 따라서 가변요소의 평균생산물곡선도 산봉우리형이다.

05 장기에 모든 생산요소를 똑같은 비율로 변동시킬 때 생산량이 어떻게 변하는가를 나타내는 개념이 규모에 대한 보수이다. 모든 생산요소의 투입량을 t배 증가시킬 때 생산량이 t배 증가하는 것을 규모에 대한 보수 불변, 생산량이 t배를 초과하여 증가하는 것을 규모에 대한 보수 증가(= 규모의 경제), 생산량이 t배보다 적게 증가하는 것을 규모에 대한 보수 감소(= 규모의 비경제)라 한다.

06 일반적으로 기업의 생산 규모가 커짐에 따라 처음에는 규모에 대한 보수 증가가 일어나지만 계속 커지면 규모에 대한 보수 불변을 거쳐 보수 감소가 일어난다. 처음에 규모의 경제가 일어나는 원인은 ① 분업 및 특화, ② 대규모에 유리하게 작용하는 물리적 법칙, ③ 경영의 효율성, ④ 금전상의 이득 등이다. 나중에 규모의 비경제가 일어나는 원인은 생산 규모가 지나치게 커지면 ①, ②, ③이 불리하게 작용하기 때문이다.

07 기업의 비용은 회계적 비용(= 명시적 비용)과 잠재적 비용으로 나눌 수 있다. 회계적 비용이란 화폐의 지출이 실제로 일어난 비용으로서 기업의 손익계산서에 나오는 비용이다. 잠재적 비용이란 생산에 투입된 기업인 소유의 생산요소에 대한 기회비용을 말한다. 잠재적 비용은 귀속임금 · 귀속이자 · 귀속임대료로 구성된다. 회계적 비용에 잠재적 비용을 합한 것을 경제적 (총)비용이라 한다. 경제적 이윤은 총수입에서 경제적 비용을 뺀 것이다. 경제적 이윤이 양일 때 초과이윤을 얻는다고 말한다. 경제적 이윤이 0일 때 정상이윤을 얻는다고 말한다. 경제적 이윤이 음일 때 손실을 본다고 말한다. 경제적 이윤이 양인 산업부문에는 새로운 기업들이 진입하여 그 산업이 발전한다. 경제적 이윤이 음인 산업부문에서는 기존 기업들이 일부 빠져나가 그 산업이 쇠퇴한다.

08 경제적 비용은 단기에 총고정비용과 총가변비용으로 나누어진다. 총고정비용은 기업이 고용하는 고정요소에 대해 치르는 비용으로서 생산량과 관계없이 일정하게 들어간다. 총가변비용은 기업이 고용하는 모든 가변요소에 대해 치르는 비용이다.

09 평균비용이란 생산량 1단위에 대한 비용으로서 총비용을 생산량으로 나눈 값을 말하며, 평균고정비용과 평균가변비용의 합과 같다. 평균고정비용은 총고정비용을 생산량으로 나눈 값으로 생산량의 증가에 따라 계속 감소한다. 평균가변비용은 총가변비용을 생산량으로 나눈 값이다. 가변요소가 노동 하나뿐일 때 평균비용(AC)과 평균생산물(AP_N) 간에는 다음과 같은 역관계가 성립한다.

$$AC = AFC + AVC = \frac{TFC}{Q} + \frac{w}{AP_N}$$

이들 간의 관계는 **그림 4-4**와 **그림 4-5**에 나타나 있다.

10 한계비용이란 생산량이 한 단위 증가할 때 추가되는 비용으로 총가변비용의 증가분을 생산량의 증가분으로 나눈 값이다. 가변요소가 노동 하나뿐일 때 한계비용과 한계생산물 간에는 $MC = \frac{w}{MP_N}$라는 관계가 성립한다. 따라서 노동의 한계생산물이 증가할 때 한계비용은 감소하고, 한계생산물이 최대일 때 한계비용은 최소이며, 한계생산물이 감소할 때 한계비용은 증가한다. 즉, 수확체감의 법칙 때문에 한계생산물곡선이 산봉우리형이면 한계비용곡선은 U자형이다.

11 생산량이 증가할 때 비용이 어떻게 변하는가를 보여주는 곡선이 비용곡선이다. 단기에 한계비용곡선과 평균비용곡선은 수확체감의 법칙 때문에 모두 U자형이다. 한계비용곡선은 평균비용이 감소할 때 평균비용곡선 아래에 위치하며, 평균비용이 증가할 때는 평균비용곡선 위에 위치한다. 한계비용곡선과 평균비용곡선은 평균비용곡선의 최저점에서 만난다.

12 장기평균비용곡선은 생산시설 규모를 변경시킬 수 있는 장기에 각 생산량을 최소비용으로 생산할 수 있는 점들을 연결한 곡선이다. 장기평균비용곡선도 U자 형태를 갖는다. 이는 생산시설 규모를 증가시켜 나갈 때 처음에는 규모에 대한 보수 증가가 일어나지만 나중에는 규모에 대한 보수 불변을 거쳐 규모에 대한 보수 감소가 일어나게 되고 이 규모에 대한 보수 증가, 불변 및 감소는 각각 장기평균비용의 감소, 불변 및 증가로 나타나기 때문이다.

13 기업이 제품 한 단위를 더 판매함으로써 얻는 추가적인 수입을 한계수입이라 한다. 단기에 기업이 총수입과 총비용의 차액인 이윤을 극대로 하는 생산조건은 한계수입 = 한계비용이 되도록 생산하는 것이다. 이때 한계비용이 감소하지 않는 부분에서 한계수입이 한계비용과 같아야 한다.

14 단기에 경쟁기업의 생산물공급곡선은 평균가변비용곡선 윗부분의 우상향하는 한계비용곡선이다. 이 공급곡선은 상품의 시장가격과 이윤을 극대로 하는 상품 공급량의 관계를 보여준다. 공급곡선이 우상향하는 것을 공급의 법칙이라 한다.

15 개별 기업의 생산물공급곡선은 해당 생산물의 가격이 변할 때 주어진 공급곡선을 따라 이동한다. 그러나 생산기술, 요소가격, 조세, 정부 보조금, 기업의 예상가격 등이 변하면 생산물공급곡선 자체가 오른쪽이나 왼쪽으로 이동한다. 공급곡선이 오른쪽으로 이동하는 것을 공급의 증가, 왼쪽으로 이동하는 것을 공급의 감소라 한다. 구체적으로 ① 생산기술이 진보하거나, ② 생산요소 가격이 떨어지거나, ③ 기업이 파는 제품에 매기는 세금이 줄어들거나 정부가 기업에 주는 생산보조금이 늘어나거나, ④ 해당 상품의 가격이 앞으로 떨어질 것이라고 예상되면 개별 기업의 공급이 증가한다. 시장에 있는 모든 기업의 생산물공급곡선을 수평으로 합하면 시장공급곡선이 된다. 개별 기업의 생산물공급을 증가시키는 위 네 요인 중 어느 하나가 일어나거나 산업 내의 기업의 수가 늘어나면 시장공급곡선이 오른쪽으로 이동(시장공급이 증가)한다.

16 가변요소가 노동 하나뿐일 때 경쟁기업의 노동수요곡선은 우하향하는 노동의 한계생산물가치곡선이다. 한 생산요소의 한계생산물가치는 그 요소의 한계생산물에 생산물의 시장가격을 곱한 것이다. 가변요소가 둘 이상일 때 각 가변요소의 이윤극대화고용조건은 그 요소의 한계생산물가치가 그 요소가격과 같은 수준까지 요소를 고용하라는 것이다. 개별 기업의 생산요소수요곡선이 도출되면 시장의 생산요소수요곡선을 쉽게 구할 수 있다.

연습문제

01 "장사란 돈을 벌기 위한 것이 아니라 사람을 얻기 위한 것이다. 장사란 이윤을 남기기 위한 것이 아니라 사람을 남기기 위한 것이다." 최인훈의 소설 『상도』에 나오는 이 말을 기업의 목적과 관련하여 논하라.

02 결혼생활은 독신생활에 비해 분업의 이득, 고정비용 감소, 규모의 경제 등을 누릴 수 있다고 한다(하노 벡 지음, 『사랑의 경제학』). 이를 설명하라. 이런 결혼생활의 장점에도 불구하고 우리나라에서 비혼이 늘어나는 이유는 무엇일까?

03 우리나라에 있는 17,000여 개의 직업 중에 어떤 이색적인 직업들이 있는지 알아보라. (한국고용정보원 홈페이지 '직업정보자료실'에 있는 자료들 참고)

04 다음을 설명하라.

(1) 모든 비용이 현금지출을 수반하는 것은 아니다. 모든 현금지출이 비용인 것은 아니다.

(2) 같은 업종에 있는 회사라도 어느 회사는 소규모 시설에 종업원이 소수이고, 다른 회사는 대규모 시설에 종업원이 수백 명이다.

(3) 밀 가격이 오르면 보리 공급곡선이 왼쪽으로 이동한다.

05 **표 4-1**과 **그림 4-1**에서

(1) 고정요소인 토지가 3정보에서 6정보로 늘어난다면 표와 그림이 어떻게 바뀔까?

(2) 쌀 한 가마의 시장가격이 160,000원이라고 하자. 각 농부의 한계생산물가치곡선을 그려라.

(3) 토지가 3정보일 때 지주의 일꾼에 대한 수요곡선을 구하라.

06 **표 4-2**에서

(1) 시장금리가 연 6%라 하자. 보수코너 주인의 자기자본금은 얼마이고 차입자본금은 얼마인가?

(2) 보수코너 주인이 가전회사에 취직하는 경우 월 총소득은 얼마인가?

(3) 귀속임금이 0이라고 하자. 이것이 의미하는 바는? 보수코너 주인은 보수코너의 수익상태가 계속 표와 같으리라고 예상될 때 보수코너를 계속 운영할 것인가? 그 이유는?

(4) **표 4-2**의 상황에서도 계속 보수코너를 운영한다면 이를 어떻게 해석해야 할까?

(5) 가전회사 취업에 대해 비용편익분석을 해보라.

07 "생산성 임금제(노동생산성에 맞게 임금을 주어야 한다는 주장)에서 생산성은 노동의 평균생산물이 아니라 한계생산물이다." 이를 식 (4-21)로 설명하라.

08 기업이 장기적으로 매기당 생산량 목표를 세워 놓고 그 목표를 최소비용으로 달성하고자 한다면 식 (4−23)이 성립되어야 하는 것을 확인하라. 어느 한 쪽이 부등호가 되면 어떻게 요소고용을 조정해야 하는가? '비용극소화는 이윤극대화의 필요조건이지 충분조건은 아니다'라는 기술을 논평하라.

09 한 봉제업체가 청바지를 생산 · 판매하고 있다. 청바지산업은 완전경쟁산업이라고 하자. 다음의 표는 각 생산물 수준에서 기업의 총비용을 나타낸다. 물음에 답하라.

생산량	총고정비용	총가변비용	총비용	평균비용	평균고정비용	평균가변비용	한계비용
1	65,000원	13,000원					
2		22,000					
3		28,000					
4		36,000					
5		46,000					
6		58,000					
7		72,000					
8		88,000					
9		106,000					
10		126,000					

(1) 표를 완성하라.

(2) 평균비용과 평균가변비용이 최소가 되는 생산량은? $AVC = MC$인 생산량은?

(3) 어떤 생산량 수준에서 수확체감이 시작되는가?

(4) 이 기업의 평균비용곡선 · 평균가변비용곡선 · 한계비용곡선을 그려라.

(5) 왜 AC곡선을 최저로 하는 생산량이 AVC곡선을 최저로 하는 생산량보다 많고, AVC곡선을 최저로 하는 생산량은 MC곡선을 최저로 하는 생산량보다 많은가? 경제논리로 설명하라.

(6) 청바지의 시장가격이 9,000원이라면 이 기업은 얼마나 많은 청바지를 판매하려 할 것인가? 이때 기업의 이윤(또는 손실)은 얼마인가?

(7) 이 기업의 공급곡선을 구하라.

10 "경쟁기업은 주어진 시장가격 수준에서 자기가 파는 제품에 대해 완전탄력적인 수요곡선에 직면한다." 이 문장이 뜻하는 바를 **그림 4−10**으로 확인해 보자.

(1) 시장에 많은 호떡 장수가 있고 모두 1,000원 가격으로 호떡을 판다고 하자. 한 호떡 장수가 똑같은 품질의 호떡을 1,100원에 팔려고 하면 그 호떡 장수가 파는 호떡에 대한 소비자의 수요량은 얼마일까?

(2) 900원에 팔려고 하면 수요량이 얼마일까?

(3) 1,000원보다 비싸게 매기면 수요량이 0이고 싸게 매기면 수요량이 임의로 커질 수 있음을

설명하라. 이론적으로 말해 가격을 1,000원보다 비싸게 매길 수가 없고 1,000원보다 싸게 매길 필요가 없음을 설명하라.

(4) 그림 (b)의 $AR = MR$곡선이 호떡 장수가 직면하는 호떡수요곡선임을 확인하라.

(5) 호떡의 시장가격이 2,000원으로 바뀌었다고 하자. 호떡 장수가 직면하는 수요곡선과 $AR = MR$곡선을 그려라.

11 여섯 사람의 평균 키가 170cm라 하자. 이제 한 사람이 추가되었다.

(1) 일곱 사람의 평균 키가 171cm이면 일곱 번째 사람의 키는 얼마인가?

(2) 일곱 사람의 평균 키가 168cm이면 일곱 번째 사람의 키는 얼마인가?

(3) 일곱 사람의 평균 키가 170cm이면 일곱 번째 사람의 키는 얼마인가?

(4) 이상의 연습에서 본문에서 설명한 평균량과 한계량의 일반적인 관계를 확인 · 정리하라.

12 다음 기술이 옳은가 그른가를 밝히고 그 이유를 설명하라.

① 한계생산물이 최대일 때 평균생산물도 최대가 된다.

② 규모에 대한 보수가 불변일 때는 한계생산물체감의 법칙이 작용하지 않는다.

③ 평균비용이 감소할 때 한계비용은 평균비용보다 작다.

④ 한계비용이 증가하면 총비용도 증가하지만 그 역은 성립하지 않는다.

⑤ 요소고용의 생산극대화원칙은 이윤극대화조건의 필요조건이지 충분조건은 아니다.

⑥ 규모에 대한 보수가 증가하는 주요 요인은 기술진보이다.

⑦ 생산요소가 단 하나뿐이라면 수확체감의 법칙은 규모에 대한 보수 감소를 뜻한다.

⑧ 완전경쟁기업의 경우 한계수입과 평균수입은 생산량 수준에 관계없이 항상 같다.

⑨ 임대료와 이자는 명시적 비용과 잠재적 비용 양쪽에 나타날 수 있다.

⑩ 생산자가 무수히 많더라도 그 생산자들이 협회를 만들어 시장가격에 영향을 미치면 그 시장은 완전경쟁시장이 아니다.

⑪ 가격이 상승하면 손익분기점과 생산중단점도 상승한다.

⑫ 단기에 손익분기점과 조업중단점이 다른 것은 고정비용이 존재하기 때문이다.

⑬ 기업가의 잠재적 비용은 실제로 지출하는 비용은 아니고 단기에 고정비용으로 분류된다.

⑭ 가변요소의 가격이 상승하면 평균가변비용, 총가변비용, 총비용이 모두 상승한다.

⑮ 기업이 생산을 중단하면 매기당 들어가는 비용과 매기당 손실은 총고정비용이다.

⑯ 한계비용을 더해 나가면 총가변비용이 된다.

⑰ 노동량이 감소할 때 노동의 한계생산물이 더 크게 증가할수록 한계비용곡선의 기울기는 커진다.

⑱ 잠재적 비용에서 회계적 이윤을 빼면 경제적 이윤을 얻는다.

⑲ 생산요소든 생산물이든 관계없이 수요곡선이 오른쪽으로 이동하면 수요의 증가, 공급곡선이 오른쪽으로 이동하면 공급의 증가라 한다.

5 수요·공급의 이론과 자원배분 및 소득분배

"앵무새도 '수요'와 '공급' 두 말을 배우면 경제학박사가 될 수 있다." — 無名氏

"Talk is cheap. Supply exceeds demand." — Jokes about economists and economics

"지옥으로 가는 길은 선의로 포장되어 있다(The road to hell is paved with good intentions.)." — 서양 속담

"수요·공급의 이론을 무시하는 정책은 아무리 선량한 의도를 가지고 있더라도 으레 기대한 효과와는 동떨어지는 엉뚱한 폐해를 낳는다." — 경제학의 지혜

[개요]

제3장에서 배운 생산물의 시장수요곡선과 제4장에서 배운 시장공급곡선이 만나 생산물의 시장가격과 거래량이 결정된다. 제3장에서 배운 생산요소의 시장공급곡선과 제4장에서 배운 시장수요곡선이 만나 생산요소의 시장가격과 거래량이 결정된다. 이처럼 모든 재화와 서비스, 그리고 생산요소가 자유시장기구에서 시장수요와 공급에 의해 자유롭게 거래되면 자원배분이 효율적이다. 이러한 수요 · 공급의 이론을 이용하여 여러 가지 경제현상을 조리 있게 설명할 수 있다.

주요 학습사항

◎ 수요 · 공급의 변동과 시장가격의 결정

◎ 소득분배의 한계생산력이론이란?

◎ 생산성 향상이 자원배분에 미치는 효과는?

◎ 경쟁시장이 자원배분의 효율성을 이루는 이유는?

◎ 노동시장의 유연성이 필요한 이유는?

◎ 농산물이 주기적인 가격파동을 일으키는 이유는?

◎ 세금이 자원배분을 왜곡시킨다고 말하는 이유는?

◎ 탄력성과 조세의 귀착 간의 관계는?

◎ 최고가격제의 효과와 문제점은?

◎ 최저가격제의 문제점과 보완 방법은?

1. 시장수요 · 공급곡선과 가격의 결정

제3장과 제4장에서 개별 생산물의 시장수요곡선과 시장공급곡선, 그리고 개별 생산요소의 시장공급곡선과 시장수요곡선을 각각 도출하였다. 각 생산물과 생산요소의 시장이 경쟁시장이면 시장수요곡선과 시장공급곡선이 서로 만나는 점에서 해당 생산물이나 생산요소의 가격과 거래량이 결정된다. 그리하여 제2장에서 설명한 바와 같이 무엇을 얼마나, 어떻게, 누구를 위하여 생산할 것인가 하는 기본적인 경제문제가 시장수요 · 공급에 의해 해결된다.

1.1 생산물 가격과 거래량의 결정

균형가격과 거래량의 결정

개별 소비자가 효용극대화를 위해 소비할 때 임의의 생산물에 대한 수요곡선이 우하향하는 것을 제3장에서 배웠다. 우하향하는 개별수요곡선들을 각각의 가격수준에서 수평으로 합하여 우하향의 시장수요곡선을 도출하였다.

개별 기업이 이윤극대화를 위해 생산물을 생산 · 판매할 때 임의의 생산물에 대한 공급곡선이 우상향하는 것을 제4장에서 배웠다. 우상향하는 개별공급곡선들을 각각의 가격수준에서 수평으로 합하여 우상향의 시장공급곡선을 도출하였다.

어떤 생산물에 대하여 이렇게 도출한 시장수요곡선과 시장공급곡선이 **그림 5-1**과 같다고 하자. 그림에서 가로축은 매기당 생산물 수량을 측정한다. 시장수요곡선은 각 가격수준에서 전체 소비자가 사고자 하는 매기당 생산물 수량을, 시장공급곡선은 각 가격수준에서 전체 기업이 팔고자 하는 매기당 생산물 수량을 나타낸다. 그러면 시장수요곡선과 시장공급곡선이 만나는 E점에 대응하여 시장가격은 P_E, 매기당 거래량은 Q_E로 결정된다. P_E를 균형가격, Q_E를 균형거래량이라 부른다.

균형(equilibrium)이란 일단 도달하면 다른 상태로 바뀔 유인이 없어 그대로 유지되는 상태를 말한다.

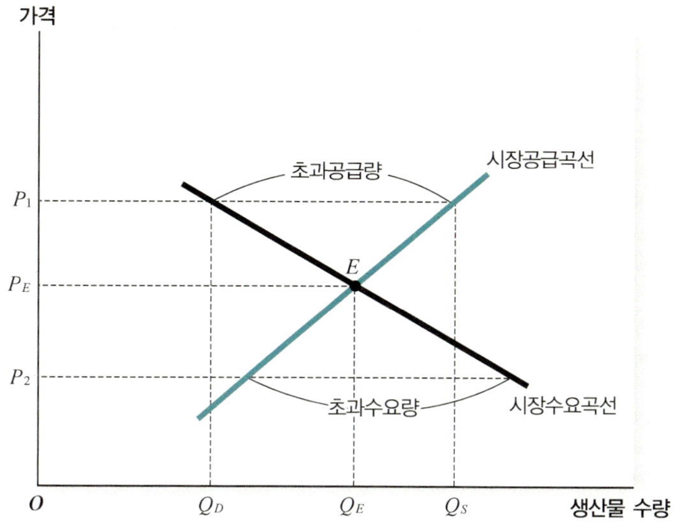

그림 5-1

생산물 가격과 거래량의 결정

생산물의 시장가격과 거래량은 그 생산물의 시장수요곡선과 시장공급곡선이 만나는 점에서 결정된다.

균형이란 개념은 물리학에서 빌려 왔다. 평면이 아주 고른 방바닥에 물 한 그릇을 엎질렀다고 하자. 잠시 부산한 운동이 있고 난 후 엎질러진 물은 정지상태에 들어간다. 그리고 더 이상의 충격이 없는 한 그 상태는 계속된다. 이 경우 물은 균형(상태)에 있다고 말한다. 이와 똑같은 맥락에서 **그림 5-1**의 E점은 시장의 균형상태 혹은 균형점을 나타낸다.

시장가격이 P_E일 때 매기당 모든 소비자가 사고자 하는 생산물 수량과 모든 기업이 팔고자 하는 생산물 수량은 Q_E로 똑같다. 따라서 P_E 가격으로 소비자들이 사고 싶어하는 수량을 모두 살 수 있고, 기업들은 팔고 싶어하는 수량을 모두 팔 수 있다. 소비자들과 기업들이 모두 만족하기 때문에 다른 가격으로 바뀔 유인이 없어 그 가격이 그대로 유지된다(달리 말하면 P_E 가격으로 모든 소비자는 효용극대화 수량을 사고 모든 기업은 이윤극대화 수량을 팔게 되어 모든 시장참여자가 만족하기 때문에 그 가격이 그대로 유지된다). 따라서 P_E가 균형가격인 것이다. P_E가 균형가격인 한 거래량이 Q_E에서 다른 수준으로 바뀔 유인이 없기 때문에 Q_E는 균형거래량이다.

초과공급과 초과수요

시장가격이 P_E가 아니라 P_1이라고 하자. 그러면 이 가격으로 매기당 소비자들이 사고자 하는 수량은 Q_D인 데 반하여 기업들이 팔고자 하는 수량은 Q_S이다. 자유시장에서는 소비자들이 Q_D만큼만 사고 싶어할 때 그 이상을 사도록 강제할 어떤 수단도 없다. 시장가격이 P_1에 있는 한 시장거래량은 Q_D이다. 기업들은 매기당 Q_S만큼 팔고 싶지만 Q_D밖에 안 팔려 $Q_D Q_S$만큼의 원하지 않는 재고를 갖게 된다. 이 $Q_D Q_S$를 **초과공급량** 혹은 **초과공급**(excess supply)이라 한다. 초과공급(량)이란 소비자들의 수요량을 초과하는 기업들의 공급량을 말한다. 초과공급은 물자 과잉을 뜻한다.

매기당 초과공급이 발생하면 기업이 원하지 않는 재고가 쌓이게 된다. 따라서 기업들 간에 할인판매를 실시하여 과잉 재고를 처분하기 위한 경쟁이 일어난다. 그 결과 시장가격이 P_1에 유지되지 않고 하락하게 된다. P_1으로 Q_D보다 많게 사도록 강제할 수단은 없지만 P_1보다 가격을 낮추어 수요량이 늘어나게 유도할 수는 있는 것이다. 따라서 P_1은 그 가격이 그대로 유지되지 않기 때문에 균형가격이 아니다. 가격이 하락하면 소비자들은 종전보다 많이 사려고 하는 반면 기업들은 종전보다 적게 팔려고 한다. 수요량의 증가와 공급량의 감소가 이중으로 작용하여 초과공급이 축소한다. 초과공급이 축소하더라도 양(陽)인 한 시장가격은 계속 하락 압력을 받게 된다.

같은 논리로 시장가격이 P_E보다 낮은 P_2이면 시장수요량이 시장공급량을 초과하여 **초과수요량** 또는 **초과수요**(excess demand)가 발생한다. 초과수요는 물자 부족을 뜻한다. 시장에 초과수요가 있을 때에는 일부 소비자들이 사고 싶어하는 수량만큼 사지 못하고 어떤 소비자들은 전혀 사지 못하는 수도 있다. 이 경우 P_2보다 웃돈을 주고서 사려는 소비자들이 출현하기 때문에 소비자들 간의 경쟁에 의해 시장가격이 오르기 시작한다. 따라서 P_2는 균형가격이 아니다. 가격이 오름에 따라 소비자들은 종전보다 적게 사고자 하고 기업들은 많이 팔고자 하기 때문에 초과수요는 줄어든다. 그러나 초과수요가 양인 한 시장가격은 계속 상승 압력을 받게 된다.

요약컨대 제1장에서 경제학의 주요 원리 중 하나로 든 것처럼 시장은 균형을 향하여 움직인다. 일단 균형에 도달하면 더 이상 다른 상태로 움직이지 않는다. 시장은 자유로운 경쟁을 통해 가격이 균형가격으로 움직이고 균형가격에 머무른다. **그림 5-1**에서 P_E가 균형가격이다.

수요 · 공급의 이론

수요 · 공급의 이론은 현실 시장에서 관측되는 시장 가격과 거래량을 시장수요곡선과 시장공급곡선의 교차로(즉, 균형가격과 균형거래량으로) 설명하는 이론이다.

우리나라에서 대부분의 농산물은 경쟁시장에서 거래되고 있다고 말할 수 있다. 2021년 11월 중순에 서울 전통시장에서 거래되는 일반미 1포(8kg)의 평균가격은 24,000원, 토마토 한 상자(5kg)의 평균가격은 18,000원이다. 수요 · 공급의 이론에 의하면 쌀의 시장수요곡선과 시장공급곡선이 포당 24,000원에서 교차한다. 토마토의 경우 시장수요곡선과 시장공급곡선이 18,000원에서 교차한다.

현실의 경쟁시장에서 관측되는 시장가격은 **그림 5-1**의 P_E와 같은 균형가격이 아니라 P_1이나 P_2처럼 불균형가격일 수도 있다. 그러나 불균형가격은 오래 지속되지 않고 곧 균형가격 수준으로 복귀한다. 수요 · 공급의 이론은 현실의 시장가격이 바로 균형가격이라고 본다. 시장가격이 변하면 이는 수요곡선이나 공급곡선이 이동함으로써 균형가격이 변한 것으로 해석한다.

1.2 생산물 가격과 거래량의 변동

현실 시장의 가격과 거래량은 시간이 흘러감에 따라 변하게 마련이다. 어떤 상품은 가격이 오르고 거래량이 증가하는가 하면 다른 상품은 가격이 내리고 거래량이 감소한다. 또 다른 상품은 가격과 거래량이 정반대로 변하는가 하면 어느 한쪽만 변하기도 한다. 이러한 다양한 현실 상황을 어떻게 설명할 것인가? 수요 · 공급의 이론에 의하면 이러한 다양한 상황은 시장수요곡선과 시장공급곡선 중 최소한 어느 한 곡선이 이동하여 균형점이 바뀐 것으로 설명한다.

수요가 증가하면 가격이 오르고 거래량이 늘어난다

공급은 일정한데 수요가 증가한다고 하자. 그러면 시장공급곡선은 그대로 있고 시장수요곡선은 오른쪽으로 이동한다.

그림 5-2에서 최초의 균형점은 시장수요곡선 D_0와 시장공급곡선 S_0가 만나는 E_0인데 수요가 증가하여 시장수요곡선이 D_1으로 이동한다고 하자. 새로운 수요곡선

그림 5-2

수요의 변동

생산물 수요가 증가하면 생산물 가격이 상승하고 거래량이 증가한다. 수요가 감소하면 가격이 하락하고 거래량이 감소한다.

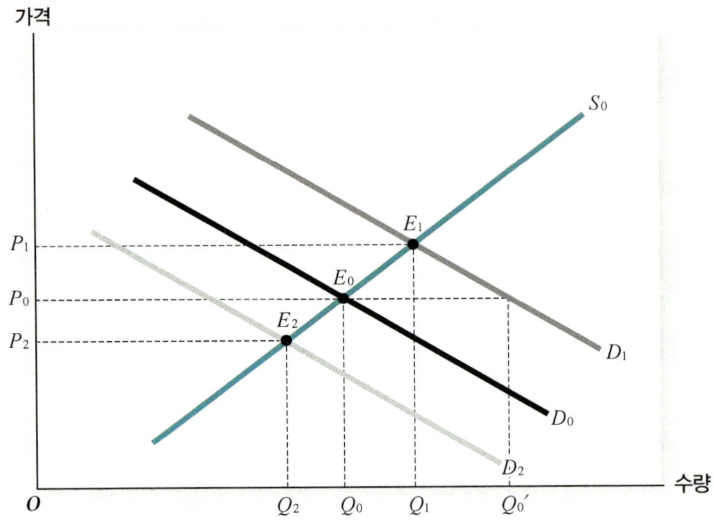

D_1에서 P_0는 더 이상 균형가격이 아니다. P_0의 가격에서는 Q_0Q_0' 만큼의 초과수요가 존재하기 때문이다. 초과수요가 존재하면 앞에서 본 것처럼 소비자들 간의 경쟁으로 가격이 오르게 마련이다. 새로운 균형가격은 초과수요가 해소되는 P_1이다. 이 가격수준에서 매기당 거래량은 Q_1이다. 새로운 균형점이 E_1인 것이다.

최초의 균형점 E_0와 비교해 볼 때 새로운 균형점 E_1에서는 가격이 오르고 거래량이 증가한 것을 알 수 있다. 공급이 일정한데 수요가 증가하면 가격이 상승하고 거래량이 증가하는 것이다.

제3장에서 ① 정상재인 경우 소비자의 소득이 증가할 때, ② 소비자의 선호가 유리하게 변할 때, ③ 소비 면에서 대체재의 가격이 오르거나 보완재의 가격이 내릴 때, ④ 해당 상품의 가격이 앞으로 오르리라고 예상될 때, ⑤ 소비자의 재산이 증가할 때, ⑥ 소비자의 수가 늘어날 때 등에 수요가 증가한다는 것을 배웠다. 이 중 어느 한 가지만 발생하더라도 그 상품의 가격은 오르고 거래량은 늘어난다.

반대로 공급이 일정한 상태에서 수요가 감소하는 경우 수요곡선이 왼쪽으로 이동하여 그 상품의 가격이 떨어지고 거래량이 감소한다. **그림 5-2**에서 수요가 감소하여 수요곡선이 D_0에서 D_2로 이동하면 균형점이 E_0에서 E_2로 이동한다. 이에 따라 가격은 P_0에서 P_2로 떨어지고 거래량은 Q_0에서 Q_2로 감소한다.

그림 5-3

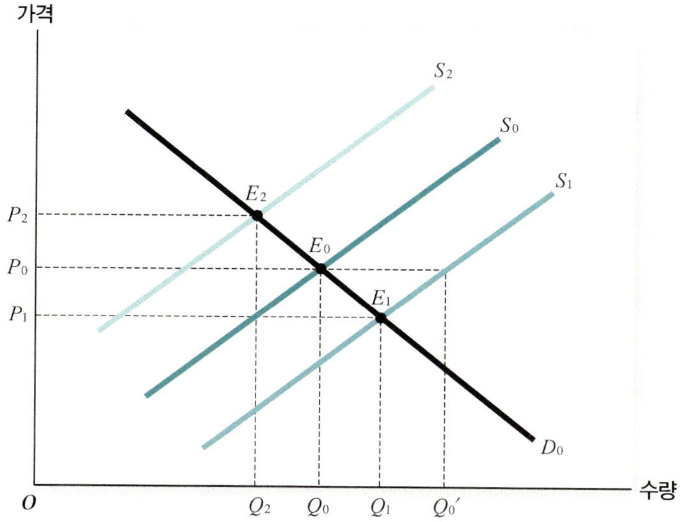

공급의 변동
생산물 공급이 증가하면 생산물 가격이 하락하고 거래량이 증가한다. 공급이 감소하면 가격이 상승하고 거래량이 감소한다.

공급이 증가하면 가격이 내리고 거래량이 늘어난다

수요는 일정한데 공급이 증가한다면 **그림 5-3**에서 보는 바와 같이 수요곡선은 그대로 있고 공급곡선이 S_0에서 오른쪽으로, 예컨대 S_1으로 이동한다. 그 결과 균형점이 E_0에서 E_1으로 이동하여 가격은 P_1으로 떨어지고 거래량은 Q_1으로 늘어난다.

제4장에서 ① 생산기술이 진보할 때, ② 생산요소 가격이 떨어질 때, ③ 기업이 파는 상품에 매기는 세금이 줄어들 때나 정부가 기업에 주는 생산보조금이 늘어날 때, ④ 해당 상품의 가격이 앞으로 떨어질 것이라고 예상될 때, ⑤ 기업의 수가 늘어날 때 등에 공급이 증가한다는 것을 배웠다. 이 중 어느 한 가지만 발생해도 해당 상품의 가격이 떨어지고 거래량은 늘어나는 것이다.

수요가 일정한 상태에서 공급이 감소하면 공급곡선이 왼쪽으로 이동하여 그 상품의 가격이 오르고 거래량은 줄어든다. 그림에서 공급곡선이 S_0에서 S_2로 이동하면 균형점이 E_0에서 E_2로 이동하여 가격은 P_0에서 P_2로 오르고 거래량은 Q_0에서 Q_2로 감소한다.

그림 5-4

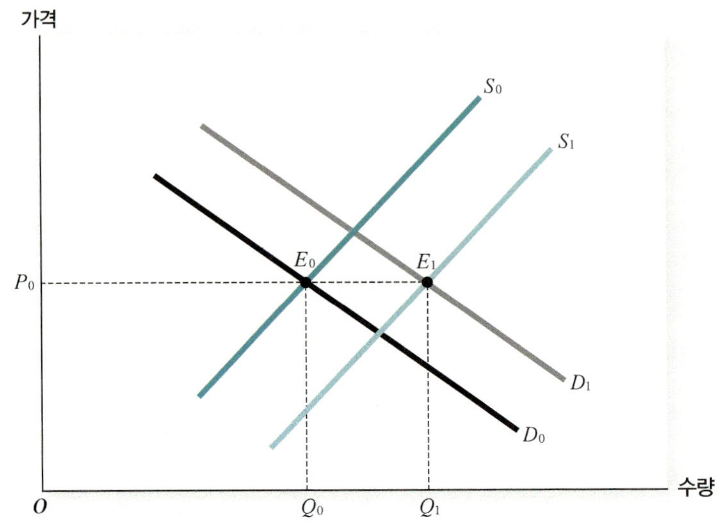

수요와 공급의 변동
생산물 수요와 공급이 같이 증가하면 어느 한쪽만 증가할 때보다 생산물 거래량은 많이 증가한다. 생산물 가격은 어느 쪽이 더 많이 증가하느냐에 따라 달라진다.

수요와 공급이 같이 증가하면 가격의 변동 방향은 확실치 않은 반면 거래량은 확실히 늘어난다

어떤 상품에 대한 수요가 증가하면서 공급도 같이 증가하는 경우 그 상품에 대한 시장수요곡선과 시장공급곡선이 모두 오른쪽으로 이동한다. 그 결과 거래량은 어느 한 곡선만 오른쪽으로 이동하는 경우보다 더 많이 증가한다. 이는 **그림 5-4**에서 쉽게 확인할 수 있다. 반면에 시장가격은 어떻게 변할지 미리 알 수 없다.

그림 5-4는 시장가격이 불변인 경우를 보여주고 있다. 수요곡선이 D_1으로 이동했을 때 공급곡선이 S_1보다 더 오른쪽으로 이동하면 가격이 떨어질 것이다. S_1보다 적게 이동하면 가격은 오를 것이다. 수요와 공급 중 어느 쪽이 상대적으로 더 많이 증가하느냐에 따라 가격의 방향이 결정된다.

같은 논리로 수요와 공급이 같이 감소하면 가격의 변동 방향은 확실치 않고 거래량은 어느 한쪽만이 감소할 때보다 더 많이 감소한다.

1.3 생산요소 가격과 거래량의 결정 : 소득분배

개별 소비자가 효용극대화를 목표로 노동–여가시간을 배분할 때 임금이 올라

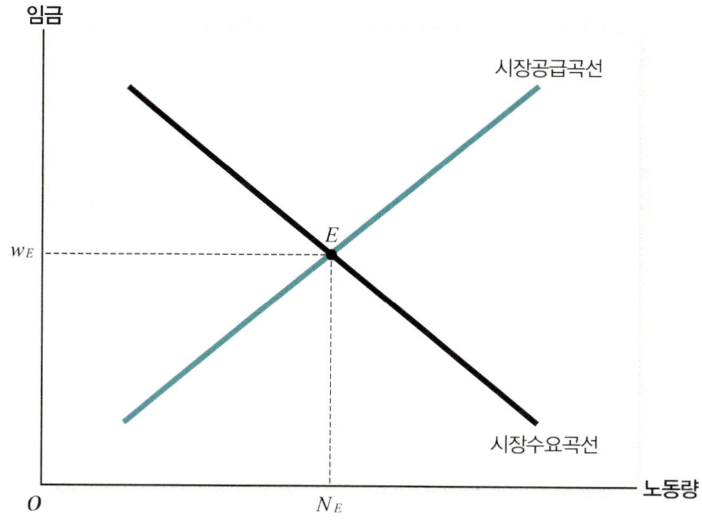

그림 5-5

임금과 고용량의 결정

임금(= 노동의 가격)과 고용량은 노동시장에서 노동의 시장공급곡선과 시장수요곡선이 만나는 점에서 결정된다.

가면 여가시간을 줄이고 노동시간을 늘린다는 것, 즉 노동공급곡선이 우상향하는 것을 제3장에서 배웠다. 우상향하는 근로자의 노동공급곡선들을 각각의 임금수준에서 수평으로 합하여 우상향의 시장노동공급곡선을 도출하였다.

개별 기업이 이윤극대화를 목표로 노동을 고용할 때 노동에 대한 수요곡선이 우하향하는 것을 제4장에서 배웠다. 우하향하는 개별 기업의 노동수요곡선들을 각각의 임금수준에서 수평으로 합하여 우하향의 시장노동수요곡선을 도출하였다.

노동시장과 임금소득

어떤 노동에 대해 이렇게 도출한 시장공급곡선과 시장수요곡선이 **그림 5-5**와 같다고 하자. 그러면 앞에서 생산물시장에 관하여 설명한 것과 똑같은 방법으로 노동의 시장공급곡선과 시장수요곡선이 만나는 E에 대응하여 균형시장임금은 w_E, 매기당 균형고용량은 N_E가 된다. 해당 노동 서비스를 제공하는 근로자 전체의 임금소득은 노동 1단위당 임금 w_E에 고용량 N_E를 곱한 면적 $Ow_E EN_E$로 표시된다. 요소시장의 균형을 알면 해당 요소소유자 전체가 받는 소득 규모를 알 수 있는 것이다.

토지, 자본 등 다른 생산요소와 대부자금의 시장가격과 거래량도 노동과 마찬가지로 해당 요소의 시장공급곡선과 시장수요곡선이 만나는 점에서 결정된다.

앞 장의 식 (4-22)에서 기업의 이윤극대화 노동고용조건은 노동의 한계생산물가치(VMP_N)가 임금(w)과 같아지는 수준까지 고용한다는 것이었다. 이 노동고용조건이 충족되어야 하기 때문에 N_E단위째 노동이 기업 수입에 기여하는 몫, 즉 한계생산물가치가 시장임금 w_E와 같아야 한다. N_E보다 적은 노동 각 단위가 기업 수입에 기여하는 몫은 더 클 것이다. 그러나 그 노동 각 단위도 N_E단위째 노동의 한계생산물가치 w_E만큼만 보수를 받는다.

이윤을 극대화하는 기업의 요소고용조건식 (4-22)는 모든 생산요소가 장기에 그 요소의 한계생산물가치(고용되는 그 요소의 마지막 단위가 기업에 안겨주는 추가수입)만큼 보수를 받는다는 것을 보여주고 있다. 이처럼

> 노동, 토지, 자본 등 각 생산요소가 마지막으로 고용되는 요소 단위의 한계생산물가치만큼 각각 보수를 받으면 전 생산액이 과부족 없이 딱 맞아떨어진다. 이것을 **소득분배의 한계생산력이론**(marginal productivity theory of income distribution)이라 한다.[1)]

시장경제가 제시하는 소득분배 방안은 각 생산요소에게 그 요소의 마지막 단위가 창출하는 가치만큼 보상해 주라는 것이다.

어느 생산요소에 대한 수요, 공급 혹은 쌍방이 변동할 때 그 요소가격과 요소거래량에 미치는 효과에 관한 분석은 앞에서 다룬 생산물의 경우와 똑같다.

경쟁시장에서는 가격을 중심으로 경제주체들이 자유롭게 활동하는 가운데 자원배분과 소득분배가 자동적으로 이루어지므로 경쟁시장을 **자유시장기구**라고도 부른다.

1.4 시장경제와 소비자주권

자본주의경제에서는 전시(戰時)와 천재지변이 발생한 경우를 빼고는 소비자들이 생활필수품이 부족하여 슈퍼마켓 앞에서 줄을 서서 기다리거나 배급을 받는 일이 거의 없다. 그러나 사회주의경제에서는 많은 생필품이 부족하여 가게 앞에서 장

1) 소득분배의 한계생산력이론이 성립하기 위해서는 해당 산업이 규모에 대한 보수 불변이어야 한다는 가정이 필요하다. 규모에 대한 보수 불변이 아니면 각 요소에 한계생산물가치만큼 보상해 줄 때 요소지불액의 합계가 생산액을 초과하거나 생산액에 미달하게 된다. 각국의 실증분석 결과에 의하면 제조업은 대체적으로 규모에 대한 보수 불변을 보이는 것으로 나타난다. 소득분배의 한계생산력이론이 주류경제학의 소득분배이론으로 자리 잡고 있는 것은 이 때문이다.

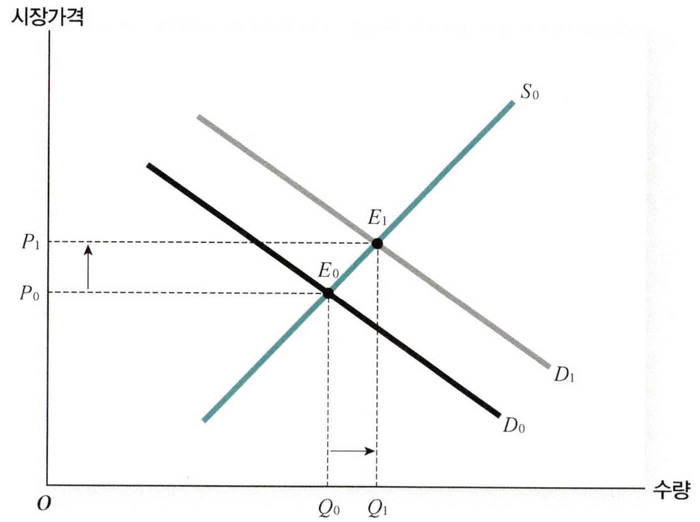

그림 5-6

소비자선호 증가의 효과

소비자선호가 증가하면 수요가 증가하여 가격이 상승하고 거래량이 증가한다.

사진을 이루고 줄을 서서 기다리거나 원하는 수량보다 적게 배급받는 일이 일상사로 되어 왔다. 어떤 줄이든지 일단 서 보는 것이 상책이라는 농담까지 있었다. 이러한 차이는 자본주의사회가 시장경제 하에서 소비자선호가 존중되는 데 반하여 사회주의사회는 계획경제 하에서 소비자선호가 제대로 반영되지 않은 데에서 나온다.

> 희소한 자원의 배분에 소비자의 선호가 존중되고 반영되는 현상을 **소비자주권**(consumer's sovereignty)이라고 부른다.

시장경제가 지배하는 자본주의사회를 흔히 소비자주권의 사회라고 부른다. 이렇게 부르는 이유는 앞 절에서 이미 간접적으로 설명하였다. 소비자의 선호가 유리하게 변하면 그 상품에 대한 시장수요곡선이 오른쪽으로 이동하여 그 상품의 거래량이 늘고 가격이 오르는 것이다. **그림 5-6**에서 소비자선호가 유리하게 변하여 수요곡선이 D_0에서 D_1으로 이동한다고 하자. 그러면 사람들이 종전보다 더 즐겨 찾으므로 종전가격 P_0에서는 초과수요, 즉 물자 부족 현상이 발생한다. 이에 웃돈을 주고서라도 소비하고자 하는 소비자들의 경쟁으로 가격이 오른다. 가격이 오르기 때문에 기업은 주어진 공급곡선을 따라 종전보다 더 많이 그 상품을 공급하게 된다.

그리하여 소비자들이 종전보다 더 찾는 상품들은 거래량이 늘고 가격이 오르는 것이다. 반대로 소비자들이 종전보다 덜 찾는 상품들은 시장수요곡선이 왼쪽으로 이동하여 거래량이 줄고 가격이 내린다.

쇠고기와 돼지고기 등의 육류가 성인병을 일으키는 고혈압식품이고, 야채와 해산물이 건강식품이라는 인식이 소비자들 사이에 번지게 된다고 하자. 그러면 쇠고기와 돼지고기의 수요가 줄고 육류의 가격이 떨어진다. 반면에 야채와 해산물의 수요가 증가하여 이들 식품의 가격이 오르고 거래량이 증가한다. 같은 야채라도 무공해 농산물에 대한 수요가 늘면 일반 야채보다 무공해 야채의 가격이 높아지고 거래량이 늘어난다. 소비자들이 즐겨 찾는 상품의 거래량이 늘어난다는 것은 이 상품 생산에 종전보다 많은 자원이 배분된다는 것을 뜻한다. 생산자들은 수요가 늘어나는

읽을/생각할 거리 5-1

소비자주권과 소비자보호

소비자주권은 시장에서 소비자들이 화폐라는 투표용지를 가지고 자기들이 좋아하는 상품에 자유롭게 '투표'하는 권리를 바탕에 깔고 있다. 기업들이 '득표'하지 못하면 망한다. 따라서 손님을 왕처럼 모시는 것은 당연하다. 그러나 현실 세계에서 소비자는 기업들이 내세우는 것처럼 왕이나 신으로 모셔지는 소비자주권의 주체가 아니라 기업의 횡포로부터 보호받아야 할 소비자보호의 대상에 머물러 있는 경우가 많다. 이는 개별 소비자가 기업 제품에 관한 속성을 기업만큼 잘 알 수 없다는 정보의 비대칭성과 생산기업에 비해 사회적 약자라는 데에 기인한다. 1962년에 미국은 ① 안전할 권리, ② 알 권리, ③ 선택할 권리, ④ 보상받을 권리를 소비자의 네 가지 기본 권리로 규정하였다. 제품을 안전하게 소비하고 제품에 관한 올바른 정보를 제공받으며, 제품을 자유롭게 선택할 수 있고 소비과정에서 피해가 있을 때 온전하게 보상받는 것이 소비자의 기본 권리라는 것이다. ①, ②, ④를 위해 미국을 효시로 하여 주요국은 제조물 책임법(Product Liability)을 제정하여 시행하고 있다. **제조물 책임법**은 제조물의 결함으로 인하여 재산상이나 신체상의 피해를 입은 소비자가 제조업자를 상대로 손해배상청구를 할 수 있게 하는 법이다. 우리나라도 2002년 7월부터 제조물 책임법을 시행하고 있다.

오늘날 선진 각국은 위 네 가지 기본 원리에 ⑤ 쾌적한 환경에서 소비할 권리, ⑥ 단체를 조직하고 활동할 권리, ⑦ 의견을 반영할 권리, ⑧ 제품 사용법을 교육받을 권리를 합쳐 소비자의 8대 권리로 규정하고 이를 보호하기 위해 노력하고 있다. 우리나라에서는 정부기관인 한국소비자원과 각종 민간 소비자단체가 소비자를 보호하고 소비자 권익을 제고시키는 업무에 종사하고 있다. 2008년 미국 금융위기 이후 금융회사를 이용하는 소비자(금융소비자)를 보호하는 것이 긴요해짐에 따라 2012년에 비영리법인인 금융소비자원(Financial Consumer Agency)이 설립되었다.

그림 5-7

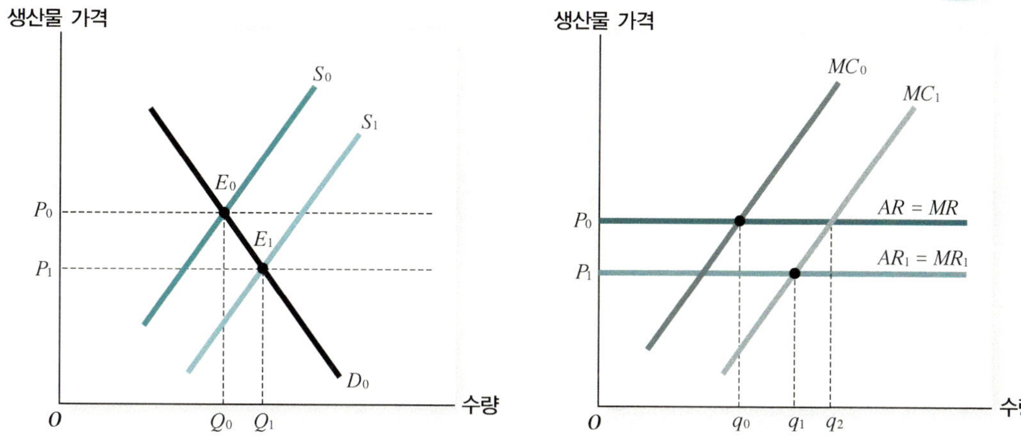

(a) 시장

(b) 개별 기업

생산성 향상과 공급 증가

생산성이 향상되면 기업의 한계비용곡선이 아래로 이동하고 시장공급곡선이 오른쪽으로 이동하여 가격이 하락하고 거래량이 증가한다.

상품의 가격이 오름으로써 이 상품을 생산하는 것이 수요가 줄어드는 상품을 생산하는 것보다 수지가 맞는다는 신호를 받는다. 시장경제에서는 이처럼 소비자의 선호가 생산에 자연스럽게 반영된다.

1.5 생산성 향상과 자원배분

기업들은 노동생산성(=노동의 평균생산물)을 향상시키기 위하여 여러모로 노력을 경주한다. 노동생산성을 향상시키는 방안은 여러 가지가 있다. 그중 몇 가지를 들면 다음과 같다.

① 기술혁신을 통하여 생산기술을 향상시키면 똑같은 노동량으로도 종전보다 많은 생산량을 얻을 수 있다.

② 노동과 결합되는 자본량이 증가하면 노동생산성이 증가한다. 따라서 자본량을 증가시키는 투자를 한다.

③ 교육 · 직업훈련 등을 통해 노동의 질을 향상시킨다.

④ 노사화합을 이루고 노동의욕을 고취시킨다.

노동생산성이 향상되면 생산비용이 절감된다. 같은 노동으로 종전보다 많이 생산할 수 있으므로 제품 생산에 따르는 평균비용과 한계비용이 낮아지는 것이다. 이에 따라 개별 기업의 생산물공급곡선이 오른쪽으로 이동하여 이윤을 극대로 하는 생산량이 늘어난다.

그림 5-7에서 최초의 시장공급곡선은 S_0, 시장수요곡선은 D_0이어서 시장가격이 P_0라 하자. 개별 기업은 이 P_0를 주어진 그대로 받아들여 이윤극대화조건 $P=MC$를 만족시키는 q_0를 공급한다. 개별 기업의 공급량 q_0를 모든 기업에 대하여 합하면 시장거래량 Q_0와 같다.

이제 생산성 향상으로 개별 기업의 한계비용이 낮아져 한계비용곡선이 MC_0에서 MC_1으로 이동한다고 하자. 개별 기업의 (평균가변비용을 상회하는) 우상향하는 한계비용곡선은 그 기업의 공급곡선이므로 개별 기업들의 공급곡선이 오른쪽으로 이동함에 따라 시장공급곡선도 오른쪽으로 이동한다. 시장공급곡선이 S_1으로 이동하면 새 시장가격은 P_1, 거래량은 Q_1이다. 새 가격 P_1에서 대표기업은 $P=MC$를 만족시키는 q_1을 매기에 공급한다. 개별 기업의 새 공급량 q_1을 모두 합한 것이 시장거래량 Q_1이다. 노동생산성이 향상되면 가격이 떨어지고 거래량이 증가하는 것이다.

종전보다 싼 값으로 많이 소비할 수 있으니까 소비자의 후생은 다음 절에서 보는 바와 같이 높아진다. 기업은 기업대로 P_0에서 P_1으로 떨어질 때까지 시장가격이 새로운 한계비용보다 높으므로 생산을 증가시킴에 따라 이윤이 증가한다. 기업들이 기술혁신과 시설투자 등을 통하여 생산성 향상, 원가절감을 적극적으로 도모하는 것은 이 때문이다.

임금의 지나친 상승은 기업의 한계비용곡선과 시장공급곡선을 대폭 상방 이동시켜 생산물 가격을 크게 상승시키고 거래량을 감소시킨다. 각국 정부가 노동조합의 과도한 임금인상 요구를 자제해 주도록 호소하는 것은 이러한 부작용을 막기 위해서이다.

1.6 시장경제와 자원배분의 효율성

지금까지 설명한 수요 · 공급의 이론으로 사회의 기본적인 경제문제인 무엇을 얼마나, 어떻게, 누구를 위하여 생산할 것인가가 시장경제에서 어떻게 해결되는가를 설명할 수 있다. 이는 이미 제2장에서 다루었다. 여기에서는 시장경제에서 이루어지는 자원배분이 효율적이라는 것을 설명하기로 한다.

그림 5-7에서 보는 것처럼 경쟁시장에서는 시장가격(P)이 그 제품의 한계비용(MC)과 같다. 이 $P = MC$가 시장경제의 자원배분 면에서의 효율성을 나타낸다. 왜 그럴까?

시장가격은 소비자가 해당 상품을 한 단위 더 소비하기 위하여 지불할 용의가 있는 화폐액(수요가격)을 나타낸다. 한계비용은 생산자가 그 상품을 한 단위 더 생산하기 위하여 치러야 하는 화폐액(기회비용)을 나타낸다. 따라서 시장가격과 한계비용이 같다는 것은 시장에서 거래되는 상품의 마지막 단위에 대하여 소비자가 기꺼이 지불하고자 하는 가격이 그 마지막 단위를 생산하는 데 들어가는 기회비용과 일치한다는 것을 뜻한다. 만약 시장가격이 한계비용보다 크다면 그 상품을 더 생산하는 것이 사회적으로 바람직하다. 그 상품을 더 생산하는 데 소요되는 자원은 다른 용도로 사용될 때보다 더 큰 가치를 생산하기 때문이다. 시장가격보다 한계비용이 크면 그 상품을 적게 생산하는 것이 사회적으로 바람직하다. 그 상품을 적게 생산함으로써 절약되는 자원은 다른 최상의 용도에 사용될 때 더 큰 가치를 생산하기 때문이다. 시장가격이 한계비용과 같을 때 더 이상의 생산 조정이 필요하지 않다. 나아가 각 상품의 시장가격은 해당 상품의 시장수요곡선과 시장공급곡선이 만나는 점에서 결정되기 때문에 매매에 참여하는 소비자들의 효용을 극대화시키고 기업들의 이윤을 극대화시킨다. 따라서 경제 내에 주어진 자원으로 모든 경제주체들이 최대의 효과를 보고 있기 때문에 제1장에서 정의한 바와 같이 자원배분이 효율적이다.

시장가격이 한계비용과 같은 것을 **한계비용가격설정**(marginal cost pricing)이라 한다. 경제 내에 있는 모든 산업에서 모든 재화와 서비스에 대하여 한계비용가격설정이 이루어질 때 그 경제의 자원배분이 효율적이다.

애덤 스미스가 칭송한 '보이지 않는 손'은 경제의 모든 부문이 경쟁시장인 이런 상황을 묘사한 것이다. 개발도상국에서는 스미스의 말대로 사익을 추구하는 가운데 공익도 저절로 증진되는 것이 아니라 사익과 공익이 충돌하는 경우가 흔하다. 스미스가 강조한 사익은 타인을 해치지 않고 타인의 **도덕적 동감**(moral sympathy)을 얻는 범위 안에서의 건전한 사익을 뜻한다. 그러나 개발도상국에서는 그렇지 않은 경우가 흔한 것이다. 공정한 자유경쟁의 기본 틀이 갖추어지지 않은 채 돈과 권력을 가진 자들이 서로 결탁하여 수단 · 방법을 가리지 않고 이익을 탐함으로써 엄청난 빈부 격차가 생기는 경우가 많다. 1980년대까지 제3세계에서 시장경제를 부정하고 계획경제를 주장하는 이른바 **정치경제학**이 각광을 받은 것은 이 때문이다. 계획경제가 신기루라는 것이 밝혀진 오늘날 제3세계에서는 경제개혁이 국가적 과제로 등장하였다. 이는 공정한 자유경쟁의 틀을 세워 시장경제가 발휘하는 자원배분의 효율성을 얻기 위한 것이다.

2. 수요 · 공급의 이론의 응용

Navigator @ Economics, ch. five

이 절에서는 수요 · 공급의 이론을 응용하여 여러 가지 경제현상과 이에 관련된 개념들을 설명하기로 한다.

2.1 소비자잉여와 생산자잉여

어떤 상품이 시장에서 거래되면 그 거래에 참여한 소비자와 생산자 양쪽이 해당 상품이 거래되지 않을 때에 비해 혜택을 받는다.

소비자잉여

소비자가 어떤 상품을 소비함으로써 소비하지 않을 때와 비교하여 얼마만큼 혜택을 받는가를 보여주는 개념이 소비자잉여이다.

소비자가 어떤 상품을 소비하기 위하여 지불할 용의가 있는 가격과 실제로 지불한 가격과의 차액을 **소비자잉여**(consumer's surplus)라 한다.[2)]

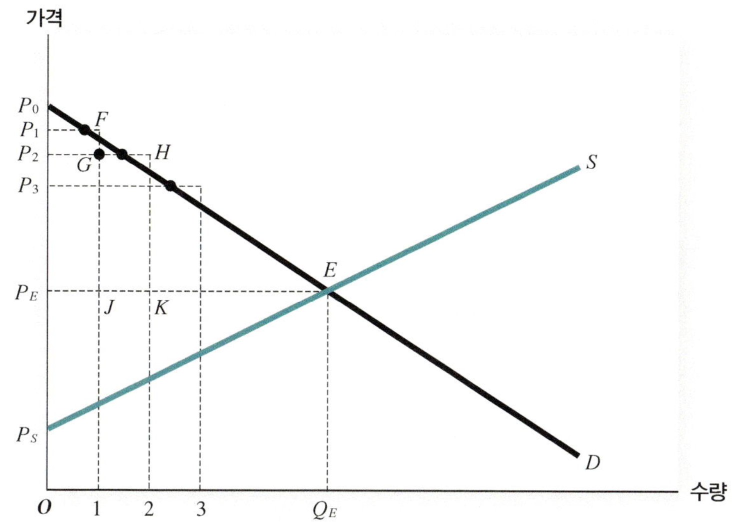

그림 5-8

소비자잉여와 생산자잉여 한 생산물의 시장거래량이 Q_E라면 전체 소비자의 이득은 삼각형 면적 P_0P_EE의 소비자잉여로, 전체 생산자의 이득은 삼각형 면적 P_EP_SE의 생산자잉여로 표시된다.

제3장에서 설명한 것처럼 수요곡선은 소비자가 상품을 구입할 때 상품 각 단위에 대하여 지불해도 좋다고 생각하는 최고가격, 즉 수요가격을 표시해 준다. **그림 5-8**에서 소비자는 P_E의 가격으로 해당 상품을 Q_E만큼 구입하고 이때 전체 소비자가 지출한 금액은 $OP_E \times OQ_E$, 즉 사각형 면적 OP_EEQ_E가 된다.

그런데 시장수요곡선을 보면 최초의 1단위를 구입하기 위하여 어떤 소비자가 지불할 용의가 있는 수요가격은 P_1이다. 시장에 상품 1단위만 나와 있을 때 이 1단위를 P_1 혹은 면적 OP_1F1까지 지불하고 사려는 소비자가 있다는 것을 수요곡선이 보여준다. 마찬가지로 이 상품이 2단위 시장에 공급되었을 때, 2단위째 상품을 $P_2 = 1GH2$까지 지불하고 사고자 하는 소비자가 있다. 그런데 이처럼 높은 가격을 치르고 살 용의가 있는 소비자들도 시장가격 P_E만 치르면 된다. P_E를 초과하여 수요가격까지 치를 필요가 없는 것이다. 따라서 첫 번째 단위를 산 소비자는 $P_1P_E = P_1P_EJF$만큼, 두 번째 단위를 산 소비자는 $P_2P_E = GJKH$만큼의 이득을 본다.

위와 같은 논의를 되풀이하면 Q_E 단위를 얻기 위하여 전체 소비자가 지불해도

2) 소비자잉여는 개별 소비자에 대해 정의할 수도 있고 전체 소비자에 대해 정의할 수도 있다. 한 상품에서 얻는 개별 소비자의 소비자잉여를 모두 더하면 전체 소비자의 소비자잉여가 된다. 아래에서 설명하는 생산자잉여의 경우에도 마찬가지이다.

좋다고 생각하는 금액은 대략 면적 OP_0EQ_E로 표시된다. 그런데 전체 소비자가 Q_E를 얻는 데 실제로 지불한 금액은 OP_EEQ_E이다. 수요가격의 총계 OP_0EQ_E에서 실제로 지불한 금액 OP_EEQ_E를 뺀 면적 P_0P_EE가 소비자잉여이다.

물건을 사겠다는 사람은 많고 물건 수량은 아주 적을 때 값을 제일 많이 부르는 사람에게 파는 것을 경매(auction)라 한다. 상품을 한 단위씩 경매방식으로 판다면 상품 각 단위가 가장 높은 수요가격으로 팔리게 되어 소비자잉여가 0이 된다. 재생산이 불가능한 골동품은 경매방식으로 팔린다. 그러나 재생산이 가능한 일반 상품의 경우 공급자와 공급 수량이 많기 때문에 경매방식으로 팔리지 않고 시장수요곡선과 시장공급곡선이 만나는 가격에서 획일적으로 거래된다.

소비자잉여는 상품을 한 단위보다 많이 구입하면서 수요가격이 다를 때 발생하는 보편적 현상이다. 수요의 법칙에 반하여 시장수요곡선이 수평이라면 수요가격이 시장가격과 같게 되어 소비자잉여가 발생하지 않는다. 수요의 법칙이 성립하는 현실 세계에서 시장은 그 상품에 한 가지 가격만 성립하게 함으로써 소비자들로 하여금 그 상품에 지불해야 하는 가격보다 많은 가치를 얻을 수 있게 한다. 수요곡선이 주어져 있을 때 가격이 낮을수록 소비자잉여는 커진다.

생산자잉여

소비자잉여에 대한 정의를 원용하여 생산자잉여를 정의할 수 있다.

> 생산자가 어떤 상품을 판매하여 얻는 실제수입과 생산자가 그 상품을 판매하여 꼭 얻어야 되겠다고 생각한 수입과의 차액을 생산자잉여(producer's surplus)라 한다.

시장공급곡선을 이용하여 생산자잉여를 설명하여 보자. **그림 5-8**의 균형점 E에서 생산자는 P_E의 가격으로 해당 상품을 Q_E만큼 판매하고 전체 생산자가 얻는 실제수입은 OP_EEQ_E가 된다. 제4장에서 설명한 바와 같이 공급곡선은 생산자가 상품을 판매할 때 상품 각 단위에 대하여 꼭 받아야겠다고 생각하는 최저가격, 즉 공급가격을 표시한다. 전체 생산자가 Q_E단위를 판매하여 꼭 얻어야겠다고 생각하는 최저수준의 수입은 대략 면적 OP_SEQ_E로 표시된다. 이를 전체 생산자가 얻는 실제수입 OP_EEQ_E로부터 뺀 면적 P_EP_SE가 생산자잉여이다.

총잉여와 시장경제의 효율성

어떤 상품이 시장에서 거래됨으로써 사회구성원들은 얼마만큼 혜택을 볼까? **그림 5-8**에서 상품을 Q_E만큼 소비함으로써 전체 소비자는 P_0P_EE만큼의 소비자잉여를 누린다. Q_E만큼 생산함으로써 전체 생산자는 P_EP_SE만큼의 생산자잉여를 누린다. 따라서 소비자와 생산자를 합친 사회 전체로는 P_0P_SE만큼의 혜택을 누린다. 전체 소비자잉여와 생산자잉여를 합쳐 **총잉여**(total surplus) 혹은 **사회후생**(social welfare)이라 한다. 해당 상품을 전혀 생산하지 않는 것보다 매기당 Q_E만큼 생산함으로써 사회 전체로는 총잉여만큼 혜택을 누리는 것이다.

물론 P_0P_SE로 표시되는 총잉여가 일반 소비자와 생산자에게 골고루 돌아가는 것은 아니다. 앞의 설명에서 알 수 있듯이 해당 상품을 소비하지도 않고 생산하지도 않는 경제주체에게는 이 상품 생산이 하등의 혜택을 가져다주지 않는다. 이 상품을 소비하는 사람이라도 수요가격이 꼭 P_E인 마지막 소비자에게는 하등의 혜택이 없다. 마찬가지로 공급가격이 꼭 P_E인 마지막 공급자에게도 하등의 혜택이 없다. 자유시장기구는 분배의 형평과는 별 관계가 없다는 것을 앞에서 설명하였다.

그림 5-8에서 상품을 Q_E만큼 생산할 때 여러 가지의 자원이 필요하고 따라서 비용이 들어간다. 독자들은 이 자원과 비용을 다른 요긴한 상품의 생산에 사용하면 사회적으로 더 높은 혜택을 누릴 수도 있지 않을까 하는 의문을 가질 것이다. 이 의문은 공급곡선이 바로 한계비용곡선이며 한계비용은 기회비용 개념이라는 것, 그리고 한계비용을 합쳐 나가면 총가변비용이 된다는 것을 상기하면 풀린다. 해당 상품을 Q_E만큼 생산하는 대신 Q_E 생산에 사용된 생산요소들을 다른 최선의 대안에 사용했을 경우 만들어내는 가치는 OP_SEQ_E로 표시된다. 사람들이 해당 상품을 Q_E만큼 소비하는 데 지불할 용의가 있는 가치는 OP_0EQ_E이다. 사람들이 해당 상품 소비를 위해 지불할 용의가 있는 가치 OP_0EQ_E에서 해당 상품 생산으로 희생되는 가치 OP_SEQ_E를 뺀 나머지 P_0P_SE가 해당 상품 생산으로 사회가 혜택을 보는 가치를 나타내는 것이다.

위 논의에서 시장경제가 효율적인 이유를 다시 확인할 수 있다. 시장가격이 P_E이면 수요가격이 P_E 이상인 소비자만 제품을 소비하고, 공급가격이 P_E 이하인 생산자만 제품을 생산한다. 제품의 가치를 P_E보다 낮게 평가하는 소비자는 제품을 소비하지 않는다. 제품 생산의 한계비용이 P_E보다 큰 생산자는 제품을 생산할 수 없다. 시장경제는 기업들이 가급적 제품을 싸게 생산하도록 규율하고, 생산된 제품을 높게 평가하는 소비자들에게 배분하여 총잉여를 최대로 높이기 때문에 효율적인 자원 배분을 낳는다.

생산요소의 경우 : 경제지대와 이전수입

지금까지 소비자잉여와 생산자잉여의 개념을 재화나 서비스와 같은 생산물을 중심으로 살펴보았다. 노동 · 토지 · 자본과 같은 생산요소의 경우에도 같은 개념을 사용할 수 있을까?

생산요소시장에서는 기업이 수요자로, 가계가 공급자로 나타난다. 생산물시장과는 기업과 가계의 역할이 뒤바뀔 뿐 분석 방법은 기본적으로 마찬가지이다. **그림 5-8**이 생산요소시장을 나타내고 해당 요소를 가계가 모두 공급한다면 P_0P_EE가 요소수요자(=기업)잉여가 되고 P_EP_SE가 요소공급자(=가계)잉여가 된다.

생산요소의 경우 가계잉여 P_EP_SE를 **경제지대**(economic rent)라고 부른다. 요소공급자의 총소득은 요소 거래량×요소 가격=면적 OP_EEQ_E이다. 이 총소득은 경제지대 P_EP_SE와 나머지 소득 OP_SEQ_E로 구성된다. 나머지 소득 OP_SEQ_E를 이전수입이라 한다. 한 생산요소가 현재의 용도에서 다른 용도로 이전하지 않기 위해 받아야 하는 보수를 그 요소의 **이전수입**(transfer earnings)이라 부른다.

한 생산요소가 그 요소의 공급가격도 못 받으면 다른 용도로 옮겨갈 것이다. 따라서 요소 각 단위의 공급가격을 합친 OP_SEQ_E가 그 요소의 이전수입이다. 경제지대는 이전수입을 초과해서 요소에게 지불되는 보수이다. 요소의 소유자에게 그 요소의 기회비용만큼만 지불한 금액이 이전수입이고, 기회비용 이상으로 지불한 금액이 경제지대인 것이다.

2.2 농산물 가격파동

농산물 가격과 축산물 가격은 흔히 심한 기복을 보인다. 특히 채소 · 과일 등은 가격 면에서 주기적인 파동을 겪다시피 한다. 최근 수년간 우리나라 배추와 무 등 채소는 한 해에 값이 좋으면 다음 해에 나빠지고 그 다음 해에는 다시 좋아지는 등 상승과 하락을 반복하였다. 배와 사과 등 과일은 흉작이거나 수출이 잘 되는 해는 값이 크게 오르고, 풍작이거나 수출이 안 되는 해는 값이 크게 떨어지는 현상을 보이고 있다. 소와 돼지 등 가축 가격도 새끼에서 성체로 클 때까지의 기간에 따라 1.5～4년

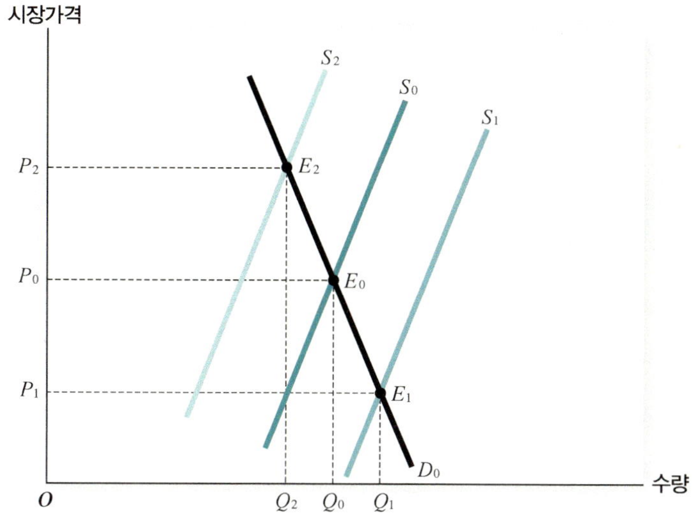

그림 **5-9**

농산물 가격파동
농산물 수요와 공급은 비탄력적이다. 이 때문에 풍작이면 가격이 폭락하고 흉작이면 가격이 폭등한다.

을 주기로 상승과 하락을 거듭하였다.

대부분의 농산물에 대한 수요와 공급은 (가격)비탄력적이다. 먼저 수요가 비탄력적인 것은 식량 · 채소 등의 가격이 비싸다고 해서 소비를 당장 종전보다 많이 줄일 수가 없고, 싸졌다고 해도 더 소비하는 데에는 한계가 있기 때문이다. 쌀값이 비싸졌다고 해서 쌀밥만 찾는 사람이 하루에 한 끼만 먹을 수는 없다. 반면에 쌀값이 싸졌다고 해서 하루에 네 끼 이상 쌀밥을 먹지는 않는다. 다른 농산물도 기본적으로 이러한 설명이 통용된다. 농산물의 공급이 비탄력적인 것은 공산품보다 대개 생산기간이 길고 보관이 어려우며 사람의 능력으로 어찌할 수 없는 기후에 의해 많은 영향을 받기 때문이다.

그림 5-9는 이처럼 비탄력적인 농산물의 수요곡선과 공급곡선을 표시하고 있다. 농산물의 수요곡선과 공급곡선의 기울기가 급하다는 것이 비탄력적인 수요와 공급을 나타낸다.

우선 어느 해 채소의 값이 그림 5-9에서 보는 바와 같이 수요 · 공급이 일치하는 E_0에 대응하여 P_0 수준으로 결정되었다고 하자. 만약 이 가격수준이 다른 농산물에 비하여 좋은 시세라면 농민들은 소득을 늘리기 위하여 다음 해에 채소를 더 많이 재배한다. 즉, 채소 시세가 좋으면 기왕에 채소를 재배하던 농민은 채소 재배면적을 늘리고, 또 이제까지 채소를 재배하지 않던 농민들도 채소를 새로 재배한다. 따라서 다음 해에는 채소의 공급이 종전보다 늘어나 공급곡선이 S_0에서 오른쪽으로, 예컨대 S_1으로 이동하게 된다. 그동안 수요가 변함이 없다면 수요곡선과 새로운 공급곡선이 E_1에서 교차하여 채솟값은 P_1으로 폭락한다.

수요가 비탄력적인 농산물시장에서 농산물이 풍작이면 시장기구에 그대로 맡기는 경우 농가소득은 오히려 감소한다. 예년의 농가소득이 $OP_0E_0Q_0$로 표시된다면 대풍 이후의 농가소득은 $OP_1E_1Q_1$으로 줄어드는 것이다.

현실 세계에서 농산물 가격파동은 **그림 5-9**에 표시한 것보다 훨씬 심각하게 일어난다. 채솟값이 나쁠 때는 채소를 수확하는 인건비도 안 빠질 정도로 채솟값이 폭락하여 채소 수확을 아예 포기해 버리는 농가가 많고, 시장에서 채소 거래가 아예 이루어지지 않는 경우도 흔하다. 이를 설명하기 위하여는 수요 · 공급의 이동 요인 가운데 하나인 경제주체들의 예상 요인을 고려해야 한다.

채소가 대풍이어서 가격 하락이 예상되면 채솟값이 더 떨어지기 전에 팔기 위해 농가가 서두르기 때문에 수확 즉시 공급이 늘어난다. 따라서 추수기의 공급곡선이 그림의 S_1보다 오른쪽으로 더 이동한다. 반면에 도매상 · 소매상과 소비자들은 가격 하락이 예상되므로 구입을 연기한다. 따라서 추수기의 수요곡선은 그림 5-9에서 원래의 수요곡선 D_0보다 왼쪽으로 이동한다. 그 결과 추수기의 수요곡선과 공급곡선은 서로 만나지 않고 가격이 심지어 0인 수준에서도 공급량이 수요량을 초과할 수 있다. 밭에서 농산물이 썩어나는 것은 이러한 상황으로 묘사된다.

만약 채소 시세가 형편없어 골머리를 앓았던 농부들이 다음 해에 채소 재배를 줄여 채소 공급이 평년작보다 적게 S_2로 이동한다면 다음 해에 채솟값은 P_2로 폭등할 것이다. 최근 수년간 배춧값의 시세가 한 해에 좋으면 다음 해에 나빠지고 그 다음 해에는 다시 좋아지는 등 상승과 하락을 반복하였는데 이는 그림 5-9의 틀로 잘 설명할 수 있는 것이다.

농산물시장이 경제학에서 다루는 경쟁시장에 제일 가까운 시장이지만 이처럼 농산물 수급의 특수성 때문에 가격이 불안정하고 따라서 농가소득도 불안정하다. 우리나라를 포함한 주요 선진국에서 농산물 가격의 폭락으로 인한 농가소득의 격감을 방지하기 위해 농산물가격지지제도와 농산물 수요 증대 · 공급 조절을 위한 다양한 시책들을 실시하는 것은 이 때문이다.

2.3 노동시장의 유연성 : 고용조정과 임금조정

우리나라가 경제위기를 맞은 이후 1998년부터 노동시장의 성격이 구조적으로 바뀌었다. 종전에는 기업이 아무리 어려워도 근로자에게 권고사직을 종용할 수는 있지만 근로자가 응하지 않을 경우에 해고할 수 없었다. 그러나 노동법이 개정되어 경영상의 긴박한 이유로 구조조정이 필요할 경우 기업이 근로자를 해고할 수 있게 되었다. 이를 정리해고라 한다.

노동시장과 기업경영의 상황에 따라 기업이 고용량과 임금을 신축적으로 조정할 수 있는 것을 **노동시장의 유연성**이라 부른다.

우리나라도 노동시장이 종전보다는 유연성을 갖게 되었다.

노동시장의 유연성은 시장경제원리를 노동시장에 적용하는 것과 다름없다. 한 제품시장이 최초에 **그림 5-10 (a)**의 E_0에 있다고 해보자. 그러면 개별 기업은 시장가격 P_0를 주어진 그대로 받아들여 이윤을 극대화시키는 생산량 q_0를 공급한다. 이 기업의 노동수요곡선은 우하향하는 노동의 한계생산물가치($MP_N \times P$)곡선이다. 생산물의 시장가격이 P_0이기 때문에 시장임금이 w_0로 주어져 있을 때 이 기업의 이윤극대화 고용량은 그림 5-10 (c)에서 N_0로 결정된다. 기업은 주어진 자본과 고용량 N_0를 결합하여 매기에 q_0만큼을 생산해 내는 것이다.

이제 이 제품산업이 사양산업이 되어 시장수요가 D_0에서 D_1으로 감소한다고 하자. 그러면 제품의 시장가격이 P_1으로 떨어지고 시장거래량도 줄어든다. 제품가격이 P_1으로 떨어지면 개별 기업의 생산량도 q_1으로 감소한다. 기업의 노동수요곡선은 아래쪽(왼쪽)으로 이동한다. 각각의 노동량 수준에서 노동의 한계생산물은 변함이 없지만 제품가격이 떨어져 노동의 한계생산물가치가 감소하기 때문이다.

이런 상황에서 이윤극대화를 추구하는 기업은 임금이 변하지 않을 경우 고용을 종전의 N_0에서 N_1으로 줄이려고 한다. 이것이 **고용조정**이다. 기업이 종전의 고용수준을 그대로 유지하게 하기 위해서는 임금이 w_1으로 낮아져야 한다. 이것이 **임금조정**이다. 기업이 이러한 고용조정이나 임금조정을 쉽게 할 수 있는 것이 노동시장의 유연성이다. 그렇지 못한 것이 노동시장의 경직성이다. 노동시장이 경직적이어서 제품가격이 떨어졌는데도 종전과 같은 임금(w_0)으로 같은 노동량(N_0)을 고용한다면

그림 5-10

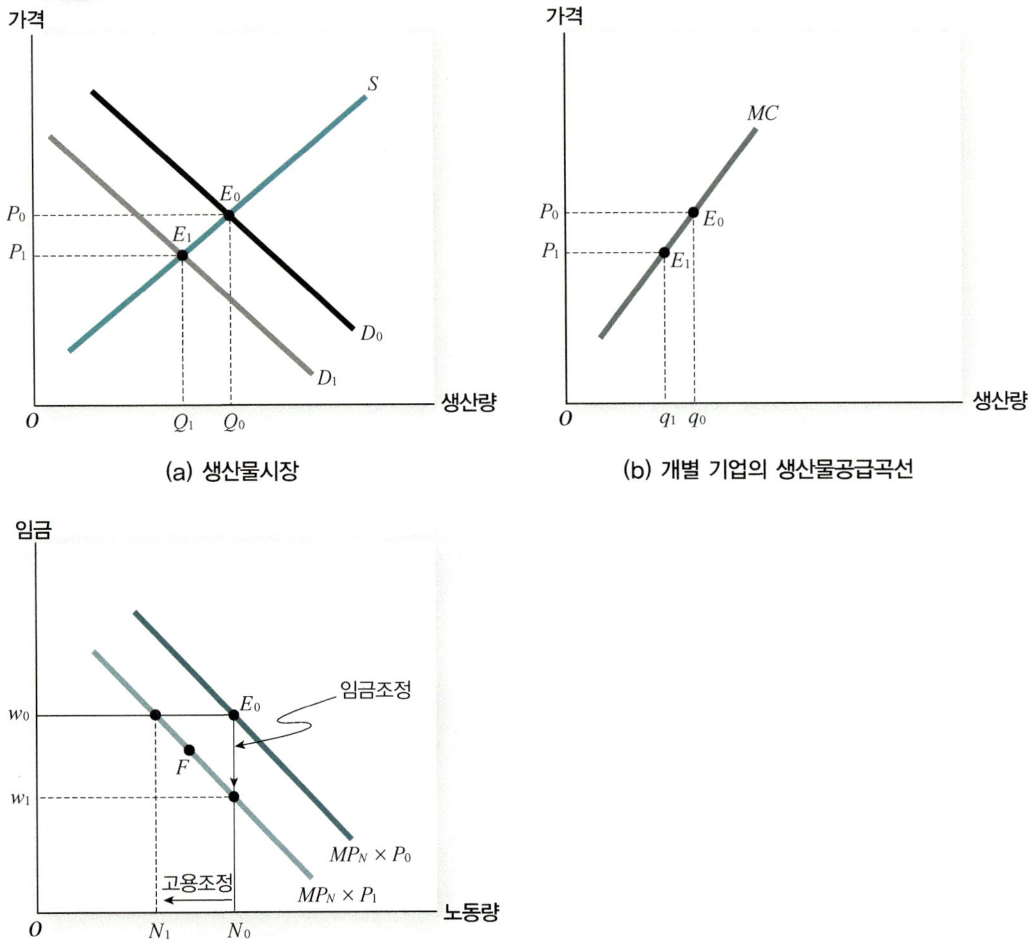

(a) 생산물시장

(b) 개별 기업의 생산물공급곡선

(c) 개별 기업의 노동수요곡선

고용조정과 임금조정

경기가 나빠 생산물 수요가 감소하면 생산물 가격이 하락하여 개별 기업의 노동수요곡선이 왼쪽으로 이동한다. 기업은 종전의 임금수준에서는 고용을 줄이고 종전의 고용수준에서는 임금을 낮추려고 한다. 이것이 가능한 것이 노동시장의 유연성이다.

임금이 노동의 한계생산물가치보다 커지게 된다. 이에 따라 기업은 이윤극대화를 이루지 못하고 기업의 경쟁력과 수익성이 떨어진다.

노동시장이 경직적이면 기업이 융통성 있게 인력을 조정할 수 없기 때문에 기업이 신규 인력을 채용하는 데에 신중을 기하게 마련이다. 신규 인력을 채용하더라도 정규직보다 비정규직을 채용한다. 임금조정이나 고용조정이 쉬운 노동시장의 유연성은 해당 노동자에게 당장에는 손해지만 취업과 재취업이 용이해지고 실업률이 낮아져 결국 전체 노동자를 이롭게 한다. 이는 제1장에서 경제학의 주요 원리로 소개한 '단기와 장기에 성과가 아주 다를 수 있다'의 한 가지 예이다. 부분이 참이라고 해서 전체도 반드시 참인 것은 아니라는 구성의 오류의 한 가지 예이기도 하다.

노동계는 으레 '정리해고와 비정규직 없는 세상'을 구호로 내건다. 그러나 그런 세상은 시장경제가 아니다. 정리해고와 비정규직은 모든 시장경제에 존재한다. 무분별한 정리해고, 비정규직에 대한 부당한 차별이 없도록 하는 것이 바람직한 접근 방법이다.

각국이 노동부문의 개혁을 추진한다고 말할 때 그 핵심 내용은 기업의 경영권을 보장하고 노동시장의 유연성을 높이는 것이다.

2.4 문재인 정부 시절 터무니없이 오른 집값

KB국민은행의 KB부동산에 따르면 2021년 8월 서울 아파트의 평균 매매가격은 11.8억원이었다. 문재인 정부가 출범한 2017년 5월의 6.1억원과 비교하면 94% 상승했다. 평(3.3m²)당 가격도 900만원에서 1,500만원으로 90%나 폭등했다. 문재인 정부가 25차례나 집값 안정을 위한 각종 정책을 쏟아냈는데도 아파트값이 걷잡을 수 없이 올랐다. '미친 집값', '벼락 거지'라는 말이 회자되었다. 집값이 걷잡을 수 없이 오르는데도 2030 청년 세대는 '영끌'(영혼을 끌어모아) 공포 매수(panic buying)에 나섰다. 가격이 오르는데도 수요량이 늘어났으니 얼핏 보면 수요의 법칙에 어긋나는 것 같다. 집 소유자는 집값이 엄청 오르는데도 집 공급량을 늘리지 않거나 오히려 줄임으로써 공급의 법칙에도 어긋나는 것처럼 보인다. 그러나 이를 수요의 법칙, 공급의 법칙에 안 맞는 행태라고 보는 건 잘못이다. 수요와 공급의 변화로 설명해야 한다.

2017년 5월부터 2021년 8월까지 4년여 동안 수도권 유입 인구와 가구가 늘고 소득이 늘어났다. 이에 따라 아파트 수요는 꾸준히 증가하였다. **그림 5-11**에서 2017년 5월의 서울 아파트 시장을 아파트 시장수요곡선과 시장공급곡선이 만나는 균형점 E_0로 묘사한다면 2021년 8월 서울 아파트 시장수요곡선은 새로운 수요곡선 D_1에 새로운 균형점 E_1'으로 나타낼 수 있다. 주택 수요의 증가로 수요곡선이 D_1으

그림 5-11

서울의 아파트 시장

문재인 정부 출범 때 서울 아파트 시장 상황을 E_0로 묘사한다면 4년 후는 E_1으로 묘사할 수 있다. 가구 수가 늘고 소득이 증가하며 좋은 집에 대한 선호가 커져서 아파트 수요가 D_1으로 대폭 증가하였다. 정부가 수요억제정책만 쓴 결과 앞으로 가격이 오를 것이라는 예상 요인이 작동하여 정부가 기대한 수요 감소는 일어나지 않고 공급 감소만 일어났다.

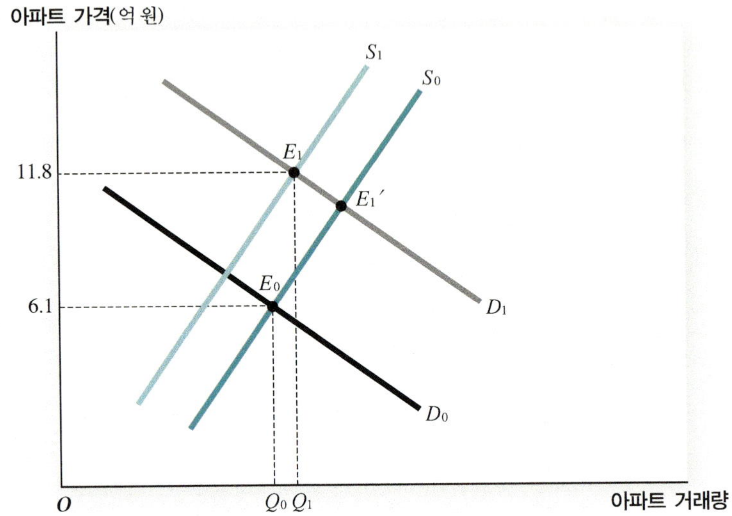

로 대폭 이동하였다.

정부는 처음에 아파트 공급은 충분하다고 공언하고 주택 수요 규제정책을 펼쳤다. 일부 자산가들과 다주택자의 부동산 투기 때문에 아파트 가격이 폭등한다고 규정하고 고가 아파트와 다주택 보유자에 고율의 재산세를 부과하였다. 주택 관련 대출을 어렵게 하고 집 보유세(재산세와 종합부동산세)와 집을 사고팔 때 내는 세금(취득세와 양도소득세)을 대폭 올렸다. 각종 수요 규제로 서울 아파트 시장수요곡선을 D_1에서 가급적 D_0로 이동시키고자 한 것이다.

아파트 보유세는 바로 올리고 양도소득세는 1년 안에 올릴 예정임을 공표함으로써 다주택자 매물이 쏟아져 나올 것이라고 정부는 장담했다. 시장공급곡선이 S_0에서 오른쪽으로 크게 이동할 것이라고 예측한 것이다. 서울, 특히 강남의 아파트 공급은 충분하다는 정부의 말은 현실과는 동떨어진 진단으로서 시장의 신뢰를 얻지 못했다. 이에 따라 고약한 예상 요인이 작동하기 시작했다. '공급 증가가 없으니 앞으로 집값은 오를 것이다, 오르기 전에 사는 것이 상책이다' 라는 예상 요인이 발동한 것이다. 이에 따라 시장수요곡선은 정부의 기대대로 왼쪽으로 이동하지 않고 오른쪽으로 이동하였다. 저성장-저수익 시대에 마땅한 투자 대상도 없는데 아파트값이 쌀 때 투자 삼아 사두자는 생각에 서울에 살지 않는 사람들도 새로운 수요자로 뛰어들어 아파트 수요자들의 수도 늘었다. 이에 아파트 수요가 대폭 증가하였다.

수요만 대폭 증가했다면 집값이 두 배 가까이 뛰는 폭등 사태는 일어나지 않았을 것이다. 설상가상으로 예상 요인은 공급의 대폭 감소로도 나타났다. 집값이 앞으로 오를 것이라는 예상은 아파트 공급자가 값이 더 오른 후에 파는 것이 낫다고 생각하게 만들어 팔려고 했던 매물을 거두어 들임('매물 잠김' 현상)으로써 시장공급곡선을 정부의 예측과는 정반대로 왼쪽으로 이동시켰다. 그 결과 그림 **그림 5-11**에서 새로운 수요곡선 D_1과 공급곡선 S_1이 되었다.

정부는 투기세력이 집값을 올리는 주범이라고 규정했는데 이는 모든 주택시장 참여자를 투기꾼으로 규정하는 것이다. 합리적인 경제주체는 당연히 자기 이익을 위하여 행동한다. 상품의 현재 가격은 물론 예상되는 미래 가격 동향을 감안하여 사고파는 결정을 하는 것이 자기 이익에 부합하는 행동이다. 이런 예상 기제를 무시하고 펼친 주택정책이 주택시장을 큰 혼란에 빠트린 주범이다. 정부가 아무리 좋은 의도를 갖고 있어도 수요 · 공급의 이론을 무시한 규제정책을 펴면 얼마나 참담하게 실패할 수 있는가를 보여주는 대표적인 사례이다.

전국 아파트의 평균 매매가격은 같은 기간 63% 올랐다. 지방 아파트 가격도 많이 올랐다는 이야기다. 서울 아파트와 지방 아파트는 대체재이다. 한 대체재의 가격이 오르면 대체관계에 있는 다른 재의 가격도 오른다고 하였다. 서울 아파트가 비싸니까 살 수 없는 사람들이 지방 아파트를 수요하게 되고, 이 수요의 증가가 지방 아파트 가격을 상승시킨다. 마찬가지 논리로 아파트와 단독주택, 빌라 등도 대체재다. 아파트 가격이 대폭 오르니까 대체 주거 형태의 가격도 크게 오르게 된다.

사람들은 아파트를 살 수도 있고 빌릴 수도 있다. 빌리면 전세나 월세를 내야 한다. 사는 것과 빌리는 것은 대체관계다. 매매가격이 오르면 아파트를 사는 대신 전월세를 들어 사는 수요가 증가하기 때문에 **그림 5-12**의 **(b)**처럼 임대아파트 수요곡선이 오른쪽으로 이동하여 전월세도 오른다. 전월세시장도 매매시장처럼 예상 요인 때문에 수요 증가, 공급 감소가 일어나 전월세가 오른다. 미친 집값은 미친 전셋값, 미친 월세를 초래하는 것이다.

정부는 뒤늦게야 신도시 개발을 통한 주택 공급정책을 내놓았다. 그러나 빵과 달리 주택은 즉시 공급되지 않고 완공될 때까지 몇 년 걸리기 때문에 당장 가격을 안정시키는 효과가 나오지 못했다. 몇 년 걸리더라도 소비자가 원하는 좋은 집들이 많이 나오리라는 전망이 확실하면 미래 집값이 하락할 것이라는 기대가 작용하여 현

그림 5-12

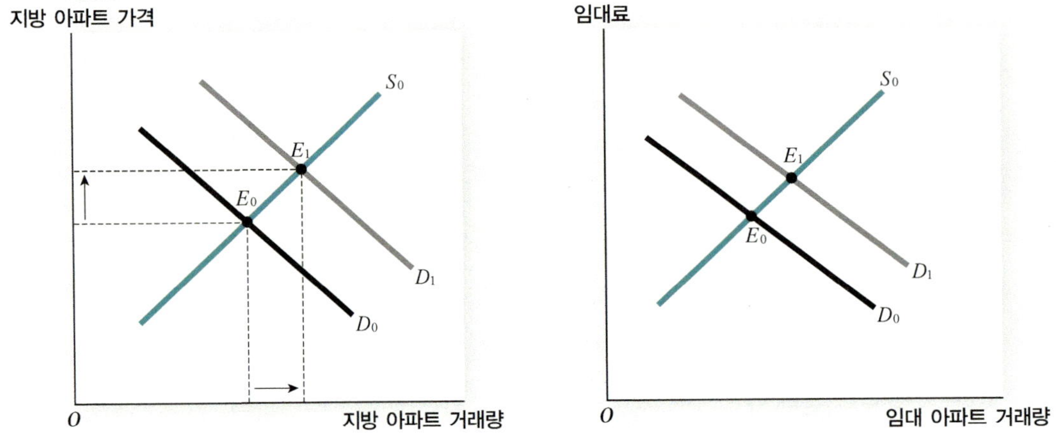

(a) 지방 아파트(혹은 단독주택, 빌라) 시장 (b) 임대 아파트 시장

서울 아파트와 대체관계에 있는 지방 아파트와 임대 아파트의 시장 동향

서울 아파트값이 오름에 따라 대체재인 지방 아파트, 단독주택 등에 대한 수요가 증가하여 이 주택들의 가격도 상승했다. 매매 아파트의 대체재인 임대 아파트도 수요가 증가하여 임대료가 상승했다.

재 집값 안정에 기여할 수 있다. 그러나 주택 수요자에게 이런 기대효과를 불러일으킬 만큼 아파트 공급 증가정책이 믿음직스럽지 못했다. LH 공사를 통한 공공 주도 개발로 주택 공급을 늘리겠다는 정부의 정책이 본격적인 공급정책이 되지 못한다고 여겨져 시장의 불신을 해소하지 못한 것이다. 2030세대가 영끌 공포 매수에 계속 나선 이유다.

2022년부터 집값은 가까스로 하락세로 돌아섰다. 정부의 서울 아파트 공급 증가정책이 가시화하고 집값이 그동안 지나치게 올라 앞으로 떨어지기 쉽다는 예상이 작용하여 아파트 공급곡선은 오른쪽, 수요곡선은 왼쪽으로 이동하기 시작한 때문이다. 서울 아파트값이 떨어지면 앞에서 값이 오를 때 본 것처럼 모든 집값 하락으로 연결된다. 집값이 떨어짐에 따라 그간 상환능력 이상으로 '영끌' 빚 내어 집 투자한 청년층은 크게 어려움을 겪게 될 것이다.

당초에 서울 강남의 아파트값이 터무니없이 오르는 것을 내버려 둘 수 없다는 '선량한' 정부의 의욕과 오만이 문제의 발단이었다. 실패한 노무현 정부의 주택정책을 고스란히 되풀이하면서 공급 증가 없이도 더 강하게 수요를 규제하면 된다고 잘못 생각하였다. 수요 · 공급의 이론을 아는 서구 선진국이 주택 공급정책도 없이 특정 지역의 집값을 잡겠다고 나서는 경우는 없다. 뉴욕이 맨해튼 집값을 잡겠다고 나서지 않는다.

2.5 위험시장

현실 사회에는 화재, 교통사고, 질병, 천재지변 등 온갖 종류의 위험이 존재한다. 사람들은 이런 위험을 가급적 회피하고자 한다. 위험을 회피하고자 하는 사람들의 욕구에 부응하여 시장경제에서는 위험 자체가 하나의 상품으로 거래되는 시장이 등장한다. 위험 혹은 위험회피 서비스가 거래되는 시장을 **위험시장**(market for risk)이라 한다. 위험시장의 대표적인 예로는 보험시장과 선물시장이 있다.

보험시장

뜻밖의 사고를 당하여 경제적 손실을 보는 것에 대비하기 위해 사람들이 살 수 있는 것이 손해보험이라는 서비스이다. 갑자기 사망하여 입게 될 경제적 손실에 대비하기 위해 사람들이 살 수 있는 것이 생명보험이라는 서비스이다. 손해보험이나 생명보험 서비스를 파는 경제주체는 보험회사이다. 보험 서비스의 가격을 **보험료**(insurance premium)라고 부른다.

보험 서비스를 사고판다는 것은 소비자가 평소에 보험료를 내고 보험회사는 해당 사고가 발생할 때 얼마를 지불해 주겠다고 약속하는 계약을 맺는다는 것이다. 해당 사고가 발생하지 않을 때에는 소비자는 아무런 보상도 받지 못하고 평소에 내는 보험료만 날린다. 그러나 사고가 일어났을 때에는 약정된 일정 금액(이를 **보험금**이라고 한다)을 보험회사로부터 받는다. 이처럼 소비자는 보험료를 지불함으로써 보험회사에 위험을 전가시키는 형식으로 위험을 회피할 수 있다.

보험회사가 위험을 인수할 수 있는 것은 통계학에 나오는 대수의 법칙(the law of large numbers) 때문이다. 동전을 단 한 번 던질 때에는 앞면이 나올지 뒷면이 나올지 알 수 없다. 그러나 동전을 100번 던지면 앞면과 뒷면이 거의 반반씩 나온다. 실험횟수가 많을수록 평균치에 가까운 결과가 나오는 것을 **대수의 법칙**이라 한다. 어느 한 집에 불이 날 확률은 잘 예측할 수 없다. 그러나 10만 채의 집에 불이 날 확률은 대수의 법칙에 의해 과거 경험을 바탕으로 잘 예측할 수 있다.

같은 조건의 보험상품을 공급하는 보험회사가 아주 많아 가격수용자로 행동한다면[3] 보험시장은 보험료를 세로축, 보험거래량을 가로축으로 하는 평면에서 보험서비스수요곡선과 보험서비스공급곡선으로 표시할 수 있다. 다른 조건이 일정할 때 보험료가 비쌀수록 보험회사는 더 많은 양의 보험 서비스를 공급하고 소비자는 더 적은 양의 보험 서비스를 수요한다. 따라서 보험 서비스의 시장공급곡선은 우상향하고 시장수요곡선은 우하향한다. 두 곡선이 만나는 수준에서 보험시장의 균형 보험료와 보험거래량이 결정된다.

대부분의 경제주체들은 온갖 위험에 대비해 보험에 들고 싶어하지만 현실 세계의 보험회사는 모든 위험에 대한 보험 서비스를 공급하지는 않는다. 예컨대 기업 제품에 대한 수요가 감소하면 제품가격이 하락하고 판매량이 감소하여 기업이 손해를 보기 때문에, 기업은 자기 제품에 대한 수요가 감소할 위험에 대비하여 보험을 들고 싶어할 것이다. 그러나 이런 파격적인 보험상품을 공급하는 보험회사는 없다. 그 이유는 크게 두 가지이다.

첫째, 일단 보험에 든 기업은 구태여 최선을 다해 제품수요 감소를 방지하려는 노력을 기울이지 않는다. 이처럼 보험 가입자가 사고를 방지하려는 유인이 떨어지는 현상을 **도덕적 해이**(moral hazard)라 한다.

둘째, 파격적인 보험상품을 공급하면 제품수요가 감소할 위험이 가장 큰 기업들이 우선적으로 보험에 들기 때문에 보험회사가 손해를 보게 된다. 이처럼 위험도가 커 보험금을 탈 가능성이 큰 사람들만 보험에 가입하게 되는 경향을 **역선택**(adverse selection)이라 한다.

보험시장은 위험을 회피하고자 하는 일반 사람들의 욕구를 충족시켜 주지만 도덕적 해이와 역선택 때문에 모든 위험을 피할 수 있게 해주지는 못한다.

---

3) 현실 세계에서는 보험회사가 가격수용자로 행동하는 것이 아니라 가격결정자로 행동한다. 이 경우에도 다음 장에서 배우는 바와 같이 수요 · 공급의 이론을 응용하여 분석할 수 있다.

읽을/생각할 거리 5-2

역선택과 도덕적 해이

앞에서 도덕적 해이와 역선택을 위험을 회피하려는 보험과 연관지어 설명하였다. 경제학에서는 이것들을 일반적으로 비대칭정보라는 틀에서 다룬다. **비대칭정보**란 한 쪽이 다른 쪽보다 우월한 정보를 갖고 있는 경우를 말한다. 현실 시장거래에는 비대칭정보가 흔하게 있다. 원래 중고차 주인은 차의 이력을 잘 알지만 사려는 사람은 잘 모른다. 취업 희망자는 회사보다 자기 능력을 더 잘 안다. 보험에 가입하는 사람은 보험회사보다 자기 건강상태에 대해 더 많이 안다.

중고차의 경우 구매자는 차종과 제작연도를 알 뿐 해당 차의 특성을 알지 못한다. 해당 차의 특성은 구매자에게 감추어져 있다. 따라서 구매자는 같은 제작연도와 차종의 평균 품질에 따라 가격을 지불하고자 한다. 그런데 평균 품질보다 좋은 중고차를 갖고 있는 사람은 그 가격에 팔려고 하지 않는다. 평균 품질보다 나쁜 불량차를 갖고 있는 사람만 그 가격에 팔려고 한다. 이에 따라 구매자는 불량차를 비싸게 사기 쉽다. 이처럼 '감추어진 특성이 있는 시장에서 바람직하지 않은 상대방과 거래할 가능성이 높은 현상'이 **역선택**이다. 이를 아는 소비자도 중고차 구매를 포기함으로써 중고차시장이 사라질 수 있다.

역선택의 문제를 완화하기 위해 우월한 정보를 가진 쪽이 자기의 감추어진 특성을 드러내는 것을 **신호 보내기**(signalling)라 한다. 중고차 중개상이 일정 기간 동안 차의 품질을 보장해 주는 것, 취업 희망자가 좋은 학점과 각종 자격증을 갖추는 것이 신호 보내기의 예이다. 정보가 부족한 쪽에서 할 수 있는 대표적인 것이 선별이다. **선별**(screening)이란 상대방의 감추어진 특성을 파악하려는 노력을 말한다. 믿을 만한 중고차 중개상을 찾아내는 일, 회사가 다양한 면접방식으로 취업 희망자들을 테스트하는 것이 선별의 예이다.

감추어진 특성이 역선택을 낳는다면 감추어진 행동이 도덕적 해이를 낳는다. '보험에 가입함으로써 가입 이전에 비해 사고예방을 위해 최선의 노력을 기울이지 않게 되는 성향'이 **도덕적 해이**이다. 보험회사에게 보험 가입자의 행동은 감추어져 있다. 보험분야에서 시작된 도덕적 해이의 문제는 전문화와 분업을 특징으로 하는 오늘날 많은 계약관계에서 발생하고 있다. 따라서 도덕적 해이를 '계약함으로써 계약하기 전에 기대했던 만큼 최선의 노력을 기울이지 않게 되는 성향'으로 폭넓게 정의할 수 있다. 계약을 통해 권한을 위임하는 쪽(주인)이 보험회사이고 위임받는 쪽(대리인)이 보험 가입자인 셈이다. 현실 세계에서 도덕적 해이의 문제 혹은 주인 · 대리인 문제는 상점 주인과 종업원, 기업의 주주와 전문경영자, 지주와 소작인, 국민과 공무원 사이에 폭넓게 발생하고 있다.

도덕적 해이의 문제를 완화하는 방법은 대리인이 최선의 노력을 기울이도록 유인을 제공하는 것이다. 보험의 경우 보험 가입자가 사고로 생긴 손해의 일부를 부담하게 하는 자기부담금제가 그 예이다. 상점 주인과 종업원, 주주와 전문경영자의 경우 종업원과 전문경영자에게 고정급여에 덧붙여 성과급을 주는 것이 또 다른 예이다.

현실 사회에서는 각 분야에 비대칭정보에 따른 역선택과 도덕적 해이의 문제가 많이 있다. 이 문제들을 잘 해결하는 일이 민주사회의 큰 숙제이다.

선물시장

본서에서 다루어 온 시장들은 거래계약이 이루어지는 즉시 대금과 상품이 교환되는 현물시장(spot market)이다. 그런데 가격과 거래량에 관한 계약은 현재 이루어지지만 대금 지불과 상품 인도는 미래에 이루어지는 특수한 시장이 있다. 이를 선물시장(futures market)이라 한다. 선물시장에서 이루어지는 거래를 선물거래라 한다. 선진국에서는 옥수수 · 보리 · 밀 · 콩 · 소 · 돼지 · 금 · 구리 등의 상품과 주식 · 채권 · 외화 등의 금융자산을 선물로 거래하고 있다.

농부는 추수기인 여름에 보리를 현물시장에서 팔 수도 있고 창고에 보관해 두었다가 겨울이나 내년 봄에 팔 수도 있다. 나중에 팔면 지금 파는 현물가격보다 비싸게 팔아 이득을 볼 수 있다. 그러나 보관비용도 빠지지 않게 손해를 볼 수도 있다. 이런 불확실성과 위험을 회피하고 싶은 농부는 선물시장에서 예컨대 오늘 일정한 가격에 보리를 팔고 창고에 보관해 두었다가 6개월 후에 약정한 가격을 받고 넘겨줄 수 있는 것이다. 이때 선물을 사는 사람을 투기자(speculator)라 부른다. 6개월 후의 시장가격이 현재 약정한 가격보다 높아지면 투기자는 산 가격보다 비싸게 팔 수 있어 이득을 본다. 그러나 6개월 후의 시장가격이 약정가격보다 낮아지면 투기자는 산 가격보다 싸게 팔아야 하기 때문에 손해를 본다. 이런 위험을 기꺼이 인수하는 투기자가 있기 때문에 선물시장이 존재한다.

농산물에 선물시장이 있으면 농부가 추수기에 현물로 공급하는 수량이 적어지기 때문에 추수기의 농산물 가격이 지나치게 낮아지는 것을 막는다. 또한 선물거래로 단경기(端境期)에 공급하는 물량이 많아지기 때문에 단경기의 농산물 가격이 지나치게 높아지는 것도 막는다. 투기자와 선물시장이 존재함으로써 추수기와 단경기 간의 가격 변동폭이 줄어드는 것이다.

우리나라에서는 1980년에 외화가 선물환이라는 이름으로 거래되면서 선물거래시대가 막을 열었다. 선물환이란 미래의 일정 시점에 특정 통화를 일정 환율로 사고팔 것을 약정하는 거래를 말한다. 이어 1996년에 주가지수 선물거래가 시작되었다. 주가지수 선물거래는 주식시장 전체의 시세 움직임을 나타내는 종합주가지수를 대상으로 이루어지는 선물거래이다. 만기 시 실제 종합주가지수가 거래 시 약정한 주가지수를 상회할 경우에는 선물매입자가 이익을 보고, 반대의 경우에는 선물매도자가 이익을 보는 구조이다. 1999년에는 금리, 환율, 금, 2008년에는 돼지고기에 대해서도 선물시장이 개설되었다.

선물(先物, futures)은 미래 특정 시점에 특정 가격으로 사고팔기로 약정하는 계약이다. 미래에 특정 가격으로 매입(call)하거나 매도(put)할 수 있는 권리를 사고파는 계약을 옵션(option)이라 한다. 옵션이 거래되는 시장을 옵션시장이라 한다. 시장경제에서는 상품을 사고파는 시장만 있는 것이 아니라 '상품을 사고팔 권리'를 사고파는 시장까지 있는데 이것이 옵션시장이다. 옵션시장도 위험시장의 한 예이다.

3. 정부의 시장 개입과 자원배분의 왜곡

Navigator @ Economics, ch. five

정부는 간접적으로 시장에 개입하거나 직접적으로 시장을 규제하여 시장가격과 거래량을 변경시킬 수 있다. 시장에서 유통되는 상품에 세금을 부과하는 것이 간접적인 개입의 예이다. 정부가 상품가격의 상한이나 하한을 정하는 것이 직접규제의 예이다. 이런 정부의 인위적인 개입은 비효율적인 자원배분을 낳는다.

3.1 세금 부과와 자원배분의 왜곡

우리가 소비하는 일상용품의 대부분에 세금이 부과된다. 이 세금을 소비세라 한다. 소비세가 부과되면 소비자가 실제로 지불하는 가격이 비싸지거나 생산자가 실제로 받는 가격이 싸진다. 따라서 수요나 공급이 줄어 시장거래 규모가 위축된다. 또한 부과된 소비세는 소비자와 생산자가 분담한다. 나아가 사회후생이 줄어들어 비효율적인 자원배분을 낳는다. 이를 수요 · 공급의 이론으로 설명하여 보자.

소비세와 조세의 귀착

소비세는 과세표준을 무엇으로 삼느냐에 따라 종가세(從價稅, ad valorem tax)와 종량세(從量稅, specific tax)로 구분한다. 종가세는 가격의 일정 비율을 세금으로 내는 것이고, 종량세는 팔리는 상품 한 단위마다 일정액의 세금을 내는 것이다. 종가세가 일반적이지만 종량세가 분석하기 편하다. 종량세가 소비자에게 부과되는 경우를 살펴보자.

자장면 한 그릇을 사 먹을 때마다 소비자가 100원의 세금을 따로 내게 하는 법안이 통과되었다고 하자. 이 법안이 자장면 소비자와 중국집 주인(판매자 = 생산자)에게 어떤 영향을 미칠까?

그림 5-13에서 소비세가 부과되기 이전의 자장면 시장수요곡선과 시장공급곡선이 각각 D_0와 S_0로 표시된다고 하자. 그러면 균형가격과 균형수급량은 각각 P_0, Q_0이다. 이제 자장면 한 그릇마다 소비세를 100원씩 소비자가 정부에 납부해야 한다. 시장수요곡선과 공급곡선은 어떻게 이동할 것인가? 먼저 시장공급곡선은 변동이 없을 것이다. 생산자들이 세금을 직접 납부하지 않으므로 시장공급곡선 S_0는 여전히 각각의 가격수준에 대응하여 생산자들이 팔고자 하는 수량을 나타낸다.

한편 시장수요곡선은 그대로 있지 않고 이동하는데, 구체적으로 종전의 수요곡선 D_0보다 모든 수요량 수준에서 아래로 정확하게 세금 부과액 100원씩 이동한다. 이를 이해하기 위해 수요곡선 상의 E_0점을 보자. 자장면에 소비세가 부과되기 이전에는 가격이 P_0일 때 소비자들은 Q_0만큼 소비하고자 했었다. 달리 말하면 소비자들이 Q_0만큼 소비하기 위한 수요가격(지불할 용의가 있는 최고가격)은 P_0였다. 이 P_0가 자장면을 한 그릇 사먹을 때 소비자들이 지불하는 가격이다. 그러나 100원의 소비세 부과로 소비자의 실제 지불액은 이제 시장가격보다 100원이 높아진다. 이 때문에 자장면 수요량을 Q_0 수준으로 유지하기 위해서는 수요가격이 종전보다 100원 낮은 G점으로 내려와야 한다. 새 수요가격 Q_0G에 세금 100원을 별도로 부담하면 당초의 수요가격 P_0와 일치한다. 같은 논리를 수요곡선 상의 모든 점에 적용하면 새로운 수요곡선은 종전의 수요곡선 D보다 모든 수요량 수준에서 세금 부과액 100원씩 아래로 이동한 D_1이 된다.

세금 부과 후의 새로운 균형점은 그림 5-13에서 E_1이고 새로운 균형가격은 P_S, 새로운 균형거래량은 Q_1이다. 세금 부과로 새로운 균형점에서 소비자들은 더 적게 소비하고 생산자들은 더 적게 팔기 때문에 자장면 시장의 규모가 축소된다.

한 상품에 세금을 매길 때 세금이 누군가의 부담으로 돌아가는 것을 조세의 귀착(tax incidence)이라고 한다. 자장면 한 그릇당 소비세 100원이 부과될 때 생산자와 소비자에게 얼마만큼 조세의 귀착이 발생하는가를 살펴보자. 이제 자장면 한 그릇의 시장가격은 P_S이므로 소비자가 자장면 한 그릇을 사 먹기 위해서는 시장가격 P_S에 세금을 더한 금액인 $P_S + 100 = P_B$를 내야 한다. 이는 종전의 P_0보다 P_0P_B만큼 더 높으므로 자장면 한 그릇당 소비자부담은 P_0P_B가 된다. 생산자는 종전의 P_0보다 낮은 P_S를 받으므로 P_0P_S만큼 생산자부담으로 귀착된다. 물론 소비자부담과 생산자

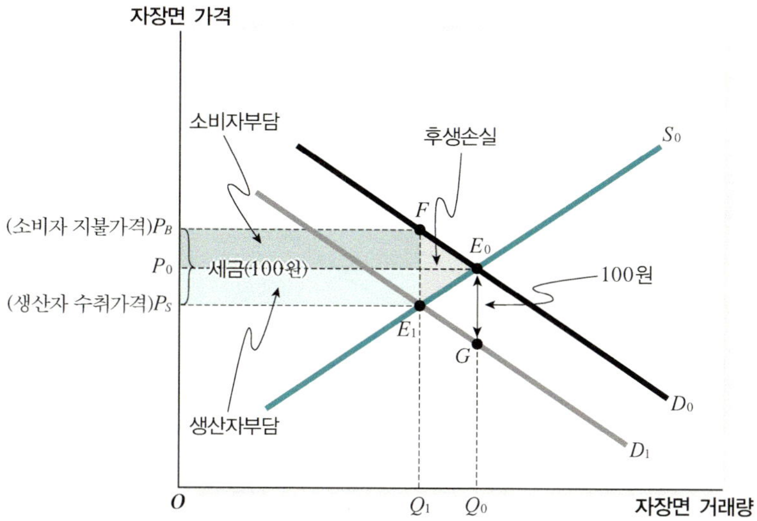

그림 5-13

소비세가 소비자에게 부과될 때의 효과

소비세가 소비자에게 따로 부과되면 시장수요곡선이 소비세만큼 아래로 이동하여 가격이 하락하고 거래량이 감소한다. 세금 납부까지 고려하면 소비자 지불가격은 종전보다 높아져서 생산자와 소비자가 함께 조세를 부담한다.

부담을 합하면 상품 한 단위당 세금 100원이 된다($P_0P_B + P_0P_S = P_BP_S = 100$원). 정부가 거두어들이는 세금은 $100 \times Q_1$이고 이는 $P_B P_S E_1 F$의 면적으로 표시된다. 이 세금 중 전체 소비자부담분과 전체 생산자부담분이 그림에 표시되어 있다.

소비세가 종량세가 아닌 종가세일 경우에도 분석이 좀 더 복잡할 뿐 거래량이 감소하고 시장가격이 상승하여 세금을 소비자와 생산자가 나누어 부담하는 것은 똑같다.

소비세와 사회후생의 손실

앞에서 상품에 소비세가 부과되면 소비자가 지불하는 금액은 커지고 생산자가 실제로 받는 금액은 줄어드는 것을 보았다. 소비자가 지불하는 금액과 생산자가 실제로 받는 금액의 차이가 세금이다. 그런데 세금 부과로 사회후생이 줄어드는 부작용이 생긴다. **그림 5-13**에서 세금 부과로 소비자잉여는 사각형 $P_BP_0E_0F$만큼 감소하고, 생산자잉여는 사각형 $P_0P_SE_1E_0$만큼 감소한다. 정부가 걷는 세금은 사각형 $P_BP_SE_1F$이다. 따라서 세금 부과로 삼각형 E_0E_1F만큼의 사회후생이 사라진다. 이 사회후생의 감소분인 삼각형 E_0E_1F를 **후생손실**(welfare loss, deadweight loss)이라 부른다.

그림 5-14

소비세가 생산자에게 부과될 때의 효과

소비세가 생산자에게 부과되면 시장공급곡선이 소비세만큼 위로 이동하여 가격이 상승하고 거래량이 감소한다. 세금 납부까지 고려하면 생산자 수취가격은 종전보다 낮아져서 생산자와 소비자가 함께 조세를 부담한다. 부담효과는 소비세가 소비자에게 부과되는 경우와 똑같다.

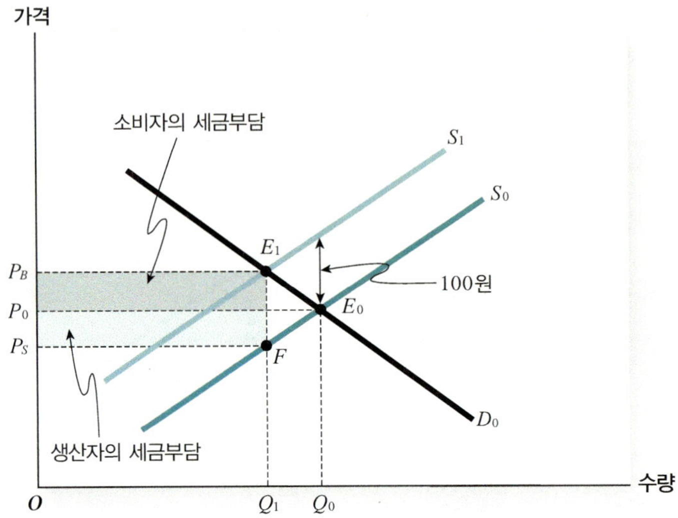

수요곡선이 우하향하고 공급곡선이 우상향하는 한 세금이 상품에 부과될 때 후생손실은 피할 수 없다. 경제학에서 조세가 일반적으로 자원배분을 왜곡시킨다고 말하는 것은 조세부과가 후생손실을 낳기 때문이다.

소비세가 생산자에게 부과되는 경우

지금까지는 소비세가 소비자에게 부과되는 경우를 다루었다. 이제 세금이 생산자에게 부과된다면 분석 결과가 어떻게 다를 것인가? 결론부터 말한다면 분석 결과가 기본적으로 똑같다.

생산자가 물건 한 단위를 팔 때마다 100원의 소비세를 정부에 납부해야 한다고 하자. 그러면 **그림 5-14**에서와 같이 시장수요곡선 D_0는 그대로 있고 시장공급곡선 S_0는 모든 공급량 수준에서 위로 100원씩 이동하여 S_1이 된다. 공급곡선만 정확하게 위로 세금 부과액만큼 이동하는 것은 **그림 5-13**에서 수요곡선만 정확하게 아래로 세금 부과액만큼 이동하는 것과 같은 경제논리로 설명할 수 있다. Q_0를 생산할 때의 공급가격이 P_0였다면 이제 생산자가 받고자 하는 금액은 P_0 + 100원이 된다. 100원을 가외로 정부에 납부해야 하기 때문이다. 이는 모든 수량에 대해 성립하므로 공급곡선이 세금 부과액만큼 위로 이동하는 것이다. 그 결과 새로운 균형점 E_1에서 시장

그림 5-15

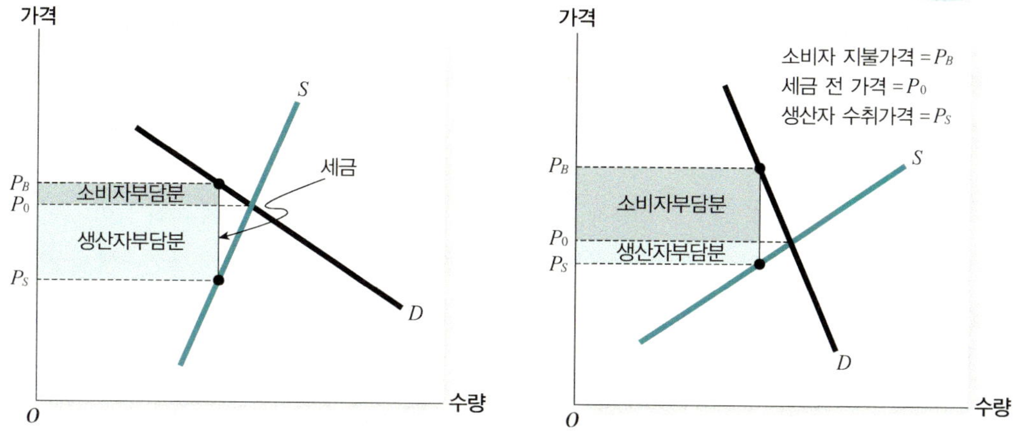

(a) 탄력적 수요와 비탄력적 공급

(b) 비탄력적 수요와 탄력적 공급

탄력성과 조세의 귀착

생산물 수요가 공급보다 탄력적이면 소비자의 세금부담이 적어진다. 공급이 수요보다 탄력적이면 생산자의 세금부담이 적어진다.

가격은 P_B, 거래량은 Q_1이다. 이 거래량 Q_1은 **그림 5-13**의 Q_1과 똑같다. 가격이 P_B로 올랐지만 생산자가 세금을 내고 나면 P_S만 벌기 때문에 상품 1단위당 생산자의 세금부담은 P_0P_S이다. 소비자의 세금부담은 $P_B P_0$이다. 후생손실은 여전히 삼각형 E_0E_1F이다.

가격 탄력성과 조세의 귀착

어떤 상품에 소비세가 부과되면 소비자와 생산자가 세금을 분담한다. 그런데 그 분담 정도는 수요와 공급의 탄력성에 따라 다르다. **그림 5-15**에서 D는 소비세 부과 전의 수요곡선이고 S는 소비세 부과 전의 공급곡선이다. 세금이 부과되면 소비자 지불가격과 생산자 수취가격이 달라진다. 그림에는 그리지 않았지만 세금이 소비자에게 부과되면 수요곡선이 아래로 이동한다. 세금이 생산자에게 부과되면 공급곡선이 위로 이동한다. 위에서 본 것처럼 소비자와 생산자가 부과된 세금을 어떻게 분담하는가는 세금이 누구에게 부과되었는가와는 무관하다. 그러나 분담하는 정도가 수요와 공급의 탄력성에 따라 달라진다.

읽을/생각할 거리 5-3

담뱃값과 담배 수요의 탄력성

담배가 유럽에 전파된 16세기 이후 지금까지 담배가 몸에 해롭다는 연구는 무수히 많다. 전체 암의 30~40%는 담배가 원인이다.

국민 건강을 위해 '악마의 풀잎'인 담배에 물리는 소비세를 대폭 올려 담뱃값을 크게 올려야 한다는 주장이 자주 제기되고 있다.

담배는 직접흡연 못지않게 간접흡연도 인체에 해롭다. 공공건물에서 흡연을 금지하는 것은 이 때문이다. 담배는 제7장에서 설명하는 외부비경제를 일으키는 공해상품이다. 담배에 세금을 부과하면 담뱃값이 오르고 담배 소비량이 줄어들어 흡연자들의 사회후생이 감소한다. 반면에 간접흡연이 줄어들어 비흡연자들의 사회후생은 증가한다. 따라서 담배의 경우에는 세금 부과가 자원배분을 왜곡시킨다고 단언할 수 없다. 오히려 비흡연자가 훨씬 많기 때문에 담배 소비세를 대폭 올리는 것이 국민 전체의 후생을 증가시킨다고 말할 수 있다.

담배 수요의 탄력성은 0.4~0.6 정도로 추정된다. 따라서 담뱃값이 오르면 흡연자의 지출이 는다. 우리나라에서는 담배인삼공사가 담배를 독점적으로 생산한다. 담뱃값 상승에 따라 늘어나는 담배인삼공사의 수입을 국민건강 증진을 위해 다양한 방법으로 쓸 수 있다.

담배 맛을 알아서라기보다 멋있어서 피는 10대의 경우에는 수요가 탄력적인 것으로 알려져 있다. 담뱃값이 오르면 10대의 흡연이 줄어드는 효과가 있다.

'담배 끊는 게 뭐가 어렵냐. 나는 수도 없이 끊어봤다'는 미국 작가 마크 트웨인의 익살처럼 금연은 어렵다. 그렇더라도 애연가들은 "우리가 봉이냐"고 반발하는 대신 본인과 다른 사람들의 건강을 위해, 그리고 청소년들을 위해 흡연의 비용이 비싸지는 것을 흔연히 받아들여야 할 것이다. 어렵지만 금연을 시도하는 것도 좋은 일이다. 선진국일수록 담뱃값이 비싸고 흡연율이 낮다.

그림 5-15의 (a)는 공급이 상대적으로 덜 탄력적이고 수요가 탄력적인 시장에 세금이 부과된 경우이다. 이는 생산자는 가격 변화에 민감하게 반응하지 않는 데 반해 소비자는 민감하게 반응하는 상황이다. 이때 세금이 부과되면 그림에서 보듯이 소비자의 지불가격은 크게 상승하지 않는 데 비해 생산자의 수취가격은 크게 감소한다. 따라서 생산자가 대부분의 세금을 부담하게 된다. 수요의 탄력성이 클수록 소비세의 소비자부담이 작아지는 것이다.

그림 5-15의 (b)는 공급이 상대적으로 탄력적이고 수요가 덜 탄력적인 시장에 세금이 부과된 경우이다. 생산자는 가격 변화에 민감하게 반응하는 데 반해 소비자는 상대적으로 덜 민감하게 반응하는 상황이다. 이때 세금이 부과되면 그림에서 보듯이 생산자의 수취가격은 작게 감소하고 소비자의 지불가격은 크게 상승한다. 따라서 생산자는 세금을 적게 부담하는 데 반해 소비자는 세금을 많이 부담한다. 공급

의 탄력성이 클수록 소비세 부과로 인한 소비자부담이 커지는 것이다. 요약컨대 세금은 가격에 대해 상대적으로 덜 탄력적인 쪽이 많이 부담한다.

일반적으로 가격 탄력성이 크다는 것은 유력한 대안이 있어서 불리한 상황에 보다 융통성 있게 대처할 수 있다는 것을 뜻한다. 수요의 탄력성이 작다는 것은 소비자들이 특정한 상품을 소비하는 것 이외에 별로 좋은 대안이 없다는 것이다. 공급의 탄력성이 작다는 것은 생산자들이 특정한 상품을 생산하는 것 이외에 별로 좋은 대안이 없다는 것이다. 상품에 세금이 부과되면 좋은 대안이 없는 쪽일수록 시장을 떠나기가 어렵고 따라서 더 많은 세금을 부담하게 된다.

3.2 가격 통제와 자원배분의 왜곡

시장경제를 채택하는 나라에서도 때로는 특정 상품에 대하여 그 시장가격을 인위적으로 정해 놓고 유지하는 데에 정책적인 노력을 기울이는 수가 있다. 이를 가격 통제라 한다. **가격 통제**(price control)란 어떤 특수한 목적을 달성하기 위하여 정부가 직접적으로 가격 형성에 간섭하는 것을 말한다.

가격 통제는 시장경제에 의한 자원배분에 인위적인 제약을 가한다. 가격 통제에는 최고가격제와 최저가격제가 있다.

최고가격제

단기에 생활필수품이 절대적으로 부족하여 물가가 치솟을 때, 정부는 흔히 물가를 안정시키고 소비자를 보호할 목적으로 가격의 상한선을 설정하고 상한선을 넘어선 가격으로 매매하는 것을 법으로 금지한다. 이 경우에 정부가 정한 가격을 **상한가격**(price ceilings) 또는 **최고가격**(maximum prices)이라 하고, 최고가격을 실시하는 제도를 **최고가격제**라 한다.

최고가격은 시장에서 스스로 형성되는 가격수준이 너무 높다고 판단하여 정부가 설정하는 가격이다. 따라서 최고가격 수준은 균형가격보다 낮게 설정된다. 최고가격이 균형가격보다 낮게 설정되면 최고가격이 바로 시장가격이 된다. **그림 5-16**에서 최고가격이 균형가격 P_E보다 낮은 수준 P_C로 설정된다고 하자. P_C에서는 수요량 Q_D가 공급량 Q_S를 초과한다. 따라서 가격 통제가 없는 시장경제에서는 가격이 P_E까지 곧 오르게 된다. 그러나 P_C 이상으로 가격이 오르는 것을 법으로 금지해 놓

그림 5-16

최고가격제의 효과

최고가격제를 실시하면 초과수요(= 물자 부족) 현상이 일어난다.

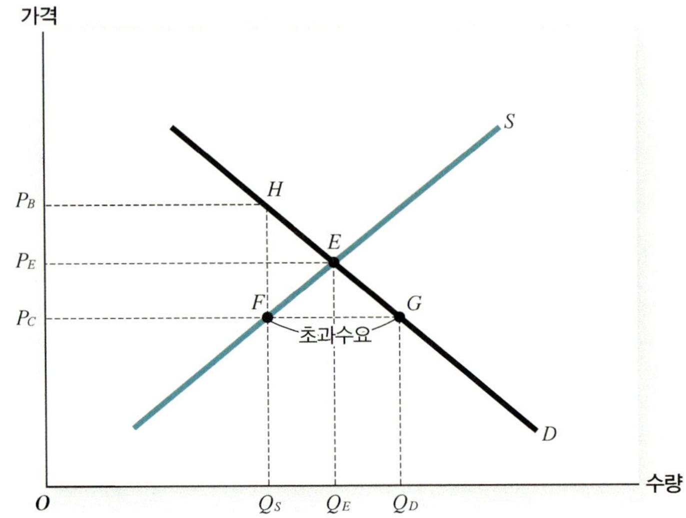

고 있기 때문에 최고가격제 하에서 시장가격은 P_C에 묶이게 되는 것이다. 시장가격 P_C에서 FG만큼의 공급부족(초과수요)이 발생하기 때문에 소비자들은 원하는 만큼을 구입할 수 없다. 이러한 상태에서는 소비자들이 최고가격보다 높은 가격을 지불하고서라도 부족한 상품을 구입하려 하기 때문에 암시장(black market)이 생기게 마련이다.

암시장이란 정부가 정한 최고가격을 상회하는 가격으로 상품이 거래되는 불법적인 시장을 말한다. 그림에서 최고가격이 P_C로 설정되면 공급자들은 Q_S만 공급한다. 시장에 Q_S만 상품이 출하될 때 이 수량이 과부족 없이 소진되는 가격은 Q_S에 대응하는 수요가격 P_B이다. 암시장가격은 이 수요가격 P_B와 상한가격 P_C 사이에 있게 된다.

최고가격제에서 생기는 공급부족을 보충하는 방편으로 암시장이 출현한다는 것을 살펴보았다. 정규시장에서는 합법적인 거래가 이루어지지만 최고가격제 하에 부족한 물자를 소비자들에게 어떻게 할당해 줄 것인가 하는 문제에 부딪친다. 여기에 인위적인 여러 배분방식이 등장한다. 대표적인 배분방식으로는 선착순(first-come-first-served)방식과 배급제도(coupon system)가 있다.

선착순방식은 문자 그대로 먼저 오는 소비자들에게 상품이 떨어질 때까지 판매하는 방식이다. 이는 형평의 견지에서 바람직하지 못한 방식이다. 먼저 온 소비자들은 원하는 만큼 살 수 있겠지만 뒤에 오는 소비자들은 필요한 물건을 하나도 사지 못하기 때문이다. 이 방식에서는 먼저 온 소비자들이 자기가 필요한 수량 이상으로 물건을 사서 늦게 오는 소비자에게 웃돈을 얹어 파는 암시장이 출현하기 쉽다.

배급제도는 각 소비자에게 배급표(coupon)를 나누어 주고 그 배급표만큼만 상품을 살 수 있게 하는 제도이다. 행정의 편의상 가장 많이 이용되는 배급제도는 총상품수량을 소비자 수로 나누어 그 수량만큼 살 수 있게 배급표를 나누어 주는 것이다. 이 방식에서는 형평은 달성되지만 소비자의 선호가 반영되지 못하는 단점이 있다. 대개 상품을 배급표에 기재된 수량보다 더 소비하고자 하는 사람들과 덜 소비해도 되는 사람들 사이에 배급표가 거래되고 배급표의 가격은 상한가격을 상회하게 된다. 이것도 일종의 암시장이다.

실제로는 선착순방식과 배급제도가 같이 이용된다. 배급제도를 도입하면서도 선착순방식을 쓰게 되는 이유는 시간이 흘러감에 따라 해당 상품의 공급량이 줄어들기 때문이다. 가격이 인위적으로 낮게 묶여 있으므로 시간이 흐름에 따라 정부가 기대했던 만큼 상품이 생산되지 않는 것이다.

소비자들은 자유시장에서보다 가격 통제 하에서 더 낮은 가격으로 물건을 살 수 있다. 그러나 물건을 싸게 사는 대신 번번이 가게 앞에 줄을 서서 오랜 시간 기다려야 한다. 기다려서 꼭 산다는 보장도 없다. 그리고 이러한 상황은 시간이 흘러갈수록 더욱 심각해진다. 꼭 필요할 때 못 사고 당황해 하거나 가격이 훨씬 비싼 암시장에 가서 울며 겨자 먹기로 사야 하는 경우가 자주 생긴다. 소비자를 보호할 목적으로 최고가격제가 실시되지만 최고가격제가 소비자의 후생을 증진시킨다고 단정할 수 없는 이유가 여기에 있다.

최고가격제가 없이 자유로운 가격의 조절기능에 맡기면 최고가격제에서 나타나는 만성적인 초과수요 현상은 일어나지 않는다. 초과수요가 존재하는 한 가격이 상승하고, 가격이 상승하면 생산의욕이 고취되어 공급량이 늘어나는 한편 소비의욕이 위축되어 수요량이 줄어든다. 따라서 머지않아 초과수요가 자동적으로 없어질 것이다. 몰개성적인 시장경제에서는 선착순이나 배급제도와 같이 인위적인 배분장치가 필요 없다.

최저가격제

최저가격제는 최고가격제와는 정반대로 정부가 하한가격(price floors) 또는 최저가격(minimum prices)을 설정하여 그 이하로 가격이 내려가지 못하게 통제하는 제도이다. 최저가격제를 설정하는 취지는 상품 생산자의 이익을 보호하기 위한 것이다. 농산물가격지지제도나 최저임금제도 등이 최저가격제의 예이다. 전자는 농산물을 생산하는 농가의 이익을, 후자는 노동 서비스를 생산하는 노동자의 권익을 보호하기 위하여 도입된 제도이다. 이러한 취지를 달성하기 위해서 최저가격은 자유시장에서 형성될 균형가격 수준보다 높게 설정된다.

원래의 취지가 아무리 좋더라도 최고가격제가 만성적인 초과수요를 낳는 것과 같이 최저가격제는 만성적인 초과공급을 낳는다. **그림 5-17**에서 최저가격 P_F가 균형가격 P_E보다 높게 설정되면 시장공급량은 Q_S인 데 비해 시장수요량은 Q_D이다. 따라서 시장거래량은 Q_D이고 Q_DQ_S만큼이 초과공급으로 남는다. 이 초과공급을 어떻게 해결할 것인가가 최저가격제의 문제점이다.

시장거래량만을 놓고 보면 최저가격제의 실시로 거래량이 Q_E에서 Q_D로 감소한다. 이러한 이론적 근거에서 최저임금제를 실시하면 실업이 늘어난다고 대부분의 경제학자들이 주장한다. 그림 5-17로 최저임금제의 효과를 논할 때에 가로축은 노동량, 세로축은 임금이 되고 노동의 초과공급량 FG가 실업량이 된다. 최저임금제를 실시하기 이전 노동자계층의 노동소득은 사각형 OP_EEQ_E이다. 최저임금제를 실시한 이후의 노동소득은 OP_FFQ_D이다. 임금은 올랐지만 고용량이 줄어들었으므로 전체 노동소득이 최저임금제를 실시하기 전보다 증가한다고 말할 수 없다. 노동수요의 임금탄력성이 1보다 크면 임금인상률보다 노동수요량의 감소율이 크기 때문에 전체 노동소득이 오히려 감소한다. 노동수요가 비탄력적일 때에만 최저임금제의 실시로 전체 노동소득이 증가한다. 물론 이 경우에도 기존 노동자의 임금소득이 늘고 신규 노동자, 특히 비숙련노동자의 취업 기회는 종전보다 좁아진다. 노동의 한계생산물가치가 최저임금에 못 미치는 비숙련노동자는 일자리를 찾지 못한다.

그림 5-17이 농산물시장을 나타낸다고 하자. 선진국에서는 FG로 표시되는 잉여농산물을 해소하는 여러 가지 방안을 사용하고 있다. 그중 몇 가지를 들면 다음과 같다.

① 농산물 비축기금을 이용하여 FG를 전부 정부가 사들이는 방법

② 빈곤층에게 FG만큼의 농산물과 교환할 수 있는 식량권(food stamp)을 무상

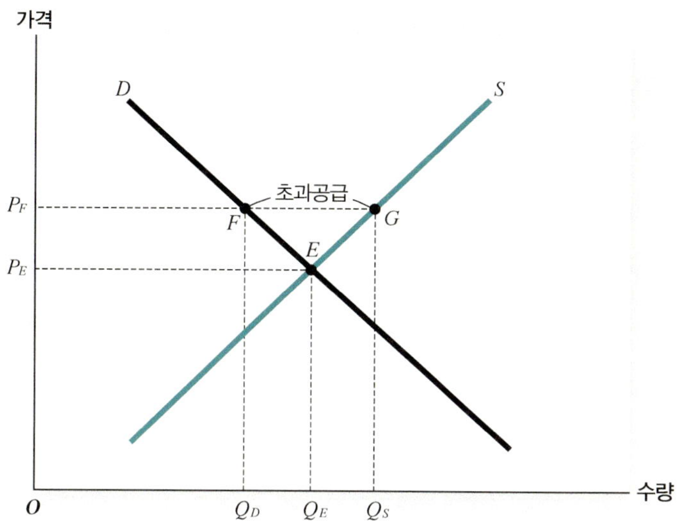

그림 5-17

최저가격제의 효과

최저가격제를 실시하면 초과공급(=물자 과잉) 현상이 생긴다.

으로 교부하는 방법

③ 농가 재배면적을 줄이도록 권장하여 휴경지에서 생산될 농산물가치만큼을 보상하는 방법

①, ②는 수요증가 방안이고 ③은 공급감소 방안이다.

최고가격제에서와 마찬가지로 최저가격제에서도 시간이 흘러감에 따라 수요곡선과 공급곡선이 더 완만하게, 더 탄력적으로 된다. 주어진 P_F 가격수준에서 소비자들은 가격이 너무 높기 때문에 대체품을 찾아 이 가격지지상품에 대한 소비를 줄이는 반면, 생산자들은 가격이 매력적이기 때문에 더 많이 생산하여 장기적으로 초과공급은 더욱 커진다. 농산물가격지지제도가 광범위하게 실시되고 있는 미국에서 잉여농산물 처리로 골머리를 앓는 것은 이 때문이다.

가격 통제의 목적은 몰개성적인 시장경제에 의해 불공평하게 취급받는 특정 계층을 돕거나 보호하기 위한 것이다. 가격 통제가 사회적으로 바람직한가의 여부는 가격 통제가 달성하는 사회적 형평 면의 이득이 가격 통제에 따른 경제적 효율 면의 손실을 초과하느냐의 여부에 달려 있다. 경제학은 가격 통제가 으레 이득보다 손실이 크기 때문에 바람직하지 않다고 가르친다.

요약 및 학습

01 생산물의 시장수요곡선과 시장공급곡선이 만나 생산물의 균형가격과 균형거래량이 결정된다. 생산요소의 시장수요곡선과 시장공급곡선이 만나 생산요소의 균형가격과 균형거래량이 결정된다. 수요 · 공급의 이론은 현실 시장에서 관측되는 시장가격과 거래량을 시장수요곡선과 시장공급곡선의 교차로(즉, 균형가격과 균형거래량으로) 설명하는 이론이다.

02 현실 시장의 가격과 거래량은 시장수요곡선과 시장공급곡선 중 최소한 어느 한 곡선이 이동함에 따라 변한다. 수요가 증가하면 가격이 오르고 거래량이 늘어난다. 공급이 증가하면 가격이 내리고 거래량이 늘어난다. 수요와 공급이 같이 증가하면 가격의 변동 방향은 확실치 않은 반면 거래량은 확실히 증가한다.

03 희소한 자원의 배분에 소비자의 선호가 존중되고 반영되는 현상을 소비자주권이라고 부른다. 자유시장기구에서는 소비자의 선호가 생산에 자연스럽게 반영된다.

04 노동생산성이 향상되면 생산물의 가격이 떨어지고 거래량이 증가한다. 종전보다 싼 값으로 많이 소비할 수 있으므로 소비자의 후생은 높아진다. 노동생산성이 향상되면 한계비용이 낮아지므로 기업은 종전보다 생산을 늘리면서 높은 이윤을 누리게 된다. 임금 상승은 기업의 한계비용곡선과 생산물의 시장공급곡선을 상방이동시켜 가격을 상승시키고 거래량을 감소시킨다.

05 시장가격이 한계비용과 같은 것을 한계비용가격설정이라 한다. 경제 내에 있는 모든 산업에서 한계비용가격설정이 이루어질 때 그 경제의 '자원배분이 효율적이다' 라고 말한다.

06 소비자가 한 상품을 소비하기 위하여 지불할 용의가 있는 가격과 실제로 지불한 가격과의 차액을 소비자잉여라고 한다. 생산자가 한 상품을 판매하여 얻는 실제수입이 그 상품을 판매하여 꼭 얻어야 되겠다고 생각한 수입을 초과하는 부분을 생산자잉여라고 한다. 한 상품의 생산으로 사회가 누리는 후생은 소비자잉여와 생산자잉여를 합한 총잉여, 혹은 사회후생으로 표시된다.

07 수요가 탄력적이고 공급이 비탄력적일수록 소비세의 소비자부담은 작아지고 생산자부담은 커진다. 공급이 탄력적이고 수요가 비탄력적일수록 소비세의 생산자부담은 작아지고 소비자부담은 커진다. 소비세가 부과되면 소비자가 지불하는 가격이 오르고 거래량이 줄어들며 후생손실이 생긴다.

08 가격 통제란 어떤 특수한 목적을 달성하기 위하여 정부가 직접적으로 가격 형성에 간섭하는 것을 말한다. 가격 통제에는 최고가격제와 최저가격제가 있다. 최고가격제에서는 만성적인 초과수

요 현상이 발생하고, 최저가격제에서는 만성적인 초과공급 현상이 발생한다.

연습문제

01 다음을 논평하라.

"부동산시장은 다른 재화시장과 달리 가격이 급등하면 수요량이 감소하는 것이 아니라 오히려 덩달아서 증가한다. 투기 국면에서는 부동산 수요곡선이 우하향하는 것이 아니라 우상향하는 것이다."

02 그림 5-3을 보고 물음에 답하라.

(1) 공급이 증가하면 최초의 균형가격 P_0에서 어떤 현상이 발생하는가?

(2) 새로운 균형점이 E_1인 것을 설명하라.

(3) 공급이 증가함에 따라 제품가격이 앞으로 떨어질 것이라고 소비자들이 예상한다고 하자. 이 경우 새로운 균형가격과 거래량은 어떤 수준에서 형성될 것인가?

03 수요는 증가하는데 공급은 감소하는 경우 가격과 거래량은 어떻게 변하는가? 수요가 감소하는데 공급이 증가하는 경우는? 수요가 종전보다 감소한 상품이 가격은 더 비싸다면 왜 그럴까?

04 기독교는 가부장적 윤리와 온정주의에 입각하여 가진 자들이 자선을 통해 가난한 자의 안정과 복리를 증진시켜야 한다고 설교한다. 이 기독교의 입장과 애덤 스미스의 '전체 사회가 아닌 자기 자신의 이익'에만 관심을 갖는 '가진 자'를 대비 · 설명하라. 어느 쪽이 사회에 더 이익이 되는 방식인가?

05 다음 각 항의 효과나 현상을 수요 · 공급의 이론으로 설명하라.

(1) 야생동물 보호 차원에서 웅담과 사향의 수입을 규제하다.

(2) 아몬드 수입 개방으로 땅콩 수요가 줄어들다.

(3) 쇠고기 수입을 개방했는데 한우 가격은 종전보다 더 올랐다.

(4) 잎담배 수입 개방으로 고추파동이 일어나다.

(5) 소비자선호가 증가한 상품에 단기보다 장기에 자원이 더 많이 배분된다.

(6) 신도시 아파트가 경기침체기에 높게 호가만 되고 거래가 없다.

(7) 광우병파동으로 소비자들이 쇠고기 대신 돼지고기를 더 많이 먹게 되다.

06 그림 5-10의 틀에서

(1) 제품가격이 떨어졌는데도 불구하고 종전의 임금과 고용량이 균형점일 수 있다. 어느 때 그런가?

(2) 기업과 노동자가 고통분담과 노사화합을 통해 상생하는 방안을 (c)의 F점을 중심으로 논의해 보라.

(3) 최근에 한국노총은 노조와 기업이 임금인상 자제와 고용보장을 주고받아야 한다고 주장한다. 이런 노사협조가 노동시장의 유연성과 조화될 수 있음을 설명하라.

07 2017년 8 · 2 부동산대책을 발표한 직후 국토부 장관은 다음과 같이 발언하였다.

"이번 대책의 핵심은 집이 많은 사람을 불편하게 만들어 팔도록 유도하기 위한 것이다. …… (양도소득세가 중과되는) 내년 4월까지 시간을 드렸으니 자기가 사는 집이 아니면 좀 파시라."

그림 5-11의 틀에서

(1) 주택시장에 어떤 일이 일어났는지를 확인해 보라.

(2) 정부가 기대했던 주택 공급 증대가 일어나지 않은 이유는 무엇일까?

(3) 유사한 정책을 20번 이상 쓴 이유는?

(4) 바람직한 정책은?

(5) 양도소득세는 부동산을 판 사람이 내는 세금이다. 하지만 현실에서는 부동산을 사는 사람도 세금을 부담한다. 이를 설명하라.

(6) 서울 강남지역 아파트 추가 건설을 영구히 금지한다고 하자. 그 효과는?

08 유태인들의 경전인 구약성경(탈출기 22장 24절, 신명기 23장 20~21절)에는 외국인에게 돈을 빌려주고 이자를 받아도 되지만 같은 유태인들끼리는 이자를 받아서는 안 된다고 적혀 있다.

(1) 이 말씀대로 되는 경우는 어느 경우일까?

(2) 현실 세계에서는 신실한 유태인들마저 이 말씀을 따르지 않는데 왜 그럴까?

09 어떤 상품의 시장수요 · 공급표가 다음과 같다고 하자.

P(원)	200	300	400	500	600	700
Q_D(개)	13,000	11,000	9,000	7,000	6,000	3,000
Q_S(개)	4,000	5,000	6,000	7,000	8,000	9,000

(1) 균형가격과 균형수급량을 구하라. 왜 균형가격, 균형수급량이 되는가?

(2) 정부가 가격상한(= 최고가격)을 400원으로 설정할 경우의 효과를 설명하라.

(3) 상품 한 단위당 200원의 소비세가 생산자에게 부과된다고 하자. 이 경우 새로운 수요 · 공급표를 작성하라.

(4) 소비세 부과 후의 새로운 시장균형가격과 균형수급량을 구하라.

(5) 조세의 귀착을 설명하라.

(6) 정부의 총소비세 수입은?

(7) 종량세 200원이 생산자에게가 아니고 소비자에게 부과된다고 하자. 즉, 소비자가 상품 한 단위를 살 때마다 시장가격을 생산자에게 치르면서 별도로 200원씩을 세금으로 지불한다고 하자. 새로운 수요 · 공급표를 작성하고 (4), (5), (6) 문제를 풀어라.

(8) 가격이 500원에서 600원으로 인상될 때 수요의 가격 탄력성을 계산하라.

(9) 수요표가 어떻게 바뀌면 소비세를 전액 생산자가 부담하게 될까? 그 이유는?

10 제1장 연습문제 6번에서 빵 1톤의 교환가치가 옷 500벌이라면 어느 점을 선택하는 것이 효율적인 자원배분인가? 그 이유를 설명하라.

11 '국내시장에서의 치열한 경쟁과 까다로운 소비자가 그 나라 산업과 기업의 국제경쟁력을 강하게 한다'는 명제를 설명하라.

12 한 끼 식사에 들어가는 쌀값이 커피 한 잔값의 $\frac{1}{10}$이다. 왜 그럴까? 시장가격은 공정한 가격(just price)과는 별개의 개념인 것을 설명하라. 장기에는 시장가격이 '공정한' 가격과 같아진다고 말한다면, 이때 공정한 가격의 의미는 무엇일까?

13 강력한 노동조합이 있으면 최저임금제와 같은 결과를 낳을 수 있음을 설명하라.

14 주요 경기나 공연이 있으면 암표상이 등장한다. 자원배분과 관련하여 암표상의 역할을 생각해 보라.

15 다음 각 기술에 대하여 옳고 그름을 밝히고 그 이유를 설명하라.

① 건설경기가 과열되면 건축자재 가격이 오른다.

② 수요곡선이 주어져 있을 때 가격이 높을수록 소비자잉여는 작아진다.

③ 최저임금을 높게 설정할수록 노동자들에게 유리하다.

④ 수요가 탄력적이고 공급이 비탄력적일 때 소비세를 부과하면 기업이 소비자보다 세금을 더 많이 부담하게 된다.

⑤ 휴가철에는 중고차 가격이 오른다.

⑥ 바나나 수입이 자유화되면 바나나 가격이 떨어지고 다른 과일 가격도 약세를 보인다.

⑦ 어떤 상품의 수요가 증가하는 한편 공급이 감소하면 그 상품의 가격은 크게 오른다.

⑧ 공급곡선의 기울기가 급할수록 수요곡선의 이동으로 인한 가격 변화가 크다.

⑨ 제품의 생산비가 비싸지면 그 제품의 공급이 감소한다.

⑩ 두 상품 A와 B가 생산 면에서 대체관계에 있을 때 A의 가격이 하락하면 B의 가격도 따라서 하락한다.

⑪ 종전과 같은 수량을 소비하는데 수요가격이 높아지면 수요의 증가, 수요가격이 낮아지면 수요의 감소이다.

⑫ 초과공급량은 음의 초과수요량이라고 말할 수 있다.

⑬ 담배시장이 개방되면 국산담배에 대한 수요의 가격 탄력성은 종전보다 커진다.

⑭ 최고가격제도를 시행하면 새로운 기업들이 그 상품 생산에 뛰어든다.

⑮ 정부에서 우유 생산기업에게 보조금을 지불하면 종전보다 우유의 생산량은 증가하고 가격은 하락한다.

⑯ 수요가격이 시장가격과 같은 소비자에게 소비자잉여는 0이다.

⑰ 공급이 증가할 때 수요가 비탄력적일수록 가격이 더 하락한다.

⑱ 공해상품에 대해 소비자단체가 불매운동을 벌이면 다른 조건이 일정할 때 공해상품 거래량이 줄고 가격은 떨어진다.

⑲ 상품가격은 수요측이나 공급측 어느 한쪽만으로 결정되지 않는다.

⑳ 수요 있는 곳에 공급 있고 공급 있는 곳에 수요 있다.

㉑ 도덕적 해이는 보험 가입자의 비도덕적 · 비양심적 행위를 말한다.

부록 경쟁시장의 장기균형

얼마 전까지 문방구였던 가게가 내부수리를 하더니 카페로 신장개업하는가 하면, 인쇄소가 피자집으로, 탁구장이 컴퓨터 게임방으로 변신하기도 한다. 왜 이러한 전업이 일어날까? 이는 옛날 영업이 수지가 안 맞고 새 영업은 수지맞을 것으로 예상되기 때문이다. 제4장에서 배운 기회비용과 경제적 이윤의 개념을 사용하여 말한다면 옛날 영업은 잠재적 비용이 제대로 회수가 안 되어 손실을 봄으로써 그 영업을 계속하는 기회비용이 크기 때문이다. 그 영업에 들어가는 자기 자본과 토지와 노동과 재능을 새로운 영업에 투입할 때 최소한 정상이윤을 얻고 나아가 초과이윤까지 얻을 수도 있다면, 당연히 옛날 영업을 그만두고 새 영업을 시작한다.

이처럼 개별 기업들이 어떤 산업에서 빠져나가거나 그 산업에 새롭게 진입하고, 기존 기업들이 생산시설 규모를 변경시킬 수 있을 정도로 충분히 기간이 긴 장기에 경쟁시장의 균형은 어떻게 결정될까?

이 장의 본문에서는 단기의 균형을 살펴보았다. 경쟁시장의 장기균형은 다음 두 가지 조건이 충족될 때 이루어진다.

첫째, 산업 내의 개별 기업이 최적의 내부조정을 이룰 것.

둘째, 산업 내의 기업의 수가 진입과 퇴거에 의해 최적으로 조정될 것.

개별 기업이 최적의 내부조정을 이룬다면 장 · 단기에 걸쳐 시설 규모를 확장하거나 축소할 유인이 존재하지 않고 이윤극대화를 달성할 것이다. 이는 제4장에서 배운 최적시설규모에서 이윤극대화를 달성할 때 충족된다.

산업 내의 기업의 수가 최적으로 조정되기 위해서는 기업들의 경제적 이윤이 0이어야 한다. 초과이윤을 보면 새 기업들이 그 산업에 뛰어들고, 손실을 보면 일부 기업이 그 산업에서 빠져나감으로써 균형에 이르지 못한다. 제4장에서 경제적 이윤이 0일 때 정상이윤을 얻는다고 표현하였다.

이상의 논의를 바탕으로 하여 개별 기업과 산업이 장기균형에 이르는 과정을 그림으로 설명해 보자.

최초에 시장수요곡선과 시장공급곡선이 **그림 5-18**에서 각각 D와 S로 표시된다고 하자. 그러면 시장가격은 P_0이고 개별 기업은 우상향하는 단기한계비용곡선

그림 5-18

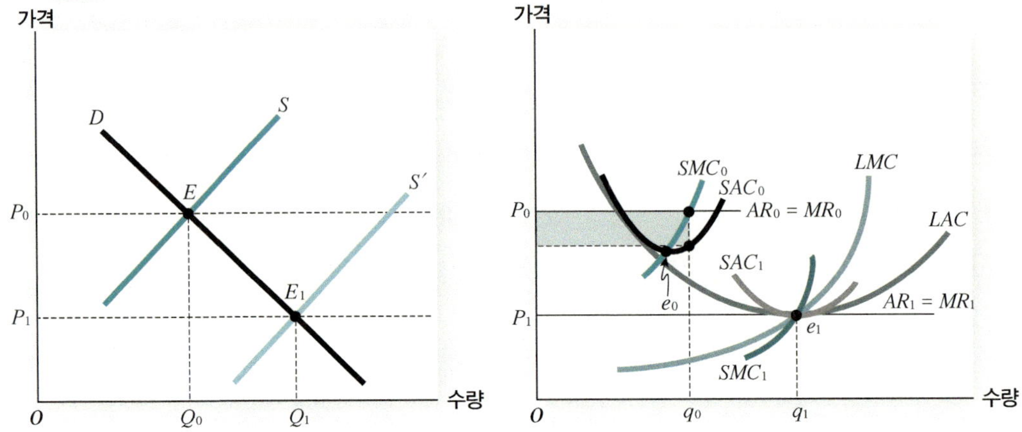

(a) 경쟁시장

(b) 개별 기업

경쟁시장과 경쟁기업의 장기균형

개별 기업이 생산시설을 최적시설규모로 지어 정상이윤만을 얻도록 시장공급이 조정되면 기업과 시장의 장기균형이 이루어진다. 장기균형 하에서 제품가격은 장기평균비용의 최저수준으로 결정된다.

SMC_0가 시장가격 P_0와 같아지는 q_0를 매기에 공급한다. 개별 기업의 한계비용곡선 SMC_0 중 단기평균가변비용곡선을 상회하는 부분이 그 기업의 단기공급곡선이고, 이를 모든 기업에 대하여 수평으로 합한 것이 시장공급곡선 S이다. 따라서 개별 기업의 공급량 q_0를 모든 기업에 대하여 합한 것이 시장거래량 Q_0이다. 시장가격 P_0는 q_0를 생산하는 평균비용보다 높다. 따라서 개별 기업은 색칠된 부분만큼 초과이윤을 얻는다.

개별 기업이 이 산업에서 초과이윤을 보고 있기 때문에 장기에는 이 산업으로 새로운 기업들이 진입한다. 이에 따라 시장공급곡선이 오른쪽으로 이동하여 시장가격이 하락한다. 기존 기업들은 새로운 기업들의 진입으로 시장가격이 하락하는 상황에서 장기에 평균비용이 최소가 되는 최적시설규모를 지어 이윤을 최대로 하고자 한다. 이는 시장공급곡선을 더욱 오른쪽으로 이동시킨다. 결국 이러한 조정과정은 그림에서 시장공급곡선이 S'으로 이동하고 개별 기업이 장기평균비용(LAC)의 최저점에 접하는 SAC_1, SMC_1의 최적시설규모를 가질 때 끝난다. 이때 시장가격은 LAC의 최저점과 같은 P_1이고 개별 기업의 매기당 공급량은 q_1, 시장거래량은 Q_1이다.

결국 장기균형점에서 개별 기업은 매기당 q_1을 최소의 생산비용으로 공급하고

$$\underset{(SMC)}{\text{단기한계비용}} = \underset{(LMC)}{\text{장기한계비용}} = \underset{(MR)}{\text{한계수입}}$$

의 조건이 충족된다. 따라서 개별 기업이 장 · 단기에 걸쳐 최적의 내부조정을 이루어야 한다는 장기균형의 첫째 조건이 충족된다. 시장가격 P_1 수준에서

$$\underset{(P)}{\text{시장가격}} = \underset{(SAC)}{\text{단기평균비용}} = \underset{(LAC)}{\text{장기평균비용}}$$

이므로 제품 1단위당 이윤과 총이윤이 0이 되어 개별 기업들은 정상이윤만을 얻는다. 따라서 산업 내의 기업의 수가 최적으로 조정되어야 한다는 장기균형의 둘째 조건도 충족된다. **그림 5-18**에서 개별 기업의 장기균형점은 e_1, 시장의 장기균형점은 E_1이다.

몰개성적인 시장경제는 기업들의 자유경쟁을 통하여 장기에 각 제품을 최소의 평균비용으로 생산하고 그 최소의 평균비용으로 시장에 팔도록 강제하는 것을 알 수 있다.

최초에 시장공급곡선이 S'보다 오른쪽에 있어 시장가격이 P_1보다 낮았다고 하자. 이때에는 손실을 보기 때문에 일부 기업들이 다른 산업으로 빠져나간다. 이에 따라 시장공급곡선이 왼쪽으로 이동하여 시장가격이 상승한다. 이 조정은 가격이 P_1에 이를 때까지 계속된다. 그리하여 이 경우에도 해당 산업에 남아 있는 기업들의 장기균형점은 e_1, 산업의 장기균형점은 E_1이 된다.

일찍이 사마천은 『사기』의 "화식열전" 에서 "물건값이 싼 것은 장차 비싸질 징조이며 값이 비싼 것은 장차 싸질 징조이다" 라고 썼는데, 이 말은 경쟁시장의 단기균형과 장기균형에 관한 정확한 기술이라 하겠다.

독과점시장과 정부정책

III

Navigator @ Economics

part three

6 불완전경쟁시장과 자원배분

"자본주의경제의 원동력은 자유기업주의이고 자유기업주의를 타락시키는 것은 독 · 과점이다." — 無名氏

"허생은 실과를 방매한 돈을 가지고 이번에는 칼 · 괭이 같은 농기와 무명 · 베필 같은 옷감을 사가지고 제주도로 갔다. 항상 옷감과 연장이 딸리는 제주도인지라 별 어려움 없이 몇 갑절 이문을 보고 팔았다. 허생은 다시 그 돈으로 말총을 전부 사들였다. …… 얼마 안 가서 망건이 귀해지기 시작했는데 …… 망건은 본래 말총이 아니고는 만들 수 없는 까닭이었다. 허생은 창고 속에 쌓여 있던 제주도 말총을 열 배의 이문을 보고 팔아넘겼다."

— 박지원, 『허생전』에서

"기업가가 혁신을 통해 창조적 파괴를 서슴지 않음으로써 자본주의가 역동적으로 발전한다."

— 조셉 슘페터(Joseph Schumpeter)

[개요]

지금까지는 기업과 소비자가 무수히 많아 가격수용자로 행동하는 (완전)경쟁시장을 다루었다. 현실 세계의 기업은 대부분 가격수용자가 아니라 어느 정도 가격을 결정할 수 있는 시장지배력을 갖는다. 이 장에서는 생산물시장에서 기업의 수가 적어 기업이 시장가격을 결정할 수 있는 불완전경쟁시장에 관하여 배운다. 수요 · 공급의 이론을 응용하여 불완전경쟁 생산물시장에서는 생산물 공급곡선이 존재하지 않고 자원배분이 비효율적임을 보인다.

주요 학습사항

◎ 독점시장과 과점시장의 생성 원인은?
◎ 불완전경쟁 생산물시장에서 생산물 공급곡선이 존재하지 않는 이유는?
◎ 독점의 후생손실이란?
◎ 과점의 특징과 장점은?
◎ 지식의 특징은?
◎ 인터넷시장의 특징은?
◎ 게임이론의 의의는?

1. 독점시장과 자원배분

제Ⅱ편에서 다룬 시장경제는 (완전)경쟁시장을 상정한 것이다. 경쟁시장은 제4장에서 설명한 바와 같이 수많은 가계와 기업이 주어진 시장가격 하에 동질의 상품을 자유롭게 사고파는 시장으로서, 어떤 생산요소와 기업도 자유롭게 들어오고 빠져나갈 수 있는 시장이다. 현실 세계에서 경쟁시장은 드물다. 경쟁시장의 특징인 ① 대다수의 판매자와 구매자, ② 상품의 동질성, ③ 완전한 정보, ④ 생산요소와 기업의 자유로운 진입과 퇴거 중 적어도 한 가지가 만족되지 못하는 시장을 **불완전경쟁시장**이라 한다. 불완전경쟁 생산물시장은 기업의 수를 기준으로 독점시장, 과점시장, 독점적 경쟁시장으로 나누어진다.

1.1 독점시장이란?

독점(monopoly) 또는 **독점시장**이란 한 상품의 생산이 단일기업에 의하여 이루어지는 시장을 말한다. 이 단일기업을 독점기업이라 하고 독점기업이 생산하는 재화나 서비스를 독점상품이라 한다.

우리나라에서 독점시장은 많지 않다. 전력 송전 서비스를 생산하는 한국전력공사, 액화천연가스(LNG)를 공급하는 한국가스공사, 서울 지하철 수송 서비스를 공급하는 서울교통공사 등 일부 공기업이 독점기업이다.

한 상품을 생산하는 기업의 수가 단 하나뿐인 독점시장은 경쟁시장과 다른 여러 가지 특징을 갖는다.

첫째, 독점기업의 생산량은 그 상품에 대한 산업의 총생산량과 같다. 즉, 독점기업 = 독점산업이다. 따라서 독점기업은 경쟁시장의 시장수요곡선과 같이 우하향하는 수요곡선에 직면한다. 이는 독점기업이 자기 상품을 많이 팔고 싶으면 우하향하는 시장수요곡선에 따라 상품가격이 낮아지는 것을 감수해야 한다는 뜻이다.

둘째, 독점기업은 시장지배력을 갖는다. **시장지배력**(market power)이란 기업이 시장가격에 영향을 미칠 수 있는 힘을 말한다. 경쟁기업은 시장가격을 그대로 받아들이는 **가격수용자**(price taker)로서 시장지배력이 전혀 없다. 반면에 독점기업은 우하향하는 시장수요곡선을 감안하면서 가격을 결정할 수 있는 가격결정자(price setter)이다.

셋째, 독점시장은 다른 시장형태와 대비해 볼 때 아주 밀접한 대체재를 생산하는 다른 기업으로부터 도전을 받지 않는 시장이다. 경쟁시장에서는 무수히 많은 기업들이 동질의 상품을 생산하기 때문에 한 기업의 상품은 다른 모든 기업들의 상품과 완전대체재의 관계를 이루면서 격심한 경쟁을 벌인다. 반면에 독점시장에서는 동질의 상품이나 밀접한 대체재를 생산하는 다른 기업들이 존재하지 않기 때문에 이러한 경쟁관계를 경험하지 않는다.

현실 경제에서는 독점상품이라도 어느 정도의 대체성을 갖는 상품이 존재하기 때문에 상품시장의 범위를 어떻게 잡느냐에 따라 독점이 제3절에서 다루는 과점으로 분류될 수도 있다. 예컨대 서울 지하철 서비스는 서울교통공사가 혼자 생산한다는 점에서 독점이지만, 대중교통 서비스로 시장범위를 넓히면 시내버스도 있기 때문에 교통공사가 더 이상 독점기업이 아니다. KT&G는 국산담배시장의 독점기업이지만 외제담배까지 포함한 국내담배시장의 독점기업은 아니다. 본서에서는 가급적 시장범위를 좁게 잡아 독점시장을 다룬다.

1.2 독점시장이 생기는 원인

독점시장은 어떻게 해서 생길까? 어떤 시장에 독점기업 하나만 존재한다는 것은 그 시장에 다른 기업들이 진입하지 못하게 하는 장벽이 있다는 것을 뜻한다. 독점을 유지시키는 진입장벽(barriers to entry)으로는 다음의 네 가지를 든다.

첫째, 규모의 경제(= 규모에 대한 보수 증가)이다. 규모의 경제가 작용하면 생산량이 증가할수록 평균비용이 감소한다. 시장수요량을 충족시키고도 남을 만큼의 대규모 생산에 이르기까지 규모의 경제가 있으면 단일기업이 시장수요량을 모두 생산하는 것이 여러 기업이 나누어 생산하는 것보다 비용이 더 적게 든다.

규모의 경제가 있어서 생기는 독점을 자연독점(natural monopoly)이라 부른다. 자연독점은 설비투자와 시장의 규모가 매우 큰 산업에서 주로 발생한다. 자연독점의 예로는 전력·수도·철도 등 공익사업(public utilities)을 들 수 있다.

둘째, 정부가 인·허가, 특허권 등을 한 기업에만 내줌으로써 법적으로 독점의 지위를 누리게 되는 경우이다. 예컨대 개도국이 경제발전의 초기 단계에 한정된 자원을 효율적으로 사용하기 위해 각 신생 산업에 한 기업씩만 인·허가를 내주면 독점시장이 형성된다. 세계 각국은 기술혁신의 유인을 주기 위하여 발명가에게 20년(실용신안권은 10년)의 특허권을 부여하는데, 이 기간 동안 해당 상품을 독점적으로 생산할 수 있다.

셋째, 정부가 특수한 목적을 위하여 직접 독점력을 행사하는 경우이다. 우리나라에서 KT&G가 생기기 전에 재정수입을 목적으로 정부가 담배와 홍삼 및 홍삼을 원료로 하는 모든 제품(홍삼차·홍삼엑기스)의 판권을 독점했던 것이 그 예이다.

넷째, 독점기업의 시장전략을 들 수 있다. 독점기업은 새로운 기업이 산업에 진입하지 못하도록 여러 가지 전략을 구사한다. 대표적인 진입저지전략으로는 임계가격설정, 약탈적 가격설정, 과잉설비 보유 등이 있다. **임계가격설정**(limit pricing)은 이윤을 극대로 하는 가격보다 가격을 훨씬 낮추어 새로운 기업의 진입을 저지하는 것을 말한다. 진입을 저지할 수 있는 가격수준 중에서 가장 높은 가격을 매길 것이라는 뜻에서 임계가격이라는 말이 붙여졌다. **약탈적 가격설정**(predatory pricing)은 새로 진입해 올 기업의 평균비용 이하로 가격을 매겨 진입의 엄두를 내지 못하게 하는 것을 말한다. **과잉설비 보유**는 문자 그대로 독점기업이 과잉설비를 보유함으로써 새로운 기업이 진입하면 생산을 손쉽게 늘려 가격전쟁을 불사하겠다는 위협적인 신호를 보내는 것이다.

1.3 독점기업의 수요곡선과 수입곡선

독점기업의 수입(收入)곡선은 독점기업이 시장에서 직면하게 되는 수요곡선으로부터 도출된다.

앞에서 살펴본 바와 같이 독점기업은 그 자체가 산업이므로 우하향의 시장수요곡선에 직면한다. 독점기업이 우하향하는 시장수요곡선의 위치를 정확하게 알고 있다고 가정해 보자. 이는 시장에 출하하는 각각의 상품 수량에 대응해 시장에서 형성되는 가격을 독점기업이 안다고 가정하는 것이다. 또한 경쟁기업의 경우와 마찬가지로 독점상품의 판매수입이 독점기업의 유일한 수입이고 매기당 생산량을 모두 시장에 출하하여 판매한다고 가정하자. 그러면 매기당 생산량이 출하량이자 판매량이다.

이제 우하향하는 (시장)수요곡선으로부터 총수입곡선·평균수입곡선·한계수입곡선을 도출하는 것을 **표 6-1**로 알아보자. 표에서 독점상품의 생산량과 가격의 관계가 (1)열과 (2)열에 있다. 예컨대 독점기업이 제품을 세 단위 생산하면 한 단위마다 800원씩밖에 못 받는다. 독점기업의 총수입은 (1)열과 (2)열을 곱하여 얻는다. 이 총수입이 (3)열에 계산되어 있다.

표 6-1

독점기업의 총수입, 평균수입 및 한계수입

(단위 : 만원)

(1) 생산량 Q	(2) 가격 = 평균수입 $P = AR = \frac{TR}{Q}$	(3) 총수입 $TR = P \times Q$	(4) 한계수입 $MR = \frac{\Delta TR}{\Delta Q}$
0		0	
1	1,000	1,000	1,000
2	900	1,800	800
3	800	2,400	600
4	700	2,800	400
5	600	3,000	200
6	500	3,000	0
7	400	2,800	−200
8	300	2,400	−400

평균수입(AR)은 제품 1단위당 수입으로서 총수입(TR)을 생산량(Q)으로 나눈 값이다. 총수입은 방금 본 바와 같이 생산량(Q)에 가격(P)을 곱한 값이다. 따라서 평균수입은

$$AR = \frac{\text{총수입}(TR)}{\text{생산량}(Q)} = \frac{P \times Q}{Q} = P$$

가 되어 시장가격과 같다. 경쟁기업의 경우에 평균수입은 시장가격과 같았다. 제품가격 = 평균수입은 모든 생산물시장에 적용되는 항등식이다.

한계수입(MR)은 생산량을 1단위 증가시킬 때 총수입의 증가분으로 정의된다. 표 6-1에서 세 단위째 제품의 한계수입은 제품 세 단위를 공급할 때의 총수입 2,400원에서 제품 두 단위를 판매할 때의 총수입 1,800원을 뺀 600원이다. 이와 같은 방식으로 한계수입이 (4)열에 계산되어 있다.

그림 6-1

독점기업의 수입곡선

독점기업의 총수입곡선은 산봉우리형이다. 수요곡선은 우하향하고 한계수입곡선은 수요곡선보다 아래에 있다.

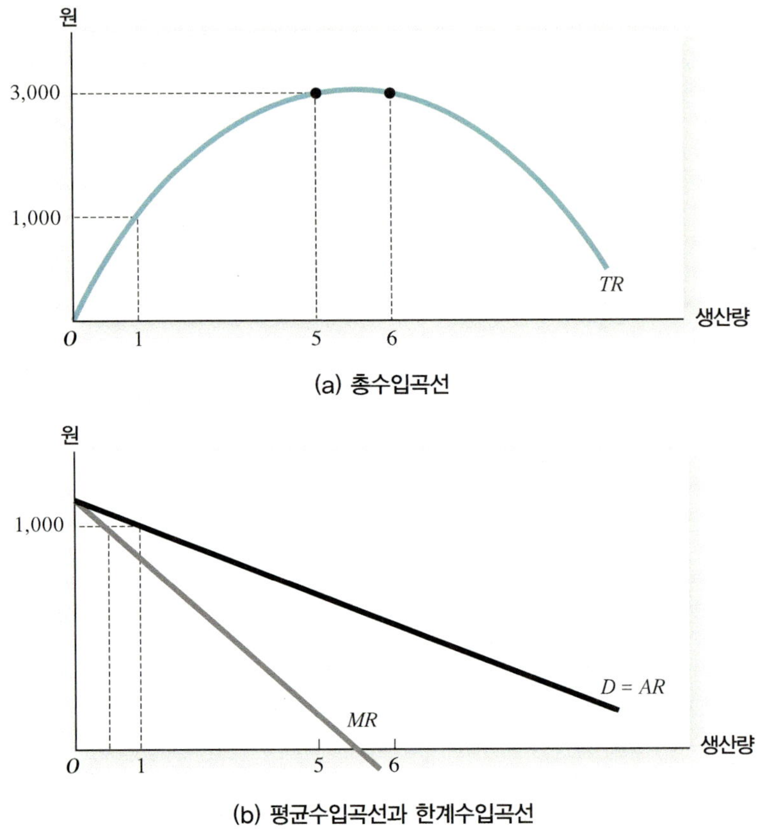

(1)열과 (2)열의 조합을 그림으로 나타낸 것이 독점기업이 직면하는 **수요곡선** 이자 **평균수입곡선**이다.[1] (1)열과 (3)열의 조합을 그린 것이 **총수입곡선**, (1)열과 (4)열의 조합을 그린 것이 **한계수입곡선**이다. 이 세 곡선이 **그림 6-1**에 그려져 있다. 이 그림과 제4장의 그림 **그림 4-10**의 차이점을 유의해야 한다.

경쟁기업은 주어진 시장가격에서 완전탄력적인 수요곡선에 직면하고 $P = AR = MR$의 관계가 성립한다.[2] 그러나 독점기업은 우하향의 시장수요곡선에 직면한다. 따라서 AR곡선과 MR곡선이 같지 않고 (첫 단위 제품을 제외하고는) 항상

1) 독점기업이 생산량을 정하면 가격은 (2)열에서와 같이 시장에 의해 결정된다. 따라서 (1)열과 (2)열은 독점기업 = 독점산업이 시장에서 직면하는 자기 제품에 대한 수요곡선을 나타낸다. 이를 줄여서 독점기업이 직면하는 수요곡선이라 표현했다.

2) 제4장의 연습문제 10번을 확인하라.

$P = AR > MR$의 관계가 성립한다. 경쟁시장에서는 제품의 시장가격이 한계수입과 같지만 독점시장에서는 시장가격이 한계수입보다 크다. 이것이 완전경쟁과 독점의 기본적인 차이점이다.

왜 독점에서는 제품가격이 한계수입보다 클까? 독점기업이 직면하는 수요곡선은 동시에 시장수요곡선이다. 어떤 생산물이든지 시장수요곡선은 제3장의 소비자 이론에서 배운 바와 같이 우하향한다. 따라서 독점기업이 제품을 더 팔기 위해서는 제품가격을 낮추어야 한다. 독점기업이 가격을 인하하면 새로 팔고자 하는 제품뿐만 아니라 이미 내놓은 모든 제품의 가격도 낮추어야 한다.[3] 따라서 총수입의 증가분을 나타내는 한계수입은 제품의 추가 생산으로 형성되는 새로운 시장가격보다 적은 것이다.

독점기업이 직면하는 우하향의 수요곡선과 관련하여 한 가지 유의할 사실은 독점기업이 제품생산량과 제품가격을 동시에 자기가 원하는 수준으로 결정할 수는 없다는 점이다. 제품생산량을 정해 놓고 시장가격을 임의로 결정할 수 없다. 또 시장가격을 정해 놓고 그 가격에서 임의로 생산량을 결정할 수도 없다. 우하향의 수요곡선이 의미하는 바는 독점기업이 제품생산량을 변경시키면 가격이 달라지고 거꾸로 가격을 변경시키면 생산량이 달라진다는 것이다. 독점기업이 독자적으로 결정할 수 있는 것은 생산량이나 시장가격 둘 중의 어느 하나뿐이다. 한쪽을 독점기업이 결정하면 다른 한쪽은 시장수요곡선에 의하여 결정된다.

1.4 독점기업의 균형

앞에서 독점기업의 수요곡선으로부터 총수입 · 평균수입 · 한계수입 등 수입 측면을 살펴보았다. 독점기업이 경쟁기업처럼 이윤극대화를 추구한다고 가정하자. 이제 독점기업의 비용 측면에 관한 자료가 주어지면 이윤극대화를 보장하는 공급량과 이에 상응하는 시장가격을 구할 수 있다.

독점기업의 각 생산량에 상응하는 총비용이 **표 6-2**의 (5)열과 같다고 하자. 표에서 앞의 네 열은 **표 6-1**과 같다. 총수입에서 평균수입과 한계수입을 계산한 것과 같이 총비용에서 평균비용과 한계비용을 계산할 수 있다. 이 평균비용과 한계비

3) 독점기업이 시장을 효과적으로 분할할 수 있으면 동질적인 상품이라도 다른 가격을 매길 수 있다. 이 경우는 뒤에서 가격차별이라는 제목으로 따로 다루어진다.

용이 (6)열과 (7)열에 있다. 마지막으로 총수입에서 총비용을 뺀 총이윤이 (8)열에 계산되어 있다.

표 6-2

독점기업의 수입, 비용 및 이윤

(1) 생산량 Q	(2) 시장가격 P	(3) 총수입 TR	(4) 한계수입 MR	(5) 총비용 TC	(6) 평균비용 $AC = \frac{TC}{Q}$	(7) 한계비용 $MC = \frac{\Delta TC}{\Delta Q}$	(8) 이윤 $\pi = TR - TC$
0		0		1,000			−1,000
1	1,000	1,000	1,000	1,400	1,400	400	−400
2	900	1,800	800	1,700	850	300	100
3	800	2,400	600	2,100	700	400	300
4	700	2,800	400	2,500	625	400	300
5	600	3,000	200	3,000	600	500	0
6	500	3,000	0	3,600	600	600	−600
7	400	2,800	−200	4,550	650	950	−1,750
8	300	2,400	−400	5,500	688	1,000	−3,100

이 예에서 독점기업의 최대이윤은 (8)열에서 확인할 수 있듯이 300원이며, 이는 생산량을 3단위나 4단위 공급할 때 얻어진다. 3단위를 공급할 때의 시장가격은 800원이고 4단위를 공급할 때의 시장가격은 700원이다. 이상은 총수입과 총비용의 차이를 직접 확인하여 이윤극대화 공급량을 결정하는 방법이다. **그림 6-2**의 **(a)**는 이것을 그린 것이다.

제4장에서 $TR-TC$ 접근 방법과 똑같은 결과를 낳는 한계수입(MR) = 한계비용(MC) 접근 방법을 소개하였다. 표와 그림 6-2의 **(b)**에서 보는 바와 같이 $MR = MC$를 만족시키는 공급량은 4단위이다. 따라서 이윤극대화 공급량은 4단위인 것을 알 수 있다.

이상에서는 상품을 한 단위, 두 단위 등 양의 정수로만 생산하는 경우를 살펴보았다. 따라서 $MR = MC$를 만족시키지 않는 공급량 3단위에서도 이윤이 극대화되었다. 이제 상품을 한 단위, 두 단위뿐만 아니라 0.2단위, 0.75단위 등 한 단위를 세분하여 생산하고 그 각각에 대응하여 서로 다른 가격수준으로 판매할 수 있다고 가정하면 곡선들은 모나지 않고 부드러운 곡선이 된다. 그리고 이윤극대화 공급량도 유

그림 6-2

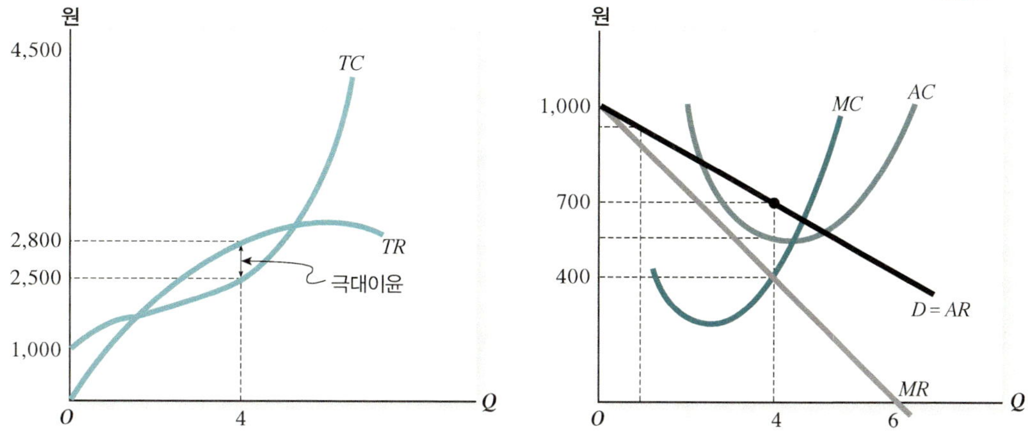

(a) ***TR*-*TC*** 접근 방법 (b) ***MR*=*MC*** 접근 방법

독점기업의 이윤극대화 생산량

독점기업의 이윤을 극대로 하는 생산량은 총수입곡선과 총비용곡선의 수직적인 차이가 가장 큰 생산량이자 한계수입곡선과 한계비용곡선이 만나는 생산량이다.

일하게 결정된다.

독점기업이 직면하는 제품수요곡선이 **그림 6-3**에서와 같이 주어져 있다고 하자. 독점기업은 이 수요곡선에서 한계수입곡선을 도출할 수 있다. 앞에서 본 대로 모든 판매량에 대하여 한계수입곡선은 시장가격과 평균수입을 나타내주는 수요곡선보다 낮은 수준에 위치한다. 독점기업은 자기가 가지고 있는 총비용의 자료에서 평균비용곡선과 한계비용곡선을 쉽게 그릴 수 있다. 독점기업이 이윤극대화를 추구할 경우 한계수입곡선과 한계비용곡선이 만나 $MR = MC$의 조건을 만족시키는 Q_E를 이윤극대화 공급량으로 결정할 것이다. 이 Q_E가 시장에 공급될 때 시장수요곡선에 의하여 시장가격은 P_E가 된다. 이때

$$\text{총수입}(TR) = P \times Q = \text{사각형 } OP_m E_m Q_m$$

$$\text{총비용}(TC) = AC \times Q = Q_m B \times OQ_m = OP_1 BQ_m$$

$$\text{총이윤}(\pi) = TR - TC = OP_m E_m Q_m - OP_1 BQ_m = P_1 P_m E_m B$$

그림 6-3

독점기업의 단기균형

이윤극대화를 추구하는 독점기업은 제품수요곡선에서 한계수입곡선을 도출하여 한계수입 = 한계비용인 Q_m을 공급한다. 이 공급량은 수요곡선에 의해 P_m의 가격으로 팔린다. 독점기업의 단기균형점은 E_m이다.

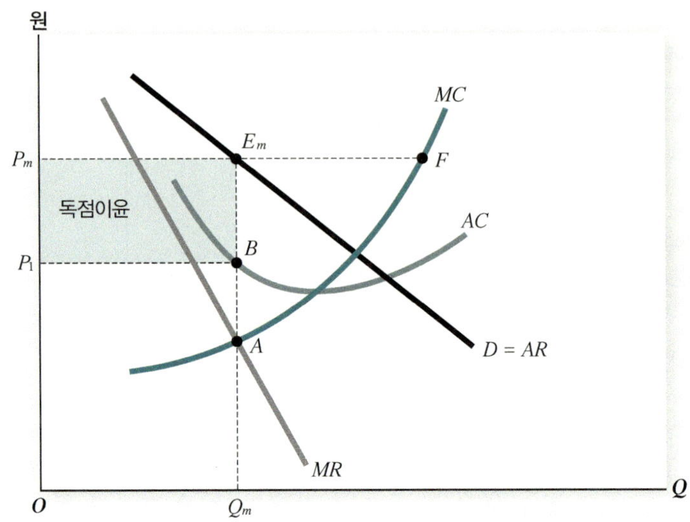

이다. 독점기업이 수취하는 총이윤을 **독점이윤**이라고 한다.

1.5 독점기업의 공급곡선은 없다

경쟁기업의 공급곡선은 평균가변비용곡선을 상회하는 한계비용곡선이었다. 독점기업에서도 마찬가지 결과를 얻을까? 경쟁기업의 공급곡선 도출 과정을 복습하면 독점기업에서는 마찬가지 결과를 얻지 못한다는 것을 알 수 있다.

경쟁기업은 시장가격을 주어진 그대로 받아들여 정해진 시장가격으로 얼마든지 제품을 팔 수가 있었다. 이로부터 임의의 시장가격에서 수평인 수요곡선 = 한계수입곡선을 얻고, 이 한계수입곡선과 우상향하는 한계비용곡선이 만나는 점에서 이윤극대화 공급량을 결정할 수 있었다.

그러나 독점기업에서는 우하향하는 수요곡선으로 인하여 한계수입곡선이 수요곡선보다 아래에 위치하게 된다. 또한 독점시장가격은 기업의 생산량과 아무 관계가 없는 것이 아니라 생산량이 많고 적음에 따라 영향을 받는다. 따라서 임의의 시장가격에서 한계비용곡선은 이윤극대화 공급량을 표시해 주지 않는다. 예컨대 **그림 6-3**에서 시장가격 P_m에 대응하는 공급량은 한계비용곡선 상의 P_mF가 아니고

$P_mE_m = OQ_m$인 것이다. 독점기업의 한계비용곡선은 공급곡선이 아니다.

그러면 독점기업의 공급곡선은 어떻게 표시될까? 한마디로 말해 독점기업에는 공급곡선이 존재하지 않는다. 경쟁기업의 공급곡선은 경쟁기업이 가격수용자로서 '시장가격이 어떤 수준이면' 공급량을 어떤 수준으로 하겠다는 일련의 사전계획을 나타낸다. 이에 반해 독점기업은 가격결정자로서 '시장가격이 어떤 수준이면' 이라는 수동적인 가정을 할 필요가 없다. 그때그때 시장수요의 크기를 감안하여 이윤을 극대화시키는 공급량이나 가격을 스스로 결정하면 된다.

1.6 독점기업의 가격 결정

앞의 **그림 6-3**에서 독점기업이 이윤극대화 공급량을 먼저 결정하고 나면 시장수요곡선에 의해 독점상품가격이 결정된다고 설명하였다. 그러나 현실 세계의 독점기업은 가격을 먼저 결정하고 이 정해진 가격으로 시장수요량만큼 판다. 우리가 배우는 독점이론과 현실에서의 독점기업 행태는 일견 서로 조화되지 않는 것처럼 보인다. 과연 그럴까? 그렇지 않다.

지금까지 우리는 독점기업이 자기 제품에 대한 시장수요곡선을 정확히 안다고 가정하여 논의를 전개해 왔다. 그림 6-3에서 시장수요곡선을 D로 그릴 때에는 각각의 가격수준에 대응하는 매기당 시장수요량이 D로 표시된다는 것을 경제학도도 알고 독점기업도 알고 있다고 가정하는 것이다. 시장수요곡선이 D이면 독점기업은 한계수입곡선 MR을 도출하여 이 한계수입곡선이 한계비용곡선과 만나는 이윤극대화 공급량 Q_m을 결정한다. 공급량이 결정되면 시장가격은 수요곡선에 의해 P_m으로 결정된다. 이것을 달리 표현하면 시장수요곡선이 D일 때 독점기업은 매기당 이윤극대화 공급량 Q_m이 팔릴 수 있도록 시장가격을 P_m으로 결정한다고 말할 수 있다. 시장수요곡선의 위치를 정확히 알고 있으면, 독점기업이 이윤극대화 공급량을 결정하고 시장수요곡선이 시장가격을 결정한다고 말할 수도 있고, 독점기업이 이윤극대화 가격을 결정하고 시장수요곡선이 판매량을 결정한다고 말할 수도 있는 것이다.

독점기업이 시장수요곡선의 정확한 위치를 모를 때에는 어떻게 될까? 시장수요에 불확실성이 많고 이 불확실성을 없앨 정도로 독점기업이 완전한 정보를 가지고 있지 않을 때에는 독점기업이 시장수요곡선의 정확한 위치를 알지 못한다. 이때 불확실성이 어떤 확률분포로 묘사된다면 통계학에서 배우는 불확실성 하의 의사 결정이론을 이용하여 시장수요곡선이 나타날 수 있는 범위와 빈도 등을 파악하고 이에 입각하여 독점기업의 **기대이윤**(expected profit)을 극대화시키는 가격이나 공급량을 정한다.

불확실성이 어떤 확률분포로 묘사될 수 없고, 각각의 가격에 대응하는 시장수요량을 파악하는 데 많은 비용이 든다면 시장수요곡선이 나타나는 범위마저도 제대로 파악할 수 없다. 이 경우에 독점기업은 비용할증가격설정방식에 의존한다. **비용할증가격설정**(mark-up pricing)이란 생산비에 적정 마진(margin)을 더해 가격을 정하는 것을 말한다. 정상적인 생산수준에서의 평균비용(AC)에 적절하다고 생각되는 마진율(m)을 더해 시장가격(P)을 결정하는 것이다.

$$P = AC(1 + m) \tag{6-1}$$

시장수요에 관한 불확실성이 크고 불확실성을 없애는 데에 많은 비용이 드는 상황에서는 위 식으로 표시되는 비용할증가격설정이 장기적으로 이윤극대화와도 합치되는 합리적인 가격설정방식이라고 알려져 있다. 비용할증가격설정은 아래에서 배우는 독점적 경쟁산업과 과점산업에서도 흔히 관찰된다.

본서에서는 불완전경쟁기업이 시장수요곡선을 정확히 안다고 가정하여 분석을 단순화하고 있다.

1.7 독점기업과 가격차별

경쟁시장에서는 한 상품에 대하여 단 하나의 가격만이 성립하는 **일물일가의 법칙**(law of one price)이 존재한다. 그런데 독점에서는 한 상품에 대하여 생산비용이 같음에도 불구하고 상이한 시장에 상이한 가격을 매길 수 있다. 이를 **가격차별**(price discrimination)이라 한다. 예컨대 서울시에서 수돗물을 공급하는데 가정용 수도요금은 높게, 산업용 수도요금은 낮게 매긴다거나 철도청이 주말에 KTX 요금을 주중보다 비싸게 매기는 것 등이 가격차별을 하는 경우이다.

가격차별은 생산비용이 같은 상품인데도 불구하고 서로 다른 가격을 매기는 것이다. 영화관, 버스, 기차, 비행기 등은 어른이 이용하든 어린이가 이용하든 비용이 같은데 어른들의 요금이 비싸기 때문에 가격차별이다. 그러나 장거리 여행 요금이 단거리 여행 요금보다 비싼 것은 가격차별이 아니다. 장거리 여행 서비스의 공급비용이 단거리 여행의 그것보다 더 커서 요금도 비싸기 때문이다.

가격차별이 성립하기 위해서는 다음의 네 가지 조건이 충족되어야 한다.

첫째, 기업이 시장지배력을 갖고 있어야 한다. 시장가격에 전혀 영향력을 미치지 못하는 경쟁기업은 가격차별을 할 수 없다. 제2절과 3절에서 배우는 독점적 경쟁기업과 과점기업도 독점기업만큼 크지는 않지만 시장지배력을 갖고 있기 때문에 가격차별을 할 수 있다.

둘째, 서로 다른 시장이 쉽게 구분되어야 한다. 극장에서 대인과 소인의 입장료가 다른 것은 대인과 소인의 구분이 용이하기 때문이다. 서울시는 수돗물을 공급할 때 가정과 공장을 쉽게 구분할 수 있다.

셋째, 상이한 시장 사이에 상품의 재판매가 불가능해야 한다. 만약 가격이 낮은 시장에서 상품을 산 사람이 가격이 높은 시장에서 팔 수 있다면 매매차익을 노리는 구매자들에 의하여 시장 간의 가격 차이는 없어지고[4] 가격차별정책은 실패로 돌아갈 것이다.

넷째, 상이한 시장 간에 수요의 (가격)탄력성이 달라야 한다. 앞의 세 조건이 충족되더라도 다른 시장 사이에 수요의 탄력성이 같으면 시장가격이 같아지게 되어 가격차별화가 이루어지지 않는다.

제3장에서 수요가 탄력적인 상품은 가격이 떨어질 때 가계지출이 늘어나 기업수입도 증가한다고 하였다. 수요가 비탄력적인 상품은 가격이 오를 때 가계지출과 기업수입이 증가한다. 따라서 독점기업은 수요가 탄력적인 시장일수록 가격을 싸게 매기고 비탄력적인 시장일수록 가격을 비싸게 매겨 수입을 늘릴 수 있다.

1.8 경쟁시장과 독점시장의 비교

독점은 경쟁시장과는 달리 자원을 비효율적으로 배분하기 때문에 경제에 여러 가지 손실을 가져온다. 이하에서는 독점을 몇 가지 측면에서 완전경쟁과 대비시켜 봄으로써 독점이 구체적으로 어떤 사회적 손실을 낳는가를 살펴보기로 한다.

---

4) 보다 정확하게 말해서 시장 간의 수송비만큼 가격 차이가 존재할 것이다. 매매차익을 노려 상품을 사고파는 행위를 **차익거래**(arbitrage transaction)라 한다.

그림 6-4

완전경쟁산업의 독점화

완전경쟁산업이 독점산업으로 바뀌면 균형점이 E_C에서 E_m으로 바뀌어 상품가격이 오르고 거래량이 감소한다. 후생손실이 생겨 자원배분이 비효율적이다.

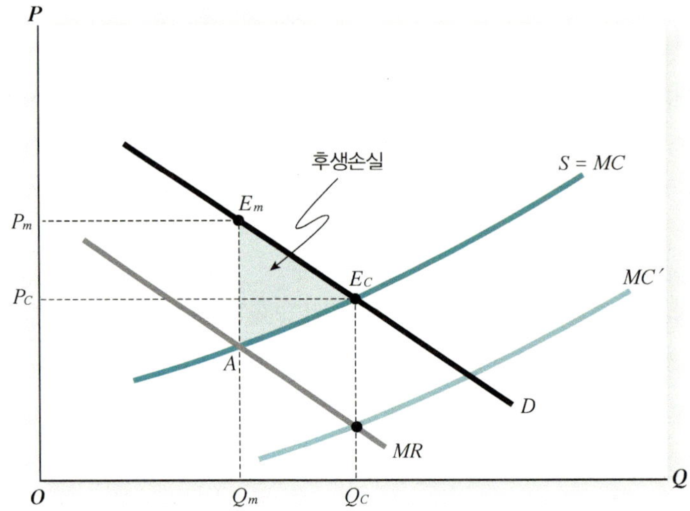

경쟁산업의 독점화에 따른 사회적 손실

지금까지 완전경쟁이었던 한 산업이 갑자기 독점기업으로 통합되어 버린다면 시장가격과 공급량은 어떠한 영향을 받을까?

그림 6-4에서와 같이 경쟁산업의 수요곡선은 D, 공급곡선은 S로 표시된다 하자. 그러면 경쟁시장의 가격은 시장수요곡선과 시장공급곡선이 교차하는 P_C, 공급량은 Q_C이다.

이제 이 경쟁산업이 한 거대기업에 의하여 독점산업으로 바뀐다고 하자. 그러면 경쟁산업의 공급곡선 S는 독점기업의 한계비용곡선이 된다. 경쟁산업에서 개별기업들의 한계비용곡선들을 수평으로 합하여 시장공급곡선을 도출했기 때문에 독점화로 비용구조가 변하지 않는다면 이제 독점기업의 한계비용곡선이 되는 것이다.

독점기업은 시장수요곡선에서 한계수입곡선을 도출한다. 그리고 한계수입곡선과 한계비용곡선이 만나는 Q_m을 이윤극대화 수량으로 공급한다. 독점기업이 매기당 Q_m을 공급하면 시장가격은 시장수요곡선에 의해 P_m에서 결정된다. 경쟁산업이 독점산업으로 바뀌면 시장가격이 P_C에서 P_m으로 높아지고 시장거래량은 Q_C에서 Q_m으로 줄어드는 것이다. 소비자의 입장에서는 경쟁시장이 독점시장으로 바뀌면 예전보다 적은 수량을 더 비싸게 사야 하기 때문에 소비자잉여가 감소한다.

독점시장에서의 가격이 경쟁시장에서의 가격보다 더 높다는 것은 **그림 6-4**에서 보는 바와 같이 두 시장의 한계비용이 동일할 때 경쟁시장에서는 $P_C = MC$이지만 독점 하에서는 $P_m > MC$인 것에서도 쉽게 확인할 수 있다.[5]

제5장에서 $P = MC$가 자원배분의 효율 면에서 아주 중요한 의의를 갖는다는 것을 설명하였다. 그러면 독점에서 나타나는 $P > MC$는 무엇을 의미할까? 그림 6-4에서 사람들이 적어도 한계비용만큼의 가격을 지불하고 소비하려는 상품의 수량은 Q_C이다. 그런데 독점은 한계수입(MR) = 한계비용(MC)인 Q_m만을 공급함으로써 가격을 한계비용(Q_mA)보다 높은 P_m으로 매기고 있다. 그 결과 P_C에서 P_m 사이의 한계비용을 초과하는 시장가격을 지불하고라도 소비할 용의가 있는 소비자들이 상품을 구입하지 못하게 된다. 이 독점상품의 생산에 자원이 더 투입되어 Q_C만큼 생산되면 더 많은 소비자들이 한계비용 P_C만 지불하고도 상품을 구입할 수 있게 되며, 이것이 사회적으로도 바람직하다. 그러나 독점기업은 자신의 이윤극대화를 위해 자원을 적게 고용하여 상품을 Q_mQ_C만큼 과소생산하는 것이다.

현재의 생산수준에서 A산업에서는 $P_A > MC_A$인데 B산업에서는 $P_B < MC_B$라면 사회 전체적으로 볼 때 자원이 비효율적으로 배분되고 있다. A산업에서는 위에서 설명한 바와 같이 필요 이하로 적은 자원이 고용되어 상품이 과소생산되고 있다. B산업에서는 시장에서 거래되는 상품의 마지막 단위에 대하여 소비자들이 지불하고자 하는 가격(P_B)이 그 마지막 단위를 생산하는 데 드는 기회비용보다 적다. 즉, 필요 이상으로 많은 자원이 B상품 생산에 투입되고 있어 가격이 지나치게 싼 것이다. 이 경우 과다고용되고 있는 B산업에서 과소고용되고 있는 A산업으로 자원을 전용하는 것이 사회 전체로 볼 때 자원이 효율적으로 이용되는 방법이다. 이 논리는 $P_A = MC_A$, $P_B = MC_B$가 될 때까지 유효하다. 이러한 이유로 경제 내에 있는 모든 산업에서 $P = MC$의 관계가 성립할 때 경제가 자원배분의 효율성을 시현하고 있다, 혹은 **자원배분이 효율적이다**라고 말한다. 일부 산업이 독점산업일 때 $P > MC$이기 때문에 자원배분은 비효율적이다. 이 경우 제품 단위당 비효율성의 크기는 $P - MC$가 된다.[6]

---

5) 독점화로 규모의 경제가 일어나면 평균비용과 한계비용이 낮아진다. 한계비용이 많이 낮아져 그림 6-4에서 새 한계비용곡선이 MC'이나 그보다 오른쪽으로 이동한다면 독점균형이 경쟁균형 E_C나 E_C보다 남동쪽에 있을 수 있다. 그러나 현실 시장에서 독점화에 따른 규모의 경제가 그처럼 크지는 않다. 따라서 경쟁산업이 독점화되면 규모의 경제가 존재하더라도 일반적으로 거래량이 줄어들고 시장가격이 높아진다.

그림 6-4에서 경쟁산업이 독점산업으로 바뀌면서 감소되는 생산량 한 단위마다 $P-MC$만큼의 사회적 손실이 발생한다. 생산량이 Q_C에서 Q_m으로 감소할 때 발생하는 손실의 크기는 삼각형 E_mAE_C로 표시된다. 이를 **독점의 후생손실**이라고 한다.

제5장에서 소비세가 부과되면 생산량이 줄어들면서 후생손실이 생기는 것을 배웠다. 시장이 경쟁시장에서 독점시장으로 바뀔 때에도 생산량이 줄어들면서 후생손실이 생긴다.

독점에서 Q_mQ_C를 생산하지 않으면 완전경쟁에서보다 자원이 절약된다. 절약되는 자원이 다른 재화의 생산에 사용될 때 창출하는 가치는 사각형 $Q_mAE_CQ_C$로 표시된다(어떤 재화의 생산에 따르는 기회비용은 그 재화의 한계비용으로 표시된다는 것을 상기하라). Q_mQ_C에 대한 소비자들의 지불용의액(수요가격)은 사각형 $Q_mE_mE_CQ_C$로 표시된다. 지불용의액과 절약되는 비용의 차액인 삼각형 E_mAE_C는 사회에서 영영 소멸되고 만다. 삼각형 E_mAE_C를 후생손실이라고 부르는 이유는 이 때문이다.

소득분배

이윤극대화를 추구하는 독점기업이 아무런 규제를 받지 않고 장기적으로 존재할 경우 소득분배의 불평등을 심화시키는 효과가 있다. 경쟁시장에서는 장기적으로 수많은 기업들이 정상이윤을 향유하며 경쟁기업들이 생산요소에 기회비용만큼만 지불한다. 반면에 독점기업은 장기에도 초과이윤을 누릴 수 있으며 독점기업이 보유하는 생산요소에게 그 요소의 기회비용 이상으로 지불한다. 독점기업의 소유주나 주주들은 대부분 중산층 이상인데 장기적으로 초과이윤 내지 초과배당을 받음으로써 소득분배를 악화시킨다.

기술진보에 관한 유인

독점이 완전경쟁보다 기술진보에 관한 유인 면에서 나은가 못한가에 관해서는 정설이 없다. 경쟁기업은 적자생존의 격심한 경쟁에서 살아남기 위하여 기술진보에 부단한 노력을 경주해야 한다. 다른 기업들이 기술진보로 똑같은 상품을 싸게 생산하여 시장가격이 낮아지면 기술진보를 하지 못한 기업은 도태되기 때문이다. 그런

---

6) 경제학자 러너(Abba P. Lerner)는 $\frac{P-MC}{P}$를 **독점도**라 불렀다. 이 값이 클수록 독점의 정도가 크다고 볼 수 있기 때문이다.

데 독점기업은 다른 기업으로부터 강한 경쟁위협을 당하지 않으므로 독점의 지위를 지키면서 안이하게 초과이윤을 향유하려는 경향이 작용하여 독점이 기술진보를 저해하는 측면이 있다.

기술진보에는 지속적인 연구 · 개발(research and development : R&D)과 이를 위한 방대한 자금이 필요하다. 독점기업은 초과이윤을 누리기 때문에 완전경쟁에서는 활용할 수 없는 방대한 자금과 연구진을 활용하여 기술진보를 촉진시키는 측면도 있다. 따라서 기술진보에 관한 유인 면에서 독점과 완전경쟁 중에 어느 한쪽이 유리하다고 단정할 수 없다.

독점의 기타 효과

독점은 X-비효율성을 높인다. X-비효율성(X-inefficiency)이란 평균비용곡선이 보여주는 비용보다 높은 비용으로 생산하는 비효율을 말한다. 제4장에서 배운 바와 같이 평균비용곡선은 생산기술이 주어져 있을 때 각 생산량을 최소의 비용으로 생산하게 하는 점들을 보여준다. 독점은 경쟁의 압력이 없기 때문에 굳이 최소의 비용으로 생산하려는 유인이 없다. 따라서 독점기업은 평균비용곡선 상의 점보다 높은 점에서 생산하기 쉽다. 독점은 경쟁을 하지 않아도 되기 때문에 소비자의 선호를 무시하고 비용절감을 위하여 노력하지 않는 등의 방만한 경영으로 여분(eXtra)의 비효율성을 낳는다.

독점은 소비자와 노동자의 선택의 자유를 제한한다. 독점시장에서 소비자들은 독점기업이 공급하는 상품 이외의 다른 상품을 선택할 수 없다. 독점시장에서는 독점기업이 유일한 고용주이기 때문에 노동자들 또한 선택의 자유를 제한받는다.

독점은 민주정치의 발전을 저해하기도 한다. 독점기업은 흔히 독점이윤으로 축적된 재원을 이용하여 독점적 지위를 계속 유지하기 위해 로비활동을 편다. 정치인 · 공무원들을 후원하거나 매수하여 자기에게 유리한 법규와 제도를 만들게 함으로써 보다 더 큰 시장지배력을 행사하려고 한다. 대부분의 개발도상국에서 고질적인 문제가 되고 있는 정경유착(政經癒着)이 그 좋은 예이다.

이상에서 살펴본 바와 같이 독점은 규모의 경제를 살리는 이득이 있는 한편 여러 가지 측면에서 사회적 비용을 발생시킨다. 일반적으로 독점의 이득보다 비용이 훨씬 크다. 각국 정부가 독점을 규제하는 것은 이 때문이다.

1.9 수요 · 공급의 이론과 불완전경쟁시장

생산물시장이 경쟁시장이면 기업의 수가 무수히 많고 각 기업은 가격수용자로 행동한다. 그 반대 극단에 기업이 하나뿐이고 가격결정자인 독점시장이 있다. 현실 세계에서는 두 극단인 경쟁시장과 독점시장이 드물다. 농수산물시장은 생산자의 수가 무수히 많다는 점에서 경쟁시장에 가깝지만 생산자 협동조합을 만들어 시장지배력을 행사하는 경우가 많기 때문에 경쟁시장이라고 단정할 수도 없다. 현실 세계에서 거의 찾아볼 수 없는 경쟁시장을 경제학에서 즐겨 다루는 이유는 두 가지이다.

첫째, 경쟁시장이 효율적인 자원배분을 낳음으로써 현실 시장들의 이상적인 준거로 삼을 수 있다는 점이다. 현실 시장들이 가급적 경쟁시장에 가까운 성과를 낼 수 있도록 경쟁촉진정책을 펴는 근거가 된다. 둘째, 경쟁시장을 다루는 분석도구인 수요 · 공급의 이론을 적절히 활용하여 가격결정자인 현실 기업들의 행태도 그럴 듯하게 분석할 수 있기 때문이다.

앞에서 배운 독점시장에서 가격과 생산량이 결정되는 이론은 수요 · 공급의 이론을 적절히 활용한 예이다. 독점시장에서 시장수요곡선은 있지만 시장공급곡선은 없다. 따라서 시장수요곡선과 시장공급곡선이 만나는 점에서 시장가격과 거래량이 결정된다고 말할 수 없다. 그러나 시장공급곡선 대신 한계비용곡선이 있다. 한계비용곡선이 (시장수요곡선으로부터 도출되는) 한계수입곡선과 더불어 시장가격과 거래량 중 하나를 결정한다. 나머지 하나는 시장수요곡선이 결정한다. 시장수요곡선의 위치를 확실히 알 수 없는 경우에는 비용할증가격을 설정한다.

현실 시장들은 으레 경쟁시장과 독점시장이라는 두 극단 사이에 있다. 그중에 대표적인 두 시장이 독점적 경쟁시장과 과점시장이다. 독점적 경쟁시장은 기업의 수가 많으면서도 서로 조금씩 품질이 다른 제품들을 만드는 시장이다. 과점시장은 몇몇 굴지의 기업이 지배하는 시장이다. 두 시장 모두 단기에 독점기업처럼 행동하는 경우에는 독점시장의 이론을 그대로 쓸 수 있다. 특히 독점적 경쟁시장은 단기에 독점균형, 장기에 경쟁균형을 보이는 시장으로서 우리가 배워 온 수요 · 공급의 이론으로 쉽게 다룰 수 있다. 과점시장은 기업들 간의 상호작용이 크기 때문에 다른 기업들이 어떻게 나올 것인가를 감안하면서 전략적으로 행동해야 하는 경우가 흔하다. 이런 과점시장 특유의 상황은 수요 · 공급의 이론만으로 만족스럽게 설명할 수 없다. 이 미흡한 부분을 경제학은 게임의 이론으로 보완하고 있다. 이 장의 제4절에서 게임의 이론을 개괄적으로 소개한다.

2. 독점적 경쟁시장과 자원배분

2.1 독점적 경쟁시장이란?

길거리에 나가 보면 각종 음식점, 술집, 커피전문점, 옷가게, 미용실 등 다양한 업종의 기업들이 많이 있다. 이런 업종들을 독점적 경쟁시장이라 한다.

> 독점적 경쟁(monopolistic competition)시장은 다수의 기업이 경쟁하면서 완전경쟁시장과 독점시장의 성격을 나누어 가지고 있는 시장이다.

독점적 경쟁시장은 다음과 같은 네 가지 특성을 갖는다.

① 다수의 기업 : 독점적 경쟁시장은 기업의 수가 많다는 점에서 완전경쟁시장과 비슷하다. 그러나 경쟁기업처럼 무수히 많지는 않다.

② 상품차별화 : 독점적 경쟁기업은 다른 기업들과는 다른 차별화된 상품(differentiated products)을 만들어낸다. 예컨대 다 같은 스파게티라도 식당마다 맛과 분위기, 서비스가 다르다. 이 상품차별화의 결과 각 식당은 약간의 시장지배력을 갖는다. 식당마다 그 식당 특유의 맛, 분위기, 서비스를 선호하는 단골손님들이 있어 설사 다른 식당보다 가격이 좀 비싸다 해도 그 고객들이 다 떨어져 나가지는 않는 것이다.

이는 독점적 경쟁기업이 단기에 독점기업처럼 우하향하는 수요곡선에 직면한다는 것을 뜻한다. 다만 독점기업과는 달리 독점적 경쟁기업에는 밀접한 대체재가 존재하여 수요의 가격탄력성이 크다. 따라서 독점적 경쟁기업의 수요곡선은 우하향하더라도 독점기업의 그것보다 훨씬 완만한 기울기를 갖게 된다.

③ 기업의 자유로운 진입과 퇴거 : 독점적 경쟁시장에는 독점에서와 같은 진입장벽이 존재하지 않는다. 따라서 한 독점적 경쟁산업 내의 기업들이 초과이윤을 누리면 장기적으로는 새로운 기업들이 이 산업으로 들어온다. 반면에 기업들이 손실

을 보면 장기적으로는 기존 기업들 중 일부가 이 산업으로부터 빠져나간다. 따라서 경쟁산업처럼 자유로운 진입과 퇴거가 보장되는 독점적 경쟁산업에서는 각 기업들이 장기에 초과이윤을 누리지 못하고 정상이윤만을 얻게 된다.

④ **비가격경쟁의 존재** : 독점적 경쟁기업들이 비슷비슷하면서 약간씩 다른 상품을 생산하기 때문에 자기 제품이 다른 제품보다 우수한 점들을 내세워 더 많은 매출을 올리려는 경쟁이 일어난다. 이러한 경쟁이 제품가격보다는 품질이나 판매 서비스의 개선 혹은 광고 등의 형태로 일어날 때 이를 **비가격경쟁**(non-price competition)이라 한다.

경쟁시장에서는 모든 기업들이 같은 품질의 상품을 같은 시장가격으로 얼마든지 팔 수 있으므로 비가격경쟁의 유인이 존재하지 않는다.[7] 독점에서는 밀접한 대체재가 존재하지 않으므로 다른 기업의 제품보다 우수한 점을 강조할 필요가 없어 비가격경쟁이 존재하지 않는다. 독점에서 행해지는 광고는 독점상품이 얼마나 생활에 유용한가를 알려주는 홍보적인 성격을 띤다. 이처럼 완전경쟁과 독점에서는 찾아볼 수 없는 비가격경쟁이 존재한다는 것이 독점적 경쟁의 특징이다. 그러나 독점적 경쟁시장에서의 비가격경쟁은 다음 절에서 다루는 과점시장에서의 비가격경쟁보다는 그 강도가 훨씬 약하다.

2.2 독점적 경쟁기업의 균형

독점적 경쟁기업은 독점기업처럼 우하향의 수요곡선을 갖는다. 따라서 기업이 이윤극대화를 추구한다면 독점적 경쟁기업의 단기균형은 독점기업의 그것과 기본적으로 같다. 그러나 장기에는 독점기업이 초과이윤을 얻는 데 비해 독점적 경쟁기업은 기업의 진입·퇴거가 자유롭기 때문에 정상이윤만을 얻는다는 점이 다르다.

독점적 경쟁기업의 단기균형

독점적 경쟁기업이 초과이윤을 시현하는 단기균형을 **그림 6-5**로 표시하였다. 이 그림은 독점기업의 수요곡선에 비하여 수요곡선을 완만하게 그린 것을 빼고는

7) 기술진보를 통하여 종전보다 좋은 품질의 상품을 개발하고 특허를 받으면 특허권 기간 중 실질적인 독점기업이 되어 초과이윤을 누릴 수 있다. 따라서 경쟁기업들의 기술진보를 위한 경쟁유인은 존재한다.

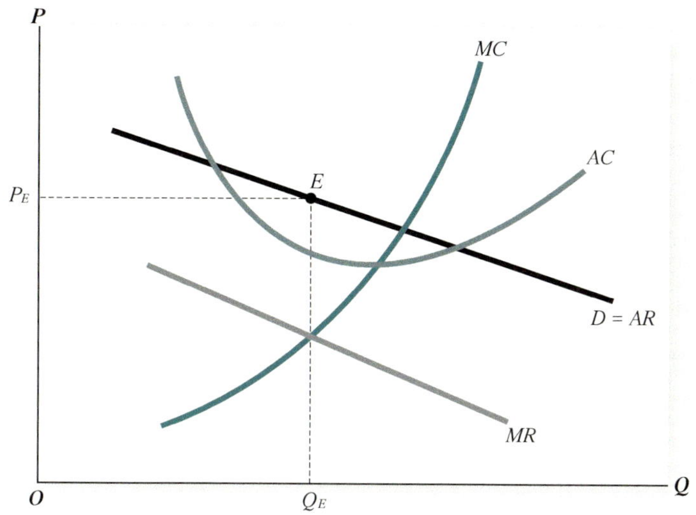

그림 6-5

독점적 경쟁기업의 단기균형

독점적 경쟁기업은 독점기업과 마찬가지로 한계수입 = 한계비용인 생산량을 시장에 공급한다. 그러면 시장수요곡선이 가격을 결정하여 균형에 도달한다.

그림 6-3과 똑같다. 그림에서 이윤을 극대화시키는 공급량은 Q_E이고 시장가격은 P_E이다. 독자들은 그림 6-3에서와 같이 **그림 6-5**로 독점적 경쟁기업의 수입 · 비용 · 이윤 등을 설명할 수 있어야 한다. 독점적 경쟁기업의 공급곡선은 존재하지 않는다는 것, 가격차별을 할 수 있다는 것 등은 독점기업의 경우와 같다.

독점적 경쟁시장의 단기균형은 어떠할까? 독점적 경쟁시장에서는 상품의 비동질성을 가정했기 때문에 경쟁시장에서처럼 각각의 시장가격에서 개별 기업의 수요곡선을 수평으로 합하여 시장수요곡선을 도출할 수 없다. 각 독점적 경쟁기업의 제품은 실질적으로는 별개의 상품인 것이다.

독점적 경쟁기업의 장기균형

장기균형을 논하는 데 있어서는 독점적 경쟁시장의 세 번째 특징으로 든 자유로운 진입과 퇴거가 중요한 역할을 담당한다. 독점적 경쟁시장에서는 경쟁시장에서와 같이 새로운 기업의 자유로운 진입과 기존 기업의 자유로운 퇴거가 보장되기 때문에 장기적으로는 초과이윤도 손실도 없이 정상이윤만을 얻게 된다. 따라서

$$\underset{(P)}{\text{가격}} = \underset{(AR)}{\text{평균수입}} = \underset{(SAC)}{\text{단기평균비용}} = \underset{(LAC)}{\text{장기평균비용} \qquad (6-2)$$

이 성립한다.

한편 독점적 경쟁기업은 단기뿐만 아니라 장기에도 이윤극대화조건이 충족되어야 하므로

$$\text{한계수입}(MR) = \text{단기한계비용}(SMC) = \text{장기한계비용}(LMC) \quad (6-3)$$

이어야 한다.

식 (6-2)와 (6-3)이 동시에 충족되면 독점적 경쟁기업은 장·단기에 걸쳐 이윤극대화를 달성하고 최대이윤 규모는 0이 된다.

2.3 독점적 경쟁시장의 평가

독점적 경쟁시장에서도 독점시장에서처럼 경쟁시장에 비하여 생산량은 적고 시장가격은 높다. 또한 독점적 경쟁시장은 독점시장과 같이 시장가격이 한계비용보다 크다. 이 때문에 독점적 경쟁시장은 비효율적인 자원배분을 낳는다.

독점적 경쟁시장이 기술진보의 유인을 마련해 주는가 하는 면에서는 부정적이다. 독점적 경쟁시장에서 기술진보에 대한 재원으로서의 초과이윤은 단기에 그쳐서 독점시장에서와 같은 방대한 자금과 연구진을 장기적으로 활용할 수 없다. 비가격 경쟁으로 품질이 개선되는 효과는 있다. 그러나 품질 개선이 겉치레 개량에 그치고 실질적인 기술진보에까지 이르지 못하는 경우가 많다.

소득분배 면에서는 많은 기업들이 장기적으로 정상이윤만을 얻기 때문에 독점시장보다는 소득불평등의 정도가 약하지만 평등분배에 기여하는 정도는 경쟁시장에 미치지 못한다.

독점적 경쟁시장에는 인위적인 진입장벽이 없기 때문에 장기에 제품가격이 평균비용과 같게 되어 정상이윤만을 얻는다. 독점시장과 다음 절에서 다루는 과점시장에 비해 자원배분의 비효율성 정도가 작다. 어차피 경쟁시장은 현실 세계에서 드물다. 따라서 각국 정부는 대체로 독점적 경쟁시장을 규제하지 않고 독점시장과 과점시장(**독과점시장**)을 규제하는 데에 초점을 맞추고 있다.

3. 과점시장과 자원배분

Navigator @ Economics, ch. six

3.1 과점시장이란?

과점(oligopoly)시장이란 소수의 대기업에 의하여 지배되는 시장을 말한다.

과점산업의 특수한 경우로 단 두 기업이 전체 시장을 석권하는 산업이 있는데 이를 복점(duopoly)산업이라 한다. 현실 경제에서는 많은 산업이 과점이다. 우리나라의 경우 과점산업은 우유, 라면, 맥주 같은 음식료품에서부터 휴대폰, 가전제품, 승용차 등 대부분의 제조업과 금융 서비스, 통신 서비스 등 많은 서비스산업에 이르기까지 다양하다.

과점시장은 다음과 같은 몇 가지 특징을 갖는다.

첫째, 기업 간의 밀접한 상호의존성을 들 수 있다. 이는 과점시장이 다른 시장조직과 두드러지게 다른 특성이다. 몇몇 대기업이 시장을 주름잡기 때문에 이 기업들 가운데 어느 하나가 가격이나 생산량을 변경시킬 때 다른 기업들에게 현저한 영향을 미친다. 각 기업은 이러한 사실을 인식하여 가격이나 생산량을 결정할 때 다른 기업들이 어떤 반응을 보일 것인가를 고려하지 않을 수 없다.

경쟁기업은 주어진 시장가격과 비용곡선 하에 이윤을 극대화하고자 한다. 독점기업이나 독점적 경쟁기업은 주어진 수요곡선과 비용곡선 하에 이윤을 극대화하고자 한다. 이 기업들은 모두 이윤극대화 과정에서 다른 기업의 반응을 무시할 수 있었다. 그러나 과점기업은 수요곡선과 비용곡선 하에 이윤을 극대화하고자 하되 이 과정에서 다른 기업들이 어떻게 반응할 것인가를 고려해야 한다.

둘째, 치열한 비가격경쟁과 가격의 경직성을 들 수 있다. 과점기업 간에는 밀접한 상호의존관계가 있기 때문에 한 기업이 가격 인하를 통하여 다른 기업들로부터 고객을 빼앗아 오려 하면 다른 기업들도 가격 인하에 뛰어들어 가격전쟁이 일어나 모든 기업들의 이윤이 낮아지는 경우가 종종 생긴다. 한편 한 기업이 가격을 인상할 때 다른 기업들이 따라서 가격을 인상하지 않거나 인상하더라도 그 폭이 작은 경우에는 가격을 인상한 기업은 수요의 격감과 고객을 잃는 위험에 처한다. 따라서 기업들은 가급적 가격경쟁을 회피하고 광고나 상품차별화 등 비가격경쟁에 의존하게 된다. 그 결과 과점시장의 제품가격은 다른 시장에서처럼 자주 바뀌지 않고 경직적인 현상을 보인다.

셋째, 기업들이 담합(collusion)과 같은 **비경쟁행위**(non-competitive practices)를 하려는 경향이 강하다. 가격전쟁을 벌이지 않는 것이 상호 이익이라는 것을 인식하는 과점기업들은 그들 공동의 이윤을 극대화하기 위하여 가격을 협정하고 나아가 여러 가지 공동행위를 취하는 경우가 흔하다. **카르텔**(cartel)이나 **기업합동**(trust) 등이 그러한 공동행위이다.[8)]

넷째, 새로운 기업의 진입에 상당한 장벽이 존재한다. 진입장벽이 독점과 같이 완벽한 것은 아니지만 독점적 경쟁보다는 훨씬 두텁다. 이러한 진입장벽이 과점을 생성·유지시킨다. 진입장벽으로는 독점의 경우처럼

① 규모의 경제가 상당한 생산 규모에까지 존재한다.

② 정부가 인·허가 등을 몇몇 기업에만 내준다.

③ 기존 기업들이 전략적으로 진입장벽을 쌓는다.

등을 들 수 있다. ①에 의해 생기는 과점을 **자연과점**이라 한다.

3.2 과점기업의 행태

과점기업들은 다른 시장조직 안에 있는 기업들과는 달리 가격이나 생산량을 결정할 때 다른 기업들이 어떻게 반응할 것인가를 고려한다. 그런데 이 반응은 아주 다양하게 나타난다. 예컨대 한 과점기업이 자기 제품의 가격을 올릴 경우 다른 기업들이 가격 인상에 따를 수도 있고 종전의 가격을 그대로 유지할 수도 있다. 가격 인상에 따를 경우에도 똑같은 인상폭으로 올릴 수도 있고, 그 이상이나 그 이하로 올릴 수도 있다. 이 각각의 경우에 따라 최초에 가격을 올린 기업의 판매수량과 이윤은 달라진다. 나아가 과점기업들이 서로 호전적으로 대응하여 가격전쟁에 돌입할 수도 있고 담합하여 독점기업처럼 행동할 수도 있다. 이처럼 과점시장의 양상이 아주 다양하기 때문에 우리가 배워 온 경쟁시장, 독점시장, 독점적 경쟁시장처럼 일원

---

8) 카르텔은 각 참가기업이 독립성을 유지하면서 시장지배를 목적으로 일정한 협약(주로 가격 및 수량 협약)의 범위 내에서만 공동행위를 하는 기업연합 형태이다. 기업합동은 카르텔의 발전된 형태로서 각 참가기업이 독립성을 거의 상실하고 시장독점을 통한 초과이윤을 목적으로 마치 하나의 독점기업처럼 행동하는 형태를 말한다.

화된 이론을 제시할 수 없다. 앞에서 설명한 과점의 특징을 따로따로 설명하는 이론이 있을 뿐이다.

기업 간 상호의존성과 가격의 경직성

과점기업 간 밀접한 상호의존관계로 인해 과점기업은 상대기업들이 반응하는 각각의 경우에 어떻게 대응할 것인가를 고려해야 한다. 즉, 전략적 사고를 해야 한다. 이런 전략적 사고는 수요 · 공급의 이론에서 제대로 다루어지지 않았다. 이 한계를 극복하기 위해 등장한 것이 게임이론이다. 게임이론에 대하여 다음 절에서 간략하게 다룬다. 게임이론과 수요 · 공급의 이론을 결합하여 과점시장에서 관찰되는 가격의 경직성을 그럴 듯하게 설명할 수 있다.

비가격경쟁

과점기업들이 가격 이외의 측면에서 벌이는 비가격경쟁은 크게 상품차별화, 광고, 판매조건경쟁의 세 가지로 나눌 수 있다.

과점기업은 자기 제품이 다른 기업의 제품과 쉽게 구분될 수 있도록 상표 · 디자인 · 색채 · 스타일 · 제품의 성능 등을 독특하게 한다. 이러한 상품차별화는 승용차 · 냉장고 · 화장품 · 소주 · 휴대폰 등 거의 모든 과점제품에서 두드러지게 나타난다. 과점기업은 상품의 차별화로 자기 회사 제품이 다른 회사 제품보다 품질이 좋은 상품이라는 인식을 고객들에게 심어 줌으로써 시장지배력을 행사할 수 있다.

비가격경쟁의 두 번째 수단은 광고이다. 신문 · 라디오 · TV · 인터넷 등 대중매체를 통하여 과점기업들은 자기들의 상품을 선전한다.

판매조건경쟁은 일정 기간 품질보장, 애프터서비스(after service)제도, 경품제도, 할부제도 등 다른 기업보다 나은 판매조건을 내세워 소비자의 호의를 얻고자 경쟁하는 것이다. 이와 같은 비가격경쟁은 독점적 경쟁에서보다 훨씬 치열하다.

담합

과점기업들은 가격경쟁이든 비가격경쟁이든 그것이 자신들에게 출혈적인 결과를 초래한다는 것을 안다. 따라서 명시적인 협약을 통하여 경쟁을 회피하고 때로는 한 걸음 더 나아가 가격을 일정 수준으로 고정시키거나 생산량을 기업 간에 할당하는 등의 담합을 함으로써 참가기업 전체의 시장지배력을 유지하고자 한다. 이러한 명시적 담합(explicit collusion)에 의한 기업연합이 **카르텔**이다.

카르텔에 가입한 기업들 전체의 이윤을 극대화하는 문제는 독점기업의 이윤극대화문제와 똑같다. 카르텔의 문제점은 이윤극대화 공급량을 기업 간에 어떻게 할당하고 할당량을 어떻게 준수시킬 것인가 하는 점이다. 카르텔에 가입하지 않은 기업은 공공연하게, 카르텔에 가입한 기업은 남몰래, 카르텔이 책정한 가격보다 낮게 혹은 할당한 수량보다 많이 팔아 시장점유율을 높이고 이윤을 늘리려는 유인이 생긴다. 이러한 카르텔협약의 위반 유인은 경기가 침체되거나, 시장의 진입장벽이 낮을수록 더 커진다. 따라서 위반기업에 대한 내부의 효과적인 제재조치가 마련되지 않으면 카르텔은 쉽게 붕괴할 수 있다.

이런 불안정성에도 불구하고 카르텔 기업 전체의 이윤을 극대화시킨다는 장점 때문에 과점기업들에게 담합의 유인은 크다. 명시적 담합은 자원배분을 왜곡시키고 자유시장 경쟁질서를 해치기 때문에 우리나라를 포함한 대부분의 자본주의국가에서 법으로 금지하고 있다.

가격선도

어떤 과점산업에서는 한 기업이 앞장서서 제품가격을 인하하거나 인상하면 다른 기업들이 이 가격선도를 그대로 따르는 것을 볼 수 있다.

담합이 허용되지 않는 상황에서 기업들은 시장수요의 변화에 적응하기가 힘들다. 예컨대 시장수요가 늘어날 때 각 기업은 이윤 증대를 노려 제품가격을 올리고 싶어도 다른 기업들이 이 인상에 따라오지 않을 경우 판매가 오히려 감소하여 손실을 볼 것이 두려워 선뜻 가격을 올리지 못한다. 이때 과점기업들 사이에 묵시적 협약이 이루어져 한 기업(대개 최대기업)이 가격 인상을 주도하면 나머지는 따라간다고 하자. 그러면 모든 기업들이 똑같이 가격을 인상함으로써 수요 증가에 대응하여 적절한 조정을 이룰 수 있고 동시에 기업 모두가 이익을 얻을 수 있다. 마찬가지로 산업수요가 감소할 때 선도기업이 가격 인하를 단행하고 나머지 기업들이 이에 따름으로써 그렇지 않은 경우에 비하여 기업 모두가 이익을 얻을 수 있다.

우리나라에서 신문구독료는 오를 때마다 굴지의 한두 신문이 주도하고 다른 신문들도 따름으로써 거의 동시에 똑같은 폭으로 올랐다. 따라서 신문산업은 가격선도의 행태가 일어나는 산업이라 하겠다.

3.3 과점시장의 평가

과점시장은 자원배분이 비효율적이지만 소비자들의 다양한 선호를 충족시켜 준다는 점에서 독점적 경쟁시장과 같다. 그러나 과점시장에서는 지나친 광고경쟁을 통하여 자원이 낭비된다는 단점이 있다.

기술진보에 관한 유인 면에서는 과점시장이 다른 어떤 시장보다도 긍정적이다. 과점시장에서는 기업 상호 간에 치열한 비가격경쟁이 있고 시장진입에 상당한 장벽이 있어 장기에도 초과이윤을 누릴 수 있다. 치열한 비가격경쟁은 기술개발 의욕을 불러일으키고 장기적으로 보장되는 초과이윤은 연구 · 개발에 대한 투자재원을 마련해 준다. 따라서 과점시장은 연구 · 개발 투자가 왕성하고 기술진보가 두드러지게 일어나는 역동적인 시장이다. 소득분배의 불평등 면에서 과점은 독점과 독점적 경쟁의 중간에 위치하고 있다.

끝으로 과점은 대기업들의 횡포에 대항하는 사회세력들을 등장시키는 역설적 기능을 수행한다. 대기업들이 지나친 비가격경쟁으로 일반의 선호를 바꾸고자 하거나 묵시적인 연합으로 노동고용조건을 결정하는 등 대중조작을 펴는 것에 대항하여 소비자단체나 노동조합이 결성되어 대등한 세력관계로 부상한다. 이를 미국의 경제학자 갤브레이스(John K. Galbraith)는 **대항세력의 이론**(countervailing power theory)이라 불렀다.

4. 독과점시장과 관련된 토픽

Navigator @ Economics, ch. six

4.1 지식의 경제학

지식의 특성과 독과점의 재평가

읽을/생각할 거리 6-1에서 든 위대한 발명 · 발견은 19세기까지는 인류가 알지 못했던 상품들로서 20세기에 이룩한 두드러진 기술진보의 사례들이다. 이런 신상품들을 만들어내는 지식이 기술진보의 핵심이다.

읽을/생각할 거리 6-1

20세기 최대 발명과 발견

20세기에 인류는 비행기(1903), 페니실린(1928), 텔레비전(1932), 컴퓨터(1944), 레이저(1958), 인터넷(1969) 등을 만들어 시간과 공간이 혁명적으로 축소되고 각종 질병이 치료되는 등 삶이 풍요롭게 되었다. 인공위성(1957)이 발사되어 지구촌시대를 열었다. 제2차 세계대전 중 핵융합이 개발되어 원자폭탄이 제조됨으로써 지구 파멸의 불행을 잉태하는 한편 원자력의 평화적 이용이 가능해졌다. DNA(1953), 피임약(1954), 장기이식(1950), 시험관 아기(1978), 복제양(1997)의 등장은 생명의 신비를 푸는 데 기여한 반면 윤리적 논란을 불러일으키기도 했다. AFP 통신은 위 12가지를 20세기 12대 발명 및 발견이라고 발표했다.

독자들은 이 발명 및 발견이 한 연구자 단독으로 이루어진 것인지 연구팀에 의해 이루어진 것인지 확인하기 바란다.

에이즈 치료약, 노화 및 치매 방지약, 감염병 치료 · 예방약, 인간장기 복제 등은 아마도 21세기 10대 발명에 포함될 것이다. 그리고 이것들은 단독으로가 아니라 연구팀 공동으로 발명될 공산이 크다.

새로운 지식이 창출되는 것을 **기술진보**라고 한다. 지식은 체계화된 정보나 아이디어를 말한다.

지식은 다음 장에서 설명하는 공공재에 준하는 것으로 **비경합성**(non-rivalry)이라는 중요한 속성을 가지고 있다. 사과와 같은 **사적 재**(私的財, private goods)는 내가 1개의 사과를 먹으면 다른 사람이 그 사과를 먹을 수 없다는 점에서 경합적이다. 100명의 사람이 하나씩 사과를 먹기 위해서는 100개의 사과가 생산되어야 한다. 그러나 지식은 한 사람이 사용할 때 다른 사람이 사용하는 것을 제한하지 않고 얼마든지 공동 사용이 가능하다는 점에서 비경합적이다. 한 지역에서 녹색혁명을 일으킨 고생산성의 농업기술을 이용하는 것이 다른 지역에서 똑같은 농업기술을 이용하는 데에 아무런 어려움을 주지 않는다.

물론 지식을 다른 사람이 사용하지 못하게 막는 경우가 있다. 지식은 대부분의 경제재가 갖는 **배제성**(excludability)을 부분적으로 갖는다. 특허권, 저작권처럼 발명가에게 지식의 독점적 사용권을 부여하는 경우도 많다. 배제성의 정도는 지식 자체의 성질과 재산권에 관한 경제제도에 의존한다. 그러나 기초과학 지식이나 특허권의 유효기간이 지난 지식은 다른 사람이 사용하지 못하게 막을 수 없다.

사과와 같은 경합적 상품은 수요가 있을 때마다 생산해야 한다. 그러나 지식은 비경합적이기 때문에 단 한 번만 생산하면 된다. 그런데 지식을 최초로 생산하는 데에는 흔히 큰 비용이 들어간다. 일단 최초로 생산되고 나면 그 다음에 다시 생산하는 데에는 비용이 거의 들지 않거나 보잘것없는 비용이 들어간다. 이런 점에서 지식과 지식을 낳는 **연구 · 개발**에는 규모의 경제가 따른다. 규모의 경제는 독과점을 낳는다. 독과점은 으레 초과이윤을 낳는다.

앞에서 경쟁시장은 한계비용가격설정($P = MC$)이 이루어지기 때문에 자원배분이 효율적이지만 독점시장은 한계비용가격설정이 이루어지지 않기 때문에 자원배분이 비효율적이라고 설명하였다. 독점시장뿐만 아니라 과점시장과 독점적 경쟁시장에서도 한계비용가격설정이 이루어지지 않기 때문에 자원배분이 비효율적이다. 그러나 이러한 전통적인 논리는 지식의 경제학에 의해 수정되어야 한다.

방대한 개발비용을 들여 가며 연구 · 개발에 매진한다는 것은 그 성과물에 대해 특허권을 인정받고 한계비용보다 훨씬 높은 가격을 매겨 초과이윤을 누릴 수 있다는 전망 때문이다. 만약 이런 전망이 없다면 기를 쓰고 연구 · 개발에 몰두하지 않을

읽을/생각할 거리 6-2

마이크로소프트 회사와 윈도우 운영체제 프로그램

R&D 부문에 규모의 경제가 수반하는 것을 비근한 예를 들어 설명해 보자. 마이크로소프트(Microsoft) 회사가 윈도우(Windows) 운영체제 프로그램을 개발하는 데에는 5,000만 달러라는 큰 비용이 들었다. 그러나 개발하고 난 다음에는 추가로 하나를 더 생산하는 데 들어가는 비용이 고작 3달러이다. CD와 매뉴얼 등을 찍는 비용만 들어가기 때문이다. 이 경우 윈도우 운영체제 프로그램 생산의 한계비용은 3달러이다. 개발비 5,000만 달러는 윈도우 프로그램 소프트웨어의 생산량과 관계없이 들어간 비용이므로 고정비용이다. 평균비용은 생산량이 증가함에 따라 개발에 소요된 5,000만 달러의 고정비용이 분산되기 때문에 낮아진다(그러나 평균비용은 한계비용보다 항상 높다). 장기에 생산량이 증가함에 따라 평균비용이 낮아진다는 뜻에서 규모의 경제가 있다.

R&D 부문에 규모의 경제가 있다면 R&D 시장은 경쟁시장이 될 수 없다는 것을 뜻한다(경쟁시장에서는 $P = MC$의 한계비용가격설정이 이루어진다). 경쟁시장처럼 한계비용가격설정에 의해 윈도우 운영체제 프로그램의 가격이 3달러라면 어떻게 되겠는가? 마이크로소프트 회사는 개발 비용을 회수하지 못하고 생산할수록 손해를 볼 것이다. 물론 윈도우 운영체제 프로그램의 시장가격은 한계비용보다 훨씬 높은 수십 달러 내지 수백 달러이다. 이런 독점가격을 매김으로써 마이크로소프트 회사는 초과이윤을 벌고 있다. R&D에 의한 새 지식의 생산은 초과이윤을 필요로 하고 초과이윤은 불완전경쟁을 필요로 하는 것이다.

것이다. R&D 부문의 활성화와 기술진보를 위해서는 한계비용가격설정이 이루어져서는 안 되는 것이다. 연구・개발에 의한 새로운 지식의 창출은 지식의 비경합성 때문에 두루두루 활용되면서 경제 전체의 생산성을 높이고, 새로운 지식 창출의 디딤돌이 되어 인류 경제성장의 원천이 된다.

시간이 흐르면서 경제가 원활하게 성장(제11장에 나오는 자연성장률로 성장)하는 것을 **동태적 효율성**이라 한다. 동태적 효율성을 위해 새로운 발명과 발견에 대해서는 일정 기간 동안 법적으로 독점적 지위를 허용하는 것이 지식재산권이다.

지식재산권(intellectual property right)은 인간의 지적(知的) 창작물을 사유재산으로 인정하고 보호해 주는 것을 말한다. 발명, 디자인, 상표, 문학, 음악, 미술 등에서의 새로운 생각과 지식을 재산으로 인정해주는 것이 지식재산권이다.[9)]

시장경제에서 이윤은 중요한 유인 기제이다. 초과이윤과 초과이윤을 가능케 하는 지식재산권은 시장경제가 체제경쟁에서 계획경제를 이긴 원천이다.

혁신과 독과점 이윤

자본주의의 본질을 통찰한 오스트리아 출신의 위대한 경제학자 슘페터(Joseph Schumpeter, 1883～1950)는 기술진보의 한 형태라 할 수 있는 혁신을 자본주의 발전의 원동력이라고 규정하였다. 그에 의하면 경제를 발전시키는 주역은 기업가이고, 기업가의 핵심적인 역할은 혁신이다.

혁신(innovation)이란 종전과는 다른 새로운 아이디어나 방법을 사용하는 것을 말한다. 슘페터는 혁신을 기업경영과 관련하여 ① 신제품 개발, ② 신시장 개척, ③ 신자원 사용 혹은 발견, ④ 신생산방식 도입, ⑤ 신제도 도입 등으로 예시하였다.

슘페터에 의하면 혁신을 통해 기업가가 관행에 안주하지 않고 **창조적 파괴**(creative destruction)를 서슴지 않음으로써 자본주의가 역동적으로 발전한다. 그런데 기업가가 혁신에 힘쓰는 것은 혁신에 성공하면 초과이윤을 누릴 수 있기 때문이다. 슘페터

---

9) 지식재산권은 크게 산업활동과 관련하여 발명, 실용신안, 디자인, 상표 등을 보호하는 산업재산권과 문학, 음악, 미술 등의 문화활동을 보호해주는 저작권으로 나뉜다. 산업재산권은 흔히 특허권으로 부르기도 하지만 보호 대상에 따라 특허권, 실용신안권, 디자인권, 상표권의 네 가지로 세분된다.

는 과점기업들이 누리는 초과이윤은 혁신에 대한 보상이자 유인이라고 보았다.

이윤은 다른 모든 요소비용들을 지불하고 난 다음에 결정되는 **잔여소득**(residual

읽을/생각할 거리 6-3

지식기반경제와 '창조경제'

현대 경제를 흔히 지식기반경제(knowledge-based economy)라 부른다. 경제협력개발기구(OECD)는 **지식기반경제**를 '지식의 창출과 확산·활용에 바탕을 둔 경제'라고 정의한다. 제4장에서 생산함수를 설명할 때 자본, 노동, 토지를 세 가지 본원적인 생산요소라고 불렀다. 봉건사회에서는 토지와 노동이 가장 중요한 요소였다. 산업사회에서는 자본과 노동이 가장 중요한 생산요소였다. 그러나 후기산업사회라 불리는 오늘날에는 기술과 지식이 가장 중요한 생산요소이다. 과거에는 자본과 노동 속에 들어 있다고 본 기술과 지식을 이제 명시적으로 중요하게 생각한다. 기술은 사람들이 가지고 있는 지식의 집적이기 때문에 오늘날엔 지식이 가장 중요한 생산요소라고 말할 수 있다. 세계 굴지의 전통적인 제조업체들보다 시가총액이 많은 마이크로소프트(MS) 회사와 SNS 대기업(구글, 페이스북, 애플 등)들을 보라.

이런 지식의 중요성을 강조하여 지식기반경제와 **지식경제사회**라는 말이 등장하였다. 둘 다 '지식의 생산과 배분, 그리고 사용이 경제성장과 고용 창출을 이끄는 경제사회'를 뜻한다. 지식기반경제를 꽃피우고 지속적인 경제성장을 위해서는 연구·개발 투자가 효율적이고 대규모로 이루어지고, 창의력을 북돋는 교육이 있어야 하며, 실패를 성공의 어머니로 여기는 사회분위기가 조성되어야 한다. 각국 정부가 연구·개발과 교육부문에 많은 공공투자를 하는 것은 이 때문이다.

박근혜 정부는 국정 좌표의 하나로 '창조경제'라는 기치를 내세웠다. 많은 논란 끝에 창조경제란 '상상력과 창의력을 과학, 정보통신기술, 문화예술에 접목해 새로운 성장동력을 만들어내고 그것을 바탕으로 새로운 일자리를 창출하는 경제'라고 정의를 내렸다. 창조경제는 원래 영국의 경영전략가 존 호킨스(John Howkins)가 쓴 『창의경제(Creative Economy)』(2001)에서 유래한 용어다. 호킨스는 연구·개발, 소프트웨어, 음악, 문화, 예술, 디자인, 광고 등 창의산업이 제조업이나 일반서비스산업보다 훨씬 빠르게 성장하고 있다면서 이 산업들을 신성장동력으로 삼아야 한다고 주장하였다. 유엔무역개발회의(UNCTAD)는 창의경제를 '사회통합, 문화다양성, 인간개발을 촉진하면서 소득과 고용 창출 및 수출을 증가시키는 경제 시스템'이라고 정의하였다. 창의경제의 정의가 아니라 '21세기의 바람직한 사회경제 시스템'의 정의라고 해야 적절할 것이다.

'창조경제'는 무에서 유를 창조하거나 신의 천지창조처럼 손쉽게 신산업을 창조할 수 있을 것 같은 어감을 주는 작명이다. 지식기반경제라는 말이 국제기구와 학계에서 통용되는 만큼 '갈수록 융복합이 중요해지는 지식기반경제시대'라고 말하는 것이 불필요한 개념의 혼란을 막는 간명한 표현이었다. 박근혜 정부의 퇴장과 함께 창조경제라는 어색한 토종용어도 사라졌다.

income)이다. 경제학에서는 이윤을 슘페터처럼 기업가의 혁신에 대한 보상이자 기업활동에 따르게 마련인 위험부담에 대한 보상이라고 본다. 경영학에서는 이윤을 제4의 생산요소인 '기업경영'에 대한 보상이라고 본다.

4.2 인터넷시장

오늘날 세계경제는 디지털 혁명이라고 불릴 만큼 경제의 디지털화가 가속되고 있다. 디지털 혁명은 인류의 경제사에서 농업혁명, 산업혁명에 이은 제3의 혁명으로 인식되고 있다.

디지털 혁명의 중심에 인터넷이 있다. 인터넷은 1969년에 미국에서 군사적 상황에서의 통신수단으로 개발되었다. 그러나 이제 인류의 생활방식을 바꾸는 엄청난 힘이 되었다. '인터넷을 활용하거나 지원하거나 인터넷에 기반을 둔 산업'을 **인터넷산업**이라고 한다. 산업과 시장을 같이 써 온 관행대로 인터넷산업을 인터넷시장과 같이 쓸 수 있다. 인터넷시장은 인터넷을 사용하지 않는 일반 시장에 비해 여러 가지 특징을 갖는다. 그중에서 중요한 네 가지만 들면 다음과 같다.

첫째, 일반 시장과 달리 시간적 · 장소적 제약을 받지 않으며 정보를 실시간으로 활용할 수 있어 거래비용이 크게 낮아진다. 기업은 자기 제품을 시공을 초월하여 언제 어느 곳에 있거나 인터넷과 접속한 모든 사람에게 알릴 수 있고 직접 주문을 받을 수 있다. 소비자는 생산자와 직접 관계를 맺으며 자기 선호를 효율적으로 충족시켜 소비자주권을 누릴 수 있다. 같은 소비자끼리 중고품까지도 인터넷 경매를 통해 거래가 가능하다.

둘째, 규모의 경제가 크게 일어난다. 디지털로 전환할 수 있는 상품을 **정보재**(information goods)라 한다. 인터넷시장에서는 정보재가 폭넓게 거래된다. 정보재는 지식이 담겨 있는 상품이다. 지식은 최초의 개발에 큰 비용이 들고 추가생산에 드는 비용은 0에 가깝기 때문에 규모의 경제가 일어난다.

셋째, 가입자(소비자)가 많을수록 가치가 증가하는 **네트워크 효과**(network effect)가 일어난다. 네트워크 효과가 일어나는 예로는 SNS(social network service)와 플랫폼을 들 수 있다. SNS는 다른 사람들이 사용하지 않을 때에는 쓸모가 없지만 사용자가 많을수록 많은 사람들과 직접 연결되어 효용이 늘어난다. 대규모의 네트워크는 다양한 보완재의 개발을 가져와 가입자에게 혜택을 준다. 플랫폼은 잠재적인 구매자와 판매자를 연결해주는 매개체 역할을 하는데 가입자가 많을수록 매개체 역할이 커져 가치도 커진다.

넷째, 소비자가 다른 제품으로 바꾸지 못하고 기존 제품을 고수하는 잠김효과(lock-in effect)가 발생하기 쉽다. 컴퓨터를 구입하면 운영체제, 응용프로그램, 이용 매뉴얼 등의 보완재도 구입한다. 다른 회사의 제품을 사면 이 보완재들이 쓸모없게 되고 새로운 보완재들을 또 사야 한다. 이 이전비용(switching cost)이 크기 때문에 기존 제품을 계속 사용하게 된다.

인터넷시장은 전자상거래를 통하여 갈수록 규모가 비약적으로 커지고 있다. 인터넷시장은 무수히 많은 기업과 소비자가 있고 기업의 자유로운 진입과 퇴거가 이루어진다는 점에서 경쟁시장의 특징을 갖는다. 그러나 규모의 경제, 네트워크 효과, 잠김효과가 있다는 점에서는 독과점시장의 특징을 갖는다. 이 독과점시장의 특징 때문에 여러 가지 버전(version)과 새로운 버전의 상품이 끊임없이 나오고, 정보·통신·방송 등을 융합하는 통합상품이 출현한다. 또한 시장 선점을 위한 경쟁과 기업군 간 연합경쟁, 디자인·브랜드·소프트웨어와 같은 무형자산을 이용한 차별화 경쟁이 치열하게 일어난다.

인터넷시장은 갈수록 경쟁시장의 특징보다 독과점시장의 특징이 커질 것으로 전망된다. 어떤 기업이든 자유롭게 진입할 수 있기 때문에 수시로 가격파괴가 일어나 안정적인 수익성을 창출할 기반이 마련되기 어렵다. 그러나 세계적 브랜드를 가진 다국적기업이 이런 가격파괴 경쟁을 이겨내어 시장지배력을 강화시켜 나가기 쉽다.

이런 과정에서 틈새시장을 뚫고 단기에 초과이윤을 얻는 벤처기업들도 계속 등장할 것이다. 종전과는 차원이 다른 새로운 제품이나 새로운 생산방식이 출현하여 종전의 산업기반을 뿌리채 뽑아버리는 슘페터식 혁신에 의한 경쟁도 일어날 수 있다.

인터넷시장에 관한 경제이론은 인터넷시장과 더불어 앞으로 계속 발전해 나갈 분야이다.

4.3 게임이론

경제학에서 수요·공급의 이론 못지않게 중요한 이론을 든다면 그것은 단연 게임이론이다. 게임이론은 제2차 세계대전 이후 응용수학의 일부로 등장하였는데 경제학에서 밀접한 상호의존관계에 있는 과점기업 간의 경쟁을 설명하는 이론으로 활용되기 시작하였다.

> 게임이론(game theory)은 각자의 행위가 자기 이해관계뿐만 아니라 상대방의 이해관계에도 영향을 미치는 상황에서 서로 어떤 전략을 세워 행동하는가를 연구하는 이론이다.

게임이론은 수요 · 공급의 이론이 제대로 고려하지 못하는 전략적인 행동을 명시적으로 고려한다. 이 때문에 과점기업 간은 물론 노사 간, 정부와 민간부문 간, 국가 간 협상이나 상호작용 등을 설명하고 그 결과를 예측하는 이론으로 활용되고 있다. 여기에서는 게임이론의 기초 개념을 살펴보자.

게임의 정의와 구성

경제학에서 게임이란 의사 결정자의 목표함수의 값이 자신의 행동은 물론 다른 사람의 행동에도 의존하는 상황을 말한다. 게임이론에서의 용어는 장기 · 바둑 · 테니스와 같은 오락이나 운동에서의 상황을 그대로 따와서 쓰고 있다. 친구와 내기바둑을 두면서 한 집 이기는 데 100원씩 주고받기로 했다고 하자. 내가 얼마나 따느냐는 내가 얼마나 잘 두느냐는 물론 친구가 얼마나 못 두느냐에도 달려 있다. 이처럼 영향을 서로 주고받는 상황에서 각자가 어떻게 행동하는가를 연구하는 이론이 게임이론이다.

게임은 경기자 · 전략 · 보수함수 등의 요소로 구성된다. 경기자(player)는 개인 · 집단 · 기업 · 국가 등 의사 결정자를 말한다. 전략(strategy)은 경기자가 선택하는 구체적인 행동(action)에 대한 계획을 말한다. 보수함수(payoff function)는 각 경기자의 효용함수를 말한다. 게임은 각 경기자가 자신의 보수함수의 값을 극대화시키는 전략을 선택하여 행동하는 방식으로 전개된다.

게임의 균형 : 내쉬균형

게임에서 각 경기자의 보수함수는 자신이 선택한 전략에 의해 영향을 받는 것은 물론이고 다른 경기자가 선택한 전략에 의해서도 영향을 받는다. 따라서 다른 경기자가 어떤 전략을 선택할 것인가를 예상하고 이 예상에 입각하여 최상의 전략을 선택한다. 만약 다른 경기자가 선택하리라고 예상한 전략이 실제로 선택한 전략과 일치하지 않으면, 이 그릇된 예상에 입각한 전략은 최상의 전략이 아니다. 올바른 예상에 입각하여 다시 전략을 짜야 하기 때문에 '균형' 전략도 아니다. 경제학에서 균형은 일단 그 상태에 도달하면 다른 상태로 바뀔 유인이 없는 상황을 말한다. 이런 의미에서 기존 전략이 다른 전략으로 대체되지 않고 그대로 유지되는 균형전략이 되기 위해서는 다른 경기자가 선택하리라고 예상하는 전략과 실제로 선택한 전략이 일치해야 한다. 이것이 게임의 균형으로서 만족시켜야 할 최소한도의 요건이다.

현실적으로 흥미 있는 게임은 각 경기자가 자기 전략을 독자적으로 세우는 비협조적 게임이다. 비협조적 게임의 균형 개념으로 가장 많이 쓰이는 것이 내쉬균형이다.

> 내쉬균형(Nash equilibrium)이란 각 경기자가 다른 경기자들의 전략을 주어진 것으로 보고 자신에게 최적의 전략을 선택할 때, 이 최적전략의 조합을 말한다.

내쉬균형은 미국의 수학자 내쉬(John Nash)가 비협조적 게임의 균형으로 제시한 개념으로, 각 경기자의 합리적 결정과정과 부합된다. 내쉬균형이 아닌 상태에서는 적어도 한 경기자가 자신의 전략을 바꿀 유인을 갖는다. 따라서 그 상태가 유지되지 않으므로 균형이 아니다. 내쉬균형에서는 다른 경기자의 전략이 주어져 있는 한 어떤 경기자도 자신의 전략을 바꿀 유인이 없다. 이를 내쉬균형이 '개별적 합리성(individual rationality)을 갖는다' 혹은 '유인합치적이다'(incentive compatible)라고 말한다. 내쉬균형은 일반적인 비협조적 게임에서 일어나기 쉬운 결과를 잘 예측해 준다.

공범자의 딜레마

지금까지 개괄한 게임이론을 응용하여 게임이론에서 가장 많이 인용되는 공범자의 딜레마 혹은 용의자의 딜레마(prisoner's dilemma)를 다루어 보자. 두 사람이 작당하여 물건을 훔친 죄로 투옥되었다. 검찰에서는 이 두 사람을 중요한 미제사건의 공범으로 지목하고 있다. 검사가 두 용의자를 따로따로 불러 다음과 같이 제의한다고 하자. "이 미제사건의 범인이라고 둘 다 순순히 자백하면 비교적 가벼운 형벌인 징역 2년을 구형하겠다. 만약 한 사람은 순순히 자백하는데 다른 사람은 범행을 부인하면 자백한 사람은 미제사건을 푸는 데 협조한 수사상의 공로를 인정하여 방면해 주겠지만 부인한 사람에게는 징역 10년을 구형하겠다. 둘 다 범행을 부인하면 둘 다 절도죄만 걸어 징역 6개월을 구형하겠다." 이 검사가 구형한 대로 판결이 난다고 가정하자. 두 용의자는 화장실 복도에서 잠깐 스치는 정도의 접촉도 의사교환의 기회도 없다. 각자가 이런 제의를 똑같이 검사한테서 받았고 이 제의대로 이루어질 것이라는 것을 알 뿐이다. 이 경우 두 용의자는 어떻게 할 것인가?

이 문제는 각 용의자의 후생(보수함수)이 자기의 자백 여하에 의존하는 것은 물론 공범의 자백 여하에도 의존하기 때문에 게임의 상황이다. 각자의 전략은 예전의 죄를 자백하느냐 아니면 부인하느냐의 두 가지이다. 두 용의자가 모두 범행을 부인하면 둘 다 이득을 본다. 그러나 자기만 부인하고 공범이 자백하면 자기만 중형을 받는 딜레마에 빠지게 된다. 두 용의자가 취하는 전략에 따라 각자가 받게 되는 보수를 행렬형으로 표시한 것이 **표 6-3**이다.

표 6-3

공범자의 딜레마의 보수함수

		용의자 2	
		부인	자백
용의자 1	부인	(−0.5, −0.5)	(−10, 0)
	자백	(0, −10)	(−2, −2)

표에서 (·, ·)의 첫째 숫자는 용의자 1이 갖게 되는 효용수준, 둘째 숫자는 용의자 2가 갖게 되는 효용수준이다. 감옥에 갇혀 있는 연수에 비례하여 음의 효용을 누린다고 가정하였다. 예컨대 용의자 1이 자백하고 용의자 2가 부인하면 보수함수는 (0, −10)이다. 용의자 1은 감옥살이를 전혀 하지 않게 되니까 0의 효용을 누리고 용의자 2는 10년을 갇혀 있게 되니까 −10의 효용을 얻게 된다.

이 게임에서 내쉬균형은 두 용의자가 자백하는 전략이다. 둘 다 자백하는 전략이 내쉬균형인 것은 자백한다는 상대방의 전략이 주어져 있을 때 나로서도 자백하는 것이 최선이기 때문이다.

이 내쉬균형이 현실적으로 나타나기 쉽고 개별적 합리성을 갖고 있는 것은 용의자 1의 입장에서 볼 때 다음과 같은 관념적 실험을 통하여 확인할 수 있다. 용의자

2는 부인하거나 자백하거나 둘 중의 하나를 택할 것이다. 용의자 2가 범행을 부인한다고 하자. 그러면 용의자 1은 범행을 부인하면 6개월 동안 감옥살이를 하게 되지만 자백하면 자유의 몸이 된다. 따라서 자백하는 것이 자기에게 유리하다. 용의자 2가 범행을 자백한다고 하자. 이때 용의자 1은 범행을 부인했다간 10년이나 감옥살이를 하게 된다. 이는 범행을 자백할 때의 옥살이 2년보다 훨씬 중형이다. 따라서 용의자 1로서는 당연히 자백해야 한다. 이런 사정은 용의자 2에 대해서도 대칭적으로 적용된다.

공범자의 딜레마는 구성원 각자에게 이익인 행동이 구성원 전체로는 손해인 경우를 보여준다. 3인 이상의 비슷한 게임은 공유자원의 비극이라고 불린다. 농부 한 명이 공동 목초지에 자기 가축을 더 방목하면 그에게 이익이 된다. 그러나 모든 농부가 가축을 더 방목하면 공동 목초지가 황폐해져서 모두에게 손해가 된다. 이를 공유자원의 비극(tragedy of the commons)이라 한다.[10]

조정게임

한 산업에 두 기업이 있다고 하자. 불경기를 맞아 두 기업이 가격을 인하할 것인가 말 것인가를 고려하고 있다. 상대기업이 어떻게 나올 것인가에 따라 각 기업의 보수함수가 **표 6-4**로 묘사된다고 하자.

표 6-4

기업의 가격조정게임

		기업 2	
		가격 인하	가격 유지
기업 1	가격 인하	(20, 20)	(5, 8)
	가격 유지	(8, 5)	(10, 10)

10) 공유자원의 비극을 해결하는 전통적인 방법은 두 가지이다. 다음 장의 환경정책에서 다루는 것처럼 ① 정부가 통제 · 관리하거나 ② 사유재산권을 설정하여 시장제도에 맡기는 것이 그것이다. 미국의 경제학자 엘리너 오스트롬은 국가 아니면 시장이라는 이분법에서 벗어나 동서고금에 등장하는 공동체의 자체 관리라는 제3의 해법을 보여 노벨 경제학상을 받았다. 엘리너 오스트롬 지음, 『공유의 비극을 넘어』, 1990 참고.

두 기업 다 현행 가격을 유지하면 각각 매기당 10억원씩의 이윤을 얻는다. 상대 기업이 현행 가격을 유지하는데 자기 기업만 가격을 내리면 불경기 극복에 도움이 안 되고 가격 인하만큼 매출이 늘어나지 않아 이윤이 5억원으로 줄어든다. 두 기업 모두 가격을 내리면 산업의 불경기를 극복하여 두 기업의 이윤이 모두 20억원으로 늘어난다.

이런 상황에서 기업 2가 현행 가격을 유지하는 전략을 쓸 것이라고 예상된다고 하자. 기업 1은 가격을 내리거나 기업 2처럼 현행 가격을 유지할 수 있다. 기업 1이 가격을 내릴 때는 5억원의 이윤을 얻지만 가격을 유지할 때는 10억원의 이윤을 얻는다. 따라서 기업 2가 가격을 유지한다면 기업 1도 현행 가격을 유지하는 것이 낫다. 마찬가지 논리로 기업 1이 현행 가격을 유지한다면 기업 2도 가격을 유지하는 것이 낫다. 따라서 기업 1과 2가 현행 가격을 유지하는 전략이 내쉬균형이다.

표 6-4에는 또 다른 내쉬균형이 있다. 다른 기업이 가격을 인하할 것이라고 각 기업이 기대하면 가격을 내리는 것이 단연 유리하다. 따라서 기업 1과 2가 둘 다 가격을 인하하는 전략도 내쉬균형이다.

두 기업 모두 가격을 인하하면 양쪽 다 이득을 본다. 그러나 일단 다른 기업이 가격을 내리지 않을 것이라고 서로 예상하면 이 예상이 맞아 떨어지면서 서로 좋아지는 상태로의 조정이 일어나지 않고 두 기업 모두 손해인 상태에 고착된다. 과점시장에서 관찰되는 가격의 경직성을 이처럼 조정의 실패로 설명할 수 있다.

과점시장의 가격경직성을 더 잘 설명하는 방법은 과점시장의 특징인 상호의존 관계와 게임이론이 중요시하는 전략적 요소를 수요 · 공급의 이론에 도입하는 것이다. 구체적인 도입 방법은 각 과점기업이 다음과 같이 예측한다고 가정한다. "우리가 제품값을 올리면 다른 기업들은 값을 올리지 않아 우리를 왕따시킬 것이다. 우리가 값을 내리면 다른 기업들도 같이 내림으로써 가격전쟁을 불사할 것이다." 이렇게 예측하면 생산비용이 웬만큼 변해도 현 가격수준을 유지하는 것이 이윤극대화를 도모하는 방법이다. 이를 굴절수요곡선의 이론이라고 부른다.[11)]

---

11) 굴절수요곡선의 이론에 관하여는 김대식 · 노영기 · 안국신 · 이종철 공저, 『현대경제학원론』, 제7판, 제13장을 참고할 것.

게임이론의 의의

내쉬균형은 애덤 스미스의 '보이지 않는 손'에 대한 중대한 도전이다. 시장 참가자들이 각자의 이익을 자유롭게 추구하면 시장 메커니즘에 의해 공공의 이익도 극대화되는 균형에 이른다는 것이 보이지 않는 손의 이론이다. 그런데 공범자의 딜레마와 조정게임에서는 각자가 자기의 이익을 자유롭게 추구하면 관련 당사자 전체로는 아주 불만스러운 균형에 이를 수가 있다. 현실 세계에서는 경쟁자가 어떤 전략을 선택할지 모르는 가운데 결정을 내려야 하는 상황이 많다. 이런 상황에서 누구에게나 불만인 상황이 균형상태로 나타날 수 있다는 것을 보여주는 것이 게임이론이다.

수요 · 공급의 이론에서는 경쟁이란 항상 좋은 것이다. 따라서 과당경쟁이란 말은 있을 수 없다. 게임이론에서는 과당경쟁이 일어날 수 있다. 결국 제 살 깎기라는 것을 알면서도 해외에 나가 우리나라 업체들끼리 덤핑입찰경쟁을 하는 경우, 국내 건설공사에 '일감 없는데 일단 따고 보자'는 생각으로 원가의 절반도 안 되는 금액—심지어는 차후 공사에 우위를 차지하겠다는 전략적 사고로 단돈 1원—에 입찰하는 경우 등 해당 기업은 물론 산업 전체를 부실하게 만드는 과당경쟁이 현실 세계에서 흔히 일어난다.

개별적 합리성이 공동선을 보장해 주지는 않는다는 게임이론의 메시지는 비단 경제뿐만 아니라 정치, 사회, 문화 등 모든 분야에 폭넓게 적용된다. 오늘날 경제학은 이 메시지를 수용하여 '합리적 개인, 비합리적 사회'의 결과가 나타나지 않도록 정부가 제도를 잘 정비하고 합리적 조정자의 역할을 해야 한다고 본다. 이런 보완이 전제될 때 '자유로운 경쟁이 있어야 발전이 있다'는 시장경제의 기본 원리는 계속 유효하게 된다.

공범자의 딜레마 게임이나 조정게임이 단 한 번만 벌어지지 않고 반복적으로 발생하면 서로에게 좋은 전략(앞의 공범자의 딜레마에서는 서로 부인하는 전략, 가격조정게임에서는 서로 가격을 인하하는 전략)을 선택할 공산이 높아지는 것으로 알려져 있다.

요약 및 학습

01 경쟁시장의 특징인 ① 대다수의 판매자와 구매자, ② 상품의 동질성, ③ 생산요소의 완전한 이동성, ④ 기업의 자유로운 진입과 퇴거 중 적어도 한 가지가 만족되지 못할 때 그 시장을 불완전경쟁(시장)이라고 한다. 불완전경쟁 생산물시장은 상품을 생산 · 공급하는 기업의 수를 기준으로 독점 · 과점 · 독점적 경쟁시장 등으로 나뉜다.

02 한 재화나 서비스의 생산이 단일기업에 의하여 이루어지는 시장조직을 독점(시장)이라 한다. 독점이 생성 · 유지되게 하는 진입장벽에는 ① 규모의 경제, ② 정부에 의한 법적 권한(판권, 특허권, 인 · 허가) 부여, ③ 정부가 특수한 목적을 위하여 직접 독점력을 행사하는 경우, ④ 독점기업의 시장전략 등이 있다.

03 독점기업은 그 자체가 산업이므로 우하향의 시장수요곡선에 직면한다. 수평의 수요곡선에 직면하는 완전경쟁기업의 경우에는 시장가격(P) = 평균수입(AR) = 한계수입(MR)이지만 독점기업의 경우에는 $P = AR > MR$이다.

04 독점기업도 다른 산업조직 하에서의 기업과 마찬가지로 한계수입(MR) = 한계비용(MC)에서 최대이윤을 달성한다. 그러나 독점기업은 각각의 시장가격에 대응하여 공급량을 수동적으로 결정하는 것이 아니라 그때그때 시장수요의 크기에 따라 $MR = MC$의 이윤극대화 생산량을 결정하기 때문에 생산물 공급곡선이 없다.

05 독점기업의 단기균형은 수요 · 공급의 이론을 응용하여 다음과 같이 설명할 수 있다.

(1) 시장수요곡선으로부터 도출된 우하향하는 한계수입곡선과 기업의 우상향하는 한계비용곡선이 만나는 점에서 이윤극대화 생산량이 결정된다.

(2) 이윤극대화 생산량을 독점기업이 시장에 공급하면 시장수요곡선에 의해 시장가격이 결정된다.

(3) 독점기업이 이윤을 극대화시키는 가격을 결정하면 시장수요곡선에 의해 시장거래량이 결정된다고 말할 수도 있다. 시장수요곡선이 주어져 있다면 어떻게 설명하든 똑같은 결과를 얻는다.

06 독점시장에서는 제품가격이 한계비용보다 크다. 이에 따라 자원배분이 비효율적이다. 제품가격이 한계비용보다 크다는 것은 '소비자가 독점상품을 한 단위 더 소비하기 위하여 지불해야 하는 화폐액'이 '사회가 독점상품을 한 단위 더 생산하기 위하여 부담해야 하는 기회비용'보다 크다는 것으로서 독점상품이 과소생산되고 있다는 것을 뜻한다. 시장경제에서 효율적인 자원배분의 조건은 모든 부문에서 제품가격이 한계비용과 같은 것이다.

07 독점기업은 동일한 상품에 대하여 생산비용이 같은데도 불구하고 시장에 따라 가격을 달리 매길 수 있는데 이를 가격차별이라 한다. 가격차별의 조건은 ① 판매자가 시장지배력을 보유할 것, ② 상이한 시장이 용이하게 구분될 것, ③ 상이한 시장 사이에 상품 재판매가 불가능할 것, ④ 시장마다 수요의 가격탄력성이 다를 것 등이다. 이 조건들이 충족되면 수요가 탄력적인 시장일수록 더 낮은 가격을 매긴다.

08 독점시장에서는 자원배분이 비효율적일 뿐만 아니라 경쟁시장보다 시장가격이 높고 시장거래량은 적으며 소득분배가 악화한다. 기술진보 면에서는 독점이 완전경쟁에 비하여 자금력은 우세하지만 기술개발 의욕이 뒤떨어진다.

09 독점적 경쟁시장은 완전경쟁과 독점의 성격을 나누어 가지고 있는 시장조직이다. 독점적 경쟁시장의 특징으로는 ① 다수의 기업, ② 상품차별화, ③ 기업의 자유로운 진입과 퇴거, ④ 비가격경쟁의 존재를 들 수 있다.

10 독점적 경쟁기업은 우하향의 수요곡선을 갖는다. 따라서 단기균형은 독점기업과 기본적으로 같다. 즉, $MR = MC$인 이윤극대화 생산량을 기업이 공급하면 수요곡선에 의하여 시장가격이 결정된다. 독점적 경쟁기업의 공급곡선은 존재하지 않는다는 것, 가격차별을 할 수 있다는 것도 독점시장의 경우와 같다.

11 과점시장이란 소수의 대기업에 의하여 지배되는 시장조직으로서 ① 기업 간의 밀접한 상호의존관계, ② 치열한 비가격경쟁과 가격의 경직성, ③ 담합과 같은 비경쟁행위, ④ 상당한 진입장벽 등을 특징으로 한다.

12 과점이론은 일원화한 이론체계가 없고 과점의 특징을 따로따로 설명하는 이론이 몇 가지 있을 뿐이다. 과점기업들의 치열한 비가격경쟁을 설명하는 비가격경쟁의 이론, 과점기업들의 명시적인 공동행위를 중요시하는 담합의 이론, 과점기업들의 묵시적인 가격공동행위에 초점을 맞추는 가격선도의 이론 등이 비교적 설득력 있는 이론으로 꼽히고 있다.

13 과점시장은 자원배분이 비효율적이고 소득분배가 불공평하지만 기술진보를 촉진시키는 장점이 있다. 독점시장에 버금가는 자금력도 있고 완전경쟁시장에 버금가는 기술진보에 대한 유인도 있기 때문이다.

14 새 지식을 창출하는 R&D 부문에서는 초기에 개발비라는 이름의 고정비용이 많이 들어가기 때문에 연구 · 개발의 성과물에 대해 한계비용가격설정을 할 수 없고 독과점을 용인해 주어야 한다. R&D 부문의 독과점은 동태적 효율성을 위해 필요하다.

15 게임이론은 개인들의 자유롭고 합리적인 의사 결정이 반드시 공동선을 낳는 것은 아니라는 것을 보여준다. 수요 · 공급의 이론이 간과하는 제도와 전략적 판단의 중요성을 일깨워 줌으로써 게임이론은 수요 · 공급의 이론을 보완하는 유용한 이론이다.

연습문제

01 경쟁기업은 1, 2, 3, … 단위를 똑같은 시장가격으로 파는데 **표 6-1**에 나오는 독점기업은 1, 2, 3, … 단위를 왜 서로 다른 가격으로 판다는 것인가?

02 **표 6-2**에서 총고정비용이 1,000원인 것을 설명하라. 이제 총고정비용이 1,000원에서 1,200원으로 증가한다고 하자. 표에서 총비용 · 평균비용 · 한계비용은 어떻게 달라지는가? 새로운 이윤극대화 공급량과 시장가격, 그리고 이윤을 구하라. 이 결과를 일반화시킬 수 있을 것인지를 논하라.

03 **그림 6-4**를 보고 물음에 답하여라.

(1) 완전경쟁 하에서 소비자잉여 · 생산자잉여 · 사회 전체의 후생을 구하라.

(2) 독점 하에서 소비자잉여 · 생산자잉여 · 사회 전체의 후생을 구하라.

(3) 독점 하에서의 사회 전체의 후생이 완전경쟁 하에서의 그것보다 삼각형 E_mAE_C만큼 적은 것을 확인하라.

(4) 사각형 $Q_mAE_CQ_C$가 후생손실에 포함되지 않는 이유는?

(5) 개별 기업의 MC곡선이 수평이라면 시장공급곡선도 수평이 되는 것을 설명하라.

(6) 규모의 경제가 크게 일어나 MC곡선이 얼마나 더 아래로 이동하면 독점의 후생손실이 사라지는가?

04 다음은 한 외국은행 서울 총지배인이 신문사와의 대담에서 한 말이다. "동대문시장에서 같은 물건이라도 가게마다 구역마다 값이 다른 것을 보면서 일물일가설을 앞세우는 경제이론보다 실물경제가 앞선다는 사실을 깨달았다." 이에 대하여 논평하라.

05 도서출판사는 저자가 적정하다고 생각하는 가격보다 으레 높게 도서 정가를 정한다. 왜 그럴까?

06 X-비효율성을 '열심히 일할 유인이 적은 조직에서 낮은 성과를 내는 것'으로 정의할 수 있다. 이런 X-비효율성의 예를 세 가지 이상 들어 보라.

07 다음을 설명해 보라.

(1) 같은 곰탕집, 빵집인데도 지방보다 서울, 서울도 강남이 강북보다 값이 비싼 이유.

(2) 인천공항에서 타이레놀, 후시딘, 가그린 등 여행상비품이 시중보다 1.5 ~ 2배 비싼 이유.

(3) 최근 조사에 의하면 세계 주요 도시 가운데 서울에서 리바이스 청바지, 멕클라렌 유모차, 유명 국제오케스트라 티켓, 골프장 입장료, 독일차 BMW 525 등의 가격이 가장 비쌌다. 그렇게 비싼 이유.

08 독점적 경쟁기업의 장기균형을 **그림 6-5**의 틀로 보일 수 있을까?

09 개별적 합리성이 공동선을 반드시 보장해 주지는 않는다는 게임이론의 시사점과 부합되는 사례들을 찾아보라.

10 다음의 기술이 옳은가 그른가를 밝히고 그 이유를 설명하라.

① 독점기업은 $P = MC$인 생산량 수준에서 이윤을 극대화한다.

② 과점은 규모의 경제를 활용할 수 있고 기술개발을 촉진시키기도 한다.

③ 현 생산수준에서 한계수입이 200원이고 평균비용이 150원이면 생산을 증가시키는 것이 좋다.

④ 독점기업은 한계수입과 한계비용이 같을 때 이윤극대화가 이루어지는 반면, 독점적 경쟁기업의 이윤극대화는 경쟁기업처럼 가격과 한계비용이 같을 때 이루어진다.

⑤ 독점적 경쟁은 완전경쟁처럼 장기균형에서 초과이윤도 손실도 없다.

⑥ 경쟁기업은 수평의 수요곡선에 직면하지만 불완전경쟁기업은 우하향의 수요곡선에 직면한다.

⑦ 지식의 가장 중요한 특성은 비경합성이다.

⑧ 경기가 좋을 때보다 나쁠 때 카르텔이 와해되기 쉽다.

⑨ 독과점기업이 자기 제품에 대한 수요곡선을 모를 때에는 비용할증가격설정을 하기 쉽다.

⑩ 기업이 원한다면 장기에 장기평균비용곡선과 장기한계비용곡선 상의 임의의 한 점을 선택할 수 있다.

⑪ 생산물시장에서 경쟁기업과 불완전경쟁기업의 공급곡선은 평균가변비용곡선의 최저점을 상회하는 한계비용곡선이다.

⑫ 독점기업이라고 항상 초과이윤을 누리는 것은 아니다.

⑬ 새로운 생각에 대해서도 배타적인 소유를 보장하는 것이 지식재산권이다.

7 시장의 실패와 정부정책

"정부규제란 사람이 늙어가는 것과 같다. 그것을 좋아하는 사람은 없다. 그러나 그 반대의 경우를 생각해 보라."

— 윌리엄 쉐퍼드(William G. Shepherd)

"시장경제는 불완전하다. 사실 시장의 실패는 너무 많다. 이 문제를 해결하려면 하느님께 기도드리거나 정부에 의존할 수밖에 없는데, 결국 이 두 가지가 마찬가지인 것 같다."

— 조지 스티글러(George J. Stigler)

"좋은 정부보다 나쁜 시장이 낫다."

— 밀튼 프리드먼(Milton Friedman)

[개요]

현실 시장경제에서는 앞 장에서 배운 독과점을 비롯하여 외부효과, 공공재 등이 존재하여 자원의 효율적인 배분이 이루어지지 않는 경우가 생긴다. 소득과 자산의 분배가 지나치게 불평등하여 못 가진 자의 의욕을 꺾고 사회통합을 해칠 수도 있다. 이러한 시장의 실패가 정부의 부분적인 경제 개입과 규제를 정당화시킨다. 시장의 실패를 고치기 위한 정부의 규제는 계획경제의 실패에서 보는 바와 같이 시장의 실패보다 훨씬 큰 정부의 실패를 낳을 수 있다.

주요 학습사항

◎ 시장의 실패가 일어나는 원인은?

◎ 우리나라 시장구조와 경제력집중의 현황은?

◎ 공정거래제도는 왜 중요한가?

◎ 규제의 한계원리와 정부의 실패란?

◎ 계층별 소득분배 지표에는 어떤 것이 있나?

◎ 공정한 분배란?

◎ 시장경제에서 소득분배가 불평등한 원인은?

◎ 경제발전과 소득분배의 관계는?

◎ 우리나라 소득분배의 현황은?

1. 시장의 실패와 그 원인

1.1 시장의 실패란?

시장경제에서 자원의 배분은 경제주체들 간의 자발적인 거래와 자유경쟁을 통하여 이루어진다. 시장이 경쟁시장이면 가격의 기능이 제대로 작용하여 자원의 배분이 효율적이라는 것을 제5장에서 배웠다.

그러나 시장경제가 효율적인 자원배분을 낳기 위해서는 실상 몇 가지 숨은 가정이 필요하다. 그것은 아래에서 설명하는 바와 같이 규모의 경제, 외부효과, 공공재 등이 존재하지 않아야 한다는 것이다. 현실 경제에서는 이것들이 존재한다. 따라서 경제행위를 시장에만 맡길 경우 시장의 실패가 일어난다.

시장의 실패(market failure)란 경제활동을 시장에 맡길 경우에 효율적인 자원배분이나 평등한 소득분배를 실현하지 못하는 상황을 말한다.

1.2 시장의 실패의 원인

시장의 불완전성과 규모의 경제

앞 장에서 시장이 경쟁시장이면 한계비용가격설정이 이루어져 자원배분이 효율적이고, 독점 · 과점 · 독점적 경쟁과 같은 불완전경쟁시장이면 한계비용가격설정이 이루어지지 않기 때문에 자원배분이 비효율적이라는 것을 배웠다. 이와 같이 불완전경쟁은 시장의 효율적인 자원배분 기능이 실패하는 이유가 된다.

그런데 규모의 경제가 있는 경우에는 생산 규모가 증가함에 따라 평균비용이 낮아지기 때문에 완전경쟁이 무너지고 자연독점이나 자연과점이 생기는 것을 앞 장에서 배웠다. 규모의 경제가 존재하면 평균비용이 낮아져서 좋은 한편으로 불완전경쟁시장이 출현하여 한계비용가격설정이 이루어지지 않는 것이다. 따라서 규모의 경제는 시장의 실패의 한 유력한 원인이다.

외부효과

외부효과(external effect) 혹은 외부성(externality)이란 거래당사자가 아닌 사람(제3자)에게 의도하지 않은 혜택이나 손해를 주면서도 이에 대한 대가를 받지도, 지불하지도 않는 상태를 말한다.

외부효과는 외부경제와 외부비경제로 구분된다. 제3자(다른 사람들)에게 의도하지 않은 혜택을 입히는 효과를 긍정적 외부효과 혹은 외부경제(external economy), 의도하지 않은 손해를 입히는 효과를 부정적 외부효과 혹은 외부비경제(external diseconomy)라 한다. 외부경제의 고전적인 예는 과수원과 벌이다. 벌이 꿀을 채취하면서 과실이 많이 열리게 한다. 벌과 과수의 교환활동으로 과수원 주인이 혜택을 보지만 혜택을 보는 대가를 벌이나 양봉업자에게 지불하지 않는다(양봉업자도 마찬가지이다).

외부효과가 존재할 때 시장이 자원을 효율적으로 배분하지 못하는 이유는 사회적 관점에서 계산된 비용(혹은 편익)과 개인적 관점에서 계산된 비용(편익)이 서로 다르기 때문이다. 즉, 사회적 비용과 사적 비용이 서로 다르기 때문이다. 예컨대 자동차 공장에서 나오는 매연이나 폐수는 공기와 하천을 오염시킴으로써 자동차를 타지 않는 제3자에게도 손해를 끼친다. 따라서 자동차 생산은 외부비경제를 낳는다. 그러나 자동차 생산기업은 한계비용을 계산할 때 공기 및 하천 오염이라는 사회에 해를 끼치는 비용은 감안하지 않는다. 이처럼 비용을 발생시킨 주체가 부담하지 않는 비용을 외부비용(external cost)이라고 한다.

자동차 생산기업의 사적 비용(private cost)인 자동차 생산비에다가 외부비용을 합한 것이 자동차 생산의 사회적 비용(social cost)이다. 외부비경제가 존재하면 사회적 비용이 사적 비용보다 크게 나타나는 것이다. 사회적 비용이 사적 비용보다 크면 사회적 한계비용도 사적 한계비용보다 크다.

지금까지는 한계원리를 설명할 때 한계편익과 한계비용이 사적으로 보든 사회적으로 보든 똑같았다. 그러나 외부효과가 있으면 한계편익과 한계비용 중 어느 하나가 사적으로 볼 때와 사회적으로 볼 때 달라진다. 외부비경제의 경우에 사적 한계편익은 사회적 한계편익과 같다. 그러나 사적 한계비용은 사회적 한계비용보다 작다. 기업이 사회적 한계비용보다 작은 사적 한계비용에 이끌려 생산하기 때문에 사

그림 **7-1**

경쟁시장과 외부효과

외부비경제를 낳는 상품은 사회적 한계비용에 입각하여 Q_S를 P_S의 가격으로 파는 것이 바람직하다. 그러나 경쟁시장에서는 사적 한계비용에 이끌려 Q_P를 P_P의 가격으로 팖으로써 과잉생산된다.

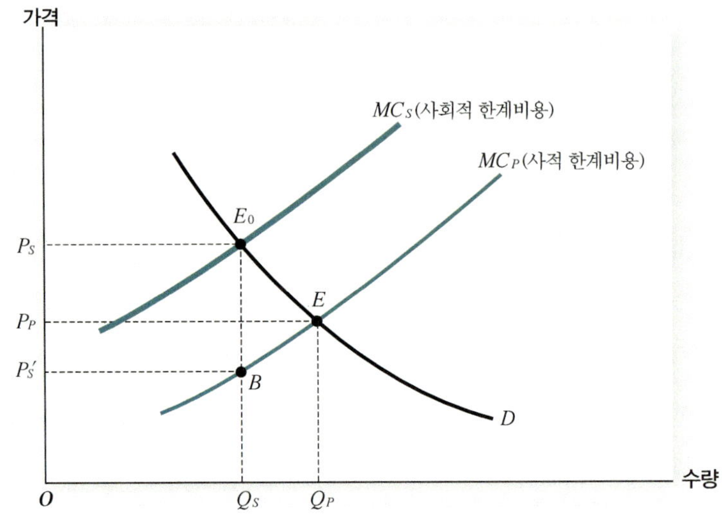

회적으로 최적의 생산량보다 많이 생산된다. **그림 7-1**에서 외부비경제를 감안하지 않은 사적 한계비용곡선은 MC_P, 외부비경제를 감안한 사회적 한계비용곡선은 MC_S로 표시되어 있다. 제5장에서 생산물시장이 완전경쟁일 때 개별 경쟁기업의 우상향하는 한계비용곡선을 모든 기업에 걸쳐 수평으로 합하여 시장공급곡선을 도출한다고 설명하였다. 자동차시장이 경쟁시장이라고 가정하여 그림 7-1은 모든 기업의 한계비용곡선을 수평으로 합하여 MC곡선으로 표기하였다. 사회 전체적으로 볼 때 Q_S가 최적의 생산량이다. 그런데 실제로는 자동차 생산기업이 외부비경제를 감안하지 않기 때문에 Q_P를 생산한다. 사회 전체적으로 꼭 필요한 양보다 Q_SQ_P만큼을 더 생산하고 있는 것이다. 그 결과 자동차라는 공해유발 상품의 시장가격은 불필요하게 낮은 수준이 되어 자원배분이 비효율적으로 이루어진다.

이 경우 정부가 자동차 한 대당 E_0B만큼의 세금을 자동차 생산자에게 부과한다고 하자. 그러면 제5장에서 배운 바와 같이 산업의 공급곡선이 MC_P에서 E_0B만큼 위쪽으로 수직 이동하여 MC_S가 되어 사회적으로 바람직한 Q_S를 생산하게 된다. 외부비경제를 낳는 상품의 생산이나 소비에 세금(공해세, pollution tax)을 부과하는 것이 바람직하다는 것은 이러한 맥락에서이다.

지금까지 자동차시장을 경쟁시장이라고 가정하였다. 자동차시장이 독과점시장인 현실을 수용하면 논의는 복잡해진다. 경쟁시장보다 독과점시장에서 생산량이 적다. 자동차시장이 독점시장이면 앞 장에서 배운 바와 같이 시장수요곡선에서 한계수입곡선을 도출하여 이 한계수입곡선과 한계비용곡선이 만나는 점에 대응하는 시장수요곡선에서 가격과 거래량이 결정된다. 일반적으로 공해상품을 경쟁시장에 맡기면 과잉생산되는데, 독과점시장에서는 경쟁시장보다 생산이 적다는 점을 감안하면 독과점 하에서 공해상품의 과잉생산 문제는 약화하는 측면이 있다.

외부경제의 경우에는 한계편익 면에서 괴리가 생긴다. 구체적으로 **사적 편익**(private benefit)보다 **사회적 편익**(social benefit)이 크다. 사적 한계편익에 이끌려 생산하기 때문에 사회 전체로는 사회적 편익에 맞게 생산하는 경우보다 적게 생산된다. 외부경제를 수반하는 생산활동에는 보조금을 지급하여 당해 활동을 촉진시키는 것이 바람직하다.

오늘날 각국 정부는 교육과 연구 · 개발이 장기적으로 폭넓게 외부경제를 갖는 데에 주목하여 이 분야를 집중적으로 지원하고 있다. 심성이 좋고 실력이 우수한 사람이 고등교육을 받으면 본인에게 좋을 뿐만 아니라 사회 전체에 대하여도 좋은 영향을 미친다. 연구 · 개발은 새로운 발명과 발견으로 연결되어 사회를 윤택하게 만든다.

공공재

지금까지는 개별 생산자들이 이윤극대화를 목적으로 생산하는 사적 재를 다루었다. **사적 재**(私的財, private goods)란 각 단위를 한 사람만이 소비할 수 있는 상품을 말한다. 구체적으로 사적 재는 경합성과 배제성의 두 가지 속성을 갖는다. **경합성**은 한 사람이 그 재를 소비하면 다른 사람은 그 재를 소비하지 못하거나 소비할 기회가 줄어드는 것을 말한다. 내가 사과 1개를 사면 그 사과를 다른 사람이 소비하지 못한다. **배제성**은 대가를 지불하지 않은 사람을 소비에서 배제하는 것을 말한다. 사과를 사지 않은 소비자는 사과를 소비할 수 없다. 그런데 현실 세계에는 사적 재와 대비되는 공공재도 있다.

> **공공재**(public goods)는 각 단위를 여러 사람이 동시에 사용할 수 있고 어떤 사람도 소비에서 배제시킬 수 없는 상품이다. 공공재의 예로는 등대 · 공원 · 국방 · 치안 등을 들 수 있다.

한 마을에 방범 서비스를 제공하는 파출소의 경우를 보자. 한 가정이 방범의 혜택을 받는다고 해서 다른 가정이 방범의 혜택을 못 받는 것이 아니다. 마을 전체가 치안(治安) 서비스라는 유용한 상품을 같이 소비할 수 있다. 이러한 특성을 소비 면의 비경합성(non-rivalry)이라 한다. 방범 서비스의 대가인 방범료를 내지 않는 가정이 있다고 해서 그 가정만 골라 방범혜택이 돌아가지 않도록 할 수가 없다. 이러한 특성을 소비 면의 비배제성(non-excludability)이라 한다.

공공재는 소비 면의 비경합성과 비배제성이라는 두 가지 특성 때문에 양의 가격을 매기는 것이 가능하지도 않고 바람직하지도 않다. 가격을 치르지 않아도 소비에서 배제되지 않기 때문에 사람들이 공짜로 소비하려 하는 무임 승차자 문제(free rider problem)가 생긴다. 여러 사람이 동시에 사용할 수 있기 때문에 한 사람을 더 소비에 참여시키는 데 따른 한계비용이 0이다. 따라서 한계비용가격설정에 따르면 가격이 0이어야 한다.

이러한 특성을 갖는 공공재를 (자유)시장경제에 방임하는 경우 이윤극대화를 추구하는 사기업이 공공재를 생산할 유인이 없다. 따라서 사회적으로 필요한 만큼의 공공재가 공급되지 않는 시장의 실패가 발생한다. 이 경우 공익을 추구하는 정부가 공공재를 직접 생산하거나 민간기업에 보조금을 주어 생산을 유도해야 한다.

소득분배의 불평등

경쟁시장에서는 각 생산요소의 소유자가 그 요소의 한계생산물가치만큼 소득분배를 받는다. 따라서 생산요소를 적게 가지고 있거나 한계생산물가치가 적은 생산요소를 가지고 있는 사람은 소득이 적다. 일할 능력이 없는 사람은 생산과정에서 아예 배제되어 소득을 얻지 못한다. 그러므로 시장경제에서는 소득분배가 불평등하다. 독과점시장은 경쟁시장보다 소득분배를 더 불평등하게 만든다.

정치적 선택을 할 때는 부자나 가난한 자나 모두 '1인 1표'의 원칙이 적용된다. 그러나 시장경제에서는 구매력이 있는 사람들의 선호를 중시하기 때문에 '1원 1표'의 원칙이 지배한다. 부자는 가난한 사람보다 많은 힘을 사용할 수 있다. 지나치게 불평등한 소득분배는 못 가진 자의 삶의 의욕을 꺾고 사회 갈등을 높여 두루 잘 사는 사회를 만드는 데에 걸림돌이 된다.

불확실성과 비대칭 정보

현실 경제에는 소비선호, 생산기술, 기후, 경제주체들의 예상 등 여러 면에서 불확실성이 많다. 불확실성 하에서는 효율적인 자원배분의 전제인 한계비용가격설정이 어려워 시장의 실패가 발생한다. 온갖 불확실성이 존재하더라도 각각의 불확실성에 완벽하게 대처할 수 있는 보험시장이 존재하면 효율적인 자원배분이 이루어지는 것으로 알려져 있다. 그러나 제5장에서 설명한 바와 같이 경제에 존재하는 정보의 비대칭성에 따른 도덕적 해이와 역선택 문제 때문에 온갖 불확실성에 완벽하게 대처할 수 있는 보험시장이 현실 경제에 존재하지 않는다.

자산시장의 '비이성적 과열'

시장은 일반적으로 가격의 신호 기능을 바탕으로 적절한 유인을 제공하고 자율적으로 수요와 공급을 조정하며 효율적으로 자원을 배분한다. 그러나 때로 시장은 과잉으로 반응하고 조정한다. 특히 제5장에서 설명한 부동산시장과 금융시장 등 자산시장에서 합리적인 행동의 결과라고 보기 어려운 가격의 거품이 빈번하게 생기고 꺼진다. 정부의 잘못된 정책 탓일 수도 있지만 합리적이라고 할 수 없는 사람들의 탐욕과 공포도 작용하여 자산 가격이 지나치게 폭등하다가 결국 폭락하는 일이 드물지 않게 일어나는 것이다. 이런 자산시장의 급격한 변동은 흔히 신용경색과 소비 · 투자의 급격한 감소를 초래한다. 때로는 금융위기와 국민경제의 위기, 나아가 세계적인 공황이나 대침체를 낳기도 한다. 1929년의 세계적인 대공황, 2008년의 미국 금융위기로 인한 세계적인 대침체가 그 예이다. 시장경제에서 자주 일어나는 자산시장의 '비이성적 과열'은 시장의 실패를 낳는 한 요인이다.

2. 독과점 시장구조와 정부규제

앞에서 경쟁시장에서도 외부효과와 공공재가 존재하면 시장의 실패가 일어날 수 있다는 것을 보았다. 그러나 독과점시장에서는 시장의 실패가 훨씬 크게 일어난다. 외부효과와 공공재가 없어도 자원이 비효율적으로 배분되고, 경쟁시장에 비해 소득분배가 더 불평등하게 이루어진다. 따라서 오늘날 각국 정부는 경쟁시장을 지향하여 독과점을 규제하는 정책을 펴고 있다.

그런데 우리가 배운 경쟁시장은 시장 안에 도토리 키재기 식의 작은 기업들이 무수히 많이 있는 것을 상정하고 있기 때문에 현실 세계에서 흔치 않다. 이에 정책당국은 경쟁시장에 가까운 현실성 있는 경쟁상태를 경쟁기준으로 삼고 있다. 어느 산업에 있는 기업들의 수가 많지 않고 각 기업이 시장가격에 영향을 미치는 힘을 갖고 있더라도, 기업 상호 간에 실질적인 경쟁이 있어서 시장가격이 평균비용보다 크게 높지 않으면 완전경쟁으로 간주하는 것이다. 경쟁시장처럼 다수의 기업이 시장가격을 주어진 것으로 보고 행동하지는 않지만 실질적인 경쟁이 일어나 시장가격이 평균비용에 근접하는 상태를 **유효경쟁**(effective competition)이라 한다. 유효경쟁의 개념에 따르면 시장가격이 평균비용보다 크게 높고, 이러한 상황이 장기에도 고쳐지기 어려울 것으로 보이면 그 시장은 독과점으로 판단한다.

정책당국이 독과점에 대한 규제를 하기 위해서는 독과점의 정도를 측정하는 것이 필요하다. 이 절에서는 먼저 독과점의 정도를 가늠하기 위해 시장구조를 측정하는 방법을 살펴보고, 이 방법에 따라 우리나라 시장구조 현황을 살펴본 다음 독과점에 대한 공공규제의 내용을 다룬다.

2.1 시장구조의 측정

시장구조(market structure)란 시장이 경쟁의 측면에서 볼 때 어느 상태에 있는가를 말한다. 시장구조는 주로 공급자인 기업의 수와 기업의 규모에 따라 결정된다. 기업 수와 기업 규모 면에서 시장의 집중 여부를 측정하기 위하여 사용되는 것이 **시장집중지수**(market concentration index)이다. 가장 많이 쓰이고 있는 시장집중지수는 상위 k기업 집중률과 허쉬만-허핀달 지수이다.

상위 k기업 집중률

상위 k기업 집중률은 규모 면에서 제일 상위에 속하는 k개 기업들의 시장점유율을 합계한 것이다. 개별 기업의 시장점유율은 일반적으로 개별 기업의 출하액이 시장 전체의 출하액에서 차지하는 비중으로 구한다. i번째 기업의 시장점유율을 S_i라 하면 상위 k기업 집중률 CR_k는

$$CR_k = S_1 + S_2 + \cdots\cdots + S_k = \sum_{i=1}^{k} S_i$$

로 구해진다. 상위 k기업 집중률이 높을수록 독과점의 정도가 높음을 나타낸다.

상위 k기업 집중률은 측정이 간단하고 소수 대기업의 시장지배력을 직접적으로 표시해 주므로 독과점 규제를 위한 시장구조 분류기준으로 널리 사용되고 있다. k를 3으로 하여 **상위 3기업 집중률**이 가장 흔하게 사용된다.

허쉬만-허핀달 지수

상위 k기업 집중률은 상위 k기업만을 다루고, 상위 k기업 안에서는 규모가 큰 기업이나 작은 기업이나 똑같은 비중으로 다룬다. 이에 비해 한 산업 안에 있는 모든 기업의 시장점유율을 합하면서 규모가 큰 기업일수록 큰 비중을 주는 지수가 있다. 구체적으로 산업 내 모든 기업의 시장점유율의 제곱을 더한 것을 **허쉬만-허핀달 지수**(Hirschman-Herfindahl index : *HHI*)라 한다. 이 지수는 산업 내에 모두 n개의 기업이 있을 때

$$HHI = S_1^2 + S_2^2 + \cdots\cdots + S_n^2 = \sum_{i=1}^{n} S_i^2$$

으로 표시된다.

허쉬만-허핀달 지수의 역수를 **동등규모 기업 수**(numbers of equivalent)라 한다. 동등규모 기업 수는 다양한 규모의 기업이 있는 시장에 대해 만약 이 시장에 동등한 규모의 기업만 있다고 가정하면 몇 개의 기업이 있는 것과 같은가를 알려준다. 예컨대 허쉬만-허핀달 지수가 0.2이면 5개의 기업이 각각 20%의 시장점유율을 균등하게 갖고 있는 것과 같다는 것이다.

2.2 우리나라의 시장구조

우리나라에서는 통계청이 제정한 **한국표준산업분류**(Korea Standard Industry Classification : KSIC)에 의거하여 생산물을 중심으로 산업과 시장을 정의한다. 한국표준산업분류는 UN이 제정한 **국제표준산업분류**(ISIC)를 기초로 하여 5단계 분류방식을 택하고 있다. 대분류는 알파벳, 중분류는 2단위 숫자, 소분류는 3단위, 세분류

는 4단위, 세세분류는 5단위 숫자를 쓰고 있다. 가장 기본이 되는 산업분류 단위는 세세분류이다.

2017년에 개정된 현행 한국표준산업분류에 의하면 세세분류로 광업에 11개, 제조업에 469개 산업이 있다. 광공업을 통틀어 480개의 산업 내지 시장이 있는 것이다. 이 중에서 상위 3기업 집중률이 시장출하액 기준으로 0.8 이상인 산업은 2019년에 49개(전체 광공업의 10.2%)이다. CR_3를 0.6 이상으로 확대한다면 해당 산업은 모두 109개(22.7%)이다. 반면에 CR_3가 0.2 이하인 산업은 98개(20.4%)이다. 허쉬만-허핀달 지수가 0.05 이하(동등규모 기업 수가 20개 이상)인 산업 수 비중은 42.1%이다.[1] 대략적으로 독과점시장인 산업이 전체 광공업의 10%, 경쟁시장에 가까운 산업이 42%, 나머지 50%가량은 독점적 경쟁시장인 셈이다. 그러나 세세분류를 추가로 세분한 8단위 분류체계에서는 CR_3가 0.8 이상인 품목 수가 전체 품목의 38.1%, 0.6 이상인 품목 수는 전체의 59.9%를 점한다. 전체 품목시장의 평균 CR_3는 0.67이다. 구체적인 품목으로 들어가면 독과점의 비중이 상당히 높은 것을 시사한다.

광공업에 독과점의 비중이 상당히 높은 것은 경제개발의 초기부터 정부가 규모의 경제가 있는 대기업을 중심으로 급속한 경제성장을 추구한 데에 크게 기인한다. 산업집중도는 1980년대와 1990년대에 전반적으로 하락추세를 보였으나 21세기에 들어와 정체상태를 보이고 있다.

2.3 재벌의 경제력집중

우리나라에서는 경제개발 초기 단계에서부터 대기업을 중심으로 전략산업 위주의 공업화를 추진해 온 과정에서 재벌의 경제력집중이 커졌다.

> 재벌(혹은 대기업집단)의 **경제력집중**은 특정인(총수)과 그 가족이 소수의 지분으로 많은 계열기업을 지배하는 것을 말한다.

1970년대부터 재벌들은 제조업을 기반으로 보험 · 증권 등 금융산업, 유통 · 건

1) 공정거래위원회 · 한국개발연구원, 『시장구조 조사』, 2021. 11. ; 공정거래위원회 보도자료, 『2010년 시장구조 조사 결과 공표』, 2013. 4. 3.

설 · 레저 · 관광산업, 언론산업, 정보통신산업 등 각종 분야에 문어발식 확장을 거듭해 왔다. 2019년에 재벌의 평균 계열기업 수는 40개이다. 전체 광공업 출하액 중 재벌 출하액의 비중은 47.1%, 부가가치액 비중은 45.5%이다.

경제력집중은 좋은 점도 많다. 경제력집중은 규모의 경제와 범위의 경제를 누리고, 계열기업 간 자금의 효율적인 배분과 인력풀(pool)을 통하여 기술혁신과 신사업 개발을 선도하며, 경영의 다각화로 위험을 분산시킬 수 있다. 신속한 의사 결정, 과감한 투자 등 총수경영의 장점을 살려 반도체, 선박, 정보통신기기, 자동차 등의 산업에서 비약적인 발전을 보여 한국 경제가 세계 10대 경제강국으로 올라서는 데에 핵심적인 역할을 했다. 우리 경제가 그동안 누려온 고도성장에 재벌이 견인차 노릇을 한 것이다. 그럼에도 불구하고 우리나라에서 재벌의 경제력집중이 많은 논란이 되어 온 이유는 다음과 같다.

첫째, 부의 축적 과정의 정당성에 강한 의문이 제기되어 왔다. 재벌들이 오늘의 부를 축적한 밑바탕에는 창의적인 기업가정신과 불굴의 개척자세가 있는 반면 정경유착, 부동산 투기, 탈세, 편법 증여, 계열기업에 일감 몰아주기 등 수단과 방법을 가리지 않는 온갖 천민자본주의 행태가 있다.

둘째, 현실적으로 재벌은 거대한 자금력, 생산물시장과 생산요소시장에서의 우월한 교섭력 내지 시장지배력을 갖고 있기 때문에 공정한 경쟁질서를 저해하고 부품을 공급하는 중소기업을 쥐어짜며 신규 기업의 진입을 억제한다.

셋째, 재벌기업의 지배구조가 비합리적이다. 총수가 적은 지분을 가지면서도 계열회사 간 출자를 지렛대로 삼아 기업집단 전체를 지배하는 등 소유와 지배 간의 괴리가 크다. 총수의 잘못된 판단으로 그룹 전체가 위기에 빠질 수 있고, 유능한 전문경영자가 뜻을 펼 기회가 협소해진다.

넷째, 위험분산과 비용절감을 위해 업종의 다각화를 추구한다는 명분으로 문어발식 사업 확장을 서슴지 않는다. 재벌은 소재에서부터 가공 · 조립, 더 나아가서는 판매 · 무역 · 금융 · 부동산 · 레저에 이르기까지 유리한 자금력과 정보력을 활용하여 총체적 시장지배력을 확대해 왔다.

다섯째, 재벌은 '재벌공화국'이라는 말 그대로 경제는 물론 정치 · 행정 · 사회 · 언론 · 문화 등 각 분야에 과도한 영향력을 행사하며 정경유착과 부정부패의 문고리 역할을 많이 해 왔다.

2.4 공정거래법

앞에서 품목 수 기준으로 우리나라 광공업의 1/3 이상이 독과점산업이며 재벌에 의한 경제력집중이 크다는 것을 살펴보았다. 이러한 구조적인 문제점들을 시정하기 위한 여러 가지 법적 · 제도적 장치가 1980년대부터 마련되었다. 그중에서 가장 포괄적인 내용을 담고 있는 것이 '독점 규제 및 공정거래에 관한 법률'(간단히 줄여서 공정거래법)이다.

우리나라의 공정거래법은 이미 형성된 독과점을 인정해 주되 더 이상 독과점이 심화하는 기업결합이나 카르텔을 금지하고, 독과점기업이 자유경쟁에 반하는 행동을 하지 않도록 규제하는 데에 1차적인 목적을 두고 있다. 미국의 **독점금지법**(anti-trust law)은 한 기업이 독점이라고 판정되면 정부가 기업 분할 명령을 내려 독과점 시장구조 자체를 고칠 수 있다. 이를 독과점에 대한 **원인규제** 혹은 **구조규제**라 부른다. 우리나라는 미국과 같은 독과점에 대한 **원인규제**가 아니라 **폐해규제**이다. 독과점의 폐해를 규제하는 정부부처는 **공정거래위원회**(Fair Trade Commission : FTC)이다.

공정거래법의 주요 내용은 시장지배적 지위 남용 금지, 기업결합 제한, 경제력 집중 억제, 부당한 공동행위 제한, 불공정거래행위 금지 등이다.

시장지배적 지위 남용 금지

독과점기업이 시장지배력을 부당하게 행사하는 것을 **시장지배적 지위 남용**이라 한다. 공정거래법이 규정하고 있는 시장지배적 지위 남용은

① 상품 가격을 부당하게 결정 · 유지 · 변경하는 행위(가격 남용)

② 판매를 부당하게 조절하는 행위(출고 조절)

③ 다른 사업자의 사업활동을 부당하게 방해하는 행위(영업 방해)

④ 새로운 경쟁사업자의 진입을 부당하게 방해하는 행위(진입 방해)

⑤ 경쟁사업자를 부당하게 배제하거나 소비자의 이익을 현저히 저해할 우려가 있는 행위(기타 경쟁제한)

등이다. 공정거래법은 이러한 시장지배적 지위 남용을 금지하고 있다. 이를 위반한 기업에 대해서는 공정거래위원회 위원장이 시정명령을 내리고, 시정명령에 따르지 않는 기업에 대하여는 과징금을 부과한다.

공정거래법은 독과점기업을 시장지배적 사업자라 부르고 있다. 시장지배적 사업자는 연간 국내 총공급액이 1,000억원 이상인 시장에서 50% 이상의 점유율을 갖는 기업, 혹은 상위 3기업 집중률이 75% 이상이고 개별 점유율이 10%를 넘는 과점기업을 말한다.

기업결합 제한

공정거래법은 일정한 거래분야에서 경쟁을 실질적으로 제한하는 주식취득, 임원겸임, 합병, 영업양수(讓受), 신규 회사 설립 참여 등을 통한 기업결합을 금지한다(단, 효율성 증대 효과가 경쟁제한으로 인한 폐해보다 큰 경우나 산업합리화를 위해 필요한 경우에는 기업결합이 가능하다). 기업결합을 제한하는 목적은 시장구조의 독과점화를 막기 위한 것이다.

경제력집중 억제

정부는 재벌에 경제력이 집중되는 것을 억제하는 다양한 정책을 1980년대부터 펴고 강화해 왔다. 그중 중요한 몇 가지를 들면 다음과 같다.

첫째, 공정거래위원회가 매년 일정 규모 이상의 기업집단을 대기업집단(재벌)으로 지정하고 재벌 전반의 정보를 공개하며, 재벌 계열사도 직접 자신의 정보를 공시하도록 한다. 2020년에는 자산 5조원 이상의 기업집단을 재벌로 지정하였는데 64개 재벌에 계열회사 수는 모두 2,284개였다. 정보공개제도와 공시제도는 재벌에 관한 포괄적인 정보를 일목요연하게 보여줌으로써 시장에 의한 감시기능을 강화하고, 기업 스스로 투명성 및 책임성을 제고하는 노력을 유도하기 위해 도입한 것이다.

둘째, 재벌의 계열기업 간 상호출자를 금지한다. **상호출자**란 두 회사가 서로 상대방의 주식을 소유하는 출자를 말한다. 한 재벌 산하의 두 회사 A, B 간에 A가 B에 100억원을 출자하고, 그 돈을 B가 다시 A에 출자한다고 하자. 그러면 두 회사를 아우르는 재벌로서는 실제 자산이 종전과 같이 100억원이지만 장부상으로는 200억원이 된다. 상호출자에 의해 재벌들의 자산 규모가 실제보다 훨씬 크게 부풀려지는 것이다. 자산 규모가 부풀려지면 비재벌기업에 비해 금융회사의 여신을 많이, 그리고 쉽게 받아 경제력집중이 심해진다.

셋째, 신규 순환출자를 금지한다. **순환출자**란 세 개 이상 회사 간에 환상형으로 출자하는 것을 말한다. 예컨대 세 회사 A, B, C가 A → B → C → A로 출자하는 것이다. 2014년부터 계열회사 간 신규로 순환출자를 하는 것은 금지하고, 기존의 순환출자를 점차 줄여가도록 했다.

넷째, 지주회사의 설립과 전환을 제한한다. 지주회사(holding company)란 다른 회사(자회사, 손자회사) 주식의 소유를 통해 그 회사의 사업 내용을 지배하는 것을 주된 사업으로 하는 회사를 말한다. 재벌이 지주회사를 설립하거나 지주회사로 전환하는 것 자체는 허용하되 경제력집중을 방지하기 위해 행위제한의무를 부과한다. 지주회사의 부채비율(부채/순자산)을 200% 이내로 유지하고, 자회사(지주회사의 지배를 받는 회사) 주식의 일정비율(상장자회사는 20%, 비상장자회사는 40%) 이상을 보유해야 하는 것이 행위제한의무의 주요한 예이다.

다섯째, 재벌에 속하는 계열회사 간 채무보증을 금지한다. 재벌 내 계열기업 간의 방만한 채무보증은 재벌에 대한 여신편중 현상의 주요인이었다. 중소기업들은 담보가 없으면 금융기관 대출을 받을 수 없는데 재벌기업은 계열회사의 지급보증만으로 자기자본 규모에 관계없이 손쉽게 대출을 받아왔기 때문이다.

여섯째, 재벌이 보유한 증권회사, 보험회사 등의 금융회사가 계열회사 주식을 소유할 경우 그 주식에 대한 의결권을 제한한다. 참고로 은행의 경우는 산업자본이 은행을 소유할 수 없다는 은산분리원칙에 의해 재벌이 은행을 보유할 수 없다.

부당한 공동행위 제한

공정거래법은 경쟁을 실질적으로 제한하는 사업자 간의 부당한 공동행위를 원칙적으로 금지하고 있다. 이는 앞 장에서 다룬 카르텔을 금지하는 것이다. 부당공동행위의 유형으로는

① 가격을 결정 · 유지 · 변경하는 행위(가격카르텔)

② 상품의 거래조건이나 그 대가의 지급조건을 정하는 행위(조건카르텔)

③ 상품의 생산 · 출고 · 수송 · 거래를 제한하는 행위(수량카르텔)

④ 거래지역이나 거래상대방을 제한하는 행위(시장분할카르텔)

⑤ 설비의 신 · 증설이나 장비 도입을 방해하거나 제한하는 행위(설비도입카르텔)

⑥ 상품의 종류 · 규격을 제한하는 행위(특화카르텔)

⑦ 공동영업을 하거나 공동영업을 위한 회사를 설립하는 행위(합작회사)

⑧ 입찰 · 경매에서 낙찰자와 낙찰가격 등을 결정하는 행위

⑨ 그 밖에 다른 사업자의 사업활동 · 사업내용을 방해하거나 제한하는 행위

등 9가지가 지정되어 있다. 그러나 공동행위가 불황 극복을 위한 산업구조 조정, 연구 · 기술개발, 거래조건의 합리화, 중소기업의 경쟁력 향상 등을 위한 것이라면 예외적으로 이를 허용하고 있다.

2인 이상의 사업자가 공동의 이익을 증진할 목적으로 조직한 조합 · 협회 · 연합회 · 중앙회 등을 **사업자단체**라 부른다. 이 사업자단체가 때로는 진입규제, 가격담합, 사업자의 사업내용 제한 등 경쟁제한행위를 수행한다. 공정거래법은 이것도 광의의 부당한 공동행위로 규정하여 원칙적으로 금지하고 있다.

읽을/생각할 거리 7-1

담합은 범죄행위이다

부당한 공동행위의 9가지 유형에서 알 수 있는 바와 같이 독과점기업들은 갖가지 부당한 공동행위를 한다. 기업들이 짜고 부당한 공동행위를 하는 것을 **담합** 혹은 순수한 우리 말로 **짬짜미**라고 부른다. 담합은 뿌리가 깊고도 넓다. 기원전 3000년경 이집트 상인들이 서로 짜고 양털 가격을 올렸다는 것이 최초의 기록으로 나와 있다. '보이지 않는 손'이 작동하는 자유시장경제를 신봉한 애덤 스미스도 기업들 간의 밀실담합을 다음과 같이 강하게 비판했다.

> "동일 업종에 종사하는 상인들은 오락이나 기분전환을 위해서라도 함께 모이는 경우가 드물다. 그러나 일단 모이면 그들의 대화는 항상 소비자들을 우롱할 술수나 가격상승 결의 등으로 끝맺는다."
>
> —『국부론』

담합에 대해 가장 엄격하게 대처하는 나라는 미국이다. 미국은 담합을 중대한 범죄행위로 규정하여 엄격하게 단속 · 처벌하고 있다. 최근에는 외국기업의 임직원도 자국법에 따라 판결 · 구속하고 있다. 삼성전자와 하이닉스가 반도체 가격을, 대한항공과 다른 나라 항공사들이 항공료를 담합한 것을 적발하여 엄청난 과징금을 부과하고, 외국에 있는 관련 임직원을 미국 법원에 출두하도록 명령을 내렸다.

담합은 으레 은밀하고 교묘하게 이루어지기 때문에 적발하기 어렵다. 이를 타개하기 위해 미국, 일본과 EU의 여러 나라 등 세계 40여 개국에서 내부고발자에 대해 과징금과 처벌을 감면하는 **리니언시**(leniency : 자진신고감면제도)를 시행하고 있다. 공익을 위해 경제적 · 법적 유인을 제공하여 공범자의 딜레마 상황을 조성하는 것이다. 미국과 우리나라에서 그동안 적발된 담합은 대부분 이런 유인에 이끌린 내부고발에 힘입은 것이다.

'담합은 영업의 자유'라는 생각은 국내외로 통하지 않는다. 담합은 해서는 안 되는 범죄행위이다.

불공정거래행위 금지

불공정거래행위(unfair trade practices)는 상대방의 자유를 구속하여 정상적인 거래관습상 부당한 방법으로 불이익을 강요하는 행위이다. 불공정거래행위는 대체로 어느 한 기업이 시장지배력을 배경으로 부당하게 다른 기업을 차별하거나 경쟁자를 배제하거나 다른 기업의 사업활동을 방해하는 행위 등으로 나타난다. 이러한 불공정거래행위는 기업 상호 간의 자유롭고 공정한 경쟁을 보장하고 상대적으로 약세에 있는 소비자를 보호하기 위해 금지한다.

2.5 기타 정부규제

공정거래법에 의한 포괄적인 독과점 규제 외에도 여러 가지 정부의 규제를 들 수 있다. 정부규제를 유형별로 보면 ① 가격 규제, ② 생산활동에 관한 규제, ③ 판매활동에 관한 규제, ④ 진입 제한, ⑤ 전략물자 비축, ⑥ 자연독점산업의 공기업 유지, ⑦ 수입 규제 등으로 구분할 수 있다.

가격 규제

우리나라에서는 많은 시장이 독과점시장이기 때문에 독과점기업이 부당하게 시장지배력을 행사하는 것을 막기 위해 가격을 규제한다.

정부의 가격 규제방식은 크게 직접 규제와 간접 규제로 나누어 볼 수 있다. **직접 규제**는 철도요금, 우편요금, 상하수도요금 등의 공공요금처럼 정부가 상품 가격을 직접 결정하는 관리방식이다. **간접 규제**는 가격을 일단 시장의 자율기능에 맡기되 정부가 가격이나 생산량을 보완 · 조절하는 관리방식이다.

시장지배적 사업자가 가격을 부당하게 결정하거나 유지하거나 변경할 때 정부가 시정명령을 내리는 것은 간접 규제의 예이다. 수급이 불확실한 생필품 가격을 관리하거나 대중음식점, 커피전문점, 이미용업소, 목욕 · 숙박업소 등에서 가격을 표시하게 하고 요금담합과 같은 공동행위를 단속하는 것도 간접 규제의 예이다.

기타 규제

의약품과 식품 등의 산업은 소비자가 기업만큼 제품의 특성에 관한 정보를 가지고 있지 않다. 이런 정보의 비대칭성을 악용하여 기업이 안전과 건강에 해를 끼칠 유해성분을 사용할 수 있다. 따라서 정부가 안전 및 품질에 관한 기준을 설정하고 그 준수 여부를 감독한다. 이는 생산활동과 판매활동에 관한 규제의 예이다.

의사 · 약사 · 변호사 · 회계사 등 전문직종은 각종 면허 · 자격시험을 치르게 한다. 시험이라는 인위적인 진입장벽이 전문 서비스의 품질을 최소한도의 수준 이상으로 유지시킨다.

석유 · 천연가스 · 아연 · 동과 같은 전략물자는 공급에 교란이 일어날 때 단기적으로 큰 혼란과 불편을 겪게 된다. 따라서 정부가 일정량 이상을 비축하고 비상시 공급계획을 수립한다.

전화 · 전력 등 여러 공익사업은 서구 선진국에서 자연독점산업으로 규정되어 정부의 각종 규제를 받고 있다. 우리나라에서는 철도 · 전력 · 상하수도 등의 공익사업이 공기업의 형태로 경영되고 있다.

유치산업을 보호하기 위한 수입 규제도 공공규제의 일종이다.

2.6 규제의 경제학과 정부의 실패

지금까지의 설명에서 독자들은 독과점에 따른 시장의 불완전성을 교정하기 위해 정부가 경제에 각종 규제를 가하는 것이 필요하다는 것을 느꼈을 것이다. 그러나 문제가 그렇게 단순하지만은 않다. 규제에는 여러 가지 부작용이 따르기 때문이다.

독과점기업의 가격 횡포로부터 소비자를 보호하기 위한 명목으로 가격을 규제한다고 해보자. 독과점기업은 품질을 저하시켜 독과점이윤을 가격 규제 이전처럼 확보할 수 있다. 가격 규제로 기술혁신에 대한 투자유인이 떨어져 동태적으로 비효율적일 수도 있다. 슘페터가 강조하는 혁신이 가격 규제 하에서 제대로 일어나지 않는다는 것은 분명하다. 따라서 가격 규제보다 다른 기업의 진입을 촉진하고 해당 상품의 수입을 개방하는 등 시장의 경쟁풍토를 제고하는 것이 더 바람직한 정책이다. 각국 정부가 가급적 가격 규제를 자제하는 것은 이 때문이다.

정부가 어느 정도까지 규제하는 것이 최적일까? 이에 대해 경제학에서 즐겨 사용하는 한계원리를 원용할 수 있다. 규제의 강도를 높일수록 추가적인 편익은 줄고 앞서 말한 규제의 부작용이 커져 추가적인 비용은 증가한다. 따라서 규제에 따른 한계편익과 한계비용이 같아지는 수준까지만 규제하는 것이 최적이다.

현실적으로는 규제정책을 실시할 때 규제주체인 관료들이 규제의 한계편익은 높게 잡고 한계비용은 낮게 잡는 경향이 많다. 이는 특히 개발도상국에서 더 심하다. 따라서 불필요한 규제가 오랫동안 지속되는 경우가 흔하다. 규제가 필요 없게 되었을 때에도 담당부처는 규제해야 할 다른 이유를 개발해 규제를 지속하려 한다. 규제는 관료제의 속성대로 그 자체를 유지 · 강화하는 기능을 한다. 따라서 시간이 흐를수록 당초에 기대했던 것보다 규제의 한계비용이 높아지고 정부의 실패가 나타나기 쉽다.

> **정부의 실패**(government failure)란 정부규제가 효율적인 자원배분과 혁신을 저해하는 상황을 말한다.

정부의 실패가 일어나는 원인으로는 규제자의 불완전한 지식, 규제수단의 불완전성, 규제의 경직성, 근시안적인 규제, 규제자의 개인적 편견이나 권한 확보 욕구, 관치(官治)에 따른 정치논리 개입 등을 들 수 있다. 시장의 실패와 정부의 실패를 보는 현대경제학의 관점은 ① 시장의 기능을 살리는 방식으로 시장의 실패를 해결할 수 있는 경우가 많다. ② 시장의 실패를 교정하기 위한 정부규제가 또 다른 시장의 실패와 정부의 실패를 낳기 쉽다. ③ 따라서 자원배분의 주요 기제는 정부의 간섭과 규제가 아니라 시장이어야 한다는 것이다. 오늘날 각국 정부가 지속적으로 **규제완화**(deregulation)를 추진하고 새로운 규제를 도입할 때는 흔히 일정 기간 후에 자동 소멸되도록 하는 **규제일몰제**를 도입하는 것은 이 때문이다.

이 장의 첫머리에 인용된 미국의 노벨 경제학상 수상자 스티글러(George Stigler)가 각종 규제를 실증분석한 결과 얻은 결론은 다음과 같다. "규제는 정치적 과정이 작용하기 때문에 규제받는 산업에 유리하게 끝나게 마련이다. 결국 피규제자가 규제자를 사로잡는다." 스티글러는 규제를 받는 대상이 자신들의 이익을 위해 정부를 이용하려 한다는 점에 주목한다. 특히 시장원리가 제대로 작동하지 않거나 고도의 전문분야에서 정부는 이익집단의 주장과 설득에 넘어가 휘둘리게 마련이라는 것이다. 이를 스티글러는 **포획이론**(capture theory)이라고 불렀다. 포획이론은 온갖 정책이 동원되었지만 일관성과 실효성이 없었던 우리나라의 경제력집중 억제정책과 교육정책에 그럴 듯하게 적용된다. 최근에 우리나라에서 **경제민주화**를 둘러싸고 많은 논의와 논란이 있는데, 이는 그동안의 많은 경제력집중 억제정책에도 불구하고 '재벌공화국' 현상이 완화되기는커녕 확대된 데에 크게 기인한다.

참고로 사회주의경제에서는 가격과 수량에 관한 규제가 너무 강하고 경직적이다. 따라서 소비자의 선호나 경제환경의 변화에 신축성 있게 대응하지 못한다. 이는 자원배분의 비효율성과 혁신의 결여로 나타난다. 비효율성과 혁신의 결여는 시간이 흐를수록 더 심각해진다. 이러한 경제 면의 심각한 비효율과 정치적 독재에 대한 국민들의 염증이 폭발하여 1989년에 동구권의 사회주의가 붕괴한 것이다. 독과점시장은 자원배분과 소득분배 면에서 (유효)경쟁시장보다 크게 미흡하지만 시장기능을 도외시하는 계획경제보다 훨씬 낫다. 이를 미국의 노벨 경제학상 수상자 프리드먼(Milton Friedman)은 "좋은 정부보다 나쁜 시장이 낫다"고 표현하였다. 제6장 제4절의 지식의 경제학에서 설명한 것처럼 독과점은 기술진보와 혁신, 이를 위한 R&D 투자에 유리한 산업구조라는 측면도 있다.

최근에 대다수의 선진국들은 기업하기 좋은 환경을 만들기 위해 과감한 규제완화가 필요하다는 인식 하에 **규제개혁**(regulation reform)이라는 말을 많이 쓰고 있다. 규제개혁의 출발은 규제의 틀을 열거주의에서 포괄주의로 바꾸는 것이다. **열거주의**(positive system)는 법령에 ○○만 된다고 명시·열거하는 방식이다. 명시·열거되지 않은 것들은 일체 허용되지 않는다. 열거주의는 원칙적으로 금지하고 예외적으로 허용하는 소극적 방식이다. 이에 반해 **포괄주의**(negative system)는 법령에 ××만 안 된다고 명시하는 방식이다. 안 된다는 ××만 빼고 나머지 모든 것은 자유롭게 허용된다. 포괄주의는 원칙적으로 허용하고 예외적으로 금지하는 적극적 방식이다. 일반적으로 개발도상국은 열거주의, 선진국은 포괄주의를 택하고 있다. 선진국은 안 된다는 리스트를 줄여나가는 규제개혁을 지속하고 있다. 우리나라는 아직 여러 분야에 걸쳐 규제의 틀이 열거주의에 머물러 있다.

지나침은 모자람만 못하다는 말이 있다. 미국이 금융시장의 규제를 대폭 해제했다가 2008년에 금융위기를 경험하였다. 금융시장과 외환시장에서는 단기에 투기가 극성을 부려 자산가격에 큰 거품이 생겼다가 꺼짐으로써 시장을 혼란과 공포에 빠뜨리는 경우가 종종 있다. 자산시장의 이런 혼란이나 환경오염 등을 막기 위한 규제장치를 **건전성 규제**(prudential regulation)라 한다. 건전성 규제를 통해 정부가 꼭 개입해야 할 분야는 금융제도 안정, 식품 안전, 항공 안전, 환경 보호와 토지용도 지정(zoning) 등이다.

규제완화라는 일반적인 추세와는 별도로 건전성 규제는 필요하고 강화해야 한다는 것이 미국의 금융위기를 통해 새삼 확인되었다. 이에 대하여는 제9장에서 다시 다룬다.

3. 외부효과와 환경정책

Navigator @ Economics, ch. seven

3.1 외부비경제와 환경정책

제1절에서 자동차를 생산하는 기업이 대기나 하천을 오염시키지만 오염 제거에 따르는 비용을 전혀 고려하지 않기 때문에 외부비경제가 발생하는 것을 보았다. 외부비경제를 방치하면 환경오염이 심해져 삶의 질이 나빠진다. 이를 방지하기 위해 각국 정부는 직·간접적 규제를 통해 기업이 오염물질 발생을 줄이도록 강제하거나 유도하고 있다.

앞에서 공해를 유발하는 기업에게 정부가 세금을 부과하여 시장의 효율성을 회복하는 경우를 다루었다. 이 밖에도 정부가 환경오염에 대해 여러 가지 규제를 한다. 대표적인 환경정책으로 정부의 직접 규제, 시장 유인을 통한 간접 규제, 정부의 직접 투자 등을 들 수 있다.

정부의 직접 규제

직접 규제에는 수은, 핵 폐기물 같은 독극물질의 배출을 원천적으로 금지하는 것, 공해방지장치를 설치하도록 의무화하거나 오염물질의 배출허용기준을 정하여 그 기준을 초과하지 않도록 규제하는 것 등이 있다.

시장 유인을 통한 간접 규제

간접 규제에는 재산권을 부여하는 방법, 공해세를 부과하는 방법, 오염배출권을 거래하는 방법 등이 있다.

(1) 재산권의 부여

환경오염에 외부비경제가 존재하는 이유는 오염행위자가 일으키는 공해가 다른 사람들에게 손해를 주는데도 이 손해에 대한 배상이 이루어지지 않기 때문이다. 손해를 보는 사람들에게 환경에 대한 재산권을 갖게 하면 오염행위자가 자기 마음대로 오염물질을 배출할 수 없게 된다. 재산권을 분명하게 해주면 정부의 개입 없이 민간 경제주체들이 협상을 통해 외부효과로 인한 비효율성을 해결할 수 있다는 것을 코즈(Coase) 정리라 한다.[2] 협상에 따른 거래비용이 없으면 코즈 정리가 성립하는 것으로 알려져 있다.

(2) 공해세 부과

제1절에서 다룬 공해세를 부과하는 방법이다. 세금을 통해 시장 성과를 개선하는 것을 외부효과의 내부화(internalizing an externality)라 한다.

(3) 오염배출권 거래

(오염)배출권이란 정부가 오염배출 총량을 결정하여 이를 개별 오염원(汚染源)들에게 할당해 준 것을 말한다. 각 오염원은 자기가 할당받은 한도(할당량)만큼 오염물질을 배출할 권리를 갖는다. 할당량 이하로 배출할 때는 나머지를 시장에 팔 수 있다. 할당량 이상으로 배출하고자 할 때는 초과분을 시장에서 살 수 있다. 이렇게 시장에서 배출권이 거래되어 개별 오염원들의 배출량과 배출권 가격(오염물질 1단위를 배출할 수 있는 권리를 갖기 위해 지불해야 하는 금액)이 시장에서 자율적으로 결정되는 것이 배출권거래제이다. 지구온난화를 막기 위해 교토의정서에서 도입한 온실가스 배출권 거래제가 대표적인 예이다.

정부의 직접투자

정부가 직접 나서서 환경오염을 정화하고 오염방지 서비스를 생산하는 투자를 하는 것이다. 하수종말처리장의 건설과 운영, 쓰레기 수거와 처리, 빈민가 재개발사업 등을 들 수 있다.

3.2 지속 가능한 성장과 환경정책

환경오염은 삶의 질을 악화시킨다. 환경오염의 세계적인 현상이 지구 온난화이다. 지구의 평균기온이 올라가는 현상을 지구 온난화(global warming)라 한다. 지구 온난화로 인해 홍수와 가뭄, 폭염과 폭설 등 이상기후가 세계 곳곳에 속출하고 생태계가 파괴되고 있다. 지구 온난화를 방치하면 쾌적한 삶이 어려워지는 것은 물론 인간의 생존 자체가 위협을 받게 된다. 지속 가능한 성장(sustainable growth)과 삶

---

2) 영국의 경제학자 코즈(Ronold Coase)가 이 명제를 증명하여 코즈 정리라 부른다.

의 질을 위해서도 환경을 더 이상 도외시할 수 없는 상황이다. 이에 각국 정부가 나서서 지구 온난화의 원인인 이산화탄소, 메탄, 이산화질소, 불화탄소 등 온실가스의 총배출량을 국가별로 감축하도록 하였다. 1997년에 교토에서 채택되고 2005년에 발효된 기후변화 협약에 대한 교토의정서가 그것이다. 환경오염에 대한 정부의 직접 규제가 국제적인 공조로 확산된 경우이다.

깨끗하고 아름다운 환경은 주민의 삶을 쾌적하게 할 뿐만 아니라 다른 사람들(방문객과 관광객)을 유쾌하게 해주는 외부경제가 있다. 지방자치단체마다 지역의 환경을 깨끗하고 아름답게 조성하고자 노력하는 것은 이런 외부경제까지 있기 때문이다.

읽을/생각할 거리 7-2

우리나라 정부의 탈원전 탄소 중립 계획

우리나라 문재인 정부는 2021년 가을에 국가 온실가스 감축 계획을 확정하였다. 이어 2021년 11월 영국 글래스고에서 열리는 제26차 유엔기후변화협약 당사국 총회에 감축 계획을 제출하였다. 계획에 따르면 2030년에 온실가스 배출을 2018년 대비 40% 감축하고, 2050년에는 탄소 중립을 이룬다는 것이다. 이를 위해 우선 석탄, LNG, 원자력 발전(원전) 비율을 2020년의 35.6%, 26.4%, 29.0%에서 2030년에 21.8%, 19.5%, 23.9%로 줄이고 신재생 에너지 발전 비율을 6.6%에서 30.2%로 높이기로 했다. 이어 2050년까지 석탄과 LNG는 0%, 원자력은 6.1%, 재생 에너지는 70.8%, 기타 부문 23.1%로 조정한다는 것이다.

지구 기온 상승을 1.5~2도 이내로 억제하기 위해 2015년에 체결된 파리협정은 각국이 '여건과 능력에 맞게' 탄소 감축 비율과 수단을 스스로 결정하고 이행하도록 했다. 한 번 제출한 2030 목표는 나중에 더 강화할 수는 있어도 후퇴는 불가능하다. 의욕적인 목표는 좋다. 그러나 2030년에 30% 감축이나 45% 감축도 의욕적이다. 우리나라 정부는 왜 30%나 45%, 혹은 다른 수치가 아닌 40%를 감축해야 하는지 설득력 있는 설명을 제시하지 않았다. 에너지별 다양한 발전 비율을 왜 그렇게 정했는지에 대한 설명도 없었다. 특히 독일을 뺀 유럽 각국과 미국이 탄소 중립 목표 달성을 위해 적극적인 원전 확대에 나서고 있는데 가장 경제적인 원전을 왜 대폭 감축하려고 하는지에 대한 설명도 없었다. 다양한 시나리오를 제시하고 각 시나리오별 비용과 편익을 추계하여 비교 · 분석하고 토론하는 것이 정상적인 국가정책 결정과정의 첫걸음인데 이런 상식적인 절차마저 거치지 않았다. 이로 인해 우리 경제가 얼마나 큰 피해를 입을 것인지, 우리 산업이 감당할 수 있는 현실적인 계획인지, 우리 산업 경쟁력에 미치는 효과가 얼마나 되는지 고려하지도 않았다. 말하자면 집권세력의 신념이 기본적인 경제원리를 무시한 것이다. 이런 정책은 우리 경제에 두고두고 큰 부작용을 일으키고 결국 경제원리에 입각한 계획으로 바뀌게 마련이다. 이때 비싼 비용을 치러야 하는 것은 물론이다.

환경을 깨끗하고 아름답게 만드는 데에는 돈이 많이 들어간다. 지구 온난화의 원인인 온실가스의 배출을 낮추는 신재생에너지(풍력, 태양열, 지열, 조력, 셰일 가스 등)산업을 민간에만 맡기기에는 초기에 방대한 자금이 소요되고 투자수익을 회수하는 회임기간이 길다. 다른 한편으로 경제성 있는 신재생에너지가 개발되면 국내외 시장을 석권할 수 있다. 환경친화적이면서 미래에 새로운 성장동력이 되고 일자리를 창출할 것으로 기대되는 신재생산업을 녹색산업(green industry)이라 부른다. 녹색산업이 주도하는 경제성장을 녹색성장(green growth)이라 한다.

각국 정부는 환경 관련 투자가 예전처럼 돈만 많이 들어가는 것이 아니라 녹색성장을 견인할 수 있다는 인식 하에 녹색산업의 육성에 힘을 기울이고 녹색산업에 관련된 연구 · 개발 투자에 박차를 가하고 있다.

경제발전이 처음에는 환경을 오염시키지만 나중에는 환경의 중요성에 대한 시민의 각성과 정부의 환경정책으로 환경의 질이 좋아진다. 이를 환경쿠즈네츠곡선이라 부른다.

4. 소득분배의 현황과 사회복지정책

Navigator @ Economics, ch. seven

앞에서 시장기구가 소득분배의 불평등을 가져오게 마련이므로 정부가 소득분배를 개선하는 정책을 펴야 할 필요가 있다고 설명하였다. 소득분배를 개선하기 위해서는 먼저 전체 소득의 분배상태를 정확히 파악하는 것이 중요하다.

전체 소득의 분배상태가 어떻게 되어 있는가를 파악하는 데에는 두 가지 접근방법이 있다. 하나는 소득이 생산에 참여한 생산요소의 소유자들에게 얼마만큼씩 돌아갔는가를 따져 보는 것인데 이것을 기능별 분배(functional distribution)라고 한다. 제8장에서 배우는 것처럼 한 나라 국민 전체 소득을 자본소득과 노동소득으로 나누고, 노동소득이 전체 소득에서 차지하는 비중을 노동소득분배율이라 부른다. 노동소득분배율이 커지면 기능별 소득분배가 개선된다고 할 수 있다. 다른 하나는 전체 소득이 국민 개개인에게 어떻게 분배되고 있는가를 소득계층별로 보는 것인데 이것을 계층별 분배 또는 규모별 분배(size distribution)라고 한다.

기능별 분배는 요소시장을 분석하여 알 수 있다. 각 요소시장에서 결정되는 요소가격과 요소고용량을 곱하면 그 요소의 제공자들에게 돌아간 소득의 크기가 구해진다. 요소시장이 경쟁시장이라면 제5장에서 배운 수요 · 공급의 이론으로 기능별 분배를 알 수 있다. 현실 세계에서 소득분배의 불평등을 말할 때에는 주로 계층별 소득분배를 말한다.

4.1 소득분배의 측정 방법

계층별 소득분배의 접근 방법에서는 소득의 원천이나 형태를 따지지 않고 벌어들인 총소득의 크기만을 중시한다. 계층별 분배는 흔히 개인 단위가 아니라 가구 단위로 파악한다. 가구는 혈연, 결혼, 입양 등으로 맺어져 생계를 같이 하는 가족을 말한다(혼자 사는 사람은 1인 가구, 단독가구가 된다).

가구소득의 분배상태를 측정하는 방법으로는 10분위분배율 · 5분위배율 · 로렌츠곡선 · 지니계수 등이 있다. 이 네 가지 방법은 모두 전체 가구를 소득이 가장 낮은 가구부터 차례로 배열하여 10%씩 계층을 10등분하거나 20%씩 5등분하고, 각 계층의 소득이 전체 소득에서 차지하는 비율(소득점유율)이 얼마인가를 살펴보는 것에서부터 출발한다.

10분위분배율과 5분위배율

10분위분배율(decile distribution ratio)은 최상위 40% 계층의 소득점유율을 최하위 40% 계층의 소득점유율로 나눈 값을 말한다.

$$10분위분배율 = \frac{최하위\ 40\%\ 계층의\ 소득점유율}{최상위\ 20\%\ 계층의\ 소득점유율} \qquad (7-1)$$

10분위분배율은 측정하기가 간단하면서도 소득분배정책의 주대상이 되는 하위 40% 계층의 분배상태를 직접 나타낼 수 있고, 또 이를 상위계층의 소득분배상태와 비교할 수 있게 한다는 큰 장점이 있다. 이 때문에 10분위분배율은 세계적으로 가장 널리 사용되는 소득분배 측정 방법의 하나이다.

10분위분배율은 값이 클수록 소득분배가 평등해진다는 것을 나타낸다. 이론적으로는 0과 2 사이의 값을 가질 수 있지만 실제로는 1을 넘지 않는다. 흔히 10분위

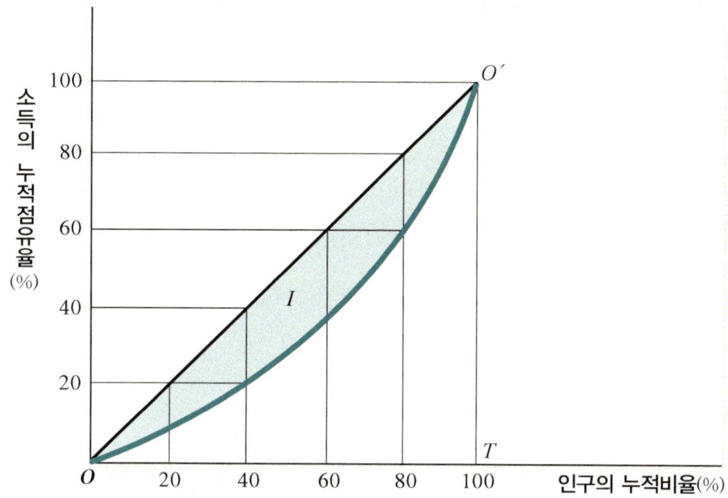

그림 7-2

로렌츠곡선

로렌츠곡선은 인구의 누적비율과 소득의 누적점유율을 짝지은 곡선이다. 소득의 완전균등분배를 나타내는 대각선에서 아래로 처질수록 소득분배가 불균등한 것을 나타낸다.

분배율이 0.55 이상이면 소득분배가 아주 양호하고, 0.35 이하이면 소득분배가 불평등한 것으로 평가한다.

최근에는 최하위 소득계층과 최상위 소득계층의 소득 격차가 얼마나 되는가를 알아보기 위해 (소득)5분위배율이라는 지표도 자주 사용한다.

$$5\text{분위배율} = \frac{\text{최상위 20\% 계층의 소득점유율}}{\text{최하위 20\% 계층의 소득점유율}} \qquad (7-2)$$

5분위배율은 10분위분배율과 달리 값이 클수록 소득분배가 불평등해진다. 5분위배율이 현저히 높아지면 양극화가 심화한다고 말할 수 있다. 고소득층과 저소득층의 소득점유율이 높아지고 중간 소득층의 소득점유율이 낮아지는 것을 **양극화**라 한다.

로렌츠곡선

로렌츠곡선은 계층별 소득분배 자료에서 인구의 누적비율과 소득의 누적점유율 사이의 관계를 그림으로 나타내는 방법이다. 만약 모든 국민의 소득이 똑같다면 인구의 10%가 소득의 10%, 인구의 20%가 소득의 20%, …… 등으로 인구의 누적비율과 소득의 누적점유율이 같을 것이다. 이것을 인구의 누적비율을 가로로 하고 소득의 누적점유율을 세로로 하는 사각형에 표시하면 **그림 7-2**의 OO'과 같은 대각선이 된다.

현실적으로는 소득분배가 이렇게 완전평등하게 이루어질 수 없다. 그림 7-2의 곡선 OO'과 같이 인구의 누적비율과 소득의 누적점유율 사이의 관계를 표시한 곡선을 **로렌츠곡선**(Lorenz curve)이라 한다.[3] 그림 7-2의 대각선 OO'은 소득분배가 완전평등하게 이루어진 경우의 로렌츠곡선이다. 단 한 사람이 모든 소득을 갖고 나머지 사람들은 소득이 전혀 없는 완전불평등 소득분배의 로렌츠곡선은 OTO'의 선으로 표시될 것이다. 소득분배의 불평등도가 높을수록 로렌츠곡선은 아래로 더 늘어지게 그려진다.

지니계수

로렌츠곡선은 소득분배상태를 그림으로 단순명료하게 나타낸다. 그러나 로렌츠곡선만으로는 소득분배상태의 변동이나 국가 간의 차이를 한눈에 파악하기 어렵다. 예컨대 로렌츠곡선을 써서 여러 나라의 소득분배나 한 나라의 매년 소득분배를 비교하려 할 때 어림짐작으로 해야 하기 때문에 정확할 수 없다. 이러한 단점을 보완하기 위하여 로렌츠곡선이 나타내는 바를 하나의 숫자로 표시한 것이 지니계수이다.

그림 7-2에서 소득분배의 불평등 정도가 클수록 소득의 완전평등분배를 나타내는 대각선과 로렌츠곡선 사이의 그늘진 면적 I가 넓어지는데, 이 면적 I를 직각삼각형 OTO'의 면적으로 나눈 값을 **지니계수**(Gini coefficient)라고 한다.[4]

$$\text{지니계수} = \frac{I\text{의 면적}}{\Delta OTO'\text{의 면적}} \tag{7-3}$$

소득분배가 완전평등할 경우 로렌츠곡선은 대각선 OO'이 되어 I의 면적이 0이므로 지니계수도 0이 된다. 반면에 모든 소득을 단 한 사람이 차지할 경우 로렌츠곡선은 OTO'의 선이 되어 I의 면적과 $\Delta OTO'$의 면적이 같아지기 때문에 지니계수는 1이 된다. 따라서 지니계수는 0부터 1까지의 값을 가질 수 있는데, 10분위분배율과는

---

3) 미국의 경제학자 로렌츠(Max Lorenz)가 창안하였기 때문에 그의 이름을 따서 로렌츠곡선이라 한다.

4) 이탈리아의 통계학자 겸 사회학자 지니(Corrado Gini)가 고안하였기 때문에 그의 이름을 따서 지니계수라 한다.

달리 그 값이 클수록 소득분배가 불평등함을 나타낸다. 일반적으로 지니계수가 0.50 이상이면 소득분배가 매우 불평등하고, 0.30 이하이면 소득분배가 양호하다고 평가한다.

4.2 소득분배 불평등의 원인과 공정한 분배

소득분배 불평등의 원인

시장경제에서 사회구성원들 간에 소득이 완전평등하게 배분되는 경우는 없다. 임금소득과 재산소득이 사람마다 천차만별이기 때문이다. 계층별 소득의 불평등을 초래하는 요인에는 여러 가지가 있다. 그중 중요한 몇 가지를 들면 다음과 같다.

첫째, 인적 자본의 차이에 따른 임금 격차이다. **인적 자본**(human capital)이란 교육 · 훈련 등을 통해 축적된 근로자의 지식과 기술을 말한다. 인적 자본이 높을수록 생산성이 높고 임금수준도 높다. 우리나라를 포함한 대부분의 나라에서 대학과 대학원을 졸업한 근로자의 평균임금이 고등학교 이하를 졸업한 근로자의 평균임금보다 최소한 40% 이상 높다.

둘째, 사회경제적 차별이나 사회적 역학관계 때문에 임금 격차가 생긴다. 같은 종류의 일을 하는데도 불구하고 소수민족이나 소수인종, 그리고 여성이라고 해서 차별받는 것이 그 예이다. 노조가 있는 대기업 근로자가 중소영세기업 근로자와 비정규직에 비해 높은 임금을 받는 것이 다른 예이다.

셋째, 사람마다 재산 규모가 다르기 때문에 재산소득의 격차가 생긴다. 같은 소득을 받더라도 얼마나 근검절약하고 자산을 얼마나 잘 운용하느냐에 따라 재산 규모와 재산소득에 차이가 생긴다. 무엇보다도 부모로부터 상속받은 재산이 다르기 때문에 재산 규모가 다르고 재산소득이 차이가 나는 경우가 많다. 정경유착에 따른 특혜나 개발정보의 유출 등이 소수에 엄청난 부를 안겨주어 빈부 격차를 벌리기도 한다.

넷째, 세계화와 기술혁신으로 소득 격차가 확대된다. 세계화는 시장과 경쟁을 확대시킨다. 정보통신기술과 인터넷을 주축으로 눈부시게 일어나는 기술혁신은 공간상의 제약을 없앤다. 이로 인해 숙련노동자는 세계적으로 수요되고 비숙련노동자는 다른 나라 노동자들과도 경쟁하게 되어 임금 격차가 갈수록 커진다. 시장이 수요하는 상품을 생산하는 기업가는 짧은 기간에 엄청난 이윤을 얻을 수 있다.

다섯째, 인구 및 가구 구조의 변화를 들 수 있다. 노인가구, 1인 가구, 여성이 가구주인 가구 등이 갈수록 늘어나는데 이런 변화가 소득분배를 악화시킨다.

공정한 분배

그러면 시장경제에 있게 마련인 불평등한 소득분배를 어떤 기준으로 얼마나 시정하는 것이 바람직하고 공정한 분배일까? 문자 그대로 모든 사람이 똑같은 소득을 받는 완전평등분배가 공정한 분배인가? 일을 열심히 한 사람, 게으르게 한 사람, 일을 전혀 안 한 사람이 똑같은 소득을 받는다는 것은 불공정한 분배이다. 아리스토텔레스는 일찍이 말하였다. "같은 것을 다르게 대우하는 것은 정의롭지 못하다. 그러나 다른 것을 같게 대우하는 것도 정의롭지 못하다." 베짱이와 개미가 똑같이 분배받는 것은 정의롭지 못한 것이다. 사회주의국가에서 처음에는 결과의 평등을 이상으로 삼았지만 엄청난 비효율로 인해 빈곤 하의 평등을 초래하고 말았다. 공식적으로는 사회주의경제를 내세우는 중국도 일찍부터 "모든 사람은 자기 밥그릇으로 밥을 먹자" 는 슬로건을 내세워 결과의 평등을 추구하지 않고 있다.

자본주의의 초기 단계에서는 생산에 공헌한 정도에 따라 소득을 분배하는 것이 공정한 분배라고 보았다. 생산에 공헌한 정도에 따라 소득을 분배해야 한다는 관점을 **공헌도원칙**이라 한다. 그러나 이 원칙을 적용할 수 없는 노약자, 병자, 신체장애자, 비자발적 실업자 등이 있다. 이들에게도 인간다운 삶을 위해 필요한 최소한의 소득은 보장되어야 한다. 이런 취지에서 사회보장제도가 19세기 말부터 도입되어 공헌도원칙을 보완해 오고 있는 것이 현재 시장경제의 분배양식이다.

> 기회균등과 공헌도원칙을 바탕으로 하고 누구나 인간다운 삶을 위해 필요한 최소한의 소득(최저생계비)이 보장되는 것이 공정한 분배이다.

앞에서 말한 불평등의 원인 중 첫째와 본인의 노력에 의한 재산 형성 등에 따른 소득분배의 불평등은 시장경제의 장점으로 자연스럽게 받아들여야 한다. 둘째와 유산 상속에 기인한 소득 및 재산분배 불평등은 그 격차를 완화하고 정경유착 등에 기인한 부의 축적은 사회정의 차원에서 척결해야 한다. 세계화와 기술혁신은 인구 및 가구 구조의 변화와 함께 근래에 소득분배를 악화시키는 가장 큰 요인이다. 이 요인들은 거부할 수 없는 도도한 추세인 만큼 이에 따른 소득분배의 불평등을 중화시킬 적극적인 소득 재분배정책과 사회복지정책이 필요하다.

소득분배를 논할 때 기회균등의 보장은 아무리 강조해도 지나치지 않다. 기회균등이 보장되어야만 계층 간의 유동성이 커져 건강한 사회가 되기 때문이다. 계층 간의 유동성이란 가난한 사람이 열심히 노력하면 잘사는 계층이 될 수 있다는 것을 뜻한다. 이러한 계층 간의 유동성이 커지기 위해서는 교육 · 고용 · 경쟁 면에서의 기회가 균등하게 보장되어야 한다.

4.3 경제발전과 소득분배

쿠즈네츠의 U자가설

장기에 소득분배의 문제는 경제성장의 성과를 어떻게 나누어 갖느냐 하는 문제이다. 그렇다면 경제가 성장함에 따라 소득분배는 개선되는가, 악화하는가? 미국의 경제학자 쿠즈네츠(Simon Kuznets, 1901 ~ 1985)는 20세기 초반 미국의 소득세 자료를 이용하여 소득분배 평등도가 경제발전이 진행되는 초기 단계에는 낮아지다가 나중에는 높아지는 현상을 발견하였다. 이러한 현상을, 소득분배의 평등도를 세로축에 표시하고 경제발전단계 또는 1인당 소득을 가로축에 표시하면 **그림 7-3**에서 보는 바와 같이 U자 형태가 된다. 이를 **쿠즈네츠의 U자가설**이라고 한다. 이 그림에서 세로축에 평등도 대신 불평등도를 표시하면 경제발전에 따른 소득분배 변화는 역U자(∩)를 그리게 되기 때문에 U자가설을 **역(逆)U자가설**이라고도 한다.

쿠즈네츠에 의하면 산업화의 초기에는 생산성이 낮은 농업부문에서 생산성이 높은 제조업부문으로 일부 사람들만 이동하기 때문에 소득분배가 악화한다. 그러나 산업화가 충분히 진전되면 대부분의 사람들이 제조업부문으로 이동하여 높은 생산성의 혜택을 받기 때문에 소득분배가 개선된다. 많은 개발도상국이 경제발전을 추진할 때 축적된 자본이 부족하여 선택과 집중 방식으로 전략산업을 집중 육성하기 때문에 초기에 소득분배가 악화하는 측면도 있다. 경제가 발전하면 광범위한 교육제도가 도입되어 이전에는 소수만이 누리던 교육 프리미엄이 감소한다. 사회보장제도가 도입되어 계층 간에 소득 재분배도 이루어진다.

일찍이 마르크스(Karl Marx)는 자본주의경제가 발전함에 따라 소수의 자본가는 부유해지고 다수의 노동자는 궁핍해져 소득과 부의 불평등이 심화하고, 이에 따른 자본가와 노동자의 계급 갈등이 결국 자본주의를 멸망시킬 것이라고 예측하였다. 쿠즈네츠의 가설은 마르크스의 우울한 예측을 뒤집고, 경제가 발전하면 장기에 분배

그림 7-3

쿠즈네츠의 U자가설
경제발전의 초기 단계에는 소득분배가 악화하다가 나중에는 개선된다.

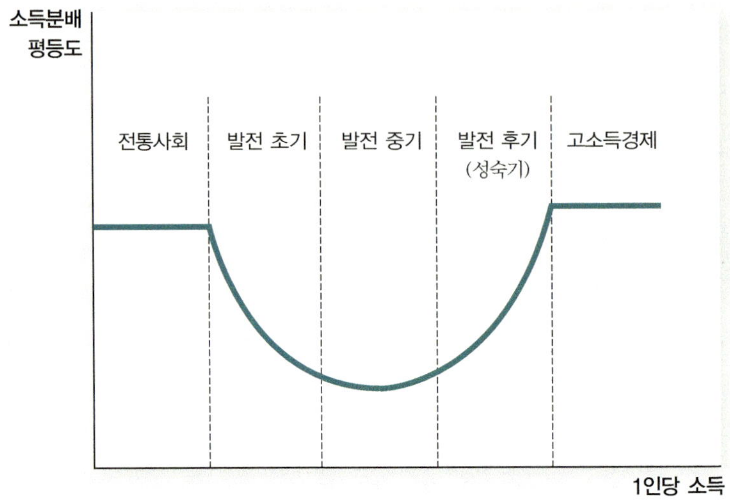

가 개선된다는 낙관적 전망을 제시하였다.

피케티의 지속적인 소득분배 악화 가설

프랑스의 경제학자 피케티(Thomas Piketty)는 쿠즈네츠의 낙관적 전망에 반기를 들고 자본주의경제에서는 정부의 의도적인 재분배정책이 없으면 지속적으로 소득분배는 물론 자산분배도 악화하는 경향이 있다고 주장하였다.[5] 자본주의경제에서는 일반적으로 자본수익률이 경제성장률을 상회하는데, 그것이 소득분배를 악화시키는 기본 요인이다. 자본수익률이 경제성장률을 상회하면 장기에 임금 상승률이 경제 성장률을 초과할 수 없기 때문에 자본소득이 임금소득보다 높게 증가하여 소득분배가 악화한다. 피케티는 쿠즈네츠의 역U자곡선이 쿠즈네츠가 살펴본 20세기 초부터 중엽까지만 들어맞고 1980년대부터는 소득 불평등이 심화하였다는 것을 보였다. 피케티에 의하면 20세기 초중반은 자본주의경제 발전 과정에서 자본수익률이 경제성장률을 하회한 예외적인 기간이다. 두 차례 세계대전으로 인한 생산시설의 대규모적인 파괴, 높은 인플레이션과 대공황으로 인한 금융자산 가치의 멸실, 소득

5) 토마 피케티, 『21세기 자본』, 2014. 『자본과 이데올로기』, 2020.

세 최고 세율이 90%대까지 오른 누진세제도, 복지국가의 출현 등 여러 요인들이 복합적으로 작용했기 때문이다. 1980년대부터 이런 요인들이 약화하고 신자유주의가 득세하자 소득분배는 다시 지속적으로 악화하기 시작했다. 이에 따라 2000년대에는 종전의 소득분배가 가장 불평등했던 1920년대와 비슷한 상황이 되었다. 최고세율을 80%까지 올리는 누진적인 소득세와 자산에 대한 글로벌 누진세 등 혁명적인 정책을 펴지 않는 한 소득분배는 계속 악화할 것이다.

밀라노비치의 쿠즈네츠 파동 가설

미국의 경제학자 밀라노비치(Branco Milanovic)는 경제발전과정에서 소득 불평등의 추세에 관한 새로운 가설을 설득력 있게 제시하였다.[6] 그에 의하면 자본주의경제 하에 소득분배가 지속적으로 악화하는 경향이 있다는 피케티의 가설은 18세기와 19세기를 잘 설명하지 못한다. 18세기와 19세기의 서구 자본주의체제에서 소득 불평등이 지속적으로 악화한 것은 아니다. 소득 불평등이 감소한 시기도 많았다. 밀라노비치는 실증분석을 통해 자본주의경제가 발전함에 따라 소득분배의 악화와 개선이 번갈아 일어난다는 것을 보였다. 자본주의경제의 전 과정을 쿠즈네츠곡선의 역U자와 U자가 반복해서 나타나는, 혹은 옆으로 누운 S자형의 쿠즈네츠 파동으로 이해해야 한다. 평균소득이 증가하는 사회에는 불평등을 완화하는 악성 요인과 양성 요인이 있다. 악성 요인은 전쟁(재산 파괴와 세율 인상), 내전(국가 붕괴), 대규모 전염병 등이다. 양성 요인은 정치를 통한 사회적 압력(사회주의, 사회적 시장경제, 노조 등), 교육 확대, 인구 고령화(사회보장 확충 요구) 등이다. 이런 다양한 요인 때문에 설사 자본주의가 소득분배를 악화하는 경향이 있더라도 자본주의의 실제 운행과정에서 소득분배가 지속적으로 악화하지 않고 개선되는 현상이 일어난다.

경제발전과 소득분배의 관계는 밀라노비치의 쿠츠네츠 파동 가설이 잘 설명해준다고 평가할 수 있다.

6) 밀라노비치, 『왜 우리는 불평등해졌는가』, 2017.

4.4 우리나라의 소득분배

우리나라의 계층별 소득분배는 1960년대부터 개선과 악화가 번갈아 일어나는 쿠즈네츠 파동을 보였다. 학계의 연구와 정부의 자료에 따르면 대체로 1960년대에는 개선, 1970년대에는 악화, 1980년대부터 1997년의 IMF 외환위기 때까지는 개선, 외환위기 이후 2000년대에는 악화, 2010년대에는 개선된 것으로 평가되고 있다. 공식 분배 통계는 1980년대부터 통계청이 추계해 왔는데 다른 통계에 비해 신뢰성이 떨어진다는 비판을 받아 왔다. 이 비판을 수용하여 통계청이 대대적인 개편 작업을 벌여 2011년부터 신뢰할 만하고 국제 비교가 가능한 분배 통계를 편제하고 있다.

소득분배 통계는 대개 두 가지 기준으로 편제된다. 시장소득 기준과 처분가능소득 기준이 그것이다. 시장소득은 가계가 시장경제활동으로 번 총소득으로서 세금을 내기 이전의 소득을 말한다. 처분가능소득은 시장소득에서 정부에 내는 각종 세금과 사회부담금(공적 연금과 사회보험 등의 혜택을 받기 위해 내는 연금 기여금, 사회보험료)을 빼고, 시장에서 벌지 않았지만 정부로부터 받은 사회수혜금(국민연금, 공무원연

표 7-1

최근 우리나라 소득분배 추이

	2011	2012	2013	2014	2015	2016	2017	2018	2019	2020	OECD 평균 (2018)
지니계수[1)]	0.418	0.411	0.401	0.397	0.396	0.402	0.406	0.402	0.404	0.405	0.475
지니계수[2)]	0.388	0.385	0.372	0.363	0.352	0.355	0.354	0.345	0.339	0.331	0.317
5분위배율[1)]	11.21	10.65	10.29	10.32	10.41	10.88	11.27	11.15	11.56	11.37	
5분위배율[2)]	8.32	8.10	7.68	7.37	6.91	6.98	6.96	6.54	6.25	5.85	5.40
10분위분배율[1)]	0.32	0.33	0.34	0.35	0.35	0.34	0.33	0.34	0.33	0.33	
10분위분배율[2)]	0.37	0.38	0.40	0.41	0.44	0.43	0.43	0.45	0.47	0.48	0.52
상대적 빈곤율[1)]	19.6	19.0	19.1	19.6	19.5	19.8	19.7	19.9	20.8	21.3	
상대적 빈곤율[2)]	18.6	18.3	18.4	18.2	17.5	17.6	17.3	16.7	16.3	15.3	11.6
노동소득분배율[3)]	59.8	60.4	61.1	62.1	62.6	62.5	62.0	63.5	66.4	67.5	

주 : 1) 시장소득 기준.
2) 처분가능소득 기준.
3) 2015년 가격 기준.

자료 : 1), 2)는 통계청, 국가통계포털 > 소득 소비 자산 > 가계금융복지조사 > 소득분배 지표.
3)은 한국은행 경제통계시스템 국민계정.

금, 군인연금, 사학연금 등의 공적 연금과 고용보험금, 산재보험금, 국민건강 의료 서비스 등의 사회보험)을 더한 소득을 말한다. 정부가 재분배와 사회복지정책을 쓰고 난 후 경제주체들이 마음대로 쓸 수 있는 소득을 포착하는 개념이 처분가능소득이다.

우리나라 정부가 새로운 공식 분배지표로 공표한 2011년부터 통계가 **표 7-1**에 있다. 표를 보면 2020년 시장소득 기준 지니계수는 0.405로 OECD 전체 국가 평균 0.475보다 훨씬 낮아 분배가 양호하다. 그러나 처분가능소득 기준 지니계수는 0.331로 OECD 평균 0.317보다 높아 분배가 나쁜 편이다. 두 기준의 분배상태가 크게 다른 것은 우리나라 정부의 재분배정책과 사회복지정책의 효과가 다른 OECD 국가들에 비해 취약하다는 것을 나타낸다. 개별 경제주체가 체감하는 분배는 처분가능소득 기준 지니계수가 잘 포착한다. OECD 평균보다 분배가 나쁜 것은 5분위배율, 10분위분배율로도 확인할 수 있다.

2010년대 계층별 소득분배의 추이를 시장소득 기준으로 보면 혼란스럽다. 먼저 지니계수에 따르면 2011년의 0.418에서 2019년의 0.404로 미약하게나마 분배가 개선되었다. 그러나 5분위배율은 중반에 약간 개선되다가 다시 악화하여 전체적으로 개선도, 악화도 아닌 정체상태다. 10분위분배율도 정체상태다. 종합적으로 판단할 때 2010년대에 소득분배가 약간 개선되거나 정체상태였다고 하겠다. 그러나 처분가능소득 기준으로 보면 지니계수, 5분위배율, 10분위분배율 모두 2010년대에 소득분배가 현저히 개선되었다고 가리킨다.

한편 기능별 소득분배는 2010년대에 현저히 개선되었다. 노동소득분배율이 2011 ~ 2013년 기간 중 연 평균 0.604(= 60.4%)였는데 2017 ~ 2019년 기간 중에는 0.640으로 증가하였다.

통계청은 OECD를 따라 상대적 빈곤율 통계도 작성하고 있다. **상대적 빈곤율**은 소득이 중위소득의 50% 미만인 계층이 전체 인구에서 차지하는 비율을 말한다. 중위소득이란 인구를 소득순으로 정렬했을 때 한가운데 있는 사람의 소득이다. OECD는 소득이 중위소득의 50% 미만인 계층을 저소득층, 50 ~ 150%인 계층을 중간층, 150% 이상인 계층을 고소득층으로 분류하고 있다. 저소득층이 전체 인구에서 차지하는 비율이 상대적 빈곤율이다. 최근 우리나라의 상대적 빈곤율은 처분가능소득 기준으로 15 ~ 16%로 2010년 초의 18%선보다 낮아졌다. 그러나 아직 OECD 평균치 11%대보다 현저히 높다. 빈곤문제에 적극 대처하여 상대적 빈곤율을 낮추는 것이 필요하다.

4.5 우리나라의 자산분배

한 나라의 경제적 불평등 문제를 제대로 이해하기 위해서는 소득분배 못지않게 자산분배의 실상을 정확히 파악하는 것이 중요하다. 우리나라도 2012년부터 국제적으로 비교할 수 있는 자산분배 통계를 작성하고 있다. 소득분배 통계보다 신뢰성이 떨어진다는 비판이 있는 가운데 최근 지니계수는 0.60 내외이다.[7] OECD 평균 0.70 내외에 비하면 자산분배상태는 양호하다. 자산분배가 소득분배보다 훨씬 불평등하다. 이는 세계적인 현상이다.

4.6 절대적 빈곤 해소와 사회보장제도

시장의 실패 현상인 소득 불평등을 개선하고 상대적 빈곤율을 낮추는 것은 정부의 중요한 목표이자 과제이다. 그러나 이보다 더 중요하여 정부가 우선적으로 해야 할 일이 절대적 빈곤을 해소하는 것이다. 최소한의 인간다운 생활도 할 수 없게 가난한 것을 **절대적 빈곤**이라 한다. 앞에서 공정한 분배의 개념을 설명하면서 누구나 인간다운 삶을 살기 위해 필요한 최소한의 소득이 있어야 한다고 하였다. 사회 구성원 모두 절대적 빈곤을 벗어나야 공정한 분배라는 것이다. 모두 절대적 빈곤을 벗어나고 나아가 여유 있는 생활을 가능하게 하기 위해 현대사회에 도입된 제도가 사회보장제도(social security system)이다.

> **사회보장제도**란 경제적으로 어려운 사람들의 생활을 보호하기 위해 국가가 마련한 제도를 말한다. 사회보장제도는 **사회안전망**(social safety net)이라고도 부른다.

사회보장제도의 2대 지주는 사회보험과 공적 부조이다. **사회보험**(social insurance)은 국민이 각종 사회적 위험에 대처하도록 정부가 지원해 주는 것이다. 연로하여 더 이상 일할 수 없을 때(국민연금, 공무원연금 등 공적 연금), 아플 때(건강보험), 실직할 때(고용보험), 생산현장에서 다칠 때(산재보험) 지원해 주는 **4대 보험** 혹은 **1차 사회안전망**이 사회보험이다. 사회보험의 혜택을 받기 위해서는 수혜자인 국

7) 우리나라 소득분배와 자산분배에 관한 자세한 논의는 안국신, 『한국의 분배』, 2021. 참고.

읽을/생각할 거리 7-3

사회적 약자는 얼마나 후하게 보호해야 하나?

경제적 능력이 없는 사회적 약자는 보호해야 한다. 이 명제에 반대하는 사람은 없다. 문제는 어느 정도 보호해야 하는가이다. 정치인들의 통념으로는 가급적 후하게 보호해 줄수록 좋다. 국민기초생활보장제도가 보장해 주는 최저생계비를 가급적 높게 책정하고 공적 부조를 극빈층 바로 위의 빈곤층(차상위 빈곤층)까지 넉넉하게 해주면 좋다. 최저임금 수준을 많이 올리고 비정규직의 임금 격차를 법으로 금지하는 것도 좋다. 수혜계층이 좋아하고 정치인들이 생색을 낼 수 있으니 그 아니 좋겠는가?

그러나 사회적 약자를 후하게 보호해 줄수록 고복지→고세금 부담→고규제→저성장→고실업으로 국민경제가 이른바 복지병을 앓게 된다. 재정건전성도 으레 나빠진다. 도덕적 해이 때문에 사회적 약자는 국가에 안이하게 의존하면서 더 약해지는 역설이 일어난다. 이 때문에 경제학에서는 사회적 약자를 보호하되 후하게 보호해 주는 데 대해 경종을 울린다.

요람에서 무덤까지 완벽한 복지제도를 지향했던 서유럽과 북유럽의 여러 나라가 '완전한 복지국가'에서 '경쟁력을 갖춘 복지국가'로 복지제도를 개혁했다. 이는 복지 수혜계층의 도덕적 해이가 큰 데다가 갈수록 재정부담도 높아져 고복지 · 고부담의 복지제도가 장기적으로 실현 가능하지 않기 때문이다.

우리나라의 사회복지지출 비중은 OECD 국가들 평균의 절반 수준에 불과하다. 최근 우리나라 사회복지지출이 국내총생산(국내총생산에 대하여는 제7장 참고)에서 차지하는 비중은 12%인데 OECD 평균은 22%대이다. 우리나라가 복지후진국이라는 말을 듣고 근래에 복지 요구가 쏟아지는 것은 이 때문이다. 한 나라 국민이 내는 각종 세금과 사회부담금의 합이 국내총생산에서 차지하는 비중을 **국민부담률**이라 한다. OECD의 평균 국민부담률은 최근 34%인데 우리나라는 25%이다. 선진국 중 저복지 · 저부담의 대표적인 나라인 미국과 일본보다 낮다.

지나친 두 극단의 국제적인 복지 패턴을 보면서 우리 조상들이 가르쳐 준 중용의 지혜를 발휘하는 것이 필요하다. 누구나 최소한의 인간다운 삶을 누릴 수 있도록 절대적 빈곤을 퇴치하고, 열악한 사회안전망을 촘촘하게 짜면서 저복지 · 저부담의 복지제도를 중(中)복지 · 중부담의 복지제도로 개혁하는 것이다. 우리나라는 세계적으로 낮은 저출산과 빠른 고령화 현상을 보이고 있다. 정상적인 국가가 아닌 북한이 동독처럼 갑자기 무너지거나 경제적으로 파산하여 우리나라가 구제해 줘야 할 필요성이 생길 수도 있다. 쏟아지는 복지요구에 편승하여 고복지라는 복지 포퓰리즘에 빠져서는 안 된다. 중복지도 적지 않은 세금을 부담해야 한다. 중복지 · 중부담의 큰 틀 안에서 복지지출을 늘리되 꼭 필요한 데에 효율적으로 쓰면서 증세가 주축이 되는 국민부담 증대를 감수해야 할 것이다.

우리 조상들은 "가난은 나라도 해결하지 못한다", "하늘은 스스로 돕는 자를 돕는다"고 했다. 오늘날 절대적 빈곤은 나라가 해결할 의무가 있다. 특히 일하는 데도 불구하고 가난에서 벗어나지 못하는 **근로빈곤층**(working poor)은 정부가 적극 나서서 후한 **근로장려세제**(earned income credit)를 실시하고 주거 · 교육 · 의료 등의 사회 서비스를 지원하여야 한다. 그러나 절대적 빈곤을 해결하는 이상의 후한 현금복지는 바람직하지 않다. 복지제도는 '무상지원'과 '보편적 복지'가 아니라 '사회보험' 방식과 '선별적 복지'여야 한다. 사회적 약자의 근로의욕을 북돋고 사회적 약자에게 일자리를 제공하는 생산적 복지가 진정한 빈곤층 구제책이자 지속 가능한 복지이다.

민도 사회보험료라는 이름의 사회부담금을 일부 부담해야 한다. 소득이 많을수록 사회부담금을 많이 내게 함으로써 사회보험은 소득의 재분배정책이 된다.

공적 부조(public assistance)는 정상적 생활수준에서 낙오되었거나 또는 그럴 우려가 있는 사람, 구체적으로 3D(Destitution-빈궁, Disease-질병, Delinquency-비행)에 노출되어 있는 사람을 정부가 아무런 대가 없이 도와주는 것이다. 우리나라의 대표적인 공적 부조로는 국민기초생활보장제도와 기초연금제도가 있다.

최저생계비도 못 버는 가구를 절대적 빈곤층이라 부른다. 국민기초생활보장제도는 절대적 빈곤층에 대해 모자라는 소득을 보충해주는 제도로서 2000년부터 시행되어 오고 있다. 실제로는 절대적 빈곤층이지만 재산이 있거나 부양해줄 가족이 있으면 이 제도의 혜택을 받지 못했다. 우리나라는 절대적 빈곤층이 전체 가구의 9% 내외로 추정되는데 4~5%의 가구만 이 제도의 혜택을 받고 있는 것은 이 때문이다. 기초연금제도는 65세 이상의 노인들 중 소득 하위 70%에 속하는 노인에게 매월 일정 금액(2021년은 최대 30만원)을 '기초연금'이라는 이름으로 지급하고 있다. OECD 국가 중에 노인빈곤율이 유례없이 높은 우리 현실을 감안하여 2014년에 도입되었다.

요약 및 학습

01 시장의 실패란 시장경제가 효율적인 자원배분과 평등한 소득분배를 실현하지 못하는 상황을 말한다. 시장실패의 원인으로는 규모의 경제, 외부효과, 공공재, 불확실성, 자산시장의 비이성적 과열 등이 있다.

02 외부효과에는 외부경제와 외부비경제가 있다. 외부경제란 거래당사자가 아닌 제3자에게 혜택을 주는 것이고, 외부비경제란 제3자에게 손해를 입히는 것을 말한다. 시장경제에 맡기면 외부경제를 낳는 상품은 필요 이하로 적게 생산되고, 외부비경제를 낳는 상품은 필요 이상으로 많이 생산된다.

03 국방 · 치안 · 공원 · 일기예보 등과 같이 여러 사람이 동시에 소비할 수 있고 어떤 사람도 소비에서 배제시킬 수 없는 재화나 서비스를 공공재라 한다. 공공재의 공급을 시장경제에 맡기면 사회적으로 필요한 양만큼의 공급이 이루어지지 않는다.

04 우리나라 산업은 경제개발 초기에 대부분 독과점 시장구조로 출발하여 1980년대와 1990년대에 시장의 집중도가 감소되는 추세를 보이다가 2000년대 들어 특별한 추세를 보이지 않고 있다. 우리나라는 소수의 대기업집단(= 재벌)에 의한 경제력집중이 크다.

05 공정거래법(독점규제 및 공정거래에 관한 법률)은 독과점과 경제력집중의 폐해를 규제하고 자유로운 경쟁을 촉진하여 소비자를 보호하는 것을 목적으로 1980년대 초부터 시행되었다. 공정거래법의 주요 내용은 ① 시장지배적 지위 남용 금지, ② 기업결합 제한, ③ 경제력집중 억제, ④ 부당한 공동행위 제한, ⑤ 불공정거래행위 금지 등이다.

06 우리나라는 공정거래법 외에도 생산 · 가격 · 수입 등의 여러 면에서 독과점에 대해 각종 규제를 가하고 있다. 그러나 각종 규제의 실효성은 의문시된다.

07 시장의 실패를 교정하기 위한 정부의 경제 개입과 규제가 효율적인 자원배분을 저해하는 것을 정부의 실패라 한다. 일반적으로 시장의 실패보다 정부의 실패가 영향력이 더 크다. 따라서 자원배분의 주요 기제는 정부규제가 아니라 시장이어야 한다.

08 외부비경제의 산물인 공해를 규제하는 정부의 환경정책으로는 직접 규제, 시장 유인을 통한 간접 규제, 정부의 직접투자가 있다. 시장 유인을 통한 간접 규제에는 재산권을 부여하는 방법, 공해세를 부과하는 방법, 배출권거래제도를 운용하는 방법이 있다.

09 소득분배상태를 파악하는 데에는 기능별 소득분배와 계층별 소득분배의 두 가지 접근방식이 있다. 기능별 소득분배는 전체 소득이 생산에 참여한 생산요소의 제공자들에게 얼마만큼씩 돌아갔는가를 살펴보는 것이다. 계층별 소득분배는 생산과정에서 수행한 역할에 관계없이 소득을 총괄하여 소득계층별로 얼마만큼의 소득을 벌고 있는가를 살펴보는 것이다.

10 계층별 소득분배의 불평등도를 측정하는 데 흔히 사용되는 지수로는 10분위분배율과 5분위배율, 지니계수가 있다. 인구의 누적비율을 가로축, 소득의 누적점유율을 세로축으로 하는 정사각형에서 분위별 소득분배를 표시한 곡선을 로렌츠곡선이라고 한다.

$$10\text{분위분배율} = \frac{\text{최하위 } 40\% \text{ 계층의 소득점유율}}{\text{최상위 } 20\% \text{ 계층의 소득점유율}}$$

$$5\text{분위배율} = \frac{\text{최상위 } 20\% \text{ 계층의 소득점유율}}{\text{최하위 } 20\% \text{ 계층의 소득점유율}}$$

$$\text{지니계수} = \frac{\text{소득의 완전평등을 나타내는 대각선과 로렌츠곡선 사이의 면적}}{\text{대각선 밑의 전체 삼각형 면적}}$$

11 계층별 소득분배는 전통사회에서 경제발전이 진행됨에 따라 그 불평등도가 점점 커지다가 경제발전이 성숙한 단계에 이르러서 불평등도가 작아진다. 이러한 현상을 쿠즈네츠가 발견하여 쿠즈네츠의 U자가설(또는 역U자가설)이라 한다. 300여 년의 자본주의 역사로 넓혀 보면 소득분배는 악화와 개선이 번갈아 일어나는 옆으로 누운 S자형의 쿠즈네츠 파동을 보인다.

12 시장경제에서 소득분배는 불평등하게 마련이다. 불평등한 원인으로는 ① 인적 자본의 차이, ② 능력과 노력의 차이, ③ 사회 · 경제적 차별, ④ 상속재산의 차이, ⑤ 세계화, ⑥ 기술혁신, ⑦ 인구 및 가구 구조의 변화 등을 들수 있다. 교육과 각종 경쟁 면에서의 기회의 균등을 통해 ①과 ②를 줄이고 제도개혁으로 ③을 철폐하며 ⑤, ⑥, ⑦에 따른 소득분배의 불평등을 완화시키기 위해 적극적인 소득 재분배정책을 쓰는 것이 중요하다.

13 시장경제에서 공정한 분배란 기회균등과 생산에 공헌한 정도에 따라 소득을 분배하는 공헌도원칙을 바탕으로 하고 누구에게나 인간다운 삶을 위해 필요한 최소한의 소득을 보장해 주는 것이다. 이를 위해 오늘날 각국 정부는 사회보장제도를 운영하고 있다. 우리나라 사회보장제도의 근간은 4대 사회보험과 공적 부조이다.

연습문제

01 **표 7-1**과 관련하여 아래 물음에 답하라.

(1) 통계청 자료를 이용하여 2019년과 2020년에 최상위 20% 계층은 최하위 20% 계층보다 평균적으로 소득이 얼마나 더 많은가를 조사하라. 몇 분위 계층까지 공평한 몫(10%)을 못 받고 있는가?

(2) 세계화시대와 지식기반경제시대에 소득분배는 악화하는 추세에 있다고 말한다. 왜 그럴까? 이에 어떻게 대처해야 할까를 논의하라.

(3) 근래에 우리나라 분배는 악화하고 양극화가 심화했다고 흔히 말한다. **표 7-1**과 통계청의 자산분배 통계를 참조하여 위 명제를 확인하라.

02 지하철과 같은 공공장소에서 시끄럽게 휴대폰을 쓰는 것은 소비 면에서 외부비경제를 일으키는 예이다. 생산 면과 소비 면에서 외부경제와 외부비경제를 일으키는 예를 각각 세 가지 이상 들어 보라.

03 현실 경제에는 수많은 불공정거래행위가 있다. 어떤 유형의 불공정거래행위가 있는지 알아보라. 다음 각각의 경우는 어떤 유형의 불공정거래행위에 해당하는지 확인해 보라.

(1) 대기업이 하청회사의 기업경영에 부당하게 간섭한다.

(2) 자기의 경쟁상대 기업과 거래하지 못하도록 하는 조건을 붙여서 이 조건을 받아들이는 기업과만 거래한다.

(3) 자기의 계열회사로부터 물건을 사도록 조건을 붙여서 거래한다.

(4) 경쟁상대 기업이 못 사도록 원자재를 부당하게 높은 가격으로 사들인다.

(5) 유명 백화점에서 실제 가격보다 높은 정가를 매긴 후 이를 할인해 팔아 왔다.

(6) 우리나라 화장품 7대 메이커가 권장소비자가격을 실제 소매가격보다 50%나 높게 책정하여 공정거래위원회로부터 시정명령을 받았다.

(7) 결혼예식장에서 임대계약을 할 때 신부 드레스와 기타 부대시설도 자기네 것을 쓰도록 요구한다.

(8) 백화점이 물건을 팔 때 추첨권을 주고 당첨자에게 30만원 상당의 현상경품을 준다.

(9) 제약회사가 자사 제품에 대해 권장소비자가격을 정해 준다.

(10) 재무상태가 좋은 유력 일간지가 위성수신안테나, 체중계, 자전거 등을 공짜로 주면서 신문구독을 유도한다.

04 한 유명 연예인이 직업 간 임금 격차가 너무 크다면서 "판사의 망치와 목수의 망치는 같아야 한다"라고 말했다. 이를 논평하라.

05 "건전성 규제가 필요한 분야도 기술발전과 경제환경의 변화로 규제가 바뀌어야 하는데 바뀌지 못하는 규제의 경직성이 일어나 정부의 실패가 있게 마련이다." 이를 예를 들어 가며 설명하라.

06 "쓰레기 소각장, 공원묘지, 원자력발전소 등 사회적으로 필요한 시설을 어딘가에 설치해야 하지만 내가 사는 곳에는 안 된다"는 님비(NIMBY : not in my back yard)현상이 민주화시대에는 갈수록 심해진다. 님비현상을 어떻게 해결해야 할까?

07 경제에 갑, 을, 병, 정, 무 다섯 사람이 있고 월소득이 각각 60만원, 120만원, 180만원, 240만원, 400만원이라 하자.

(1) 5분위배율과 10분위분배율을 계산하라.

(2) 로렌츠곡선을 그려라.

(3) 지니계수를 그림으로 표시하고 어림 계산해 보라.

(4) 중국 · 필리핀 등의 소득분배 상황을 다섯 사람의 소득분포로 묘사해 보라.

08 노동계에서는 으레 '동일한 노동에 동일한 임금이 지급되어야 한다'는 동등보수의 원칙(equal pay principle)을 주장한다. 이 원칙을 지지하는 논리와 비판하는 논리를 소개하고 君의 입장을 정해 보라.

09 문재인 정부는 "기회는 평등하고 과정은 공정하며 결과는 정의로울 것"이라는 말을 회자시켰다. 이 말을 논평하라.

10 근로장려세제란 무엇인가? 우리나라의 현황과 문제점을 조사해 보라.

11 우리나라의 최저임금과 최저생계비, 근로자 평균임금, 가구 평균소득 등을 조사하여 관계를 알아보라.

12 2010년대에 우리나라에서 무상 급식, 무상 보육, 무상 의료, 반값 등록금 등의 이슈를 중심으로 보편적 복지와 선택적 복지의 논쟁이 커졌다. 양자의 입장을 정리하고 군의 입장을 정해 보라.

13 가난은 개인의 책임일까? 국가의 책임일까? 개인의 책임이라는 입장과 국가의 책임이라는 입장을 각각 합리화시켜 보라. 이분법적인 논리의 한계를 생각해 보라.

14 다음의 기술이 맞는가 틀리는가를 밝히고 그 이유를 설명하라.

① 사적 재는 한 사람이 소비한 만큼 다른 사람의 소비가 줄어든다는 뜻에서 경합적이다.
② 외부경제가 발생하면 외부비용이 음이다.
③ 공해에 따르는 비용은 외부비용이다.
④ 독과점도가 높은 시장일수록 허쉬만-허핀달 지수가 커진다.
⑤ 우리나라 제조업부문의 지배적인 시장형태는 과점이다.
⑥ 대기업 간 기업결합은 원칙적으로 금지되나 경영합리화 또는 불황 타개를 위한 경우에는 허용된다.
⑦ 우리나라의 공공요금은 정부가 직접 규제한다.
⑧ 소득의 완전평등분배는 10분위분배율이 2, 5분위배율이 1, 로렌츠곡선이 대각선, 지니계수가 0으로 표시된다.
⑨ 유전무죄, 무전유죄를 외치는 죄수가 느끼는 빈곤감은 절대적 빈곤감이 아니라 상대적 빈곤감이다.
⑩ 독과점시장의 선정기준을 '연간 출하액 500억원 이상'에서 '1,000억원 이상'으로 상향조정하면 시장지배적 사업자 수가 줄어든다.
⑪ 최하위 40% 계층의 소득을 최상위 20% 계층의 소득으로 나누면 10분위분배율을 얻는다.
⑫ 자산분배에 대해서도 10분위분배율, 5분위배율, 지니계수, 로렌츠곡선 등을 이용하여 분석할 수 있다.

거시경제현상과 경제안정화정책

IV

Navigator @ Economics

part four

8 경제의 순환과 주요 거시경제지표

"생산은 소득을 낳고, 소득은 지출을 낳고, 지출은 다시 생산을 낳는다."

— 세이(Jean B. Say)

"생산은 소비와 투자로 나누어진다. 소득은 소비와 저축으로 나누어진다. 경제 전체적으로 총생산 = 총소득이므로 총투자 = 총저축이다."

— 거시경제학 클라스

[개요]

이 장에서는 국민경제로 시선을 돌려 거시경제학에서 가장 기본적인 분석대상이 되는 개념들을 다룬다. 경제 전체로 생산 · 소득 · 지출 사이에 계속적인 순환이 이루어져 총생산 = 총소득 = 총지출의 관계가 성립한다. 거시경제학의 가장 중요한 총량지표인 국내총생산(GDP)과 이에 연관되는 각종 총생산 및 총소득의 개념들을 배운다. 이어 중요한 거시경제지표인 물가와 인플레이션, 실업, 이자율, 통화량, 국제수지, 환율 등을 간단히 다룬 다음 이들 경제변수들이 함께 어우러져 경제가 확장과 수축을 반복하는 경기순환을 살펴본다.

주요 학습사항

◎ 경제의 지속적인 순환이란?
◎ 소비, 저축, 투자의 상호관계는?
◎ 국민소득과 국부, 투자의 상호관계는?
◎ GDP의 측정 방법은?
◎ 명목 GDP와 실질 GDP, GDP 디플레이터의 관계는?
◎ 여러 가지 물가지수의 차이점은?
◎ 경기순환의 2국면과 4국면이란?
◎ 지수물가와 체감물가의 괴리 원인은?

1. 경제의 순환

1.1 총생산과 총소득 : 총생산 = 총소득 = 총지출

우리가 살아가기 위해서는 의식주 및 오락 · 문화 등과 관련된 수많은 재화와 서비스를 소비해야 한다. 이 소비활동이 가능하기 위해서는 먼저 이러한 재화와 서비스가 생산되어야 하고, 우리에게는 이 재화와 서비스를 구입할 수 있는 소득이 있어야 한다. 그런데 사회 전체로 볼 때 생산활동 그 자체가 사회구성원들의 소득을 창출하고 이 소득으로 사회구성원들이 생산물을 구입 · 소비함으로써 다음에 다시 생산활동을 수행할 수 있게 한다. 따라서 경제는 외부의 간섭이 없어도 계속적인 순환이 가능하다.

경제가 외부의 간섭이나 통제 없이도 순환적인 운행이 가능한 것을 보이기 위하여 단순한 민간경제의 흐름을 도식화하면 **그림 8-1**과 같다. 제5장에서 배운 바와 같이 기업은 생산과 요소수요의 주체, 가계는 소비와 요소공급의 주체이다. 그림에

그림 8-1

경제의 순환
경제는 생산물시장과 요소시장의 상호작용으로 생산→소득→지출→생산의 순환이 지속된다. (실선은 화폐의 흐름을, 점선은 실물의 흐름을 표시한다.)

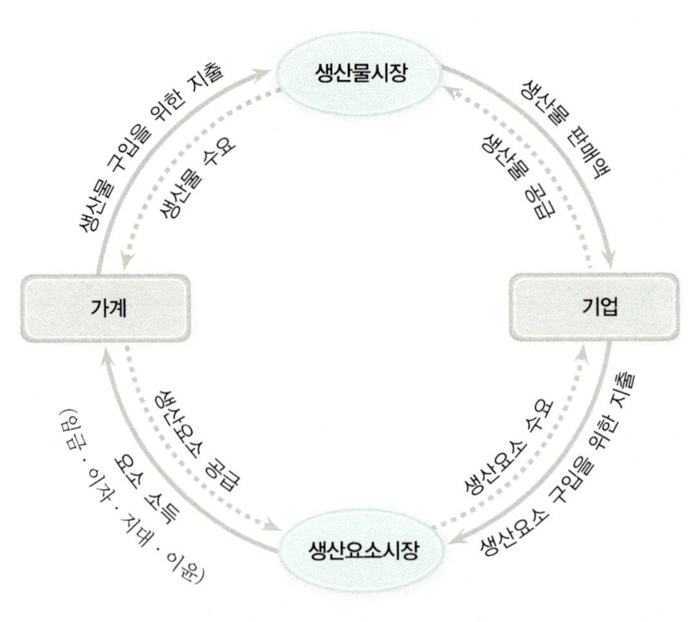

서 기업은 가계의 의식주와 오락 · 문화 등 소비활동에 사용되는 소비재만을 생산하여 가계에 이 소비재를 모두 공급하는 것으로 가정하고 있다.[1)]

기업은 생산할 때 생산요소를 쓰고 요소비용을 부담한다. 기업의 요소비용은 요소를 공급한 가계로서는 요소소득이 된다. 따라서 생산은 소득을 낳는다. 가계는 요소소득으로 소비재를 구입하는 데에 지출한다. 소득이 지출을 낳는 것이다. 가계지출로 기업은 생산된 제품을 팔아 요소비용을 회수하여 다음 단계의 생산을 할 수 있다. 즉, 생산 → 소득 → 지출 → 생산의 순환관계를 가진다. 경제주체들이 생산활동에 직접 · 간접으로 참여해야만 소득을 얻는다고 하자. 그러면 순환관계에 있는 생산과 소득과 지출의 크기는 같을 수밖에 없다. 사회 전체적으로

$$총생산 = 총소득 = 총지출 \qquad (8-1)$$

의 관계가 성립하는 것이다.[2)]

현실 세계에서 기업은 **그림 8-1**에서 가정한 것처럼 소비재만을 생산하는 것이 아니라 소비재 생산에 이용되는 기계 · 공장설비 등 자본재도 생산하며, 이 자본재는 기업 상호 간에 거래된다. 정부부문도 존재하여 기업으로부터 소비재와 자본재를 구입한다. 한 나라는 다른 나라들과 무역을 한다. 다른 나라들을 해외부문으로 뭉뚱그리면 이 해외부문이 가계 · 기업 · 정부부문에 이어 네 번째의 생산물 수요부문이 된다. 한편 생산요소의 공급부문에도 가계만이 아니고 기업 · 정부 · 해외부문이 추가될 수 있다.

이처럼 실제로는 국민경제가 그림 8-1보다 훨씬 복잡다양하다. 그러나 생산이 소득을 낳고 소득이 지출을 낳고 지출이 다시 생산을 낳으며, 총생산 = 총소득 = 총지출이라는 기본 특징은 아무리 복잡다양한 현실 경제라 해도 그대로 적용된다.

---

1) 농부나 의사, 변호사, 나아가 일반 개인사업자 등은 생산활동과 소비활동을 겸한다. 이 경우 이들이 생산활동에 종사할 때는 기업, 소비활동에 참여할 때는 가계로 보면 된다. 같은 맥락에서 경영자도 회사에 나가면 기업의 일부가 되고 집에 돌아오면 가계의 구성원이 된다.

2) 총생산을 원래의 뜻에 가깝게 하기 위해서는 총생산물가치나 총생산액으로 써야 한다. 그러나 거시경제학에서 '총생산'이라는 용어로 굳어졌기 때문에 본서도 이 관행을 따른다. 앞으로 나오는 총소비, 총투자, 총저축, 총산출, 순생산 등도 모두 마찬가지이다.

1.2 총생산과 국부

우리가 살아가는 데 필요한 수많은 재화와 서비스를 소비하기 위해서는 우리에게 소득이 있어야 한다고 앞에서 설명하였다. 이에 대하여 독자 중에는 다음과 같은 반론을 제기하는 사람도 있을 것이다. "왜 꼭 소득이 있어야 하느냐? 소득이 없더라도 토지나 주식 같은 부(wealth, 재산, 자산)를 축적하고 있으면 소비할 수 있지 않느냐? 회사에서 정년 퇴직한 우리 아버지가 그렇게 생활하고 계신다." 여기에서 소득과 부의 개념을 명확하게 구분하고 이해하는 것이 거시경제학을 배우는 데 중요하다.

소득과 부 : 유량 대 저량

먼저 소득은 일정 기간 동안에 벌어들이는 화폐액을 말한다. 제3장에서 설명한 바와 같이 특정 기간을 밝혀서 표시하는 수량을 **유량**(flow)이라 한다. 소득은 유량이다. 이에 대하여 부는 일정 시점에 축적되어 있는 자산액을 뜻한다. 특정 시점을 밝혀서 표시하는 수량을 **저량**(stock)이라 한다. 부는 저량이다.

개인의 생활수준과 마찬가지로 한 나라 경제 전체의 총량도 부와 소득의 두 가지 측면에서 파악할 수 있다. 한 나라가 일정 시점에 소유하고 있는 모든 부를 **국부**(national wealth)라 한다. 국부는 크게 자연이 준 토지와 사람이 만든 자본재로 구성된다. 자본재는 건물 · 기계설비 등 사람이 만든 실물자산을 가리킨다. 한 나라가 가지고 있는 자본재를 통틀어 **총자본** 혹은 **총자본스톡**이라고 한다.

오늘날 거시경제학에서는 국부보다 총소득이 일차적인 주요 관심사가 되고 있다. 우리나라는 1997년에 금융위기와 외환위기를 겪고 1998년에 급격한 소득의 감소와 실업의 증가로 홍역을 치렀다. 이때 국부는 별 변동이 없었다. 국부 그 자체가 원활한 경제활동과 높은 생활수준을 보장해 주는 것은 아니다.

총생산과 국부의 관계

이제 미시경제학에서 배운 생산요소의 개념을 상기해 보자. 세 가지 본원적인 생산요소는 토지, 자본과 노동이다. 여기에서 한 나라 전체의 토지와 자본으로 구성되는 저량이 국부이다. 이 국부가 노동과 상호작용함으로써 매기당 흘러 나오는 생산이 총생산 = 총소득이다. 총소득이 커짐으로써 윤택한 생활수준이 가능해진다.

한 나라의 전체 기업은 국부와 노동을 상호 결합하여 생산물을 생산한다. 생산

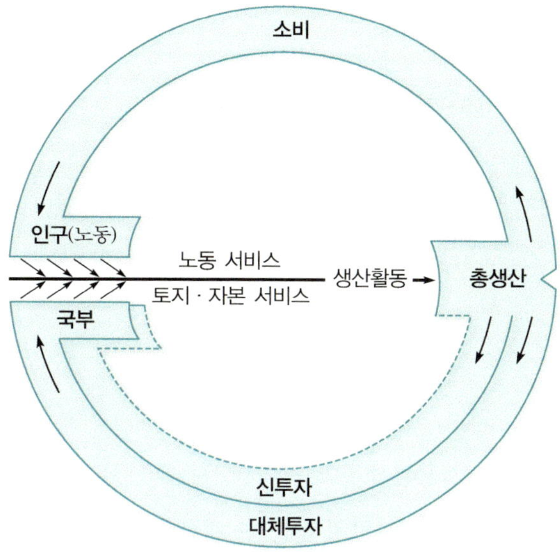

그림 8-2

국부와 총생산

저량인 국부는 노동과 결합하여 생산활동에 투입됨으로써 매기당 총생산을 낳는다. 총생산은 총소비와 총투자로 나누어진다.

물은 소비재와 자본재로 나누어진다. 소비재는 노동 서비스를 제공하는 노동력의 유지와 증대를 위해 가계가 소비한다. 자본재는 기업의 투자활동을 통하여 국부의 유지(= 대체투자 또는 감가상각)나 증대(= 신투자)에 쓰인다. 그리하여 다음 단계에서 다시 기업이 국부와 노동을 결합하여 생산이 반복된다. **그림 8-1**과는 다른 각도에서 경제의 순환적 흐름이라는 개념에 다시 귀착되는 것이다.

그림 8-2는 생산물의 순환적인 흐름이라는 개념 외에도 다음과 같은 두 가지 사실을 보여준다.

첫째, 모든 사회가 주어진 생산물을 가지고 얼마만큼 소비하고 투자할 것인가를 선택해야 한다. 투자를 많이 할수록 현재소비는 줄어드는 대신 미래의 생산물의 흐름이 커짐으로써 미래소비가 늘어나게 된다.

둘째, 사회가 소비하지 않은 생산물의 가치분만큼만 투자할 수 있다. 앞에서 생산물은 소비재로 소비되거나 자본재로 투자된다고 하였다. 따라서 총생산은 총소비와 총투자로 구성된다.

$$\text{총생산} = \text{총소비} + \text{총투자}$$

한편 총소득 중 소비되지 않은 몫을 **총저축**이라 한다. 따라서 총소득은 총소비와 총저축으로 구성된다.

$$총소득 = 총소비 + 총저축$$

그런데 식 (8-1)에서 본 것처럼 총생산 = 총소득이므로 사회 전체적으로

$$총저축 = 총투자 \tag{8-2}$$

의 관계가 성립한다.

처음의 예로 돌아가서 토지나 주식 등 축적된 재산으로 소비활동을 영위하는 사람이 있다면 그가 이 재산을 팔아 처분하지 않는 한 재산으로 소비하는 것이 아니라 재산에서 나오는 소득, 즉 재산소득으로 소비하는 것이다. 재산소득에는

① 돈을 빌려주거나 예금 · 채권 등의 금융자산을 보유함으로써 얻는 이자소득

② 주식에서 얻는 배당금

③ 땅, 집, 공장, 기계 등의 실물자산을 빌려주고 받는 임대료

등이 있다. 재산소득은 대개 생산활동과 직접 · 간접으로 연결되어 생긴다.

가계의 부와 국부

가계의 부는 실물자산과 금융자산으로 나눌 수 있다. **실물자산**은 토지, 주택, 공장, 기계 등 구체적인 실물의 형태를 띤 자산이다. **금융자산**은 현금, 예금, 회사채, 주식, 국공채 등의 유가증권을 말한다. 실물자산이나 금융자산을 갖기 위해 외부로부터 빚을 졌다면 가계의 부를 계산할 때 그 빚은 빼야 한다. 따라서 가계의 부는 실물자산과 금융자산을 모두 합한 것에서 채무를 뺀 것이다. 기업과 정부의 부도 마찬가지로 정의된다.

국부에는 나라 전체의 실물자산만 포함되고 개별 경제주체 단위에서 부에 포함되는 금융자산은 포함되지 않는다. 그 이유는 한 경제주체의 금융자산은 다른 경제주체의 금융부채이거나 실물자산에 대한 청구권이기 때문이다. 현금은 중앙은행의 부채이다. 예금은 은행의 부채이다. 국공채는 정부의 부채이다. 따라서 현금, 예금, 국공채는 한쪽의 자산이자 다른 쪽의 부채이므로 나라 전체로는 상쇄되어 버린다.

한편 주식과 회사채는 기업이 가지고 있는 실물자산에 대한 소유권 내지 청구권을 나타낸다. 따라서 국부는 나라 전체의 실물자산을 합친 것으로 나타나는 것이다.

개별 경제주체의 부를 계산할 때 채무를 빼는 것처럼 한 나라가 다른 나라에 빚진 것(외채)이 있으면 국부를 계산할 때 이 몫을 빼야 한다. 같은 논리로 다른 나라에 빌려준 것(대외채권)은 국부에 포함시켜야 한다. 따라서 순대외채권(= 대외채권 - 외채)이 국부에 포함된다.

저축과 국부

앞에서 한 나라 전체적으로 총저축이 총투자와 같게 마련인 것을 보았다. 총투자는 대체투자와 신투자로 나누어진다. **그림 8-2**에서 보듯이 대체투자는 총자본이 감모되는 것을 보충해 줌으로써 국부의 크기를 종전과 같게 유지시켜 준다. 신투자는 총자본과 국부를 증가시킨다.

$$\text{총저축} = \text{총투자} = \text{대체투자} + \text{신투자}$$

한 나라가 일정 기간 동안에 번 총소득 중에서 소비하고 난 나머지인 총저축은 국부를 유지하거나 증가시키는 데에 사용되는 것이다. 총저축 중에서 신투자에 사용되는 저축분을 순저축(net saving)이라 한다. 따라서 순저축은 국부의 증가와 똑같은 의미이다. 이는 개별 가계가 번 것을 다 쓰지 않고 저축하면 가계의 부가 그만큼 증가하는 것과 같다.

2. 한 나라 경제활동 규모의 측정 : 총생산 · 총소득

Navigator @ Economics, ch. eight

2.1 국내총생산이란?

거시경제학에서 다루는 총량지표들 가운데 가장 기본적이고 중요한 지표는 총생산이다. 총생산에도 여러 가지 지표가 있는데 그중에서 국내총생산이 가장 중요하다. 국내총생산은 한 나라 안의 모든 공장과 일터에서 일정 기간 동안에 얼마만큼 재화와 서비스가 생산되었는가를 알아보기 위해 사용되는 개념이다.

국내총생산(gross domestic product : GDP)은 '일정 기간 동안에 한 나라의 국경 안에서 생산된 모든 최종생산물의 시장가치'이다.

'일정 기간 동안에'라는 것은 국내총생산이 유량임을 뜻한다. 특정 기간을 명기해야 하는 것이다. GDP는 3개월(quarterly), 반년, 1년 단위로 측정된다.

국내총생산은 '한 나라의 국경 안에서' 생산된 것을 포괄한다. 그 나라 국민이 생산한 것이든 외국인이 생산한 것이든 간에 그 나라 국경 안에서 생산된 것은 모두 GDP에 포함된다.

'최종' 생산물이라는 것은 다른 생산물을 생산하는 데 쓰여진 원재료 · 반제품과 같은 중간생산물의 가치를 GDP에 포함시키지 않는다는 뜻이다. **최종생산물**이란 본래의 형태 그대로 수명을 다할 때까지 최종 용도에 사용되는 생산물이다. 소비재는 가계의 소비, 공장설비 · 기계 등의 자본재는 기업의 생산이라는 최종 용도에 사용되면서 다른 형태로 변형되지 않고 본래의 모습이 유지된다는 점에서 최종생산물이다.

최종생산물을 생산하는 데에 쓰여져 본래의 형태가 없어지는 생산물을 **중간생산물**이라 한다. 중간생산물은 생산과정에 사용된다는 뜻에서 중간생산물의 가치를 **중간소비**라 한다. GDP를 계산할 때 중간소비는 제외된다. 아래에서 GDP의 측정방법을 논할 때에 볼 수 있는 바와 같이 중간소비는 이미 최종생산물의 가치 속에 포함되어 있어서 중복계산을 피해야 하기 때문이다. GDP에 중간소비를 합한 것을 **총산출**(gross output)이라 한다. 총산출은 문자 그대로 '일정 기간 동안에 한 나라의 국경 안에서 생산된 모든 재화와 서비스의 시장가치'이다.

'생산물'은 유형의 재화뿐만 아니라 무형의 서비스도 포함한다. 따라서 쌀이나 옷 등의 재화뿐만 아니라 의료 · 수송 · 오락 등의 서비스도 최종생산물이기만 하면 모두 GDP에 포함된다.

'시장' 가치란 시장에서 거래되는 생산물가치만이 원칙적으로 GDP에 포함된다는 것을 뜻한다. 따라서 일반 가정주부는 집안에서 가사를 돌보는 유용한 서비스를 생산하지만 이것이 시장에서 거래되지 않기 때문에 GDP에 포함되지 않는다. 만일 한 가정주부가 다른 가정에 파출부로 나가 일을 하면 파출부 시장에서 파출부 서비스가 일정 가격(예컨대 하루 80,000원)으로 거래되기 때문에 이 몫은 GDP에 포함된다.

시장 '가치' 란 각 생산물이 시장에서 평가되는 화폐액을 말한다. 쌀 한 가마와 청바지 100벌과 자동차 10대를 직접 합산할 수는 없다. 생산물의 종류와 물리적 단위가 다르기 때문이다. 그러나 쌀 한 가마와 청바지 100벌과 자동차 10대의 시장가치를 합산할 수는 있다. GDP는 이처럼 최종생산물의 시장가치를 합계하여 산출한다. 이 시장가치는 당해연도의 시장가격으로 잡느냐, 기준연도의 시장가격으로 잡느냐에 따라 명목 GDP와 실질 GDP로 나누어진다.

명목 GDP와 실질 GDP

GDP는 일정 기간 동안에 국내에서 생산된 모든 최종생산물의 시장가치이다. 따라서 최종생산물이 n개가 있고 i생산물의 수량이 q_i, 가격이 p_i라고 하면 GDP는 다음과 같이 각 생산물의 가격과 수량의 곱을 합한 것으로 표시된다.

$$\text{GDP} = p_1 q_1 + p_2 q_2 + \cdots\cdots p_n q_n = \sum_{i=1}^{n} p_i q_i \qquad (8-3)$$

이때 시장가격을 당해연도(추계연도)의 시장가격(p_{it})으로 쓸 수도 있고 어떤 기준연도의 시장가격으로 쓸 수도 있다.

> 한 나라의 생산량을 당해연도의 시장가격으로 평가한 것을 **명목 GDP**(nominal GDP)라 한다. 한 나라의 생산량을 기준연도의 시장가격(p_{io})으로 평가한 것을 **실질 GDP**(real GDP)라 한다.[3]

---

3) 실질 GDP를 추계하는 방법에는 고정가중법과 연쇄가중법이 있다. 고정가중법은 기준연도의 가격이나 가중치를 계속 동일하게 적용하는 방법이다. 식 (8-3)″에서처럼 각 연도의 실질 GDP는 그 해의 생산량에 기준연도의 가격을 곱하여 구한다. 연쇄가중법은 기준연도에서 추계연도까지 매년의 물량 변화가 연속적으로 감안되는 연쇄물량지수를 만들어, 여기에 기준연도의 GDP를 곱하여 추계연도의 실질 GDP를 구한다. 종전에는 고정가중법을 사용하였다. 그러나 1990년대부터 정보통신산업을 중심으로 한 기술혁신이 상품 간 상대가격과 수량 체계의 급격한 변화를 초래하는데 고정가중법은 이런 현실을 반영하지 못하는 문제점을 드러냈다. 2000년대에 이 문제점을 극복하여 경제현실을 더 잘 반영하는 연쇄가중법으로 추계 방법이 바뀌었다. 연쇄가중법은 연쇄물량지수를 만드는 과정에서 매년 변화하는 상대가격과 수량 체계가 반영됨으로써 가중치가 매년 변경되는 효과가 있는 데다 신상품의 등장과 구상품의 퇴장 등도 반영한다. 한국은행, 『알기 쉬운 경제지표 해설』, 2019, 18~20쪽 인용. 본서는 고정가중법에 의한 실질 GDP 표현방식이 간명하고 직관적이기 때문에 고정가중법을 사용한다. 다음의 3절에 나오는 물가의 측정에도 고정가중법과 연쇄가중법이 있는데 고정가중법으로 설명하고 있다.

$$t\text{년도 명목 GDP} = p_{1t}q_{1t} + p_{2t}q_{2t} + \cdots\cdots p_{nt}q_{nt} = \sum_{i=1}^{n} p_{it}q_{it} \qquad (8-3)'$$

$$t\text{년도 실질 GDP} = p_{1o}q_{1t} + p_{2o}q_{2t} + \cdots\cdots p_{no}q_{nt} = \sum_{i=1}^{n} p_{io}q_{it} \qquad (8-3)''$$

2022년의 명목 GDP는 2022년의 최종생산물을 그 해의 시장가격으로 평가한 것이고, 2020년을 기준연도로 한 2022년의 실질 GDP는 2022년의 최종생산물을 2020년의 시장가격으로 평가한 것이다.

명목 GDP는 가격의 변동과 생산량의 변동을 모두 반영한다. 실질 GDP는 생산량의 변동만을 반영한다. 따라서 생산량이 늘어나지 않고 물가만 오르면 명목 GDP는 늘어나지만 실질 GDP는 불변이다.

명목 GDP는 한 나라의 경제 규모와 산업구조 등을 파악하는 데 이용된다. 실질 GDP는 국내경제의 생산활동 동향을 나타내는 경제성장률 산정에 이용된다. 실질 GDP의 증가율이 한 나라의 (실질) **경제성장률**이다.

실제 GDP와 잠재 GDP

지금까지 다룬 GDP는 한 나라의 경제가 실제로 생산한 모든 최종생산물을 평가한 것으로서 실제 GDP라 부를 수 있다. 이에 비해 경제정책을 논할 때에는 잠재(potential) GDP라는 개념을 자주 사용한다.

잠재 GDP는 두 가지로 정의할 수 있다. 전통적인 정의에 따르면 잠재 GDP란 '한 나라에 존재하는 모든 생산요소를 정상적으로 고용하였을 경우 생산할 수 있는 최대 GDP'를 말한다. 이용 가능한 모든 생산요소가 정상적으로 고용되는 상태를 완전고용이라 한다. 따라서 잠재 GDP는 **완전고용**(full employment) **GDP**라 불리기도 한다. 잠재 GDP와 실제 GDP의 차이를 **GDP 갭**(gap)이라고 한다.

$$\text{GDP 갭} = \text{잠재 GDP} - \text{실제 GDP} \qquad (8-4)$$

생산활동이 저조하고 경제가 침체할수록 GDP 갭은 커지고 생산활동이 활발할수록 GDP 갭은 작아진다. 경제가 대단한 호황을 구가하면 실제 GDP가 잠재 GDP를 초과하여 GDP 갭이 음이 될 수도 있다. 이러한 가능성은 우리가 잠재 GDP를 '이용 가능한 모든 생산요소를 정상적으로 고용함으로써 얻을 수 있는 최대 GDP'라 정의하기 때문에 일어나는 것이다. 노동자들은 평일에 하루 8시간 일하고 공휴일

엔 쉬는 것이 정상이다. 그런데 평일에 하루 8시간을 초과하여 일을 하고 공휴일에도 일한다면 생산요소인 노동과 기계가 정상 수준 이상으로 고용되는 것이다. 이 경우에 실제 GDP는 잠재 GDP를 초과한다.

완전고용을 추구해 온 서방 선진국들은 1970년대에 높은 인플레이션을 겪으면서 물가안정이 완전고용 못지않게 중요하다는 것을 깨달았다. 그리고 완전고용상태에 도달하면 물가가 가속적으로 높아지기 쉽다는 것을 경험하였다. 그리하여 1970년대 후반부터 많은 경제학자들이 잠재 GDP를 '인플레이션을 가속시키지 않고 실현시킬 수 있는 최대 GDP'로 정의하기 시작하였다. 잠재 GDP의 증가율을 **잠재성장률**이라 한다. 오늘날 잠재 GDP는 이 두 번째 의미로 흔히 사용된다.

> **잠재 GDP**란 인플레이션을 가속시키지 않고 실현시킬 수 있는 최대 GDP이다. 잠재 GDP를 **자연생산량**(natural rate of output)이라고도 한다. 자연생산량과 결부되는 실업률을 **자연실업률**(natural rate of unemployment)이라 부른다.

잠재 GDP는 각국 정부가 달성을 추구하는 정책목표이다. 일반적으로 서구 선진국에서는 실업률이 5～6%이면 완전고용상태이거나 인플레이션을 가속시키지 않는 최대고용 수준으로 보고 이 수준에서 얻을 수 있는 GDP를 잠재 GDP라 한다.

본서에서 단순히 GDP라고 쓸 때에는 실제 GDP를 의미한다. 잠재 GDP를 말할 경우에는 명시적으로 잠재 GDP 혹은 자연생산량이라고 표기한다.

2.2 국내총생산의 측정

우리나라 GDP는 한국은행이 국민소득계정을 이용하여 분기별·연도별로 측정하고 있다. 앞에서 정의한 바와 같이 GDP는 일정 기간 동안에 국내에서 생산된 모든 최종생산물의 시장가치를 합산하여 측정한다. 이것을 **GDP 측정의 생산접근방법**이라 한다.

최종생산물은 가계, 기업, 정부, 해외부문 등 여러 경제주체들에게 팔리거나 기업의 재고로 남는다. 당기에 생산되어 팔리지 않은 몫을 기업이 스스로 사들인 것으로 보면 총생산 = 총지출이 된다. 이렇게 지출 측면에서 국내총생산을 측정하는 것을 **GDP 측정의 지출접근방법**이라 한다.

생산물이 팔리면 소득이 생긴다. 이 소득은 생산에 직접 · 간접으로 참여한 생산요소의 소유자들에게 임금 · 지대(임대료) · 이자 · 이윤 등 요소소득으로 분배된다. 팔리지 않은 생산물은 기업소득으로 처리한다. 생산물의 시장가치 속에 포함되어 있는 세금은 정부의 소득으로 생각하면 된다. 이런 조정을 덧붙여 요소소득을 모두 합하면 GDP가 된다. 이를 **GDP 측정의 소득접근방법** 혹은 **GDP 측정의 분배접근방법**이라 한다.

이상의 세 접근 방법은 똑같은 GDP를 생산 · 지출 · 소득이라는 각도에서 측정한 것으로서 그 측정한 크기가 모두 같다. 이를 가리켜 **국민소득계정의 기본 항등식** 또는 **국민소득 삼면등가의 원칙**이라 부른다.[4)]

생산접근방법 혹은 부가가치 접근방법

생산접근방법에 따르면 GDP의 정의 그대로 산업별로 해당 기간 중에 생산한 최종생산물의 가치를 추계하여 GDP를 측정한다. 우리나라를 포함한 대부분의 나라에서 이 방법으로 GDP를 측정한다.

국내총생산은 이론적으로는 각 생산과정에서 새롭게 창출되는 부가가치를 이용하여 계산할 수도 있다. 예를 들어보자.

어떤 농부가 자기 창고에 보관하고 있는 쌀 한 가마를 시장에 출하하여 10만원에 팔았다고 하자. 이 10만원은

① 쌀 생산에 투입된 벼 종자 · 비료 · 농약 등 중간생산물의 구입비용

② 농기구 등의 자본재에 대한 감가상각비

③ 토지 · 노동 · 자본(농기구) 등 생산요소의 고용에 지불된 비용

④ 농부의 이윤

등으로 분해할 수 있다.

①이 4만원이고 ②가 1만원이라고 하자. 그러면 ③과 ④를 합한 금액 5만원을 농가가 창출한 부가가치라 한다.

---

4) 실제 국민소득계정에서는 서로 다른 통계 원천, 생산과 지출에 따르는 시차 등으로 인해 세 각도에서 측정한 GDP가 꼭 일치하지는 않는다. 그러나 그 차이는 미미하다. 우리나라에서는 산업별 생산자료가 잘 갖추어져 있기 때문에 생산접근방법으로 GDP 규모를 확정한다. 지출 측면에서는 '통계상 불일치' 라는 별도의 조정항목을 두고, 분배 측면에서는 잔여소득 개념인 영업잉여에 포함시켜 세 접근방법으로 측정한 GDP가 같게 만들고 있다.

부가가치(value added)란 생산과정에서 새롭게 만들어낸 가치로서 산출로부터 중간소비와 감가상각을 뺀 금액이다. 부가가치는 노동 · 토지 · 자본 · 기업활동 등 생산요소의 이용에 대한 보수로서 임금 · 지대 · 이자 · 이윤으로 분배된다.

$$\begin{aligned}\text{부가가치} &= \text{산출} - \text{중간소비} - \text{감가상각} \\ &= \text{임금} + \text{지대} + \text{이자} + \text{이윤}\end{aligned} \tag{8-5}$$

시장에 출하되는 쌀은 대개 산지(産地) 도매상 → 소비지 도매상 → 소비지 소매상을 거쳐 가계에 흘러들어 간다. 농부가 산지 도매상에 10만원에 판 쌀이 소비지 도매상을 거쳐 11만원에 소비지 소매상에게 팔렸다고 하자. 그러면 산지와 소비지의 도매상들이 창출한 부가가치는 1만원이다. 이 1만원은 상인들이 수집 · 보관 · 운송 등의 도매 서비스를 제공한 데 대한 보수가 된다. 소비지 소매상이 쌀과자 제조업자에게 12만원에 팔았다면 소매상의 부가가치는 1만원이다. 이어 쌀과자 제조업자는 12만원어치의 쌀로 과자를 만들어 15만원에 팔았는데 제조시설의 감가상각비가 1만원이라고 하자. 그러면 쌀과자 제조업자의 부가가치는 2만원이다. 끝으로 쌀과자 제조업자로부터 15만원에 쌀과자를 산 제과점은 이 과자를 20만원에 팔았다고 하자. 그러면 제과점의 부가가치는 5만원이다.

이 연쇄적인 관계를 정리한 것이 **표 8-1**이다. 이 모든 생산활동이 같은 해에 이루어진 것으로 가정한다.

표 8-1

산출, 중간소비와 부가가치

생산 및 유통단계	산출	중간소비	감가상각	부가가치
원재료	40,000			40,000
쌀(농부)	100,000	40,000	10,000	50,000
쌀(도매상)	110,000	100,000		10,000
쌀(소매상)	120,000	110,000		10,000
쌀과자(제조업자)	150,000	120,000	10,000	20,000
쌀과자(제과점)	200,000	150,000		50,000
합 계	720,000	520,000	20,000	180,000

우선 우리가 쉽게 알 수 있는 것은 농부가 생산해 낸 쌀이나 제조업자가 만들어 낸 쌀과자의 가치는 제과점에서 파는 쌀과자라는 최종생산물의 가치 속에 포함되어 있다는 사실이다. 따라서 GDP를 측정하는 데 있어서는 제과점에서 파는 쌀과자의 가치만을 포함시켜야 한다. 만일 쌀의 가치를 또 포함시킨다면 한 생산물을 두 번 이상 계산하는 중복계산이 된다. **표 8-1**에서 국내총생산에는 쌀과자라는 최종생산물의 시장가치 20만원만 계산된다. 이것이 해당 기간 중 기업이 생산한 최종생산물의 가치를 추계하는 첫 번째 계산법의 기초를 이룬다.

한편 이 20만원은 표에서 확인할 수 있는 바와 같이 모든 생산단계에서의 부가가치와 감가상각을 합해서도 얻어진다. 모든 생산단계에서의 부가가치를 경제 전체에 걸쳐 합산한 것을 **국내순생산**(net domestic product : NDP)이라 한다. 이 국내순생산에 감가상각을 더하여 GDP를 구하는 것이다. 이처럼 부가가치의 계산을 통하여 GDP를 측정하는 방법을 **부가가치에 의한 접근방법**(value added approach)이라고 한다. 같은 양의 원재료를 사용하여 더 많은 쌀을 생산하면 농부의 부가가치는 높아진다. 같은 양의 쌀을 사서 더 맛있는 고급 쌀과자를 만들어 비싸게 팔면 쌀과자 제조업자의 부가가치가 높아지고 이윤도 늘어난다. 각 생산단계의 부가가치가 높아지면 국내총생산도 높아진다.

산업은 전통적으로 농림어업(제1차 산업), 광공업(제2차 산업), 사회간접자본 및 기타 서비스업(제3차 산업)으로 분류된다. 농림어업은 문자 그대로 농업, 임업, 어업을 말한다. 광공업은 광업, 채석업, 제조업을 말한다. 우리나라에서 광업과 채석업은 GDP의 0.1% 내외로서 미미한 비중이고 산업사회의 핵심 산업인 제조업(manufacturing industry)의 비중은 25% 내외이다.

사회간접자본(social overhead capital : SOC)이란 기업의 생산활동에 간접적으로 혹은 공통적으로 필요한 도로 · 항만 · 철도 · 항공 · 전력 · 수도 등의 시설을 말한다. 사회간접자본부문에는 전기 · 가스 · 수도사업, 건설업, 운수업, 정보통신업 등이 포함된다. 기타 서비스란 사회간접자본을 제외한 서비스산업으로 도소매 및 음식 · 숙박업, 금융 · 보험 · 부동산업, 공공행정 및 국방, 사회 및 개인 서비스업 등이 포함된다. 경제가 발전할수록 농림어업의 비중이 줄어들고 사회간접자본 및 기타 서비스부문의 비중이 늘어난다. 이를 **경제의 서비스화** 현상이라 부른다.

지출접근방법

그림 8-1에서 본 바와 같이 생산물의 흐름과는 반대 방향으로 화폐지출의 흐름이 있다. 따라서 최종생산물의 경우도 최종생산물의 흐름과는 반대 방향으로 화폐지출의 흐름이 있는데 이 지출을 추계하여 국내총생산을 얻을 수 있다. 이렇게 계산된 GDP를 국내총생산에 대한 지출(expenditure on GDP) 또는 줄여서 국내총지출이라고 한다.

한 나라가 일정 기간 동안에 생산한 최종생산물은 그 나라 가계가 구입하거나 기업이 구입하거나 정부가 구입하거나 다른 나라의 가계 · 기업 · 정부가 구입한다. 최종생산물 중에서 그 나라 가계들이 구입한 소비재의 시장가치를 **민간최종소비지출**(private final consumption expenditure)이라 하고, 그 나라 정부가 구입한 소비재의 시장가치를 **정부최종소비지출**이라 한다.

최종생산물 중에서 그 나라 경제주체들이 구입한 자본재의 시장가치를 **국내총고정투자**(gross domestic fixed investment)라 한다. 자본재란 토지, 광물과 같은 자연자원이 아니라 사람이 만든 생산수단으로서 주택, 공장과 같은 건설물과 기계 · 설비 등의 생산자 내구재를 말한다. 국내총고정투자를 **국내총고정자본형성**이라고도 한다. 다른 나라의 가계 · 기업 · 정부가 구입한 최종생산물의 시장가치를 뭉뚱그려 재화와 서비스의 **수출**(exports)이라 한다. 최종생산물 중 팔리지 않은 몫은 재고투자에 포함된다. **재고투자**는 기간 중 재고의 변동분을 말한다. 기업의 총판매액과 재고, 그리고 생산액 간에는 다음과 같은 항등식이 항상 성립한다.

$$\text{총판매액} = \text{기초(期初)재고} + \text{기간 중 생산액} - \text{기말(期末)재고} \quad (8-6)$$

이 식을 기간 중 생산액에 적용하여 정리하면

$$\text{기간 중 생산액} = \text{총판매액} + (\text{기말재고} - \text{기초재고}) \quad (8-6)'$$

가 되는데 기말재고 − 기초재고가 바로 재고투자이다. 식 (8-6)′을 모든 최종생산물에 대하여 합산한 것이 GDP이다. 기말재고가 기초재고보다 크냐 작으냐에 따라 재고투자는 양일 수도 있고 음일 수도 있다. 따라서 재고투자를 **재고증감**이라고도 부른다. 재고투자에는 장차 자동차의 생산에 사용될 강철과 같이 중간생산물이라도 포함시킨다. 당해 기간 중에 다른 재화나 서비스의 생산에 사용되지 않고 생산된 형태 그대로 남아 있다는 점에서 당해 기간 중에는 '최종' 생산물이기 때문이다. 국내총고정투자와 재고투자를 합하여 **국내총투자** 또는 **국내총자본형성**이라고 한다.[5)]

지금까지의 설명을 요약하면 지출접근방법에 의한 국내총지출 = 국내총생산은 민간최종소비지출, 정부최종소비지출, (국내)총투자, 수출로 구성된다는 것이다. 현실에서는 이 각 구성항목 속에 우리나라 국경 안에서 만든 최종생산물뿐만 아니라 우리나라 국경 밖에서 만든 중간생산물과 최종생산물을 수입한 몫까지 포함되어 있다. 예컨대 국산 승용차를 사면 우리나라 자동차회사가 창출한 부가가치뿐만 아니라 일본이나 미국에서 수입한 자동차 부품의 시장가치도 포함되어 있는 것이다. 물론 이 수입 몫은 외국의 GDP에 포함되고 우리나라 GDP에서는 제외되어야 한다. 그러나 각 품목마다 생산에 소요된 외국 원자재 사용액을 일일이 따진다는 것은 어려운 일이다. 따라서 민간최종소비지출, 정부최종소비지출, 총고정투자, 재고투자, 수출을 측정할 때 최종생산물의 시장가치를 합산함으로써 그 속에 들어 있는 수입부품의 가치까지 포괄한다. 그리고 나중에 재화와 서비스의 **수입**(imports)을 빼는 방법을 취한다. 수입총액은 무역통계로부터 쉽게 얻을 수 있다. 재화와 서비스의 수출에서 수입을 뺀 것을 재화와 서비스의 **순수출**(net exports)이라 한다.

국내총생산 = 민간최종소비지출 + 정부최종소비지출 + 국내총투자 (8-7)
+ 재화와 서비스의 순수출

민간최종소비지출은 민간소비(지출), 정부최종소비지출은 정부소비(지출), 재화와 서비스의 순수출은 순수출로 줄여 표기한다.

소득접근방법 혹은 분배접근방법

GDP는 생산요소시장에서 각 요소가 받는 요소소득을 전부 합계하여 측정할 수도 있는데 이를 소득접근방법이라 한다. 최종생산물을 생산할 때 경제주체들은 기업에 노동 · 자본 · 토지 · 기업활동 등의 생산 서비스를 제공하고 각각 임금 · 이

---

5) 다른 나라와 거래가 없는 경제를 폐쇄경제, 거래가 있는 경제를 개방경제라 한다. 총투자와 국내총투자가 폐쇄경제에서는 똑같지만 개방경제에서는 다르다. 이에 대하여는 제13장에서 더 자세히 설명한다.

자 · 지대(임료) · 이윤 등의 형태로 요소소득을 받는다. 이 요소소득들을 합하여 GDP를 계산하는 것이다.

현실 경제에서는 각 요소소득을 정확히 분해하기가 어렵다. 농부 · 의사 · 변호사 · 영세상공업자 등 비법인기업[6]의 소득에는 모든 종류의 요소소득이 혼합되어 있기 때문이다. 따라서 국민소득 통계에서는 요소소득을 일차적으로 피용자보수와 영업잉여로 구분한다. 근로자(피고용자)가 고용주로부터 받는 모든 보상을 **피용자보수**라 한다. **영업잉여**는 생산과정에서 발생한 잉여로 기업의 총이윤에 해당한다. 영업잉여에 포함되어 있는 이자, 임료 등은 금융자산, 토지 등을 제공한 경제주체에게 이차적으로 분배된다.

소득접근방법으로 GDP를 계산하기 위해서는 피용자보수와 영업잉여 외에 두 가지를 더해야 한다. 하나는 순생산세 및 수입세이고 다른 하나는 고정자본소모이다.

순생산세 및 수입세는 생산세 및 수입세에서 정부의 기업에 대한 보조금을 뺀 것이다. 생산세 및 수입세는 기업이 생산한 상품의 거래에 대해 부과한 세금이다. 최종생산물의 시장가격을 합치는 GDP에 생산세 및 수입세가 포함되어 있다. 정부는 때로는 산업진흥이나 제품의 시장가격 인하 등을 위해 기업에 보조금을 지급한다. 이 보조금은 최종생산물의 시장가격을 인하시킴으로써 GDP를 낮추는 역할을 한다. 소득접근방법에서 순생산세 및 수입세는 최종생산물의 판매로 얻게 되는 소득 중 정부부문이 차지하는 소득이라고 생각할 수 있다.

현실 세계에서 최종생산물의 시장가격으로 평가한 GDP는 피용자보수, 영업잉여, 순생산세 및 수입세를 합한 것보다 크다. 이는 생산과정에서 닳아 없어지는 자본재의 감모분을 고려할 필요가 있기 때문이다. 만약 자본재의 감모분을 고려하지 않으면 자본재가 다 감모될 때 생산을 지속할 수 없을 것이다. 기업이 자본재의 감모에 대비하여 적립하는 몫을 **고정자본소모** 또는 **감가상각**이라 한다. 고정자본소모는 자본재를 소모시키는 대가로 자본재의 소유자에게 지불하는 보상이라고 생각할 수 있다. 이 감가상각을 고려해야 최종생산물의 시장가치를 제대로 가려낼 수 있고 따라서 GDP를 정확히 계산할 수 있다.

---

6) 사람이 만든 조직에 부여한 '사람으로서의 법적 자격'을 **법인**이라 한다. 주식회사를 비롯한 각종 회사가 법인기업이다. 비법인기업은 법인이 아닌 기업이다. 각종 자영업자가 대표적인 비법인기업이다.

$$\text{국내총생산} = \text{피용자보수} + \text{영업잉여} + \text{고정자본소모} + \text{순생산세 및 수입세} \quad (8-8)$$

지금까지 설명한 세 측면에서 측정되는 GDP를 우리나라 2020년 자료를 이용하여 정리한 것이 **표 8-2**이다. 생산 GDP에 순생산물세라는 항목이 있는 것을 빼고는 다른 것들은 앞에서 모두 나온 것들이다. 순생산물세란 생산물세에서 생산물 보조금을 뺀 것이다. 생산물세란 부가가치세나 특별소비세 등과 같이 우리가 상품을 살 때 상품가격에 포함되어 있는 간접세를 말한다. 생산물세는 분배 GDP에 나오는 생산세 및 수입세와 비슷한 개념이다. 생산물 보조금이란 기업이 상품을 생산할 때 정부가 생산을 장려하기 위해 생산비의 일부를 무상으로 보조해주는 것이다. 국민계정체계에서는 산업별 부가가치를 기초가격으로 평가하는 것이 관례이다. **기초가격**이란 구매자가격에서 순생산물세를 뺀 가격이다. 부가가치에서 세금이나 보조금을 제외하는 것이 산업구조의 정확한 파악에 유용하기 때문이다. 각 산업의 비중을 말할 때에는 각 산업의 부가가치가 경제의 총부가가치에서 차지하는 비중을 사용한다. 2020년 우리나라 제조업의 부가가치는 481조원으로 GDP 1,941조원의 24.8%이다. 그러나 전 산업에서 차지하는 제조업의 비중은 27.1%(총부가가치 1,772

표 8-2

2020년 우리나라 국내총생산(명목 GDP 기준)

(단위 : 조원, %)

생산		분배		지출	
농림어업	34(1.8)	피용자보수	936(48.2)	민간최종소비지출	900(46.4)
광공업	483(24.9)	영업잉여	413(21.3)	정부최종소비지출	350(18.0)
제조업	481(24.8)	고정자본소모	400(20.6)	국내총고정투자	607(31.3)
사회간접자본	292(15.0)	생산세 및 수입세	207(10.7)	재고투자	11(0.6)
기타 서비스	963(49.6)	(−) 보조금	15(0.8)	재화와 서비스의 수출	706(36.4)
총부가가치(기초가격)	1,772(91.3)			(−) 재화와 서비스의 수입	634(32.7)
순생산물세	169(8.7)			통계상 불일치	0(0.0)
국내총생산(시장가격)	1,941(100.0)	GDP	1,941(100.0)	GDP	1,941(100.0)

주 : 1) 반올림으로 인해 일부 수치 간 불일치가 있을 수 있음.
2) 근래 한국은행은 사회간접자본 통계를 편제하고 있지 않음. 표에서는 전기 · 가스 · 수도사업, 건설업, 운수업, 정보통신업을 사회간접자본으로, 나머지 서비스산업은 기타 서비스로 분류했음.

자료 : 한국은행.

조원 대비)이다.

2.3 기타 총생산 · 총소득 지표

앞에서 국내총생산을 설명하면서 총산출, 시장가격국내소득과 요소비용국내소득이라는 개념이 등장하였다. 국민소득계정에는 이 밖에도 여러 가지 총생산과 총소득에 관한 지표가 있다. 그중에 많이 쓰이는 지표로는 국민총소득, 국민총처분가능소득, 국민순소득(시장가격국민소득), 국민소득(요소비용국민소득) 등이 있다.

국민총소득

일정 기간 동안에 한 나라 국민 전체가 버는 소득은 얼마나 될까? 위에서 배운 국내총생산만큼 번다고 말하면 거의 맞는 말이다. 그러나 정확히 맞지는 않는다. 국내외 교류가 빈번한 국제화시대에 한 나라 국민 전체가 국민총소득만큼 번다고 말해야 정확히 맞는 말이다.

국내총생산은 국내에서 생산된 모든 최종생산물의 시장가치를 말한다. 그 나라 국민이든 아니든 관계없이 모든 경제주체들이 한 나라의 국경 안에서 일정 기간 동안에 만들어낸 모든 최종생산물의 시장가치가 국내총생산인 것이다. 한편

> **국민총소득**(gross national income : GNI)은 '한 나라 국민이 일정 기간 동안에 만들어낸 모든 최종생산물의 시장가치' 이다.

국민총소득에는 국내에서 생산된 것이든 해외에서 생산된 것이든 간에 그 나라 국민 소유의 생산요소에 의해 생산된 모든 최종생산물의 시장가치가 포함된다.

국내총생산에서 국민총소득을 계산하기 위해서는 두 가지를 조정해야 한다. 먼저 우리나라 국민이 소유하는 생산요소에 의해 해외에서 생산된 최종생산물의 시장가치를 더해 주어야 한다. 이 몫은 자기 나라 밖에서 받은 요소소득이라고 해서 **국외수취요소소득**이라고 한다. 다음으로 국내에서 외국인이 소유하는 생산요소에 의해 생산된 최종생산물의 시장가치는 국내총생산에는 포함되지만 우리나라 국민의 소득이 아니기 때문에 이 몫만큼을 빼주어야 한다. 이 몫은 외국에 지불해야 할 요소소득이라 해서 **국외지급요소소득**이라고 한다. 따라서

$$\text{국민총소득(GNI)} = \text{국내총생산} + (\text{국외수취요소소득} - \text{국외지급요소소득}) \quad (8-9)$$
$$= \text{국내총생산} + \text{국외순수취요소소득}$$

이 된다. 국외수취요소소득에서 국외지급요소소득을 뺀 것을 **국외순수취요소소득**이라고 한다. 국내총생산에 국외순수취요소소득을 더한 것이 국민총소득이다.

세계 각국은 국제연합(UN)의 권고에 따라 총생산지표로 실질국내총생산을, 총소득 지표로 실질국민총소득을 많이 쓰고 있다. 식 (8-9)는 실상 명목국민총소득을 나타낸다. 실질국민총소득은 다음과 같이 표시된다.

$$\text{실질국민총소득} = \text{실질국내총생산} + \text{실질국외순수취요소소득} \quad (8-9)'$$
$$+ \text{교역조건 변화에 따른 실질무역손익}$$

교역조건은 수출물가지수를 수입물가지수로 나눈 것으로 수출상품 1단위가 수입상품 몇 단위 가치가 있는가를 나타낸다. 교역조건이 불리해지면 똑같은 양의 상품을 수출하고도 수입할 수 있는 상품의 양이 감소하므로 그 나라 국민이 소비하거나 투자할 수 있는 재원이 줄어들어 실질소득이 감소한다. 이를 포착하는 것이 '교역조건 변화에 따른 실질무역손익'이다. 실질국민총소득은 생산활동을 통하여 획득한 한 나라 소득의 실질구매력을 나타낸다.

나라들 사이의 경제력과 생활수준을 비교하는 지표로서 GDP와 GNI가 일반적으로 이용되고 있다. 1인당 GNI는 한 해 동안 국민 1인당 소득이 얼마인가를 보여주는 개념이다. 국내에서 벌었든, 해외에서 벌었든 관계없이 국민 개개인이 평균적으로 얼마나 벌었는가를 알고자 하기 때문에 1인당 GDP보다 1인당 GNI를 많이 쓴다. 1인당 GNI는 명목 GNI를 그 해 중간(7월 1일)의 인구로 나누어 계산한다. 다른 나라와 비교하기 위해서는 명목 GNI를 對미 달러 환율(미국 돈 1달러를 얻기 위해 지불해야 하는 원화 수량)로 나누면 미 달러화 표시 명목 GNI가 되고 1인당 GNI를 對미 달러 환율로 나누면 미 달러화 표시 1인당 GNI가 된다.

$$\text{1인당 GNI(원화)} = \frac{\text{명목 GNI}}{\text{연중앙 인구}} \quad (8-10)$$

$$\text{1인당 GNI(미 달러화)} = \frac{\text{1인당 GNI(원화)}}{\text{對미 달러 환율}}$$

국민총처분가능소득

국민총처분가능소득(gross national disposable income : GNDI)은 국민경제 전체가 소비나 저축으로 자유롭게 처분할 수 있는 소득이다. 국민총처분가능소득은 국민총소득에 교포 송금, 종교기관 기부금과 같이 생산활동과는 관계없이 외국으로부터 받은 소득(국외수취경상이전)을 더하고 해외기부금, 해외이주비 등 외국에 지급한 소득(국외지급경상이전)을 뺀 것이다. 국민총처분가능소득은 일반적으로 명목지표로만 편제되는데 최종소비지출과 총저축으로 분해된다.

국민총처분가능소득(GNDI) (8-11)
= 국민총소득 + (국외수취경상이전 - 국외지급경상이전)
= 국민총소득 + 국외순수취경상이전
= 최종소비지출 + 총저축

위의 식에서 최종소비지출은 민간소비와 정부소비를 합한 것으로 한 나라의 총소비수준을 나타낸다. 최종소비지출이 국민총처분가능소득에서 차지하는 비율을 **소비율**, 비율이 아닌 계수로 표시한 것을 **평균소비성향**이라 한다. 마찬가지로 총저축이 국민총처분가능소득에서 차지하는 비율을 **총저축률**, 계수로 표시한 것을 **평균저축성향**이라고 한다. 소비율과 총저축률을 합치면 100%, 평균소비성향과 평균저축성향을 더하면 1이 된다. 최근 우리나라 소비율은 65% 내외(평균소비성향은 0.65 내외), 총저축률은 35% 내외(평균저축성향은 0.35 내외)에서 크게 벗어나지 않고 있다.

참고로 최종소비지출의 증가분을 국민총처분가능소득의 증가분으로 나눈 값을 **한계소비성향**, 총저축의 증가분을 국민총처분가능소득의 증가분으로 나눈 값을 **한계저축성향**이라 한다. 한계소비성향과 한계저축성향을 더하면 1이 된다. 일반적으로 한계소비성향과 한계저축성향은 0보다 크고 1보다 작다. 이는 처분가능소득이 증가할 때 소비가 증가하지만 처분가능소득이 증가한 몫만큼 소비가 증가하지는 않고 일부는 저축의 증가로 돌려진다는 것이다.

국민순소득

국민순소득(net national income : NNI)은 국민총소득에서 고정자본소모를 뺀 것이다. 국내총생산에서 고정자본소모를 뺀 것이 국내순생산이듯이 국민총소득에서 고정자본소모를 뺀 것이 국민순소득이다. 국민순소득을 **시장가격국민소득**(national income at market prices)이라고도 부른다.

국민순소득(NNI) = GNI − 고정자본소모 = 시장가격국민소득 (8−12)

국민소득

국민소득(national income : NI)은 국민순소득에서 순생산세 및 수입세를 뺀 것이다. 시장가격국민소득은 시장가격으로 평가하고, 시장가격에는 순생산세 및 수입세(= 생산세 및 수입세 − 보조금)가 포함되어 있다. 순생산세 및 수입세를 뺌으로써 국민소득은 상품을 만드는 데 들어간 노동의 대가인 피용자보수와 기업의 생산활동의 대가인 영업잉여의 합과 같아진다. 이런 뜻에서 국민소득을 **요소비용국민소득**(national income at factor cost)이라고도 부른다. 한 나라 국민들이 국내외에서 각종 생산요소를 제공한 대가로 받는 총요소소득(혹은 기업의 입장에서 볼 때 총요소비용)이 국민소득인 것이다.

국민소득(NI) = 국민순소득(NNI) − 순생산세 및 수입세 (8−13)
= 피용자보수 + 영업잉여 = 요소비용국민소득

요소비용국민소득에서 피용자보수가 차지하는 비율을 **노동소득분배율**이라고 한다. 최근 우리나라의 노동소득분배율은 65% 내외이다.

2.4 총생산 · 총소득 개념의 한계

1인당 GNI는 삶의 질과 밀접하게 연관되어 있다. 풍요로운 선진국은 1인당 GNI가 연(年) 40,000달러를 넘는다. 빈곤의 악순환에 허덕이는 저소득국가는 1인당 GNI가 1,200달러(월 100달러)를 넘지 못한다. 그러나 우리가 다룬 총생산 · 소득 지표들은 다음과 같은 여러 가지 문제점 때문에 한 나라의 경제활동 수준을 나타내는 완전한 지표는 아니다. 한 사회의 복지수준을 나타내는 완벽한 지표도 아니다.

첫째, 총생산의 추계 방법이 전체적인 일관성을 결여하고 있다는 점에서 문제가 된다. 가정주부가 가족을 위하여 제공하는 식사 · 세탁 · 육아 · 청소 등의 가치는 시장에서 거래되지 않는다는 이유로 총생산에 포함되지 않는다. 똑같은 일이 음식점 · 세탁소 · 가정부 또는 청소부 등에 의하여 이루어지면 시장에서 평가 · 거래되기 때문에 총생산에 포함된다.

둘째, 총생산 = 총소득은 소비자들이 즐기는 여가(leisure)를 제대로 반영하지 못한다. 예컨대 스포츠센터 회원이 센터 내에 있는 각종 시설을 활용하여 여가시간을 즐긴다면 그가 누리는 효용의 화폐가치는 그가 치른 회비보다 훨씬 높을 것이다. 그러나 총생산에는 그가 치른 회비만 포함된다. 인터넷이 제공하는 각종 음악 · 연예 프로그램을 무료로 즐기는 것은 GDP에 반영되지 않는다.

셋째, 총생산은 물질적 생산만을 계산하고 생산과정에서 파생되는 대기 및 수질오염 · 소음 등 환경오염은 도외시하고 있다. 물질의 풍요 못지않게 생활의 질(quality of life)을 중요시하는 오늘날 외부비경제를 감안하지 않는 총생산은 만족할 만한 복지지표라고 할 수 없다.

넷째, 총생산은 생산물의 질의 변화를 제대로 반영하지 못한다. 컴퓨터는 성능이 계속 향상되는데도 가격은 하락하고 있다. 가격규제를 받는 제품의 가격은 변하지 않아도 단위 분량이나 품질이 떨어진다. 소비자의 효용에 영향을 미치는 이러한 품질의 변화를 총생산은 제대로 평가하지 못한다.

다섯째, 총생산은 마약 · 부동산 투기 · 밀수 · 매춘 · 탈세 등 이른바 **지하경제**(underground economy)의 활동을 반영하지 못한다.

이상과 같은 총생산 개념의 한계를 보완하여 진정한 의미에서의 경제적인 복지를 측정하기 위해 미국의 경제학자 토빈(James Tobin)과 노드하우스(William Nordhaus)는 **경제후생지표**(measure of economic welfare : MEW)라는 개념을 만들어냈다. 경제후생지표는 GDP에 가정주부의 서비스와 여가의 가치를 더하고 공해비용을 뺀 것이다. 새뮤얼슨은 이를 **순경제후생**(net economic welfare : NEW)이라 불렀다.

$$\begin{aligned}\text{순경제후생} &= \text{GDP} + \text{가정주부 서비스 가치} + \text{여가가치} - \text{공해비용} \\ &= \text{녹색 GDP} + \text{가정주부 서비스 가치} + \text{여가가치}\end{aligned} \quad (8-14)$$

순경제후생이 GDP보다 경제복지를 나타내는 데 더 나은 지표라는 것에는 모두가 동의한다. GDP가 증가하더라도 환경파괴와 공해에 따른 비용의 증가분이 GDP

증가분을 초과하면 한 나라 국민의 복지수준은 오히려 낮아진다. 따라서 인간다운 삶을 추구하는 복지사회라면 GDP를 비롯한 기존의 총생산 · 총소득 지표보다 순경제후생에 더 주목해야 할 것이다.

문제는 순경제후생을 객관적으로 측정하기가 어렵다는 점이다. 여가나 공해의 경우에 객관적인 평가가 어려울 것임은 쉽게 짐작할 수 있는 일이다. 이 측정상의 문제점을 극복하는 연구들이 다양하게 이루어지고 있다.

최근에는 GDP에서 환경오염비용을 뺀 것을 녹색 GDP(green GDP)라 명명하고 선진국에서부터 녹색 GDP를 추계하는 노력을 기울이고 있다. 그러나 GDP와 같이 국제적으로 통용되는 추계 방법이 아직 정립되어 있지 않다. 따라서 경제학계는 앞에서 살펴본 총생산 개념의 한계를 유념하는 가운데 아직은 GDP와 GNI의 총

읽을/생각할 거리 8-1

주부의 가사 서비스 가치

주부는 '아내, 어머니, 연인, 청소부, 요리사, 간호사, 정원사, 운전사, 이벤트 진행자, 가정교사, 비서, 육아전문가, 정신과 의사, 실내장식가, 교육자, 회계사'의 '1인 16역'을 소화해 낸다. (마리 테레스 크뢰츠-렐린 엮음, 『주부와 돼지, 혁명을 꿈꾸다』)

그러나 평소에는 무급 노동자로 취급받는다. 교통사고를 당했을 때 우리나라 법원은 전업가정주부를 일용노동자에 준하여 대우해 준다. 2010년대 중반기 도시에 사는 전업주부가 교통사고를 당하여 집안일을 볼 수 없을 때 법적으로는 도시 보통 인부에 준하여 한 달에 210만원(1일 84,000원 × 25일)을 보상받았다.

취업여성이 교통사고를 당하여 회사 일을 할 수 없을 때에는 회사에서 받는 봉급을 보상받는다. 고소득 취업여성일수록 그에 걸맞게 많이 보상받는다.

학계의 추정에 따르면 주부의 GDP 대비 가사노동 가치는 OECD 국가에서 15~30%이다. 미국의 경우 1965년에는 30%였는데 2008년에 18%이다. 시간이 흐름에 따라 비중이 감소 추세를 보인다. 이는 여성의 경제활동참가율이 높아지고 남성의 집안일을 하는 시간이 늘어나기 때문이다.

통계청이 조사한 우리나라 여성의 무급 가사노동가치는 2019년에 356조원으로 GDP 대비 18.5%이다. 남성의 무급 가사노동가치는 135조원으로 GDP의 7%이다. 가사노동가치가 제대로 측정되고 평가받는다면 정부가 탁아나 주부의 직업훈련에 더욱 많은 관심을 쏟고 예산도 많이 배정할 것으로 여성계는 기대하고 있다. 최근에 법원은 결혼생활 20년이 넘는 부부가 이혼할 때 부인이 전업주부인 경우 재산 형성에 기여한 공로를 인정하여 적어도 총재산의 40% 이상을 부인에게 지급하도록 하는 판결을 내렸다.

한 나라 경제활동에서 무급 가사노동과 자원봉사의 경제적 가치는 갈수록 중요해지고 있다. 이를 반영하여 UN은 각국이 '가계생산계정'을 국민소득계정의 위성계정으로 편제하도록 권고하고 있다.

생산 · 총소득 지표에 의존하고 있는 상황이다.

3. 물가와 인플레이션

3.1 물가란?

현실 세계에는 수많은 상품들이 있다. 각 상품은 우리 생활에서 차지하는 중요도가 다르고 그 가격이 오르고 내리는 정도가 다르다. 시장에서 거래되는 수많은 상품들의 가격을 하나로 종합하여 전반적인 가격수준을 파악하게 해주는 개념이 물가(prices)이다. 물가를 측정하기 위하여 작성되는 것이 물가지수(price index)이다.

물가 혹은 물가수준이란 시장에서 거래되는 상품들의 가격을 경제생활에서 차지하는 중요도를 고려하여 평균한 종합적인 가격수준이다. 물가지수는 물가를 측정하기 위해 기준시점의 물가를 100으로 해서 지수의 형태로 나타낸 것이다.

현재 우리나라에서 흔히 쓰이는 일반적인 물가지수로는 생산자물가지수 · 소비자물가지수 · GDP 디플레이터 등이 있다. 생산자물가지수는 한국은행이, 소비자물가지수는 통계청이 작성하며, 기준연도는 5년마다 개편된다. GDP 디플레이터는 본래 물가의 변동을 보고자 작성되는 것은 아니지만 그 정의상 일종의 물가지수가 된다.

생산자물가지수(producer price index : PPI)

생산자물가지수는 국내 생산자가 출하할 때 매기는 자본재와 소비재 가격의 변동을 측정하기 위해 작성하는 물가지수이다.

실제 추계는 서울을 비롯한 전국 16개 주요 도시지역에서 거래되는 중요 품목 884개(재화 781개, 서비스 103개)의 생산자 판매가격을 중요도에 따라 가중치를 달리하여 기준연도 대비 산술평균한다. 중요도에 따라 가중치(weights)를 달리한다는 것은, 예컨대 승용차 가격과 귤 가격이 똑같이 5% 올랐다고 하더라도 승용차 생산액이 귤 생산액보다 크면 승용차 가격 인상이 물가 상승에 기여하는 몫을 귤 가격 인상의 기여도보다 높게 매긴다는 것이다. 기준연도 대비 산술평균이란 각 상품의 기준연도 가격을 100으로 놓고 비교연도 가격을 평가하여 산술평균함을 뜻한다. 2020년 기준 생산자물가지수 대상품목을 대분류하여 가중치를 보면 산업별로는 농림수산품 3.6%, 공산품 50.3%, 전력 · 수도 및 도시가스 6.0%, 서비스 39.8%이다.

소비자물가지수(consumer price index : CPI)

소비자물가지수는 소비자가 일상생활에서 구입하는 소비재의 가격 변동을 조사하기 위해 작성하는 물가지수이다. 실제 추계는 전국 40개 주요 도시에서 거래되는 458개(2020년 기준)의 주요 재화 및 서비스의 소매가격을 중요도에 따라 가중치를 달리하여 기준연도 대비 산술평균한다. 소비자물가지수 대상품목을 대분류하여 그 가중치를 보면 음식료품 15.5%, 교통 · 통신 16.6%, 주택 · 수도 · 광열 17.2%, 음식 및 숙박 13.1%, 교육 7.0%, 보건 7.0%, 오락 · 문화 5.8%, 집세 9.8%등이다. 통계청은 소비자물가지수의 보조지수로서 장바구니 물가를 파악하기 위해 생활물가지수를 작성하고 있다. **생활물가지수**는 소비자물가 조사 대상 품목 중에서 일반 소비자들이 자주 구입하는 기본 생필품 144개를 선정하여 이들 품목의 평균적인 가격동향을 조사한다.

GDP 디플레이터

GDP 디플레이터는 가격 변동을 직접 조사하여 작성하는 것이 아니라 명목 GDP를 실질 GDP로 나누어 계산한다.

당해연도 최종생산물의 생산량에 명목 GDP는 당해연도의 가격을 곱하고 실질 GDP는 기준연도의 가격을 곱하기 때문에 명목 GDP를 실질 GDP로 나누면 물가지수가 된다. 앞 절에서 GDP는 한 나라 국경 안에서 일정 기간 동안에 생산된 모든 최종생산물의 시장가치라고 정의하였다. 따라서 GDP 디플레이터는 한 나라 안에서 생산된 모든 최종생산물의 평균가격을 나타내는 포괄적인 물가지수이다.

3.2 물가의 측정

이상에서 살펴본 물가지수들을 작성하는 방법으로는 라스파이레스지수와 파셰지수가 있다. **라스파이레스지수**(Laspeyres index)는 기준연도의 거래량을 기준으로 하여 작성하고, **파셰지수**(Paasche index)는 비교연도 거래량을 기준으로 하여 작성한다.

기준연도를 0, 비교연도를 t, 기준연도의 i상품의 가격과 수량을 각각 p_{io}, q_{io}라 하고 비교연도의 i상품의 가격과 수량을 각각 p_{it}, q_{it}라 하자. 그러면 라스파이레스지수는 다음과 같은 식으로 표시된다.

$$\text{라스파이레스지수} = \frac{\sum_{i=1}^{n} p_{it} q_{io}}{\sum_{i=1}^{n} p_{io} q_{io}} \times 100 \qquad (8-15)$$

라스파이레스지수는 기준연도의 거래량이 기준연도와 비교연도의 시장에서 평가되는 것을 비교하여 물가의 변동을 포착하는 방법이다.

한편 파셰지수는 다음과 같은 식으로 표시된다.

$$\text{파셰지수} = \frac{\sum_{i=1}^{n} p_{it} q_{it}}{\sum_{i=1}^{n} p_{io} q_{it}} \times 100 \qquad (8-16)$$

이 식에서 알 수 있는 바와 같이 파셰지수는 비교연도의 거래량이 기준연도와 비교연도의 시장에서 평가되는 것을 비교하여 물가의 변동을 포착한다.

이상의 두 방법 중 어느 하나가 다른 하나보다 더 좋은 방법이라고 일률적으로 말할 수는 없다. 따라서 앞에서 설명한 생산자물가지수, 소비자물가지수 등은 두 방법 중 어느 것을 사용하여 작성해도 좋다. 우리나라에서는 라스파이레스지수를 사용하고 있다.

물가지수의 일종으로 사용되고 있는 GDP 디플레이터는 파셰지수이다. t년도 GDP 디플레이터는 t년도 명목 GDP를 t년도 실질 GDP로 나눈 것으로서

$$t\text{년도 GDP 디플레이터} = \frac{t\text{년도 명목 GDP}}{t\text{년도 실질 GDP}} \times 100 = \frac{\sum_{i=1}^{n} p_{it} q_{it}}{\sum_{i=1}^{n} p_{io} q_{it}} \times 100 \qquad (8-17)$$

으로 표시된다. 그런데 이 식은 식 (8-16)의 파셰지수와 일치한다.

물가지수는 물가수준을 측정하고 물가의 변동을 측정하는 데에 사용된다. 경제학에서는 으레 물가지수 또는 $\frac{\text{물가지수}}{100}$를 (일반)물가수준으로 해석한다. 예컨대

2015년을 기준연도로 할 때 2020년의 소비자물가지수는 105.4인데 이는 2015년도에 1,000원이던 상품이 2020년에는 평균적으로 1,054원이 되었다는 것이다. 이는 2020년에 기준연도인 2015년에 비하여 소비자물가가 5.4% 상승하였다는 것을 뜻하기도 한다.

식 (8－17)을 다시 쓰면

$$\text{실질 GDP} \times \frac{\text{GDP 디플레이터}}{100} = \text{명목 GDP} \qquad (8-17)'$$

가 된다. 실질 GDP와 GDP 디플레이터를 곱하고 100으로 나누면 명목 GDP인 것이다.

3.3 인플레이션

인플레이션(inflation)은 일반물가수준이 상승하는 현상을 말한다. 구체적으로 인플레이션은 물가지수가 증가하는 것으로 표시된다.

물가지수가 증가한다면 그 증가율에 따라 인플레이션이 얼마나 큰가 작은가를 알게 된다. 그러나 현실적으로 물가지수 변동만 가지고는 인플레이션의 크기를 정확하게 알기 어려운 경우가 많다. 그 이유로 몇 가지를 들 수 있다.

첫째, 인플레이션은 어느 물가지수를 사용하느냐에 따라 그 정도가 다르게 나타난다. 소비자물가지수 · 생산자물가지수 · GDP 디플레이터 등은 앞에서 본 것처럼 대상품목의 종류와 수 및 가중치를 달리하기 때문에 서로 다르게 나타난다. 대개 국민들의 복지와 관련해서는 소비자물가지수, 한 나라 총생산과 관련해서는 GDP 디플레이터를 사용한다. 일반적으로 소비자물가가 생산자물가보다 더 오르는 경향이 있다. 소비자물가는 복잡한 유통단계를 반영하고 나라 간에 거래가 되지 않는 서비스들을 중심으로 한 비교역재의 비중이 크기 때문이다. 교역재는 경쟁이 심한 국제시장에서 형성되는 가격으로부터 크게 벗어날 수 없지만 비교역재는 국제가격과 관계없이 변할 수 있다.

둘째, 물가가 올라 외관상으로는 인플레이션이 있더라도 물가가 상승한 이상으로 상품의 질이 향상되었다면 실제로는 물가가 하락한 것과 같다. 이와는 반대로 생산자들이 상품가격은 그대로 둔 채 상품의 무게나 질을 떨어뜨리는 경우에는 물가지수는 상승하지 않더라도 실제로는 인플레이션이 일어나고 있는 셈이다.

셋째, 이른바 지수물가와 체감물가의 괴리를 들 수 있다. 정부가 작성하는 지수물가와 소비자가 피부로 느끼는 체감물가는 일치하지 않는 것이 보통이다. 그 이유로는 여러 가지가 있지만 중요한 두 가지만 들면 다음과 같다.

① 토지와 주택의 가격이 물가지수 작성에서 제외된다는 사실이 지수물가와 체감물가의 차이를 크게 하는 중요한 이유가 되고 있다. 부동산 투기가 일어나 부동산 가격이 폭등하면 물가의 오름세 심리를 자극하지만 공식적인 물가지수에 포함되지 않는다. 토지와 주택의 가격 변동은 그 결과로 나타난 주택임대료(집세)의 변동에 의해서만 물가에 반영될 뿐이다. 자가주거비(자신이 소유하는 주택에 거주하는 데서 얻는 주거 서비스에 대한 비용)를 제대로 반영하지 못하는 한계도 있다.

② 정책당국이 물가 상승을 억제하기 위하여 가격통제를 실시하는 상황에서 일어나는 인플레이션을 억압형 인플레이션(repressed inflation)이라 한다. 억압형 인플레이션 하에서는 공식적인 지수물가는 별로 오르지 않지만, 상품의 무게와 질이 떨어지고 암시장이 생기는 등 체감물가는 크게 오른다.

인플레이션의 원인과 영향, 대책 등에 대해서는 제11장에서 다룬다.

4. 기타 주요 거시경제변수

Navigator @ Economics, ch. eight

현실 세계에서는 수많은 재화와 서비스가 각각의 시장에서 거래되고 여러 가지 생산요소와 자산도 각각의 시장에서 거래된다. 거시경제학은 개별 시장들의 차이를 무시하고 경제 전체적으로 큰 그림을 그려 분석한다. 수많은 재화와 서비스가 각각의 시장에서 거래되는 것을 포괄하여 하나의 큰 생산물시장이 있다고 상정한다. 이 생산물시장에서 거래되는 생산량이 앞에서 배운 실질 GDP이고 형성되는 가격이 GDP 디플레이터이다.

현실 세계에는 막일에서부터 창작예술까지 온갖 종류의 노동이 있다. 따라서 수많은 이질적인 노동시장이 있다. 거시경제학은 이런 이질성을 도외시하고 경제 전체적으로 하나의 큰 **노동시장**이 있다고 상정한다. 이 노동시장에서 거래되는 노동량이 총고용(량)이고 형성되는 임금이 경제 전체의 평균임금이다. 경제 전체의 평균임금 수준에서 일하고자 하는 사람이 총고용을 초과하면 그 차이만큼이 실업이다.

현실 세계에는 수많은 금융자산이 있지만 화폐와 채권(bond)이 가장 대표적인 자산이다. 화폐는 일상적인 교환의 매개수단으로 편리하게 쓸 수 있는 대신 이자가 붙지 않는다. 채권은 화폐처럼 일상거래에 편리하게 쓸 수 없는 대신 이자가 붙는다. 이자는 화폐 보유의 기회비용이다. 이자의 원금(principal)에 대한 비율을 **이자율** 혹은 **금리**(rate of interest)라 한다. 이자율은 화폐가 거래되는 **화폐시장**과 채권이 거래되는 **채권시장**을 균형시켜 주는 가격변수이다.

외환시장은 다른 나라의 돈들이 거래되는 시장이다. 이 시장에서 다른 나라 돈, 예컨대 미국 돈 1달러가 원화 몇 원과 거래되는가 하는 환율이 결정된다. 외환시장에서 거래되는 외환량(외화액)은 한 나라의 대외거래 규모 및 국제수지와 밀접한 관련을 갖는다.

거시경제학에서 총생산과 물가 다음으로 관심을 갖는 총고용, 실업, 국제수지, 임금, 금리, 환율 등 거시경제변수들은 고도로 집계된 큰 시장의 수량변수이거나 가격변수이다.

거시경제학에서 가격변수들을 표현하는 방법은 두 가지이다. 화폐액으로 표현하는 방법과 상품 수량이나 화폐의 상품구매력으로 표현하는 방법이다.

우리가 보통 말하는 이자율은 화폐 1원을 일정 기간 빌리는 대가로 지불하는 화폐액이다. 연 이자율이 0.1(=10%)이라면 100만원의 원금을 1년 동안 빌리는 대가로 지불하는 화폐액은 10만원이다. 빌리는 대가로 지불하는 화폐액의 원금에 대한 비율을 **명목이자율** 혹은 **명목금리**(nominal interest rate)라 한다.

100만원을 빌려준 사람이 1년 후에 얻은 10만원의 이자금액이 1년 전의 10만원의 가치를 그대로 유지하고 있을까? 그것은 1년 동안의 물가상승률에 달려 있다. 만약 1년 동안 물가가 4% 올랐다면 100만원의 돈 가치, 즉 물품을 구입할 수 있는 능력이 4%만큼 감소한다는 것을 의미한다. 이때 명목이자율 10%에서 물가상승률 4%를 뺀 6%를 **실질이자율**(real interest rate)이라고 한다.

$$\text{실질이자율} = \text{명목이자율} - \text{물가상승률} \tag{8-18}$$

실질이자율은 돈을 빌려주는 대가로 받은 이자의 상품구매력을 나타낸다. 위의 예에서 100만원을 빌려주고 받은 이자 10만원은 1년 전에 비해 6만원의 구매력이 늘어났다. 늘어난 구매력의 원금에 대한 비율이 실질이자율 혹은 **실질금리**이다.

노동자가 노동을 제공한 대가로 매기당 받는 화폐액을 **화폐임금** 혹은 **명목임금**(nominal wage), 단순히 **임금**이라 한다. 임금은 한 시간, 1주일, 한 달 등 기간을 밝혀야 뜻이 분명해지는 유량변수이다. 매기당 받는 화폐액이라는 것을 강조해서 **임금률**(wage rate)이라고 표현하기도 한다.

명목임금을 물가수준으로 나눈 것을 **실질임금**이라 한다. 실질임금은 명목임금으로 구입할 수 있는 상품 수량을 나타낸다.

$$\text{실질임금} = \frac{\text{명목임금}}{\text{물가수준}} = \text{명목임금으로 살 수 있는 상품 수량} \tag{8-19}$$

환율에 대해서도 명목환율과 실질환율로 구분할 수 있다. 미화 1달러에 1,100원이라고 표시하면 1,100원/달러가 명목환율이다. 이 명목환율에 상대물가를 곱한 것을 실질환율이라고 한다. 실질환율은 명목환율로 구입할 수 있는 상품 수량을 나타낸다.

$$\text{실질환율} = \text{명목환율} \times \frac{\text{미국 물가}}{\text{우리나라 물가}} \tag{8-20}$$

합리적인 경제주체들이 관심을 갖는 가격변수는 명목가격변수가 아니라 실질가격변수이다. 돈을 빌려주거나 빌리는 사람이 관심을 갖는 이자율은 명목이자율이 아니라 실질이자율이다. 노동자와 기업이 관심을 갖는 임금은 명목임금의 변동이 아니라 실질임금의 변동이다. 이에 대해서는 제12장에서 자세히 다룬다. 무역업자가 관심을 갖는 환율도 명목환율이 아니라 실질환율이다.

지금까지 배운 거시경제지표들 간에 어떤 관계가 있으며 경제정책이 거시경제변수들에 어떤 영향을 미치는가를 살펴보는 것이 거시경제학의 주요 과제이다.

5. 경기순환

Navigator @ Economics, ch. eight

5.1 경기순환이란?

시장경제는 18세기에 영국에서 산업혁명이 일어난 이후부터 비약적으로 성장하기 시작했다. 그러나 시장경제가 고르게 성장해 온 것은 아니다. 평균적인 경제활동 수준보다 훨씬 더 활기 있는 생산과 지출이 이루어져 경제가 호경기를 누리는 때가 있었는가 하면 평균수준보다 훨씬 밑도는 불경기를 경험하기도 하였다. 호경기가 상당 기간 진행되다 보면 어느덧 불경기로 돌아서고 불경기가 한참 진행되다 보면 경제가 회복되어 호경기로 돌아서곤 하였다. 이처럼

경제활동이 상당한 규칙성을 보이며 확장국면과 수축국면이 반복되어 나타나는 현상을 **경기순환** 또는 **경기변동**이라고 한다. 여기서 경기란 국민경제의 총체적인 활동수준을 말한다.

그림 8-3에 현실 경제에서 관찰되는 전형적인 경기순환이 그려져 있다. 경기순환이 없으면 경제는 정상적인 성장경로를 따라 성장할 것이다.[7] 정상적인 성장경로를 **성장추세선**(trend growth path)이라 한다.

경기순환과정에서 경기가 가장 나쁜 상태를 **저점** 혹은 **계곡**(trough), 가장 좋은 상태를 **정점** 혹은 **정상**(peak)이라 한다. 저점에서 정점까지를 **확장국면**(expansion), 정점에서 저점까지를 **수축국면**(contraction)이라 한다.[8] 저점에서 다음 저점까지의 기간을 경기순환의 **주기**(cycle)라 한다. 정점과 (성장추세선 상의) 저점의 격차를 **진폭**(amplitude)이라 한다.

때로는 확장국면을 회복기와 호황기(혹은 확장기), 수축국면을 후퇴기와 불황기

---

7) 경제는 경기순환에 따른 변동(순환적 변동)과 경제성장에 따른 변동(추세적 변동) 외에도 계절적 변동과 불규칙적 변동을 보이기도 한다. 계절적 변동은 봄 · 여름 · 가을 · 겨울의 계절적 특성에 따라 일어나는 변동이다. 불규칙적 변동은 위 세 가지 변동으로 설명하지 못하는 종잡을 수 없는 변동부분이다. **그림 8-3**은 계절적 변동과 불규칙적 변동을 빼고 그렸다.

8) 일반적으로 총체적 경제활동 성장률이 2분기 이상 추세성장률(성장추세선에 따른 성장률)을 상회하면 확장국면, 하회하면 수축국면으로 본다.

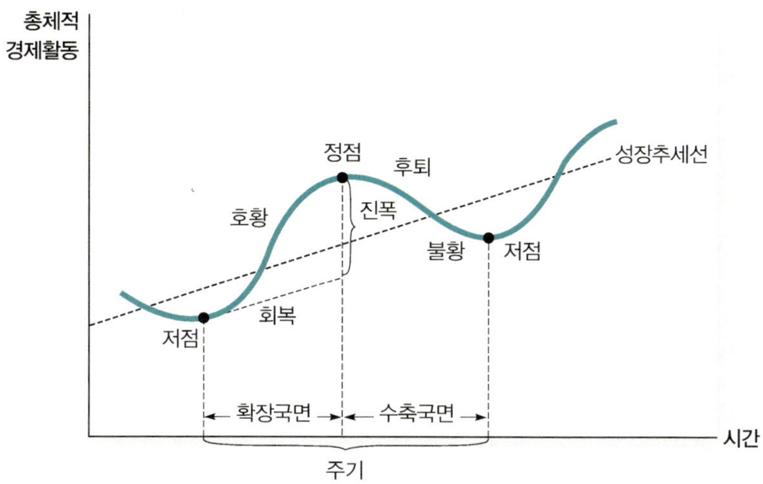

그림 8-3

경기순환
경제는 성장추세선을 중심으로 확장과 수축을 반복하면서 운행한다.

(혹은 수축기)로 더 나누어 경기순환의 4국면이라고 부르기도 한다. 회복기는 저점에서 성장추세선까지를 말하고, 호황기는 경기가 성장추세선을 넘어 정점까지 진행되는 상태를 말한다. 후퇴기는 정점에서부터 경기가 위축되기 시작하여 성장추세선까지 하강하는 국면을 말하고, 불황기는 성장추세선 이하로 경기가 계속 하강하는 상태를 말한다.

5.2 경기순환의 특징

경기순환의 특징으로는 크게 다음의 세 가지를 들 수 있다.

① 경기순환은 몇몇 특정 분야나 경제변수에만 일어나지 않고 많은 경제활동에서 거의 동시에 일어난다. 국민경제의 총체적인 활동수준을 흔히 실질 GDP와 (산업)생산활동으로 나타내지만 경기순환과정에서 많은 거시경제변수들이 실질 GDP와 같이 움직인다. 많은 경제변수들이 경기순환과정에서 예측 가능한 방향으로 같이 움직이는 경향을 **공행**(共行, comovement)이라 한다.

② 경기순환은 **지속적 · 비대칭적**이다. 경기가 일단 확장하기 시작하면 상당 기간 경기는 더 좋아지고 경기후퇴가 일단 시작되면 상당 기간 경기는 더 나빠진다는

점에서 경기순환은 지속적이다. 대개 확장국면이 수축국면보다 길게 나타난다는 점에서 비대칭적이다.

③ 경기순환은 반복적이되 非주기적이다. 경기확장이 어느 땐가는 수축으로 전환하고 수축이 언젠가는 확장으로 전환한다. 확장과 수축이 번갈아 가면서 되풀이되어 나타난다는 점에서 반복적이다. 그러나 경기순환의 주기와 진폭이 경기순환마다 다르다는 점에서 비주기적이다.

경기순환의 첫 번째 특징인 공행을 좀 더 자세히 살펴보자. 거시경제변수들의 순환적 행태는 방향과 시간의 두 가지 면에서 구분할 수 있다. 방향과 관련하여 생산활동과 같은 방향으로 움직이는 거시경제변수, 즉 확장국면에 증가하고 수축국면에 감소하는 경제변수를 경기순응변수(procyclical variable)라 한다. 생산, 출하, 개인처분가능소득, 소비, 투자, 수입, 고용, 기업이윤, 임금, 이자율, 물가, 주식가격 등이 경기순응변수이다. 생산활동과 반대방향으로 움직이는 거시경제변수를 경기역행변수(countercyclical variable)라 한다. 실업과 재고가 대표적인 경기역행변수이다.

시간과 관련하여 어떤 변수의 전환점(저점 또는 정점)이 생산활동의 전환점보다 빨리 나타나는가, 비슷하게 나타나는가, 나중에 나타나는가에 따라 그 변수를 경기선행변수, 경기동행변수, 경기후행변수라 한다. 우리나라의 경우 경기선행변수로는 종합주가지수, 경제심리지수, 기계류 출하, 장단기 금리차, 건설수주액 등을 사용하고 있다. 경기동행변수로는 생산, 내수출하, 소매판매액, 비농림어업 취업자 수 등이 있다. 경기후행변수로는 제품 재고, 취업자 수, 소비재 수입, 회사채수익률 등이 있다.

경기선행변수들을 조합하여 경기선행지수를 만들고 가까운 미래의 경기동향을 예측하는 데 활용한다. 경기동행변수들을 조합하여 경기동행지수를 만들고 현재의 경기상태를 나타내는 지표로 활용한다. 경기후행변수들을 조합하여 경기후행지수를 만들고 경기변동을 사후적으로 확인하는 데 활용한다. 통계청은 세 지수로 경기종합지수를 만들어 종합적인 경기지표로 활용하고 있다.

5.3 경기순환이 일어나는 원인과 진행과정

시장경제에는 으레 경기순환이 있다. 왜 그럴까? 성장추세선보다 경제를 더 좋게 (혹은 나쁘게) 이끌어 경기순환을 일으키는 요인들은 많다. 기술진보, 생산방식의 혁신, 노사관계의 변화, 연구 · 개발정책의 변화, 기업가의 동물적 직감 발동 등 생산물 공급에 영향을 미치는 요인들이 있다. 소비풍조의 변화, 해외경기의 변화, 재정지출과 통화공급의 변동 등 생산물 수요에 영향을 미치는 요인들도 있다. 한 나라 사회분위기의 변화와 같은 심리적 요인과 자원파동, 전쟁과 같은 세계경제에 영향을 미치는 요인도 있다. 이런 요인들이 단독으로 혹은 서로 합쳐져 경기순환을 일으킨다.

첫째, 공행현상이 일어나는 원인은 주요 거시경제변수들의 밀접한 상호의존관계 때문이다. 경기순환을 일으키는 요인이 작용하여 성장추세선 이상으로 경기가 좋아지면 맨 먼저 출하(기업이 시장에 제품을 내놓는 것)가 늘고 재고가 줄어든다. 이에 따라 생산이 늘어난다. 생산이 늘면 생산함수에서 알 수 있듯이 고용이 증가한다. 총생산 = 총소득 = 총지출에 따라 소득과 지출이 늘어난다. 생산과 소득이 늘기 때문에 기업투자와 가계소비가 늘어난다. 이에 따라 기업이윤이 늘고 주가가 상승한다. 지출이 늘기 때문에 물가가 오르고 생산이 늘기 때문에 요소수요가 늘어 임금, 금리, 임대료 등 요소가격이 상승한다.

둘째, 시차적인 파급효과와 투자에 따르는 건설기간 때문에 지속성이 나타난다. 경기가 좋아지면 경기동행변수들이 먼저 움직이고 나중에 경기후행변수들이 같은 방향으로 움직인다. 이런 시차적인 상호의존관계와 파급효과가 경기순환의 지속성을 낳는다. 공장, 주택, 사회간접자본 등을 건설하는 투자는 일단 시작하면 꽤 오랜 건설기간이 소요된다. 건설기간 동안에 투자가 계속된다. 이 때문에도 경기변동의 지속성이 나타난다. 확장국면이 수축국면보다 길게 나타나는 경기순환의 비대칭성은 주로 경제안정화정책의 비대칭성에 기인한다. 경기가 나쁘면 정부는 경제를 활성화하기 위해 여러 정책을 폭넓고 깊게 쓴다. 경기가 좋을 때 경제를 진정시키기 위해 쓰는 정책은 경제가 나빠질 때처럼 빠르지 않고 광범위하지도 않다.

셋째, 가격변수들의 작용으로 경기순환의 정점과 저점이 나타나고 경기순환이 반복된다. 경기가 좋아지면 물가가 오르고 임금, 금리, 임대료 등 요소가격이 올라간다. 요소가격이 계속 올라가면 기업의 채산성이 나빠져 생산과 고용이 줄어든다. 금리가 오르면 기업투자와 민간소비가 줄어든다. 물가상승도 민간소비를 감소시킨다. 이처럼 경기확장이 계속되면 물가와 요소가격변수들이 상승하여 자동적으로 확장을 무력화하는 힘이 갈수록 크게 작동한다. 결국 상승에서 하강으로 국면 전환이 일어난다. 대칭적인 논리로 하강국면은 결국 상승국면으로 전환한다. 국내외 경제

상황과 정부정책에 따라 주기와 진폭은 달라지게 마련이다.

5.4 우리나라의 경기순환

우리나라의 경기순환과정은 1950년대 말부터 한국은행이 분석하기 시작했는데 1970년대부터는 통계청이 공식적으로 편제하고 있다. 1970년대 이후 우리나라의 경기순환이 **표 8-3**에 나와 있다. 각 경기순환마다 주기가 다르고 확장국면이 대개 수축국면보다 긴 비대칭성을 보여주고 있다. 1970년대부터 40여 년간 열 차례의 경기순환을 경험하였는데 평균적으로 확장기간이 31개월, 수축기간이 18개월, 주기가 49개월이다.

2013년 3월에 시작된 제11순환은 2017년 9월에 정점을 찍은 것으로 잠정 추정했는데 2022년 6월 현재 정점과 저점을 공식적으로 확정하지 않았다. 많은 거시경제변수들이 경제상태에 대해 서로 엇갈리는 신호를 보내기 때문에 경기순환의 전환점(저점이나 정점)을 확정하는 것은 어렵고 많은 시간이 걸리는 일이다.

표 8-3

우리나라의 경기순환

	저점(연월)	정점(연월)	저점(연월)	지속기간(개월)		
				확장	수축	주기
제1순환	1972. 3	1974. 2	1975.6	23	16	39
제2순환	1975. 6	1979. 2	1980.9	44	19	63
제3순환	1980. 9	1984. 2	1985.9	41	19	60
제4순환	1985. 9	1988. 1	1989.7	28	18	46
제5순환	1989. 7	1992. 1	1993.1	30	12	42
제6순환	1993. 1	1996. 3	1998.8	38	29	67
제7순환	1998. 8	2000. 8	2001.7	24	11	35
제8순환	2001. 7	2002. 12	2005. 4	17	28	45
제9순환	2005. 4	2008. 1	2009. 2	33	13	46
제10순환	2009. 2	2011. 8	2013. 3	30	19	49
제11순환	2013. 3	2017. 9^{p}		54		
제1~10순환 평균				31	18	49

자료 : 통계청, 국가통계 포털 > 온라인 간행물 > 경기종합지수 > 부록. (단, p는 추정 월임)

경기순환현상이 시장의 실패의 증상인가, 아니면 계절의 운행과 같이 자연적인 시장경제의 흐름인가? 경기변동을 축소하기 위해 정부가 경제에 적극 개입해야 하는가, 아니면 정부의 실패를 낳기 쉬운 경제 개입은 지양해야 하는가? 현대 거시경제학은 크게 이원적인 이론체계로 구성되어 있는데 이는 주로 경기순환을 보는 상이한 두 시각에서 비롯된다. 이를 제10장과 제11장에서 다룬다.

요약 및 학습

01 경제는 외부의 간섭이 없이도 생산 → 소득 → 지출 → 생산의 계속적 · 자율적인 순환이 가능하다. 일정 기간에 총생산 = 총소득 = 총지출의 관계가 성립한다.

02 한 나라의 경제수준을 나타내는 지표로서 저량 개념의 국부와 유량 개념의 국내총생산 및 국민총소득이 있다. 국부는 자연이 준 토지와 사람이 만든 자본재로 구성된다. 국내총생산(GDP)은 '일정 기간 동안에 한 나라 안에서 생산된 모든 최종생산물의 시장가치'이다. 국민총소득(GNI)은 '일정 기간 동안에 한 나라 국민에 의하여 생산된 모든 최종생산물의 시장가치'이다. 국부가 크다고 해서 항상 생활수준이 높아지는 것은 아니다. 국부가 사람의 노동과 결합되어 생산과정에 활용됨으로써 GDP와 GNI가 커져야 생활수준이 높아진다.

03 GDP는 시장가치를 당해연도의 시장가격으로 평가하느냐, 기준연도의 시장가격으로 평가하느냐에 따라 명목GDP와 실질GDP로 구분된다. 명목GDP는 물가 변동분을 포함하지만 실질GDP는 물가 변동에 관계없이 생산량의 변동만을 나타낸다. 이는 GNI에 대하여도 마찬가지이다. 실질 GDP의 증가율로 한 나라의 경제성장률을 나타낸다.

04 잠재GDP 또는 완전고용GDP, 자연생산량은 원래 '한 나라에 존재하는 모든 생산자원을 정상적으로 고용할 경우 얻게 될 최대 GDP'로 정의되었는데 최근에는 '인플레이션을 가속시키지 않고 실현할 수 있는 최대 GDP'로 정의된다.

05 GDP는 생산물시장에서 생산물의 흐름과 생산물에 대한 지출 흐름을 포착하여 측정할 수도 있고, 생산요소시장에서 요소소득의 크기를 파악하여 측정할 수도 있다. 전자를 생산접근방법과 지출접근방법, 후자를 소득접근방법이라 한다. 생산접근방법과 지출접근방법, 소득접근방법에 의해 측정된 GDP는 같다. 이를 국민소득 삼면등가의 원칙이라 한다.

06 ① GDP = 민간소비지출 + 정부소비지출 + 국내총투자 + 재화와 서비스의 순수출
= 피용자보수 + 영업잉여 + 순생산세 및 수입세 + 고정자본소모

② GNI(국민총소득) = GDP + 국외순수취요소소득

③ GNDI(국민총처분가능소득) = GNI + 국외순수취경상이전 = 총소비 + 총저축

④ 국민순소득(NNI) = GNI − 고정자본소모 = 시장가격국민소득

⑤ 국민소득(NI) = NNI − 순생산세 및 수입세 = 피용자보수 + 영업잉여 = 요소비용국민소득

07 GDP와 GNI는 한 나라의 경제활동 수준을 나타내는 지표로 널리 이용되고 있다. 그러나 측정상의 여러 가지 문제 때문에 이 총생산 · 총소득의 지표들은 완전한 경제복지지표가 되지는 못한다. 이론적으로는 완전한 경제복지지표인 경제후생지표라는 개념이 있으나 객관적인 평가가 어렵다는 단점이 있다.

경제후생지표 = GDP + 가정주부 서비스의 가치 + 여가가치 − 환경오염비용

08 물가지수는 상품의 종류와 수량을 고정시켜 놓고, 기준연도의 물가수준을 100으로 하여 비교연도 물가의 상대적 변화를 수치로 나타낸 것이다. 물가지수에는 대상으로 하는 품목의 특징을 기준으로 생산자물가지수(PPI), 소비자물가지수(CPI), GDP 디플레이터 등이 있다. 물가지수 계산 방법에는 기준연도 거래량을 기준으로 작성하는 라스파이레스지수와 비교연도 거래량을 기준으로 작성하는 파셰지수의 두 가지가 있다. PPI와 CPI는 라스파이레스지수이고 GDP 디플레이터는 파셰지수이다.

09 인플레이션은 일반물가수준이 상승하는 현상을 말하며 물가지수가 증가하는 비율로 표시된다. 물가지수는 ① 그 종류에 따라 서로 다르며, ② 상품 질의 변동을 포함하지 못하고, ③ 지수물가와 체감물가에 괴리가 있는 등의 한계가 있다.

10 총생산과 물가 외에 주요 거시경제변수로는 한 나라의 노동시장과 관련된 총고용 · 실업과 임금, 금융시장과 관련된 통화량과 이자율, 외환시장과 관련된 국제수지와 환율 등이 있다.

11 경제활동이 상당한 규칙성을 보이며 확장국면과 수축국면이 반복되어 나타나는 현상을 경기순환 또는 경기변동이라 한다. 경기순환은 공행성, 지속성, 비대칭성, 반복성, 비주기성 등의 특징을 갖는다. 우리나라는 1970년대부터 2010년대 초까지 40여 년 동안 평균적으로 확장국면이 31개월, 수축국면이 18개월, 주기가 49개월인 경기순환을 10차례 겪어 왔다.

연습문제

01 한 사람이 자본가 · 노동자 · 지주 · 경영자를 모두 겸할 수 있음을 설명하라. 현실 경제에서 이러한 예를 들고 그 사람의 소득을 생산과정에서 수행한 역할별로 분해해 보라.

02 "한 나라의 총지출은 크게 소비, 투자, 정부지출의 세 부분으로 구성된다." 이 기술을 비판적으로 논하라.

03 (1) **표 8-2**와 관련, 한국은행 ECOS를 이용하여 2020년 GNI, GNDI, NNI, NI, 무역의존도, 노동소득분배율, 총소비율, 총저축률, GDP 대비 국부 비율 등을 구하라.

(2) 통계청은 1990년대부터 지역경제의 실태를 파악하기 위해 국내총생산을 15개 시 · 도로 분해한 지역내총생산(gross regional domestic product : GRDP)을 추계하고 있다. 시 · 도별 생산력을 알아보라.

04 (1) 정보통신기술의 눈부신 발전으로 정보통신산업의 비중이 갈수록 커지고 있다. 정보통신산업의 포괄범위와 국민경제에서 차지하는 위상을 알아보라.

(2) 최근에 많이 사용되는 '지식기반산업'은 어떤가?

(3) "인터넷은 공공재이고 사회간접자본이다." 이 기술을 논평하라.

05 최종생산물의 가치는 부가가치, 감가상각, 간접세액으로 분해됨을 소주를 예로 들어 설명하라.

06 다음 각 항이 GDP에 포함되는지의 여부를 밝혀라. 포함되면 어떤 항목으로 가장 쉽게 포착할 수 있는가를 밝히고, 포함되지 않으면 왜 포함되지 않는가 그 이유를 밝혀라.

① 정부가 국민기초생활보장 대상자에게 지원해 주는 생계보조비
② BTS의 라스베가스 공연 수입
③ 기업이 구입한 땅과 중고기계
④ 자동차에 부착된 타이어
⑤ 연중 생산되어 자동차 생산에 앞으로 쓰여질 타이어
⑥ 기업이 제공하는 경품
⑦ 차관이자 지불
⑧ 기업이 구입한 주택
⑨ 동아건설이 리비아에서 대수로 공사로 번 달러
⑩ 회계사가 기업의 회계감사로 받은 수임료

07 한 나라가 두 재화만 생산하고 그 생산량과 가격은 다음과 같다고 하자. 기준연도는 2015년이다.

	2015년 가격	2015년 생산량	2021년 가격	2021년 생산량
쌀	90,000원	1,000가마	95,000원	1,100가마
옷	3,000원	2,000벌	4,000원	3,000벌

(1) 2015년의 명목 GDP와 실질 GDP를 계산하라.

(2) 2021년의 명목 GDP와 실질 GDP를 계산하라.

(3) 2021년의 GDP 디플레이터를 구하라.

(4) 2021년의 라스파이레스지수를 구하라.

08 생산자물가지수, 소비자물가지수와 같은 일반 물가지수 외에 특수물가지수가 있다. 한국은행 『조사통계월보』에 나오는 수출입물가지수 · 국내공급물가지수 · 총산출물가지수 등의 특수물가지수들의 의미와 추이를 알아보라.

09 명목이자율, 명목임금, 명목환율이 올라도 실질이자율, 실질임금, 실질환율은 불변일 수 있는가? 언제 그렇게 되는가?

10 경기순환과정에서 자본재와 내구소비재의 생산이 비내구재의 생산보다 진폭이 훨씬 크다. 그 이유를 생각해 보라.

11 다음 각 기술이 맞는가 틀리는가를 밝히고 그 이유를 설명하라.

① 기준연도의 실질 GDP와 명목 GDP는 항상 같다.

② A국과 B국의 실물자산이 똑같으면 두 나라의 국부는 같다.

③ 재화와 서비스의 수입은 우리나라 GDP에 포함되지 않고 다른 나라 GDP에 포함된다.

④ 우리나라의 GNI는 대개 GDP보다 크다.

⑤ 지출 측면에서 GDP를 네 항목으로 나누면 민간소비가 가장 크다.

⑥ 성장경제에서는 국내총투자가 대체투자보다 크다.

⑦ 한 나라의 요소공급자가 받는 소득은 시장가격국내소득으로 측정된다.

⑧ 정보통신업은 사회간접자본에 속하는 것이 아니라 기타 서비스부문에 속한다.

⑨ GNI가 증가하면 1인당 GNI도 증가한다.

⑩ 경제학에서 총산출과 총생산은 다른 개념이며 한 나라의 총산출은 총생산보다 훨씬 크다.

⑪ 땅값이 올라 토지임대료가 오르면 이 임대료는 GDP 디플레이터와 CPI에 반영된다.

⑫ 물가가 상승하면 모든 상품의 가격이 정도의 차이는 있지만 상승한 것이다.

⑬ 최종생산물이 하나뿐이고 기준연도 가격을 1이라고 하면 t년도 실질 GDP는 t기 생산량이다.

⑭ 해외로 지급한 임금, 이자, 배당, 로열티 등은 우리나라 GDP에 포함되지만 GNI에는 포함되지 않는다.

⑮ 항상 인플레이션이 있는 경제에서 기준연도 이전의 실질GDP는 명목GDP보다 크다.

⑯ 명목GDP가 증가하면서 실질GDP가 감소할 수 있다.

⑰ 가계의 지출액을 평균소비성향으로 나누면 가계소득을 얻는다.

⑱ 우리나라 돈을 밤새도록 불에 태워도 우리나라 국부는 불변이다.

⑲ GDP에는 주택을 남에게 임대함으로써 발생하는 실제 임대료뿐 아니라 자기 집에 자기가 직접 살아도 그 집을 임대해 주면 벌 수 있었을 임대료(귀속임대료)까지 포함된다.

⑳ (실질)경제성장률은 실질GDP의 증가율로, 명목경제성장률은 명목GDP의 증가율로 나타낸다.

9 재정 · 통화금융과 그 정책

"이 세계에서 죽음과 세금 외에 확실한 것은 없다."

— 벤자민 프랭클린(Benjamin Franklin)

"돈은 삶이고 죽음이며 힘이다. 빵과 굶주림, 사랑과 증오, 용서와 원한, 건강과 죽음, 명성과 고독 등 돈은 행복과 불행을 함께 가져다준다."

— 클라우스 뮐러, 『돈은 어떻게 세계를 지배하는가』에서

"금융제도는 현재 재앙의 원흉처럼 되어 있지만 원래 성장의 주춧돌이다."

— 노벨 경제학상 수상자 로버트 쉴러(Robert Shiller)

[개요]

이 장에서는 단기에 경기순환의 진폭을 줄이고 경제를 안정시키기 위하여 정부가 사용하는 재정정책과 통화정책이 구체적으로 무엇인가를 다룬다. 먼저 재정정책수단인 정부지출과 조세를 다룬다. 이어 우리나라의 금융제도를 살펴보고 통화량과 이자율을 중앙은행이 조절하는 통화정책의 메커니즘에 대하여 다룬다.

주요 학습사항

◎ 재정의 범위는?

◎ 정부의 예산제약식과 재정정책의 관계는?

◎ 각종 통화지표 간의 관계는?

◎ 한국은행의 본원통화 공급 메커니즘은?

◎ 예금취급기관은 어떻게 신용창조를 하는가?

◎ 본원통화와 통화의 관계는?

◎ 통화정책의 수단과 운용목표는?

◎ 물가안정목표제란?

1. 재정과 재정정책

1.1 재정이란?

현실 국민경제에는 민간부문뿐만 아니라 정부부문도 존재한다.

정부는 기본적으로 국민의 생명과 재산을 지켜주는 국방 · 치안 · 소방 · 계약 위반에 대한 제재 등 '작은 정부'의 역할을 수행한다. 오늘날에는 정부가 이에 그치지 않고 시장의 실패를 보정하는 한편 경제발전과 국민 복지 향상에 주도적인 역할을 담당하는 등 폭넓은 기능을 수행하고 있다. 이러한 다양한 기능을 수행하기 위하여 정부는 필요한 돈을 마련하고 그 돈으로 여러 가지 지출을 하게 되는데 이와 같은 활동을 통틀어 재정 또는 나라살림이라 한다.

정부의 수입과 지출에 관련된 정부의 모든 경제활동을 **재정**이라 한다.

정부는 매년 예산을 편성하여 그 해의 수입(세입)과 지출(세출)에 관한 계획을 세운다. 회계연도 개시 전에 정상적인 절차에 따라 편성된 예산(budget)을 **본예산**이라 한다.

예산은 원칙적으로 한 회계연도의 모든 수입 · 지출을 망라하여 빠짐없이 계산하는 것이므로 한 해에 한 번의 본예산 편성으로 그쳐야 한다. 그러나 회계연도가 진행되는 도중에 국내외 경제정세의 변화나 천재지변과 같은 돌발사태 등으로 예산을 변경할 필요가 있을 경우에는 덧붙이거나 고치는 예산을 편성할 수 있다. 이런 예산을 **추가경정예산**이라 한다.

예산을 집행한 결과를 **결산**이라 한다. 결산은 예산에 준하지만 꼭 일치한다는 보장은 없다. 예산에는 올라 있지만 사업의 진척속도가 예상대로 이루어지지 않을 수 있고, 호황이나 불황에 따라 조세수입과 복지지출이 달라질 수 있기 때문이다.

가계와 기업의 소득은 생산활동에 참여하여 얻는 소득이 대종을 이루는 데 반하여 정부수입의 대종은 국민들로부터 징수한 세금이다. 재정은 국민의 세금과 직결되며 국민경제에 미치는 영향이 크기 때문에 예산의 확정과 결산에 엄격한 통제장치를 두고 있다. 즉, 예산은 정부에서 편성하여 국회의 심의와 의결을 거쳐야 확정된다. 각 정부부처에서 예산이 집행된 뒤에는 감사원의 감사를 받으며 결산을 국회에 보고해야 한다.

정부 수입과 지출의 차이를 재정수지라 한다. 정부수입이 정부지출보다 커서 재정수지가 양이면 재정(수지)흑자(budget surplus)라 한다. 반대로 세출이 세입보다 커서 재정수지가 음이면 재정(수지)적자(budget deficit)라 한다. 세입과 세출이 같으면 재정균형 혹은 균형재정이라 한다.

1.2 재정의 범위

우리나라에서 재정에 관한 통계는 나라살림을 꾸려가는 기관과 그 성격에 따라 중앙정부 · 지방정부 · 비금융공기업의 3개 부문으로 나누어 집계하고 있다.

중앙정부 재정에는 일반회계와 기타특별회계, 기금 등이 있다.

일반회계는 일반행정 · 국방 · 교육 · 경제개발 · 사회개발 등 일반적인 중앙정부 활동에 관련된 지출과 이를 충당하는 수입을 나타내는 회계이다. 우리나라 대중매체에서 일반예산이라고 말할 때는 중앙정부의 일반회계를 지칭한다.

특별회계는 ① 나라가 특정한 목적의 사업을 운영할 때, ② 특정한 자금을 보유하여 운영할 때, ③ 기타 특정한 수입을 특정한 지출에 충당함으로써 일반회계와 달리하여 나타낼 필요가 있을 때 운영하는 회계이다. 특별회계는 크게 기업특별회계와 기타특별회계로 나누어진다. 기업특별회계는 정부의 소유 또는 관리 하에 대규모로 민간에 재화와 서비스를 공급하는 기업의 기능을 가진 양곡관리 · 조달 · 책임운영기관 · 우편사업 · 우체국예금 특별회계의 5개 특별회계를 말한다. 기타특별회계는 5개 기업특별회계 외에 국가 균형발전, 환경 개선, 농어촌 구조개선과 같은 특별한 정부기능의 수행을 목적으로 하는 특별회계이다. 이 중 기타특별회계만 중앙정부 재정에 포함되고 기업특별회계는 비금융공기업에 포함된다.

일반회계와 특별회계 외에도 정부가 사업운용상 필요한 경우 설치하여 예산과는 별도로 운용하는 것이 기금이다. 기금의 재원은 일반회계로부터의 지원, 한국은행 차입, 국채 발행 등에 의해 조달한다. 예산은 매년 계획을 세워 국회의 심의를 받아 의결된 다음에야 집행할 수 있다. 반면에 기금은 이런 까다로운 과정을 거치지 않고 융통성 있게 운용된다.

지방정부 재정에는 지방자치단체의 일반회계와 기타특별회계, 교육비특별회계, 기금이 포함된다. 초중고 교육을 지원하는 교육비특별회계가 지방정부 재정에 들어가 있다. 비금융공기업재정은 앞에서 나온 5개 기업특별회계를 말한다.

중앙정부에 지방정부를 합하여 **일반정부**라 한다. 일반정부에 비금융공기업을 합하여 **비금융공공부문**이라 한다. 우리나라에서 공공부문(public sector)은 주로 이 비금융공공부문을 뜻한다. 정부부문이라 말할 때는 일반정부를 뜻한다.

이상에서 설명한 재정의 범위를 **표 9-1**에 표시하였다.

표 9-1

우리나라 재정의 범위

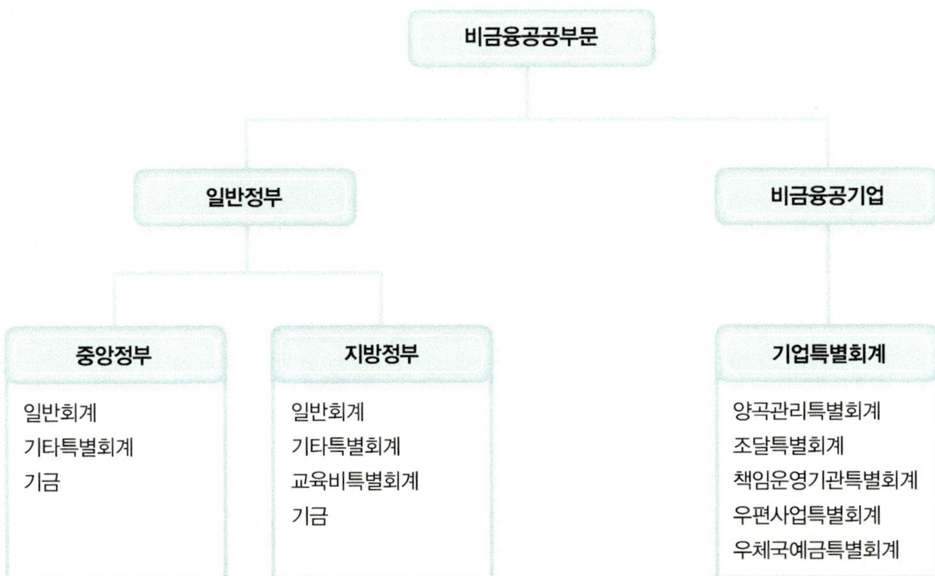

1.3 정부의 수입

정부의 수입은 크게 조세수입, 세외수입, 자본수입으로 나누어진다. 조세수입은 국민으로부터 세금으로 징수한 것이다. 세외수입은 조세 이외의 수입으로서 수수료 · 입장료 · 벌과금 등으로 얻는 수입이다. 조세수입과 세외수입을 합하여 **경상수입**(經常收入)이라 한다. **자본수입**은 정부가 소유한 토지 · 건물 · 공기업 등을 팔아 생기는 수입이다. 정부의 수입 중 조세수입이 절대적으로 큰 비중을 차지하여 중앙정부의 경우 80%를 상회하고 있다.

조세는 과세 대상이 무엇이냐에 따라 크게 소득과세, 재산과세, 소비과세, 관세 등으로 분류할 수 있다.

소득과세는 (개인)소득세, 법인세와 같이 개인의 소득이나 기업의 이윤에 부과되는 세금이다. **재산과세**는 상속세, 증여세, 재산세, 종합부동산세와 같이 재산의 보유와 이전에 대하여 부과하는 세금이다. **소비과세**는 부가가치세, 특별소비세, 주세와 같이 재화와 서비스의 매매 · 소비에 대하여 부과하는 세금이다. **관세**는 수입품에 부과되는 세금이다. 우리나라 조세 수입에서 가장 큰 비중을 차지하고 있는 조세는 소비과세이고 그 다음이 소득과세이다.

한 해 조세수입의 명목 GDP에 대한 비율을 **조세부담률**이라고 한다. 조세부담률은 한 나라 국민의 세금부담 정도를 나타내는 지표이다. 세금과 사회보장기여금(4대 공적 연금인 국민연금, 공무원연금, 군인연금, 사학연금과 고용보험, 산재보상보험, 건강보험의 기여금)의 총액이 명목 GDP에서 차지하는 비율을 **국민부담률**이라 한다. 최근 우리나라의 조세부담률은 20% 내외, 국민부담률은 28% 내외이다. OECD 국가들의 평균 조세부담률은 25% 내외, 국민부담률은 34% 내외이다.

직접세와 간접세

세금이 부과되는 경제주체와 세금을 실제로 납부하는 경제주체가 같은 세금을 **직접세**라 한다. 소득과세와 재산과세 등이 직접세의 예이다.

읽을/생각할 거리 9-1

우리나라의 조세체계

2021년 현재 우리나라 세금은 모두 25개가 있다. 그중 중앙정부가 거두는 국세가 14개, 지방정부가 거두는 지방세가 11개이다.

국세는 13개의 내국세와 1개의 관세로 구성된다. 13개의 내국세는 다시 5개의 직접세, 5개의 간접세, 그리고 특정 목적(교통 · 에너지 · 환경, 교육, 농어촌 발전)을 위해 용도가 정해진 3개의 목적세로 나누어진다.

지방세는 6개의 도세와 5개의 시 · 군세로 나누어진다.

국세와 지방세가 전체 조세액에서 차지하는 비중은 대략 75 : 25 내외 수준으로 국세 규모가 월등히 크다.

우리나라에서 단일 세금으로 가장 비중이 큰 세금은 소득세이고, 그 다음이 부가가치세와 법인세이다. 이 세 세금이 전체 국세 총 세수의 75%가량을 차지한다. 2022년 현재 조세체계를 보면 아래 표와 같다.

- **조 세** (25개)
  - **국 세** (14개)
    - 내국세
      - 직접세
        - 소득세
        - 법인세
        - 상속세
        - 증여세
        - 종합부동산세
      - 간접세
        - 부가가치세
        - 개별소비세
        - 주 세
        - 인지세
        - 증권거래세
      - 목적세
        - 교통 · 에너지 · 환경세
        - 교육세
        - 농어촌특별세
    - 관 세
  - **지방세** (11개)
    - 도 세
      - 보통세
        - 취득세
        - 등록 · 면허세
        - 레저세
        - 지방소비세
      - 목적세
        - 지방교육세
        - 지역자원시설세
    - 시 · 군세 — 보통세
      - 주민세
      - 재산세
      - 지방소득세
      - 자동차세
      - 담배소비세

자료 : 기획재정부, 『조세개요』, 2020, 조세재정연구원, 조세 · 재정 · 공공기관 정보 > 조세제도 > 세목별 조세제도.

세금이 부과되는 경제주체와 실제로 세금을 납부하는 경제주체가 다른 세금을 간접세라 한다. 소비과세가 간접세의 대표적인 예이다. 소비자가 시장에서 맥주를 살 때 구입 가격에는 주세가 포함되어 있다. 이 주세는 판매상이 국가에 납부한다.

직접세는 세금의 전가가 어렵고 후술하는 누진세로 부과할 수가 있다. 따라서 납세능력이 높은 사람에게는 많이 과세하고 납세능력이 없는 사람에게는 감면해 주는 등 과세의 형평을 기하여 소득재분배기능을 발휘할 수 있다. 간접세는 소비자에게 조세의 전가가 쉽고 세율도 일률적이게 마련이어서 저소득층의 조세부담이 상대적으로 커지고 과세의 공평성이 깨진다.

세율

조세는 세율을 기준으로 정액세 · 비례세 · 누진세 · 역진세로 분류된다. 정액세(lump-sum tax)는 소득이나 자산의 크기와 관계없이 일정한 금액을 부담하는 세금이다. 주민세가 대표적인 예인데 인두세(人頭稅)라고도 한다. 비례세(proportional tax)는 일정한 세율이 적용되는 세금이다. 누진세(progressive tax)는 소득이나 자산이 많을수록 높은 세율이 적용되는 세금이다. 대부분의 소득세와 자산세는 누진세이다.

역진세(regressive tax)는 과세대상의 가격이나 수량이 클수록 낮은 세율이 적용되는 세금이다. 현실적으로 역진세는 없다. 그러나 생활필수품에 소비세를 부과하면 실질적으로는 역진세가 된다. 예컨대 쌀 한 가마에 10,000원의 소비세를 부과한다고 하자. 월소득이 100만원인 빈민가구나 400만원인 중산층가구나 1,000만원인 고소득층가구가 다 같이 한 달에 한 가마의 쌀을 소비한다면 서민가구에 적용되는 실질적인 세율은 1%, 중산층가구는 0.25%, 고소득층가구는 0.1%가 된다. 간접세에는 정도의 차이는 있지만 이러한 역진적인 면이 있기 때문에 앞에서 과세의 형평이 깨진다고 말한 것이다.

조세정책과 국민경제

정부는 수입의 대종을 이루는 조세를 이용하여 국민경제에 여러 가지로 바람직한 영향을 미치고자 한다. 예를 들면 소득이 적은 사람에게는 세금을 면제해 주거나 세율을 낮게 매겨서 세금 부담을 줄여 주고, 소득이 많은 사람에게는 높은 세율을 적용하여 보다 많은 세금을 내게 하는 누진세제를 채택함으로써 소득의 격차를 줄여 나갈 수 있다. 특정한 산업을 지원하고 육성할 필요가 있을 때에는 그 산업이 부담하는 세금을 감면해 주거나 그 산업에 보조금을 줌으로써 투자를 촉진하기도 한다. 또 사치품과 같이 소비를 억제할 필요가 있는 물품에는 세금을 무겁게 부과하는 한편 생활필수품에 대하여는 세금 부담을 가볍게 하여, 서민생활을 보호하고 국민들의 소비를 건전한 방향으로 유도할 수도 있다.

시중에 돈이 많이 풀리고 경기가 과열되어 있을 때에는 세율을 올려 세금을 많이 거두어들임으로써 경제가 안정될 수 있도록 한다. 경기가 침체되어 실업자가 늘어나고 기업의 생산시설이 제대로 가동되지 못할 경우에는 세금을 적게 거두어들임으로써 가계나 기업이 더 많은 돈을 소비와 투자에 쓰게 하여 경기 회복을 꾀한다. 이런 조세정책을 펴는 과정에서 바람직한 조세원칙이 지켜져야 한다.

일찍이 경제학의 아버지 애덤 스미스는 바람직한 조세원칙으로

① 개인의 능력과 국가로부터 받는 이익에 비례하여 내는 조세부담의 공평성,

② 징수비와 경제적 비효율을 극소화하는 경제성,

③ 조세체계가 명확하고 징수과정이 법규에 따라 확실하게 집행되는 확실성,

④ 납세자의 편의를 최대한 보장하는 편리성

의 네 가지를 제시하였다.

1.4 정부의 지출

정부의 지출을 경제적 성격에 따라 분류하면 경상지출, 자본지출, 순융자로 나눌 수 있다. **경상지출**은 공무원 봉급 지급과 사무용품 구입 등을 포함한 정부소비지출, 정부가 차입한 채무에 대한 이자지급 및 실업수당과 같은 이전지출 등으로 구성된다. 경상지출 중에서 정부소비지출만 국내총생산에 들어간다는 것은 앞 장에서 설명하였다.

자본지출은 정부가 토지와 각종 자본재 등을 취득하는 데 따른 지출이다. 공기업이 기계설비 · 차량 · 건축물 등 각종 자본재를 취득하기 위해 하는 자본지출은 정부투자지출이 된다. **순융자**는 정부가 각종 기관에 빌려준 융자금에서 회수금을 뺀 것이다. 중앙정부 재정에서 경상지출이 세출의 2/3 이상을 차지하고 있다.

정부지출을 기능적 성격에 따라 분류하면 일반행정비, 국방비, 교육비, 사회개발비, 경제개발비 등의 항목으로 나누어진다.

정부는 국민을 각종 범죄와 화재로부터 보호하여 편안한 생활을 할 수 있도록 경찰서, 소방서 등을 설치 · 운영하고, 공무원을 고용하여 행정업무를 처리한다. 이와 같이 정부의 기본적인 행정활동과 관련한 지출을 **일반행정비**라고 한다. 국방비는 국민의 생명과 재산을 보호하기 위해 국군을 유지하고 방위산업을 육성하는 등의 일

에 지출되는 경비이다. 교육비는 각급 학교의 설립, 운영, 지원 등 정부의 교육행정에 지출되는 경비이다. 사회개발비는 사회보장제도를 운영하기 위한 지출과 환경오염 방지, 공공주택 및 지역사회 개발을 위한 지출 등을 포괄한다.

한편 정부는 도로와 항만, 공항과 같은 사회간접자본을 건설하고 자원을 개발하며 경제발전에 필요한 산업을 지원 · 육성하고 있는데 이러한 각종 투자지출을 경제개발비라 한다. 이 외에도 정부는 나라 전체의 균형적인 발전을 꾀하기 위해 살림이 넉넉하지 못한 시 · 도 등 지방자치단체에 교부금을 지원하고 있다.

1.5 재정정책

정부지출에서 가장 큰 비중을 차지하고 생산 · 고용 · 소득에 직접 영향을 미치는 것은 정부소비지출과 정부투자지출이다. 정부소비지출과 정부투자지출을 합쳐 정부지출이라 부르기로 하자. 정부수입에서 가장 큰 비중을 차지하고 생산 · 고용 · 소득에 직접 영향을 미치는 것은 조세수입이다. 거시경제학에서는 재정 중에 이 정부지출과 조세에 주목한다.

재정정책(fiscal policy)은 정부지출과 조세수입을 변경시켜 국민경제의 안정적 성장과 복지 증대를 도모하는 정책을 말한다.

재정정책의 최종목표는 물가안정, 완전고용, 국제수지 균형, 경제성장, 국민 복지의 증대 등이다. 이는 국민경제의 안정적 성장과 복지 증대로 요약할 수 있다.

국민경제의 안정적 성장과 복지 증대를 도모하기 위해서는 장기에 나라 전체의 생산능력과 지출능력을 지속적으로 증가시키는 정책이 필요하다. 나라의 생산능력의 증가는 제14장에서 경제성장으로 다룬다. 단기에는 경제의 생산능력이 크게 변하지 않기 때문에 주어져 있다고 가정한다. 그런데 단기에는 경기가 지나치게 확장국면에 있어 지출이 생산능력을 초과하거나 지나치게 수축국면에 있어 지출이 생산능력을 너무 밑도는 경우가 종종 있다. 이런 경우 재정정책은 지출을 생산능력에 맞게 조절하여 경제가 안정적으로 성장하게 할 수 있다.

경제의 생산능력에 맞추어 지출을 조절하는 정책을 **총수요관리정책**(aggregate demand management policy) 혹은 **안정화정책**(stabilization policy)이라 한다.

단기에 재정정책은 총수요관리정책의 기능을 수행할 수 있다.

정부가 지출을 할 때 수입 범위 내에서만 지출을 해야 하는 것은 아니다. 필요하면 수입을 초과하여 재정적자를 내면서 지출을 할 수 있다. 이를 보여주는 것이 **정부의 예산제약식**(government budget constraint)이다. 정부의 예산제약식은

$$\text{정부지출} - \text{정부수입} = \text{통화공급 증가} + \text{국채 발행 증가} + \text{해외차입 증가} \tag{9-1}$$

로 표시된다.

재정적자를 보전하기 위해서는 적자액만큼 돈을 더 찍어내거나 국채를 발행하여 빚을 얻거나 해외에서 빌려와야 한다는 것을 식은 보여준다. 재정적자를 해외차입으로 메우는 것은 정상이 아니다. 따라서 통상적으로 재정적자는 통화공급이나 국채 발행의 증가로 보전되어야 한다. 그런데 거시경제학에서 말하는 재정정책은 통화공급의 변화를 초래하지 않는 정부지출이나 조세의 변경을 뜻한다. 재정적자를 통화공급이 아닌 국채 발행으로 보전하는 것이 재정정책이다. 통화공급으로 보전한다면 재정정책과 제3절에서 배우게 되는 통화정책이 혼합된 것이다. 정부지출을 증가시킬 때 그 재원을 조세수입 증대나 국채 발행 증가로 마련하는 것이 재정정책이다. 정부가 세금이나 국채 발행으로 시중의 돈을 흡수하여 이를 지출로 다시 풀기 때문에 재정정책은 통화공급의 변동을 수반하지 않는다.

경기가 과열되었을 때는 정부지출을 줄이고 세금을 더 많이 거두어들여 재정흑자를 냄으로써 경기를 진정시킬 수 있다. 기업의 생산활동이 위축되고 실업자가 늘어나는 등 경기가 침체상태에 있을 때에는 정부지출을 늘리고 세금을 적게 거두어들여 재정적자를 냄으로써 경기 회복을 도모한다. 정부지출을 늘리면 생산물에 대한 지출이 바로 늘어난다. 세금을 적게 거두면 가계의 소비와 기업의 투자를 촉진시킨다. 이것이 안정화정책으로서의 재정정책이다.

2. 화폐와 금융기관

2.1 화폐란?

현대경제는 모든 거래에 화폐(돈 : money)가 직접 · 간접으로 개입하는 화폐경제이다. 화폐가 없으면 오늘날과 같이 사회가 고도로 분화될 수 없다. 화폐란 무엇인가, 화폐의 본질을 어떻게 규정하고 어디까지를 화폐로 보느냐 하는 문제는 경제학에서 통일된 정설이 없다. 화폐의 기능에 주목하여 "화폐는 화폐가 하는 일 그 자체이다" (Money is what money does.)라고 흔히 말한다.

화폐는 크게 다음과 같은 세 가지 기능을 수행한다.

첫째, 화폐는 일반적인 교환의 매개수단(general medium of exchange)이다. 온갖 상품의 매매에 화폐가 지불수단으로 사용되는 것이다. 화폐가 없었던 원시사회에서의 교환은 상품과 상품을 맞바꾸는 물물교환(barter)이었다. 물물교환이 지니는 어려운 문제는 교환에 참여하는 '쌍방의 욕구가 동시에 일치' 해야 한다는 것이다. 예컨대 쌀을 가지고 옷을 원하는 사람은 옷을 가지고 쌀을 원하는 사람과 만나야만 한다. 이렇게 서로 원하는 것들을 가진 사람끼리 만나기란 쉬운 일이 아니다.

물물교환의 불편은 화폐라는 일반적인 교환의 매개수단을 사용함으로써 해소된다. 가령 쌀을 가지고 옷을 원하는 갑과 옷을 가지고 구두를 원하는 을이 있다고 하자. 갑은 쌀을 원하는 사람에게 쌀을 팔고 화폐를 받은 다음, 이 화폐를 주고 을로부터 원하는 옷을 살 수 있다. 을도 갑으로부터 받은 화폐를 가지고 구두를 가진 다른 사람으로부터 구두를 구입할 수 있다. 이와 같이 화폐라는 매개수단을 사용하면 거래 쌍방의 욕구가 동시에 일치하지 않아도 교환이 쉽게 이루어진다.

화폐가 교환의 매개수단으로서의 기능을 수행하는 것은 어느 상품이거나, 어느 때나, 어디서나, 누구에게나 마찬가지이다. 따라서 화폐는 '일반적인' 교환의 매개수단으로서의 역할을 하는 것이다. 때문에 화폐를 일반적인 구매력이라고도 표현한다.

가치의 손실 없이 원하는 다른 상품으로 쉽게 바꿀 수 있는 속성을 유동성(liquidity)이라 한다. 화폐는 일반적인 교환의 매개수단이기 때문에 모든 자산 중에서 유동성이 가장 높다. 이 때문에 화폐를 유동성이라 부르기도 한다. 유동성을 흔히 '가치의 손실 없이 화폐로 쉽게 바꿀 수 있는 환금성(換金性)'으로 정의한다.

둘째, 화폐는 **회계의 단위**(unit of account) 혹은 **가치의 척도**이다. 화폐가 사용되는 교환경제에서는 상품들의 가치가 모두 화폐 단위로 표시되기 때문에 사람들은 특별한 노력을 기울이지 않더라도 여러 상품들의 가치를 쉽게 비교할 수 있다. 예컨대 X라는 상품의 가격이 1,000원이고 Y라는 상품의 가격이 2,000원이라면 사람들은 Y가 X보다 두 배 더 큰 가치가 있다는 것을 안다. 이와 같이 화폐는 여러 상품들의 가치를 측정 · 비교할 수 있는 통일된 기준이 되기 때문에 오늘날 모든 상품거래가 화폐로 결제된다.

셋째, 화폐는 **가치의 저장수단**(means of store of value)이다. 화폐는 그 자체가 일반적인 구매력이므로 화폐를 가지고 있으면 언제, 어디서나 필요로 하는 상품과 교환된다는 기대를 사람들이 갖는다. 따라서 화폐는 가치의 저장수단이 된다.

물론 화폐만이 가치의 저장수단은 아니다. 국채 · 회사채 · 주식 등의 금융자산이나 땅 · 집 · 귀금속 등의 실물자산도 가치의 저장수단이다. 게다가 이들 자산은 이자 · 배당 · 임대료 등의 형태로 수익을 가져오는 **수익성 자산**이다. 반면에 화폐, 특히 현금은 가지고 있어도 아무런 수익이 생기지 않는 **무수익성 자산**이다. 그러나 화폐는 다른 자산들에 비해 저장 · 보관을 위한 비용이 적게 들고 그 명목가치는 불변이며, 유동성이 높다는 점에서 또 다른 가치저장수단이 된다.

세 가지 기능 가운데 일반적인 교환의 매개수단과 가치의 척도로서의 기능이 화폐의 본원적인 기능이라고 할 수 있다. 이 두 가지 기능이 없으면 화폐라 할 수 없다. 국채와 부동산을 화폐라고 할 수 없는 이유도 이 두 가지 기능을 가지고 있지 못하기 때문이다. 가치저장수단으로서의 화폐의 기능은 본원적인 기능으로부터 파생된 부차적인 기능이다. 화폐의 본원적인 기능을 중시하여 화폐를 다음과 같이 정의해 볼 수 있다.

> 화폐란 상품을 매매하고 채권 · 채무관계를 청산하는 일상거래에서 **일반적으로 통용되는 지불수단**(generally acceptable means of payments)을 말한다.

화폐에 특정한 형태가 있는 것이 아니라 어떤 것이든 그것이 일반적인 지불수단으로 통용되면 화폐인 것이다.

읽을/생각할 거리 9-2

포로수용소의 화폐 : 담배

제2차 세계대전 당시 나치(Nazi)의 포로수용소에서는 담배가 화폐로 통용되었다. 국제적십자사가 획일적으로 제공하는 음식물, 옷, 담배 등을 그대로 소비하는 것은 개개인의 선호가 똑같지 않는 한 비효율적인 자원배분이다. 어떤 죄수는 초콜릿을 선호하고, 다른 죄수는 치즈를 더 바라고, 또 다른 죄수는 새 셔츠를 더 원하기 때문에 죄수들 사이에 자연스럽게 교환이 이루어졌다.

처음에는 물물교환이 일어났다. 그러나 머지않아 물물교환은 쌍방의 욕구가 동시에 일치해야 이루어지기 때문에 불편한 것으로 드러났다. 포로수용소와 같은 극도의 폐쇄경제에서도 거래를 조장할 수 있는 어떤 형태의 화폐가 필요했다.

결국 담배가 화폐로 통용되었다. 담배를 매개로 가격이 매겨지고 교환이 이루어진 것이다. 예를 들어 셔츠 한 벌은 담배 80개비로 가격이 매겨졌다. 재화뿐만 아니라 서비스도 담배로 가격이 설정되었다. 당시 일부 죄수들은 옷 한 벌을 세탁해 주고 담배 2개비를 받았다. 담배를 피우지 않는 죄수들도 필요한 물건을 사기 위해 교환과정에서 담배를 받아 두었다. 포로수용소에서는 담배가 회계의 단위, 교환의 매개수단, 그리고 가치의 저장수단으로 기능한 것이다.

담배가 화폐로 쓰인 예는 최근에도 찾을 수 있다. 1980년대 후반 와해 직전의 구소련에서도 지하경제에서 말보로(Marlboro) 담배는 공식화폐인 루블(ruble)화보다 더 선호되는 화폐였다.

2.2 화폐의 종류

화폐의 본원적인 기능만 수행하면 그것이 어떤 것이든 화폐라는 관점에서 볼 때 인류 역사상 화폐로 쓰였던 물건들은 수없이 많았다. 돌 · 말똥 같은 자연물에서부터 소 · 돼지 · 말 · 양 같은 가축, 쌀 · 옥수수 · 차 · 담배(혹은 담배 잎) 같은 농산물, 금 · 은 · 동 · 철 같은 금속, 항아리 · 도자기 같은 생활도구, 소금, 가죽, 종이, 심지어는 노예에 이르기까지 시대와 사회에 따라 화폐의 종류는 실로 다종다양했다. 이처럼 다종다양한 형태의 화폐 중 지배적으로 화폐의 기능을 수행한 것들에 주목해 보면 화폐는 역사상

물품화폐 → 금속화폐 → 지폐 → 예금화폐 → 전자지급수단

의 형태로 발달하여 왔다.

물품화폐(commodity money)는 **상품화폐**라고도 하는데 물물교환의 불편을 없

애기 위해 화폐로 쓰기로 한 물품을 말한다. 물품화폐는 위에서 든 대다수의 물품들로서 가장 일찍 발달한 화폐형태이다. 물품화폐를 통한 교환은 물물교환에 비해 크게 발달한 것이지만 휴대 · 저장 · 분할 · 동질성 면에서 불편하다. 여러 가지 물건 중 내구성이 강하고 동질적이며 분할과 휴대의 편리성을 비교적 고루 갖춘 금속, 특히 금과 은 같은 귀금속이 화폐로 선택되었는데 이것이 금속화폐(metallic money)이다.

귀금속을 화폐로 사용하기 시작한 초기에는 교환할 때마다 일일이 무게로 달아 사용하였기 때문에 이때의 금속화폐를 칭량화폐(稱量貨幣)라고 한다. 칭량화폐는 칭량의 번거로움이 있고 또 사용할 때마다 진짜와 가짜를 구분해야 하는 수고가 뒤따랐다. 이러한 불편을 덜기 위하여 일정한 양의 금속을 소재로 하여 일정한 모양으로 돈을 찍어내게 되었는데 이것이 주조화폐이다. 금화와 은화가 대표적인 주조화폐이다. 주조화폐는 거액거래를 할 때 무게가 무거워 휴대 · 운반이 불편하였다. 이러한 불편 때문에 금속화폐 대신에 정부가 중앙은행으로 하여금 종이돈을 찍어내게 하였는데 이것이 지폐(paper money)이다.

물품화폐와 금속화폐의 특징은 상품으로서의 가치(소재가치)와 화폐로서의 가치(명목가치)가 같다는 것이다. 이에 반해 오늘날 사용되는 지폐는 소재가치와 명목가치가 다르다. 지폐의 소재가치는 종잇값과 인쇄비용 정도인데 명목가치는 소재가치의 수백 배 혹은 수천 배가 된다. 따라서 지폐를 찍어냄으로써 얻는 이익이 엄청나다. 오늘날 세계 모든 나라에서 중앙은행이 지폐발권업무를 독점하면서 화폐를 찍어냄으로써 얻는 이익, 즉 주조이익(seigniorage)도 독점하고 있다. 중앙은행이 지폐를 독점적으로 찍어내는 화폐제도를 중앙은행제도라 한다.

소재가치가 큰 화폐와 작은 화폐가 똑같은 명목가치의 화폐로 동시에 통용될 때 소재가치가 큰 화폐가 유통과정에서 사라지고 소재가치가 작은 화폐만 통용된다. 이를 "악화가 양화를 구축한다"(Bad money drives out good.)라고 하며, 그레셤의 법칙(Gresham's law)이라고 부른다. 지폐가 출현하자 그레셤의 법칙이 작용하여 주조화폐는 화폐계에서 거의 자취를 감추었다. 소액의 거래에 사용되는 동전이 주조화폐의 명맥을 겨우 잇고 있을 뿐이다. 지폐가 소재가치보다 엄청나게 높은 명목가치로 통용되는 것은 지폐를 일반적인 지불수단으로 사용하도록 국가가 법으로 강제하기 때문이다. 이처럼 법으로 강제통용력을 부여받아 통용되는 화폐를 법화(legal tender)라 한다. 우리가 사용하는 지폐인 한국은행권은 법화로서 우리나라 영토 안에서는 어떤 거래에서든지 지불수단으로 이용할 수 있다.

지폐는 종전의 다른 화폐들보다는 우월하지만 거액거래 시에 휴대의 편리성 · 안전성 면에서 불완전하며 일정 금액 단위의 권종(券種)별로 발행되기 때문에 가분성 면에서도 문제가 있다. 이러한 문제점을 극복하기 위해 등장한 것이 예금화폐(deposit money)이다. 예금화폐는 은행예금을 기초로 발행되는 수표(check)로서 이 수표 위에 금액을 자유롭게 기재하여 사용한다. 예금화폐는 편리성을 추구하는 상거래 관습에 의해 출현한 관습화폐(custom money)이지 법화는 아니다. 수표는 소지자가 은행을 통하여 대금을 회수하는 데 시간이 걸리고, 발행자가 예금잔고 없이 발행할 경우(이러한 수표를 부도수표라 한다) 대금을 회수할 수 없다. 또한 법화가 아니어서 통용지역이 제한된다.

현대의 화폐

오늘날에는 금융제도가 발달하고 컴퓨터와 정보통신기술이 발전하여 다양한 전자지급수단이 일반적인 지불수단으로 통용되고 있다. 직불카드, 체크카드, 선불카드, 신용카드, 각종 페이라 불리는 간편결제수단 등이 전자지급수단이다. 직불카드와 체크카드는 카드를 쓸 때마다 은행 계좌에서 즉시 돈이 빠져 나가는 카드이다. 선불카드는 돈을 미리 내고 카드에 충전하거나 충전된 카드를 사서 사용하는 카드이다. 신용카드는 카드회사가 물건을 산 사람 대신에 대금을 지불하고 나중에 대금에 이자를 덧붙여 받는 카드이다. 간편결제수단은 신용카드, 체크카드 등의 결제 정보를 모바일기기에 미리 등록해 놓고 지문과 같은 간편 인증방식으로 결제하는 각종 페이를 말한다. 이 중 신용카드가 가장 많이 쓰이는 지불수단이다. 그런데 신용카드를 화폐로 보지는 않는다. 아래에서 설명하는 것처럼 신용카드회사가 통화를 공급하는 예금취급기관이 아니기 때문이다. 협의통화, 광의통화에 속하는 각종 예수금과 금융상품은 모두 해당 금융기관의 부채이자 고객의 자산으로서 고객이 쉽게 꺼내 쓸 수 있는 반면, 신용카드 사용액은 금융기관(카드회사)의 자산이자 고객의 부채라는 차이점도 있다. 일반 국민이 신용카드를 일반적인 지불수단으로 사용하지만 실상 신용카드는 지불수단이라기보다 지불의 연기수단이다. 카드회사가 대신 지불해주고 나중에 갚기 때문에 카드를 써서 지불을 연기한 것이다. 나중에 갚는 것은 현금이나 은행 계좌 잔고 등의 화폐이다. 직불카드, 체크카드, 선불카드는 신용카드와 달리 지불수단이다. 가장 많이 지불수단으로 쓰이는 신용카드가 화폐로 인정받지 못하는 역설이 화폐의 가능을 규정하기 어렵게 만들고 있다.

2008년에 비트코인이 최초의 암호화폐로 출현한 이래 전 세계적으로 수많은 암호화폐가 존재한다. 암호화폐는 인터넷 공간에서 지불수단으로 활용되고 있는데 언제 어디서나 통용되는 일반적인 지불수단은 아니다. 게다가 가격이 급등락하여 가치의 척도와 가치저장수단의 기능을 수행하지 못한다. 따라서 암호화폐는 화폐가 아니다. 민간의 암호화폐가 많아지는 현실에 대응하여 미국, EU, 중국, 한국을 비롯한 많은 나라에서 **중앙은행 디지털 화폐**(Central Bank Digital Currency : CBDC)라는 이름으로 중앙은행이 디지털 화폐를 발행하는 것을 추진하고 있다. CBDC는 민간의 암호화폐와 달리 가치가 안정적이고 지폐, 동전과 달리 비대면 결제에도 사용할 수 있기 때문에 '현금 없는 사회'를 열 수 있다.

2.3 통화지표

앞에서 화폐란 '일반적으로 통용되는 지불수단'이라고 정의하였다. 그런데 어느 금융자산까지를 일반적인 지불수단으로 볼 것인가에 대하여는 확실한 정설이 없다. 정설이 없기 때문에 각국은 여러 개의 통화지표를 편성하여 병용하고 있다.

> 일정 시점에 시중에 있는 화폐의 총액을 **통화** 또는 **통화량**이라고 한다. 통화량의 크기와 변동을 파악할 수 있는 지표를 통화지표라고 한다.

우리나라에서는 현재 협의통화, 광의통화, 금융기관유동성, 광의유동성의 네 가지 통화지표를 편제하고 있다.

협의통화(M_1)는 민간의 손에 있는 현금과 예금취급기관의 결제성예금을 합한 것이다.[1] 현금은 지불수단으로 직접 사용되는 지폐와 동전으로서 **현금통화**라고도 불린다. **결제성예금**은 요구불예금과 수시입출식예금으로 구성된다. **요구불예금**(demand deposit)은 은행의 당좌예금, 보통예금과 같이 고객이 요구할 때 즉시 지불해 주어야 하는 예금이다. **수시입출식예금**은 시장금리부 수시입출식저축성예금(Money Market Deposit Account : MMDA)과 같이 입금과 출금이 자유로운 금융상품을 말한

---

1) 여기서 민간이란 예금취급기관이 아닌 민간을 뜻한다. 예금취급기관이 보유한 현금은 직접 일상거래에 지불수단으로 사용되는 것이 아니기 때문에 통화량에서 제외된다. 예금취급기관은 이 절의 제5항에서 설명한다.

다. 결제성예금은 바로 현금과 교환할 수 있고 지불수단으로 사용할 수 있기 때문에 가장 좁게 정의하는 통화에도 포함된다. 현금통화와 대비하여 결제성예금을 예금통화라고 부르기로 한다.

협의통화(M_1) = 민간화폐보유액(현금통화) + 예금취급기관의 결제성예금(예금통화)

광의통화(M_2)는 협의통화에 예금취급기관의 저축성예금과 각종 수익성 금융상품을 더한 것이다. 저축성예금(savings deposit)이란 정기예금, 정기적금과 같이 일정한 기간이 지나야 찾을 수 있는 예금을 말한다. 요구불예금은 이자가 (거의) 붙지 않는 데 비해 저축성예금은 이자가 붙는다.

저축성예금과 각종 수익성 금융상품은 지불수단으로 직접 사용되지 않는다. 그러나 이자소득만 포기하면 언제든지 꺼내 쓸 수 있다. 따라서 이것들도 결제성예금과 유동성 면에서 별 차이가 없다고 보아 화폐 개념에 포함시킨 것이 광의통화이다. 다만 만기 2년 이상의 장기 금융상품은 유동성이 낮기 때문에 광의통화에 포함시키지 않는다. 만기 2년 미만의 저축성예금과 각종 수익성 금융상품을 준결제성예금 혹은 준예금통화로 부르기로 한다.

광의통화(M_2) = 협의통화 + 예금취급기관의 저축성예금과 수익성 금융상품(단, 만기 2년 이상 금융상품은 제외)
= 협의통화 + 준결제성예금(준예금통화)

두 가지 유동성지표

광의통화보다 포괄범위가 더 큰 유동성지표가 두 가지 있다. 금융기관유동성과 광의유동성이 그것이다. 이것들도 필요하면 통화로 바뀌어 지불수단으로 쓸 수 있기 때문에 광의의 통화지표에 포함시킬 수 있다.

금융기관유동성(L_f)은 광의통화에 준결제성예금이 아닌 금융기관의 기타예수금을 더한 것이다. 예금취급기관의 만기 2년 이상의 금융상품과 생명보험회사의 보험계약준비금, 증권금융예수금 등이 광의통화에 추가된 것이 금융기관유동성이다.

광의유동성(liquidity aggregates : L)은 금융기관유동성에 국채 · 지방채 · 회사채와 같은 유동성 금융상품까지 포괄한 가장 광의의 통화지표이다. 금융기관유동성은 금융기관이 공급하는 유동성을 포괄한다. 이에 비해 광의유동성은 금융기관은 물론 정부와 기업이 발행하는 유가증권까지 포괄한다. 따라서 광의유동성은 국민경제 전체 유동성의 크기를 측정하는 지표이다. 유가증권이지만 통화지표의 속성상 부채성 금융상품만 총괄한다. 주식은 발행주체의 부채성 금융상품이 아니기 때문에 광의유동성에 포함되지 않는다.

$$\text{금융기관유동성}(L_f) = \text{광의통화}(M_2) + \text{금융기관 기타 예수금과 금융상품}$$

$$\text{광의유동성}(L) = L_f + \text{정부와 기업 등이 발행한 유가증권}$$

(국채 · 지방채 · 회사채 · 기업어음 등)

지금까지 설명한 네 가지 통화지표(혹은 두 가지 통화지표와 두 가지 유동성지표)의 구성을 보면 **표 9-2**와 같다.

표 9-2

통화지표의 구성(2020년 평균 잔액 기준)

(단위 : 조원)

협의통화(M_1) (1,059)	**광의통화**(M_2) (3,071)	**금융기관유동성**(L_f) (4,311)	**광의유동성**(L) (5,679)
			정부 · 기업 발행 유가증권 (1,368)
		금융기관 기타예수금 등 (1,240)	(좌동)
	준결제성예금 (2,012)	(좌동)	(좌동)
결제성예금(934)	(좌동)	(좌동)	(좌동)
현금통화(125)	(좌동)	(좌동)	(좌동)

2.4 금융과 금융시장

금융이란?

금융(finance)이란 자금(돈, 화폐)의 융통을 말한다. 돈을 빌려주거나 빌려 쓰는 것을 금융이라 하는 것이다. 일반 상품거래에서 일반 상품과 화폐가 교환되듯이 금융거래에서는 금융상품과 화폐가 교환된다. 예컨대 우리가 은행에 예금을 하면 우리의 돈과 은행의 예금통장이라는 금융상품이 교환된다. 이 금융상품은 고객 입장에서 보면 금융자산이고 은행으로 보면 금융부채이다.

금융에는 직접금융과 간접금융이 있다. 직접금융(direct finance)은 자금의 최종 수요자와 최종 공급자가 직접 자금을 거래하는 방식을 말한다. 기업이 주식이나 채권을 발행하여 자금을 조달하는 것이 직접금융의 예이다. 직접금융은 주식 · 채권 등이 매매되는 증권시장에서 이루어진다. 주식 · 회사채 · 어음 등과 같이 직접금융시장에서 거래되는 증권을 본원적 증권(primary securities)이라고 한다.

간접금융(indirect finance)은 중개기관(금융기관)을 사이에 두고 자금의 수요와 공급이 이루어지는 방식을 말한다. 은행이 가계로부터 받은 예금을 기초로 하여 기업에 대출해 주는 것이 간접금융의 예이다.

금융시장

금융시장이란 금융이 이루어지는 시장이다. 직접금융이 이루어지는 시장을 직접금융시장, 간접금융이 이루어지는 시장을 간접금융시장이라 한다. 금융시장은 거래되는 금융상품의 만기가 1년 미만이면 단기금융시장, 1년 이상이면 장기금융시장으로 분류된다. 간접금융시장은 예금과 대출의 만기가 1년 미만이면 단기간접금융시장, 1년 이상이면 장기간접금융시장이 된다. 금융시장이라고 말할 때에는 으레 직접금융시장을 뜻한다.

단기(직접)금융시장은 자금시장이라고도 하는데 크게 콜시장과 할인시장으로 나누어진다.

콜시장(call market)은 만기가 하루에서부터 2주 정도까지의 최단기금융시장으로서 주로 금융기관 상호 간에 일시적인 유휴자금이 거래되는 시장이다. 콜시장에서 형성되는 금리를 콜금리(call rate)라 한다. 전화 한 통화로 자금거래가 이루어지는 시장이라는 뜻에서 콜시장이라는 이름이 붙여졌다.

읽을/생각할 거리 9-3

자산을 어떻게 굴려야 하나? : 『탈무드』의 3분법

현실 세계에는 이 장에서 배우는 바와 같이 수많은 금융자산(금융상품)이 있다. 금융자산 외에 토지와 주택으로 대표되는 실물자산이 있다. 자산들은 유동성, 안전성(혹은 위험도), 수익성의 세 가지 면에서 다른 속성들을 보여준다. 유동성은 환금성을 말하는 것으로 필요할 때 즉각 쓸 수 있는 협의통화(M_1)로 얼마나 쉽게 바꿀 수 있는가를 나타낸다. 유동성이 높을수록 돈으로 쉽게 바꿀 수 있다. 일반적으로 유동성이 높을수록 안전성이 높고 수익성이 낮다. 수익성이 높을수록 크게 손해날 수도 있어 안전성이 낮고 위험도가 높게 마련이다.

2,000년 전 유태인의 경전 『탈무드』에 자산 3분의 개념이 나온다.

"모든 사람은 자신의 돈을 세 부분으로 나누도록 하라. 그리고 1/3을 토지에, 다른 1/3을 사업에 투자하고, 나머지를 준비금으로 보유하라."

이를 현대적으로 해석하면 토지는 주택까지 포함한 부동산, 사업은 주식과 채권, 준비금은 현금과 예금을 뜻한다.

어느 정도 유동성과 안전성을 확보한다는 제약하에 수익률을 극대화하고자 하면 돈(현금 · 예금 · 적금), 증권(주식과 채권), 부동산을 꼭 1/3씩은 아니더라도 골고루 가져야 한다는 것이 현대의 자산구성(포트폴리오) 이론이다. 모든 달걀을 한 바구니에 담아서는 안 된다. 부자는 자산이 많은 사람이다. 현실 세계에서 흔히 돈이 많은 사람을 부자라고 부르는 것도 고른 자산구성으로 돈이 많은 사람이 다른 자산도 많기 때문이다. 조선 중기의 대표적인 실학자 박제가는 『북학의』에서 "재물을 잘 관리하는 자는 위로 하늘을 잃지 않고 아래로 땅을 잃지 않으며 가운데로 사람을 잃지 않는다"고 했다. 돈 버는 공인과 상인을 천시한 시대에도 돈이 있고 자산을 잘 관리해야 사람 구실을 제대로 할 수 있다는 것을 강조한 말이다. 시장경제의 바탕 위에 있는 현대사회에서는 더 말할 나위가 없다.

미국 가계는 주식과 채권을 자산 증식의 주요 수단으로 활용하고 있다. 이에 반해 우리나라 가계(특히 중산층 이상의 가계)는 부동산을 자산 증식의 주요 수단으로 활용하고 있다. 우리나라에서는 주식시장이 아직도 작전세력에 의해 휘둘리는 '돈 놓고 돈 먹기' 식의 투기판이라는 인식이 가시지 않고 있다. 한편 부동산 장기 보유의 수익률이 높고 기회비용은 낮은 편이다. 이 두 가지가 시정되어야 우리나라에서도 주식이 자산 증식의 주요 수단으로 자리 잡을 것이다. 최근에 원금이 보장되는 주가지수연계증권(equity-linked securities : ELS)이 나오고 부동산 보유세율이 단계적으로 높아지는 등 증권을 자산 증식의 주요 수단으로 활용하는 여건이 조성되고 있다.

부자가 되는 방법으로 다음의 몇 가지가 으레 거론된다.

- 꾸준히 아껴 쓰고 저축하면서 부지런히 일하라. 근검절약은 종잣돈을 만들고 부자가 되는 첫걸음이다.
- 부동산, 주식, 채권, 보험, 현금 등을 황금분할하라.
- 신용카드를 잘 써라.
- 금융상품을 마스터하라.
- 세금 · 법률 관계 문제를 꼼꼼히 챙겨라.
- 돈 되는 정보를 잘 활용하라.
- 위험을 감수하라. 큰 돈을 번 사람들은 작은 창업회사에 돈을 묻어두고 자기가 투자했다는 사실조차 잊고 있던 사람들이다.
- 정도(正道)를 걸어라. 진정한 위험은 영혼을 잃는 것이다.

할인시장(discount market)은 기업어음 · 양도성예금증서 · 환매채 · 통화안정증권 · 재정증권 등이 거래되는 시장이다. 어음이란 상품을 외상으로 사거나 돈을 빌린 사람이 일정 기간 후에 대금을 지불할 것을 약속하는 증권이다. 어음을 소유한 사람이 어음의 만기일 전에 자금을 필요로 할 경우, 그 어음을 제3자에게 팔고 자금을 조달할 수 있다. 이때 어음의 구매자는 어음 만기일까지의 이자를 빼고 그 어음을 구입하는데, 이것을 어음할인이라고 한다. 어음할인은 자금의 수요 · 공급 당사자가 직접 할 수도 있고 어음중개인(bill broker)을 통하여 이루어질 수도 있다. 상업어음은 상품의 매매대금으로 발행한 어음으로서 진성어음(real bills)이라고도 한다. 우리나라에서는 상업어음의 비중이 작고 융통어음의 비중이 크다. 융통어음은 상품의 매매가 없이 순전히 자금을 융통하기 위해 발행한 어음이다. 우리나라에서 기업어음(commercial paper : CP)으로 불리는 어음이 대표적인 융통어음이다.

양도성예금증서(certificate of deposits : CD)는 정기예금을 무기명으로 발행해 다른 사람에게 팔 수 있게 한 것이다. 환매채 또는 환매조건부 채권(repurchase : RP)은 금융기관이 보유하고 있는 채권을 고객에게 판 후 고객이 원할 때 언제든지 일정한 수익을 얹어 주고 다시 사들이는 채권이다. 통화안정증권(통안증권)은 통화량을 조절하기 위해 한국은행이 발행하는 단기증권이다. 재정증권은 재정적자를 보전하거나 국고의 일시적인 자금부족을 메우기 위해 정부가 발행하는 단기국채이다. 이런 여러 증권들이 만기일이 1년 이내이고 만기일까지의 이자를 빼는 할인 형식으로 거래되기 때문에 할인시장이라 부른다.

장기금융시장은 자본시장 혹은 증권시장이라고도 부르는데, 장기자금을 조달하는 시장이다. 장기금융시장에는 주식이 거래되는 주식시장과 국채, 지방채, 회사채, 금융채 등이 거래되는 채권시장이 있다. 금융시장을 금융상품의 만기 기준으로 분류하는 외에 금융상품이 신규로 발행되느냐, 기존 금융상품이 거래되느냐에 따라 발행시장과 유통시장으로 분류하기도 한다.

2.5 금융기관

금융기관이란 자금의 수요와 공급을 중개하는 기관을 말한다. 금융기관과 자금의 수급자가 만나면 앞에서 설명한 금융시장이 열린다.

우리나라의 금융기관은 크게 예금취급기관과 기타금융기관으로 구분된다. 예금취급기관은 협의통화(M_1)와 광의통화(M_2)를 공급하는 금융기관으로서 중앙은행과 기타예금취급기관으로 구성된다. 기타금융기관은 예금취급기관을 제외한 모든 금융기관을 말하는데 금융기관유동성(L_f)이나 광의유동성(L)을 공급할 수 있다. 기타금융기관은 보험회사 및 연금기금, 기타금융중개기관, 금융보조기관으로 나누어진다.

중앙은행

중앙은행은 통화가치와 금융안정을 도모하기 위하여 설립된 은행의 은행이다. 중앙은행의 기능은 크게 다섯 가지로 분류된다.

첫째, 현금통화를 공급한다. 즉, 지폐와 주화를 발행하는 발권은행으로서의 기능을 수행한다.

둘째, 은행에 대해 여신과 수신을 행하는 '은행의 은행' 이다.

셋째, 통화정책을 수립하고 집행한다.

넷째, 국고금의 출납을 담당하고 정부에 대해 여신과 수신을 행하는 '정부의 은행' 이다.

다섯째, 외환관리업무를 수행한다. 국제수지 불균형을 조절하고 자국통화의 대외가치인 환율을 안정시키기 위해 외환을 보유하고 외환시장에 개입한다.

중앙은행은 가장 중요한 임무인 통화가치와 금융의 안정을 도모하기 위하여 통화정책을 운용하고 금융시장을 모니터링한다. 이런 뜻에서 중앙은행을 통화당국(monetary authorities)이라고 부른다. 우리나라의 중앙은행은 한국은행이다.

기타예금취급기관

(1) 예금은행

예금은행은 총부채 중에서 요구불예금의 비중이 높아 예금통화의 창출을 주요 기능으로 하는 금융기관이다. 우리나라의 예금은행은 일반은행과 특수은행으로 분류된다.

① **일반은행** : 일반은행은 은행법에 의해 설립된 예금은행이다. 일반은행의 기본적인 업무는 수신업무와 여신업무 두 가지이다. 일반 국민으로부터 예금을 받아(수신업무) 자금부족부문에 대출을 해주는(여신업무) 전통적인 상업금융업무를 주로 하고 있다는 점에서 상업은행(commercial banks)이라고도 한다. 일반은행은 다시

시중은행 · 지방은행 · 외국은행 국내지점으로 나누어진다. 2021년 말 현재 시중은행은 9개(KB국민은행 · 신한은행 · 우리은행 · 스탠다드차타드은행(Standard Chartered Bank Korea) · 하나은행 · 씨티은행(Citibank Korea) · 케이뱅크 · 카카오뱅크 · 토스뱅크), 지방은행은 6개(경남은행 · 광주은행 · 대구은행 · 부산은행 · 전북은행 · 제주은행), 외국은행 국내지점은 36개이다.

② **특수은행** : 특수은행은 특별법에 의해 설립되었으며, 운영자금의 대부분을 정부출자에 의존하고 있다는 점이 일반은행과 구별되는 큰 특징이다. 일반은행이 영리성만을 기준으로 자금을 공급할 때 소외되기 쉬운 부문에 자금을 정책적으로 배분하여 국민경제의 균형 있는 발전을 도모하는 것이 특수은행의 목적이다.

우리나라의 경우 중소기업의 지원을 위한 중소기업은행, 중요 산업에 장기자금을 공급해 주기 위한 산업은행, 농업금융에 특화하는 NH농협은행, 수산업금융에 특

표 9-3

우리나라의 금융기관(2021년 말 현재)

- 금융기관
  - 예금취급기관
    - 중앙은행
      - 한국은행
    - 기타예금취급기관
      - 예금은행
      - 수출입은행
      - 종합금융회사
      - 자산운용회사 투자신탁계정
      - 신탁회사계정
      - 상호저축은행
      - 신용협동기구
      - 우체국예금계정
  - 기타금융기관
    - 보험회사 및 연금기금
      - 보험회사
      - 연금기금
    - 기타금융중개기관
      - 증권기관
      - 투자회사(뮤추얼펀드)
      - 여신전문금융기관
      - 유동화전문기관
      - 공적 금융기관
      - 부실정리금융기관
    - 금융보조기관
      - 신용보증 및 신용평가회사, 자금중개회사 등

화하는 수협은행의 4개 특수은행이 있다. 특수은행은 특정 부문에 대출이 많다는 점을 빼고는 일반은행과 여수신업무 면에서 차이가 거의 없다.

수출입과 해외투자, 해외 자원개발을 위한 금융을 전문적으로 취급하는 수출입은행은 예금을 받지 않고 소요자금의 대부분을 차입이나 채권 발행에 의존하고 있어 예금은행이 아닌 별도의 기관으로 분류하고 있다. 수출입은행은 발행한 채권이 수익성 금융상품으로 M_2에 포함되기 때문에 별도의 기타예금취급기관으로 분류된다.

(2) 종합금융회사

종합금융회사는 기업의 다양한 금융수요에 부응하여 종합적인 금융 서비스업을 취급할 목적으로 설립된 '금융백화점'이다. 증권회사의 증권중개업무와 보험회사의 보험업무를 제외한 거의 모든 금융업무를 취급한다. 자금을 융통하기 위해 어음과 채권을 발행하고 종합자산관리계좌를 취급하는데 이것들이 광의통화에 포함된다. 종합자산관리계좌(Cash Management Account : CMA)란 고객이 맡긴 돈을 어음이나 채권에 투자해 수익을 고객에게 돌려주는 수시입출이 가능한 금융상품을 말한다.

1997년 외환위기의 주범으로 찍혀 수많은 회사가 퇴출되거나 은행, 증권회사 등에 흡수된 이후 더 이상 신규설립이 허용되지 않고 있다.

(3) 자산운용회사 투자신탁계정

고객의 돈을 맡아 주식 · 채권 등 유가증권에 투자하여 얻은 수익금을 고객에게 분배하는 것을 증권투자신탁이라 한다. 자산운용회사는 증권투자신탁업무를 전담하는 금융기관이다. 증권투자신탁에는 계약형과 회사형이 있다. 고객이 맡긴 돈을 효율적으로 운용하기 위해 일정 규모의 자금 단위로 묶는데 이 운용 단위를 펀드(fund) 혹은 수익증권이라고 부른다. 고객이 수익증권을 사는 형식으로 자산운용회사에 돈을 맡기는 것이 계약형 증권투자신탁이다. 계약형 증권투자신탁은 광의통화에 포함되고 이 몫이 자산운용회사 투자신탁계정으로 기타예금취급기관에 들어간다. 주식투자 비중이 높은 펀드를 주식형 펀드, 채권투자 비중이 높은 펀드를 채권형 펀드라 한다.

(4) 신탁회사계정

원래 신탁이란 금전이나 부동산 등의 자산을 위탁받아 대신 관리해 주는 것을 말한다. 증권투자신탁은 앞에서 설명한 종합금융회사와 자산운용회사가 맡고, 금전신탁은 은행, 증권회사, 생명보험회사에서 취급한다. 이 금융회사들이 취급하는 금전신탁을 따로 구분하여 기록하는 계정이 신탁회사계정이다. 신탁회사계정의 금융상품은 광의통화(계약 만기 2년 미만)나 금융기관유동성(만기 2년 이상)에 포함된다.

(5) 상호저축은행

상호저축은행은 주로 일반 서민과 영세기업의 금융 편의와 저축 증대를 위해 설립된 금융기관이다. 상호저축은행의 전통적인 주업무는 신용부금업무였다. 신용부금업무란 일정한 기간을 정하여 매월 일정액을 불입케 하고 만기일에 원리금을 지급해 주며 계약금액 내에서 대출도 해주는 업무이다. 최근에는 예금은행처럼 보통예금, 정기예금의 수신업무와 일반자금대출, 어음할인 등 여신업무의 비중이 커지고 있다. 예전에는 상호신용금고로 불리어 오다가 2002년 3월부터 상호저축은행으로 이름을 바꾸고 신용부금도 정기예금으로 명칭을 바꾸었다.

(6) 신용협동기구

조합원에게 저축 편의를 제공하고, 조합원에 대한 저리융자를 통하여 조합원 상호 간의 공동 이익을 추구할 목적으로 설립된 기관이다. 직장 단위의 신용협동조합과 지역 단위의 새마을금고, 그리고 농협 · 수협의 농어민을 위한 상호금융 등이 있다.

(7) 우체국예금계정

정보통신부의 우체국에서 취급하는 각종 예금을 말한다.

보험회사 및 연금기금

(1) 보험회사

생명보험업무를 취급하는 생명보험회사와 손해보험업무를 취급하는 손해보험회사를 말한다. 앞에서 다룬 유동성지표인 금융기관유동성(L_f)을 편제할 때에는 생명보험회사의 보험계약준비금만을 포함한다. 생명보험회사는 저축의 성격이 강한 업무를 주로 취급하기 때문에 L_f를 공급하는 기타금융기관으로 취급된다. 위험의 보장이 주업무인 손해보험회사는 보유하는 장기저축성보험료적립금이 광의유동성(L)에 포함되어 기타금융기관으로 들어간다.

(2) 연금기금

공무원연금, 군인연금, 사립학교교직원연금 등 특정 피고용자 그룹에게 은퇴 후 연금을 주기 위하여 설립된 기관을 말한다. 연금기금은 자신의 자산과 부채를 가지며 자가계정으로 시장에서 금융거래에 참가하기 때문에 기타금융기관에 포함된다.

기타금융중개기관

(1) 증권기관

증권기관으로는 증권회사와 증권금융회사가 있다. 증권회사는 주식과 채권을 인수하여 팔거나 고객에게 주식을 알선하고 주식 매매를 대행한다. 최근 증권사들이 수시입출이 보장되면서 상대적으로 높은 금리를 제공하는 CMA를 내놓아 은행의 수시입출식예금과 월급통장 자리를 다투고 있다. 이 CMA 계정만큼은 원래 종합금융회사가 취급했고 여러 종금사를 은행과 증권회사가 인수했기 때문에 증권회사가 예금취급기관이 아니지만 예외적으로 M_2에 포함된다. 증권금융회사는 증권의 취득·

읽을/생각할 거리 9-4

직접투자와 간접투자

국민소득계정에서 투자란 자본재를 유지하거나 증가시키는 활동을 뜻하였다. 이와는 달리 금융시장에서 투자란 이득을 얻기 위해 주식이나 채권 등을 사고파는 것을 말한다. 투자는 직접투자와 간접투자로 나뉜다.

직접투자란 개인이 증권회사를 통해 주식, 채권 등을 사고파는 것이다. 직접투자는 자기 책임 하에 증권을 사고판다. 증권에 관한 전문지식이 없고 투자를 위해 들여야 할 시간과 비용이 충분하지 않은 사람(일반 투자자)이 이용할 수 있는 것이 간접투자이다. 대표적인 간접투자가 자산운용회사의 수익증권(펀드)을 사거나 증권투자회사(뮤추얼펀드)의 주식을 사는 것이다.

자산운용회사의 수익증권은 자산운용회사가 고객의 돈을 운용한 뒤 그 성과를 되돌려주겠다고 고객과 계약을 맺는 계약형 투자신탁이다. 이에 반해 뮤추얼펀드는 고객들이 계약자가 아니라 주주로 참여하여 독립된 하나의 회사로 존재한다. 회사형 증권투자신탁이라고 부르는 것은 이 때문이다.

각종 펀드를 은행예금과 비슷한 것으로 생각하면 큰 오산이다. 은행예금은 아무리 못해도 고객이 맡긴 원금은 보장된다. 그러나 펀드에는 예금과 같은 원금 보장이란 개념 자체가 없다. 성과가 좋으면 예금보다 훨씬 높은 수익을 되돌려받을 수 있지만 투자를 잘못하여 투자한 주식이나 채권의 가격이 폭락하면 원금을 크게 까먹을 수 있다. 간접투자도 자산운용회사에서 펀드를 운용하는 전문가(펀드매니저)를 잘 고르는 노력은 기울여야 한다는 얘기다.

유통과 관련된 자금을 공급해 주고 예수금도 받는다. 이 예수금은 금융기관유동성에 포함된다.

(2) 투자회사

앞에서 설명한 자산운용회사의 회사형 증권투자신탁 부분을 말한다. 회사형 증권투자신탁(뮤추얼펀드, mutual fund)은 자산운용회사가 투자전문회사를 설립하고 이 회사의 주식을 투자자가 매입하는 형태를 취한다. 투자회사의 금융자산은 주식이기 때문에 광의유동성에도 포함되지 않는다.

(3) 여신전문금융기관

수신기능이 없이 여신업무만을 취급하는 금융기관이 여신전문금융기관(non-bank bank)이다. 신용카드회사, 리스(lease)회사, 할부금융(팩터링 : factoring)회사, 신기술사업금융회사의 4가지가 있다.

- **신용카드회사** : 카드 소유자가 물건을 사고 카드를 쓰면 그 대금을 갚아준 다음 나중에 카드 소유자로부터 물건 대금에 이자를 덧붙여 받는 형식으로 여신을 취급하는 회사이다.
- **리스(시설대여)회사** : 리스(lease)회사란 기업이 필요로 하는 시설을 자체 자금으로 구입하여 기업에 장기간 임대해 주는 회사이다. 리스회사를 이용함으로써 많은 자금을 필요로 하는 기업은 생산설비를 자기 자금의 부담 없이 조달하고 조금씩 갚아 나갈 수 있다.
- **할부금융회사** : 할부금융업이란 물품의 구매자 및 판매자와 약정을 체결하여 회사가 구매자 대신 물품 구입자금을 판매자에게 지급하고 구매자로부터 그 원리금을 분할하여 받는 금융방식이다. 할부금융업을 담당하는 회사가 할부금융회사이다.
- **신기술사업금융회사** : 신기술사업자에 대한 투자 · 융자 및 경영 · 기술의 지도를 주업무로 하는 금융회사로서 벤처캐피털(모험자본 : venture capital)회사와 같은 개념이다.

(4) 유동화전문기관

채권(債權), 토지, 주택 등의 자산(유동화자산)을 기초로 채권(債券)이나 수익증권(유동화증권)을 발행하는 것을 **자산유동화** 또는 **증권화**라 한다. 유동화전문기관이란 자산유동화를 전업으로 영위하는 기관을 말한다. 유동화자산을 사거나 신탁을 받아 이를 기초로 유동화증권을 발행하고, 유동화자산을 관리 · 운용 · 처분하는 수익으로 유동화증권의 원리금이나 배당금을 지급하는 것을 주업무로 한다.

(5) 공적(公的) 금융기관

국민주택기금과 국민투자기금을 말한다. 국민주택기금은 저소득층을 위한 주택 건설에 필요한 자금을 조달하고 운용하기 위해 정부가 설치한 기관이다. 국민투자기금은 주요 산업에 대한 투융자의 자금을 확보하고 공급하기 위해 정부가 설치한 기관이다.

(6) 부실정리금융기관

부실금융기관을 정리하는 기관이다. 한국자산관리공사와 예금보험공사가 이 기관에 속한다. 이 기관들은 부실채권정리기금을 조성하여 부실채권을 인수함으로써 금융중개기능을 수행한다.

금융보조기관

금융보조기관은 금융중개와 밀접한 관련이 있는 활동을 하는 금융기관이다. 지금까지 설명해 온 금융기관들은 자가계정에 부채를 발생시켜 위험을 부담한다는 점에서 금융중개기관이다. 금융보조기관은 자가계정에 부채를 발생시키지 않고 따라서 위험을 부담하지 않는다는 점에서 금융중개기관과 차이가 있다. 신용보증기관, 신용평가회사, 자금중개회사, 금융감독원, 예금보험공사, 금융결제원, 증권거래소, 선물거래소, 한국자산관리공사, 한국주택금융공사, 한국정책금융공사 등이 금융보조기관에 속한다.

2.6 금융제도

금융거래는 자금이 남는 쪽과 모자란 쪽을 연결시켜 줌으로써 거래 쌍방에게 이득을 준다. 자금이 남는 쪽은 자금을 빌려주어 이자소득이나 투자수익을 얻는다. 자금이 모자란 쪽은 자금을 빌려 요긴한 일에 쓴다. 가계는 요긴한 소비를 통해 효용이 증가하고 기업은 요긴한 생산 · 투자 활동을 통해 생산성과 이윤을 제고할 수 있다. 따라서 금융은 경제의 원활한 운행을 가능케 하고 성장의 주춧돌이 될 수 있다.

그러나 금융거래에서는 제5장에서 다룬 비대칭정보에 따른 문제, 즉 역선택과 도덕적 해이가 실물거래에 비해 더 심각하다. 이는 금융거래에 자금과 증서가 교환되는데 나중에 증서가 휴지조각이 될 수 있기 때문이다. 증서는 자금차입자가 미래에 일정한 조건으로 갚을 것을 약속한 것이다. 그런데 미래에 자금차입자가 망하여 갚을 수 없거나 갚을 능력이 있는데도 갚지 않을 수 있다. 이런 자금차입자의 속성을 자금공급자가 정확히 알 수 없다. 따라서 금융거래를 활성화하기 위해서는 차입자의 상환능력과 신용에 관한 정보가 원활히 제공되고 채무상환을 유인하는 제도적 장치가 있어야 한다.

금융제도(financial system)란 금융거래에서 일어나는 비대칭정보의 문제를 완화하고 거래비용을 줄임으로써 금융거래를 원활하게 하는 제도적 장치를 말한다.

금융제도는 금융거래가 구체적으로 이루어지는 방식과 이에 관한 제반 규칙 등을 포괄하는데 크게 세 가지로 구분할 수 있다. ① 금융거래가 이루어지는 금융시장, ② 금융거래를 중개하는 금융기관, ③ 금융거래를 지원하고 감시하는 금융하부구조가 그것이다. 금융시장과 금융기관은 앞의 두 항에서 다루었다.

금융하부구조란 금융시장 및 금융기관을 뒷받침하거나 감시하는 법률체계와 각종 기구 · 제도를 말한다. 금융하부구조에는 중앙은행, 금융감독기구, 법원, 예금보험 관련 기구 등이 포함된다. 중앙은행은 물가안정 · 금융안정과 더불어 경제활동에 따르는 자금 이전이 원활히 이루어지도록 하는 지급결제제도를 관리한다. 금융감독기구는 비대칭정보에 따르는 불공정 · 불건전행위를 금지하고 금융기관의 과도한 위험추구행위를 제한하는 법규를 제정하며 이 법규가 제대로 지켜지는가를 감독한다. 법원은 제반 법규의 시행에 대해 최종적인 판결을 내린다. 예금보험 관련 기구는 금융기관이 도산할 때 일정 한도 내에서 예금자에게 원리금 지급을 보장해 줌으로써 금융안정을 도모한다.

금융제도의 유형

금융제도는 나라마다 다르며, 여러 기준에 따라 구분할 수 있다.

금융제도는 직접금융과 간접금융의 중요성을 기준으로 시장중심 금융제도와 은행중심 금융제도로 분류된다. 시장중심 금융제도(market-based financial system)

는 주식과 채권이 거래되는 자본시장이 금융의 중요한 역할을 담당하는 제도이다. 은행중심 금융제도(bank-based financial system)는 말 그대로 은행이 금융의 중추적인 역할을 담당하는 제도이다. 전통적으로 미국과 영국이 시장중심 금융제도를, 독일과 일본이 은행중심 금융제도를 채택하여 왔다.

금융제도는 금융기관의 업무영역을 제한하는 정도에 따라 전업주의(분업주의)와 겸업주의로 분류되기도 한다. 전업주의(specialized banking)는 한 금융기관이 은행·증권·보험 등 여러 금융 서비스를 함께 취급할 수 없으며, 각 금융 서비스가 해당 전문금융기관에 의해서만 제공되는 방식이다. 반면에 겸업주의(universal banking)는 한 금융기관이 은행·증권·보험 등 여러 금융 서비스를 함께 취급할 수 있는 방식이다. 독일은 겸업주의, 일본과 우리나라는 전업주의를 보여 왔다.

최근 세계 금융제도 변화의 특징

최근 금융제도는 국내외로 큰 변화를 겪고 있다. 변화의 특징을 크게 세 가지로 간추릴 수 있다.

첫째, 각국의 금융제도가 종래의 규제체제에서 급속한 규제완화체제로 이행하다가 미국의 금융위기를 계기로 건전성 규제를 강화하는 규제체제의 모습을 보이고 있다. 1930년대의 대공황기에 수많은 은행이 파산한 경험을 배경으로 1970년대까지 금융부문은 선진국과 개발도상국을 막론하고 규제가 가장 심한 산업이었다. 개발도상국은 경제개발에 필요한 투자자금을 동원하기 위해, 선진국은 금융부문에 내재된 불안정성을 보완한다는 명분으로 금융부문을 규제하였다. 그러다가 1980년대부터 규제에 따른 금융부문의 비효율을 바로잡기 위해 각종 금융규제를 완화하기 시작하였다. 금융규제 완화(financial deregulation)로 신종 금융상품이 등장하고 새로운 금융시장이 형성되는 등 금융혁신이 활발하게 일어나고 금융겸업화가 진전되었다. 금융규제 완화를 금융자유화(financial liberalization)라고도 부른다.

금융규제 완화가 과도하게 진행되어 2008년에 미국에서 금융위기가 발생했다. 자본자유화로 국제금융시장이 밀접하게 연결되어 있기 때문에 미국의 금융위기는 선진국의 금융위기로 전파되고 세계경제는 심각한 경기침체를 겪었다. 이를 계기로 각 선진국 정부는 금융규제를 강화하는 방향으로 선회하였다. 그러나 건전성 규제를 강화하는 바탕에서 금융규제 완화는 종전보다 완만하지만 도도하게 진행될 전망이다.

읽을/생각할 거리 9-5

미국의 금융위기는 왜 일어났나?

2008년에 일어난 미국의 금융위기는 1930년대 이후 가장 강도와 폐해가 큰 금융위기이다. 한 해 동안 전 세계적으로 주가지수가 50% 가량 하락하여 시가총액 40조 달러가 증발했다. 세계화시대에 금융상품들이 전 세계에 걸쳐 너무 밀접하게 연관되어 있어 미국의 금융위기가 삽시간에 세계 모든 국가로 파급되어 글로벌 금융위기로 불린다. 이 충격으로 세계경제는 2010년대 중반까지 심각한 경기침체를 겪었다. 이런 위기가 일어난 원인은 무엇일까?

그 이유로는 크게 두 가지를 들고 있다. 하나는 지나친 증권화와 자율규제의 실패이다. 다른 하나는 금융감독당국의 건전성 규제 실패이다.

2000년대 초에 과잉유동성과 저금리로 부동산 가격이 급등하자 금융회사들 간의 과당경쟁으로 신용등급이 낮은 저소득층에게 사는 주택을 담보로 주택자금을 대출해 주는 **비우량주택담보대출**(subprime mortgage)이 크게 늘었다. **투자은행**(investment bank)은 기초자산인 주택담보대출채권을 바탕으로 이른바 최첨단의 금융공학기법을 이용하여 각종 파생금융상품을 만들었다. 고객으로부터 예금을 받아 대출해 주는 것을 기본 업무로 하는 상업은행과는 달리 투자은행은 채권 발행과 M&A 등을 주수입원으로 한다. 이 투자은행들이 자기 자본의 20~30배의 차입을 일으켜 고위험-고수익의 금융중개활동을 벌였다. 고위험에 손실 충격이 올 수도 있다는 데에 대비하지 않고 천문학적인 성과급 잔치를 벌였다.

주택 가격이 상승할 때는 투자은행들의 이런 레버리지(leverage, 차입을 통한 자산운용) 활동이 별문제가 없었다. 그러나 주택 가격이 하락세로 돌아서자 비우량주택담보대출의 연체율이 급등함으로써 2007년 봄부터 주택담보대출을 많이 취급한 금융회사들이 파산하기 시작했다. 이 불똥이 투자은행에까지 번져 2008년 9월 미국 5위의 투자은행 리먼 브라더스가 파산함으로써 금융위기가 본격적으로 시작되었다. 기초자산이 부실해짐에 따라 파생상품들도 부실해져 많은 투자은행들이 파산상태였지만 손실의 규모가 얼마이고, 누가 얼마나 손실을 보는 것인가를 알 수 없게 금융시장이 헝클어져 있었다.

금융회사가 이윤극대화에 이끌려 위험관리를 외면한 것은 자율적인 규제의 실패이자 시장의 실패라 하겠다. 이를 금융감독당국이 **건전성 규제**(prudential regulation)로 시정 · 예방했어야 하는데 그렇지 못했다. 감독당국의 실패이자 정부의 실패가 미국 금융위기의 2대 요인 중 하나로 지목되는 것은 이 때문이다. 신용불량자에게 주택담보대출을 하지 못하도록 하는 것, 주택 가격의 하락에 대비해 주택평가액의 100% 미만(예컨대 80%)만을 대출해 주도록 하는 것, 투자은행의 지나치게 높은 차입을 규제하는 것, 고위험 · 고수익 · 고배당에 대해 고위험에 걸맞게 높은 내부 적립을 하도록 하는 것 등이 건전성 규제의 내용이다. 이 중 어떤 것도 하지 않음으로써 미국 금융회사들의 도덕적 해이가 극심해진 것이 미국 금융위기의 실상이다. 최근 세계 각국은 이런 건전성 규제를 강화해 나가고 있다. 1980년대부터 겸업주의를 지향해 온 미국은 은행업무와 증권업무 간에 차단벽을 세우는 전업주의로 돌아서고 있다.

제7장에서 설명한 바와 같이 금융시장과 외환시장에서는 단기에 쏠림현상과 과잉조정이 일어날 수 있다. 이런 시장의 변덕스런 속성을 파악하여 시장의 자율규제장치를 강화하고 정부가 건전성 규제 감독을 철저히 해야 한다. 이를 소홀히 할 경우 금융제도가 걷잡을 수 없이 망가질 수 있다는 것을 미국의 금융위기는 보여주었다.

둘째, 각국 금융제도가 수렴되는 현상을 보이고 있다. 시장중심 금융제도와 은행중심 금융제도가 금융의 증권화를 통해 시장중심 금융제도에 가까운 쪽으로 수렴하고 있다. **금융의 증권화**(securitization)란 채권 발행과 유통의 비중이 높아지는 현상을 말한다. 기업이 재원조달 수단으로 은행대출보다 회사채나 기업어음의 발행에 더 의존하고, 은행은 만기까지 돈이 잠겨 있게 되는 대출채권을 기초로 하여 유동화 채권을 발행하여 유통시키는 것이 그 예이다. 세계적으로 전업주의보다 겸업주의 경향이 갈수록 커진다는 점도 또 다른 수렴현상이다.

종전에 우리나라는 은행은 상업금융업무, 보험회사는 보험업무, 증권회사는 증권업무에만 가급적 전문화하는 분업주의를 채택하여 왔다. 증권업무도 증권회사, 자산운용회사, 신탁회사, 선물회사 등이 서로의 업무를 겸영하지 못하게 제한해 왔다. 그러나 금융자유화와 금융의 국제화를 추진하는 우리나라도 겸업주의를 부분적으로 도입해 나가고 있다. 은행에서 보험업무를 취급하는 **방카슈랑스**가 보급되고, 자본시장통합법이 제정되어 증권 관련 회사들이 **금융투자회사** 혹은 **투자은행**(investment bank)으로서 증권업무를 전반적으로 취급할 수 있게 된 것이 그 예이다.

셋째, 금융시장의 국제적인 통합현상이 진행되고 있다. 금융규제 완화와 정보처리기술의 비약적인 발전으로 금융거래비용이 크게 감소하였다. 이에 따라 1990년대 이후 국경을 초월한 금융거래가 크게 늘어나고 각국의 대외자산 비중이 현저히 높아지며 금융시장이 점차 통합되는 모습을 보이고 있다. 이를 흔히 **금융의 국제화**라 부른다. 이러한 변화에 부응하는 효율적인 금융하부구조와 건전성 규제를 갖추지 못하면 금융위기에 휘말리거나 경제의 안정적 성장에 큰 걸림돌이 된다.

금융자유화와 금융국제화 시대에 공정한 경쟁여건을 조성하고 효율적인 금융하부구조를 갖추며 금융시장의 안정을 도모하는 것이 중요한 과제이다.

3. 통화의 공급과 통화정책

앞에서 협의통화(M_1)는 현금통화와 예금통화로 구성된다는 것을 보았다. 현금통화는 예금취급기관을 제외한 민간이 보유하는 현금이다. 예금통화는 예금취급기관이 보유하고 있는 요구불예금과 수시입출식예금이다.

현금통화는 중앙은행이 공급한다. 그런데 중앙은행 창구에서 나간 현금이 모두 현금통화가 되지는 않는다. 중앙은행 창구에서 나간 현금 중에는 예금취급기관들이 보유하고 있는 몫이 있는데 이 몫은 현금통화에 들어가지 않기 때문이다. 그러나 전체 현금 중 예금취급기관들이 보유하고 있는 몫이 일정하다면 중앙은행 창구를 통해 나간 전체 현금을 알 경우 현금통화의 규모를 알 수 있다.

고객이 예금취급기관에 맡긴 최초의 예금을 기초로 하여 전체 예금취급기관은 그 몇 배만큼의 예금통화를 창출할 수 있다. 이를 신용창조라 한다. 현금통화와 예금통화의 크기를 조정하거나 이자율을 조정하여 경제의 안정적 성장을 꾀하는 것이 통화정책이다.

3.1 중앙은행의 본원통화 공급

본원통화란?

중앙은행은 발권은행으로서 독점적으로 현금(지폐나 동전)을 발행한다. 한국조폐공사가 찍어내어 한국은행이 금고에 보관하고 있는 현금은 아직 통화가 아니다. 통화가 되기 위하여는 중앙은행의 창구를 통하여 시중에 나와야 한다.

> 중앙은행의 창구를 통하여 시중에 나온 현금을 **본원통화**(reserve base)라고 한다.

본원통화는 예금취급기관이 아닌 민간으로 들어가기도 하고 예금취급기관으로 들어가기도 한다. 민간으로 들어간 본원통화는 민간에 남아 있거나 예금취급기관에 예치되거나 한다. 민간에 남아 있는 본원통화가 앞에서 설명한 현금통화이다.

예금취급기관으로 들어간 본원통화는 예금취급기관의 지급준비금이 된다. 지급준비금이란 금융기관이 고객의 예금인출 요구에 대비하여 가지고 있는 준비금이다. 따라서

$$\text{본원통화} = \text{현금통화} + \text{예금취급기관의 지급준비금}$$

의 관계가 성립한다.

예금취급기관이 지급준비금을 보유하는 방식은 두 가지이다. 하나는 자기 금

고에 가지고 있는 것이고, 다른 하나는 은행의 은행인 중앙은행에 예금하는 것이다. 전자를 **예금취급기관시재금**(時在金)이라 하고, 후자를 예금취급기관의 **중앙은행지준예치금**이라고 한다.

중앙은행지준예치금은 중앙은행 창구를 통해 나간 본원통화 중 일부가 중앙은행에 다시 환류한 몫이다. 본원통화에서 이 중앙은행지준예치금을 뺀 것을 **화폐발행액**이라 한다. 화폐발행액은 중앙은행 밖에 남아 있는 현금총액을 나타낸다. 이는 예금취급기관을 제외한 민간이 보유하는 현금통화와 예금취급기관이 금고에 가지고 있는 시재금으로 구성된다. 지금까지의 논의를 종합하면 다음 식과 같다.

$$\begin{aligned} \text{본원통화} &= \text{현금통화} + \text{예금취급기관의 지급준비금} \qquad (9-2) \\ &= \underbrace{\text{현금통화} + \text{예금취급기관시재금}} + \text{중앙은행지준예치금} \\ &= \qquad\qquad \text{화폐발행액} \qquad\qquad + \text{중앙은행지준예치금} \end{aligned}$$

본원통화의 공급 원천

중앙은행이 공급하는 본원통화는 중앙은행 대차대조표를 통하여 쉽게 파악할 수 있다. 본원통화는 **표 9-4**의 상단에서 보는 바와 같이 한국은행의 대차대조표에서 대변란에 부채항목으로 나타난다.

한국은행의 자산은 정부의 은행으로서 정부에 빌려준 정부대출, '은행의 은행'으로서 예금취급기관에 빌려준 예금취급기관대출, 해외자산, 그리고 한국은행이 보유하고 있는 기타자산(유가증권 · 건물 등)으로 나누어진다. 한국은행의 부채는 본원통화 외에 정부예금, 해외부채, 기타부채로 나누어진다. 한국은행은 자기자본이 없다.

대차대조표는 차변(자산)과 대변(부채와 자기자본)의 합계가 항상 같다.

$$\begin{aligned} \text{정부대출} - \text{정부예금} &= \text{純정부대출} \\ \text{해외자산} - \text{해외부채} &= \text{순해외자산} \\ \text{기타자산} - \text{기타부채} &= \text{순기타자산} \end{aligned}$$

이라고 표기하자. 그러면 표 9-4의 하단에서 보는 바와 같이 순정부대출, 예금취급기관대출, 순해외자산, 순기타자산의 합이 본원통화라는 식 (9-3)을 얻는다. 이 네

표 9-4

한국은행 대차대조표

차변(자산)	대변(부채와 자기자본)
정부대출	정부예금
	본원통화
예금취급기관대출	화폐발행액
	중앙은행지준예치금
해외자산	해외부채
기타자산	기타부채

정부대출 + 예금취급기관대출 + 해외자산 + 기타자산 = 정부예금 + 본원통화 + 해외부채 + 기타부채

⇒ (정부대출 − 정부예금) + 예금취급기관대출 + (해외자산 − 해외부채) + (기타자산 − 기타부채) = 본원통화

⇒ 순정부대출 + 예금취급기관대출 + 순해외자산 + 순기타자산 = 본원통화 (9-3)

항목의 어느 하나가 변하면 본원통화가 변할 수 있다. 이를 구체적으로 설명하면 본원통화는 다음 네 가지 경로를 통하여 공급된다.

첫째, 본원통화는 정부부문을 통하여 공급된다. 한국은행의 정부에 대한 대출이 늘고 정부의 한국은행에 대한 예금이 줄어들수록, 그리하여 순정부대출이 증가할수록 정부부문을 통한 본원통화의 공급은 늘어난다. 순정부대출이 증가하는 경우는 재정적자가 커지는 경우(혹은 재정흑자가 줄어드는 경우)이다. 정부지출이 많고 조세수입이 적을수록 정부대출이 증가하고 정부예금이 감소할 것이기 때문이다.

둘째, 본원통화는 예금취급기관을 통하여 공급된다. 예금취급기관이 '은행의 은행'인 중앙은행으로부터 대출을 많이 받을수록 본원통화는 그만큼 증가한다.

셋째, 본원통화는 해외부문을 통하여 공급된다. 제13장에서 살펴보겠지만 재화와 서비스를 수출하거나 외국자본을 들여오면 외환이 국내에 유입된다. 이때 수출기업과 외자도입 기업이 외환을 금융기관에 팔고 금융기관이 이를 다시 중앙은행에 팔면 중앙은행은 외환을 사는 대금을 원화로 지불하기 때문에 본원통화가 증가한다. 상품수출과 외자도입에 수반되어 들어오는 외환을 중앙은행이 사면 본원통화가 증가하는 것이다. 반대로 상품수입과 해외투자에 필요한 외환을 중앙은행이 팔면 그 대금을 원화로 흡수하기 때문에 본원통화가 감소한다. 따라서 상품수출이 상품수입보다 많고 자본유입이 자본유출보다 많아서 중앙은행의 매입외환이 매각외환

보다 많아지면 본원통화의 순증가가 발생한다.

넷째, 중앙은행은 기타자산의 순증가를 통해 본원통화를 증가시킬 수 있다. 한국은행이 국공채와 같은 유가증권을 매입하거나 건물 · 시설 등을 구입하는 경우 본원통화가 증가하는 것이다.

본원통화와 지급준비금

이렇게 네 가지 경로를 통하여 공급되는 본원통화는 한국은행의 창구를 통하여 나가기 때문에 한국은행이 그 규모를 조절할 수 있다.

$$\underset{(B)}{\text{본원통화}} = \underset{(C)}{\text{현금통화}} + \underset{(R)}{\text{예금취급기관의 지급준비금}} \qquad (9-4)$$

에서 식의 왼쪽 항을 한국은행이 고정시킬 수 있는 것이다. 그러면 오른쪽 두 항 중 하나가 결정될 때 다른 하나도 자동적으로 결정된다. 예금취급기관의 지급준비금을 먼저 보자.

금융기관의 지급준비금(R)이 예금에서 차지하는 비중을 **지급준비율**(r)이라 한다.

$$\text{지급준비율}(r) = \frac{\text{지급준비금}(R)}{\text{예금}(D)} \qquad (9-5)$$

지급준비율은 필요지급준비율과 초과지급준비율로 분해된다. **필요지급준비율**(required reserve ratio)은 **법정지급준비율**(legal reserve ratio)이라고도 하는데, 예금은행이 반드시 지키도록 중앙은행이 강제하는 지급준비율이다.[2] 2006년 12월부터 우리나라 필요지급준비율은 예금은행의 요구불예금과 수시입출식예금의 경우 7%, 저축성예금의 경우 2%이다. 은행이 1억원의 요구불예금을 받으면 700만원, 저축성예금을 받으면 200만원은 반드시 지급준비금으로 보유하고 있어야 하는 것이다.

보수적인 예금은행은 필요지급준비금을 초과하여 좀 여유 있게 예금액의 일부를 지급준비금으로 가지고 있는 것이 보통이다. 예금은행이 고객으로부터 예기치 못한 예금인출 요구를 받을 수도 있기 때문이다. 앞의 예에서 은행이 1억원의 요구

2) 한국은행은 예금은행에 대해서만 필요지급준비율을 준수하도록 하고 있다. 따라서 이하에서는 식 (9-4)의 예금취급기관을 예금은행으로 대표시켜 논의를 전개하기로 한다.

불예금을 받아 800만원의 지급준비금을 가지고 있다면 필요지급준비금 700만원보다 100만원을 더 가지고 있는 것이다. 이때 100만원이 초과지급준비금이고, 초과지급준비금의 예금에 대한 비율 1%가 **초과지급준비율**(excess reserve ratio)이다.

필요지급준비율은 통화당국이 정한다. 초과지급준비율은 예금은행이 정한다. 따라서 예금은행의 지급준비율은 통화당국과 예금은행이 공동으로 결정한다.

식 (9-5)에서 지급준비율이 정해진 경우에 예금은행 예금의 크기만 알면 지급준비금을 알 수 있다. 그러면 본원통화는 중앙은행이 조절할 수 있으므로 식 (9-4)에서 현금통화의 크기를 알 수 있다. 예금은행 예금의 크기는 어떻게 결정될까? 예금은행 예금의 크기는 얼핏 생각하면 사람들이 은행에 얼마나 예금하느냐에 달려 있는 듯이 보인다. 그 말이 틀리지는 않지만 경제학에서는 예금은행의 능동적인 신용창조를 통하여 그 크기가 결정된다고 설명한다. **신용창조**(credit creation)란 예금은행조직 전체를 통한 예금통화의 창출을 말한다.

3.2 예금은행의 신용창조와 예금통화 공급

예금은행조직 전체가 이론적으로 얼마나 많은 예금통화를 창출할 수 있는가를 설명하기 위하여 몇 가지 극단적인 가정을 해보자.

첫째, 요구불예금만 있고 저축성예금은 없다고 가정한다. 예금은행에 예치되는 예금은 모두 요구불예금이다.

둘째, 현금은 없고 모든 거래가 수표나 직불카드로 이루어진다고 가정한다. 예금은행으로부터 대출을 받은 사람은 전액을 자신이 거래하는 은행에 요구불예금의 형태로 예치하고 모든 거래는 현금이 아닌 수표나 직불카드로 한다.

셋째, 예금은행은 대출의 형태로만 자금을 운용하며, 유가증권에 대한 투자는 하지 않는다.

넷째, 예금은행은 필요지급준비금만 보유하며 초과지급준비금은 없다고 가정한다. 이 가정은 셋째 가정과 결부되어 예금액 중 필요지급준비금을 뺀 나머지가 모두 대출된다는 것을 뜻한다.

이제 이 네 가지 가정 하에서 예금은행조직이 예금통화를 얼마나 많이 창출할 수 있는가를 설명해 보자. 본원통화가 정부부문, 해외부문, 기타자산의 순증가 등을 통해 1,000만원이 공급되고 그 돈이 A라는 예금은행에 요구불예금으로 예치되었다고 하자. 이것을 본원적 예금이라 한다. 본원적 예금(primary deposits)이란 예금은행조직 밖에서 예금은행조직으로 최초에 흘러들어 온 예금을 말한다.

필요지급준비율이 10%라고 가정하자. 그러면 A은행은 1,000만원의 10%인 100만원을 필요지급준비금으로 보유하고 나머지 900만원을 대출할 수 있다. 이것이 **표 9-5**에 표시된 A은행 대차대조표의 차변에 나타난 자산 증가의 세목이다. A은행이 고객으로부터 요구불예금을 받았다는 것은 A은행이 언젠가는 고객에게 예금액을 내주어야 하기 때문에 A은행의 부채의 증가를 의미한다. 따라서 A은행의 대차대조표 대변에는 요구불예금 1,000만원이 부채 증가로 기입된다. 예금액에서 필요지급준비금을 뺀 나머지가 모두 대출된다고 가정했기 때문에 A은행의 초과지급준비금은 0이다.

A은행이 900만원을 ㄱ기업에 대출하고 그 기업은 이 900만원을 자기 거래은행 B에 요구불예금으로 예치한다고 하자(B은행이 A은행과 같아도 좋다). 그러면 이제 요

표 9-5

예금은행조직의 신용창조와 대차대조표

A은행 (단위 : 만원)

자산		부채	
지급준비금	+100	요구불예금	+1,000
대출	+900		
합계	+1,000	합계	+1,000

B은행

자산		부채	
지급준비금	+90	요구불예금	+900
대출	+810		
합계	+900	합계	+900

C은행

자산		부채	
지급준비금	+81	요구불예금	+810
대출	+729		
합계	+810	합계	+810

구불예금(따라서 통화)은 900만원만큼 증가한다. 1,000만원의 본원적 예금이 ㄱ기업의 요구불예금 900만원을 합한 1,900만원으로 늘어남으로써 900만원의 예금통화를 창조한 것이다.

통화량의 증가는 여기에서 끝나는 것이 아니다. 이제 B은행은 ㄱ기업으로부터 받은 900만원 중 10%에 해당하는 90만원을 필요지급준비금으로 보유하고 나머지 810만원을 ㄴ기업에 대출할 수 있다. ㄴ기업이 대출받은 810만원을 모두 C은행에 요구불예금으로 예금한다면 C은행은 필요지급준비금을 보유하고 나머지를 또 대출하게 된다. 물론 이 대출분만큼 예금통화가 늘어난다.

이상과 같이 예금→대출→예금의 경로를 밟아 일어나는 예금통화의 창출은 D, E, F……은행들을 통하여 계속 일어나 **표 9-6**에서와 같은 예금과 대출이 이루어질 것이다. 표 9-6의 (1)란을 보면 A은행이 받은 1,000만원의 본원적 예금을 기초로 하여 예금은행조직 전체로 1억원의 예금통화가 창출되는 것을 알 수 있다.

표 9-6

예금은행조직의 신용창조

(단위 : 만원)

은 행	요구불예금(1)	대 출(2)	필요지급준비금(3)
A	1,000	900	100
B	900	810	90
C	810	729	81
D	729	656.1	72.9
E	⋮	⋮	⋮
F	⋮	⋮	⋮
⋮	⋮	⋮	⋮
총 계	10,000 (총예금창조액)	9,000 (순예금창조액)	1,000 (본원적 예금)

$$
\begin{aligned}
\text{총예금창조액} &= 1{,}000 + 900 + 810 + \cdots\cdots \\
&= 1{,}000 + (1{,}000 \times 0.9) + (1{,}000 \times 0.9^2) + \cdots\cdots \\
&= 1{,}000 \times (1 + 0.9 + 0.9^2 + \cdots\cdots) = 1{,}000 \times \frac{1}{1-0.9} \\
&= 1{,}000 \times \frac{1}{0.1} = 10{,}000(\text{만원})
\end{aligned}
$$

위의 계산 예에서 총예금창조액은 초항을 1,000만원으로 하고 공비를 0.9로 하는 무한등비급수의 합과 같다. 여기서 1,000만원은 본원적 예금이고 0.1은 필요지급준비율이다. 따라서 총예금창조액을 구하는 일반식은

$$\begin{aligned}\text{총예금창조액} &= \text{본원적 예금} \times \text{필요지급준비율의 역수} \qquad (9\text{-}6)\\ &= \text{본원적 예금} \times \text{신용승수}\end{aligned}$$

가 된다. 필요지급준비율의 역수를 **신용승수**(credit multiplier)라 한다. 신용승수는 현금거래가 없고 초과지급준비금도 없을 때 본원통화에 기초한 본원적 예금이 몇 배의 예금통화를 창출할 수 있는가를 보여준다.

본원적 예금에 의해 추가로 창출된 예금을 **순예금창조액** 혹은 **파생적 예금**(derivative deposits)이라고 한다. **표 9-6**의 (2)란은 파생적 예금총액이 9,000만원임을 보여준다. 순예금창조액은 총예금창조액에서 본원적 예금을 뺀 것이다.

$$\begin{aligned}\text{순예금창조액} &= \text{총예금창조액} - \text{본원적 예금} \qquad (9\text{-}7)\\ &= \text{본원적 예금} \times \text{신용승수} - \text{본원적 예금}\\ &= \text{본원적 예금} \times (\text{신용승수} - 1)\end{aligned}$$

신용승수에서 1을 뺀 것을 **순신용승수**(net credit multiplier)라고 부른다. 순신용승수는 본원적 예금이 얼마나 요구불예금(따라서 협의통화)을 증가시켰는가 하는 배수이다.

참고로 표 9-6의 (3)란을 보면 필요지급준비금의 합계가 1,000만원이다. 이것은 본원적 예금이 모두 필요지급준비금으로 변할 때까지 신용창조가 계속된다는 것을 나타낸다. 신용승수배의 신용창조는 예금은행조직 전체에서 일어나는 것임을 유의해야 한다. 어느 한 은행만 놓고 볼 때는 예금액 중 필요지급준비금을 뺀 나머지가 모두 대출될 경우 그 대출액밖에 신용창조를 못 한다. 모든 예금은행을 통틀어 하나의 조직으로 놓고 볼 때 신용승수배의 신용창조가 일어나는 것이다.

예금은행조직에 의한 신용창조는 필요지급준비율이 100%보다 작다는 전제 하에서 성립한다. 만약 필요지급준비율이 100%이면 예금을 고스란히 지급준비금으로 가지고 있어야 하므로 신용창조가 일어날 수 없다. 오늘날 금융은 필요지급준비

율이 100%보다 작은 것이 관행이고 이 **부분지준제도**(fractional reserve system) 때문에 예금은행의 신용창조가 가능하다. 필요지급준비율이 작을수록 신용승수가 커져 신용창조가 커진다.

지금까지 설명한 신용승수는 현금거래와 초과지급준비금이 없고 유가증권에 대한 투자도 없다는 가정 하에서 도출된 것이다. 현실 세계에서는 현금거래가 있고 초과지급준비금이 존재하며 은행은 대출만 하는 것이 아니라 증권투자도 한다. 이러한 경우에는 각 은행의 대출액이 **표 9-6**에서보다 작아지며 예금은행조직 전체의 신용창조액도 작아진다. 따라서 식 (9-6)은 이론적으로 가능한 신용창조의 최대한도를 나타낸다.

3.3 본원통화와 통화량

이제 현금거래와 현금통화가 존재할 때 본원통화와 통화의 관계를 살펴보자. 한 가지 가정으로 본원통화와 통화의 일반적인 관계식을 얻을 수 있다.

현금통화가 협의통화에서 차지하는 비중을 **현금통화비율**이라 한다.

$$\text{현금통화비율}(z) = \frac{\text{현금통화}(C)}{\text{협의통화}(M_1)}$$

협의통화는 현금통화와 예금통화(D)를 합한 것이므로

$$1 - z = 1 - \frac{C}{M_1} = \frac{M_1 - C}{M_1} = \frac{D}{M_1}$$

는 예금통화비율이 된다.

이제 현금통화비율(따라서 예금통화비율)이 일정하다고 가정하자. 현실 세계에서 현금통화비율은 문자 그대로 일정한 상수로 나타나지는 않지만 각 사회에 따라 상당히 안정적이다. 따라서 이 가정이 터무니없는 가정은 아니다. 현금통화비율(z)이 일정하다면 식 (9-4)와 (9-5)를 결합하여

$$\underset{(B)}{\text{본원통화}} = \underset{(C)}{\text{현금통화}} + \underset{(R)}{\text{지급준비금}} = C + rD$$

를 얻는다. 그런데 $C = zM_1$, $D = (1-z)M_1$이므로

$$B = zM_1 + r(1-z)M_1 = [z + r(1-z)]M_1$$

이다. 따라서 (협의)통화는

$$M_1 = \frac{1}{z + r(1-z)} B \qquad (9-8)$$

로 표시된다. 지급준비율(r)은 중앙은행의 필요지급준비율과 예금은행의 관행에 의해 주어진다. 현금통화비율(z)은 일정하다고 가정하였다. 따라서 중앙은행이 본원통화(B)를 결정하면 통화는 본원통화에 $\frac{1}{z + r(1-z)}$을 곱한 값으로 결정된다. 이처럼 본원통화를 알면 통화공급량을 알 수 있게 해주므로 식 (9-8)을 **통화공급함수**라 한다.[3] 통화의 본원통화에 대한 비율을 **통화승수**(money multiplier)라 한다.

$$\text{통화승수}(m) = \frac{M_1}{B} = \frac{1}{z + r(1-z)} \qquad (9-9)$$

현금통화비율과 지급준비율이 1보다 작은 양수이므로 통화승수는 1보다 크다. 중앙은행이 공급한 본원통화는 예금은행조직으로 흘러들어 가 그 몇 배에 해당하는 예금통화를 창출하여 통화량을 통화승수배만큼 증가시키는 것이다. 이 때문에 본원통화를 **고성능화폐**(high-powered money)라고도 부른다.

결국 한 나라의 통화공급은 식 (9-8)이 보여주는 바와 같이 현금통화비율과 지급준비율, 그리고 본원통화의 크기에 의해 결정된다. 본원통화가 일정할 때 통화공급은 일반 대중의 현금통화비율이 작을수록 커지며, 예금은행의 지급준비율이 작을수록 커진다. 현금통화비율은 사람들이 얼마나 현금통화를 보유하는가 하는 관습에 달려 있는데 경제가 발달해 갈수록 점차 낮아지는 경향이 있다.

---

3) 경제학에서는 통화공급(량)이라는 말을 통화량과 혼용한다. 앞에서 설명한 바와 같이 통화량은 협의통화(M_1)로도 측정할 수 있고 광의통화(M_2)나 광의유동성(L)으로도 측정할 수 있다. 여기서는 협의통화(M_1)를 중심으로 논의를 전개하고 있다.

3.4 통화정책이란?

통화정책(monetary policy)이란 통화당국이 통화량이나 이자율을 조절하여 국민경제의 안정적 성장을 도모하는 정책을 말한다.

통화량은 국민경제활동과 물가에 직접적인 영향을 미친다.

이자율은 소비, 투자, 물가는 물론 국가 간 자금이동 등 여러 분야에 직접 · 간접으로 영향을 미친다. 일반 상품의 수량 및 가격과는 달리 통화량과 이자율이 국민경제에 미치는 영향은 크고 광범위하다. 따라서 중앙은행은 통화량과 이자율을 그때 그때의 경제상황에 적절한 수준으로 유도하기 위하여 노력한다.

통화정책은 금융정책, 통화신용정책, 통화금융정책이라고도 부른다. 통화정책의 체제는 전통적으로 최종목표(goals), 명목기준지표(nominal anchor), 운용목표(operating targets), 그리고 정책수단(instruments)의 네 가지 요소로 구성된다.

통화정책의 최종목표란 통화정책이 실현하고자 하는 국민경제상의 목표를 말한다. 통화정책의 최종목표는 물가안정, 금융안정, 완전고용, 국제수지 균형, 경제성장 등인데 한마디로 국민경제의 안정적 성장이라 할 수 있다.

중앙은행이 쓸 수 있는 정책수단은 통화정책의 최종목표에 직접적으로 영향을 미치는 것이 아니라 다양한 요소들과 더불어 여러 가지 경로를 통해 간접적으로 영향을 미친다. 따라서 중앙은행은 정책수단과 최종목표를 이어줄 수 있는 다양한 지표를 활용하여 통화정책을 수행하는 것이 일반적이다. 우선 중앙은행은 최종목표와 밀접한 관계가 있는 통화량, 환율, 물가상승률 등의 지표 중에 하나를 선택하여 그 지표의 목표수준을 결정한 다음, 이를 달성할 수 있도록 통화정책을 수행한다. 이렇게 선택된 지표를 **명목기준지표**라 한다. 명목기준지표도 중앙은행이 직접 제어할 수 있는 지표가 아니다. 따라서 중앙은행이 다른 변수의 영향을 받지 않고 직접 제어하여 원하는 수준을 유지할 수 있는 지표가 필요한데 이를 **운용목표**라 한다. 일반적으로 단기시장금리나 지급준비금이 운용목표로 사용된다. 중앙은행은 운용목표의 적정수준을 설정하고 공개시장운영, 지급준비제도, 중앙은행 여수신제도 등의 정책수단을 활용하여 운용목표의 수준을 유지함으로써 궁극적으로 최종목표를 달성하기 위해 노력한다.

지금까지 설명한 **전통적인 통화정책체제**를 도시하면 **표 9-7**과 같다. 통화정책도 재정정책과 같이 단기에는 안정화정책의 성격을 갖는다.

1990년대부터 여러 나라의 통화당국이 **표 9-7**에 있는 통화정책의 여러 최종목표들 대신 물가안정이라는 단일 최종목표를 추구하는 방식을 채택하기 시작하였다. 이를 **물가안정목표제**(inflation targeting)라 부른다. 여러 최종목표들을 동시에 달성하기가 어려운데다가 통화당국의 1차적인 목표는 통화가치의 안정 = 물가안정이어야 한다는 것이 중요한 명제로 인식되었기 때문이다.

표 9-7

전통적인 통화정책체제

정책수단	→	운용목표	→	명목기준지표		→	최종목표
▪ 공개시장운영 ▪ 지급준비제도 ▪ 여수신제도 등	→	▪ 단기시장금리 ▪ 지급준비금 등	→	중간목표 ▪ 통화량 ▪ 환율 등	▪ 물가상승률	→	▪ 물가안정 ▪ 금융안정 ▪ 완전고용 ▪ 국제수지 균형 ▪ 경제성장

우리나라도 1998년부터 물가안정목표제를 운영하고 있다. 물가안정목표제로 바꾸기 이전에는 최종목표를 달성하기 위한 중간목표로 통화량을 채택하였다. 그러나 금융제도 개편, 금융혁신 등으로 통화지표의 안정성이 약화하고, 통화와 실물변수 간 관계가 모호해지는 등 통화정책의 유효성이 낮아짐에 따라 명목기준지표를 물가상승률로, 운용목표를 이자율로 바꾸었다. 물가안정목표제란 중앙은행이 일정 기간 동안 달성해야 할 물가상승률 목표를 사전에 제시하고, 정책금리 조정 등을 통해 이를 달성하려고 하는 통화정책의 운영체제이다.

한국은행은 매월 물가동향, 경제활동, 국내외 금융시장 여건 등을 종합적으로 고려하여 한국은행과 금융기관 간 거래의 기준이 되는 정책금리 혹은 **기준금리**(base rate)를 설정한다. 그리고 다양한 통화정책수단들을 이용하여 단기시장금리가 기준금리에 근접하도록 관리한다. 이는 단기시장금리가 장기시장금리와 여수신금리로 파급되어 투자와 소비 등 실물경제에 영향을 미치는 통화정책의 파급경로를 염두에 둔 운영방식이다.

물가안정목표제 하에서 물가안정이 한국은행의 가장 중요한 목표이지만 경제성장, 완전고용, 국제수지 균형과 같은 다른 최종목표들도 적절히 고려한다. 무엇보다 2011년의 한국은행법 개정으로 물가안정 외에 한국은행의 기능으로 추가된 금융안정에 힘쓴다.

3.5 통화정책수단

한국은행이 사용하고 있는 통화정책수단은 크게 공개시장운영, 지급준비제도, 여수신제도 등이다.

공개시장운영

공개시장운영(open market operation)이란 중앙은행이 증권시장에서 국공채를 매입하거나 매각하여 유동성을 조절하는 것을 말한다.

앞에서 중앙은행이 국공채와 같은 유가증권을 매입하면 중앙은행의 순기타자산과 본원통화가 증가하는 것을 보았다. 본원통화가 증가하면 통화공급함수에서 알 수 있는 바와 같이 통화량이 증가한다. 중앙은행이 국공채를 매각하면 본원통화가 감소하여 통화량은 감소한다.

공개시장운영은 이자율도 변화시킨다. 미래에 받을 소득이 고정되어 있는 채권의 가격과 이자율은 서로 반대 방향으로 움직인다.[4] 중앙은행이 국공채를 매입하면 국공채에 대한 수요가 증가하여 국공채 가격이 오르기 때문에 이자율이 하락한다. 반대로 중앙은행이 국공채를 매각하면 국공채에 대한 공급이 증가하여 국공채 가격은 하락하고 이자율은 상승한다. 국공채를 매매하는 대신 환매채(RP)를 매매하기도 하고, 통화안정증권을 발행하거나 환매하는 방식을 취하기도 한다.

공개시장운영은 통화당국이 일상적으로 활용하는 통화정책수단이다.

---

4) 채권 가격이 상승하는 것은 이자율이 하락하는 것과 같다. 채권 가격이 하락하는 것은 이자율이 상승하는 것과 같다. 이에 대하여는 다음 장 **읽을/생각할 거리 10－1**에서 좀 더 자세히 다룬다.

지급준비제도

지급준비제도에는 크게 지급준비율정책과 지준부리제도가 있다.

지급준비율정책(reserve requirements policy)이란 중앙은행이 예금취급기관의 필요지급준비율을 변경시킴으로써 통화량을 조절하는 것을 말한다. 중앙은행이 필요지급준비율을 인상하면 예금취급기관의 지급준비율이 상승한다. 예금취급기관의 지급준비율이 상승하면 식 (9-8)에서 보는 바와 같이 통화승수가 작아져 통화량이 감소한다. 반대로 중앙은행이 필요지급준비율을 인하하면 통화승수가 커져 통화량이 증가한다.

지준부리제도란 예금취급기관이 한국은행에 예치한 지급준비금에 대해 이자를 지급하는 것이다. 이자를 많이 주면 적게 주는 경우보다 초과지급준비금을 많이 예치할 유인이 생긴다. 이에 따라 시중 유동성이 줄어드는 효과가 있다.

읽을/생각할 거리 9-6

비전통적인 양적 완화 통화정책

2008년의 금융위기 이후 미국 경제와 세계경제의 대침체를 막기 위해 미국 중앙은행(연방준비제도, 연준)은 유례없는 양적 완화(Quantitative Easing : QE)정책을 실시해 왔다. 양적 완화정책이란 중앙은행이 일정한 본원통화 공급 목표를 정하고 그 목표를 달성할 때까지 시중은행을 비롯한 금융회사들이 보유한 금융자산을 매입하는 것이다. 양적 완화정책은 비전통적인 통화정책이라고 불린다. 왜 그럴까? 중앙은행이 금융자산을 매입한다는 점에서는 전통적인 공개시장매입운영과 같다. 공개시장매입운영은 중앙은행이 국공채시장과 같은 공개시장에서 국채와 공채를 매입하여 금리 인하와 이를 통한 소비와 투자 증대를 꾀하는 것이다. 금융위기 직후 연준은 우리나라의 기준금리에 해당하는 연방기금금리를 종전의 1.00%에서 0.25%로 대폭 낮추고 통상적인 공개시장매입운영을 확대했지만 이것으로 금융위기를 진정시킬 수 없었다. 이에 따라 시중에 돈을 대폭 푸는 한편 유동성 부족에 시달리는 금융기관에 유동성을 공급하는 데에 일차적인 목표를 두었다. 우선 연준은 안전자산인 국공채뿐 아니라 위험자산인 주택담보부채권을 매입하였다. 금융자산을 공개시장에서 매입하는 것은 물론 금융회사로부터도 직접 샀다. 벤 버냉키 당시 연준 의장을 '헬리콥터 벤'이라고 부른 이유이다. 양적 완화가 헬리콥터에서 돈을 살포하는 것과 같이 전방위적으로 통화를 공급한다고 해서 붙은 별명이다.

이렇게 연준이 비전통적으로 통화를 공급해야 했던 이유는 크게 두 가지이다. 하나는 금융위기 이후에 통상적인 확대통화정책으로는 해결할 수 없을 정도로 시중의 자금경색이 심각했다는 점이다. 비상한 때에는 비상한 조치가 필요하다. 다른 하나는 미 달러화가 세계의 기축통화 노릇을 하고 있어 미국 국내 유동성은 물론 세계 유동성도 공급해야 할 필요가 있기 때문이다. 금융위기를 맞아 세계금융시장과 외환시장에서는 안전자산인 달러화에 대한 수요가 급증하였다. 수요에 부응하여 달러를 공급하지 않으면 달러값이 너무 오르고 환투기가 기승을 부려 세계금융시장과 외환시장에 큰 혼란이 생길 공산이 컸다. 영국, 유로지역과 일본 등 다른 선진국에서도 양적 완화정책을 폈지만 미국이 규모 면에서 훨씬 방대한 것은 이 때문이다.

양적 완화의 문제는 어느 정도의 양적 완화가 필요하고 언제 중단할 것인가이다. 미국의 양적 완화는 2008년 11월에 시작하여 1차로 2010년 3월까지 실시하여 1조 7,500억 달러를 살포하였다. 이 정도로는 미국 경제가 회복되지 않자 2010년 11월부터 2011년 6월까지 6,000억 달러 규모의 2차 양적 완화를 실시하였다. 이어 2012년 9월부터 무기한으로 매월 400억 달러의 주택담보부채권을 매입하고 2012년 12월부터 매월 450억 달러의 국채를 추가 매입하는 3차 양적 완화를 실시하였다. 미국 경제가 위기국면을 넘기고 안정적인 회복국면으로 들어섰다고 판단하여 2013년 가을부터 양적 완화를 축소하겠다고 연준 의장이 운을 떼자 국제금융시장과 외환시장, 그리고 주식시장은 크게 출렁거렸다. 후임 자넷 옐렌(Janet Yellen) 연준 의장이 양적 완화를 당분간 축소하지 않겠다고 선언함으로써 시장이 진정되었다. 양적 완화를 중단하는 것도 아니고 축소해 나가겠다는 방침만으로도 세계경제, 특히 신흥국 경제가 비틀거린 것이다. 이렇게 비전통적인 처방을 너무 오래 씀으로써 나중에 회복국면에 들어서면 세계경제가 과열되고 물가 앙등과 자산가격 거품을 일으켜 또 다른 위기를 낳는 것 아니냐는 우려를 낳았다. 2021 ~ 2022년에 나타난 세계적인 인플레이션 현상은 코로나 19와 우크라이나 전쟁으로 일어난 세계공급망 교란에 크게 기인하지만 그동안의 비전통적 양적 완화 통화정책에도 기인한다.

여수신제도

중앙은행의 여수신제도는 중앙은행이 금융기관에 대한 대출금리를 변경하거나 자금량을 직접 조절함으로써 자금의 수급을 조절하는 정책수단을 말한다.

한국은행의 대표적인 여수신제도에는 총액한도대출제도와 자금조정대출 및 예금이 있다. **총액한도대출제도**란 각 금융기관이 한국은행에서 차입할 수 있는 총액한도를 미리 정해 주고 그 한도 내에서 자금을 차입할 수 있도록 하는 제도를 말한다. 대출해 주는 총액한도를 늘리거나 줄임으로써 유동성을 조절한다. 한국은행은 금융기관이 자금 과부족을 자금시장에서 해소하지 못하여 지급준비금이 부족할 경우 자금조정대출을 해주고, 남을 경우에는 자금조정예금을 이용할 수 있도록 하고 있다.

기타

정책금융과 여신관리제도 등이 있다. **정책금융**이란 수출산업, 중화학공업, 첨단산업, 주택산업, 중소기업 등 국가가 중요하다고 판단하는 부문에 싼 금리의 자금을 정책적으로 많이 배분하는 것을 말한다. **여신관리제도**란 특정 부문(예컨대 재벌)

에 여신이 편중되는 것을 완화하고, 대출해 준 기업자금이 대출 용도에 맞게 쓰이도록 은행이 관리하는 제도이다. '정부의 은행' 이자 '은행의 은행' 인 한국은행이 정책금융과 여신관리제도 등을 관장한다.

중앙은행의 신뢰성을 높이는 제도5)

중앙은행의 독립성, 책임성, 신뢰성 등을 제고하기 위한 제도적 기반을 갖추는 것이 필요하다. 통화정책은 많은 경제주체의 다양한 이해관계에 영향을 미치므로 외부로부터 단기적 성과에 대한 압력과 비판을 받기 쉽다. 따라서 중앙은행이 통화정책을 자율적으로 수행할 수 있어야 하며 이를 위해 독립성 확보를 위한 장치가 필요하다. 물론 독립적으로 통화정책을 수행할 권한을 부여받은 중앙은행은 그에 상응하는 의무로서 자신의 정책을 국민에게 설명하고 그 결과에 대해 책임을 질 수 있어야 한다. 최근 들어서는 통화정책의 효율성을 제고하는 측면에서 중앙은행의 신뢰성이 강조되고 있다. 예컨대 글로벌 금융위기 이후 미국의 중앙은행인 연방준비제도는 정책의 불확실성을 완화하고 시장금리를 안정시키기 위해 향후 정책 경로를 명확히 제시하는 **사전적 정책방향 제시**(forward guidance)를 실시하였다. 이러한 중앙은행의 커뮤니케이션 전략은 일반 국민의 중앙은행에 대한 신뢰가 높을 때 소기의 성과를 거둘 수 있다.

요약 및 학습

01 정부의 수입과 지출에 관련된 모든 경제활동을 재정이라 한다. 지출이 수입보다 큰(작은) 것을 재정적자(흑자)라 한다. 재정적자가 발생하면 모자라는 돈을 메꾸어야 한다. 메꾸는 방법으로는 크게 중앙은행으로부터의 차입, 국채 발행, 외국으로부터의 차입의 세 가지 방법이 있다.

02 정부수입의 대종은 조세이다. 정부지출의 대종은 정부소비지출과 정부투자지출을 합친 정부지출이다. 조세와 정부지출의 크기를 변경시켜 경제의 안정적 성장과 국민 복지의 증대를 꾀하는 정책을 재정정책이라 한다.

5) 한국은행, 『한국의 통화정책』, 2017 인용

03 화폐란 상품을 매매하고 채권 · 채무관계를 청산하는 일상거래에서 일반적으로 통용되는 지불수단을 말한다. 화폐는 일반적인 교환의 매개수단, 회계의 단위, 가치의 저장수단의 세 가지 기능을 수행한다. 이 세 가지 기능을 수행하는 것이면 형태에 관계없이 화폐이다.

04 시중에 돌아다니고 있는 화폐의 유통량을 통화량이라 하고, 통화량의 크기와 변화를 측정하는 기준을 통화지표라고 한다. 어느 것까지를 돈으로 볼 것인가에 대하여는 정설이 없기 때문에 여러 가지 통화지표를 편성하여 병용하고 있는 것이 보통이다.

05 우리나라 통화지표에는 협의통화(M_1) · 광의통화(M_2) · 금융기관유동성(L_f) · 광의유동성(L)이 있다.

협의통화(M_1) = 현금통화 + 예금취급기관의 결제성예금(예금통화)

광의통화(M_2) = 협의통화(M_1) + 예금취급기관의 저축성예금 + 각종 수익성 금융상품(단, 만기 2년 이상 금융상품은 제외)

금융기관유동성(L_f) = 광의통화(M_2) + 금융기관 기타예수금 등

광의유동성(L) = L_f + 정부와 기업 등이 발행한 유가증권(국채 · 지방채 · 회사채 등)

06 자금의 융통을 금융이라 한다. 금융시장이란 자금의 거래가 이루어지는 시장을 말한다. 자금의 최종 수요자와 최종 공급자가 직접 거래하는 시장을 직접금융시장, 금융기관이 매개하여 자금의 수요와 공급이 이루어지는 시장을 간접금융시장이라 한다. (직접)금융시장은 단기금융시장과 장기금융시장으로 구분한다. 단기금융시장에는 금융기관 간에 일시적인 유휴자금이 거래되는 콜시장과, 기업어음 · 양도성예금증서 · 환매채 등이 거래되는 할인시장이 있다. 장기금융시장은 장기자금을 조달하는 시장으로서 주식시장과 채권시장이 있다.

07 금융기관이란 자금의 수요와 공급을 매개하는 기관이다. 우리나라의 금융기관은 예금취급기관과 기타금융기관으로 구분된다. 예금취급기관은 협의통화와 광의통화를 공급하는 기관으로서 중앙은행과 기타예금취급기관으로 구성된다. 기타금융기관은 예금취급기관이 아닌 금융기관이다.

08 (협의)통화의 공급은 ① 중앙은행의 본원통화와 연관된 현금통화와 ② 기타예금취급기관의 신용창조에 의한 예금통화의 공급으로 이루어진다. 본원통화는 중앙은행의 창구를 통해 시중에 나온 현금으로서 현금통화와 지급준비금(= 필요지급준비금 + 초과지급준비금)을 합한 것이다.

09 본원통화는 ① 재정지출이 재정수입보다 많을 때, ② 중앙은행의 외환매입이 외환매각보다 많을 때, ③ 중앙은행의 금융기관에 대한 대출이 증가할 때, ④ 중앙은행이 유가증권이나 고정자산을 매입할 때 증가한다.

10 통화량을 결정하는 것은 ① 일반 대중이 결정하는 현금통화비율, ② 중앙은행이 결정하는 필요지급준비율, ③ 기타예금취급기관이 결정하는 초과지급준비율, ④ 중앙은행이 공급하는 본원통화이다. 일반적으로 현금통화비율과 초과지급준비율은 사회 관습에 의해 결정된다. 따라서 통화량을 결정하는 가장 중요한 변수는 중앙은행이 조절 · 통제할 수 있는 필요지급준비율과 본원통화이다. 통화공급량(M)과 본원통화(B)의 관계는

$$M = mB = \frac{1}{z + r(1 - z)} B$$

로 표시된다. 현금통화비율(z)과 지급준비율(r)이 낮을수록, 그리고 본원통화(B)의 공급이 많을수록 통화량(M)은 많아진다. 여기서 통화량의 본원통화에 대한 비율 m을 통화승수라 한다.

11 통화정책이란 통화당국이 통화량이나 이자율, 환율을 조절하여 국민경제의 안정적 성장을 도모하는 경제정책을 말한다. 통화정책체제는 최종목표 · 명목기준지표 · 운용목표 · 정책수단의 네 가지 요소로 구성된다.

(1) 최종목표 : 물가안정, 금융안정, 완전고용, 국제수지 균형, 경제성장 등

(2) 명목기준지표 : 통화량, 환율, 물가상승률

(3) 운용목표 : 단기시장금리, 지급준비금 등

(4) 정책수단 : 공개시장운영, 지급준비제도, 여수신제도

우리나라의 통화정책은 물가안정을 가장 중요한 최종목표라고 판단하여 단기시장금리를 운용목표로 하는 물가안정목표제를 2003년부터 시행하고 있다. 2011년부터는 물가안정 외에 한국은행의 기능으로 추가된 금융안정에도 유념하고 있다.

12 중앙은행이 증권시장에 나가 국공채를 매입하면 통화량은 증가하고 이자율은 하락한다. 중앙은행이 필요지급준비율을 인하하면 통화량이 증가한다.

연습문제

01 최근 우리나라 중앙정부와 일반정부의 재정 현황을 알아보라. 조세부담률과 국민부담률, 재정수지, 국가채무비율 등을 조사해 보라.

02 소득세는 (총소득 − 소득공제) × 세율 − 세액공제를 통하여 납부해야 할 세액이 결정된다. 소득공제와 세액공제가 어떻게 다르고 어떤 종류의 공제제도가 있는가 알아보라. 소득세와 금융소득종합과세는 어떻게 연결되는가?

03 국회예산정책처의 '국가채무시계'에 따르면 2022년 6월 11일에 국가채무가 1,026조원, 국민 1인당 국가채무는 1,987만원이고 1초에 국가채무가 245만원씩 증가하고 있다. 오늘 현재는 어떤가 알아보라. 국가채무가 근래에 지나치게 많이 증가하고 있음을 확인하라. 국가채무 증가를 둔화시키는 방법에 대해 논하라.

04 왜 현대사회에서 중앙은행이 지폐를 독점적으로 찍어낼까? 시중은행들도 지폐를 찍어내면 어떤 문제가 있을까?

05 현금통화비율이 0.20, 필요지급준비율이 0.10, 초과지급준비율이 0.01이라고 하자.

(1) 통화승수를 구하라.

(2) 본원통화가 10억원이라면 통화량은 얼마가 되겠는가?

(3) 통화량을 2억원 증가시키려면 본원통화를 얼마나 늘려야 하는가?

(4) 본원통화는 그대로 두고 통화량을 2억원 증가시키기 위하여 중앙은행이 취할 수 있는 방법은 구체적으로 무엇인가?

(5) 한 나라의 통화량은 중앙은행, 기타예금취급기관, 일반 대중이 공동으로 결정한다. 이 명제를 설명하라.

(6) 일반 대중이 예금을 대량 인출(bank run)하여 현금통화비율이 0.8로 급등하였다고 하자. 본원통화가 (2)처럼 10억원일 때 통화량은 얼마가 되는가?

06 식 (9 − 8)의 통화공급함수에서

(1) 현금통화비율이 1일 때 통화공급량을 구하라. 현금통화비율이 1이라는 의미는?

(2) 지급준비율이 1일 때 통화공급량을 구하라. 지급준비율이 1이라는 의미는?

(3) 현금통화비율이 0일 때 통화공급량은?

07 금융기관이 파산할 때 예금자를 보호하기 위한 장치로 예금보험제도가 있다. 이 제도의 내용을 알아보라. 각국은 으레 예금 전액을 보호해 주지 않고 상한을 정하여 그 한도 내에서만 보호해 준다. 이 부분예금보험제도를 실시하는 경제논리가 무엇일까 알아보라.

08 여러분에게 1억원의 여윳돈이 있어서 금융상품에 투자하려고 한다 하자. 각 금융기관에서 많은 금융상품을 내놓고 있다. 어떤 상품에 어떻게 투자하는 것이 좋을까 알아보라.

09 정부가 토지보상금을 민간에 다음 각각의 방식으로 지급할 때 협의통화, 광의통화, 금융기관유동성, 광의유동성에 미치는 영향을 설명하라.

(1) 정부예금을 인출하여 현금으로 지급하는 경우

(2) 국채(공공용지 보상채권)나 회사채(토지개발채권 등)로 지급하는 경우

(3) 토지공사 등 공기업이 회사채를 발행한 재원으로 민간에게 현금을 지급하되

① 회사채를 민간이 매입하는 경우

② 회사채를 은행이 매입하는 경우

10 2008년에 미국의 금융위기가 일어난 후 전 세계적으로 유동성 부족→신용경색 →신용위기 현상이 일어난 것을 **표 9-5**와 연관시켜 설명해 보라.

11 다음의 기술이 옳은가 그른가를 밝히고 그 이유를 설명하라.

① 소비자가 물건을 사고 가계수표를 발행하면 협의통화(M_1)는 증가한다.

② 산업은행과 수출입은행은 예금은행에 속하지 않는다.

③ 백화점이 발행한 상품권은 교환의 매개수단이지만 돈이 아니다.

④ M_1과 M_2의 차이는 저축성예금의 유동성이다.

⑤ 신용승수는 통화승수보다 크다.

⑥ 신용카드회사는 예금취급기관이 아니라 여신전문금융회사이다.

⑦ 채권투자가가 채권을 살 때는 고금리일 때이다.

⑧ 예금취급기관은 광의통화에 속하는 금융상품을 발행하는 금융기관이다.

⑨ 공개시장운영을 하는 공개시장(open market)이란 주식시장과 회사채시장을 말한다.

⑩ 경상수지가 적자이면 통화가 환수된다.

⑪ 현실 세계에서 본원통화는 화폐발행액보다 항상 크다.

⑫ 경제가 불황일 때 정부는 국채의 매입, 지급준비율의 인하, 재정적자를 추구할 것이다.

⑬ 중앙은행이 국채를 매각하면 국채의 가격이 싸져 이자율이 상승한다.

⑭ 주식형 펀드나 뮤추얼펀드는 간접투자상품이고 원금 보호를 못 받는 금융상품이다.

⑮ 최근 사회간접자본 투자와 주택 · 환경 등 복지부문의 재정수요가 급증하고 있는데 이 부문에 대한 지출은 사회 · 경제개발비로 잡힌다.

⑯ 시중은행 금고에 있는 돈은 본원통화에 포함되지만 통화는 아니다.

⑰ 가장 좁은 의미로 정의되는 화폐는 지폐와 동전 같은 현금이다.

⑱ 은행이 기업으로부터 상업어음을 살 때는 어음할인 형식을 취하고 여신으로 간주한다.

⑲ 은행예금의 대규모 인출사태(bank run)가 일어날 때 본원통화량을 종전 수준으로 유지하면 통화량이 크게 감소한다.

⑳ 초과지급준비율은 음일 수도 있다.

10 총수요 · 총공급의 이론과 경제안정화정책

"이제 우리는 모두 케인스학파 경제학자들이다."

"재량보다 준칙을" — 밀튼 프리드먼(Milton Friedman)

"경제에도 춘하추동이 있다. 호황엔 불황을 대비하고 불황엔 호황을 준비하라." — 이병철(삼성 창업회장)

"부유한 사람이 많이 소비하면 가난한 사람이 일자리를 얻게 된다." — 관자

[개요]

개별 상품의 가격과 거래량을 수요 · 공급의 이론으로 설명하는 것과 같이 한 나라의 물가수준과 실질총생산을 총수요 · 총공급의 이론으로 설명한다. 경기변동의 진폭을 완화시키고자 하는 안정화정책은 총수요곡선의 이동으로 표시된다. 경제상황을 보아 가며 안정화정책을 적극적으로 실시하는 것이 필요한가에 관하여는 필요하다는 입장과 불필요하다는 입장으로 경제학계가 양분되어 있다.

주요 학습사항

◎ 총수요곡선이 우하향하는 이유는?

◎ 총공급곡선이 우상향하는 이유는?

◎ 총수요곡선은 어느 경우에 이동하는가? 그 효과는?

◎ 총공급곡선은 어느 경우에 이동하는가? 그 효과는?

◎ 재정정책과 통화정책의 효과 : 같은 점과 다른 점은?

◎ 안정화정책을 보는 거시경제학의 두 조류

1. 총수요 · 총공급의 이론과 총생산의 결정

Navigator @ Economics, ch. ten

앞의 두 장에서 여러 가지 거시경제지표들을 배웠다. 이 거시경제지표들 가운데 가장 중요한 변수는 국내총생산(GDP)으로 대표되는 총생산이다.

한 나라의 총생산 규모를 알면 그 나라의 민간소비 · 총저축 · 총투자 · 정부지출 등의 규모를 대강 짐작할 수 있다. 예컨대 최근 어느 해의 우리나라 GDP 규모를 알면 그 해의 민간소비는 GDP의 50%가량, 총저축 · 총투자는 30% 내외, 정부지출은 10% 내외라고 헤아릴 수 있다.

한편 총생산이 증가하면 고용이 증가하고 실업이 감소한다. 경제성장은 실질 GDP가 증가하는 것이다. 경기순환도 총생산을 도외시하고 논할 수 없다. 물가상승은 흔히 명목 GDP의 증가와 결부되어 발생한다.

이처럼 총생산은 다른 모든 거시경제지표들과 밀접한 관계를 가지며 거시경제학에서 가장 관심을 갖는 변수이다. 이 장에서는 총생산이 어떤 수준에서 결정되는가를 총수요 · 총공급의 이론으로 다룬다. 총수요 · 총공급의 이론은 한 나라의 물가와 실질총생산을 총수요곡선과 총공급곡선의 교차로 설명하는 이론이다.

1.1 총수요 · 총공급의 이론

제Ⅱ편에서 개별 상품에 대한 시장수요곡선과 시장공급곡선을 도출하여 두 곡선의 교차에 의해 해당 상품의 시장가격과 거래량이 결정되는 것을 배웠다.

시장에 나와 있는 모든 상품들 가운데 최종생산물만 골라 1년 동안 생산된 최종생산물들의 기준연도 시장가격을 합치면 그 해의 실질 GDP가 된다. 개별 상품의 거래량이 늘어나면 실질 GDP도 늘어날 것이다. 개별 상품 가격이 오르면 모든 상품가격들의 평균치 개념인 물가도 오를 것이다. 따라서 독자들은 개별 상품의 거래량과 시장가격이 어떻게 결정되는가를 수요곡선과 공급곡선으로 접근하듯이, 실질 GDP와 물가가 어떻게 결정되는가 하는 것도 경제 전체의 수요곡선과 공급곡선으로 접근할 수 있지 않겠는가 하는 생각을 가질 것이다.

경제 전체에 대하여도 개별 시장과 마찬가지로 수요곡선과 공급곡선이라는 개념을 사용할 수 있다. 경제학에서는 경제 전체에 대한 수요곡선과 공급곡선이라는 개념을 총수요곡선, 총공급곡선이라는 용어로 사용한다. 이 총수요곡선과 총공급곡선을 이용하여 한 나라의 생산 및 물가 수준이 어떻게 결정되고 변동하는가를 분석할 수 있다. 이를 총수요 · 총공급의 이론이라고 한다.

총수요 · 총공급의 이론을 이해하기 위해서는 먼저 총수요곡선과 총공급곡선을 알아야 한다.

1.2 총수요곡선이란?

먼저 총수요곡선을 정의해 보자.

총수요곡선(aggregate demand curve)은 각각의 물가수준에서 수요되는 실질총생산을 보여주는 곡선이다.

총수요곡선을 그릴 때 세로축에는 물가를, 가로축에는 실질총생산을 측정한다. 구체적으로 물가는 GDP 디플레이터이고, 실질총생산은 실질 GDP이다.

총수요곡선은 개별 상품의 시장수요곡선처럼 우하향한다. 따라서 개별 최종생산물의 시장수요곡선을 수평으로 합하면 총수요곡선을 도출할 수 있는 것 아닌가 생각할 수 있다. 최종생산물이 하나뿐이라면 그 최종생산물의 시장수요곡선이 바로 총수요곡선일 것이다. 그러나 최종생산물이 둘 이상이면 개별 최종생산물의 시장수요곡선을 수평으로 합하여 총수요곡선을 도출할 수 없다.

개별 상품에 대한 시장수요곡선은 그 상품 각각의 가격수준에서 수요되는 수량을 보여주는 곡선이다. 그 상품의 가격이 오르면 그 상품에 대한 시장수요량이 감소하는데 이때 다른 상품들의 가격은 일정하다고 가정한다. 총수요곡선에서 물가가 오른다는 것은 어느 한 상품의 가격만 오르는 것이 아니라 모든 상품의 가격이 평균적으로 오른다는 것을 뜻한다. 따라서 개별 상품에 대한 시장수요곡선을 모두 합친다고 해서 총수요곡선이 되는 것은 아니다. 개별 상품에 대한 시장수요곡선을 그릴 때는 해당 상품의 가격만 변하는 것을 전제로 하지만 총수요곡선을 그릴 때는 모든 상품의 가격이 변하는 것을 전제로 해야 하는 것이다.

수요되는 실질총생산을 간단히 줄여서 **총수요**라 한다.[1] 제8장에서 국내총생산을

1) 엄밀하게 말하면 실질총수요라고 해야 한다. 앞으로 '총수요'는 실질총수요를 의미하기로 한다. 명

국내총생산 = 민간소비 + 국내총투자 + 정부소비 + 순수출

로 정의하였다. 총수요는 수요되는 총생산 혹은 지출하고자 하는 총생산이다. 총생산을 구성하는 네 부분의 지출이 경제주체들에 의해 의도되고 계획된 것이면 총수요가 되는 것이다. 따라서 총수요를 다음과 같이 정의할 수 있다.

총수요 = 민간소비수요 + 국내총투자수요 + 정부소비수요 + 순수출수요 (10-1)

총생산이 실현된 총지출임에 비하여 총수요는 의도된 총지출이다. 경제학에서는 민간소비지출과 민간소비수요가 같고, 정부소비지출과 정부소비수요가 같으며, 순수출이 순수출수요와 같다고 본다. 각 경제주체들이 의도하고 계획한 만큼만 실제로 소비한다고 생각할 수 있기 때문이다. 그러나 국내총투자와 국내총투자수요는 같지 않다. 재고투자가 국내총투자에 포함되는데 제품이 기대한 만큼 팔리지 않거나 기대한 것보다 더 많이 팔리면 재고투자와 재고투자수요가 달라지기 때문이다.

총수요곡선이 우하향하는 이유

총수요곡선은 **그림 10-1**처럼 우하향한다. 물가가 상승하면 총수요가 감소하고 물가가 하락하면 총수요가 증가하는 것이다. 총수요곡선이 우하향하는 이유로는 크게 세 가지를 들 수 있다.

첫째, 물가가 오르면 으레 이자율도 오르는데 이자율이 오르면 민간소비수요와 투자수요가 감소한다. 물가가 오르면 사람들이 원하는 물건들을 사는 데에 종전보다 더 많은 돈을 지불해야 한다. 따라서 지갑이나 은행계정에 종전보다 많은 돈을 가지고 있어야 하기 때문에 돈에 대한 수요가 증가한다. 돈에 대한 수요가 증가하면 돈을 사용하는 대가로서의 이자율은 상승한다. 이자율이 상승하면 집, 자동차, 가전제품 등 고급 내구소비재의 할부판매가 감소한다. 매기에 불입해야 할 이자 부담이 높아지기 때문이다. 또한 차입비용이 많아지므로 다른 조건이 일정할 때 기업의 투자수요가 감소한다. 이처럼 물가가 오를 때 이자율도 올라 총수요가 감소하는 효과를 이자율효과라 한다.

목총수요는 명시적으로 '명목총수요' 로 표시한다. 이는 총공급, 총소득, 총생산, 소비, 투자, 수출, 수입 등 다른 거시경제지표들의 경우에도 마찬가지이다.

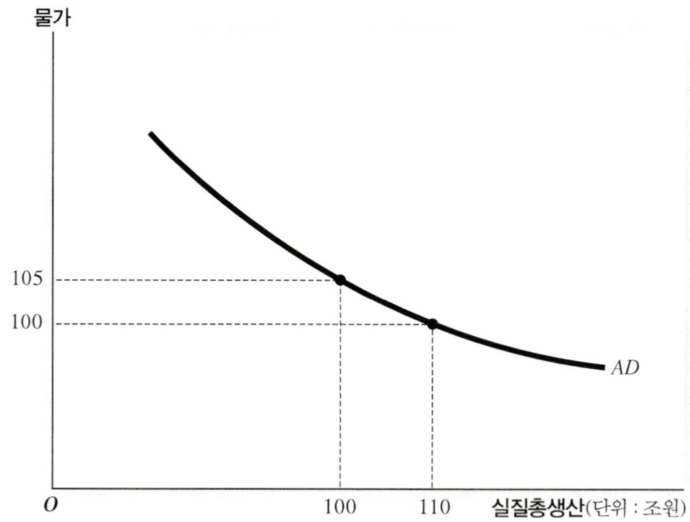

그림 10-1

총수요곡선

총수요곡선은 각각의 물가수준에서 수요되는 실질총생산을 보여주는 곡선이다. 총수요곡선은 우하향한다.

둘째, 물가가 오르면 민간이 보유하고 있는 현금과 국공채의 실질가치가 떨어져 소비수요를 감소시킨다. 현금과 국공채는 화폐액으로 표시되어 있는 금융자산이다. 물가가 오르면 이 금융자산들의 상품구매력이 떨어져 소비가 감소하는 것이다. 이러한 물가의 효과를 **자산효과**(wealth effect)라 한다.

셋째, 물가가 오르면 우리나라 수출상품 가격이 올라 수출이 감소하고 수입품이 상대적으로 싸져서 수입이 증가한다. 제13장에서 설명하는 바와 같이 물가가 오르면 순수출이 감소하여 총수요가 감소하는 것이다. 이러한 물가의 효과를 **무역수지효과**라 한다.

결국 물가가 오르면 이자율효과, 자산효과, 무역수지효과가 일어나 총수요가 감소한다. 물론 물가가 내리면 이 세 가지 효과로 총수요가 증가한다. 따라서 총수요곡선은 우하향한다.

1.3 총공급곡선이란?

총공급곡선(aggregate supply curve)은 각각의 물가수준에서 공급되는 실질총생산을 보여주는 곡선이다.

그림 10-2

총공급곡선

총공급곡선은 각각의 물가 수준에서 기업들이 팔고자 하는 실질총생산을 보여주는 곡선이다. 총공급곡선은 우상향한다.

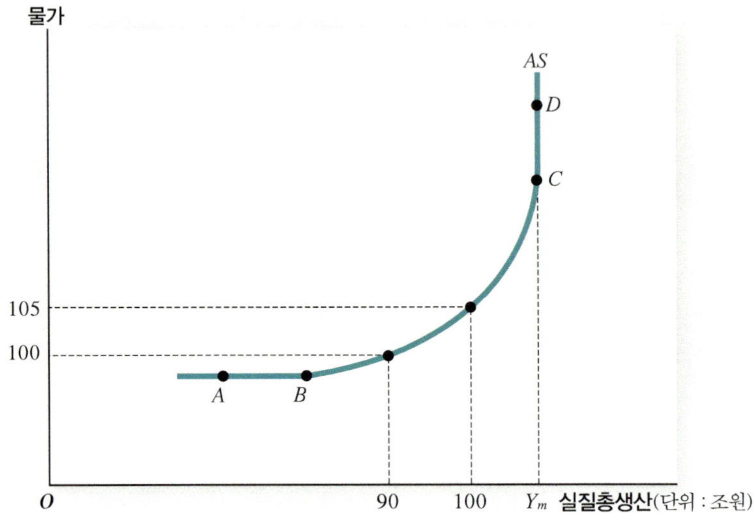

총공급곡선은 각 물가수준에서 기업들이 팔고자 하는 총생산을 보여준다. 총공급곡선도 총수요곡선과 마찬가지로 개별 상품의 시장공급곡선을 수평으로 합하여 도출하지 않는다. 개별 상품의 시장공급곡선을 그릴 때 그 상품의 가격만 변하고 다른 상품들의 가격은 변하지 않는다고 가정하여 그렸다. 그러나 총공급곡선을 그릴 때는 물가수준이 변한다. 따라서 모든 가격이 변할 수 있다.

총공급곡선이 우상향하는 이유

총공급곡선은 **그림 10-2**처럼 우상향한다. 그림에서 예컨대 물가수준이 100일 때 공급되는 총생산이 90조원이면 물가수준이 105로 오를 때 공급되는 총생산은 100조원으로 증가한다.

공급되는 실질총생산을 간단히 줄여서 총공급이라 한다. 총공급은 전체 기업이 팔고자 하는 총생산을 말한다.

총공급곡선이 우상향하는 이유는 개별 기업의 공급곡선이 우상향하는 이유와 기본적으로 같다. 제4장에서 이윤극대화를 추구하는 경쟁기업은 생산물 가격이 오름에 따라 우상향하는 한계비용곡선을 따라 생산을 증가시키는 것을 배웠다. 우상향하는 한계비용곡선은 제4장의 식 (4-15)에서 보는 바와 같이 수확체감의 법칙을

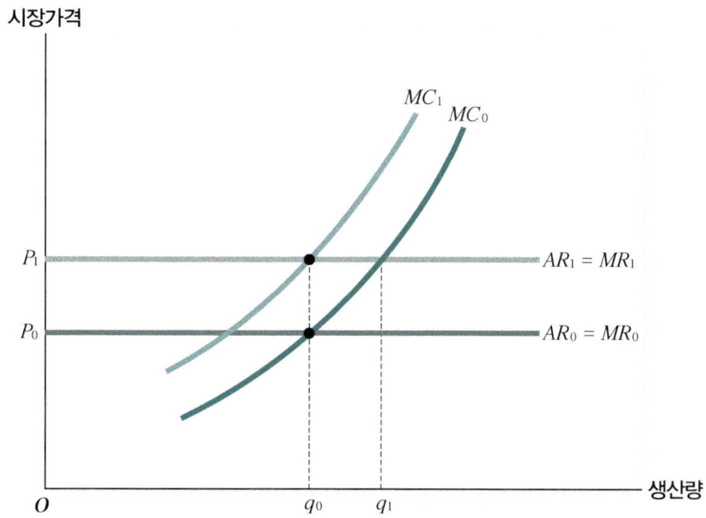

그림 10-3

생산물 가격과 생산요소 가격이 같이 변할 때 개별 기업의 균형점

생산물 가격과 생산요소 가격이 똑같은 비율로 오르면 이윤극대화 생산량이 불변이어서 실질총생산도 불변이다.

반영하며, 요소가격이 변하지 않는다는 전제 하에 그려졌다. 요소가격이 변하면 우상향하는 한계비용곡선은 위쪽이나 아래쪽으로 이동한다.

만약 생산물 가격이 오를 때 모든 생산요소 가격도 같은 비율로 오른다면 이윤을 극대로 하는 개별 기업의 생산량은 변하지 않는다. 예컨대 생산물 가격이 10% 오를 때 모든 생산요소 가격이 같은 비율로 올라 한계비용도 10% 오른다고 하자. 그러면 **그림 10-3**에서 보는 바와 같이 생산물 가격이 P_0에서 P_1으로 오를 때 한계비용곡선은 MC_0에서 MC_1으로 상방이동함으로써 개별 기업의 이윤을 극대로 하는 생산량은 변하지 않는다. 이에 따라 경제 전체적으로 모든 생산물 가격과 모든 생산요소 가격이 같은 비율로 오르면 총생산이 증가하지 않을 것이다.

그러나 일반적으로 생산물 가격이 오를 때 생산요소 가격은 생산물 가격의 인상분만큼 즉각 오르지 않고 천천히 조정되는 경향이 있다. 왜냐하면 임금은 대개 1년의 임금계약에 의해 고정되어 있고 원자재 가격도 대개 일정 기간 고정되어 있기 때문이다. 따라서 생산물 가격이 오르면 적어도 단기에는 이윤이 증가한다. 이에 따라 기업들은 종전보다 더 생산한다. 그림 10-3에서 생산물 가격이 P_1으로 오를 때 한계비용곡선이 MC_1까지 위쪽으로 이동하지 않으면 이윤을 극대로 하는 생산량은 종전보다 증가한다. 개별 기업의 생산량이 증가하면 (실질)총생산이 증가한다.

총공급곡선은 **그림 10-2**처럼 아주 낮은 생산수준에서는 수평선이고 생산이 증가함에 따라 기울기가 점점 가파르다가 아주 높은 생산수준에서 수직선이 되는 모양으로 우상향한다. 1930년대 초반의 대공황(great depression)처럼 실업과 생산설비의 유휴가 많이 있는 시기에는 물가를 상승시키지 않고도 유휴자원을 활용하여 생산을 증가시킬 수 있다. 따라서 경기가 아주 침체된 낮은 생산수준에서는 총공급곡선이 수평이 된다. 수평의 총공급곡선 부분을 **케인스영역**(Keynesian range)이라 부른다. 영국의 경제학자 케인스(John M. Keynes)는 1930년대의 대공황을 시대적 배경으로 총공급곡선을 수평선이라고 보고 거시경제이론을 전개하였다.

생산이 증가함에 따라 중간생산물과 각종 생산요소에 대한 수요가 증가하고 어떤 생산물은 생산설비능력을 완전가동하여 생산한다. 이에 따라 일부 생산물과 원자재 가격이 오르고 모든 가격의 평균인 물가도 오르게 된다. 생산이 더욱 증가하면 이 과정이 더욱 촉진되면서 결국 모든 상품의 생산설비능력을 완전가동하는 상태에 도달한다. 모든 생산요소가 완전고용되고 단기에 기존의 생산설비가 완전가동되면 얻을 수 있는 최대 총생산을 그림 10-2에서 Y_m이라 하자. 경제가 Y_m에 도달하면 생산설비를 확장할 수 없는 단기에는 물가가 올라도 생산이 Y_m을 초과할 수 없게 된다. 따라서 Y_m 수준에서 총공급곡선은 수직이 된다. 총공급곡선이 수직선인 영역을 **고전학파영역**(classical range)이라 부른다. 애덤 스미스가 경제학을 세운 이후 스미스를 포함하여 시장경제와 '작은 정부'를 신봉하는 경제학자들을 **고전학파**(classical school)라 부른다. 고전학파는 단기에 총공급곡선이 최대 총생산 수준에서 수직선이라고 생각하였다.

현실 경제에서는 대개 총공급곡선이 케인스영역처럼 수평선도 아니고 고전학파영역처럼 수직선도 아니다. 그 중간영역으로서 물가가 오르면 총공급이 증가하는 우상향의 총공급곡선을 가진다. 따라서 그림 10-2와 같은 형태의 총공급곡선을 그릴 수 있다.[2)]

총공급곡선과 개별 상품의 시장공급곡선의 차이는 앞에서 설명한 총수요곡선과 개별 상품에 대한 시장수요곡선의 차이와 같다.

지금까지 설명한 총공급곡선은 단기총공급곡선이다. 장기에는 총공급곡선이

---

2) 현실 세계에서 물가는 단기일수록 경직적이고 장기일수록 신축적이다. 이에 주목하여 물가가 단기에는 완전경직적이고 이에 따라 총공급곡선이 수평이며, 장기에는 물가가 완전신축적이어서 총공급곡선이 수직이라고 가정하기도 한다.

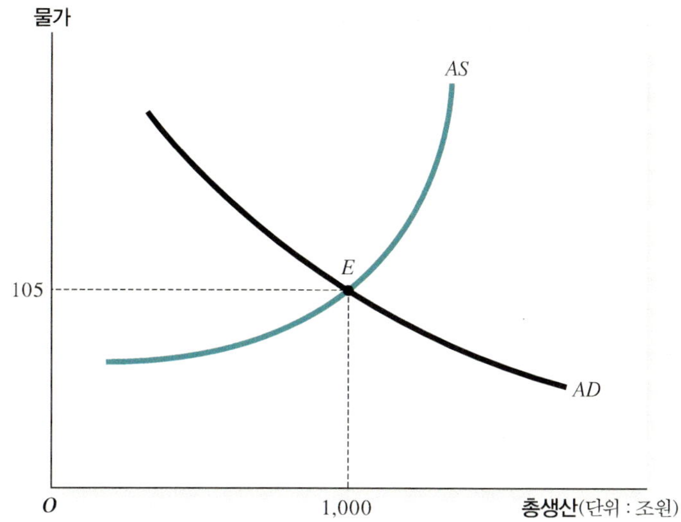

그림 10-4

균형물가와 총생산의 결정

총수요곡선과 총공급곡선이 만나는 점에서 균형물가와 균형총생산이 결정된다.

수직선이라는 것을 다음 장에서 배운다.

1.4 총생산과 물가의 결정

균형총생산과 균형물가수준은 총수요곡선과 총공급곡선의 교차점에서 결정된다. 예컨대 **그림 10-4**에서 균형총생산은 1,000조원이고 균형물가수준은 105이다. 물가수준이 105보다 낮을 때에는 총수요가 총공급을 상회하여 초과수요가 존재한다. 경제에 초과수요가 존재하면 경제주체들이 원하는 수량만큼 상품을 살 수가 없어 경제주체들의 구매경쟁으로 개별 상품의 가격이 오르게 되고 이에 따라 물가가 오르게 된다. 물가수준이 105보다 높을 때에는 총공급이 총수요를 상회하여 초과공급이 존재한다. 경제에 초과공급이 존재하면 개별 기업이 원하는 수량만큼 상품을 팔 수가 없어 기업들의 상호경쟁으로 개별 상품의 가격이 내리게 되고 이에 따라 물가가 내리게 된다. 물가가 105에 있을 때에만 초과수요도 없고 초과공급도 없어 그 수준을 계속 유지하게 된다.

현실 경제에서 관측되는 물가와 총생산을 총수요곡선과 총공급곡선이 만나는 수준으로 보는 것이 **총수요 · 총공급의 이론**이다.

독자들은 개별 시장에서 배운 수요 · 공급의 이론이 경제 전체에도 기본적으로 적용되는 것을 확인할 수 있을 것이다.

개별 시장에서 균형가격과 균형거래량이 결정되면 이 둘을 곱하여 가계들의 그 상품에 대한 총지출 혹은 그 상품을 생산하는 기업들의 총수입을 구할 수 있다. 그림의 세로축에서 측정되는 물가수준이 GDP 디플레이터이면 총수요 · 총공급곡선의 교차로 결정된 균형물가와 균형국내총생산을 곱하여 균형명목국내총생산을 얻는다. **그림 10-4**에서 균형명목국내총생산은 제8장의 식 (8-17)′을 이용하여 1,050조원으로 계산된다.

$$\text{명목국내총생산} = \text{실질국내총생산} \times \frac{\text{GDP 디플레이터}}{100}$$
$$= 1{,}000\text{조원} \times \frac{105}{100} = 1{,}050\text{조원}$$

2. 총수요 · 총공급곡선의 이동 : 요인과 효과

Navigator @ Economics, ch. ten

현실 경제의 물가수준과 총생산은 계속 변한다. 계속 변하는 물가수준과 총생산은 총수요곡선이나 총공급곡선 혹은 이 두 곡선 모두가 오른쪽이나 왼쪽으로 이동하여 균형점이 변하는 것으로 파악한다. 이는 개별 상품의 가격과 거래량이 변하는 것을 그 상품의 시장수요곡선이나 공급곡선이 이동하여 균형점이 변한 것으로 보는 것과 같다.

2.1 총수요곡선의 이동

총공급곡선은 변하지 않는데 총수요곡선이 오른쪽으로 이동하면 어떤 현상이 일어날까? **그림 10-5**에서 총수요가 증가하여 총수요곡선이 AD_0에서 AD_1으로 이동한다고 하자. 그러면 최초의 균형점 E_0는 더 이상 균형점이 아니다. P_0 수준에서

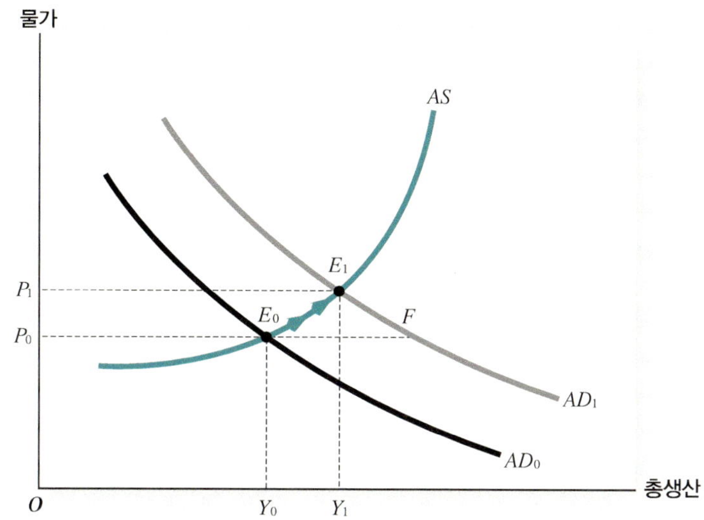

그림 10-5

총수요곡선의 이동

총수요곡선이 오른쪽으로 이동하면 총생산이 증가하고 물가가 상승한다.

E_0F만큼의 초과수요가 생기기 때문이다. 이 초과수요는 물가를 상승시키고 이에 따라 총공급은 증가한다. 새로운 균형은 총공급과 총수요가 일치하는 E_1에서 달성된다. 최초의 균형점과 비교해 볼 때 물가가 오르고 총생산이 증가한다. 총생산이 증가하면 고용도 증가한다.

기원전 600년에 중국의 철학자 관자는 "부유한 사람이 많이 소비하면 가난한 사람이 일자리를 얻게 된다"라고 말하였다. 관자는 일찍이 총수요 · 총공급의 이론을 터득하고 있었던 셈이다. 부유한 사람들이 종전보다 많이 소비하면 총수요곡선이 오른쪽으로 이동하여 총생산이 증가한다. 총생산이 증가하면 고용이 증가한다. 고용이 증가하면 가난한 사람들의 일자리도 으레 늘어난다.

총수요곡선은 어느 경우에 오른쪽으로 이동할까? 앞의 식 (10-1)에서 총수요의 구성항목을 네 가지로 들었다. 물가수준에 관계없이 이 네 가지 항목 중의 어느 하나가 증가하면 총수요곡선은 오른쪽으로 이동한다(물가수준이 낮아져서 이 네 가지 항목 중의 어느 하나가 증가하는 것은 주어진 총수요곡선을 따라서 우하향하는 것으로 표시된다). 총수요곡선을 오른쪽으로 이동시키는 요인들은 여러 가지가 있지만 중요한 요인으로 다음의 다섯 가지를 들 수 있다.

첫째, 근검절약 풍조가 해이해지고 먹고 마시고 즐기자는 소비심리가 커지면 물가수준에 관계없이 소비수요가 증가하기 때문에 총수요곡선이 오른쪽으로 이동한다. 코로나19 이후 보복소비가 일어나면 총수요곡선이 오른쪽으로 이동한다. 다른 조건이 일정한 상태에서 인구가 증가할 때에도 소비수요가 증가하기 때문에 총수요곡선은 오른쪽으로 이동한다.

둘째, 기업가들이 미래를 낙관적으로 전망하여 동물적 직감(animal spirit)에 의해 투자수요를 확대하면 총수요곡선은 오른쪽으로 이동한다. 예컨대 정보통신, 유전공학 등 첨단산업에서 장래에 유망하다고 판단되는 분야를 선점하기 위해 대규모 투자를 실시하면 총수요곡선은 오른쪽으로 이동한다.

셋째, 외국에서 우리나라 제품에 대한 수요가 증가하면 총수요곡선은 오른쪽으로 이동한다. 예컨대 우리나라 제품에 대한 국제적인 평판이 좋아져 외국 소비자들의 우리 제품에 대한 선호가 높아지면 순수출수요가 증가한다. 따라서 총수요곡선이 오른쪽으로 이동한다.

넷째, 사람들이 장래에 물가가 오를 것이라고 예상하면 물가가 오르기 전에 필요한 물품을 사두려 하기 때문에 총수요곡선은 오른쪽으로 이동한다. 이는 개별 시장에서 어떤 상품의 가격이 앞으로 오를 것이라고 예상되면 그 상품에 대한 수요곡선이 오른쪽으로 이동하는 것과 같다.

다섯째, 정부가 사무용품을 사고 양곡을 사들이는 등 정부지출을 증가시키면 총수요곡선은 오른쪽으로 이동한다. 비단 정부지출의 증가뿐만 아니라 조세의 감면, 통화공급의 증가 등 확장적인 재정정책이나 통화정책을 펴면 총수요곡선은 오른쪽으로 이동한다. 이에 대하여는 안정화정책의 효과를 논할 때 좀 더 자세히 설명하기로 한다.

그림 10-5와는 반대로 총수요곡선이 왼쪽으로 이동하면 물가가 하락하고 총생산도 감소한다. 근검절약의 풍조가 생기거나, 기업가들의 투자의욕이 위축되거나, 해외경기가 침체하여 우리나라 상품수출이 감소하거나, 사람들이 앞으로 물가가 하락할 것이라고 예상하거나, 정부가 긴축적인 재정 · 통화정책을 펴면 총수요곡선은 왼쪽으로 이동한다.

절약의 역설

근검절약 풍조와 관련하여 흥미로운 경제현상이 일어날 수 있다. 국민들이 예전보다 더 절약하고 저축한다고 하자. 그러면 총수요곡선이 왼쪽으로 이동하여 물

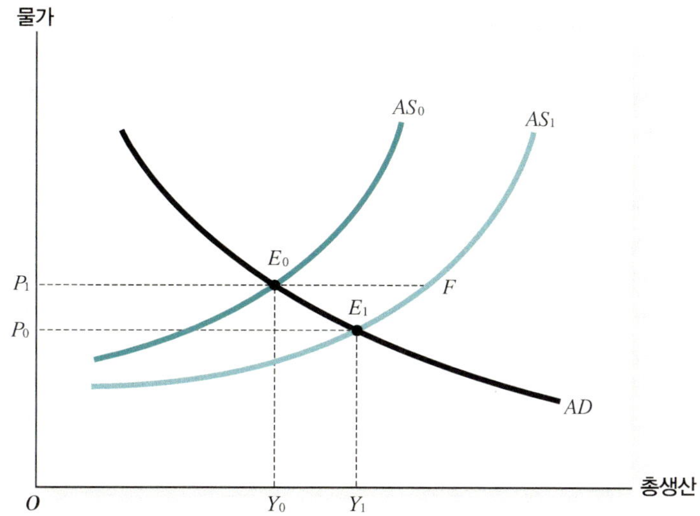

그림 10-6

총공급곡선의 이동

총공급곡선이 오른쪽으로 이동하면 총생산이 증가하고 물가가 하락한다.

가가 하락하고 총생산 = 총소득이 감소한다고 하였다. 총소득이 감소하면 민간소비와 민간저축이 감소한다. 따라서 국민 각자가 예전보다 더 많이 저축하는데 경제 전체로는 총저축이 증가하지 않거나 오히려 감소할 수 있다. 이를 절약의 역설(paradox of thrift)이라 부른다. 부분이 참이라고 해서 전체가 반드시 참인 것은 아니라는 구성의 오류의 대표적인 예이다.

2.2 총공급곡선의 이동

총수요곡선은 변하지 않는데 총공급곡선이 오른쪽으로 이동하면 어떤 현상이 일어날까? **그림 10-6**에서 알 수 있는 바와 같이 총공급곡선이 오른쪽으로 이동하면 종전의 물가수준에서 초과공급이 발생하므로 물가가 하락한다. 따라서 새로운 균형점은 E_1이다. 종전보다 물가가 하락하고 총생산은 증가하는 것이다. 반면에 총공급곡선이 왼쪽으로 이동하면 물가가 상승하고 총생산은 감소한다.

어느 경우에 총공급곡선은 오른쪽이나 왼쪽으로 이동할까? 물가와 관계없이 총공급이 변하면 총공급곡선은 이동한다. 총공급곡선을 이동시키는 요인들은 여러 가지가 있지만 중요한 요인으로 다음 네 가지를 들 수 있다.

첫째, 임금과 기타 생산요소 가격의 변동이다. 임금이나 임대료, 원자재·에너지 가격 등이 오르면 한계비용곡선이 위로 이동함으로써 이윤을 극대로 하는 기업의 생산량은 감소한다. 이것이 경제 전체적으로 총공급곡선의 왼쪽 이동으로 나타난다. 반면에 임금이나 다른 생산요소 가격이 내리면 총공급곡선은 오른쪽으로 이동한다.

둘째, 생산기술이 향상되면 총공급곡선은 오른쪽으로 이동한다. 생산기술이 향상되면 주어진 요소로 종전보다 더 많이 생산할 수 있다. 이는 평균비용과 한계비용의 하락으로 나타나 이윤을 극대로 하는 기업의 생산량은 증가한다. 따라서 총공급곡선은 오른쪽으로 이동한다.

셋째, 생산요소의 부존량이 많아지면 총공급곡선은 오른쪽으로 이동한다. 다른 조건이 같을 때 경제에 존재하는 노동과 자본의 양이 많을수록 더 많이 생산할 수 있다. 노동인구가 증가하고 기업이 신투자를 많이 할수록 각 물가수준에서 생산이 종전보다 증가하기 때문에 총공급곡선은 오른쪽으로 이동한다.

넷째, 앞으로 물가가 오를 것이라고 예상되면 총공급곡선은 왼쪽으로 이동한다. 장래에 물가가 오르리라고 예상되면 기업들은 나중에 오른 가격으로 제품을 파는 것이 유리하므로 현재 매기당 총공급은 감소한다. 인플레이션이 예상되면(혹은 예상인플레이션율이 높아지면) 총공급곡선이 왼쪽으로 이동하는 것이다. 반면에 앞으로 물가가 떨어질 것이라고 예상되면 총공급곡선은 오른쪽으로 이동한다.

3. 경제안정화정책의 효과

Navigator @ Economics, ch. ten

앞에서 정부지출이 증가하면 총수요곡선이 오른쪽으로 이동하여 물가가 오르고 총생산이 증가하는 것을 보았다. 정부지출이 감소하면 총수요곡선이 왼쪽으로 이동하여 물가가 떨어지고 총생산이 감소한다. 여기에 정부가 경제를 안정시키기 위해 정책을 펼 수 있는 여지가 생긴다.

경기가 침체하여 총생산이 제8장에서 배운 잠재 GDP보다 현저하게 낮다고 해보자. 생산을 촉진시키기 위해 물가가 상승하는 것도 감수할 용의가 있다면 정부는 정부지출을 증가시키면 된다. 반면에 경기가 너무 좋아 물가가 뛰고 있다면 정부지출을 축소시킴으로써 생산과 물가를 진정시킬 수 있다. 이처럼 정부는 경기순환의 진폭을 줄이고 경제를 안정시키기 위해 정책수단을 활용할 수 있는 것이다.

(경제)안정화정책 혹은 경제안정정책(economic stabilization policy)이란 물가 안정, 고용 안정, 국제수지 균형 등 경제 안정을 위해 정부가 단기에 적극적으로 구사하는 재정정책이나 통화정책을 말한다.

안정화정책은 단기적인 정책으로서 장기적인 성장정책과 구별된다. 성장정책(growth policy)은 기술진보, 생산성 향상, 인적 자원 증가 등 주로 총공급곡선을 오른쪽으로 이동시켜 경제성장을 촉진시키고자 하는 정책이다. 이는 효과가 금방 나타나는 것이 아니기 때문에 장기적인 정책이다. 반면에 안정화정책은 총수요를 조절하여 경기순환의 진폭을 줄이고자 하는 단기적인 정책이고, 총수요곡선을 이동시키고자 하는 정책이다. 따라서 안정화정책은 경기대책, 총수요관리정책이라고도 한다.

미시경제학에서는 단기와 장기를 자본이 고정되어 있느냐 아니냐에 따라 구분하였다. 거시경제학에서는 경기변동을 완화시키고자 하는 경기대책을 단기적인 정책이라 하는 데에서 알 수 있듯이 대개 경기순환의 주기인 3～5년 이내를 단기라 하고 그 이상을 장기라 한다. 제8장에서 본 것처럼 우리나라 경기순환의 주기도 3～5년 정도였다.

안정화정책은 재정정책과 통화정책으로 나누어진다. 앞 장에서 배운 바와 같이 재정정책은 정부지출이나 세금의 조정을 통하여 경제를 안정시키고자 하는 정책이다. 통화정책은 통화량이나 이자율의 변동을 통하여 경제를 안정시키고자 하는 정책이다.

3.1 재정정책의 효과

정부지출은 총수요의 네 구성항목 중 하나이므로 정부지출이 변하면 직접적으로 총수요가 변한다. 세금은 총수요의 네 구성항목에는 들지 않는다. 그러나 세금은 총수요에 간접적으로 영향을 미친다. 예컨대 개인의 소득세율을 낮추면 종전보다 적은 세금을 내게 되므로 가계의 처분가능소득이 증가한다. 처분가능소득이 증가하면 민간소비가 증가한다.

기업의 법인세율을 낮추어 주면 배당과 투자재원이 늘어나 민간소비와 투자수요가 증가한다. 법인이윤 중 투자하는 몫을 과세대상에서 공제해 준다면 기업의 투자수요가 촉진되어 총수요가 증가한다.

정부지출 증가, 세금 감면, 세율 인하 등을 **확대재정정책** 혹은 **확장적 재정정책**이라 한다. 확대재정정책을 실시하면 **그림 10-5**처럼 총수요곡선이 오른쪽으로 이동하여 물가가 상승하는 부작용은 있지만 총생산이 증가한다. 따라서 경기가 침제되어 있고 물가상승이 별로 문제가 되지 않을 때에는 경기 회복을 위해 확대재정정책을 펼 수 있다.

정부지출 축소, 세금 감면 축소, 세율 인상 등을 **긴축재정정책**이라 한다. 긴축재정정책을 실시하면 총수요곡선이 왼쪽으로 이동하여 총생산이 감소하는 부작용은 있지만 물가가 하락한다. 따라서 경기가 과열되고 물가 불안이 사회적 관심사일 때 경기를 진정시키기 위해 긴축재정정책을 펼 수 있다.

3.2 통화정책의 효과

중앙은행이 돈(통화량)이나 시중의 이자율을 변동시켜 총수요를 조절하고 경제를 안정시키고자 하는 정책이 통화정책이다. 돈도 세금처럼 총수요의 네 구성항목에 들지 않는다. 그러나 돈은 총생산에 직접 · 간접으로 영향을 미친다. 돈이 총생산에 직접 영향을 미치는 것을 알려주는 것이 교환방정식(equation of exchange)이다. 돈이 총생산에 간접으로 영향을 미치는 것은 이자율을 통해서이다.

통화와 교환방정식

오늘날 시장경제는 자기 소비보다는 교환을 목적으로 상품을 생산하며 화폐를 교환의 매개수단으로 사용하는 교환경제이다. 총생산에 포함되는 최종생산물이 시장에서 거래될 때에도 화폐가 사용되는 것은 물론이다. 따라서 명목국내총생산을 다음과 같은 식으로 표시할 수 있다.

$$\text{명목국내총생산} = \frac{\text{GDP 디플레이터}}{100}(P) \times \text{실질국내총생산}(Y) \qquad (10-2)$$

$$= \text{통화량}(M) \times V$$

물가수준에 실질국내총생산을 곱한 것으로 정의되는 명목국내총생산은 일정 기간 동안에 국내에서 생산된 모든 최종생산물의 시장가치로서 최종생산물의 총거래액이다. 이 최종생산물의 총거래액만큼 경제주체들이 화폐로 지출한 것이다. 최종생산물에 대한 경제주체들의 총지출액을 MV로 표시하였다. 여기에서 V는

$$V \equiv \frac{\text{명목국내총생산}}{\text{통화량}} = \text{화폐의 소득유통속도} \qquad (10-3)$$

이다. **화폐의 소득유통속도**(income velocity of money)란 일정 기간 동안에 생산된 모든 최종생산물이 시장에서 거래되는 데에 화폐 1단위가 평균적으로 사용된 횟수를 말한다. 화폐의 포괄범위에 따라 협의통화(M_1), 광의통화(M_2) 등의 소득유통속도를 계산할 수 있다. 화폐의 소득유통속도를 줄여서 **화폐의 유통속도**(velocity of money)라고도 한다.

2020년에 우리나라 명목 GDP는 1,941조원이다. 2020년의 협의통화(M_1)는 평균잔액 기준으로 1,059조원이다. 1,941조원어치의 최종생산물이 시장에서 거래되었는데 교환의 매개수단으로 사용된 M_1은 1,059조원이다. 따라서 M_1을 구성하는 각 화폐는 연평균

$$\frac{1{,}941\text{조원}}{1{,}059\text{조원}} = 1.8\text{회}$$

최종생산물의 거래에 사용되었다. 최종생산물의 거래를 위해 M_1 각 단위가 평균 두 사람의 손을 거치며 유통된 것이다. 식 (10-3)에서 알 수 있는 바와 같이 명목총생산을 통화량으로 나누어 화폐의 유통속도를 계산하기 때문에

$$\underset{(P)}{\text{GDP 디플레이터/100}} \times \underset{(Y)}{\text{실질총생산}} = \underset{(M)}{\text{통화량}} \times \underset{(V)}{\text{화폐의 유통속도}} \qquad (10-2)$$

라는 식은 항상 성립한다. 이 항등식을 **교환방정식**이라 한다.

케인스가 등장하기 이전의 고전학파 경제학자들은 화폐의 유통속도가 일정하다고 생각하였다. 화폐의 유통속도는 소득지불방법(예컨대 매주 봉급을 주는 주급인가

아니면 월급인가 등)이나 금융기관의 발달 정도, 일반적인 화폐사용 관습 등에 의존하므로 이것들이 쉽게 변하지 않는 현실에서는 화폐의 유통속도도 변하지 않는다는 것이다.

케인스는 화폐의 유통속도가 일정한 것이 아니라 이자율에 의해 영향을 받는 변수라고 보았다. 이자율은 1단위 화폐의 사용을 포기하는 대가이다. 이자율이 높아지면 화폐 같은 무수익성 자산보다 정기예금이나 채권 같은 수익성 자산을 갖고 있는 것이 유리하다. 즉, 화폐 보유의 기회비용이 증가한다. 따라서 사람들은 자기 수중에 화폐를 오래 갖지 않고 빨리빨리 처분하여 화폐의 유통속도가 빨라진다는 것이다. 이자율이 떨어지면 화폐 보유의 기회비용이 감소하여 사람들이 화폐를 급하게 처분할 유인을 갖지 않으므로 화폐의 유통속도가 느려진다.

케인스가 지적한 것처럼 화폐의 유통속도는 이자율이 올라갈 때 증가하고 이자율이 떨어질 때 감소한다. 그러나 그 반응의 폭은 현실세계에서 그리 크지 않고 상당히 안정적이다.

지금까지의 설명을 바탕으로 통화량이 증가하면 실질총생산이 직접적으로 증가함을 설명할 수 있다. 통화량(M)이 증가하면 화폐의 유통속도(V)가 그렇게 크게 변하지 않으므로 총지출액(MV)이 증가한다.[3] 그러면 식 (10-2)에서 명목총생산(PY)이 증가한다. 통화가 늘어나면 교환방정식에 의해 명목총생산이 직접적으로 늘어나는 것이다. 명목총생산(PY)이 늘어나면 단기에 물가(P)도 오르지만 실질총생산(Y)도 늘어난다. 더 정확히 말하면 돈이 늘어나 사람들의 구매력이 상승하므로 실질총생산에 대한 수요, 즉 총수요가 증가한다. 돈이 늘어나면 총수요가 증가하고 돈이 줄어들면 총수요가 감소하는 것이다.

통화와 이자율

이자율은 화폐의 사용을 포기한 대가이다. 다른 조건이 일정할 때 이자율이 오르면 사람들은 가급적 적게 돈을 수중에 갖고 있으려 하는 한편, 높은 이자소득을 바라고 정기예금을 하거나 채권을 사거나 다른 사람에게 빌려주고자 한다. 즉, 이자율이 오르면 화폐 및 대부자금에 대한 수요는 감소하고 대부자금의 공급은 증가한다. 따라서 이자율을 세로축, 대부자금액을 가로축으로 하는 평면에서 대부자금에 대한

3) 다음 항에서 보는 바와 같이 통화량(M)이 증가하면 단기에 이자율은 하락한다. 이자율이 하락하면 화폐의 유통속도(V)가 감소한다. 그러나 그 감소폭이 별로 크지 않기 때문에 MV는 증가한다.

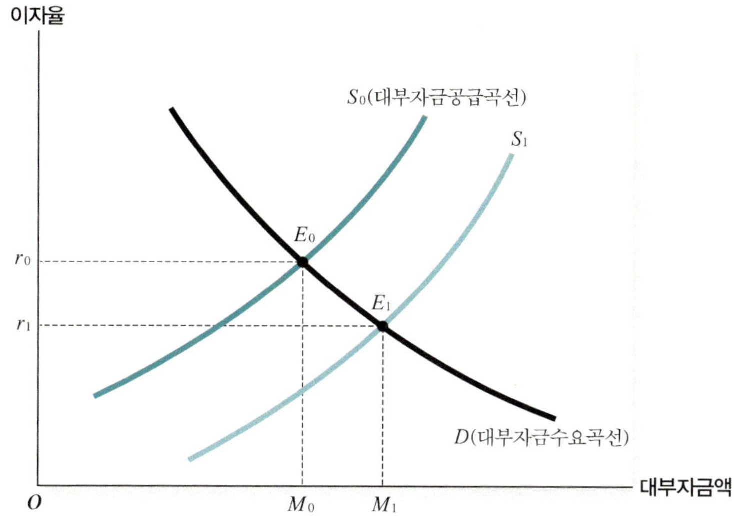

그림 10-7

통화공급과 이자율
통화공급이 증가하면 대부자금공급곡선이 오른쪽으로 이동하여 이자율이 하락한다.

수요곡선은 **그림 10-7**처럼 우하향하고 대부자금의 공급곡선은 우상향한다.

그림에서 시장이자율 r_0는 대부자금에 대한 시장수요곡선과 시장공급곡선의 교차로 결정되는 균형이자율이다. 이제 통화당국이 통화공급을 증가시킨다고 하자. 그러면 종전보다 사람들의 수중에 돈이 많아지므로 각각의 금리수준에서 종전보다 대부자금의 공급이 늘어난다. 따라서 대부자금의 시장공급곡선이 오른쪽으로 이동한다. 그 결과 종전의 균형금리 수준 r_0에서 대부자금의 초과공급이 발생하고 이 초과공급을 해소하기 위해서는 이자율이 내려가야 한다. 그림에서 새로운 균형이자율은 r_1으로 표시되어 있다. 이처럼 통화공급이 늘어나면 이자율이 떨어지고 통화공급이 줄어들면 이자율이 올라간다.

이자율이 떨어지면 민간소비와 투자수요가 늘어나 총수요가 증가한다. 따라서 통화공급을 증가시키면 이자율의 하락을 통하여 총수요가 증가하는 것이다. 이자율은 일반 상품가격처럼 가격변수이다.

통화량을 증가시키거나 이자율을 인하시키는 정책을 **확대통화정책**이라 한다. 통화량을 감소시키거나 이자율을 인상시키는 정책을 **긴축통화정책**이라 한다. 재정정책처럼 경기가 침체되어 있을 때에는 확대통화정책, 경기가 과열되어 있을 때에는 긴축통화정책을 사용할 수 있다.

3.3 임금정책과 경제안정화정책

지금까지 설명한 재정정책과 통화정책이 정통적인 두 경제안정화정책이다. 2008년의 세계적인 금융위기 이후 2010년대 초에 경제대침체가 지속되자 이 전통적인 지혜에 도전하는 이론이 등장하였다. 국제노동기구(ILO)의 일부 경제학자들이 재정정책과 통화정책 외에도 임금정책이 유력한 안정화정책이라고 주장한 것이다. 그들은 이를 **임금주도성장론**이라고 불렀다. 우리나라의 문재인 정부(2017.5~2022.5)는 임금주도성장을 '소득주도성장'이라는 멋진 이름으로 불렀다. 소득주도성장론에 따르면 임금소득이 낮은 계층에게 최저임금을 올려주면

최저임금 상승 → 가계소득 증가 → 민간소비 증가(총수요 증가) → 생산 증가 → 투자 증가, 고용 증가 → 가계소득 증가 → 민간소비 증가 → ⋯⋯

의 선순환이 일어나 경제가 계속 성장할 수 있다. 최저임금을 대폭 인상하면 이런 선순환효과는 더욱 커진다.

위 파급효과는 앞에서 설명한 확대재정정책의 파급효과와 똑같다. 〈최저임금 상승〉 대신에 〈정부지출 확대〉나 〈세율 인하〉를 대입하더라도 그 다음에 일어나는 파급효과는 똑같은 것이다. 소득주도성장론에 따르면 최저임금이 상승하면 **그림 10-8**에서 총수요곡선이 오른쪽으로, 예컨대 AD_0에서 AD_1으로 이동하여 새 균형점이 E_1이다. 총생산과 가계소득이 증가하는 것이다. 저소득층에 임금을 두둑히 올려주면 생산과 소비와 고용이 더 활성화하여 경제성장이 촉진된다.

소득주도성장론은 총수요·총공급의 이론을 제대로 이해하지 못한 엉터리 이론이다. 최저임금을 올리면 위에서 설명한 총수요 증가효과 외에 기업비용이 상승하여 고용이 감소하고 총공급이 감소하는 부작용이 있다.

최저임금 상승 → 실질임금 상승 → 노동수요량 감소, 고용 감소 → 생산 감소 → 가계소득 감소 → 소비 감소 → 생산 감소 → ⋯⋯

의 악순환이 일어나는 것이다. 이는 총공급곡선의 왼쪽(혹은 위쪽) 이동으로 나타난다. 소득주도성장론은 최저임금 상승이 총공급 감소를 낳는 효과를 무시한 반쪽 이

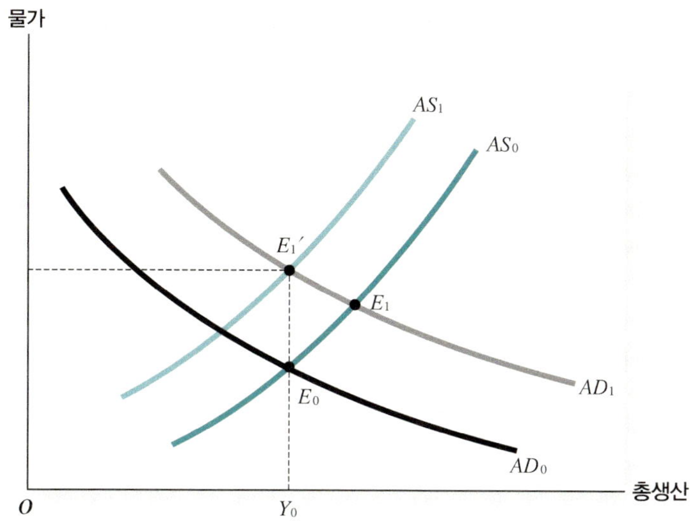

그림 10-8

최저임금 상승의 효과

최저임금이 상승하면 가계소득과 소비가 증가하여 총수요가 증가한다. 다른 한편 기업비용(임금) 상승으로 고용과 생산이 감소하여 총공급이 감소한다. 총수요 증가효과가 총공급 감소효과보다 커야 총생산이 증가한다.

론이다. 최저임금이 상승하면 총수요곡선이 오른쪽으로 이동하는 반면 총공급곡선은 왼쪽으로 이동하여 어느 쪽 이동이 크냐에 따라 총생산이 증가할 수도 있고 감소할 수도 있다. **그림 10-8**에서는 총공급곡선이 AS_1으로 이동하여 새 균형점이 E_1이 아니라 E_1'이다. 이 경우에는 총생산 증가효과가 없다. 최저임금이 대폭 상승하면 총공급곡선의 왼쪽 이동이 총수요곡선의 오른쪽 이동보다 더 커서 총생산이 감소할 수도 있다. 총수요곡선의 오른쪽 이동이 총공급곡선의 왼쪽 이동보다 더 커야 총생산이 증가한다. 총생산이 증가하더라도 총공급곡선의 왼쪽 이동이 없을 때에 비해 그 효과는 작다. 참고로 확장적인 재정정책이나 통화정책에서는 총공급을 위축시키는 부작용이 없다. 총수요곡선만 오른쪽으로 이동시킨다.

최저임금의 대폭 인상이 성장정책인 양 소득주도 '성장' 론이라는 말을 붙인 것도 난센스이다. 경제성장은 총공급과 총수요 양쪽 다 증가시킨다. 총공급을 감소시키는 것은 성장정책이 아니다. 현실의 생산이 자연생산량 수준보다 낮기 때문에 자연생산량으로 회귀시키기 위한 안정화정책일 뿐이다. 그런데 최저임금의 대폭 상승은 위에서 본 것처럼 소득과 생산을 자연생산량으로 회귀시키기 위한 바람직한 정책이 아니다. 공급 감소라는 부작용을 낳아 소기의 성과를 얻지 못하기 때문이다. 기존 거시경제학에서 최저임금을 과감하게 올려주는 임금정책을 경제 '성장' 정책으로 보지 않고, 유력한 안정화정책으로도 보지 않은 전통은 올바른 접근 방법이다.

3.4 재정정책 및 통화정책과 이자율

확대재정정책과 확대통화정책은 둘 다 총수요곡선을 오른쪽으로 이동시켜 물가를 상승시키는 한편 총생산을 증가시킨다는 것을 살펴보았다. 그렇다면 재정정책과 통화정책의 효과는 질적으로 똑같은 것인가? 정부가 어느 정책을 실시해도 좋은 것인가?

재정정책과 통화정책은 이자율에 미치는 효과가 서로 다르다. 확대통화정책은 이자율을 인하시키지만 확대재정정책은 이자율을 인상시킨다. 확대통화정책이 이자율을 인하시키는 것을 앞에서 살펴보았다. 여기에서는 확대재정정책이 이자율을 인상시키는 것을 살펴보자. 정부가 재정정책이나 통화정책을 사용할 때 재원조달 면에서 아무런 제약 없이 자유롭게 구사할 수 있는 것은 아니다. 앞 장의 식 (9-1)에 나온 정부의 예산제약식은 해외차입을 도외시하고 정부수입을 세금으로 대표시키면 다음 식으로 표시된다.

$$\underset{(G)}{\text{정부지출}} - \underset{(T)}{\text{세금}} = \underset{(\Delta M)}{\text{통화공급 증가}} + \underset{(\Delta B)}{\text{국채 발행 증가}} \qquad (10-4)$$

식에서 M은 통화량, B는 국채 잔고, Δ는 증분을 나타낸다.

거둔 세금 이상으로 정부지출을 하여 재정이 적자일 때에는 그 차액만큼 돈을 더 발행하든지 국채를 더 발행하여 조달해야 한다는 것을 정부의 예산제약식은 보여준다. 거둔 세금보다 정부지출이 적어서 재정이 흑자일 때는 그 흑자재원이 통화공급의 축소나 국채의 상환으로 나타난다. 확대재정정책은 정부지출(G)을 증가시키거나 세금(T)을 감소시키므로 재정적자($G-T$)를 종전보다 증가시킨다. 이 재정적자의 증가분을 국채 발행의 증가로 보전하는 것이 확대재정정책이다. 순수한 의미에서 확대재정정책은 통화량의 변동을 초래하지 않고

$$\underset{(G)}{\text{정부지출}} - \underset{(T)}{\text{세금}} = \underset{(\Delta B)}{\text{국채 발행 증가}} \qquad (10-5)$$

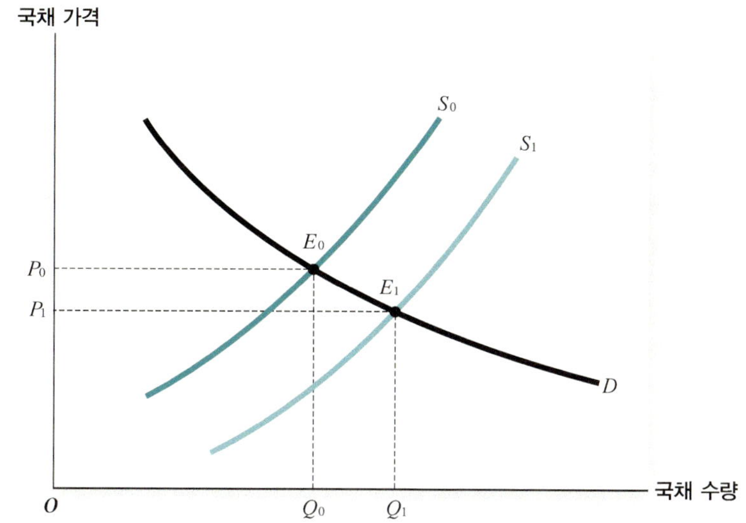

그림 10-9

확대재정정책과 국채시장

확대재정정책에 소요되는 재원을 국채 발행으로 조달하면 국채시장공급곡선이 오른쪽으로 이동하여 국채 가격이 하락한다. 국채 가격의 하락은 이자율의 상승과 같다.

의 관계를 만족시키면서 식 (10－5)의 양변의 값을 증가시키는 것이다.

예컨대 정부가 종전보다 정부지출을 10억원 증가시킨다고 하자. 확대재정정책은 이 10억원을 국채의 추가발행으로 조달한다. 국채를 발행하여 민간부문으로부터 10억원의 돈을 흡수하여 다시 정부지출로 방출하기 때문에 통화량은 변함이 없는 것이다.

국채시장도 농산물시장처럼 수요자와 공급자가 많이 있다. 국채를 최초에 발행하는 기관은 정부이지만 발행된 국채가 시장에서 유통될 때에는 공급자들이 수요자들 못지않게 많은 것이다. 사람들은 누구나 국채시장에 공급자나 수요자로 참여할 수 있다. 따라서 국채(유통)시장을 일종의 경쟁시장이라고 보아도 좋다. 세로축을 국채 가격, 가로축을 국채 수량으로 측정하는 평면에서 시장수요곡선과 시장공급곡선이 **그림 10-9**의 E_0에서 만나고 있다고 하자. 정부가 10억원의 국채를 추가로 발행하면 국채의 시장공급곡선이 오른쪽으로 이동한다. 따라서 국채 가격이 하락하고 국채 거래량이 증가한다. 국채 가격이 하락하면 이자율이 상승한다.

결국 확대재정정책은 이자율을 상승시킨다. 이자율이 상승하면 민간소비와 투자수요가 감소한다. 정부지출이 증가하는 경우 총수요에서 정부부문의 비중이 커지고 민간부문의 비중이 작아진다.

확대재정정책이 이자율의 상승을 초래하여 민간소비와 투자활동을 위축시키는 효과를 **구축효과** 혹은 **잠식효과**(crowding-out effect)라 한다.

재정정책은 표방하는 목표와 상충되는 요소를 그 자체 안에 가지고 있다는 것을 잠식효과는 보여준다. 침체된 경기를 부양시키기 위해 정부가 확대재정정책을 펴면 이자율이 상승하여 민간의 소비와 투자활동이 위축된다. 과열된 경기를 진정시키기 위해 긴축재정정책을 펴면 이자율이 하락하여 민간의 소비와 투자활동을 오히려 촉

읽을/생각할 거리 10-1

채권 가격과 이자율은 반대로 움직인다

거시경제학에서 가장 기본적인 사실 중의 하나는 국공채나 회사채와 같은 채권의 가격과 이자율이 반대 방향으로 움직인다는 것이다. 채권 가격이 오른다는 것은 이자율이 떨어진다는 것과 같다. 채권 가격이 하락한다는 것은 이자율이 상승한다는 것과 같다. 이러한 역의 관계는 채권이 '미래에 받을 (명목) 수익이 고정되어 있는 유가증권'이라는 데에서 연유한다. 채권의 미래수익은 고정되어 있는데 채권을 비싸게 주고 사면 채권 보유에 따른 수익률이 낮아지게 마련이다. 채권보유수익률이 다름 아닌 이자율이다. 구체적인 예를 들어보자.

만기가 1년이고 액면금액이 100만원인 국채의 현재 시장가격이 96만원이라고 하자. 이 국채를 오늘 96만원에 사면 1년 후에 100만원을 받게 되므로 이 국채의 연 수익률은

$$\frac{100\text{만} - 96\text{만}}{96\text{만}} \times 100 = 4.2\%$$

이다. 이제 정부가 10억원의 국채를 추가로 발행하여 국채 가격이 전반적으로 하락하고 이 국채는 95만원으로 하락하였다고 하자. 이 국채를 사두면 1년 후에 여전히 100만원을 받게 된다. 따라서 이 국채에 투자한 사람의 1년 수익률은

$$\frac{100\text{만} - 95\text{만}}{95\text{만}} \times 100 = 5.3\%$$

가 된다. 국채 가격이 떨어지면 국채수익률이 올라가는 것이다.

한 국채의 수익률이 연 5%대이면 위험도가 비슷하면서 수익률이 적은 다른 국채는 사람들이 사려 하지 않을 것이다. 사람들이 사려 하지 않으면 그 국채의 가격도 떨어진다. 이에 따라 다른 국채의 수익률도 5%대가 된다. 즉, 시장이자율이 5%대가 된다. 정부의 국채 공급 증가로 국채 가격이 하락하고 이자율은 상승하는 것이다. 정부가 국채 공급을 늘린다는 것은 쉽게 말해 정부가 종전보다 더 돈이 필요하다는 얘기이다. 시중의 자금수요가 늘어나니 자금사용의 대가인 이자율이 상승한다. 이자율의 상승은 미래수익이 고정되어 있는 채권의 특성상 채권 가격의 하락으로 나타난다.

대중매체에 회사채 사자 세력이 약해져 시중금리가 오른다거나 채권 발행물량이 줄어 금리가 하향안정세를 보인다는 등의 뉴스가 자주 나오는데 독자들은 이 말의 의미를 분명히 이해할 수 있을 것이다.

진시킨다.

통화정책은 재정정책과 같은 자가당착적인 요인을 내포하고 있지 않다. 식 (10-4)와 결부시켜 통화정책을 표시하면 정부지출(G)이나 세금(T)을 변동시키지 않고 국채 잔고의 변동을 통해 통화량을 변동시킨다. G와 T가 변하지 않으므로 식에서

$$\Delta M + \Delta B = \text{상수} \tag{10-6}$$

가 된다. 따라서 통화공급이 증가하면 그만큼 국채 잔고가 감소한다. 통화당국이 공개시장에서 국채를 매입함으로써 매입대금만큼 통화가 증가하고 국채 잔고는 줄어드는 것이다. 국채 매입은 국채수요곡선을 오른쪽으로 이동시켜 국채 가격을 상승시킨다. 국채 가격의 상승은 이자율의 하락과 같다.

4. 안정화정책을 보는 거시경제학의 두 조류

앞 절에서 안정화정책의 일반적인 효과를 살펴보았다. 그러면 안정화정책의 효과는 얼마나 큰가? 안정화정책은 정부가 적극적으로 실시해야 할 성질의 것인가? 이러한 질문에 대하여 거시경제학계는 통일된 견해를 제시하지 못하고 있다. 현재의 거시경제학 수준에서 말할 수 있는 것은 위의 질문에 대해 전혀 다른 해답을 제시하는 두 조류가 거시경제학계에 있다는 것이다. 고전학파와 케인스학파가 그것이다. 두 조류를 개괄적으로 대비해 보면 다음과 같다.

4.1 케인스학파의 재량정책

케인스학파에 의하면 시장경제는 내재적으로 불안정하며 경기변동은 시장실패의 증상이다. 그때그때의 상황에 따라 정책당국이 적절하다고 판단하는 정책을 **재량정책**(discretionary policy, policy by discretion)이라고 한다. 케인스학파에 따르면 정부는 경기변동을 완화시키기 위해 재량정책을 써야 한다. 구체적으로 말하면 정부가 경기상태를 잘 살펴서 경기가 나쁠 때는 경기활성화정책을 쓰고, 경기가

과열일 때는 경기진정정책을 써야 한다. 재량정책은 케인스가 1930년대의 대공황기에 처음으로 주창하여 선진 각국의 정책으로 채택되어 대공황 극복에 기여하였다. 그 후 케인스의 관점을 수용하는 케인스학파가 경제학계를 지배하고 재량정책은 1970년대까지 경제안정화정책의 정석으로 받아들여졌다.

케인스학파에 따르면 재량정책이 효과적인 것은 재량정책이 총수요곡선을 이동시키는 폭이 크고 총공급곡선은 완만하게 우상향하기 때문이다. 확대재정정책이 잠식효과를 수반하는 것은 사실이지만 잠식효과의 크기는 당초의 확대정책에 따른 총수요의 증가에 비해 무시할 수 있을 정도로 작다. 확대통화정책은 확대재정정책처럼 총수요를 바로 증가시키지는 않지만 이자율의 하락을 통해 총수요를 차차 증가시키고 잠식효과를 낳지 않기 때문에 확대재정정책 못지않게 효과적이다.

한편 현실 세계에서 총공급곡선은 으레 완만하게 우상향한다. 생산요소 가격이 생산물 가격의 변동에 부응하여 즉시 변하지 않고 상당히 오랜 시간을 두고 서서히 변하기 때문이다.

총수요 · 총공급곡선의 분석으로 쉽게 확인할 수 있는 바와 같이 총공급곡선이 완만하게 우상향하면 총수요곡선이 오른쪽으로 이동할 때 총생산의 증가폭이 크고 물가의 상승폭은 작다. 케인스학파에 의하면 융통성 있는 재량정책으로 단기에 총수요를 관리해 잠재 GDP와 완전고용, 물가 안정을 실현시켜야 하고 실현시킬 수 있다.

4.2 고전학파의 준칙정책

고전학파에 의하면 경기변동은 4계절의 변화와 같이 시장경제의 자연스러운 흐름이다. 시장경제는 효율적이며 외부 충격에 대하여 자율적인 조정능력을 갖는다. 물론 현실 시장기구가 완벽하지 않아 시장의 실패가 일어날 수 있다. 그러나 경기순환을 시장의 실패로 보고 경제 안정을 위해 정부가 경제에 개입할 때 발생하는 정부의 실패는 시장의 실패보다 큰 문제를 일으킨다. 재량정책의 이득은 크지 않다. 재량정책 자체가 경제 불안정의 원인이 되고 정책의 신뢰성이 떨어지기 때문에 손실은 크다.

재량정책의 이득이 크지 않은 것은 재량정책이 총수요곡선을 이동시키는 폭이 작고 총공급곡선은 수직이거나 수직에 가깝기 때문이다. 고전학파에 의하면 과감한 경기부양책을 쓰더라도 총수요곡선이 오른쪽으로 이동하는 폭은 작다. 확대재정정책은 정책에 내재하는 잠식효과가 크기 때문에 총수요의 증가효과가 미약하다. 확대통화정책은 단기에 명목총생산을 증가시키고 이는 주로 실질총생산의 증가로 나타난다. 따라서 경기침체가 심각하여 안정화정책을 굳이 써야 한다면 확대재정정책보다 확대통화정책을 쓰는 것이 바람직하다. 그러나 확대통화정책도 장기에는 생산 증가효과가 거의 없고 물가 상승효과만 크다.

고전학파가 총공급곡선이 수직선에 가깝다고 보는 이유는 생산요소 가격이 생산물 가격 변동에 꽤 신속하게 조정된다고 보기 때문이다. **그림 10-3**에서 본 것처럼 생산물 가격이 변할 때 생산요소 가격도 즉시 같은 비율로 변하면 이윤을 극대로 하는 개별 기업의 생산량은 변하지 않는다. 이에 따라 총공급곡선도 수직선이 된다. 고전학파는 생산요소 수요가 생산물 수요에 따른 파생수요이기 때문에 생산물 가격이 변하면 생산요소 가격도 곧 생산물 가격의 변동에 준하여 변한다고 본다. **그림 10-2**에서 고전학파영역을 설명한 것처럼 총공급곡선이 수직선에 가까울 때에는 총수요곡선을 오른쪽으로 이동시키는 안정화정책이 생산에 별다른 영향을 미치지 못한다.

재량정책 자체가 경제 불안정의 원인이 되는 것은 재량정책의 **길고 가변적인 시차**(long and variable time lag) 때문이다.

재량정책을 쓸 때까지 시간이 걸리고 쓰고 나서도 소기의 효과가 나타날 때까지 시간이 걸린다. 전자를 **내부시차**, 후자를 **외부시차**라 한다. 경기가 나쁠 때 확대정책을 쓰는 경우를 보자. 정책당국은 경제가 수축국면에 진입하여 한창 진행된 후에야 경기가 나쁘다는 것을 인식하게 된다. 재량정책을 구체적으로 입안하여 실행하기까지 또 시간이 걸린다. 이 인식시차와 실행시차가 내부시차이다. 재량정책을 실시하더라도 효과가 나타나기까지 빠르면 1개월에서 늦으면 18개월까지 외부시차가 있다. 이런 시차를 통해 경기가 나쁠 때 경기부양책을 쓰면 그 효과가 확장국면에 나타나 경기부양책이 없을 때보다 경제를 과열시키기 십상이다. 경기가 과열될 때 경기진정책을 쓰면 그 효과가 수축국면에야 나타나 진정책이 없을 때보다 경제를 냉각시키기 십상이다. 이것이 각국이 흔히 경험해 온 사실이다. 이런 길고 가변적인 내부시차와 외부시차 때문에 재량정책 자체가 경제 불안정의 요인이 되는 것이다.

고전학파가 제안하는 정책대안은 준칙정책(policy by rule)이다. **준칙정책**이란 다양한 경제상황에 따라 정부가 어떻게 정책을 시행할 것인가를 미리 정하여 공표하고 이를 준수하는 정책을 말한다. 대표적인 준칙정책으로는 k% 준칙과 **재정준칙**

이 있다. 경기가 좋든 나쁘든 간에 매기당 통화공급의 증가율을 k%로 일정하게 유지하는 정책이 k% 준칙이다. 재정준칙(fiscal rule)이란 재정적자와 국가채무가 일정한 수준을 넘지 않도록 법으로 정하여 강제하는 것이다. 준칙정책은 재량정책처럼 그 자체가 경제 불안정의 요인이 되는 역설을 피할 수 있다.

고전학파에 의하면 케인스학파가 선호하는 재량정책은 국민의 신뢰를 잃기 쉽다. 재량정책이 신뢰를 잃는 것은 재량정책의 동태적 비일관성 때문이다. 당장에는 최선이라고 판단했던 정책이 시간이 흐르고 보니까 최선이 아니게 되는 것을 정책의 **시간비일관성**(time inconsistency) 또는 **동태적 비일관성**(dynamic inconsistency)이라 한다. 재량정책에는 이런 시간비일관성이 발생한다. 경기가 침체하여 생산이

읽을/생각할 거리 10-2

통화정책과 테일러 준칙

통화정책의 대표적인 준칙정책으로 k% 준칙과 테일러 준칙이 있다. 각국 중앙은행 총재의 가장 큰 관심사 중 하나는 금리를 어느 수준으로 유지해야 생산과 고용의 급속한 변동을 피하면서 물가를 안정시킬 수 있을까이다. 미국의 경우 중앙은행인 연준(연방준비제도의 줄임말)이 구사하는 단기정책 도구는 연방기금금리(federal funds rate)이다. 연방기금금리는 은행 간 대출에 적용되는 단기금리이다. 연방기금금리는 우리나라 한국은행의 금융통화위원회와 비슷한 기능을 하는 미국 연준의 연방공개시장위원회(the Federal Open Market Committee : FOMC)에서 목표치가 설정된다.

FOMC가 연방기금금리 목표치를 설정할 때 가이드라인으로 삼는 것은 두 가지이다. 첫째, 인플레이션이 가속되고 있을 때는 연방기금금리가 상향조정된다. 둘째, 실물경제활동이 위축되고 있을 때는 연방기금금리가 하향조정된다.

스탠포드대학의 테일러(John Taylor) 교수는 위 가이드 라인에 부합하는 연방기금금리 결정에 대한 준칙(Taylor' s Rule)을 제시하였다. 테일러 준칙은

(명목)목표금리 = 인플레이션율 + 2.0 + 0.5(인플레이션율 − 2.0) − 0.5(GDP 갭)

으로 표시된다.

위 테일러 준칙은 실질목표금리(= 목표금리 − 인플레이션율)가 2%이고 목표인플레이션율이 2%이며, 인플레이션 갭과 GDP 갭에 동일한 가중치를 부여하는 것을 보여준다. 구체적으로 실질목표금리는 인플레이션율이 2%이고 실질 GDP가 자연생산량 수준과 같으면 2%이다. 인플레이션율이 2%보다 1% 포인트씩 늘어날 때마다 실질목표금리는 0.5% 포인트씩 높아진다. 실질 GDP가 자연생산량보다 1% 포인트씩 낮아질 때마다 실질목표금리는 0.5% 포인트씩 낮아진다. GDP가 자연생산량 수준보다 높아져 GDP 갭이 마이너스가 되면 실질목표금리는 높아진다.

장기간에 실제 연방기금금리 움직임과 테일러 준칙에 의한 금리를 비교해 보면 두 금리의 움직임이 매우 유사하다. 테일러 준칙은 연준이 참고하는 준칙이다.

감소하고 실업이 증가하면 과감한 경기부양책을 쓰는 것이 고통을 줄이는 최선의 방법인 것처럼 보인다. 그러나 과감한 경기부양책을 자주 쓰면 시간이 흐름에 따라 물가상승은 두드러지고 부양책이 경기 회복을 낳는 효과는 약해진다. 이에 따라 일반 국민이 정부정책의 효과를 의심하게 되어 정책의 신뢰성이 떨어진다. 융통성이 없어 보이는 준칙정책은 시간비일관성 문제를 낳지 않는다.

읽을/생각할 거리 10-3

현실 사회에 흔한 시간비일관성 문제

현실 세계에는 시간비일관성 문제가 각 분야에 많이 있다.

우리나라 노동계가 불법파업과 폭력시위를 서슴지 않아 온 것도 정부와 기업의 재량정책에 크게 기인한다. 지금까지 불법 · 과격시위에 대한 노사정의 관행은 다음과 같이 묘사할 수 있다. 민주노총 산하 대기업 노조가 불법파업을 선언한다고 하자. 그러면 정부는 파업에 들어가기 전에, 그리고 파업 초기에 법과 원칙에 따라 엄정 대처할 것이라고 경고한다. 기업은 파업 중에 생긴 손실에 대해 노조 간부들이 배상토록 고발하고 무노동-무임금 원칙을 천명한다. 이렇게 경고하고 천명했으면 끝까지 그대로 일관성 있게 밀고 가는 것이 준칙이다.

그러나 노조가 생산라인을 불법점거하고 파업이 길어지면 정부가 불법을 눈감아 주고 적당히 타협하도록 기업에 종용한다. 당장의 파업에 따른 손실을 줄이고 노동계를 무마시키는 데에는 이런 융통성 있는 재량이 필요하다고 정치적으로 판단하기 때문이다. 기업도 파업에 따른 손실이 단기에 크기 때문에 이를 수용한다. 이어 노사화합과 생산성 장려 차원에서 고발을 취소하고, 파업 기간에 대해서도 임금을 줌으로써 무노동-무임금 원칙을 허문다. 이런 재량이 당장에는 손실을 줄이고 노사화합에 도움이 되어 바람직한 것처럼 보인다. 그러나 노동계로 하여금 자기들이 세게 나가면 정부와 기업이 결국 양보할 것이라는 기대를 갖게 만들어 장기에는 불법파업과 폭력시위가 더 기승을 부린다. 따라서 길게 보면 결코 바람직한 정책이 아니다.

법과 원칙을 엄정하게 집행하는 선진국에서 불법파업과 과격시위가 없는 것은 준칙이 장기에 바람직한 정책이라는 것을 보여주는 예이다. 우리 역대 정부도 많은 시행착오를 거치면서 '불법은 뜨거운 난로에 손대는 것과 같다'는 입장을 견지하며 법과 원칙을 엄정하게 지키는 방향으로 진화해 왔다. 문재인 정부에서 이런 원칙이 허물어진 것은 역사의 교훈과 경제원리를 무시한 매우 유감스런 일이다.

제1장에서 단기와 장기에 성과가 아주 다를 수 있다는 것이 경제학의 주요 원리 중 하나라고 소개하였다. 시간비일관성은 이 주요 원리를 강화하는 것이다. 온정과 관용은 훌륭한 덕성이고 임기응변과 융통성은 바람직한 능력이다. 그러나 원칙을 어겨가며 이것들을 내세워서는 장기에 이득보다 손실이 훨씬 더 많다는 것을 시간비일관성 문제가 보여준다.

독자들은 다음 각각이 인정머리 없거나 융통성이 없거나 비합리적인 것처럼 보이지만 시간비일관성 문제를 염두에 둔 사려 깊은 장치 내지 행동이라는 것을 확인할 수 있어야 한다.

- 지식 · 창작물에 대해 사회자산으로서 공유해야 한다는 일부 주장에도 불구하고 배타적인

저작권을 일정 기간 동안 부여한다.

- 전쟁 난민을 좀처럼 인접 국가에서 받아주려 하지 않는다.
- 노동능력이 있는 빈곤층이 적극적인 구직활동의 증거를 제시해야 복지혜택을 준다.
- 그린벨트 안의 불법 건축물을 무자비하게 철거한다.
- 시험부정행위나 선거부정행위에 대해 엄벌에 처한다.
- 비행기 납치범이나 테러범과는 정부가 공식적으로 타협 · 협상하지 않는다.
- 대통령이 사면권을 남용하는 것을 자제한다.
- 대부분의 나라에서 일부일처제도를 법으로 강제한다.
- 울며 떼쓰는 아이의 말을 부모가 들어주지 않는다.
- 빚 상환능력이 없는 신용불량자에게 빚을 완전 감면시켜 주는 대신 일부라도 장기 분할로 갚게 한다.
- 학생과 교사 모두에게 힘들고 귀찮은 국가 수준의 학업성취도평가를 주기적으로 실시한다.
- 주식과 암호화폐 투자로 손실을 본 MZ세대가 손실액을 갚는 것을 면제해주는 정책에 대해 대다수 경제학자는 반대한다.

4.3 두 학파와 소비 · 저축 : 소비가 미덕인가? 저축이 미덕인가?

고전학파와 케인스학파의 차이점은 소비 · 저축을 보는 관점에서 뚜렷이 드러난다.

앞에서 과소비 풍조가 일어나면 총수요곡선이 오른쪽으로 이동하여 생산이 늘어나고, 근검절약 풍조가 일어나면 총수요곡선이 왼쪽으로 이동하여 생산이 줄어드는 것을 보았다. 선진 자본주의사회에서는 잠재 GDP만큼 생산되지 않는 경우가 흔하다. 그 이유를 케인스학파를 일으킨 케인스는 총수요의 부족으로 보았다. 이 경우 소비가 늘어나면 총수요가 증가한다. 총수요의 증가는 생산의 증가를 낳는다. 생산이 증가하면 소득이 증가하고 소득이 증가하면 소비 및 총수요가 다시 증가한다.

본원적 예금이 몇 배의 예금통화를 창출하는 것처럼 최초의 소비는 몇 배의 소득 및 소비를 창출한다. 이처럼 소비가 몇 배의 소득을 창출하는 효과를 소비의 **승수효과**(multiplier effect)라 한다. 케인스와 케인스를 이어받은 케인스학파의 세계에서는 소비가 승수효과를 발휘하여 생산과 고용을 증대시키는 바람직한 효과를 낳는다. 따라서 소비는 미덕이고 저축은 악덕이다. 절약의 역설을 제기한 사람도 케인스이다.

고전학파는 케인스학파가 단기에 국한하여 문제를 보고 있다고 비판한다. 단기에 저축이 늘어나면 그만큼 소비가 줄어들고 총수요가 감소하는 효과가 발생하는 것은 사실이다. 그러나 늘어난 저축은 투자재원이 된다. 저축이 늘어나면 한편으론 투자재원이 늘어나고 다른 한편으론 이자율이 하락하여 기업의 투자가 증가한다. 기업의 투자가 증가하면 소비처럼 투자의 승수효과가 발생하는 한편 경제 전체의 자본이 증가한다. 총자본이 증가하면 생산능력이 확충되어 장기에 경제성장의 원천이 되고 물가를 안정시킨다.

과소비는 단기에 총생산을 증가시키는 효과가 있지만 저축을 감소시켜 장기에 투자와 경제성장을 위축시킨다. 앞에서 안정화정책이 단기정책이라고 말한 것은 소비의 이러한 역효과를 고려하지 않기 때문이다.

일반적으로 높은 경제성장을 기록해 온 개발도상국은 원숙한 선진국보다 높은 총저축률을 보인다. 특히 한국, 대만, 싱가포르, 중국을 비롯한 아시아 국가들은 제2차 세계대전 이후 다른 지역에 비해 높은 성장을 지속해 왔는데, 이는 높은 저축률과 왕성한 투자에 크게 기인한다. 단기적으로 소비가 미덕이지만 장기에는 저축이 미덕인 것이다.

4.4 현실 세계와 경제안정화정책

앞에서 경제안정화정책의 최종목표는 경제성장, 물가 안정, 국제수지 균형 등이라고 하였다. 경기가 확장국면에 있으면 경제성장률은 높아지고 실업률은 낮아진다. 경기가 수축국면에 있으면 우선 경제성장률이 낮아지고 실업률은 높아지며, 이에 따라 가계소득의 증가율이 둔화하거나 가계소득이 줄어든다. 이 때문에 일반 국민은 경기가 후퇴하는 것을 고전학파처럼 경기가 상승한 이후의 자연스러운 조정으로 생각하지 않고 케인스학파처럼 막아야 할 바람직하지 못한 상태로 생각하기 쉽다. 경기가 좋든 나쁘든 상관 말고 일정한 준칙을 밀고 나가라는 고전학파의 처방은 고지식하고 인기 없는 정책으로 비치게 마련이다. 특히 언론과 정치권, 경제계는 경기후퇴가 예상보다 심하거나 오래 지속되면 경제가 위기상황에 빠진 듯이 과장하는 경향이 있다. 이런 단선적인 '여론' 때문에 정부는 경기가 나쁠 때 경기부양을 위한 안정화정책을 쓸 유혹에 빠진다. 우리나라 역대 정부도 이런 유혹에 빠져 경기후퇴기에 으레 경기부양책을 쓰곤 했다.

뻔질난 경기부양책은 고전학파가 지적하는 바와 같이 정책의 길고 가변적인 시차 때문에 경기진폭을 더 크게 만들기 쉽다. 경기는 확장국면에 있을수록 좋고 수축국면에 있을수록 나쁘다는 생각은 '세상에 공짜가 없다'는 경제학의 기본 전제에 어긋나는 사고방식이다. '산이 높을수록 골이 깊다'는 상식을 터득하는 지혜가 필요하다.

고전학파가 지적한 대로 재량정책은 길고 가변적인 시차와 시간비일관성이라는 두 가지 심각한 문제를 낳는다. 경제가 호황을 오래 누렸다면 조정과정으로 경기침체가 따라오게 마련이다. 따라서 통상적인 경기변동은 케인스학파처럼 시장의 실패로 보지 말고 고전학파처럼 시장경제의 자연스러운 율동이라고 보는 것이 좋다. 겨울이 봄을 예비하듯이 생산과 소득의 감소, 실업의 증가를 초래하는 불황이 한계기업의 퇴출과 구조조정을 강요하여 경제의 효율성과 역동성을 잉태한다. 통상적인 경기변동에는 준칙정책이 재량정책보다 낫다.

경제 대침체와 안정화정책

시장경제는 수요 측면이나 공급 측면에 때로 큰 충격이 가해져 심각한 경기침체에 빠지는 경우가 있다. 이런 비정상적인 국면에서는 케인스학파의 처방대로 재량정책을 써서 심각한 경기침체를 타개하기 위해 적극 노력해야 한다. 2008년에 발생한 미국의 금융위기는 전 세계로 충격이 전파되어 세계경제가 심각한 경기침체를 겪었다. 이를 총수요·총공급곡선으로 분석할 수 있다. 한 나라의 생산과 물가 동향을 총수요·총공급곡선으로 분석하는 것처럼 세계 전체의 생산과 물가 동향을 세계 총수요곡선과 세계 총공급곡선으로 분석하는 것이다. **그림 10-10**의 (a)는 세계적인 총수요곡선과 총공급곡선을 나타낸다. 각각의 물가수준에서 각국의 총수요를 모두 합한 세계 총수요를 보여주는 것이 **세계 총수요곡선**이다. 각국의 총수요곡선이 우하향하기 때문에 세계 총수요곡선도 우하향한다. 각각의 물가수준에서 각국의 총공급을 모두 합한 세계 총공급을 보여주는 것이 총공급곡선이다. 각국의 총공급곡선이 우상향하기 때문에 **세계 총공급곡선**도 우상향한다. 금융위기 이전에 세계 총수요곡선 AD_0와 세계 총공급곡선 AS_0가 만나 세계 총생산이 Y_0이었다고 하자. 미국의 금융위기가 전 세계로 확산되면서 많은 금융회사와 가계가 파산하고, 신용 경색과 부채 증가로 가계 소비와 기업 투자가 크게 위축되었다. 이는 세계 총수요곡선을 왼쪽으로 크게 이동시킨다. 그림에서 새로운 세계 총수요곡선이 AD_1이라면 새 균형점은 E_1이다. 세계 총생산이 Y_0에서 Y_1으로 크게 감소하였다.

2020년에 일어난 세계적인 코로나19 유행병과 2022년에 일어난 우크라이나

그림 10-10

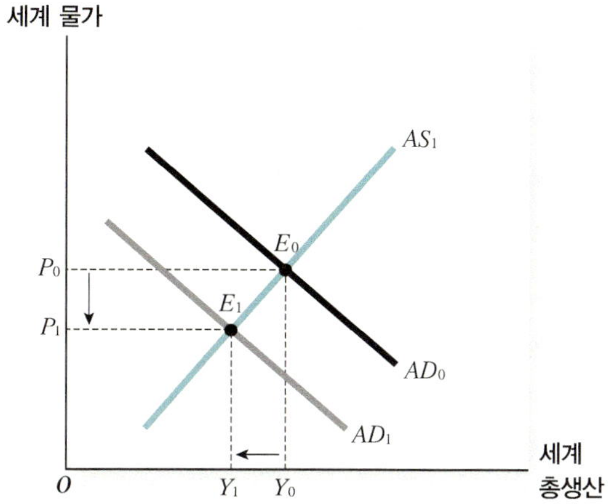

(a) 미국의 금융위기와 세계적인 대침체

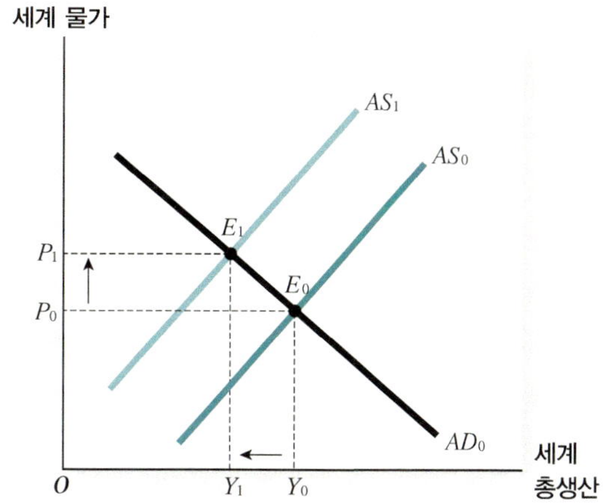

(b) 코로나19 및 우크라이나 전쟁과 세계경제

세계적인 경제 충격과 세계경제

미국의 금융위기는 세계 총수요곡선을 왼쪽으로 이동시켜 세계 총생산 감소, 물가 하락을 낳았다. 코로나19와 우크라이나 전쟁은 세계 총공급곡선을 왼쪽으로 이동시켜 세계 총생산 감소, 물가 상승을 낳는다.

전쟁은 세계적인 공급망 교란, 에너지 파동, 농산물 공급 감소 등을 통해 세계 총공급을 크게 위축시켰다(코로나19의 경우 세계 총수요 감소라는 효과도 있었지만 총공급 감소에 비해서는 부차적이어서 무시하기로 한다). 이는 **그림 10-10**의 **(b)**에서와 같이 총공급곡선을 크게 왼쪽으로 이동시켜 총생산을 크게 감소시킨 것으로 설명할 수 있다.

각국의 총수요 · 총공급곡선도 그림 10-10과 같은 상황이다. 어느 경우든 정부가 단기에 취할 수 있는 재량정책은 확장적인 재정정책과 통화정책을 적극적으로 사용하여 총수요곡선을 오른쪽으로 이동시키는 것이다. 주요국 정부들이 이런 재량정책을 적극 펼치는 정책 공조 덕분에 1930년대의 대공황 이후 가장 심각하다고 평가받은 경제위기가 대공황(great depression)으로까지 번지지 않고 대침체(great recession)로 진정될 수 있었다. 코로나19에 우크라이나 전쟁까지 터진 2022년의 상황은 미국의 금융위기로 인한 대침체 때보다 물가 안정에 어려움을 가중시키고 있다. 총생산 감소가 물가 상승과 더불어 일어났기 때문이다. 1970년대의 스태그플레이션처럼 안정화정책이 경기 회복과 물가 안정을 달성하는 데에 무력할 수 있다. 전쟁 종료와 공급망 회복이 조기에 이루어지지 않으면 총공급곡선이 쉽게 오른쪽으로

읽을/생각할 거리 10-4

1990년대의 일본의 경기침체와 안정화정책

1950년대부터 40년 동안 높은 성장과 번영을 구가한 일본 경제는 1991년 이후 장기적인 침체에 빠져들었다. 1991년부터 2000년까지 경제성장률은 연평균 1.1%에 불과하였다. 이는 같은 기간 중 이른바 신경제(New Economy)를 구가한 미국의 연평균 경제성장률 3.2%보다 훨씬 낮다. 1990년 2%였던 실업률은 2002년엔 5.4%까지 높아졌다.

1990년대 일본의 경기침체는 미국의 대공황만큼 심각하지는 않았지만 몇 가지 측면에서 유사하다. 우선 대공황처럼 일본의 경기침체도 대규모 주가 하락에서 시발되었다. 1990년대 말 일본의 주가는 10년 전 호황을 이루었을 때에 비해 절반 이하로 떨어졌다. 주식시장과 함께 1980년대에 천정부지로 상승하였던 부동산 가격도 1990년대 들어 폭락하였다. 주식과 부동산 가격의 폭락으로 국민들의 부(wealth)가 감소하여 대공황 때처럼 소비지출이 감소하였다.

둘째, 대공황 때처럼 은행권이 곤경에 처해 경기침체를 부채질하였다. 1980년대에 일본의 은행들은 주식과 부동산을 담보로 대규모 대출을 해주었다. 그러나 담보가치의 급감으로 대출금 회수가 어려워지자 은행들의 부실이 심해지고 신규대출능력이 극도로 저하되었다. 이 같은 신용위기는 기업에 대한 대출 감소로, 그리고 기업의 투자지출 저하로 이어졌다.

셋째, 일본의 1990년대 경기침체와 대공황은 경제활동 위축이 매우 낮은 금리와 같이 이루어졌다. 1990년대 말 일본의 명목금리는 1930년대 중반 미국에서처럼 1% 미만이었다.

끝으로 일본의 경기침체에 대한 정책적 논의도 대공황 때의 정책논의와 유사하다. 우선 케인스학파 경제학자들은 일본 정부가 대규모 감세를 통해 정부지출을 증가시켜야 한다고 주장했다. 이 같은 정책처방을 받아들여 일본 정부는 몇 차례에 걸쳐 대규모 경기부양책을 실시했다. 그러나 경기 회복은 반짝효과에 그쳤고 대규모 재정적자와 정부채무만 낳고 말았다.

다른 경제학자들은 일본의 중앙은행인 일본은행이 통화공급을 대폭 증가시켜야 한다고 제안했다. 과감한 확대통화정책의 유일한 부작용은 인플레이션인데 일본은 물가가 하락하는 디플레이션을 걱정할 상황이므로 문제가 없다는 것이었다. 통화공급의 증가는 1% 안팎의 명목금리를 더 이상 낮추지 않더라도 구매력과 명목 GDP를 증가시켜 생산을 증가시킨다. 보수적인 일본은행의 반대로 과감한 확대통화정책은 실시되지 않았다.

뒤돌아보면 일본은 1990년대에 외환위기 이후 우리나라가 했던 것처럼 공적 자금을 투입하여 부실은행들을 퇴출시키거나 정상화시키고 확대통화정책을 썼어야 했다. 구조전환기에 구조조정을 외면하고 경기부양책이란 이름의 안정화정책에만 매달리면 소기의 경제회복을 이루지 못하고 복합적인 장기불황을 경험할 수 있다는 것이 일본의 "잃어버린 10년"의 교훈이다. 최근에는 2000년대에 들어와서도 일본 경제가 회복되지 않고 침체상태라는 뜻에서 "잃어버린 20년"이라고 부르기도 한다. 이를 극복하기 위해 등장한 것이 과감한 통화공급과 재정지출의 확대를 근간으로 하는 **아베노믹스**이다.

미국의 금융위기에서 비롯된 2008년의 세계적인 금융위기 상황을 극복하기 위해 각국 정부는 확장적인 재정·통화정책 배합을 광범위하게 실시하였다. 이런 파격적인 정책배합은 금융제도의 위기상황을 극복하는 데에 효과가 있다. 위기극복이 아닌 조속한 경기 회복을 바라고 무분별하게 확대정책을 쓴다면 중·장기에 재정위기와 또 다른 자산 거품을 유발할 수 있다.

이동하지 않는 상황에서 확장적인 재량정책이 물가를 더욱 높일 것이다.

요약 및 학습

01 총수요곡선은 각각의 물가수준에서 한 나라의 실질총생산에 대한 의도된 총지출, 즉 (실질)총수요를 보여주는 곡선이다. 총수요는 민간소비, 국내총투자수요, 정부소비, 순수출을 합친 것이다. 총수요곡선은 우하향한다. 이는 물가가 오르면 ① 이자율이 올라 소비와 투자수요가 감소하고, ② 민간이 보유하고 있는 현금과 국공채의 실질가치가 떨어져 민간소비가 감소하며, ③ 우리나라 상품이 다른 나라 상품보다 상대적으로 비싸져서 순수출이 감소하기 때문이다.

02 총공급곡선은 각각의 물가수준에서 공급되는 실질총생산, 즉 (실질)총공급을 보여주는 곡선이다. 총공급곡선은 일반적으로 우상향한다. 그러나 경기가 아주 침체되어 있는 낮은 생산수준에서는 수평선에 가깝고 경기가 과열된 높은 생산수준에서는 수직선이 되는 모양으로 우상향한다. 생산물 가격이 오를 때 단기에 생산요소 가격은 노동계약, 여타 생산요소의 장기공급계약 등의 제약으로 비례적으로 오르지 않기 때문에 기업의 이윤이 증가하여 생산을 증가시킨다. 단기에 총공급곡선이 우상향하는 것은 이 때문이다.

03 총수요곡선과 총공급곡선이 만나는 점에서 균형물가와 균형(실질)총생산이 결정된다. 이 둘을 곱하면 균형명목총생산이 된다.

04 총수요곡선은

① 과소비 풍조가 번지는 경우

② 기업의 투자의욕이 고취되는 경우

③ 수출이 수입에 비해 잘 되는 경우

④ 사람들이 장래에 인플레이션이 일어날 것으로 예상하는 경우

⑤ 정부가 확대재정정책이나 확대통화정책을 쓸 경우

오른쪽으로 이동한다. 총수요곡선이 오른쪽으로 이동하면 물가가 오르고 총생산이 증가한다.

05 총공급곡선은

① 임금이나 다른 생산요소의 가격이 하락하는 경우

② 생산기술이 향상되는 경우

③ 생산요소의 부존이 증가하는 경우

④ 기업들이 장래에 물가가 떨어질 것이라고 예상하는 경우

오른쪽으로 이동한다. 총공급곡선이 오른쪽으로 이동하면 물가가 하락하고 총생산이 증가한다.

06 정부지출 확대, 세금 감면, 세율 인하 등의 확대재정정책은 총수요곡선을 오른쪽으로 이동시켜 물가를 상승시키는 한편 총생산을 증가시킨다. 그러나 확대재정정책은 잠식효과를 일으켜 민간 경제활동을 위축시키는 부작용이 있다. 잠식효과란 확대재정정책이 이자율을 상승시켜 민간소비와 투자수요가 위축되는 효과를 말한다.

07 통화량을 늘리거나 이자율을 인하시키는 확대통화정책도 총수요곡선을 오른쪽으로 이동시켜 물가를 상승시키는 한편 총생산을 증가시킨다. 통화정책에는 잠식효과가 따르지 않는다.

08 안정화정책이란 물가 안정, 고용 안정, 국제수지 균형 등 경제 안정을 위해 정부가 단기에 적극적으로 구사하는 재정정책이나 통화정책을 말한다. 안정화정책의 효과와 필요성을 놓고 거시경제학계는 양분되어 있다.

09 고전학파는 길고 가변적인 시차와 재량정책의 시간비일관성 때문에 안정화정책이 소기의 효과를 얻지 못하고 오히려 경제 불안정의 원천이 되므로 재량적인 안정화정책을 시행하지 말아야 한다고 주장한다. 재량적인 안정화정책은 자의적인 정책과 동일시된다. 자의적인 정책을 펼치는 대신 경기변동에 관계없이 일정한 준칙을 세워 일관성 있게 밀고 나가는 것이 바람직하다. 단기의 총수요관리보다 장기의 총공급능력 배양을 강조한다.

10 케인스학파는 안정화정책의 효과가 크기 때문에 적극적으로 안정화정책을 실시해야 한다고 주장한다. 시장경제는 불안정하고 시장의 실패가 크기 때문에 정부가 경제에 개입하여 재량껏 경기순환의 진폭을 줄이는 것이 낫다는 것이다. 장기의 총공급능력 배양에 못지않게 단기의 총수요관리가 중요함을 강조한다.

연습문제

01 총수요 · 총공급의 이론으로 다음을 설명하라.

① 물가는 상승하지만 총소득은 불변인 경우
② 총소득은 증가하지만 물가는 불변인 경우
③ 물가는 오르고 총소득은 감소하는 경우
④ 물가와 총소득이 오르되 물가상승폭이 총소득 상승폭보다 훨씬 큰 경우

02 석유수출국기구(OPEC)는 1973～1974년의 6개월 동안 세계 석유가격을 배럴당 3달러에서 11달러로 올렸다. 2008년에 국제유가는 146달러까지 올라 사상 최고치를 기록하였다. 이런 석유

가격의 급등이 우리나라의 총수요곡선과 총공급곡선에 어떠한 영향을 미쳤겠는가?

03 '아껴 쓰고 저축하면 높은 소득 낮은 물가'라는 은행 포스터를 총수요 · 총공급의 이론으로 설명해 보라.

04 수입(輸入)이 증가하면 총수요곡선과 총공급곡선이 어떠한 영향을 받는가?

05 총수요 · 총공급곡선을 이용하여 다음의 상황들이 일어났을 때의 효과를 분석하라.

① 기업의 동물적 직감에 입각한 투자수요의 돌연한 증가

② 가뭄이 심하여 농산물 가격이 급등하다.

③ 잠재 GDP를 감소시키는 생산성 저하가 일어나다.

④ 3고(고금리, 고유가, 고원화가치) 현상으로 순수출이 갑자기 크게 감소하다.

⑤ 국제원자재 가격이 하락하다.

⑥ 노사분규가 격화하다.

⑦ 인구가 증가하다. 외국인 노동자가 국내에 대거 유입되다.

⑧ 사람들이 선거 후 물가가 오를 것이라고 예상한다.

06 안정화정책을 보는 거시경제학의 두 조류를 제8장의 **그림 8-3**의 경기순환을 이용하여 대비 · 설명하라. 독자 자신은 어느 입장을 지지하는가? 왜?

07 코로나19 사태를 맞아 우리나라 정부는 전 국민에게 긴급재난지원금을 주었다. 총수요 증가와 공정성 면에서 이 정책의 효과를 논하라. 더 좋은 정책이 있었는지를 설명하라.

08 2008~2009년에 세계적인 금융위기와 불황을 맞아 각국 정부는 ① 금융위기 극복을 위한 정책과 ② 불황 타개를 위한 정책을 포괄적으로 실시하였다.

(1) 많은 학자들이 ①과 ②의 규모가 가능한 한 커야 한다고 주장하였다. 그 논리는 무엇일까?

(2) 고전학파의 입장에서 보면 ②의 규모가 가능한 한 커야 한다는 주장은 잘못된 주장이다. 그 논리는 무엇일까?

(3) 어느 쪽 논리가 더 타당할까?

(4) 우리나라가 실시한 ①과 ②를 조사해 보라.

(5) 2020~2021년의 코로나19 충격을 겪으면서 각국 정부의 경기침체 타개를 위한 정책이 2008~2009년과 어떻게 달라졌는가?

09 일반적으로 개도국이 선진국보다 높은 저축률을 보인다. 개도국 중에서도 동아시아 국가들이 높은 저축률을 보인다. 그 이유를 알아보라.

10 미국의 양적 완화 통화정책은 재량정책과 준칙정책을 결합하여 조화시킨 정책으로 평가할 수 있다. 이를 확인하라.

11 다음의 기술이 옳은가 틀린가를 밝히고 그 이유를 설명하라.

① 세율을 인하하면 실질총소득, 물가, 이자율이 모두 상승한다.

② 중앙은행이 공개시장매입운영을 하면 이자율이 떨어지고 실질총소득과 물가가 상승한다.

③ 경기가 과열되었을 때에는 정부지출 축소, 세율 인상, 재할인율 인상, 지급준비율 인상, 공개시장매입 등을 행하면 경기가 진정된다.

④ 이자율이 상승하면 통화의 유통속도가 빨라진다.

⑤ 잠식효과는 국공채 발행으로 이자율이 상승하여 투자와 저축이 위축되는 것을 말한다.

⑥ 채권발행위원회를 만들어 채권 총 발행물량을 억제하면 이자율이 하락한다.

⑦ 확대재정정책은 장기에 자본형성을 저해하는 부작용을 낳는다.

⑧ 생산물 가격이 오를 때 요소 가격도 비례적으로 즉시 오르면 총공급곡선은 수직이다.

⑨ 소비와 소비수요는 같지만 투자와 투자수요는 다르다.

⑩ 물가가 오르면 명목이자율과 실질이자율이 모두 오른다.

⑪ 통화량이 증가할 때 실질총소득과 통화의 소득유통속도가 불변이면 물가는 통화의 증가율만큼 상승한다.

⑫ 통화량이 증가하면 언제나 명목총생산이 증가한다.

⑬ 주식과 국공채의 가격은 이자율과 반대방향으로 움직인다.

⑭ 회사채 매수세가 약해지면 시중금리가 떨어진다.

⑮ 정부채 공모계획이 발표되어 채권 공급물량에 대한 우려가 확산되면 금리는 강세를 보인다.

⑯ 선거가 있는 해에 돈을 더 많이 풀고 정부지출을 더 늘리는 것은 준칙이 아니라 재량에 입각한 정책이다.

⑰ 정치인들은 준칙보다 재량에 입각한 경제정책을 더 선호한다.

⑱ 통화량이 증가하거나 물가가 하락하면 단기에 이자율이 하락한다.

⑲ M_2의 소득유통속도는 L_f의 그것보다 크다.

⑳ 인구가 증가하면 총수요곡선과 총공급곡선이 오른쪽으로 이동한다.

㉑ 예상인플레이션이 높아지면 총공급곡선과 총수요곡선이 왼쪽으로 이동한다.

㉒ 과(過)소비는 단기는 물론 장기에도 총수요를 증가시켜 생산의 증가를 낳는다.

11 실업과 인플레이션

“레닌은 자본주의제도를 파괴하는 최상의 방법은 돈값을 떨어뜨리는 것이라고 말한 바 있다. 지속적인 인플레이션 과정으로 남몰래 국민의 재산을 몰수할 수 있다.”

— 존 메이너드 케인스(John M. Keynes)

“인플레이션은 언제나 어디에서나 화폐적인 현상이다.”

— 밀튼 프리드먼(Milton Friedman)

“한 나라의 실업률과 소비자물가 상승률을 더한 값을 경제고통지수라 부를 수 있다. 이 값이 클수록 국민들의 생활이 어려워지고 불만은 높아진다.”

— 아서 오쿤(Arthur Okun)

[개요]

현대사회에서 가장 골치 아픈 두 가지 거시경제현상을 든다면 실업과 인플레이션이다. 이 장에서는 먼저 실업과 인플레이션을 총수요 · 총공급곡선의 틀로 설명한다.

실업과 인플레이션의 관계는 자연실업률이론으로 설명된다. 이 이론에 의하면 실업률과 인플레이션율 간에 단기에는 역의 관계가 있지만 장기에는 아무런 관계가 없다. 단기에 존재하는 역의 관계를 이용하기 위해 정책당국이 경기활성화정책을 자주 쓰면 사람들의 인플레이션 기대심리를 조장하여 장기에는 인플레이션율만 높아지고 실업률은 자연실업률 이하로 떨어지지 않는다.

주요 학습사항

◎ 실업의 종류와 대책은?

◎ 실업에 관한 두 학파의 이론과 시사점은?

◎ 인플레이션의 종류와 대책은?

◎ 자연실업률이론이란?

◎ 스태그플레이션 대책은?

1. 실업

1.1 실업이란?

실업이란 일할 의사와 능력을 가진 사람이 일자리를 갖지 못한 상태를 말한다. 한 나라의 인구 중 일할 의사와 능력을 가진 사람들을 통틀어 경제활동인구 혹은 노동력(labor force)이라 한다. 우리나라에서 경제활동인구는 15세 이상의 인구 중에서 일할 의사가 없는 학생이나 주부, 일할 능력이 없는 노약자, 환자 등을 뺀 인구를 말한다. 경제활동인구의 대상을 15세 이상으로 잡은 것은 중학교육이 끝나고 나서부터는 일할 능력이 있다고 보기 때문이다. 만 15세 이상 인구를 노동가능인구라 한다. 노동가능인구에서 경제활동인구가 차지하는 비율을 경제활동참가율이라 한다.

경제활동인구는 취업자와 실업자로 나누어진다. 취업자란 수입을 목적으로 주당 1시간 이상 일하는 사람이나, 자기에게 직접 수입이 돌아오지 않더라도 가구주의 사업을 도와 주당 18시간 이상 일하는 가족종사자로 정의된다. 전업주부와 학생은 경제활동인구에 포함되지 않는 비경제활동인구이다. 그러나 파출부와 같이 가사를 돌보면서 부수입을 올리는 일을 하거나 학생이면서도 아르바이트를 한다면 경제활동인구에 잡혀 취업자로 분류된다. 취업자가 생산가능인구에서 차지하는 비율을 고용률, 경제활동인구에서 차지하는 비율을 취업률이라 한다.

경제활동인구에서 취업자를 빼면 실업자가 된다. 실업자가 경제활동인구에서 차지하는 비율을 실업률(unemployment rate)이라 한다. 종전에 취업하고 있던 사람이 직장을 잃고 4주 이상 일자리를 찾거나 경제활동인구에 들어 있지 않던 사람이 4주 이상 일자리를 찾으러 나서면 실업자로 분류된다.

우리나라에서 경제활동인구나 취업, 실업 등의 구분은 국제노동기구(International Labor Organization : ILO)가 권하는 기준을 따르고 있으나 통계조사에 두 가지 중요한 문제점이 있다. 첫째, 임시로 고용되거나 파트타임으로 일하면서 정식 고용을 원하는 사람이 취업자로 잡혀 실업통계에서 빠진다. 1주일에 한 시간이라도 수입 있는 일에 종사한 임시근로자는 나머지 시간을 대부분 구직활동에 할애하더라도 실업자가 아니라 취업자인 것이다. 임금을 받고 고용된 자로서 고용계약기간이

1년 이상이면 상용근로자(常傭, regular employee), 1개월 이상 1년 미만이면 임시근로자(temporary employee), 1개월 미만이면 일용근로자(daily employee)로 분류한다. 둘째, 일자리를 찾아다닌 끝에 지쳐서 당분간 구직활동을 포기한 실망노동자(discouraged worker)는 일할 의사가 없는 사람으로 보아 경제활동인구에서 빠지기 때문에 실업통계에서도 빠진다. 경기침체기에 취업가능성이 낮아 당분간 구직활동을 포기하면 실업자가 아니라 비경제활동인구로 분류되는 것이다. 이 두 가지 문제점 때문에 ILO 기준의 실업통계에 나오는 실업률은 실제 실업률보다 낮게 측정되는 경향이 있다.

읽을/생각할 거리 11-1

체감실업률을 보다 잘 반영하는 고용보조지표

통계청에서는 기존 고용통계의 한계점을 보완하고자 2015년 1월부터 국제노동기구(ILO)의 고용통계 기준에 맞추어 '일하고 싶은 욕구가 충족되지 못한 노동력' 을 의미하는 고용보조지표를 내놓고 있다. 기존의 공식 실업률이 단순히 실업자가 경제활동인구에서 차지하는 비율이었다면, 고용보조지표는 현실을 보다 잘 반영하기 위해 확장된 개념의 실업자 및 경제활동인구를 적용한 것으로 세 가지가 있다.

고용보조지표1은 경제활동인구 대비 실업자와 시간 관련 추가취업가능자(아르바이트 등 단기근로를 하고 있지만 추가취업을 원하는 사람)의 비율이다. 고용보조지표2는 잠재취업가능자(구직노력을 했으나 육아 등으로 당장 시작하지 못하는 사람)와 잠재구직자(최근 구직활동을 하지 않았지만 현재 일자리를 희망하는 사람)의 합인 잠재경제활동인구와 기존의 경제활동인구를 더한 수치 대비 실업자와 잠재경제활동인구를 더한 수치의 비율이다. 고용보조지표3은 고용보조지표1과 2에서 고려한 요소를 모두 반영한 지표로 포괄 범위가 가장 넓어 확장실업률로 지칭된다.

고용보조지표는 취업은 하고 있지만 실제 일반적인 의미에서 취업상태라고 보기 어려운 시간 관련 추가취업가능자나 구직활동 여부에 상관없이 취업을 희망하고 취업이 가능한 잠재경제활동인구 등을 폭넓게 고려함으로써 현실에서 느끼는 체감실업률을 보다 잘 반영한다. 최근 공식 실업률은 3～4%인데 확장실업률은 11～12%로 격차가 크다.

$$\text{고용보조지표1} = \frac{\text{실업자} + \text{시간 관련 추가취업가능자}}{\text{경제활동인구}} \times 100$$

$$\text{고용보조지표2} = \frac{\text{실업자} + \text{잠재경제활동인구}}{\text{확장경제활동인구(경제활동인구} + \text{잠재경제활동인구)}} \times 100$$

$$\begin{matrix}\text{고용보조지표3} \\ \text{(확장실업률)}\end{matrix} = \frac{\text{시간 관련 추가취업가능자} + \text{실업자} + \text{잠재경제활동인구}}{\text{확장경제활동인구(경제활동인구} + \text{잠재경제활동인구)}} \times 100$$

고용보조지표 구성 요소

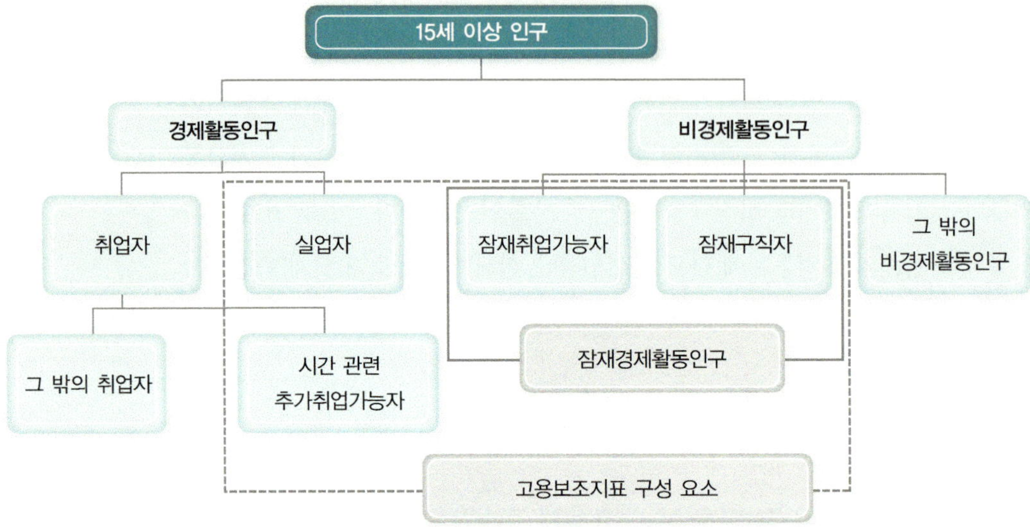

자료 : 통계청,『고용동향』, 한국은행,『 알기 쉬운 경제지표 해설』.

자영업자와 가족종사자를 합쳐 **비임금근로자**라 부른다. 우리나라는 비임금근로자가 전체 취업자의 30%를 넘는데 이는 다른 선진국들에 비해 2배 이상 높은 비중이다. 농부와 영세상인 등의 자영업자가 비임금근로자의 60%를 넘을 정도로 많다.

상용, 임시 및 일용근로자를 합하여 **임금근로자**라 부른다. 임시근로자와 일용근로자가 많다는 것은 고용상태가 불안정하다는 것을 뜻한다.

1.2 실업의 형태와 대책

앞에서 정의한 실업은 모든 형태의 실업을 포괄하는 광범위한 개념이다. 경제학에서는 정부가 세워야 할 대책과 연관시켜 실업을 크게 마찰적 실업, 구조적 실업, 경기적 실업의 세 가지로 구분한다.

마찰적 실업

마찰적 실업(frictional unemployment)이란 좋은 일자리를 탐색하거나 직업을 바꾸는 과정에서 당분간 실업상태에 있는 것을 말한다. 어떤 사람들은 그동안 다니던 직장이 마음에 안 들어서 그만두고 다른 직장에 들어가기 위해 일자리를 찾아다

닌다. 다른 회사로 옮기기로 정해 놓고 당분간 쉬고 있는 사람도 있다. 이들이 마찰적 실업에 속한다. 마찰적 실업은 대부분 지금까지 얻을 수 있었던 일자리보다 더 나은 일자리를 탐색한다는 뜻에서 **탐색적 실업**(search unemployment)이라고도 한다.

마찰적 실업은 그것을 없애기 위해 노력해야 할 만큼 나쁜 것이 아니다. 역동적인 사회에서 이런 종류의 실업은 으레 존재하게 마련이고 실업기간도 길지 않다. 실상 노동시장이 자유롭게 기능하기 위해서는 어느 정도의 마찰적 실업은 바람직하다.

마찰적 실업에 대해 정부는 고용 기회와 직업 전망에 관한 정보의 흐름을 원활하게 하는 대책을 세우면 된다.

구조적 실업

구조적 실업(structural unemployment)이란 기술혁신으로 종래의 기술이 쓸모없게 되거나 어떤 산업이 사양화하거나 고용을 해치는 노동시장의 구조적 특성 때문에 발생하는 실업을 말한다. 3D(difficult, dangerous and dirty) 업종에 종사하던 노동자가 산업로봇의 등장으로 일자리를 잃거나 석탄산업의 사양화로 석탄노동자가 감원되어 발생하는 실업은 구조적 실업의 예이다. 강력한 노동조합, 최저임금제도 등에 의해 생기는 비자발적 실업도 구조적 실업의 예이다. 다른 직종에 일자리가 있어도 구조적 실업자들은 그 직종에 필요한 기술을 가지고 있지 못하기 때문에 일자리를 잡을 수 없다. 구조적 실업에 대한 대책은 재교육과 **직업훈련**(job training)을 시행하고 노동시장의 유연성을 높이는 것이다.

오늘날 거시경제학계는 구조적 실업을 따로 구분하지 않고 마찰적 실업의 일부로 간주하고 있다. 석탄산업이 사양화하여 실직한 광부들은 노동력으로 남아 있는 한(일할 의사가 없으면 노동력에서 빠지기 때문에 실업으로 분류되지 않는다) 재훈련이나 새로운 도전(예컨대 독자적 창업이나 특별한 기술이 없어도 할 수 있는 포장마차 · 공사판 막일 등)을 통해 조만간 다른 일자리를 잡을 것이기 때문에 마찰적 실업으로 분류할 수 있는 것이다. 구조적 실업을 포함한 광의의 마찰적 실업자가 경제활동인구에서 차지하는 비율을 **자연실업률**(natural rate of unemployment)이라고 부른다. 자연실업률은 나라와 시대에 따라 다르지만 상당히 안정적이라고 알려져 있다.

경기적 실업

경기적 실업(cyclical unemployment)은 총수요가 부족하여 일자리 수보다 노동자 수가 많아져 발생하는 실업이다. 경기적 실업은 경기순환과 결부되어 경기가 나쁘기 때문에 발생한다. 경기가 회복되어 일자리가 늘어나면 경기적 실업은 해소된다. 경기가 침체상태에 있을 때 정부가 확대재정정책이나 확대통화정책으로 생산을 촉진하여 고용을 증가시키고자 하는 것은 이 경기적 실업을 없애기 위한 것이다.

1.3 실업의 비용

실업의 (기회)비용은 제4장에서 배운 것처럼

$$\text{실업의 비용} = \text{실업의 명시적 비용} + \text{취업의 순가치}$$

이다. 국민경제의 관점에서 보면 실업의 명시적 비용은 실업자에게 지급해 주는 실업보험금과 공적 부조, 실업자에 대한 교육훈련비, 실업이 몰고 오는 사회불안에 대처하는 치안비용 등이다. 실업자와 실업자 가족이 겪는 실의와 좌절감 같은 심리적 상태도 비용으로 측정할 수 있다면 명시적 비용에 추가시킬 수 있다.

취업의 순가치는 취업의 가치에서 취업의 비용을 뺀 것으로서 취업했을 때의 순부가가치이다. 취업이 낳을 총생산에서 감가상각을 뺀 것이라고 할 수 있다. 이 생산효과는 실업의 종류에 따라 달리 나타난다. 마찰적 실업의 생산효과가 가장 작고 경기적 실업의 생산효과가 가장 크다. 마찰적 실업은 근로자가 자기에게 더 잘 맞는 일자리를 얻게 해주어 노동시장의 효율성을 높이기 때문에 취업의 순가치가 작다. 구조적 실업자가 자기에게 맞는 직업을 찾아 큰 생산효과를 낼 가능성은 다른 실업자에 비해 높지 않다(새로운 일자리를 잡기 위한 교육훈련비도 상대적으로 많이 든다). 단순히 경기가 나쁘기 때문에 일하지 못하고 있는 경기적 실업자가 경기가 좋아질 때 일자리에 복귀하면 높은 생산효과를 낼 수 있다.

미국의 경제학자 오쿤(Arthur Okun)은 일찍이 미국 경제에서 경기적 실업률이 1% 포인트 상승할 때마다 실질 GDP가 2.5% 포인트 감소한다는 실증분석 결과를 제시하였다. 이를 **오쿤의 법칙**이라고 한다. 실질 GDP를 Y, 자연생산량을 Y_N, 실업률을 u, 자연실업률을 u_N이라 하면 오쿤의 법칙은

$$\frac{\Delta Y}{Y} = \frac{\Delta Y_N}{Y_N} - 2.5(u - u_N) \qquad (11-1)$$

으로 표시된다. 위 식에 따르면 실업률이 자연실업률과 같으면 경제성장률은 자연성장률과 같다. (실제)실업률에서 자연실업률을 빼면 경기적 실업자가 경제활동인구에서 차지하는 비율인 **경기적 실업률**을 얻는다. 이 경기적 실업률이 1%포인트 높아지면 경제성장률은 자연성장률보다 2.5%포인트 낮아진다. 다른 나라들도 실증분석을 해보면 경기적 실업률 계수의 절댓값이 1보다 크게 나타난다. 이처럼 경기적 실업률의 상승폭보다 경제성장률의 하락폭이 더 큰 것을 오쿤의 법칙이라고 통칭한다. 오쿤의 법칙은 불경기에 사람들이 더 갖게 되는 여가의 가치를 도외시했다는 점에서 생산손실효과를 과대계산한 감이 있다. 그러나 이를 감안하더라도 경기적 실업의 생산손실효과가 일반적으로 크다는 점을 시사해 준다.

1.4 실업의 이론과 시사점

앞 장에서 경제안정화정책을 보는 시각과 펴는 방식에 대해 고전학파와 케인스학파의 의견이 상반된다는 것을 설명하였다. 경제안정화정책이 거론되는 것은 경기가 나빠 실업률이 높거나 경기가 과열되어 인플레이션율이 높기 때문이다. 따라서 두 학파 사이에 실업과 인플레이션을 보는 시각도 다르리라는 것을 짐작할 수 있다. 그중에서도 실업을 둘러싸고 두 학파의 이론이 더 날카롭게 대립하고 있다.

고전학파의 이론

고전학파에 의하면 현실세계의 실업은 대부분 자발적 실업이거나 탐색적 실업이다. 자발적 실업이란 일할 능력을 가지고 있으면서도 현재의 임금수준에서 일할 의사가 없고 임금이 더 높아야 일할 의사가 있는 실업상태를 말한다. 탐색적 실업은 일할 의사와 능력이 있으면서도 현재 잡을 수 있는 일자리는 자기 적성에 맞지 않거나 격과 보수가 낮다고 생각하여 제쳐두고 더 나은 일자리를 찾고 있는 실업상태를 말한다. 따라서 대부분의 실업은 정부가 없애기 위해 노력해야 할 나쁜 것이 아니다.

실업은 일종의 '균형' 현상이다. 실업을 없애기 위해 안정화정책을 쓸 필요도 없고 써도 별 효과가 없다.

(1) 고전학파의 이론 : 균형실업과 세이의 법칙

고전학파가 실업을 균형현상으로 보는 논리를 살펴보자. 노동시장이 경쟁시장이라고 하자. 제4장에서 배운 바와 같이 경쟁기업은 이윤을 극대로 하기 위하여 노동의 한계생산물가치(VMP_N)와 명목임금(w)이 같아지는 수준까지 노동을 고용한다.

$$VMP_N = MP_N \times P = w$$

이로부터 경쟁기업의 노동수요곡선은 우하향하는 VMP_N곡선이라는 것을 제4장에서 배웠다. 위 식은 다음과 같이 고쳐 쓸 수 있다.

$$MP_N = \frac{w}{P} \qquad (11-2)$$

명목임금은 화폐액으로 표시되는 임금이다. 명목임금을 물가로 나눈 $\frac{w}{P}$는 제8장에서 정의한 실질임금(real wage)이다. 실질임금은 노동의 한계생산물(MP_N)처럼 측정단위가 생산물 수량이다. 쌀 한 가마값이 15만원이고 명목임금이 150만원이면 실질임금은 쌀 10가마로 표시할 수 있다. 경쟁기업의 노동수요곡선은 세로축을 명목임금으로 할 때 우하향하는 VMP_N곡선이듯이 세로축을 실질임금으로 할 때는 우하향하는 MP_N곡선이다. 개별 기업의 노동수요곡선을 모든 기업에 걸쳐 수평으로 합하면 시장노동수요곡선이 도출된다.

개별 노동자는 효용극대화에 맞게 노동을 공급한다. 노동공급곡선은 **그림 11-1**에서 보는 바와 같이 실질임금을 세로축으로 하는 평면에서 우상향한다. 실질임금(w/P)이 높아진다는 것은 노동자들이 받는 명목임금(w)으로 상품을 살 때 구매력이 높아진다는 것을 뜻한다. 따라서 실질임금이 높아지면 노동공급량을 늘리는 유인이 생긴다.

그림은 명목임금이 오른다고 해서 노동공급량이 증가하는 것은 아니라는 것을 시사해 준다. 명목임금이 종전의 월 300만원에서 330만원으로 10% 상승한다고 하더라도 물가가 같이 10% 상승하면 실질임금에는 변함이 없어 노동공급량이 증가할 유인이 없다. 물가가 15% 상승하면 330만원으로 살 수 있는 소비재 수량이 물가가 오르기 전 300만원으로 살 수 있는 소비재 수량보다 더 적어진다. 즉, 실질임금이 감소한다. 따라서 노동공급량이 감소한다. 임금이 10% 상승할 때 물가가 10%보다

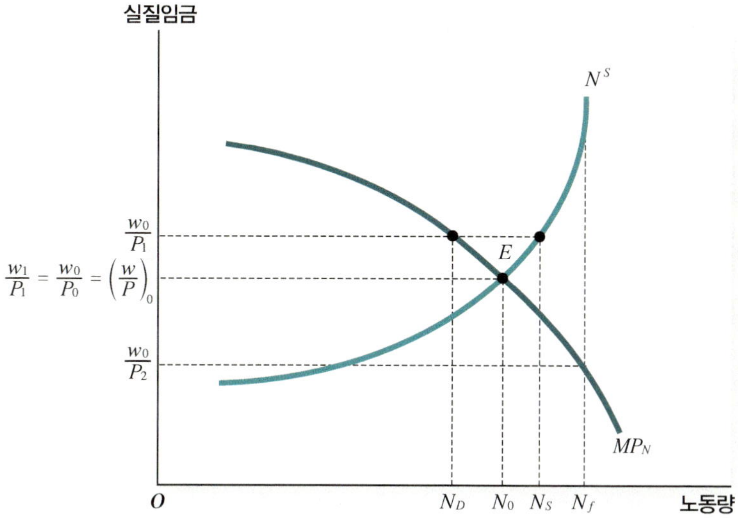

그림 11-1

고전학파와 자발적 실업
고전학파의 세계에서는 노동시장이 균형을 이루어 자연고용량 N_0가 고용되고, 실업은 자발적 실업 N_0N_f만 있다.

적게 상승해야 실질임금이 증가하여 노동공급량이 증가한다. 개별 노동자의 노동공급곡선을 모든 노동자에 걸쳐 수평으로 합하면 시장노동공급곡선이 도출된다.

제3장에서 설명한 바와 같이 임금이 상승할 때 소득효과가 대체효과보다 크면 개별 노동자의 노동공급량이 감소할 수도 있다. 그러나 실질임금이 상승하면 지금까지 비경제활동인구에 포함되어 있던 사람들 중 일부가 경제활동인구로 전환하여 일하고 싶어한다. 경제 전체로는 대체효과가 소득효과를 압도한다. 따라서 실질임금이 상승할 때 경제 전체의 노동공급량은 증가한다.

경제 전체의 노동시장이 **그림 11-1**로 묘사된다고 하자. 그러면 경제 전체의 고용량은 N_0, 실질임금은 $\left(\frac{w}{P}\right)_0$로 표시된다. 취업자 N_0는 경제활동인구 N_f보다 적다. 이 경우 자발적 실업자는 N_0N_f이고 실업률은

$$\frac{N_f - N_0}{N_f} \times 100\%$$

이다. 그러나 이 실업률은 노동시장에 변화가 없는 한 그대로 유지되기 때문에 노동시장의 균형과 공존하는 **균형실업률**이다. 시장임금 수준 $\left(\frac{w}{P}\right)_0$에서 일할 의사와 능력이 있는 사람들은 N_0인데 이 사람들은 모두 고용되어 있다. N_0N_f만큼의 실업자

들은 현행 실질임금이 낮다고 판단하여 여가를 즐기며 취업을 포기한 자발적 실업자들이다. 이러한 자발적 실업자들을 취업시키기 위해 정부가 정책적으로 노력을 기울일 필요가 없고 효과도 없다.

경기가 침체하여 물가가 P_1으로 하락하면 종전의 명목임금 수준에서는 실질임금이 상승한다. 그 결과 그림의 $\frac{w_0}{P_1}$에서와 같이 노동공급량이 노동수요량을 초과한다. 노동의 초과공급량은 명목임금을 하락시켜 실질임금이 떨어지기 시작한다. 명목임금이 물가가 내린 것과 같은 비율로 하락할 때 노동의 초과공급량은 사라진다. 이는 그림에서 E점으로 복귀하는 것으로 표시된다. 이 조정과정은 신속히 이루어진다. 명목임금이 내리지 않으면 $\frac{w_0}{P_1}$ 수준의 실질임금이 지속되어 이 임금수준에서 일하고 싶어하는 사람들 중 $N_D N_S$가 일자리를 잡지 못할 것이다. 그러나 명목임금이 물가에 따라 신축적으로 하락하기 때문에 E점으로 금방 복귀하여 이 임금수준에서 일하고 싶어하는 사람들은 모두 일자리를 잡게 된다.

경기가 좋아 물가가 P_2로 상승할 때에도 실질임금이 일시적으로 하락하지만 노동의 초과수요량이 명목임금의 상승을 가져오므로 다시 E점으로 곧 복귀한다.

균형고용량 N_0를 **완전고용량**(full employment), 혹은 **자연고용량**(natural employment)이라 부른다. 경제학에서 완전고용은 문자 그대로 실업이 전혀 없다는 것이 아니고 자발적 실업만 있는 상태를 말한다. 완전고용량 N_0에 대응하는 총생산을 **완전고용총생산** 혹은 **자연생산량**(natural rate of output)이라 한다. 자연생산량 Y_0를 경제주체들이 모두 수요하지 않으면 차기에 Y_0만큼 생산하지 않을 것이고 이에 따라 N_0의 고용이 유지되지 않을 것이다. Y_0가 모두 수요된다는 보장이 어디에 있을까? 고전학파는 이에 대한 해답을 세이의 법칙에서 찾고 있다.

> 공급은 그 자체가 수요를 창조한다는 명제를 **세이의 법칙**(Say's Law)이라 한다.

재화 및 서비스의 생산자들이 요소소유자들에게 지불한 총액은 재화 및 서비스의 생산액과 같게 마련이다. 따라서 요소소유자들이 받은 소득을 모두 소비하면 생산된 모든 재화와 서비스를 구매하기에 충분한 것이다. 따라서 공급은 그 자체가 수요를 창조한다. 이 명제는 프랑스의 경제학자 세이(J. Say)가 최초로 주장하였다.

요소소유자들이 받은 소득을 모두 소비하지 않고 일부를 저축하면 어떻게 될까? 이 경우에는 저축이 조만간 투자수요로 나타나 세이의 법칙이 여전히 성립한다. 저

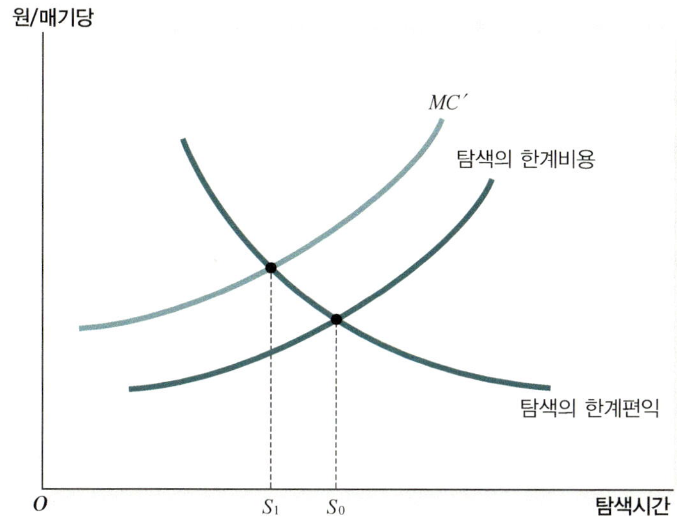

그림 11-2

구직자의 합리적 탐색

구직자는 탐색의 한계편익과 한계비용이 같아질 때까지 직장을 탐색한다.

축은 대부자금의 공급으로, 투자수요는 대부자금에 대한 수요로 나타난다. 돈을 빌리는 데 치러야 할 가격인 이자율이 신축적으로 변함으로써 금융시장이 균형을 이루면 저축과 투자수요는 같아진다는 것이다.

(2) 탐색적 실업이론과 자연실업률이론

고전학파는 탐색적 실업의 이론을 활발하게 연구해 왔다.

실업자는 일자리를 찾고 있다. 기업은 기업대로 일손을 찾고 있다. 직업탐색의 이론은 실업자와 기업이 합리적인 방법으로 탐색을 한다고 가정한다.

직업탐색에는 시간과 돈, 그리고 일자리를 일찍 받아들이지 않음으로써 포기해야 하는 소득 등의 비용이 들어간다. 한편 직업탐색을 할수록 보다 대우가 좋은 일자리가 생길 가능성도 있다. 합리적인 사람은 직업탐색으로 얻으리라고 기대되는 편익이 직업탐색에 들어가리라고 기대되는 비용보다 크면 탐색활동을 계속할 것이다. 따라서 제4장에서 배운 한계편익 = 한계비용의 이윤극대화원리를 여기에 응용할 수 있다.

그림 11-2에서는 그래프를 탐색시간이 길어질수록 탐색의 한계비용은 증가하고 한계편익은 감소하는 것으로 그렸다. 탐색의 초기 단계에는 자기 주변에서 손쉬운 방법부터 동원할 것이므로 탐색의 한계비용이 적다. 그러나 탐색이 계속됨에 따

라 멀리까지 여행도 하고 직업소개소도 이용하는 등 일자리를 더 알아보는 비용이 커지고 일찍 취직해서 벌 수 있는 소득만큼의 기회비용도 증가할 것이다(탐색의 한계비용이 일정하더라도 아래의 논의는 그대로 통용된다). 한계편익이 감소하는 것으로 그래프를 그린 것은 시간이 지남에 따라 그동안 나은 일자리를 많이 찾아다녀서 더 나은 일자리를 얻을 가능성이 점차 낮아지기 쉬울 것이기 때문이다.

그림에서 탐색의 한계비용과 한계편익이 교차하는 S_0가 최적탐색시간이다. 탐색의 이론에 의하면 개인적인 차원에서 최적탐색시간이 감소할수록 경제 전체적으로 실업이 감소한다. 그림에서 탐색의 한계비용곡선이 MC'처럼 위로 이동하거나 한계편익곡선이 아래로 이동하면 실업이 감소하는 것이다. 이러한 예로는 예상치 못한 인플레이션이 발생하는 경우와 실업수당이 감소하는 경우를 들 수 있다.

예상치 못한 인플레이션이 발생하면 구직자가 예상했던 것 이상의 보수나 양호한 근로조건을 제의받는다. 따라서 이러한 좋은 일자리 제의를 거절하고 다음 기회를 기다리는 데 대한 한계비용이 증가한다. 이는 탐색의 한계비용곡선을 위로 이동시켜 탐색시간과 탐색적 실업을 줄어들게 한다. 실업수당을 줄일 경우에는 탐색의 한계편익곡선이 아래로 이동하여 탐색시간과 탐색적 실업을 줄어들게 한다.

탐색의 이론은 실업을 경제주체들의 합리적인 선택이라는 관점에서 접근함으로써 '최적실업'을 논한다. 정부가 펴는 확대재정 · 통화정책은 예상된 인플레이션을 낳기 쉬운데 예상된 인플레이션은 실업 감소와 아무런 관계가 없다. 실업수당이 후할 때 탐색적 실업이 늘고, 따라서 자연실업률이 증가한다. 탐색의 이론은 '재량보다는 준칙'을 내세우고 '작은 정부'를 표방하는 고전학파의 입장을 정교하게 뒷받침해 준다.

고전학파에 의하면 실업은 개인적인 차원에서 볼 때 어느 정도 자발적으로 선택한 요소가 있다. 그러나 인플레이션은 개인의 선택과는 관계없이 주어지고 소득분배와 자원배분을 왜곡시킨다. 따라서 고전학파는 실업보다 인플레이션을 더 큰 사회의 해악으로 본다. 실업 감소를 위한 정부정책은 으레 인플레이션을 낳는다. 고전학파가 실업을 없애기 위한 안정화정책에 반대하는 것은 이 때문이다.

단기에 실업은 인플레이션과 밀접한 관계를 보인다. 이 관계에 주목하여 고전학파는 자연실업률이론을 전개한다. 자연실업률이론에 관해서는 아래의 제3절에서 다룬다.

케인스학파의 이론

(1) 케인스의 이론

고전학파의 기본 입장은 자유시장기구가 자연실업률을 자동적으로 보장해 주기 때문에 실업은 큰 문제가 아니라는 것이다. 이에 대해 케인스는 실업률이 25%에 육박하는 1930년대의 대공황을 경험하면서 고전학파의 이론이 현실과 동떨어진 이론이라고 단정하였다. 케인스는 고전학파의 이론이 적어도 두 가지의 결점이 있다고 보았다.

첫째, 낮은 실업률 수준에서 저축과 투자수요가 같아진다는 보장이 없다. 우선 저축의 주체와 투자의 주체가 다르다. 저축의 상당 부분은 집 · 차 · 고급가구 등을 사거나 일단 유사시에 대비할 목적으로 일반 가정에 의해 이루어진다. 그와 반면에 투자의 상당 부분은 공장을 늘리거나 새로운 설비를 사들여 이윤을 증가시키고자 하는 기업에 의해 이루어진다. 따라서 성격 및 주체가 판이한 저축과 투자수요가 이자율에 의해 낮은 실업률 수준에서 같아지리라는 보장이 없다. 특히 대공황기에는 세이의 법칙이 전혀 성립하지 않는다.

둘째, 임금 · 물가 · 이자율 등 가격변수가 완전신축적이라는 고전학파의 가정은 비현실적이다. 현실 세계에서 명목임금은 오르기는 쉽게 오르지만 내릴 때는 쉽게 내리지 않는다. 한번 오른 임금을 경기가 나빠졌다고 노동조합이 인하에 동의하는 경우는 현실 세계에서 아주 드물다. 이 명목임금의 하방경직성을 도입하면 현실 세계의 높은 실업률을 설명할 수 있다.

그림 11-1에서 물가가 P_1으로 내렸을 때 종전의 (명목)임금수준 w_0에서는 실업(= 노동의 초과공급) $N_D N_S$가 발생하지만 임금이 곧 인하되기 때문에 균형점 E로 머지않아 복귀한다는 것을 설명하였다. 이제 케인스가 강조하는 것처럼 노동조합이 임금인하를 용인하지 않기 때문에 물가가 P_1으로 떨어졌음에도 불구하고 종전의 임금 w_0가 그대로 유지된다고 하자. 그러면 현행 임금 w_0에서 일하고 싶어하는 사람들 중 $N_D N_S$의 크기로 표시되는 노동자들이 일자리를 잡지 못한다. 임금의 하방경직성이 관철되고 물가가 P_1에 머물러 있는 한 $N_D N_S$의 실업은 그대로 유지되는 것이다.

케인스는 현실 세계의 실업이 대부분 비자발적 실업이라고 보았다. 비자발적 실업이란 일할 능력과 현재의 임금수준에서 일할 의사를 가지고 있음에도 불구하고 일자리를 얻지 못하고 있는 상태를 말한다. 경기가 나쁠 때 경기적 실업이 커지고 이 경기적 실업은 비자발적 실업이다.

그림 11-1에서 고전학파의 경우 $N_0 N_f$의 자발적 실업만 존재하였다. 그러나 임금의 하방경직성이 존재하는 케인스의 세계에서는 총실업 $N_D N_f$ 중 자발적 실업은 $N_S N_f$에 지나지 않고 비자발적 실업은 $N_D N_S$만큼 되는 것이다.

케인스는 명목임금의 하방경직성을 하나의 사실로 받아들이고, 확대정책을 통한 총수요의 증대로 비자발적 실업을 없애야 한다고 주장한다. 확대재정 · 통화정책을 쓰면 총수요곡선이 오른쪽으로 이동하여 물가가 오른다. 물가가 오르면 실질임금이 하락하여 노동수요량은 증가하고 노동공급량은 감소한다. 물가가 P_0까지 상승할 정도로 확대정책을 쓰면 노동시장은 원래의 균형점 E로 복귀하여 비자발적 실업이 없어진다. 이처럼 적극적인 안정화정책으로 총수요를 증가시켜 경기적 실업을 없애야 한다는 것이 케인스 고용이론의 핵심이다.

(2) 실질임금 경직성의 이론

실질임금이 노동시장을 균형시키는 임금보다 높은 수준에 고정되어 있으면 비자발적 실업이 생긴다. **그림 11-3**에서 실질임금이 $\frac{w_0}{P_1}$에 고정되어 있으면 AC만큼의 비자발적 실업이 생기는 것이다. 그런데 수요 · 공급의 이론의 틀에서 보면 실질임금이 $\frac{w_0}{P_1}$에 고정되어 있어야 할 이유가 없다. 노동공급곡선에 의하면 현재의 고용수준 N_D에서 시장임금보다 훨씬 싼 $N_D B$부터 $N_0 E$만큼의 임금만 받고도 일하려고 하는 노동력이 $N_D N_0$만큼 있다. 실업자가 제의하는 이 임금은 노동의 한계생산물보다 낮기 때문에 기업으로서도 이런 제의를 마다할 이유가 없다. 이에 따라 실질임금이 $\frac{w_0}{P_1}$에 고정되지 않고 균형임금 수준으로 떨어지며 고용은 N_0로 늘어날 것이다. 그러면 비자발적 실업은 사라진다.

따라서 케인스의 뒤를 이은 케인스학파 경제학자들은 수요 · 공급의 이론이 아닌 다른 이론 틀에서 실질임금이 고정되는 이유를 여러모로 탐구하였다.

실질임금의 경직성을 설명하는 이론으로는 여러 가지가 있는데 그중에서 효율임금이론과 내부자-외부자이론이 유명하다.

효율임금이론(efficiency wage theory)은 독과점기업들이 근로자의 생산성과 충성심을 고취시키기 위해 시장평균임금보다 높은 임금을 지불한다는 것이다. 시장임금보다 높은 임금을 주면 근로자가 태만히 하다 해고당할 때의 기회비용이 크므로 열심히 일할 유인이 생긴다. 기업의 입장에서도 근로자의 이직률이 낮아져 노동력이 자주 들고 나는 데 따른 채용 · 훈련비용과 생산라인의 비효율성을 없앨 수 있어

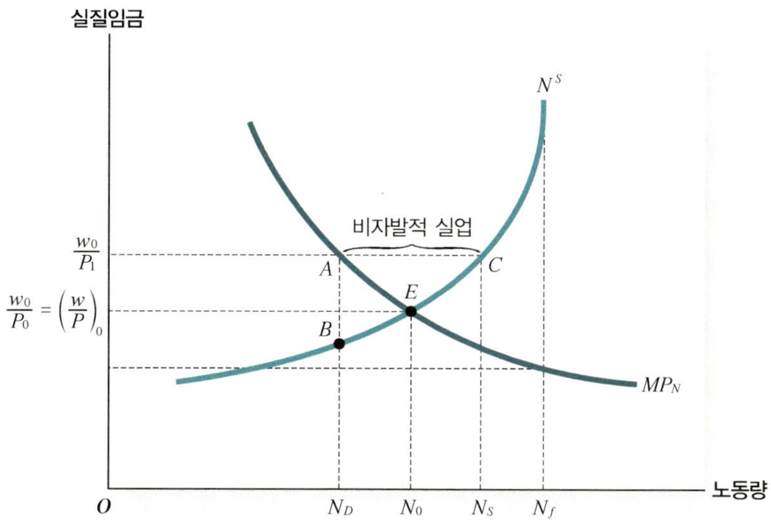

그림 11-3

실질임금의 경직성과 비자발적 실업

실질임금이 균형실질임금보다 높은 수준에서 하방경직적이면 비자발적 실업이 생긴다.

좋다. 나아가 경기가 나쁘다고 해서 임금을 낮춘다면 우수한 인력부터 회사를 그만두고 능력이 떨어지는 근로자만 남아 있기 쉽다. 이런 역선택을 막기 위해서도 시장균형임금보다 높은 수준의 임금을 준다는 것이다.

내부자-외부자이론은 노동조합이 임금협상과정에서 외부자(노조 비가입자와 실업자)를 고려하지 않고 내부자(조합원)의 이익만 고려하는 집단이기주의에 이끌려 높은 임금을 고집하기 때문에 임금이 균형임금보다 높은 수준에서 결정된다는 것이다. **그림 11-3**에서 실질임금이 $\frac{w_0}{P_1}$ 이하로 떨어지는 것을 노동조합이 용인하지 않기 때문에 실질임금의 경직성이 생긴다는 것이다.

케인스학파에 의하면 이러저러한 이유로 노동시장에 실질임금의 경직성이 있고, 이에 따라 비자발적 실업이 존재한다. 비자발적 실업은 인플레이션보다 더 큰 사회적 해악이다. 따라서 경기침체기에 비자발적 실업이 클 때에는 인플레이션을 감수하고라도 정부가 안정화정책을 적극적으로 써야 한다는 입장이다.

두 학파 이론의 평가

고전학파와 케인스학파의 이론은 실업의 다양한 측면을 포괄적으로 이해할 수 있게 해준다. 고전학파의 이론은 마찰적 실업 = 탐색적 실업을 잘 설명해 준다. 반면에 효율임금이론과 내부자-외부자이론으로 대표되는 케인스학파의 실업이론은 비자발적 실업을 잘 설명해 준다.

통상적인 경기수축국면에서 발생하는 실업 증가는 고전학파가 제안하는 것처럼 그냥 받아들이는 것이 좋다. 경기수축국면마다 안정화정책을 쓰면 정책의 길고 가변적인 시차효과로 인해 경기진폭을 불필요하게 확대시키기 때문이다. 심각한 경기침체나 공황처럼 통상적인 경기수축국면보다 경기가 크게 나쁜 경우에는 케인스학파가 처방하는 것과 같이 과감한 확대재정정책, 확대통화정책을 써야 할 것이다.

읽을/생각할 거리 11-2

1930년대의 대공황

1929년 10월 24일 월요일 미국 뉴욕 주식시장의 주가가 대폭락한 데서 시작된 대공황(the Great Depression)은 모든 자본주의국가들에 파급되어 1939년까지 10년 동안이나 지속된 세계적인 공황이었다. 주가 대폭락은 생산과 국제무역의 격감, 물가의 폭락, 기업과 은행의 파산, 실업의 급증 등으로 연쇄반응을 일으켰다. 대공황의 최저점기인 1933년에 미국의 실업자는 1,500만 명, 실업률은 25%에 달하였다. 1933년 자본주의 각국의 제조업 생산액은 1929년보다 30~40% 감소하고 물가는 25% 하락하였다. 제조업뿐만 아니라 농업부문에도 가격 폭락, 재고 급증 등의 심각한 타격을 주었다.

경기후퇴는 총수요가 부족하여 일어난다. 공황은 총수요가 계속 급감하면서 금융제도가 붕괴될 때 일어난다. 1931년 한 해에만 2,000개의 미국 은행이 문을 닫았다. 1930년대의 공황은 왜 통상적인 경기불황으로 그치지 않고 세계적인 대공황으로 발전하였을까? 무엇이 총수요를 급감시켰는가? 이에 대하여 프리드먼과 같은 고전학파 경제학자는 통화공급의 급격한 감소를 강조한다. 은행의 도산으로 금융제도가 붕괴되자 1929~1932년까지 미국의 실질통화공급이 1/3 이상 급감하였다는 것이다. 케인스는 제1차 세계대전 이후 크게 늘어난 생산능력에 비해 유효수요가 많이 부족한 구조적인 문제가 근본원인이라면서 정부가 지출을 적극 늘려야 경제가 회복되지 시장경제에 맡겨서는 해결되지 못한다고 지적하였다. 케인스학파는 암울한 미래 예상에 따른 소비 및 투자수요의 급격한 감소에 정부의 세율 인상과 같은 잘못된 재정정책이 중첩되어 대공황을 일으켰다고 주장한다.

금융제도의 붕괴는 그 당시 극심한 빈부 격차에 기인하는 바가 크다는 지적도 있다. 1929년 미국은 최상위 1%의 가계가 전체 가계 자산의 36.3%를 차지하고 있었다. 이러한 부의 심한 편중은 유효수요의 부족과 가진 자의 투기를 낳는 한편 못 가진 자에게 은행여신이 집중됨으로써 은행여신의 위험도가 높아졌다.

결국 구조적인 유효수요 부족에 통화정책의 실패, 금융제도의 불안정성, 재정정책의 실패, 그리고 극심한 빈부 격차 등이 한데 어우러져 대공황을 낳았다. 그러면 대공황은 왜 그렇게 심각했으며, 왜 10년간이나 오래 지속되었을까? 위기 해결을 위한 국제적 정책 공조가 없었고 공조를 이끌어 낼 세계경제의 리더십이 없었기 때문이다. 각국이 자국 경제를 보호한다는 명분을 내세워 경쟁적으로 관세를 인상하고, 수입을 금지하며 환율을 평가절하하였다. 세계경제를 더욱 악화시키는 이런 조치들을 취하지 않도록 국제적 정책 공조와 세계경제의 리더십이 있어야 하는데 없었다.

케인스의 처방대로 서구 각국 정부는 경제에 적극적으로 개입하는 정책을 썼다. 적극적인 개입정책은 대공황을 극복하는 데에 크게 기여하였다. 경제이론 면에서도 (정부의 역할을 인정하는) 혼합경제체제를 수긍하는 쪽으로 경제관이 바뀌는 계기가 되었다. 이런 케인스의 영향을 경제학계에서는 케인스 혁명이라고 부른다.

1987년 10월 19일 뉴욕 주식시장의 주가는 20% 가량 떨어져 뉴욕 주식투자가들이 무려 5,000억 달러의 자산손실을 경험하였다. '검은 월요일(Black Monday)'이라 불리는 월가의 이 참사는 1929년 10월 24일의 대폭락을 능가하였지만 1929년과 같은 공황을 촉발시키지는 않았다. 그만큼 오늘날의 금융제도가 대공황기와는 비교할 수 없을 정도로 안정되어 있는 셈이다. 그러나 제9장에서 지적한 것처럼 미국의 비우량주택담보대출 부실과 지나친 증권화가 맞물려 2008년에 일어난 미국의 금융위기는 대공황 이후 가장 심대하게 세계경제에 나쁜 영향을 미쳤다. 다행히 미국을 비롯한 G-20 국가들이 확장적인 재정 · 통화정책을 쓰고 국제적 정책 공조를 이룸으로써 대공황 때와 같은 심각한 위기는 면하였다.

2. 인플레이션

물가의 일반적인 상승을 인플레이션이라고 한다. 구체적으로 인플레이션은 제8장에서 배운 바와 같이 물가지수가 증가하는 것으로 표시된다.

인플레이션이 발생하면 화폐의 가치는 하락한다. 2015년 기준으로 우리나라의 소비자물가지수는 1990년의 40.6에서 2020년에는 105.4으로 증가하였다. 이는 평균적으로 말해서 1990년에 406원을 주고 사던 소비재를 30년 후에는 1,054원을 치러야 살 수 있다는 것을 뜻한다. 기간 중에 물가가 2.6배 오르고 돈 가치는 1/3로 하락한 것이다. 인플레이션이 발생한다는 것과 화폐의 구매력이 하락한다는 것은 동의어이다.

2.1 인플레이션의 원인

인플레이션은 일상생활에서 흔히 경험하는 현상이다. 소비자물가지수의 상승으로 인플레이션을 말한다면 우리나라는 1945년 해방 이후 인플레이션이 없었던 해는 한 해도 없었다. 이러한 인플레이션은 왜 발생할까?

인플레이션은 총수요·총공급의 이론에서 총수요곡선과 총공급곡선의 교차점이 종전보다 높아지는 것으로 표시된다. 두 곡선의 교차점은 총수요곡선이 오른쪽으로 이동하거나 총공급곡선이 왼쪽으로 이동하거나 양자가 한꺼번에 일어날 때 높아진다.

그림 11-4의 (a)와 같이 총수요곡선이 오른쪽으로 이동하여 발생하는 인플레이션을 **수요견인 인플레이션**(demand-pull inflation)이라 한다. **그림 (b)**와 같이 총공급곡선이 왼쪽으로 이동하여 발생하는 인플레이션을 **비용인상 인플레이션**(cost push inflation)이라 한다.

수요견인 인플레이션과 비용인상 인플레이션을 구분하는 방법은 생산활동이 어떤가를 보는 것이다. 생산이 증가하는 가운데 인플레이션이 일어나면 수요견인 인플레이션이다. 생산활동이 위축되는 가운데 인플레이션이 일어나면 비용인상 인플레이션이다.

현실 경제에서는 생산활동이 두드러진 변동을 보이지 않으면서 인플레이션이 발생하는 경우가 있다. 이는 **그림 (c)**처럼 수요 측면과 공급 측면이 혼합된 경우이기가 쉽다. 수요견인 인플레이션과 비용인상 인플레이션이 혼합되어 발생하는 인플레이션을 **혼합형 인플레이션**(mixed inflation)이라 한다.

인플레이션의 원인은 총수요곡선을 오른쪽으로 이동시키는 수요측 요인과 총공급곡선을 왼쪽으로 이동시키는 공급측 요인으로 나눌 수 있다.

수요측 요인

앞 장에서 총수요곡선이 오른쪽으로 이동하는 다섯 가지 경우를 살펴보았다. 총수요곡선은

① 과소비 풍조가 번지는 경우

② 기업의 투자의욕이 고취되는 경우

③ 해외경기가 좋아 수출이 수입에 비해 잘 되는 경우

④ 사람들이 앞으로 인플레이션이 일어날 것으로 예상하는 경우

⑤ 정부가 확대재정정책이나 확대통화정책을 펴는 경우

오른쪽으로 이동하는 것을 배웠다. 이것들이 수요견인 인플레이션을 일으키는 수요측 요인들이다. 이 중에서 수요견인 인플레이션을 지속시키는 가장 기본적인 요인

그림 11-4

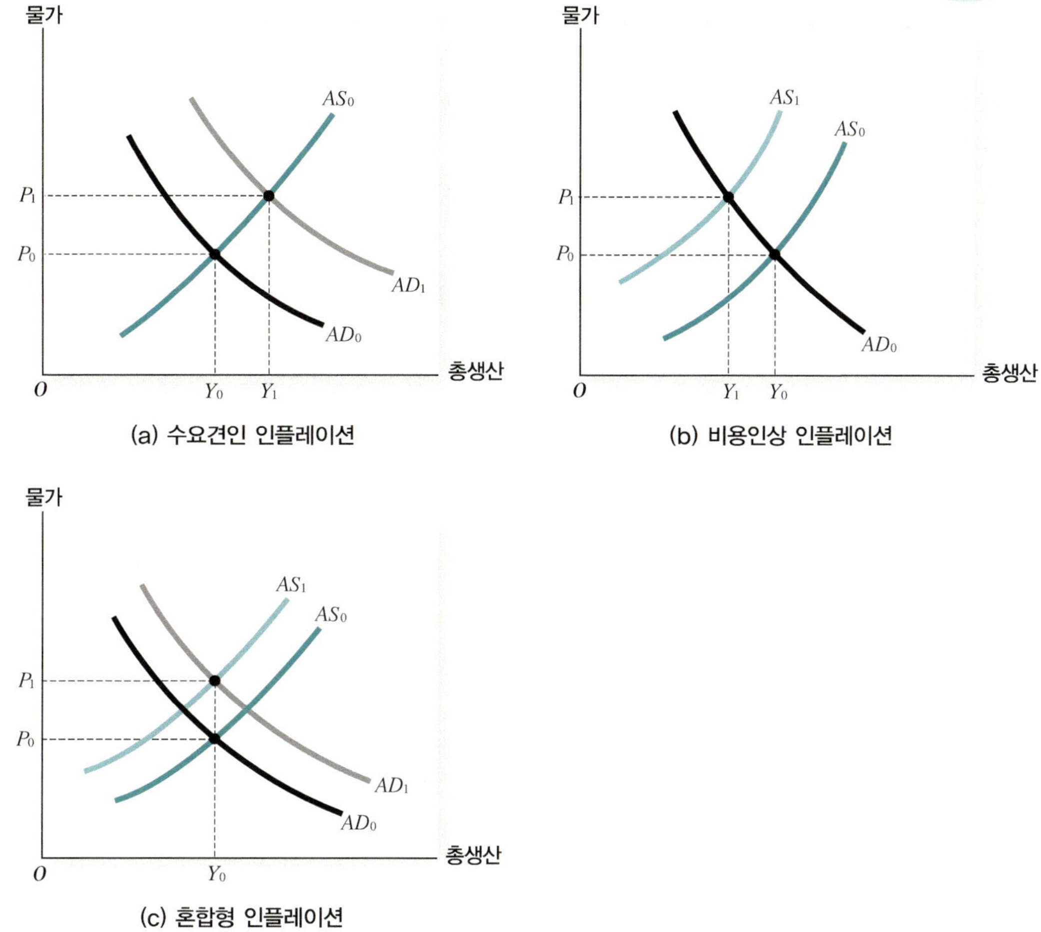

세 가지 유형의 인플레이션

총수요가 증가하면 수요견인 인플레이션, 총공급이 감소하면 비용인상 인플레이션, 양자가 결합되면 혼합형 인플레이션이 일어난다.

은 높은 통화공급의 증가를 가져오는 방만한 확대통화정책이다.

앞 장에서 배운 교환방정식

$$\underset{(P)}{\text{물가지수}}/100 \times \underset{(Y)}{\text{실질총생산}} = \underset{(M)}{\text{통화량}} \times \underset{(V)}{\text{화폐의 소득유통속도}}$$

를 변형하면 다음과 같은 증가율로 표시할 수 있다.[1)]

$$\underset{\left(\frac{\Delta P}{P}\right)}{\text{인플레이션율}} + \underset{\left(\frac{\Delta Y}{Y}\right)}{\text{경제성장률}} = \underset{\left(\frac{\Delta M}{M}\right)}{\text{통화증가율}} + \underset{\left(\frac{\Delta V}{V}\right)}{\text{유통속도의 증가율}} \quad (11-3)$$

교환방정식이 항등식인 것처럼 식 (11-3)도 항등식이다. 화폐의 유통속도 변화율은 경기순환과정에서 기복을 보이지만 장기적으로 볼 때 상당히 안정적이다. 경제성장률도 경기순환과정에서 기복을 보이지만 장기적으로 볼 때 자연성장률을 크게 벗어나지 않는다. 따라서 통화공급의 증가율이 높을수록 인플레이션율은 높아진다.

통화공급의 증가를 뺀 다른 수요측 요인은 인플레이션을 일시적으로 일으킬 뿐 지속적으로 일으키지는 않는다. 통화공급의 증가가 뒷받침되지 않으면 생산과 소득이 으레 늘어나는데 교환의 매개수단인 화폐가 상대적으로 부족하므로 화폐의 구매력이 계속 떨어질 수는 없는 것이다. 각국의 경험에 의하면 통화공급의 변동과 명목총생산의 변동 사이에는 3개월에서 2년까지 길고 가변적인 시차가 존재한다. 그리고 급격한 통화증가가 급격한 인플레이션을 낳는다. 따라서 고전학파 경제학자 프리드먼(Milton Friedman)은 "인플레이션은 언제나 어디에서나 화폐적인 현상이다"라고 단언하였다. '언제나'는 아니더라도 '장기에는' 분명히 인플레이션이 화폐적인 현상이다. 인플레이션이 화폐적인 현상이고 통화정책이 유력한 안정화정책이라는 것을 강조하는 고전학파를 **통화주의자**(monetarists)라고 한다. 프리드먼은 통화주의자의 기수이다.

공급측 요인

앞 장에서의 논의를 토대로 총공급곡선이 왼쪽으로 이동하여 비용인상 인플레이션을 일으키는 공급측 요인으로는 다음 몇 가지를 들 수 있다.

---

1) $PY = MV$에서 P, Y, M, V가 모두 변해도 등식은 성립한다.

$$(P + \Delta P)(Y + \Delta Y) = (M + \Delta M)(V + \Delta V)$$

위 식을 전개하여 PY와 MV를 상쇄시키고 양변을 $PY = MV$로 나누면

$$\frac{\Delta P}{P} + \frac{\Delta Y}{Y} + \frac{\Delta P \cdot \Delta Y}{PY} = \frac{\Delta M}{M} + \frac{\Delta V}{V} + \frac{\Delta M \cdot \Delta V}{MV}$$

가 된다. $\Delta P \cdot \Delta Y \approx \Delta M \cdot \Delta V$이므로 식 (11-3)을 얻는다.

① 임금, 원자재 가격 등 생산요소의 가격이 상승하는 경우

② 태업 · 파업 등의 노사분규로 노동의 생산성이 떨어지거나 노동조합이 과도한 임금인상 요구를 관철시키는 경우

③ 사람들이 앞으로 인플레이션이 일어날 것이라고 예상하는 경우

정부는 노동계와 경영계에 생산성 향상의 범위 안에서 임금 인상을 해줄 것을 늘 호소한다. 이는 노동생산성 향상을 넘어선 임금 인상이 비용인상 인플레이션을 일으키기 때문이다. 이윤을 극대로 하고자 하는 기업은 앞의 식 (11－2)에서 본 것처럼

$$\underset{(MP_N)}{\text{노동의 한계생산물}} \times \underset{(P)}{\text{생산물 가격}} = \underset{(w)}{\text{명목임금}}$$

의 등식을 만족시키게끔 노동을 고용한다. 식 (11－3)을 도출한 것과 같은 방식을 사용하여 앞의 식에서

$$MP_N \text{의 증가율} + \text{생산물 가격의 상승률} = \text{명목임금상승률} \qquad (11-4)$$

을 얻는다. 따라서 (명목)임금상승률이 노동의 한계생산물의 증가율을 상회하면 그 몫만큼이 생산물 가격 상승으로 전가되는 것이다. 국민경제 전체로는 노동의 한계생산물의 증가율을 초과하는 임금 인상이 물가 상승으로 나타난다.

노동생산성 향상을 넘어선 과도한 임금 인상이 물가 상승을 낳고 물가 상승은 다시 과도한 임금 인상을 불러오고 하는 과정이 되풀이되면 물가가 걷잡을 수 없이 계속 오를 수 있다. 이를 **임금－물가 상승의 악순환**(wage－price spiral)이라고 한다. 그러나 과도한 임금 인상만으로 임금－물가 상승의 악순환이 발생한다고 말할 수는 없다. 수요견인 인플레이션에서와 마찬가지로 통화공급의 증가가 뒷받침되어야 임금－물가 상승의 악순환이 일어난다.

임금 상승에 따른 비용인상 인플레이션은 총공급곡선을 왼쪽으로 이동시켜 총생산＝총소득을 감소시킨다. 임금이 상승하면 고용이 줄고 실업이 늘어난다. 이 두 가지 요인 때문에 취업노동자 가계의 임금소득이 증가하더라도 전체 가계의 구매력은 감소한다. 전체 가계의 구매력은 감소하는데 물가가 일방적으로 오를 수는 없다.

경기침체를 극복한다는 명목으로 정부가 통화공급을 증가시켜 총수요곡선을 오른쪽으로 이동시키기 때문에 임금-물가 상승의 악순환이 일어난다. 경기침체를 극복하기 위해 통화공급을 증가시키는 것을 수용적 통화정책(accomodative monetary policy)이라 한다. 수용적 통화정책이 수반되기 때문에 임금-물가 상승의 악순환이 일어난다.

수요측 요인과 공급측 요인의 혼합

노동조합이 과도한 임금인상 요구를 관철시키거나 석유파동, 원자재파동과 같은 사태가 발생하면 비용인상 인플레이션이 발생한다. 비용인상 인플레이션이 나쁜 점은 인플레이션이 생산 감소, 고용 감소(실업 증가)와 같이 발생한다는 것이다. 이 경우 정부가 팔짱을 끼고 아무 조치도 취하지 않으면 무능하다는 비난을 듣는 것은 물론 다음 선거에서 패배하기 십상이다. 이것이 정부가 적극적인 안정화정책을 쓰지 않을 수 없는 정치적 이유이다.

확대재정정책과 수용적 통화정책을 쓰면 총수요곡선이 오른쪽으로 이동하여 생산이 증가하고 실업이 감소한다. 그러나 그 과정에서 인플레이션은 더욱 높게 진행된다. 높은 인플레이션이 진행되면 사람들의 인플레이션 기대심리가 뿌리내리고 기대인플레이션도 높아진다. 여기에 혼합형 인플레이션이 시작되는 무대가 형성된다. 기대인플레이션이 높아지면 총공급곡선이 왼쪽으로 이동한다. 이에 따라 다시 생산 감소, 실업 증가가 발생한다. 실업 감소를 위해 정부는 다시 확대정책을 쓰고 그 결과 인플레이션과 기대인플레이션이 더 높아진다.

1970년대에 선진제국과 남미제국이 경험한 높은 인플레이션은 바로 이러한 혼합형 인플레이션이다. 이는 제3절에서 기대필립스곡선으로 다시 설명된다. 수용적인 통화정책 때문에 임금 인상이 물가 상승을 낳고 물가 상승은 더 높은 임금 인상을 요구하여 임금-물가 상승의 악순환이 발생한다.

통화정책과 재정정책이 혼합된 것을 정책혼합 혹은 정책배합(policy mix)이라 한다. 수용적 통화정책이 확대재정정책과 혼합된 것을 확대정책배합이라 부른다. 확대정책배합이 단기에 경기를 회복시키는 강력한 경제정책인 것은 사실이다. 그러나 이 정책배합을 쓰면 확대재정정책과 확대통화정책 중 어느 하나만을 쓸 때보다 인플레이션이 가속되는 것도 사실이다.

2.2 인플레이션의 영향

인플레이션은 경제와 사회에 다음과 같은 세 가지 영향을 미친다.

① 인플레이션은 사회구성원 사이에 소득과 富를 재분배시켜 준다.
② 인플레이션은 경제적 효율성을 해친다.
③ 인플레이션은 생산과 고용에 영향을 미친다.

인플레이션의 영향이나 효과를 논할 때에는 인플레이션을 사람들이 사전에 예상했는가, 예상치 못했는가를 구분하여 생각하는 것이 중요하다. 사전에 예상했는가 예상치 못했는가에 따라 위의 세 가지 영향의 강도가 달리 나타나기 때문이다.

예상치 못한 인플레이션의 영향

물가가 오를 때 모든 사람들의 명목소득이 똑같은 비율로 오르지는 않는다. 예상치 못한 인플레이션은 고정소득만 있는 사람(주로 봉급생활자), 채권자, 예금자들에게 손해를 끼친다. 연간 소득이 4,000만원인 사람은 5%의 인플레이션이 일어날 때 실질소득이 5%만큼 감소하므로 종전보다 소비재를 적게 산다. 소득이 증가하더라도 200만원 이상 증가하지 않으면 종전보다 실질소득이 감소한다.

돈값이 예상치 못하게 떨어지기 때문에 인플레이션이 있기 전에 약정한 이자율로 돈을 빌려준 사람은 손해를 보고 돈을 빌린 사람은 이득을 본다. 돈을 빌려준 사람이 손해를 본다는 것은 인플레이션이 미리 예상되었다면 당연히 더 높은 (명목)이자율을 요구했을 것이기 때문이다. 은행에 돈을 예금한 저축자와 현금 · 국공채 · 회사채 등 금융자산을 가지고 있는 사람들도 예상치 못한 인플레이션으로 돈값이 떨어지므로 손해를 본다. 특히 현금을 포함한 협의통화는 명목가치가 고정되어 있고 이자도 붙지 않기 때문에 인플레이션율만큼 고스란히 손해를 본다. 이에 따라 인플레이션이 협의통화에 부과하는 세금과 같다는 뜻에서 **인플레이션 조세**(inflation tax)라고 불린다. 내가 10만원을 가지고 있는데 물가가 10% 오른다면 이제 10만원이 물가가 오르기 전에 9만원 가치밖에 안 된다. 따라서 1만원을 세금으로 뜯긴 것이나 마찬가지다. 인플레이션 조세의 과세대상은 (민간이 보유하는) 협의통화이고 세율은 인플레이션율이다.

$$\text{인플레이션 조세} = \text{협의통화} \times \text{인플레이션율}$$

역사적으로 보면 각국 정부는 필요한 재원을 민간부문의 저항이 큰 세금으로 징수하는 것 못지않게 인플레이션으로 조달한 경우가 많았다. 우리나라도 1960년대와 1970년대에 정부주도형의 경제개발 과정에서 필요한 재원을 인플레이션 조세의 형태로 조달한 경우가 많았다. 일반적으로 민간부문에서 가계부문은 자금공급부문이고 기업부문은 자금수요부문이기 때문에 부문별로 대분하면 인플레이션으로 가계부문은 손해를 보고 기업부문은 이익을 보며, 특히 빚이 많은 기업일수록 더 큰 이익을 본다. 물가가 상승함에 따라 가격이 올라가는 토지 · 주택 · 공장 · 상품과 같은 실물자산을 많이 소유한 기업과 재산가는 인플레이션으로 혜택을 본다.

예상치 못한 인플레이션 하에서는 일시적으로 고용과 생산이 증대될 수 있다는 것을 제3절의 필립스곡선에서 다룬다. 그러나 예상치 못한 인플레이션이 지속되면 미래의 인플레이션에 대한 경제주체들의 예상을 어렵게 만들고, 경제환경을 불확실하게 만들어 안정된 소비와 투자 계획을 세우기가 어렵다. 예상치 못한 인플레이션에 따른 불확실성이 경제의 효율성을 저해하는 인플레이션의 경제적 비용이다.

예상된 인플레이션의 영향

사람들이 인플레이션을 정확히 예상할 때에는 민간부문 안에서 채권자로부터 채무자로 소득이 재분배되는 효과가 발생하지 않는다. 화폐로 결제하는 계약을 체결할 때 인플레이션이 정확하게 예상되면 합리적인 채권자는 화폐가치의 하락을 보상할 수 있는 만큼을 얹어 받으려 하고 채무자는 이 요구에 따르게 된다. 합리적인 채권자가 관심을 가지는 것은 명목이자율이 아니라 실질이자율이다. 채무자의 진정한 부담을 나타내는 지표도 명목이자율이 아니라 실질이자율이다.

명목이자율에서 인플레이션율을 뺀 것이 실질이자율이라고 제8장에서 배웠다. 따라서 명목이자율은 실질이자율에 인플레이션율을 더한 것이다. 앞으로 인플레이션이 있을 것으로 예상되면 명목이자율은 실질이자율보다 예상인플레이션율만큼 높게 예상된다.

$$\text{예상명목이자율} = \text{실질이자율} + \text{예상인플레이션율}^{2)} \qquad (11-5)$$

---

2) 미국의 경제학자 피셔(Irving Fisher)는 예상인플레이션율이 오를 때 같은 크기로 명목이자율도 오

채권자가 관심을 갖는 금리는 명목이자율이 아니라 실질이자율이다. 이것을 이해하기 위하여 다음과 같은 예를 생각해 보자. 돈을 갖고 있는 사람이 인플레이션이 없는 상황에서 앞으로도 인플레이션이 없으리라는 예상 하에 연간 5%의 금리로 자금을 빌려줄 용의가 있다고 하자. 이는 자금의 소유자가 현재 10,000원어치의 구매력을 1년 후 10,500원어치의 구매력과 교환할 용의가 있다는 것을 뜻한다. 따라서 상품 수량으로 따져 자금의 소유자는 1년 후에 현재보다 5% 더 상품을 구입할 수 있다. 이런 뜻에서 이 5%를 실질이자율이라 부른다.

실질이자율이란 채권자(債權者, lender)가 빌려준 자본이나 화폐의 상품구매력의 증가율을 말한다.

이제 인플레이션이 앞으로 1년 동안 3% 진행될 것으로 예상된다 하자. 그러면 오늘 빌려주는 10,000원은 1년 후에 상품구매력이 3% 떨어진다. 따라서 당초에 의도했던 대로 1년 후에 현재보다 5% 더 구매력을 얻을 수 있기 위해서는 8%의 명목이자율을 매겨야 한다. 자금 대여로 1년 후 자금의 상품구매력이 5% 증가되기를 바라는 한, 채권자는 예상인플레이션율 3%를 실질이자율에 가산한 8%를 받고자 하는데, 이 8%가 채무자가 부담해야 할 명목이자율이 된다.

결국 인플레이션이 예상되면 합리적인 채권자는 그 몫만큼을 명목이자율에 반영시켜 실질이자율을 유지하고자 할 것이다. 채무자도 8%의 명목금리를 부담하지만 실질적인 부담은 5%밖에 안 된다. 따라서 인플레이션이 없을 때 5%의 금리를 부담할 각오가 되어 있었다면 3%의 인플레이션이 예상되는 경우 8%의 예상명목금리를 기꺼이 부담하는 것이다.

예상된 인플레이션은 일반 경제주체들이 화폐를 보유하는 기간을 짧게 하고 은행에 출입하는 횟수를 늘려 시간 낭비와 구두창 마모를 초래한다. 기업들은 가격이 오를 때마다 제품의 가격표를 바꾸고 고객에게 가격 인상이 부득이한 것임을 납득시켜야 한다. 이를 각각 인플레이션의 **구두창비용**(shoeleather cost)과 **차림표비용**(menu cost)이라 부른다. 이 비용들은 대수롭지 않은 비용이다. 예상된 인플레이션의 대수로운 비용으로는 **상대가격 왜곡**과 세금 부담의 증가를 들 수 있다. 인플레

르고 실질이자율은 불변이라고 주장하였다. 이를 **피셔가설**이라고 부른다. 모든 사람들의 예상인플레이션율이 똑같고 사람들이 합리적으로 행동하면 피셔가설이 성립할 것이다.

이션이 지속되면 으레 상품들의 다른 상품에 대한 상대가격이 바뀌는데 이런 상대가격의 왜곡은 자원의 효율적인 배분을 저해한다. 한편 인플레이션은 명목소득을 증가시켜 명목소득에 대해 누진적으로 과세하는 세율체계 하에서 세금 부담을 가중시킨다.

사람들이 단기에 인플레이션을 정확히 예상하기란 쉬운 일이 아니다. 그러나 장기에는 일련의 시행착오와 학습과정을 거쳐 인플레이션을 평균적으로 정확하게 예상한다고 가정할 수 있다.

지금까지 인플레이션의 영향을 예상된 인플레이션과 예상치 못한 인플레이션으로 나누어 설명하였다. 현실 세계에서 발생하는 인플레이션은 예상된 인플레이션과 예상치 못한 인플레이션으로 분해하기 어렵다. 따라서 현실에서 인플레이션의 영향은 양쪽 인플레이션의 영향이 합성되어 나타난다.

인플레이션이 낮은 율로 계속되는 것은 생산에 별로 부정적인 영향을 미치지 않는다. 오히려 이러한 온건한 인플레이션은 생산을 촉진한다. 그러나 높은 율로 지속되는 인플레이션은 생산에 악영향을 미치고 국민경제의 효율성을 파괴한다. 높은 인플레이션 하에서 기업이나 재산가들은 인플레이션 조세를 회피하고 나아가 이득을 보기 위하여 부동산 · 귀금속 · 골동품 · 외환 등을 사들인다. 이러한 투기적인 활동은 공장과 기계설비를 사들이는 투자활동에 비하여 비생산적임은 말할 것도 없다. 자원을 생산적인 투자로부터 비생산적인 투기로 흐르게 함으로써 경제의 생산능력을 감축시키고 자원배분을 비효율적으로 만드는 것이다. 이러한 비효율성은 초인플레이션 하에서 두드러지게 나타난다.

초인플레이션(hyper-inflation)이란 연율 수백%의 높은 인플레이션을 말한다. 2010년대 후반에 베네수엘라는 연 100만%가 넘는 물가 상승을 경험하였는데 이것이 초인플레이션의 극단적인 예이다. 초인플레이션은 으레 무분별한 화폐 발행의 증가로 일어나고 사람들의 인플레이션 기대심리가 가세하여 악화한다.

초인플레이션이 일어나면 근로자들은 임금을 화폐로 받지 않고 현물로 받으려 한다. 사람들은 돈이 들어오는 대로 즉시 물건을 사려고 하기 때문에 통화의 유통속도가 천문학적으로 빨라진다. 기업과 기업 간에, 채권자와 채무자 간에 장기계약이 체결되지 않고 갈수록 물물교환의 형태로 거래가 이루어진다. 재정은 파탄을 맞기 쉽다. 사람들이 세금 부담의 실질적인 경감을 노려 세금 납부를 가능한 한 연기하기 때문이다. 한마디로 화폐를 교환의 매개수단으로 이용하는 교환경제의 효율성이 파괴된다. 근로자들은 끊임없이 임금 인상을 요구하고 기업은 생산활동보다 투기활동에 매달린다.

읽을/생각할 거리 11－3

초인플레이션

초인플레이션은 공황 못지않게 현대 경제사회를 붕괴시킬 수 있는 공적(公敵)이다. 독일이 패전 후 전쟁 배상과 관련하여 통화를 마구 증발한 결과 1920년대에 겪은 초인플레이션은 유명하다. 인플레이션이 가장 극심했던 1923년 7월부터 12월까지 생산자물가가 물경 1,680만 배 이상 오름으로써 평생 저축이 반년 사이에 완전히 휴지가 되었다. 한때 우표 한 장에 90억 마르크, 근로자의 한 달 봉급이 480조 마르크까지 올라갔다. 이쑤시개 한 개를 사는 데에도 한 바구니의 돈을 가지고 가야 했다. 돈 바구니를 내려놓고 잠시 한눈을 파는 사이에 돈은 놓아 두고 바구니만 훔쳐갔다는 류의 일화도 많다. 물가가 시시각각으로 오르기 때문에 탈 때 요금을 내는 시내버스보다 내릴 때 요금을 내는 택시를 이용하는 것이 더 싸다는 우스갯말도 나왔다.

이런 사회에서는 실물 투기와 부패가 극성을 부리고 사람들이 자기 나라 돈을 외화로 바꾸는 데에 골몰하여 화폐경제가 제대로 돌아가지 않는다. 이때에는 화폐개혁과 초긴축정책을 실시하여 사람들의 인플레이션 기대심리를 진정시키는 것이 급선무이다.

초인플레이션은 다른 나라의 옛날 이야기만은 아니다. 우리나라도 1945년 해방 직후와 1950년 6·25 동란을 겪는 과정에서 초인플레이션을 경험하였다. 서울 소비자물가는 1948년에 1944년보다 무려 278배나 상승하였다. 같은 기간 중 근로자 임금은 91배 상승에 그쳐 실질임금이 1/3 수준으로 떨어졌다. 남미 여러 나라는 1990년대에 연율 200%가 넘는 초인플레이션을 경험하였다. 재정수입이 지출의 절반도 못 되고 재정적자가 GDP의 20%를 상회하며 이에 따라 통화공급이 지나치게 높고 외채 부담이 큰 것이 이 나라들의 공통점이었다. 재정 절제, 적정 통화공급이 중요하다는 것을 일깨워주는 사례이다.

2.3 인플레이션 대책

몇 %의 인플레이션율이 국민경제에 가장 좋을까? 경제학계는 이 질문에 대해 만족스러운 대답을 제시해 주지 못하고 있다. 물가가 하락하는 **디플레이션**(deflation)이 좋을 것 같지만 그렇지 않다. 양의 인플레이션과는 반대 방향으로 자의적인 소득과 부의 재분배가 발생하는 것은 물론 기업이 생산의욕을 잃기 쉽다. 0%인 인플레이션이 이상적인 것 같지만 그렇지도 않다. 인플레이션을 없애기 위해서는 비용을 치러야 하는데 0%로 만드는 편익이 비용을 초과한다고 말할 수 없는 것이다. 각국의 다양한 경험에 비추어 낮은 한 자릿수(2～4%)의 인플레이션이 무난하다는 것이

학계와 정책당국의 '전통적 지혜'(conventional wisdom)가 되고 있다.

케인스학파는 단기에 경기가 침체될 때 확대재정정책을 적극 사용해야 한다고 주장한다. 이는 총생산의 증가를 위해 단기에 수요견인 인플레이션을 감수해야 한다는 말과 같다. 낮은 한 자릿수의 인플레이션이 진행되면 이 인플레이션율을 더 낮추기 위해 인위적인 정책을 쓸 필요는 없다. 그러나 인플레이션이 높은 율로 진행된다면 그 원인에 따라 적절한 인플레이션 대책을 세워야 한다. 그 큰 방향은 물론 총수요곡선이 너무 오른쪽으로 이동하지 않게 하는 한편 총공급곡선은 가급적 오른쪽으로 이동하도록 하는 것이다.

안정적인 통화공급

높은 통화공급의 증가가 인플레이션의 주범이기 때문에 안정적인 통화공급이 유력한 인플레이션 대책이다. 이와 관련하여 고전학파의 프리드먼은 k% 준칙을 주장한다. 국내외 경기상황을 고려하여 통화공급의 연 증가율을 5% 내외로 정한다면 이 증가율 5%를 경기가 좋든 나쁘든 상관 없이 일관성 있게 통화공급 목표로 삼으라는 것이 **k% 준칙**(k% rule)이다. 통화공급은 경제에 길고 가변적인 영향을 미친다. 따라서 통화공급을 재량껏 하지 말고 k% 준칙에 따르는 것이 경제안정화에 더 기여한다는 프리드먼의 논리는 1970년대에 재량정책에 따른 높은 인플레이션을 경험한 여러 나라에게 경청할 만한 정책처방이라는 인식을 심어 주었다. 미국, 독일, 일본을 비롯한 선진공업국들의 소비자물가지수로 측정한 인플레이션율은 1970년대의 연평균 9%대 이상에서 1980년대부터는 3～4%대 이하로 낮아졌다. 이런 물가 안정은 에너지와 원자재의 공급이 원활하고, k% 준칙에 입각하여 통화를 안정적으로 공급한 데에 크게 기인한다.

기타 안정적인 총수요관리

재정적자가 누적되면 국채 발행에 따른 이자가 재정에 압박을 가하게 되므로 정부가 통화공급 증가의 유혹을 받게 된다. 따라서 재정 면에서의 절제로 재정적자가 누적되지 않도록 하고 건전재정을 추구하는 것도 효과적인 인플레이션 대책이다.

사치와 소비를 조장하는 계층 및 부문에 세금을 무겁게 매겨 과소비 풍조를 다스리는 것도 바람직한 수요견인 인플레이션 대책이다. 과소비 풍조가 번지면 단기적으로는 총생산이 증가하는 좋은 면도 있다. 그러나 앞 장에서 본 바와 같이 과소비는 저축의욕을 감퇴시킨다. 저축의욕이 감퇴하면 투자재원이 부족하여 자본형성이 저해되고, 이는 장기적으로 경제성장을 해친다. 과소비를 억제하는 것은 단기에 인플레이션 대책일 뿐만 아니라 장기에 성장촉진책도 된다.

소득정책

총공급곡선을 왼쪽으로 이동시켜 비용인상 인플레이션을 일으키는 주원인은 임금 인상과 해외원자재 가격 상승이다. 특히 기간산업에서 노동조합의 힘이 막강하여 노동생산성을 초과하는 임금 인상이 이루어지면 제품가격 인상으로 전가되고 물가가 불안해진다. 이에 대해 일부 케인스학파 경제학자들은 임금이 과도하게 상승하지 않도록 정부가 소득정책을 실시해야 한다고 주장했다.

> **소득정책**(incomes policy)이란 임금과 물가의 상승을 규제하여 각종 요소소득에 직접적으로 영향을 미치고자 하는 정책을 말한다.

소득정책의 예로는 정부가 매년 임금 상승률의 상한을 정하는 **임금 가이드라인**(wage guideline), 임금과 물가의 인상을 억제하거나 동결시키는 **임금-물가 통제**(wage-price controls) 등이 있다. 소득정책은 가격체계를 왜곡시켜 자원배분의 효율성을 해친다. 따라서 선진국에서는 전쟁과 같은 비상시에 한시적으로 쓸 정책으로 인식되고 있다. 가격기구가 잘 작동하지 않는 개도국에서는 평상시에도 소득정책을 쓰는 경우가 많다.

경쟁촉진정책

독과점품목은 한계비용가격설정이 이루어지지 않아 경쟁품목보다 가격이 높다는 것을 제6장에서 배웠다. 제7장에서 배운 공정거래법을 제대로 집행하여 독과점기업의 불공정거래행위를 규제하고 가격담합을 금하며 기업 간의 자유로운 경쟁을 조장함으로써 독과점가격이 물가 상승의 주범이 되는 것을 막을 수 있다.

환율안정정책

환율이 상승하면 수입물가가 상승하고 이에 따라 생산자물가와 소비자물가도 상승한다. 외환위기 이후 1998년, 2001년, 2008년에 소비자물가상승률이 물가 안정목표 상한치를 넘었다. 이 세 해 모두 환율 급상승이 물가 상승에 큰 영향을 미쳤다. 환율 안정이 물가 안정에 기여한다.

공급확대정책

어떤 특정 품목이 국내생산 면에서 애로에 봉착해 가격이 급등하고 관련 품목들의 가격에도 인상 요인으로 작용하면 그 품목의 관세율을 낮추어 줌으로써 수입을 촉진하여 가격 안정을 기할 수 있다. 수입이 증가하면 해당 상품의 국내 공급이 증가하여 가격이 하락한다. 수입자유화와 관세율인하정책이 물가 안정에 기여하는 것이다.

농업부문과 중소기업은 생산성이 낮아 관련 제품의 비용 상승을 유발하고 있다. 이 부문에 생산성 증가를 위해 투·융자와 정부지원을 대폭 늘리는 것은 균형발전의 차원에서 바람직할 뿐만 아니라 장기적으로 물가상승 압력을 해소시키는 방책도 된다. 많은 단계를 거치는 농수산물의 유통구조를 개혁하는 것도 지나친 유통이윤을 줄여 농수산물가격 안정에 기여한다.

장기에 인플레이션을 수습하는 유력한 정책은 공급능력 향상을 위한 제반 정책이다. 투자·저축 및 노동공급의 증대를 위한 조세 감면, 노동생산성을 증가시킬 수 있는 기술진보·연구개발·교육훈련 등은 장기에 총공급곡선을 오른쪽으로 이동시켜 물가 안정 하의 경제성장을 가능하게 한다.

3. 실업과 인플레이션의 관계 : 필립스곡선

Navigator @ Economics, ch. eleven

앞에서 실업과 인플레이션을 따로따로 살펴보았다. 그런데 실업과 인플레이션은 단기에 역의 관계를 갖는다. 단기에 인플레이션을 진정시키려면 어느 정도의 실업은 감수해야 하는 것이다. 거시경제학에서는 이를 실업과 인플레이션 사이에는 단기에 상충관계(trade-off)가 존재한다고 말한다.

실업률과 인플레이션율 간의 관계를 나타내주는 곡선을 **필립스곡선**(Phillips curve)이라 한다. 단기에 필립스곡선은 우하향한다.

거시경제학의 주류를 이룬 케인스학파는 원래 실업과 인플레이션 간에 단기는 물론 장기에도 역의 관계가 있는 것으로 생각하였다. 이는 1960년대까지 각국의 실증분석으로 뒷받침되었다. 그러나 1970년대에 실업과 인플레이션 간에 생기는 역의 관계는 안정적이지 않다는 것이 드러났다. 집중적인 연구 결과 실업과 인플레이션 간에 단기에는 역의 관계가 있지만 장기에는 아무런 관계도 없다는 것이 이제 정설이다. 장기에는 앞에서 다룬 자연실업률이 어떤 수준의 인플레이션율과도 결부될 수 있다고 본다. 이때 단기는 경제주체들이 인플레이션을 제대로 예측하지 못하는 기간이고 장기는 인플레이션을 제대로 예측하는 기간이다.

오늘날 인플레이션율(π)과 실업률(u) 간의 관계를 나타내는 필립스곡선은 다음 식으로 표시된다.[3)]

$$\pi = -\beta(u - u_N) + \pi^e + \varepsilon, \quad (\text{단}, \beta > 0) \qquad (11-6)$$

위 식은 경기적 실업률($u - u_N$)이 낮을수록, 예상인플레이션율(π^e)이 높을수록, 그리고 불리한 공급충격(ε)이 클수록 인플레이션이 높아진다는 것을 보여준다. 생산물 총공급에 영향을 미치는 교란 요인을 **공급충격**(supply shock)이라 한다. 자원파동, 천재지변, 대규모 파업과 같이 생산물 총공급에 불리한 영향을 미치는 교란 요인을 불리한 공급충격이라 한다.

앞의 식은 자연실업률이론을 수용한 것이다. 경제학계에서 식 (11-6)으로 표시되는 필립스곡선을 수용하기까지는 우여곡절이 있었다. 이 우여곡절을 살펴보면 거시경제학이 계속 진화하고 있는 젊은 학문이라는 것을 알 수 있다.

3.1 최초의 필립스곡선

영국의 경제학자 필립스(Alban William Phillips, 1914~1975)는 100년간의 영국 시계열자료를 이용하여 명목임금 상승률과 실업률 사이에 음의 관계가 있다는 것을 최초로 보였다. 명목임금 상승률과 인플레이션율 간에는 양의 관계가 있다. 따라서 발견자의 이름을 붙인 최초의 필립스곡선은 식 (11-7)처럼 인플레이션율과 실업

---

3) 인플레이션율과 실업률은 단기에 음의 비선형관계를 갖는다. 본서에서는 음의 선형관계를 갖는 것으로 단순화시킨다.

률 사이에 음의 관계가 있는 것으로 표시된다.

$$\pi = -\beta u, \quad (\text{단}, \beta > 0) \tag{11-7}$$

최초의 필립스곡선은 앞의 **그림 11-4 (a)**의 수요견인 인플레이션과 표리의 관계를 갖는다. 총수요가 증가하여 생산이 증가하는 과정에서 물가가 상승하는 것이 수요견인 인플레이션이다. 생산이 증가하면 고용이 늘고 실업이 감소한다. 물가 상승과 실업 감소가 같이 일어나기 때문에 인플레이션율과 실업률 간에 음의 관계가 성립한다. **그림 11-5 (a)**의 경제가 E_0로부터 E_1으로 가는 것은 **(b)**에서 주어진 필립스곡선을 따라 E_0'으로부터 E_1'으로 이동하는 것과 같은 것이다.

최초의 필립스곡선에 따르면 실업률이 높아지면 인플레이션율은 낮아져야 한다. 실업률이 불변이면 인플레이션율도 불변이어야 한다. 그런데 1970년대에는 실업률이 높아지는데도 인플레이션율이 낮아지지 않거나 실업률이 불변인데도 인플레이션율이 높아지는 기이한 현상이 일어났다. 이를 스태그플레이션이라 한다.

경제가 침체(stagnation)하여 생산활동이 위축되고 실업률이 높은데도 불구하고 상당히 높은 인플레이션(inflation)이 계속되는 상태를 **스태그플레이션**(stagflation)이라 한다.

스태그플레이션은 정책당국을 딜레마에 빠트린다. 정부가 물가를 안정시키려 하면 경기침체가 심해지고, 경기를 부양시키고자 하면 물가가 더 상승하기 때문이다. 1980년대부터 2010년대까지 물가가 안정되었던 세계경제는 2020년대에 들어와 코로나19와 우크라이나 전쟁 충격으로 물가가 급등하여 제2의 스태그플레이션이 일어나지 않을까 우려하고 있다. 1970년대의 스태그플레이션을 설명하기 위해 케인스학파는 비용인상 인플레이션을 거론한다. 1970년대는 제1차 석유파동(1973~1974년)과 제2차 석유파동(1978~1979년)이 일어나 불리한 공급충격이 지배한 연대이다. 이런 불리한 공급충격을 수용하여 필립스곡선을 다음과 같이 표시하면 된다.

$$\pi = -\beta u + \varepsilon \tag{11-7$'$}$$

그러면 불리한 공급충격(ε)이 일어날 때 **그림 11-6**의 B처럼 실업률이 변하지

그림 11-5

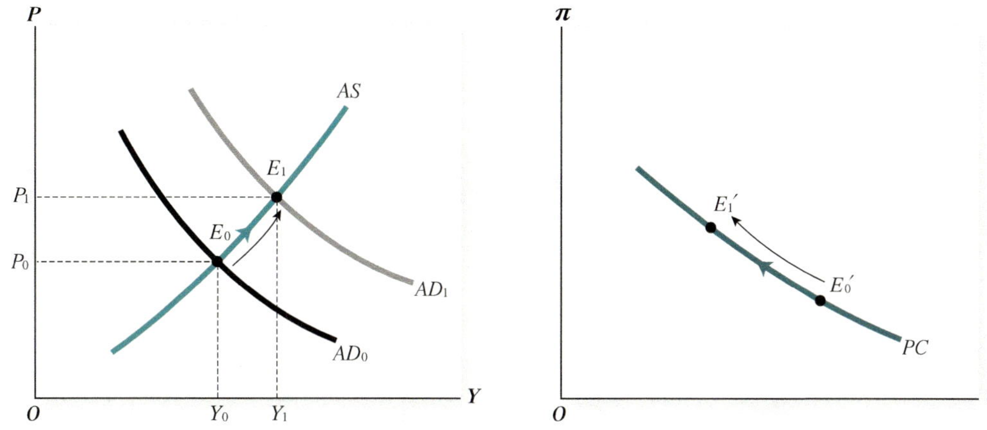

(a) 수요견인 인플레이션 (b) 최초의 필립스곡선

수요견인 인플레이션과 최초의 필립스곡선

수요견인 인플레이션으로 경제가 주어진 총공급곡선을 따라 우상향하는 것은 주어진 필립스곡선을 따라 좌상향하는 것과 같다.

그림 11-6

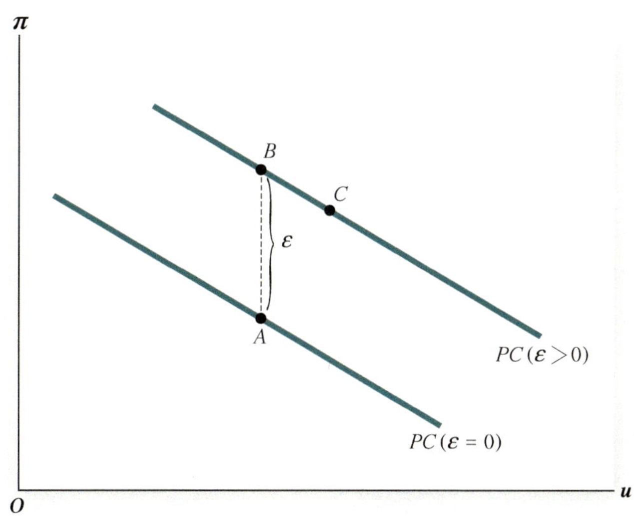

최초의 필립스곡선과 불리한 공급충격(ε)

경제에 불리한 공급충격이 오면 필립스곡선이 윗쪽(혹은 오른쪽)으로 이동한다.

않는데도 높은 인플레이션이 발생하거나 C처럼 실업과 인플레이션이 다 같이 높아질 수 있다.

식 (11-7)′은 1970년대에 서구 선진국에서 발생한 스태그플레이션을 그럴듯하게 설명한다. 그러나 1980년대의 상황을 제대로 설명하지 못하는 약점이 있다. 1980년대에는 불리한 공급충격이 사라지고 석유 가격은 하락하였다.

케인스학파의 이론이 맞다면 1980년대에는 1970년대 이전의 필립스곡선으로 돌아가야 하는데 돌아가지 않았다. 따라서 공급충격만으로 스태그플레이션을 만족스럽게 설명할 수 없다. 이 한계를 극복한 것이 자연실업률이론이다.

3.2 자연실업률이론과 기대부가 필립스곡선

인플레이션은 항상 화폐적인 현상이라고 강조한 통화주의자 프리드먼과 미국의 경제학자 펠프스(Edmund S. Phelps)는 1968년에 각각 독자적으로 자연실업률이론을 제시하였다.

자연실업률은 고전학파가 말하는 완전고용의 개념을 현대적으로 발전시킨 것이다. 고전학파는 경제 전체적으로 단 하나의 노동시장이 있는 것처럼 가정하여 노동시장의 균형을 이루는 고용량이 완전고용이라고 하였다. 현실 세계에는 수많은 이질적인 노동시장이 존재한다. 그러나 수많은 이질적인 노동시장이 존재한다는 것이 문제가 되지는 않는다. 프리드먼은 모든 노동시장에 걸쳐 구인자 수(기업들이 찾는 노동자 수)와 능력 있는 노동자들의 구직자 수가 맞아 떨어지면 '완전고용'이라고 보고 이 수준에서 형성되는 실업률을 자연실업률이라고 불렀다. 경제 전체적으로 구인자 수와 구직자 수가 같으면 일부 산업에서 노동수급에 불균형이 있더라도 곧 노동의 **부문 간 이동**(sectoral shift)이 일어나 이 불균형이 해소될 것이기 때문에 전체 노동시장이 균형이라고 볼 수 있다는 것이다.

프리드먼은 자연실업률을 다음과 같이 독특하게 정의한다.

> **자연실업률**은 공급 측면의 교란 요인이 없을 때 현재 진행되는 인플레이션을 가속시키지도 않고 감속시키지도 않게 해주는 실업률이다.

이 정의를 이해하기 위하여 현재의 실업률이 자연실업률보다 낮다고 하자. 자연실업률에서 구인자 수와 구직자 수가 같으므로 현재는 구인자 수가 구직자 수보다 많다는 것을 뜻한다. 따라서 현재 진행되는 임금 상승률을 더 높이는 힘이 작용하고, 이는 현행 인플레이션을 평균적으로 더 높게 만들 것이다. 반대로 실업률이 자연실업률보다 높다면 구인자 수보다 구직자 수가 많기 때문에 현행 임금 상승률을 둔화시키는 힘이 작용할 것이며, 이는 현행 인플레이션을 떨어뜨리는 힘으로 작용할 것이다. 자연실업률 수준에서만 현행 인플레이션이 더 높아지지도 않고 더 낮아지지도 않으면서 지속될 수 있다.

자연실업률이론에 의하면 사람들의 예상인플레이션이 일정한 단기에는 필립스곡선이 최초의 필립스곡선처럼 우하향의 곡선으로 그려진다. 그러나 이 우하향의 필립스곡선은 사람들의 인플레이션에 대한 예상이 일정하다는 전제 하에 그려지는 것이다. 사람들의 예상인플레이션이 상승하면 필립스곡선은 예상인플레이션율만큼 위로 이동한다. 장기에 실업률은 인플레이션율과 관계없이 자연실업률로 회귀하는 속성이 있다.

자연실업률이론은 장기에 실업률은 인플레이션율과 상관 없이 자연실업률로 회귀한다는 이론이다.

자연실업률이론이 말하는 필립스곡선을 수식으로 표시하면 앞에서 나온 식 (11-6)과 같다.

$$\pi = -\beta(u - u_N) + \pi^e + \varepsilon \qquad (11-6)$$

최초의 필립스곡선에 예상인플레이션율(π^e)이 덧붙여졌기 때문에 위 식을 **기대부가 필립스곡선**이라고도 부른다. 식에 의하면 (경기적) 실업에 변화가 없고 공급충격이 없어도 예상인플레이션이 높아지면 실제인플레이션이 예상인플레이션만큼 높아진다. 장기에는 사람들이 실제로 발생하는 인플레이션을 제대로 예상한다. 예상인플레이션이 실제인플레이션과 같은 장기에 공급충격이 없으면 앞의 식은 $\pi = \pi^e$, $\varepsilon = 0$이므로

$$u = u_N \qquad (11-6)'$$

그림 11-7

단기 기대부가 필립스곡선과 장기 필립스곡선

단기에 필립스곡선은 예상 인플레이션율이 높아질수록 오른쪽으로 이동한다. 장기에 필립스곡선은 자연실업률에서 수직이다.

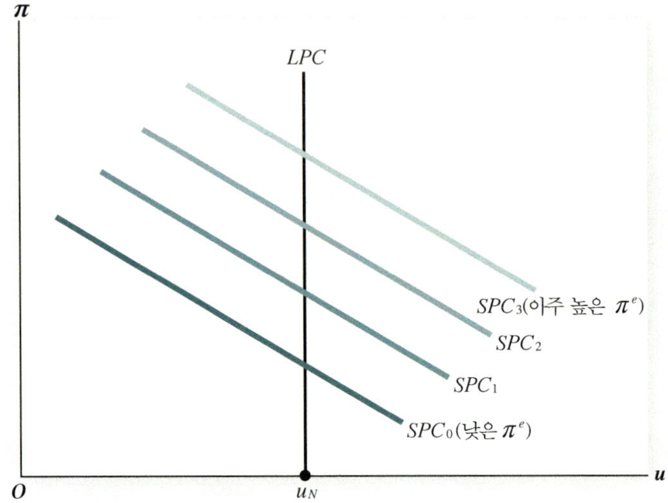

이 된다. 따라서 인플레이션율을 세로축, 실업률을 가로축으로 측정한 평면에서 장기 필립스곡선은 자연실업률에서 수직선이다. 예상인플레이션이 일정하게 주어진 단기에 필립스곡선은 우하향한다.

이제 자연실업률이론으로 1970년대의 스태그플레이션을 설명해 보자. 1960년대 중반까지는 물가가 안정적이어서 단기 필립스곡선이 **그림 11-7**의 SPC_0를 따라 움직이고 있었다. 그런데 1960년대 중반 이후 확대정책으로 물가가 앙등세를 보이자 사람들의 예상인플레이션율이 높아져 단기 필립스곡선이 SPC_1으로 이동하게 되었다. 제1차 및 제2차 석유파동은 비용인상 인플레이션을 일으켜 단기 필립스곡선을 더욱 오른쪽으로 이동시켰다.

1980년대 중반부터 물가가 안정세를 보이자 사람들의 예상인플레이션율이 낮아져 단기 필립스곡선은 다시 왼쪽으로 이동하였다. 이런 일련의 조정 과정에서 경제는 인플레이션의 크기와 관계없이 미국의 경우 5～6%의 자연실업률로 회귀하려는 경향을 보인다. 따라서 장기 필립스곡선은 자연실업률(u_N)에서 수직인 직선으로 묘사할 수 있다.

자연실업률이론은 정부가 확대정책을 즐겨 쓰거나 불리한 공급충격이 생겨서 사람들이 예상하는 인플레이션율이 높아지면 우하향하는 단기 필립스곡선이 오른쪽으로 이동한다는 것을 보임으로써 1970년대의 스태그플레이션을 잘 설명해 준다. 나아가 정부가 안정화정책을 쓰든 쓰지 않든 관계없이 경제가 장기에 자연실업률 수준으로 회귀한다고 봄으로써 단기의 재량정책이 불필요하다는 고전학파의 입장을 강화시켜 준다. 이에 대해 케인스학파는 "장기에는 우리 모두가 죽는다" 라는 케인스의 말을 인용하면서 시장기구가 경제에 가해지는 각종 충격을 흡수하여 자연실업률로 회귀하기까지는 너무 오랜 기간, 너무 큰 고통을 수반하기 때문에 단기적인 안정화정책이 필요하다는 입장을 견지한다.

각국의 자연실업률

자연실업률은 정부의 안정화정책과 관계없이 시장의 독점과 경쟁의 정도, 구직자와 구인기업의 탐색비용, 노동의 이동가능성 등 생산물시장과 노동시장의 구조적 특성에 의해 결정된다. 현실적으로는 구조적 실업을 포괄하는 광의의 마찰적 실업이 경제활동인구에서 차지하는 비율이 자연실업률이다. 우리나라를 포함한 동아시아의 자연실업률은 3～4%대의 아주 낮은 수준이다. 미국의 자연실업률은 최근 금융위기 이후의 특수한 경우를 빼고는 1970년대 이후 5～6%의 실업률 수준이다.

독일, 프랑스, 이탈리아 등의 유로지역은 1970년대까지는 미국과 비슷한 5～6%였지만 1980년대부터 2010년대까지 10% 안팎의 높은 실업률을 보여 왔다. 이처럼 높은 실업률이 장기간 지속됨으로써 자연실업률 자체도 덩달아 높아진다고 케인스학파는 보고 있다.

> 실제실업률이 자연실업률을 오랫동안 초과하면 자연실업률 자체가 높아지는 것을 **이력현상**(履歷現象, hysteresis)이라고 한다.

1980년대부터 유로지역에서 10% 전후의 높은 실업률이 지속된 결과 이력현상으로 자연실업률 자체도 크게 높아졌을 것이라고 보는 것이다.

왜 유로지역은 10% 안팎의 높은 실업률이 오랫동안 지속되고 있을까? 그 이유는 크게 세 가지이다.

첫째, 새로운 투자 기회가 그리 많지 않은 노쇠한 경제여서 경제성장이 높지 않고 따라서 고용 증대가 크지 않다는 것이다.

둘째, 실업보험제도를 포함한 사회보장제도가 잘 갖추어져 있어 실업자들의 직업탐색시간이 길기 때문이다.

셋째, 기업이 노동자를 쉽게 해고할 수 없는 노동시장의 경직성 때문이다. 노동시장에 유연성이 없으면 기업이 신규 채용을 쉽게 할 수 없어 실업률이 높아진다.

위 세 가지 중 노동시장의 경직성이 가장 중요한 요인이다. 유로지역에서도 노동시장이 경직적인 나라일수록 실업률이 높게 나타난다. '해고 없이는 고용도 없다' (no fire, no hire)는 것을 보여주는 사례이다.

동아시아의 실업률이 낮은 것은 ① 높은 경제성장으로 고용 증대가 크고 ② 사회보장제도가 서구 선진국처럼 잘 갖추어져 있지 않은 데다가 ③ 놀고 먹는 풍조를 죄악시하는 유교권의 근면성이 가세하고 있기 때문이다. 평생직장 개념이 지배하여 노동시장이 경직적인데도 불구하고 실업률을 낮추는 위 세 요인이 워낙 컸던 것이다.

1996년 7월부터 우리나라에도 고용보험제도라는 이름으로 실업보험제도가 도입되었다. 이 제도가 없었던 과거에 비해 직업탐색의 한계비용을 낮춤으로써 실업보험제도는 탐색적 실업을 늘어나게 만들었다. 자연성장률이 낮아지고 '고용 없는 성장' 이 발생하고 있는데 이것도 자연실업률을 높인다. 그러나 다른 한편으로 노동부문 개혁을 통해 기업이 긴박한 경영상의 필요가 있을 때 고용조정을 할 수 있게 허용함으로써 어느 정도 노동시장의 유연성이 생겼다. 이는 장기적으로 실업률을 낮추는 데 기여할 것이다. 이런 엇갈리는 요인들이 혼재하여 우리나라의 자연실업률은 종전의 3% 내외에서 4～5%대로 상승하겠지만 장기에도 서구 선진국의 자연실업률보다는 낮을 것으로 전망된다.

읽을/생각할 거리 11－4

'고용 없는 성장'과 청년실업

새 세기에 접어들어 선진국과 우리나라에서 '고용 없는 경기 회복' (jobless recovery), '고용 없는 성장' (jobless growth) 등의 말이 자주 거론되었다. 경기가 회복되고 경제가 성장하는데 예전과는 달리 고용 증가는 저조하다는 것이다.

경기가 침체되어 있을 때 고용이 감소하거나 고용 증가세가 저조한 것은 이상할 것이 없다. 그러나 경기가 회복될 때도 고용 증가세가 저조한 것은 이상한 일이다. 앞으로는 이런 이상한 일이 자주 일어나고 청년실업이 사회문제화할 전망이다. 이렇게 전망하는 이유는 다음과 같은 네 가지 이유 때문이다.

첫째, 1997년의 경제위기 이전까지는 우리 경제의 자연성장률이 7% 안팎이었는데 2000년대에 들어와 3～4%대, 2020년대에 2% 내외로 떨어졌다. 자연성장률이 떨어지면 자연실업률이 올라간다.

둘째, 고용의 생산탄력성(생산증가율에 대비한 고용 증가율)이 지속적으로 하향추세이다. 경제가 예전처럼 성장해도 고용 증가는 갈수록 낮아진다는 것이다. 이는 금리는 낮고 임금은 높아 자본집약적 · 기술집약적이고 노동절약적인 생산방식으로 경제구조가 바뀌고 있는 데에 기인한다.

셋째, 기업들이 경력사원을 선호하는 경향이 커지고 있다.

넷째, '좋은 일자리' (대기업 정규직)의 임금 수준이 너무 높고 노동시장이 경직적이다. 대기업 정규직의 임금은 대기업 노조의 조직 이기주의에 의해 중소기업, 비정규직 임금에 비해, 그리고 우리나라 경제력에 비해 너무 높다. 우리보다 1인당 소득이 높은 일본 근로자보다 훨씬 높고 해고도 어려운 상황이다. 이 때문에 대기업이 청년의 신규 채용을 꺼린다.

청년실업 문제를 풀어야 할 주체는 일차적으로 청년들 자신이다. 무엇보다 취업의 눈높이를 조정하고 직업에 대한 관념을 바꾸어야 한다. 세계화시대에 실력 있는 사람은 세계 어느 곳이든 뽑혀 갈 수 있다. 국내의 대기업과 공기업만 바라보지 말고 세계시장과 세계적인 기업을 겨냥하는 자세를 가지고 그에 걸맞는 실력을 갖추도록 해야 한다. 그렇지 못할 경우에는 중소영세기업에 들어가 다방면의 경험을 쌓고 나중에는 창업하겠다는 진취적인 자세가 필요하다. 청년실업이 심각한 와중에도 구인난(求人亂)을 겪고 있는 중소기업이 많다. 갈수록 '1인 기업'이 늘어나는 추세이다.

신이 내린 직장이라는 대기업이나 공기업에 들어간다 해도 예전처럼 평생직장이 되지 못한다. 어디에서 일하든 평생직업을 가질 수 있는 실력을 갖추는 것이 필요한 시대이다.

중소영세기업은 3D 환경을 개선해 나가고 비전 있는 기업을 만들어 젊은 인재들을 끌어들여야 한다. 정부는 기업 하기 좋은 나라, 창업하기 좋은 환경을 만드는 데 힘쓰면서 취업 알선, 교육 · 훈련, 민간기업의 청년 고용에 대한 세제 혜택 제공 등의 역할을 강화해야 한다.

무엇보다 대기업과 중소기업, 정규직과 비정규직 간 지나친 임금과 근로조건의 격차를 줄이고, 임금체계를 호봉제가 아닌 직무급과 성과급제로 바꾸며, 노동시장의 경직성을 완화하는 노동부문 개혁이 있어야 한다. 이것들은 청년고용과 '괜찮은 일자리' 창출에 핵심적인 요소이다. 2015년 9월 박근혜 정부는 이런 노동부문 개혁을 다양한 사회안전망 강화, 근로자 삶의 질 향상과 묶어 추진한다는 노사정 대타협을 어렵사리 이루어냈다. 그런데 문재인 정부는 출범하자마자 노동계가 반대하는 것을 기화로 이 대타협을 폐기하였다. 시대적 대명제인 노동부문 개혁을 이루고 성장잠재력을 확충하는 절호의 기회였는데 매우 유감스러운 일이다. 윤석열 정부가 다시 노동개혁을 추진하고 있거니와 2015년 노사정 대타협에 준하는 노동시장의 유연성을 이루어야 할 것이다.

요약 및 학습

01 생산가능인구 = 15세 이상 인구는 경제활동인구와 비경제활동인구로 분류된다. 생산가능인구 중에서 일할 능력이 없거나 능력이 있어도 일할 의사가 없는 사람을 통틀어 비경제활동인구라 한다. 생산가능인구에서 비경제활동인구를 뺀 것을 경제활동인구라 한다. 경제활동인구는 취업자와 실업자로 분류된다. 수입 있는 일을 하지 않고 적극적으로 일자리를 찾고 있으며 일자리가 있으면 즉시 취업이 가능한 사람을 실업자라 한다. 경제활동인구에서 실업자를 빼면 취업자가 된다.

$$\text{경제활동참가율} = \frac{\text{경제활동인구}}{\text{생산가능인구}} \times 100$$

$$\text{고용률} = \frac{\text{취업자}}{\text{생산가능인구}} \times 100$$

$$\text{실업률} = \frac{\text{실업자}}{\text{경제활동인구}} \times 100$$

02 실업은 마찰적 실업, 구조적 실업, 경기적 실업 등으로 나누어진다. 마찰적 실업은 일자리를 찾거나 직업을 바꾸는 과정에서 일시적으로 생기는 실업으로서 탐색적 실업이라고도 한다. 구조적 실업은 기술혁신이나 산업의 사양화 등 경제구조의 변동으로 생기는 실업이다. 근래에는 구조적 실업도 광의의 마찰적 실업에 포함시킨다. 경기적 실업은 경기가 나쁘기 때문에 생기는 실업이다. 자연실업률은 광의의 마찰적 실업만 있고 기업들이 찾는 구인자 수와 노동자들의 구직자 수가 일치하는 실업률로서 현재의 인플레이션율을 가속시키지도, 감속시키지도 않는 실업률이다.

03 고전학파는 마찰적 실업이 실업의 대부분이라고 보고 실업을 감소시키기 위해 인위적인 안정화정책을 쓰는 것을 반대한다. 반면에 케인스학파는 경기적 실업이 중요한 사회문제라고 보고 안정화정책으로 경기적 실업을 해소해야 한다는 입장이다. 통상적인 경기침체국면에서는 고전학파의 관점으로 대처하는 것이 바람직하다. 경기침체가 심할 때에는 케인스학파의 정책처방이 타당하다.

04 인플레이션은 수요 측면이 주도했는가, 공급 측면이 주도했는가, 두 측면이 같이 혼합되어 있는가에 따라 수요견인 인플레이션, 비용인상 인플레이션, 혼합형 인플레이션으로 구분한다. 또한 사람들이 인플레이션을 사전에 정확히 예상했는가, 정확히 예상치 못했는가에 따라 예상된 인플레이션과 예상치 못한 인플레이션으로 나눈다.

05 인플레이션은 소득분배를 왜곡시키고 경제적 효율성을 해치는 한편, 생산을 단기적으로 증가시키는 효과가 있다. 소득분배 왜곡과 생산증가효과는 예상치 못한 인플레이션 하에서 더 크다. 경제적 효율성을 낮추는 효과는 예상된 인플레이션 하에서 더 크다. 예상된 인플레이션의 비용으로는 구두창비용, 차림표비용, 상대가격 왜곡, 세금 부담 증가 등을 들 수 있다. 연율 수백%의 매우 높은 인플레이션을 초인플레이션이라 한다. 초인플레이션은 생산증가효과마저 없애고

화폐경제를 파괴시키며 국민을 도탄에 빠뜨린다.

06 물가 안정을 이루기 위해서는 적정 통화공급, 절제 있는 재정정책, 공급능력 향상을 위한 기술개발 등이 중요하다. 불리한 공급충격으로 물가가 급등할 때 수입 확대와 소득정책 등의 단기처방을 강구할 수도 있다. 혼합형 인플레이션이 발생하지 않도록 하기 위해서는 재량정책을 남발하지 않는 것이 바람직하다.

07 인플레이션과 실업의 관계를 보여주는 곡선을 필립스곡선이라 한다. 1960년대까지 필립스곡선은 우하향하는 안정적인 곡선이라고 생각되었으나 1970년대의 스태그플레이션으로 이 생각이 틀리다는 것이 판명되었다. 오늘날은 필립스곡선이 단기에는 우하향하지만 장기에는 자연실업률 수준에서 수직이라고 본다.

08 높은 인플레이션과 실업이 공존하는 것을 스태그플레이션이라 한다. 스태그플레이션은 자연실업률이론으로 설명된다. 자연실업률은 재량적인 안정화정책과 관계없이 노동시장의 구조적 특성, 탐색비용, 노동의 이동가능성 등에 의해 결정된다. 경제주체들의 예상인플레이션율이 상승(하락)하면 우하향하는 단기 필립스곡선이 오른쪽(왼쪽)으로 이동하며 장기에는 인플레이션율에 관계없이 실업률이 자연실업률로 회귀한다고 보는 것이 자연실업률이론이다. 안정화정책을 빈번하게 사용하면 경제주체들의 예상인플레이션율이 상승한다. 이런 상황에서 전쟁, 석유파동과 같이 총공급을 교란시키는 사태가 발발하면 비용인상 인플레이션이 발생한다. 경기침체를 타개하기 위해 안정화정책을 쓰면 혼합형 인플레이션이 발생하면서 단기 필립스곡선을 오른쪽으로 계속 이동시킨다. 단기 필립스곡선이 오른쪽으로 계속 이동하는 것이 스태그플레이션이다.

연습문제

01 2008년의 세계적인 금융위기 이전까지 동아시아국가들의 실업률은 3~4%대, 유로지역의 실업률은 8~11% 수준이었다. 이 현격한 차이를 어떻게 설명할 수 있을까? 2008년 이후에는 어떻게 바뀌었는지 확인해 보라.

02 우리나라에서 근래에 비임금근로자의 수가 감소되어 온 것을 통계로 확인해 보라. 비정규직보호법안이 2007년 7월부터 시행에 들어갔다. 그 내용과 효과를 확인해 보라.

03 총공급곡선이 케인스영역처럼 수평선이라면 필립스곡선은 어떤 형태가 되는가? 총공급곡선이 고전학파영역처럼 수직선이라면 필립스곡선은 어떤 형태인가?

04 (1) 우리나라 경제활동인구와 비경제활동인구 현황을 조사해보라. 성별 · 직업별 · 고용형태별 취업구조를 설명하라.

(2) 최근 경제활동참가율을 연도별, 계절별로 작성하라. 어떤 장기적인 추세를 보이는가?

(3) 경기변동과 경제활동참가율 간에는 어떤 관계가 있는가?

(4) OECD는 ILO와 다른 기준으로 실업통계를 작성하고 있다. 어떻게 다른가 알아보라.

(5) 박근혜 정부는 고용률 70% 달성을 주요 거시목표로 설정하였다. 그렇게 목표를 세운 이유와 달성 방법을 알아보고 평가하라.

05 글로벌 경기침체에 해고를 통한 감량경영은 최대한 자제하고 먼저 근로시간 단축, 임금 삭감, 전환배치, 임금 피크제, 일시해고(lay-off) 등의 방식을 써야 한다고 많은 전문가들이 제안했다. 이것들의 내용을 알아보라. 왜 이런 제안을 할까?

06 물가가 하락하는 것을 디플레이션이라 한다. 일본 경제는 1990년대에 디플레이션 하의 불황을 겪었다. 디플레이션의 영향과 대책에 대하여 논하라. 디플레이션이 인플레이션보다 더 무섭다고 말한다. 왜 그럴까?

07 한 나라의 필립스곡선이 다음과 같은 방정식으로 표시된다고 하자.

$$\pi = -2(u - 3.0) + \pi^e + \varepsilon, \quad \text{단, } \varepsilon\text{은 공급충격으로 인한 인플레이션}$$

(1) 이 경제의 자연실업률을 구하라.

(2) 사람들이 인플레이션을 예상하지 않을 때 실업률을 3%로 낮추기 위해서는 얼마만큼의 인플레이션을 감수해야 하는가?

(3) 사람들이 3%의 인플레이션을 예상할 때 실업률을 3%로 낮추고자 한다면?

(4) 이 경제의 장기 필립스곡선을 나타내는 식을 구하고 그림을 그려라.

(5) 오쿤의 법칙과 위 필립스곡선은 어떤 관계를 갖는가?

08 1970년대 이후 우리나라의 실질GDP 증가율, 소비자물가상승률, 통화(M_1, M_2) 증가율, 통화의 소득유통속도를 계산하여 유통속도가 새천년에 들어와 지속적으로 하락한 것을 확인하라. 하락한 이유는 무엇일까?

09 바람직한 스태그플레이션 정책은 무엇일까? 1970～1980년대 미국은 극적인 정책을 실시하였다. 그 내용과 효과를 조사해보라.

10 다음의 기술이 옳은가 틀린가를 밝히고 그 이유를 설명하라.

① 경제활동인구에 들어 있는 사람은 취업되어 있거나 실업자거나 둘 중의 하나이다.

② 종전보다 더 많은 가정주부들이 파트타임 일을 찾아 나서면 실업률은 높아진다.

③ 경제활동참가율과 취업률을 곱하면 고용률이 된다.

④ 중소제조업의 설비투자에 대한 임시투자세액공제제도는 기업의 투자의욕을 북돋아 경기침체를 극복하고 경제의 성장잠재력을 확충시키는 데 기여한다.

⑤ 필립스곡선은 세로축에 물가, 가로축에 실업률을 측정한 곡선이다.

⑥ 자연실업률이론에서 사람들이 인플레이션을 예상하면 생산이 전혀 증가하지 않고 인플레이션만 발생한다.

⑦ 아르바이트 대학생은 경제활동인구에 잡히지만 일반 대학생은 잡히지 않는다.

⑧ 로봇이 위험한 공정에서 사람을 대체함으로써 발생하는 실업은 구조적 실업이다.

⑨ 노동생산성이 8% 증가하는데 명목임금이 10% 상승하면 제품의 평균비용과 실질임금이 상승한다.

⑩ 노동공급곡선이 완만하면 노동수요가 증가할 때 고용량은 크게 증가하지만 실질임금은 별로 상승하지 않는다.

⑪ 경기가 좋아지면 경기적 실업은 없어진다.

⑫ 스태그플레이션은 확장적인 정책배합으로 해결할 수 있다.

⑬ 예상치 못한 인플레이션은 실업률과는 음의 관계, 총생산과는 양의 관계가 있다.

⑭ 예상인플레이션이 상승하면 단기 필립스곡선이 오른쪽으로 이동한다.

⑮ 최저임금 수준, 효율임금 수준, 노조교섭력 등이 높아지면 장기 필립스곡선이 오른쪽으로 이동한다.

⑯ 자연실업률은 사회적으로 바람직하고 시간이 흘러도 불변인 실업률이다.

⑰ 디플레이션은 인플레이션율이 음인 상황이다.

⑱ 재벌그룹 회장과 계열기업 사장은 비임금근로자이고 자영업자다.

국제경제학 길잡이

V

Navigator @ Economics

part five

12 국제무역과 국제경제질서

"국제무역으로 망한 나라는 지금까지 없었다."

— 벤자민 프랭클린(Benjamin Franklin)

"국제무역의 이득은 세계의 생산능력을 효율적으로 활용하게 해주는 것이다."

— 존 스튜어트 밀(John S. Mill)

[개요]

오늘날 각국은 다른 나라들과 여러 형태의 거래를 한다. 그중에서 재화의 거래가 가장 빈번하다. 이 장에서는 먼저 국가 간에 재화의 수출과 수입이 일어나는 기본 원리인 비교우위의 원리를 설명한다. 이어 비교우위의 원리에 바탕을 둔 자유무역정책과 이에 반기를 드는 보호무역정책에 대하여 다룬다.

1995년부터 재화뿐만 아니라 각종 서비스와 생산요소까지 자유무역의 범주에 포함시켜 국제무역에 관한 총괄적 규범을 제정하고 집행하는 WTO 체제가 출범하였다. 이 새로운 국제무역체제를 낳은 우루과이 라운드 협정을 살펴보고 세계화와 지역주의가 교차하는 국제경제질서에 대하여 알아본다.

주요 학습사항

◎ 비교우위의 원리란?

◎ 자유무역론과 보호무역론의 장 · 단점은?

◎ 신보호무역론이란?

◎ 관세의 효과는?

◎ 관세장벽과 비관세장벽의 종류는?

◎ GATT 18조국과 11조국이란?

◎ 우루과이 라운드 협정과 WTO 체제의 내용은 ?

◎ 경제블럭화(지역주의)의 현황과 전망은?

1. 국제무역과 비교우위의 원리

지금까지는 한 나라의 경제를 따로 떼어 분석하였다. 지구상에는 많은 나라의 경제가 있고 이들은 각종 거래를 통하여 서로 관계를 맺고 있다. 여러 나라의 경제가 서로 연관되어 형성하는 경제를 **국제경제**(international economy)라고 한다.

나라와 나라 사이의 경제거래 가운데 가장 기본적이고 중요한 거래는 국제무역(international trade)이다. **국제무역**이란 쌀, 옷, TV, 자동차 등 각종 재화를 수출하고 수입하는 것을 말한다. 국제무역이 국내 교역과 다른 점은 크게 보아 두 가지이다.

첫째, 재화가 서로 다른 주권을 가진 나라들의 국경을 넘나들기 때문에 한 나라 안의 교역에 비해 차별을 하기 쉽다는 것이다. 국경을 닫아버리거나 국경을 넘어오는 수입품에 대해 따로 세금을 부과할 수 있다.

둘째, 나라마다 서로 다른 화폐를 사용하기 때문에 각국 통화 간의 교환비율이 국제무역에 영향을 미친다.

1.1 국제무역의 원천

오늘날 지구에 존재하는 240여 개의 국민경제는 규모의 차이는 있으나 모두 무역에 종사하고 있다. 무엇 때문에 무역이 일어날까? 자발적인 거래가 거래 쌍방에 이득을 주기 때문이다. 한 나라 안의 시장에서 생산자와 소비자가 만나 재화와 서비스를 팔고 사면 쌍방이 이득을 본다. 이 이득을 제5장에서 생산자잉여와 소비자잉여로 표현하였다. 나라와 나라 사이에도 무역이 일어나면 쌍방이 이득을 본다. 쌍방이 이득을 보게 하는 요인으로는 생산조건의 차이, 규모의 경제, 선호의 차이를 들 수 있다.

생산조건의 차이

나라마다 토지, 천연자원, 노동, 자본, 기술 등이 다르다. 그 결과 생산할 수 있는 재화가 나라마다 다르다. 생산하는 재화가 같더라도 나라마다 품질이 다르다. 생산이 안 되는 재화, 생산이 되더라도 품질이 서로 다른 재화를 교환함으로써 교환하는 두 나라 모두 이득을 볼 수 있다. 스웨덴의 두 경제학자 헥셔(Eli Heckscher)와 올린(Bertil Ohlin)은 두 나라 사이에 다른 모든 조건이 같더라도 생산요소의 부존량이 서로 다르면 무역이 일어난다는 것을 보였다. 구체적으로 말하면 부존량이 상대적으로 풍부한 생산요소를 많이 사용하여 생산한 제품을 서로 수출한다는 것이다. 이를 처음으로 밝힌 두 경제학자의 이름을 따서 헥셔-올린 정리라 한다.

규모의 경제

한 산업에 규모의 경제가 있으면 생산량을 증가시킴에 따라 평균비용이 감소한다. 어느 신생산업에서 국내수요를 모두 충당한 후에 더 생산해도 규모의 경제가 일어난다고 해보자. 그러면 그 산업은 규모의 경제가 끝날 때까지 생산하여 국내수요의 초과분을 방대한 세계시장에 수출하여 이득을 볼 수 있다. 19세기 초 영국의 방직업, 19세기 말 미국의 전신·전화, 1980년대 일본의 경박단소형(輕薄短小型) 전자제품, 1990년대 후반 이후 우리나라의 반도체 등이 이러한 예에 속한다.

규모의 경제는 한 산업 안에서도 수출과 수입이 발생하는 산업내 무역(intra-industry trade)을 설명할 수 있다. 산업내 무역을 하는 이유는 당사국들에게 이익이 되기 때문이다. 예컨대 미국은 컴퓨터 중앙처리장치(CPU) 산업에 규모의 경제가 있고 우리나라는 메모리칩(memory chip) 산업에 규모의 경제가 있다면 우리나라는 메모리칩을 생산·수출하고, 미국으로부터 CPU를 수입하여 두 나라 모두 이득을 본다.

선호의 차이

모든 국가에서 생산조건이 똑같다 하더라도 각 재화에 대한 소비자들의 선호가 다르면 무역이 일어날 수 있다.

우리나라와 일본이 바다에서 참치와 광어를 잡는 경우를 생각해 보자. 두 나라가 1인당 어획고로 따져서 참치와 광어를 똑같이 잡는다고 하자. 그렇더라도 우리나라 사람은 광어를, 일본 사람은 참치를 더 좋아한다면, 우리가 잡은 참치와 일본 사람이 잡은 광어를 일부 교환하는 것이 두 나라 국민들의 효용수준을 높여준다. 이는 한 나라 안에서 어느 두 사람이 임의의 두 재화를 똑같이 가지고 있더라도 두 재화에 대한 선호가 서로 다를 때 자발적인 교환을 통하여 쌍방의 효용을 증가시킬 수 있는 것과 똑같은 이치이다.

1.2 비교우위의 원리

앞에 든 세 가지는 국제무역이 일어나는 상식적인 이유이다. 경제학에서는 이 상식적인 이유보다 더 깊은 원리를 제시한다. 비교우위의 원리가 그것이다.

> 비교우위(comparative advantage)의 원리란 각국이 상대국에 비해 낮은 기회비용으로 생산하는 제품을 수출하고 높은 기회비용으로 생산하는 제품을 수입하면 이런 무역을 하는 모든 나라가 이득을 보게 된다는 이론이다.

비교우위와 절대우위

비교우위의 원리를 제대로 이해하기 위해서는 비교우위와 절대우위(absolute advantage)를 구분해야 한다. 절대우위는 비용이 적게 들어가는 것을 말한다.

중국이 우리나라보다 직물 생산비가 적게 들고, 우리나라는 중국보다 자동차 생산비가 적게 든다고 가정하자. 이 경우 중국은 우리나라에 대하여 직물 생산에 절대우위를 가지고, 우리나라는 중국에 대하여 자동차 생산에 절대우위를 가진다고 말한다. 또는 중국은 자동차에 절대열위를 가지고, 우리나라는 직물에 절대열위를 가진다고 말한다. 각국이 절대우위를 가지는 품목들을 생산・수출하고 절대열위를 가지는 품목들을 수입하면 두 나라 모두 이익을 볼 수 있다.

이제 우리나라 임금이 많이 올라 우리나라가 중국에 대하여 똑같은 품질의 자동차 생산에도 절대열위를 가진다고 하자. 우리나라 직물의 생산비는 중국 직물의 생산비의 3배인 데 비해 우리나라 자동차의 생산비는 중국의 그것의 2배라고 하자. 이 경우 우리나라는 중국에 대하여 자동차에 비교우위를 가지고, 직물에 비교열위를 가진다고 말한다. 우리나라에서 두 품목 모두 비싸게 생산되지만 자동차가 비교적 덜 비싸게 생산되기 때문이다. 이 경우 중국은 직물에 비교우위를 가지고, 자동차에 비교열위를 가진다. 중국에서 두 품목 모두 생산비가 싸게 먹히지만 직물의 생산비용은 우리나라의 1/3 수준에 불과한 데 비해 자동차의 생산비용은 1/2 수준이어서 직물이 자동차에 비해 상대적으로 더 싸게 생산되는 것이다.

비교우위의 원리

비교우위의 원리에 의하면 위의 예에서 우리나라는 중국에 자동차를 수출하고 중국으로부터 직물을 수입하는 것이 무역을 하지 않는 것보다 두 나라 모두에게 이익이 된다.

우리나라가 중국에 자동차를 수출하면 수출하기 전보다 자동차를 많이 생산해야 한다. 우리나라가 중국으로부터 직물을 수입하면 수입하기 전보다 우리나라는 직물을 더 적게 생산해야 한다. 따라서 우리나라의 자원이 자동차 생산에 더 많이 투입되고 직물 생산에 적게 투입된다. 이 경우 우리는 자동차 생산에 **전문화** 또는 **특화**(specialization)한다고 말한다. 마찬가지 논리로 중국은 직물 생산에 특화한다.

두 나라가 비교우위를 가지는 품목에 특화하여 무역하는 것이 모든 품목을 자기 나라가 필요한 만큼 생산하여 자체에서 소비하는 자급자족보다 낫다는 것이 비교우위의 원리이다. 이 비교우위의 원리는 국제무역에만 적용되는 것은 아니다. 국내 교역과 각종 교환거래에도 적용되는 개념이다.

비교우위가 있는 제품의 기회비용이 적다. 이를 리카도의 분석으로 살펴본다.

읽을/생각할 거리 12-1

애덤 스미스, 데이비드 리카도, 그리고 자유무역

1776년에 쓰여진 애덤 스미스의 『국부론』에 나오는 다음 구절을 통해 스미스가 절대우위를 어떻게 묘사하고 있는지 보자.

'가정을 꾸려 본 사람이라면 누구나 알고 있는 진리가 있다. 밖에서 더 싸게 살 수 있는 물건을 절대로 집에서 만들지 말라는 것이다. 양복업자는 자신의 구두를 스스로 만들지 않고 제화업자로부터 구입한다. 제화업자는 자신의 옷을 손수 지어 입지 않고 양복업자에게 맡긴다. 농부는 옷이나 구두 어느 것도 만들지 않고 양복업자와 제화업자에게 맡긴다. 양복업자, 제화업자, 농부 할 것 없이 이웃에 비해 우위에 있는 일에 종사하고, 필요한 것은 자신이 생산한 생산물의 일부를 가지고 구입하는 것이 모두를 이롭게 하는 것이다.'

스미스의 『국부론』은 무역과 경제적 상호의존관계에 대한 분석의 시금석으로 자리잡고 있다.

스미스의 『국부론』은 백만장자 주식브로커였던 리카도(David Ricardo)가 경제학자가 되는 데 결정적인 영향을 미쳤다. 리카도는 1817년에 쓴 『정치경제학과 조세원리』(Principles of Political Economy and Taxation)에서 오늘날 알려진 비교우위의 원리를 제시하였다. 절대우위가 없어도 비교우위가 있으면 무역으로 상호 이익을 얻는다는 리카도의 통찰은 국제무역이 광범위하게 일어나는 현상을 잘 설명해 준다. 자유무역에 대한 리카도의 신념은 학문의 세계에 그치지 않았다. 그는 영국 의회의 의원으로서 곡물 수입을 제한하려는 곡물법(Corn Law)에 반대했다.

지난 200여 년간 무역과 관련하여 우여곡절이 있었지만 스미스와 리카도의 자유무역에 대한 주장은 꾸준히 설득력을 얻고 있다. 비교우위를 기반으로 자유무역을 하면 당사자 모두에게 이롭다는 사실은 변하지 않고 있는 것이다.

리카도의 분석

무역에 관한 비교우위의 원리는 19세기 초에 영국의 고전학파 경제학자 리카도가 주창하였다. 리카도의 분석을 살펴보자.

표 12-1

미국과 유럽의 생산비

	재화 단위당 필요노동시간(괄호 안은 기회비용)	
	밀	옷
미국	1시간(옷 1/2단위)	2시간(밀 2단위)
유럽	3시간(옷 3/4단위)	4시간(밀 4/3단위)

총노동량 미국 : 600시간, 유럽 : 600시간

논의를 단순화시키기 위해 리카도는 **표 12-1**에서와 같이 두 나라, 두 재화를 다루고 생산요소는 노동 하나뿐이라고 가정한다. 미국에서 밀 1단위를 생산하기 위해서는 1시간 노동이 필요하고, 옷 1단위를 생산하기 위해서는 2시간 노동이 필요하다. 한편 유럽에서는 밀과 옷 1단위를 생산하기 위해서 각각 3시간과 4시간의 노동이 필요하다.

이 경우 미국은 밀과 옷 생산 모두 절대우위를 가지고 있다. 그러나 미국은 밀 생산에, 유럽은 옷 생산에 비교우위를 가진다. 미국이 두 재화 모두 싸게 생산하지만 싸게 생산하는 정도는 밀이 더 크기 때문이다. 구체적으로 밀의 기회비용이 미국에서는 옷 1/2단위인데 유럽에서는 옷 3/4단위이다. 따라서 밀의 기회비용은 미국이 유럽보다 적다. 같은 논리로 유럽은 옷의 기회비용이 미국보다 적다. 옷의 기회비용이 미국에서는 밀 2단위인 데 비해 유럽에서는 밀 4/3단위이기 때문이다. 비교우위를 가진다는 말과 기회비용이 상대국보다 적다는 말은 같은 말이다.

두 나라가 무역을 하지 않고 자급자족한다고 하자. 밀과 옷 산업이 모두 경쟁시장이라면 미국 노동자가 한 시간 일해서 받는 실질임금은 밀 1단위이거나 옷 1/2단위이다. 제11장에서 배운 바와 같이 이윤극대화를 추구하는 경쟁기업은 실질임금이 노동의 한계생산물과 같은 수준까지 노동을 고용하기 때문이다. 반면에 유럽 노동자는 한 시간 일하고 1/3단위의 밀이나 1/4단위의 옷을 받는다.

제5장의 부록에서 경쟁시장가격은 장기에 장기평균비용곡선의 최저수준으로

결정되는 것을 보았다. 이처럼 두 상품의 시장가격이 생산비용에 의해 결정된다면 미국에서는 옷값이 밀값보다 두 배 비싸게 된다. 옷 1단위를 생산하는 데에 밀 2단위를 생산하는 노동이 들어가기 때문이다. 마찬가지 이유로 유럽에서는 옷값이 밀값보다 4/3배 비싸게 된다.

이제 미국과 유럽이 서로 문호를 개방한다고 하자. 논의의 편의를 위해 관세와 수송비는 무시한다. 그러면 가격이 낮은 지역에서 높은 지역으로 재화가 흘러들어간다. 사람들은 미국의 옷값이 상대적으로 비싸고 유럽의 밀값이 상대적으로 비싸다는 것을 안다. 기업들은 가격이 비싼 곳에 팔고자 한다. 이에 따라 옷은 유럽으로부터 미국으로, 밀은 미국으로부터 유럽으로 수출된다. 유럽의 옷이 미국시장에 유입되면 미국시장에 공급되는 옷이 증가하여 옷 가격이 떨어진다. 미국의 밀이 유럽시장에 유입되면 유럽시장에 공급되는 밀이 증가하여 밀 가격이 떨어진다.

국제시장에서의 이러한 가격조정은 언제 끝날까? 두 나라에서 옷값과 밀값이 각각 똑같을 때 가격조정이 끝날 것이다. 어떤 수준에서 각 재화의 두 나라 가격이 똑같아질까? 다른 정보가 없으면 이에 대한 정확한 대답을 할 수 없다. 그러나 무역을 시작하기 전 미국과 유럽에서 형성된 가격을 양극단으로 하여 그 사이 어딘가에서 두 나라 가격이 똑같아질 것이다.

무역을 시작하기 전에 밀 가격과 옷 가격의 비율(＝밀과 옷의 가격비 혹은 옷 수량으로 표시한 밀의 상대가격)은 미국의 경우 1 : 2이고 유럽의 경우 3 : 4이다. 무역으로 새로운 가격비가 2 : 3으로 결정된다고 하자. 이는 밀 1단위가 옷 2/3단위와 교환된다는 것이다.

미국시장에서는 무역이 있기 전에 밀 1단위로 옷을 1/2단위밖에 못 샀는데 무역이 있은 후에는 밀 1단위로 옷을 2/3단위까지 살 수 있다. 무역으로 밀은 상대적으로 비싸지고 옷은 상대적으로 싸진 것이다. 그러므로 미국 생산자들은 상대적으로 비싸진 밀을 더 생산하고 상대적으로 싸진 옷을 덜 생산한다. 유럽시장에서는 무역이 있기 전에 밀 1단위로 옷을 3/4단위까지 살 수 있었는데 무역이 있은 후에는 밀 1단위로 옷을 2/3단위밖에 못 산다. 무역으로 밀은 상대적으로 싸지고 옷은 상대적으로 비싸진 것이다. 그러므로 유럽 생산자들은 상대적으로 싸진 밀을 덜 생산하고 상대적으로 비싸진 옷을 더 생산한다. 이처럼 국제무역에서는 비교우위가 있는 품목의 생산에 자원이 더 많이 배분된다.

그림 12-1

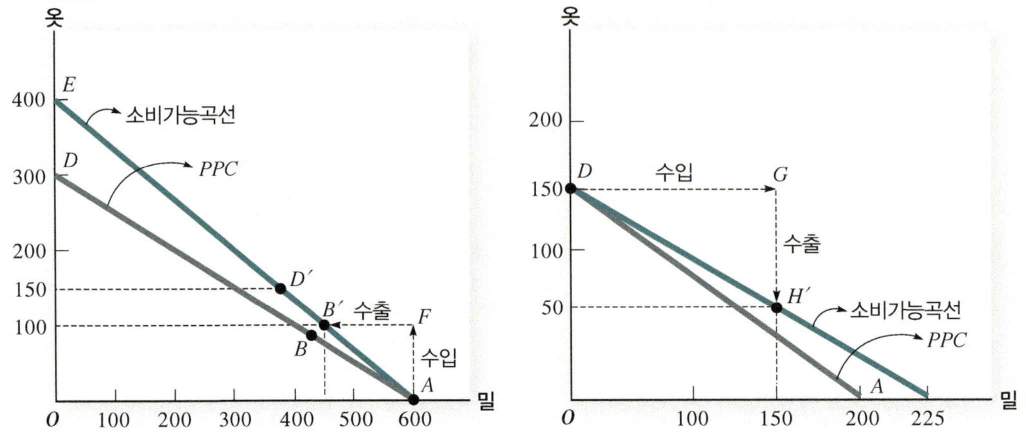

(a) 미국 (b) 유럽

미국과 유럽의 생산가능곡선과 소비가능곡선

미국과 유럽이 각각 비교우위가 있는 품목에 완전특화하면 각 지역의 소비가능곡선이 생산가능곡선보다 윗쪽에 있게 되어 각 지역의 경제복지를 높인다.

자유무역의 이득

미국과 유럽의 노동량이 각각 600시간으로 똑같다고 하자. 미국이 노동량을 모두 밀 생산에 투입하면 600단위의 밀을 생산할 수 있다. 옷에 모두 투입하면 300단위의 옷을 생산할 수 있다. 이 교환비율이 항상 유지된다고 가정하면 미국의 생산가능곡선(production possibilities curve : *PPC*)은 **그림 12-1 (a)**에서 보는 바와 같은 직선 *ABD*로 그려진다. 유럽의 경우 노동량을 모두 밀 생산에 투입하면 200단위의 밀을 생산하고 모두 옷 생산에 투입하면 150단위의 옷을 생산할 수 있다. 따라서 그림 12-1 (b)의 *AD*로 유럽의 생산가능곡선이 그려진다.

미국이 비교우위가 있는 밀만을 생산하고 유럽이 비교우위가 있는 옷만을 생산한다고 하자. 이 경우 미국은 600단위의 밀을 생산하고 유럽은 150단위의 옷을 생산한다. 이처럼 비교우위가 있는 품목만을 생산하고 비교열위가 있는 품목은 전혀 생산하지 않는 것을 완전특화(complete specialization)라 한다.

완전특화하여 서로 무역을 한 결과 밀과 옷의 가격비가 앞에서 가정한 대로 2 : 3이라 하고 무역 후의 소비가능곡선을 그려보자.

소비가능곡선(consumption possibilities curve)이란 한 사회가 최대로 소비할 수 있는 두 생산물의 조합을 나타내는 곡선이다.

그림 12-1에서 미국의 소비가능곡선은 *A*점과 옷 400단위의 수직절편을 이어 얻는다. 600단위의 밀을 내놓으면 국제시장에서 600단위×2/3 = 400단위의 옷을 얻을 수 있기 때문이다.[1] 유럽은 완전특화로 생산할 수 있는 150단위의 옷을 내놓으면 국제시장에서 150단위×3/2 = 225단위의 밀을 얻을 수 있다. 따라서 유럽의 소비가능곡선은 *D*점과 밀 225단위의 수평절편을 이어 얻는다.

그림에서 보는 바와 같이 자유무역으로 미국과 유럽의 소비가능곡선이 모두 생산가능곡선보다 위에 있게 된다. 이것이 바로 자유무역이 무역당사국 모두를 이롭게 만드는 원천이다. 폐쇄경제에서는 한 나라가 생산한 것만을 소비한다. 따라서 한 나라의 생산가능곡선이 소비가능곡선과 같다. 그러나 개방경제에서는 양자가 다르고 특히 소비가능곡선이 생산가능곡선보다 위에 있게 된다. 이 때문에 국제무역이 국민의 경제복지를 높인다고 말하는 것이다.

이러한 상황에서 미국이 예컨대 150단위의 밀을 수출한다면 150단위×2/3 = 100단위의 옷을 수입하여 *B*′의 소비를 누린다. 무역이 있기 전의 소비점이 *B*라 할 때 *B*′은 미국 소비자에게 종전보다 더 많은 옷과 밀을 소비하게 해준다(일반적으로는 무역 이전의 소비점에 비해 한 재화의 소비량을 줄이지 않고도 다른 재화의 소비량을 많게 한다). 따라서 완전특화와 무역으로 미국 소비자들의 후생이 높아지는 것이다. 유럽은 100단위의 옷을 수출하고 100단위×3/2 = 150단위의 밀을 수입하여 *H*′의 소비를 누린다. 이는 무역이 있기 전의 소비점에 비해 한 재화의 소비량을 감소시킴이 없이 다른 재화의 소비량을 많게 한다. 따라서 유럽의 소비자도 무역으로 혜택을 누린다.

리카도 분석의 확장

앞에서 무역이 일어날 때 밀과 옷의 가격비는 2 : 3 = 2/3라고 가정하였다. 이는 미국의 가격비 1/2과 유럽의 가격비 3/4의 거의 절반 수준이다. 가격비가 상한선과 하한선 사이에 구체적으로 어디에서 결정되느냐는 두 지역 주민의 각 재화에 대한

---

1) 이 예에서 유럽의 옷 생산량이 150단위이므로 미국의 소비가능곡선은 실제로는 직선 *AB*′*D*′으로 국한된다. 밀과 옷의 가격비 2 : 3으로 국제시장에서 얼마든지 교역할 수 있을 때 소비가능곡선은 *AE*가 된다.

수요의 크기에 의존한다. 미국 국민의 옷에 대한 수요가 크고 유럽 주민의 밀에 대한 수요가 작다면 옷 가격이 오르고 밀 가격이 내리므로 밀과 옷의 가격비는 미국의 가격비 1/2에 가까워질 것이다. 가격비가 1/2에 가까워질수록 무역을 통한 유럽의 이득은 증가하고 미국의 이득은 감소한다. 가격비가 1/2이면 완전특화와 무역을 통한 이득이 모조리 유럽에 돌아가고 미국은 아무 이득도 없다. 가격비가 1/2을 하회하면 소비가능곡선이 생산가능곡선의 안쪽에 존재하므로 완전특화와 무역이 일어날 수 없다. 반대로 가격비가 3/4일 때는 완전특화와 무역을 통한 이득이 모조리 미국에 돌아가고 3/4을 상회할 때에는 유럽이 손해를 보기 때문에 무역이 일어날 수 없다.

리카도는 두 재화가 두 나라 사이에 거래되는 것을 비교우위로 설명하였다. 두 재화가 셋 이상의 재화로, 두 나라가 세 나라 이상으로 확장되어도 비교우위의 원리는 여전히 성립한다. 미국에 비교우위가 큰 순서로 미국의 재화를 배열하면

밀 — 비행기 — 컴퓨터 — 자동차 — 포도주 — 옷

으로 배열된다고 하자. 옷 쪽으로 갈수록 유럽의 비교우위가 커진다고 하자.

이 경우 미국은 비교우위가 가장 큰 밀에 분명히 특화하고 유럽은 비교우위가 가장 큰 옷에 분명히 특화한다. 그러나 두 지역의 특화경계선이 중간 어디에 그려질지 알 수 없다. 밀이나 비행기에 대한 수요가 클수록 밀 가격과 비행기 가격이 상승하기 때문에 미국은 밀과 비행기 생산에 더 자원을 배분한다. 그 결과 미국에서 옷은 물론 포도주 생산까지도 중단하는 것이 무역의 이익을 크게 할 것이다. 어느 쪽 재화에 대한 수요가 크냐에 따라 특화경계선이 결정된다.

나라가 셋 이상일 경우에는 각국이 비교우위의 원리에 따라 **다자간무역**(multilateral trade)을 한다. 이때 두 나라 사이의 무역, 즉 **쌍무무역**(bilateral trade)은 균형이 이루어진다는 보장이 없으며 또 반드시 균형을 이룰 필요도 없다.

수출과 수입이 같은 것을 무역의 균형이라고 한다. 수출이 수입보다 많은 것을 **무역흑자**, 수입이 수출보다 많은 것을 **무역적자**라 한다. 무역흑자나 적자를 무역역조라 한다. 두 나라 사이의 무역이 구태여 균형이 되도록 강제하지 않는 것이 무역의 이익을 크게 한다. 예컨대 **그림 12-2**와 같은 삼각무역을 보자. 중국은 산유국으로부터 석유를 수입하고 미국에 소비재를 수출한다. 미국은 산유국에 기계설비와 같

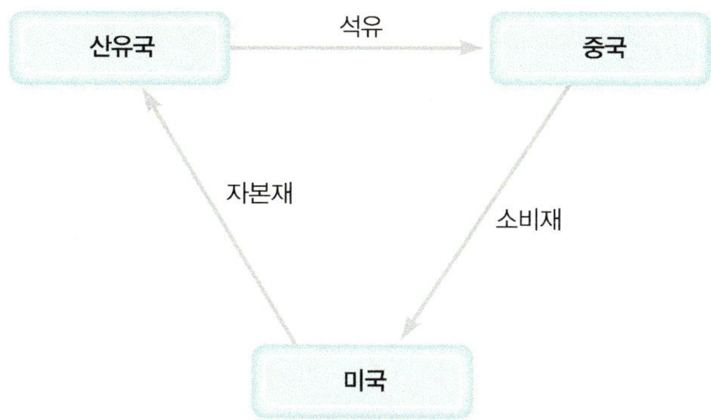

그림 12-2

삼각무역
삼각무역이나 다자간무역은 쌍무무역에 비해 무역의 기회를 넓히고 무역의 이득을 높인다.

은 비교우위가 있는 자본재를 수출한다. 이 경우 어느 두 나라만 국한시켜 보면 무역 역조가 있다. 그러나 3국 전체로 보면 무역균형이 달성되고 무역의 이득을 크게 누린다. 두 나라 사이에 무역균형이 이루어지도록 고집한다면 이러한 삼각무역은 일어나지 못할 것이다.

미국은 자기 나라가 지속적으로 무역적자를 내고 있는 일본과 중국 등에 대하여 쌍무협정을 통해 무역균형이 이루어지도록 강요해 왔다. 위의 분석에 비추어 볼 때 이러한 쌍무협정은 무역 규모를 축소시켜 무역의 이득을 줄이는 폐해를 가져온다. 제3절에서 다루는 다자간협상이 강조되는 것은 이러한 이유 때문이다.

부분특화의 경우

앞의 리카도의 분석에서는 완전특화의 경우를 다루었다. 현실 세계에서는 비교열위가 있는 품목을 전혀 생산하지 않는 것이 아니라 부분적으로 생산한다. 이러한 부분특화 현상은 정상적인 생산가능곡선을 상정함으로써 설명할 수 있다.

제1장에서 생산가능곡선은 기회비용체증의 법칙을 반영하여 원점에 대해 오목하게 그려지는 것이 일반적이라고 설명하였다. 리카도는 논의를 단순하게 하기 위해 기회비용이 일정하게 생산가능직선을 그렸다. 완전특화가 무역의 이익을 극대로 하는 것은 이 때문이다. 원점에 대해 오목한 정상적인 생산가능곡선을 사용하면 완전특화가 이루어지지 않고 부분특화가 일어나는 것을 경제학원론에서 배운다.

생산요소가 노동 하나뿐이 아니라 둘 이상인 경우에도 비교우위의 원리가 성립하는 것을 중급 미시경제학에서 배울 수 있다.

비교우위의 원리의 한계

비교우위의 원리는 비교우위를 가지는 상품에 특화하여 수출하고, 비교열위를 가지는 상품은 생산을 줄여 수입하는 것이 바람직하다고 가르친다.

비교우위의 원리가 국제무역과 자원배분에 관한 강력하고 우아한 이론인 것은 틀림없다. 그러나 비교우위의 원리에는 크게 보아 다음과 같은 세 가지 중요한 문제점이 있다.

첫째, 비교우위의 원리는 정태적인 이론이다. 어떤 시점에서 한 상품이 비교우위를 가진다고 해서 앞으로도 계속 비교우위를 가진다는 보장은 없다. 그런데 비교우위의 원리는 앞으로도 계속 비교우위를 가진다는 전제 하에 그 상품에 특화하라고 가르치고 있다는 점에서 정태적인 이론이다. 어떤 시점에서 한 나라의 산업(특히 기간산업)이 비교열위에 있더라도 일정 기간 보호해 줄 때 비교우위를 가질 수 있다면, 그 산업은 정부가 한시적으로 적극 육성하는 것이 바람직하다. 이것이 다음 절에 소개되는 보호무역론의 핵심이다.

둘째, 비교우위의 원리는 가격과 임금 등이 신속하게 조정되고 요소의 부문 간 이동이 빨리 이루어지며 비자발적 실업이 생기지 않는다는 전제 하에서 유효한 이론이다. 앞에서 비교우위의 원리를 설명할 때 비교우위산업에 특화하는 경우 비교열위산업에 고용되었던 생산요소들이 비교우위산업에 모두 흡수된다는 가정이 묵시적으로 깔려 있다. 무역자유화로 실업이 발생하면 실제 생산이 생산가능곡선 상에서 이루어지는 것이 아니라 생산가능곡선 안에서 이루어지기 때문에 소비가능곡선이 생산가능곡선 바깥쪽으로 이동하는 것이 아니라 안쪽으로 이동할 수 있다.

셋째, 둘째와 관련하여 비교우위의 원리는 단기에 대내분배 불평등문제를 낳는다. 비교우위산업에 종사하는 기업과 노동자는 이득을 보지만, 비교열위산업에 종사하는 기업과 노동자는 적어도 단기에는 손실을 본다. 이들이 빈곤층으로 전락하지 않도록 수혜자로부터 이득의 일부를 걷어 피해부문에 지원하는 대내조정이 필요하다. 우리나라의 농어촌특별세는 이러한 대내조정의 예이다.

2. 무역정책

2.1 자유무역론과 보호무역론

무역정책에 관한 이론으로는 자유무역론과 보호무역론이 있다. 자유무역론은 문자 그대로 무역활동을 자유롭게 하자는 이론이고 보호무역론은 무역활동, 특히 수입을 제한하자는 이론이다. 역사적으로 볼 때 자유무역론이 지배적인 시대도 있었고, 보호무역론이 지배적인 시대도 있었다. 오늘날 대부분의 나라들이 전반적으로는 자유무역을 표방하면서 전략산업이나 핵심 기술산업에 대해서는 보호무역론의 입장을 취하고 있다.

자유무역론

자유무역론이란 국가가 수출을 통제하거나 수입을 제한하지 않고 자유롭게 방임하는 것이 국가적으로나 국제적으로나 다 같이 이익이 된다는 이론이다.

자유무역론은 앞에서 설명한 비교우위의 원리에서 자연스럽게 파생되는 정책 시사점으로서 스미스, 리카도, 밀 등의 고전학파 경제학자들이 주장하였다. 무역을 자유롭게 방임하면 세계 각국이 각자 비교우위에 있는 상품을 생산하여 교역하기 때문에 자원의 효율적인 배분과 국제분업의 이득이 실현된다.

그림 12-3은 한 나라가 비교열위를 가지는 재화의 무역 전 가격과 거래량, 무역 후 가격과 거래량, 수입량 등을 보여주고 있다. 무역이 없을 때에는 통상적인 국내 수요곡선과 공급곡선이 만나는 E점에서 균형을 이룬다. 무역이 없을 때 가격은 P_0이고 거래량 = 국내공급량은 Q_0이다.

이제 이 재화의 수입을 개방한다고 하자. 그러면 해외시장으로부터 재화가 세계시장가격 P_T로 흘러들어 온다. 세계시장이 방대하기 때문에 우리나라가 이 재화를 많이 수입하든 적게 수입하든 P_T는 변하지 않는다고 가정할 수 있다. 따라서 해외에서 우리나라에 상품을 공급하는 세계공급곡선은 P_T에서 수평선으로 그려진다. 종전의 국내공급곡선은 이제 국내기업들의 공급곡선, 국산품 공급곡선이 된다.

그림 12-3

자유무역 하에서의 국내생산, 수입 및 소비

비교열위에 있는 상품의 수입을 자유화하면 싼 가격으로 수입품이 들어오기 때문에 국내가격이 낮아지고 국내거래량이 늘어나는 반면 국내생산은 감소한다.

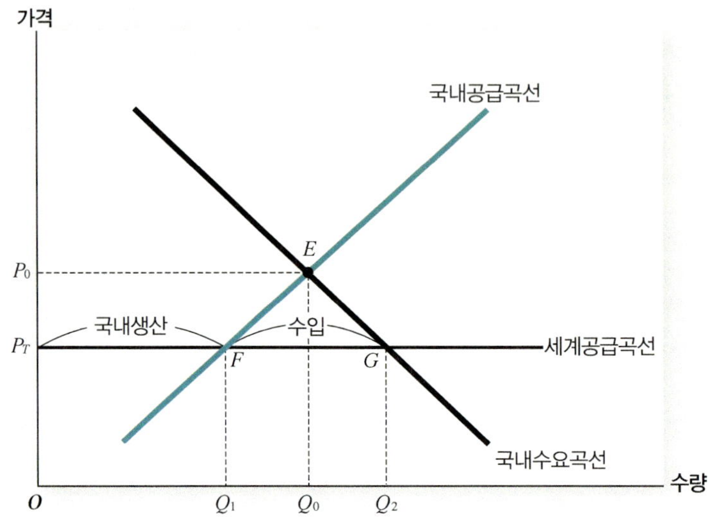

국산품과 수입품의 품질이 같다면 국산품을 종전처럼 P_0로 팔 수가 없다. 애국심보다 자기 이익을 위해 합리적으로 행동하는 시민들이 똑같은 상품을 비싼 값으로 사지 않기 때문이다. 따라서 국산품 가격도 P_0에서 P_T로 하락한다. P_T에서 국내기업들은 종전의 Q_0보다 적은 Q_1을 판다. P_T에서 국내기업들은 $P_T F$만큼 공급하는 데 반하여 국내소비자들은 $P_T G$만큼 사고자 한다. 따라서 $FG = Q_1 Q_2$를 외국시장에서 수입한다. 전체 소비량은 물론 Q_2이다. 자유무역으로 국내소비자들은 종전보다 낮은 가격으로 많이 소비할 수 있는 것이다. 그 결과 소비자잉여는 사각형 $P_0 EGP_T$만큼 증가한다. 이 중 $P_0 EFP_T$는 자유무역으로 국내공급자들이 잃는 생산자잉여이다. 나머지 삼각형 EFG는 순수한 사회후생의 증가분이다. 따라서 자유무역은 소비자잉여를 증진시키는 것은 물론 사회 전체의 후생도 증가시킨다.

지금까지는 해당 재화의 시장이 경쟁시장이라고 가정하여 설명하였다. 국내시장이 독과점시장이면 어떻게 될까? 이때에는 제6장에서 배운 바와 같이 국내공급곡선이 공급곡선으로 기능하지 않고 한계비용곡선으로 기능할 뿐이다. 무역이 없을 때 독과점기업은 국내수요곡선으로부터 한계수입곡선을 도출하여 한계수입곡선과 한계비용곡선이 만나는 점에서 생산한다. 한계수입곡선은 국내수요곡선보다 아래에 위치하므로 생산량은 Q_0보다 적다. 생산량이 Q_0보다 적으므로 시장가격은 P_0보다 높아진다. 따라서 독과점기업은 경쟁기업보다 적게 생산하여 높은 가격에 판매함으로써 과다한 초과이윤을 향유한다.

이제 자유무역이 이루어지면 세계공급곡선은 P_T에서 여전히 수평선이므로 독과점기업이 이 세계가격을 주어진 그대로 받아들일 수밖에 없다. 세계공급곡선이 수평선이므로 한계수입곡선도 P_T와 같다. 따라서 국내 독과점기업의 생산량은 경쟁기업의 생산량과 같이 Q_1이 된다. 자유무역은 시장지배력을 행사하는 국내 독과점기업을 경쟁기업으로 만들어 버리는 것이다. 시장구조가 독과점일수록 자유무역의 필요성은 더욱 커지며 자유무역이 국민경제에 안겨주는 이득도 더 커진다.

보호무역론

보호무역론은 한 나라의 유치산업이나 기간산업, 고기술산업을 보호 · 육성하기 위하여 국가가 적극적으로 해당 산업 제품의 수입을 제한해야 한다는 이론이다.

독일의 역사학파 경제학자 리스트(Friedrich List, 1789~1846)로 대표되는 보호무역론자들이 보호무역을 주장하는 가장 핵심적인 이유는 유치산업의 보호이다. 유치산업(infant industry)이란 생긴 지 얼마 되지 않아 유아기에 있는 산업을 말한다. 일반적으로 후진국의 공업은 유치산업이며 선진국의 동종 산업에 비해 생산성이 낮아 국제경쟁력 측면에서 비교열위에 있다. 따라서 후진국의 유치산업이 처음부터 자유무역을 하면 선진국의 경쟁력에 눌려 성장할 수 없다. 그러나 어린이를 보호하듯이 산업을 적당 기간 선진국으로부터 보호해 주면 국내수요를 기반으로 성장할 수 있고, 또 국제경쟁력을 기를 수 있게 된다.

이처럼 유치산업을 보호하기 위하여 수입을 제한하다가 그 유치산업이 성장하여 국제경쟁력을 갖게 될 때 자유무역을 실시하는 것이 바람직하다는 주장이 보호무역론이다. 보호무역론이 모든 유치산업을 보호하자고 주장하는 것은 아니다. 유치산업 중에서도 일정 기간 보호해 주면 비교우위산업이 될 수 있는 산업을 보호해 주어야 한다는 것이다.

보호무역론은 유치산업 외에 국방 및 국민경제의 안정을 위해서도 특정 산업들이 보호되어야 한다고 주장한다. 방위산업을 전적으로 외국에만 의존할 수는 없다. 한 나라가 비교우위만을 따져 너무 지나치게 몇 가지 산업에만 특화하는 경우, 그 국민경제는 많은 부분을 해외로부터의 수입에 의존해야 되기 때문에 해외경제의 변화에 좌우되기 쉽다. 따라서 국방과 국민경제의 안정을 기하기 위해서는 그 국민경제에 꼭 필요한 기초산업이나 기간산업을 보호·육성해야 한다는 것이다.

제6장에서 연구·개발에는 대규모 초기비용이 들어가기 때문에 독과점이 불가피하다고 설명하였다. 현실 세계에서 정보통신산업을 비롯한 고기술산업부문은 대규모의 연구·개발투자가 필요하기 때문에 대부분 과점산업이다. 고기술산업부문이 뒤늦게 발달한 국가에서는 이들 산업부문에 정부의 적극적인 지원책이 없으면 외국 유수의 과점기업들과 경쟁할 수 없다. 이런 논리로 미국의 경제학자 크루그먼(Paul Krugman)은 高기술산업에서 자유무역을 허용하기는 어렵다고 주장하였다. 이를 **신보호무역론**이라고 부른다. 신보호무역론은 고기술산업의 특수성을 감안한 현대적인 보호무역론이다.

2.2 보호무역을 위한 정책수단

국내산업을 보호하기 위하여 각국이 사용하고 있는 정책수단에는 여러 가지가 있는데 이들을 크게 관세장벽과 비관세장벽으로 나누어 볼 수 있다.

관세장벽

관세장벽(tariff barriers)이란 수입을 억제하기 위하여 높은 관세율을 부과하는 것을 말한다. (수입)관세란 수입상품에 대하여 부과하는 세금을 말한다. 관세의 수입가격에 대한 비율을 **관세율**(tariff rate)이라 한다.

관세는 국민경제에 여러 가지 복합적인 효과를 가져다준다. **그림 12-4**에서 수입상품 단위당 관세 t원을 부과한다고 하자. 그러면 세계공급곡선은 세계시장가격 P_T보다 t원 높은 가격 P_1에서 수평선이 된다. 종전에는 수입상품가격이 세계시장가격과 같았는데 이제 세계시장가격보다 t원 높다. 이 수준에서 얼마든지 사올 수 있으므로 국내시장에 대한 세계공급곡선은 P_1에서 수평선이 되는 것이다.

그림 12-4에서 새로운 시장거래량은 Q_4, 시장가격은 P_1, 국내기업들의 공급량은 Q_3, 수입량은 Q_3Q_4이다. 이 그림으로 여러 가지의 관세효과를 설명할 수 있다.

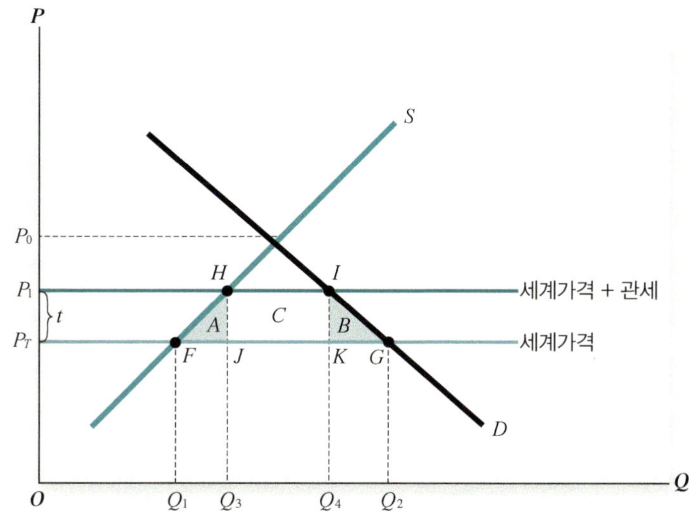

그림 12-4

관세 부과의 효과

관세가 부과되면 국내가격이 상승하여 소비자잉여가 감소하고 생산자잉여가 증가한다. 감소하는 소비자잉여의 일부($A+B$)는 사회후생의 손실(후생손실)로 나타난다.

① **생산증가 효과** : 생산증가 효과란 관세 부과로 국내생산량이 증가하는 효과이다. 그림에서 생산증가 효과는 Q_1Q_3이다. 관세가 부과되면 제품가격이 올라 국내기업의 채산성이 좋아지고 국내생산이 증가하여 고용도 증가하기 때문에 생산증가 효과는 관세의 국내산업 보호효과라고도 부른다.

② **소비억제 효과** : 관세 부과로 수입상품가격이 높아져 국내수요량이 Q_4Q_2만큼 줄어들었는데 이것을 관세의 소비억제 효과라고 한다.

③ **재정수입 증가효과** : 수입량이 Q_3Q_4이고 수입량 1단위당 t 원의 관세가 부과되기 때문에 사각형 C는 정부가 거두어들인 관세수입의 크기이다. 이것을 재정수입 증가효과라고 한다.

④ **무역수지 개선효과** : 관세 부과로 수입량이 종전의 Q_1Q_2에서 Q_3Q_4로 감소하였다. Q_1Q_3와 Q_4Q_2의 수입량이 감소한 것이다. 따라서 사각형 Q_1FJQ_3와 Q_4KGQ_2는 수입액의 감소분으로서 관세의 무역수지 개선효과를 나타낸다.

⑤ **소비자후생 및 사회후생의 손실효과** : **그림 12-4**에서 가격이 P_1으로 상승함에 따라 소비자잉여는 사각형 P_1IGP_T만큼 감소한다. 그중 P_1HFP_T는 국내생산자잉여의 증가로, C는 정부의 재정수입으로 나타난다. 그러나 삼각형 A와 B는 다른 국내 경제주체들의 이익 증대로 나타나지 않는다. 따라서

A와 B는 후생손실이다. 경쟁시장이 독점화하면 상품가격이 오르면서 후생손실이 발생하듯이 수입상품에 관세가 부과되면 수입상품가격이 오르면서 후생손실이 발생하는 것이다.

자유무역론자는 ⑤를 중요시하여 관세 부과에 반대한다. 생산증가 효과가 있다고 하지만 P_T로 소비할 수 있는 기회를 봉쇄하고 비효율적인 국내생산을 촉진하는 것은 바람직스럽지 않다는 것이다. Q_1Q_3의 생산증가 효과는 관세를 부과할 때 종전에는 생산하지 못하던 한계기업에 의해 생산된 것이라 볼 수 있어 비효율적인 국내생산이 증가한 것뿐이다. 이 생산증가에 사용된 요소들을 다른 용도로 전용하면 Q_1FHQ_3 만큼의 가치가 생산되어 후생손실 A가 발생하는 것을 회피할 수 있다.

보호무역론자는 유치산업일 경우 ①~④의 효과가 중요하다고 본다. 머지않아 비교열위를 극복할 수 있을 것으로 보이는 전략산업은 관세를 $P_T P_0$나 그 이상으로 올려 수입을 실질적으로 금지시켜 버릴 수도 있다. 높은 시장가격은 기업의 독과점 이윤을 많게 하고 재정수입을 늘려 전략산업에 대한 투자재원을 쉽게 마련해 준다.

관세장벽은 일반적으로 국내외 경제여건 변화에 기민하게 대응할 수 있도록 관세율의 범위를 정하여 놓고 필요에 따라 관세율을 변경하는 **탄력관세제도**를 많이 사용한다. 탄력관세제도에는 상대국이 그 나라의 수출산업에 부여하는 수출장려금·보조금 등을 상쇄하기 위한 **상계관세**(countervailing duties), 상대국이 자국의 수출상품에 차별대우를 하는 경우 상대국으로부터 수입되는 상품에 대해 보복적으로 부과하는 **보복관세**(retaliatory duties), 생산원가 이하로 덤핑하는 수출국의 상품에 부과하는 **반덤핑관세** 혹은 **덤핑방지관세**(anti-dumping duties), 특정 상품의 수입으로 국내산업이 중대한 피해를 입게 될 때 이를 보호해 주기 위해 행정부가 입법절차를 거치지 않고 긴급하게 관세율을 적용하는 **긴급관세**, 수입자유화된 품목이 국내산업에 중대한 피해를 입힐 경우 그 품목의 수입을 억제하기 위해 부과하는 **조정관세**, 특정 상품의 수입가격이 국내가격보다 지나치게 낮거나 높은 경우 이를 조정하는 **물가평형관세**, 물자수급의 원활을 기하기 위해 특정 상품의 수입물량에 대해 관세를 조정해 주는 **할당관세** 등이 있다. 각국이 이런 다양한 탄력관세제도를 운용함으로써 국가 간 통상마찰이 빈번하게 일어난다.

비관세장벽

이 장의 제3절에서 설명하는 자유무역을 위한 국제무역기구의 개입으로 관세장벽을 통한 수입억제가 점차 어려워지자 1960년대 이후 각국은 관세 이외의 여러 가지 수단들을 동원하여 수입을 제한하여 왔다. 수입을 규제하는 관세 이외의 수단들을 총칭하여 **비관세장벽**(non-tariff barriers)이라고 한다. 비관세장벽의 효과는 관세의 효과와 대동소이하다. 비관세장벽의 종류는 아주 많은데 여기서는 몇 가지만 간략하게 살펴보기로 한다.

(1) 수입허가제

정부의 허가를 받아 수입하게 하는 제도를 말한다. 우리나라에서는 매년 수출입공고를 통하여 수입품을 크게 수입금지품목, 제한승인품목, 자동승인품목으로 나누어 왔다. 실제로는 수입금지품목과 제한승인품목만을 고시하고 그 외의 품목은 자동적으로 수입을 승인하는 자동승인품목으로 간주한다. 이처럼 원칙적으로 수입을 자유화시키고 예외적으로 수입금지품목과 제한승인품목을 열거하는 방식을 **포괄주의** 혹은 **제한품목열거방식**(negative list system)이라 한다.[2] 자동승인품목 수가 전체 수입품목 수에서 차지하는 비율을 **수입자유화율**이라 한다. 2003년부터 우리나라의 수입자유화율은 99.9%로서 거의 완전한 수입자유화가 이루어졌다.

(2) 수입할당제(import quota system)

비관세장벽의 대표적인 예로서 특정 상품의 수입에 대하여 일정량 이상의 수입을 허가하지 않는 수량제한제도이다. 수입상품을 국가 또는 수입업자별로 할당하여 일정 기간 동안의 수입물량을 제한하는 것이다.

(3) 수입과징금(import surtax)

수입상품에 대하여 관세 이외에 추가로 일정액을 부과하는 것을 수입과징금이라 한다. 수입부가세 부과, 통관 시 행정수수료 징수 등과 같은 수입억제수단이다.

---

2) 이와는 달리 자유롭게 수입할 수 있는 품목만을 열거하고 나머지 품목은 모두 수입금지나 수입제한품목으로 간주하는 방식을 **열거주의** 혹은 **자유품목열거방식**(positive list system)이라 부른다. 어감과는 달리 '원칙적 금지, 예외적 자유'인 자유품목열거방식은 '원칙적 자유, 예외적 금지'인 제한품목열거방식보다 수입규제의 강도가 훨씬 세다. 대개 자유품목열거방식으로부터 시작하여 수입자유화가 진행됨에 따라 제한품목열거방식으로 이행하는 수순을 밟는다. 최근에는 수입자유화조치가 진행됨에 따라 별도 공고로 수입금지품목을 밝히고, 수입제한승인품목에 대해서는 수입자유화예시제를 실시하고 있다.

(4) 수입담보금

정부가 수입을 승인할 때 수입업자로 하여금 수입신청액의 일정 비율에 해당하는 금액을 은행에 적립토록 하는데 이 적립금을 수입담보금이라 한다. 수입담보금의 적립비율은 국제수지의 상태에 따라 결정되고 그 비율이 높을수록 수입억제효과가 크게 나타난다.

(5) 수출입링크제(link system)

정부가 제품의 수출을 전제로 하여 그 제품 원료의 수입을 허가하는 제도를 말한다. 이는 수출을 촉진하고 수입을 억제하고자 하는 균형무역정책수단으로서 수출산업 육성을 위한 대책으로 이용된다.

(6) 구상무역(求償貿易, compensation trade)

구상무역이란 한 나라가 자국의 수출 범위 내에서 상대국으로부터의 수입을 허가하는 것을 말하는데 **바터무역**(barter trade)이라고도 한다. 구상무역은 수출이 어려운 경우에 상대국의 상품을 수입하는 대신 상대국으로 하여금 자국의 상품을 의무적으로 수입케 하여 무역균형을 꾀할 수 있다.

(7) 협정무역(trade by agreement)

협정무역이란 무역상품의 종류나 수량을 정해 놓고 그 범위 내에서 무역하는 것을 말한다. 무역당사국 상호 간에 수출입의 균형을 도모하기 위한 방식이다.

(8) 국영무역(state trading)과 정부구매(government procurement)

정부가 직접 관여하는 비관세장벽으로는 국영무역과 정부구매가 있다. 무역을 국영으로 하는 사회주의국가는 말할 것도 없고 자본주의국가에서도 곡물 · 무기 · 원유 등 중요한 물자를 국영으로 무역하는 경우가 있는데 이때 정부는 이 주요 물자들을 독점적으로 수입함으로써 수입을 제한한다. 또한 정부는 정부산하기관에서 필요로 하는 물자를 구입할 때 국산품을 우선적으로 구입하여 수입을 제한하기도 한다.

3. 국제경제질서와 국제무역기구

Navigator @ Economics, ch. twelve

오늘날의 국제경제에는 자유무역과 변형된 보호무역의 논리가 동시에 나타나고 있다. 세계의 많은 나라들이 국제무역의 이익을 증진하기 위해 자유무역의 확대를 추진하면서도, 다른 한편으로는 여러 가지 보호무역정책을 실시하고 있는 것이다.

국제거래에는 지금까지 다루어 온 재화거래 외에 각종 서비스거래, 투자, 노동력 이동 등이 있다. 우리나라 기업이 재화를 수출할 때 운수 · 보험 등의 서비스거래가 수반된다. 해외건설공사와 해외관광여행도 서비스거래이다. 우리나라에서 타임(Time) 잡지와 할리우드 영화, 넷플릭스 드라마를 보고 미국 대도시에서 우리나라 TV의 연속방송극을 즐길 수 있는 것도 국제 간 서비스거래의 덕택이다.

종전에는 재화가 주로 국경을 넘나들었는데 이제 외국에서 기업활동을 직접 수행하기 위해 생산시설이, 해외주식이나 채권을 사서 배당이나 이자소득을 얻기 위해 금융자본이, 국경을 넘나드는 경우도 크게 늘어났다. 이것이 해외 직접투자와 간접투자이다. 개발도상국의 비숙련 노동인력이 선진국에 취업하고 미국의 변호사와 기업인이 우리나라 대기업에 영입되는 등 노동력의 국경을 넘는 이동도 갈수록 빈번하게 이루어지고 있다.

이처럼 재화 이외의 것들이 국제거래에서 급속히 증가하는 것도 재화와 마찬가지로 비교우위의 원리로 설명할 수 있다. 국제거래가 자발적으로 일어나는 것은 거래 쌍방이 이익을 얻기 때문이며 쌍방이 이익을 얻는 것은 서로 비교우위가 있는 쪽에 특화하기 때문이다.

제2차 세계대전 이후 자유무역의 확대를 위한 국제기구로 GATT와 OECD가 활동해 왔다. 보호무역의 변형인 공정무역의 확대를 위해서는 UNCTAD가 활동해 왔다. 이 국제기구들이 재화를 중심으로 한 무역에 주로 초점을 맞추어 온 데 비해 모든 국제거래를 포괄하고 자유무역과 공정무역을 같이 촉진할 것을 목적으로 하는 WTO 체제가 1995년부터 출범하였다. 이하에서 이것들을 차례로 살펴보기로 한다.

3.1 자유무역과 GATT

'관세 및 무역에 관한 일반협정'(General Agreement on Tariffs and Trade : GATT, 가트)은 관세와 비관세장벽을 낮추고 국제무역에서의 차별을 없애는 등 자유무역을 촉진하기 위해 맺어진 일반협정이다.

가트는 제2차 세계대전 직후 1947년에 출범하였다. 가트는 회원국의 평균관세율을 제2차 세계대전 직후의 40%대에서 오늘날 5%대로 낮추는 데 크게 기여하였다. 우리나라는 1967년에 가트에 가입하였다.

가트는 자유무역의 촉진을 위해 최혜국대우 원칙, 내국민대우 원칙, 수량제한 철폐 원칙의 세 가지 기본 원칙을 추구하고 있다.

최혜국대우 원칙(most-favored-nation treatment)이란 회원국들이 관세인하 협정을 맺을 때 협정 당사국들만의 특혜조치를 금지하는 조항이다. 즉, 가트 회원국 중 두 나라가 쌍무적으로 관세인하 협정을 맺으면 그 협정의 내용과 효력이 다른 모든 회원국에게도 적용되어야 한다는 것이다. 다만 인접국 간 관세동맹과 자유무역지대는 최혜국대우 원칙에 위배되는 차별적 성격을 갖고 있으나 지역 내의 자유무역을 촉진하는 측면이 있다는 점에서 예외로 인정하고 있다.

내국민대우 원칙(national treatment)이란 회원국이 관세 이외에 내국세, 정부규제 등에서 수입품을 국산품과 동등하게 취급해야 한다는 원칙이다. 이 원칙이 설정된 것은 최혜국대우 원칙에 의거하여 각국에 균등한 경쟁 기회를 준다 하더라도 수입품에 대해 내국세, 정부규제 등의 면에서 국산품과 차별대우를 하면 실질적인 무역확대가 어렵기 때문이다.

수량제한철폐 원칙은 관세만 유일한 수입규제수단으로 인정하고 비관세장벽에 의한 어떠한 수량제한도 허용하지 않는다는 것이다.

보호무역론에서 살펴본 것처럼 이러한 이상적인 자유무역원칙을 모든 국가에 무차별적으로 적용하면 개발도상국의 대부분의 산업들은 선진국에 의해 압도당하여 대등한 입장에서의 무역이 어려워진다. 이를 감안하여 가트 협정문 제18조는 개도국이 경제개발계획을 수행하거나 일반적인 국제수지 곤란을 경험할 때에는 관세특례, 수량제한 등 보호주의적 수단을 취할 수 있도록 허용하고 있다. 이 조항에 의거하여 수량제한을 취하는 국가를 가트 18조국이라고 한다.

우리나라는 1989년 10월에 가트 18조국을 졸업하였다. 이어 1990년부터는 가트 11조국으로 이행하였다. 수량제한철폐 원칙을 준수하는 국가를 **가트 11조국**이라고 부른다. 가트 18조국을 졸업하더라도

① 국제수지가 극도로 악화할 경우

② 국가의 안전이나 공중도덕 및 보건위생을 위해 필요할 경우

③ 특정 상품의 수입 증대로 인하여 국내산업이 심각한 피해를 받고 있거나 받을 우려가 있을 경우

④ 국영무역의 경우

등에는 수입을 제한할 수 있다. 이 중 ③에 의한 수입제한을 **긴급수입제한조치**(safeguard)라 한다. 특수한 상황에서 긴급수입제한조치가 허용되기 때문에 앞에서 다룬 탄력관세제도와 여러 비관세장벽이 정당화된다.

3.2 경제협력개발기구(OECD)

경제협력개발기구(Organization for Economic Cooperation and Development : OECD)는 경제에 관한 선진공업국 중심의 국제협력기구로서 1961년 9월 파리에 본부를 두고 설립되었다. 설립 당시 미국, 캐나다와 서유럽 선진국 20개국이 회원국이었는데 2021년 말 현재 회원국 수는 38개국이다. OECD 회원국은 전 세계 상품 생산의 2/3가량을 차지하고 있어 세계경제에 막강한 영향력을 미치고 있다. 우리나라는 1996년에 29번째 회원국으로 가입하였다.

OECD는 지속 가능한 경제성장, 개발도상국 지원, 자유무역의 확대 등을 목표로 한다. UN이나 후술하는 세계무역기구처럼 모든 국가에 가입자격이 주어지는 것이 아니라 위 OECD 목표에 동의하고 자유민주주의와 시장경제라는 공통의 가치관을 가진 나라 중에서 기존 회원국의 초청에 의해 가입할 수 있는 동질성이 강한 조직이다. OECD는 협상을 위한 국제기구는 아니다. 회원국 간의 상호관심 분야와 세계경제 현안에 대해 협의(consultation)를 거쳐 합의(consensus)에 의해 해결방안을 도출하는 국제협력기구이다. 의사 결정은 다수결이 아닌 회원국 전체의 만장일치로 이루어진다. 만장일치로 합의한 방안은 종종 규범이 된다.

OECD 규범 중 가장 핵심적인 것은 **경상무역외거래 자유화규약**(The Code of Liberalization of Current Invisible Operation)과 **자본이동 자유화규약**(The Code of

Liberalization of Capital Movement)의 두 자유화규약이다. 이는 국제 간 서비스거래와 자본이동의 자유화를 달성하려는 OECD의 기본 헌장으로서 형식상으로는 국제조약이 아니지만 사실상 법적 구속력을 갖는다. 다만 신규 가입국의 경우에는 기존 회원국이 동의하면 양대 규약의 일부 조항에 대한 유보가 가능하다. 오늘날 무역과 환경, 경쟁정책, 노동기준, 反부패, 투자를 연계시키는 등 국제경제의 주요 현안 문제에 대한 국제적 논의를 OECD(www.oecd.org)가 주도하고 있다.

3.3 선 · 후진국 간 공정무역과 UN무역개발회의(UNCTAD)

가트에 의한 관세율 인하는 국제경쟁력이 약한 개발도상국(개도국)에게는 불리하다. 관세율 인하 대상이 주로 선진국의 수출품이자 개도국의 수입품인 공산품이라는 점에서 가트가 선진국의 이익만을 위한 것이라는 비판이 제기되었다. 그 결과 1964년에 정부 간 협의체로서 UN무역개발회의(United Nations Conference on Trade and Development : UNCTAD)가 탄생하였다.

제2차 세계대전이 끝난 후 식민지 상태에서 벗어나 정치적 독립을 얻은 개발도상국들은 경제발전이 매우 부진하고 선진공업국과의 경제적 격차가 확대되는 경향을 보였다. 선진국과 개도국 사이의 경제적 격차가 1960년대에 접어들면서 중요한 국제경제 문제로 대두되었는데 이를 남북문제(North-South problem)라 일컫는다.[3] 여기서 남북이란 개도국은 대부분 남반구에 있고 선진국은 대부분 북반구에 위치하고 있다는 점에서 개도국과 선진국이라는 뜻으로 사용된 것이다. UNCTAD는 주로 남반구의 개도국들이 주도하여 선진국과 개도국 사이의 심각한 무역불균형을 해소하고, 경제 격차를 해소하는 등 개도국의 이익을 대변하는 국제기구이다.

UNCTAD에서 제기된 개도국들의 주장은 크게 다음의 두 가지이다.

첫째, 선진국과 개도국 사이에 존재하는 심각한 빈부의 격차는 지난날 선진국이 펼쳤던 식민지정책의 소산이다. 따라서 선진국은 마땅히 개도국에게 무상이나 장기저리의 원조를 하는 등 개도국의 개발에 적극 참여해야 한다.

둘째, 개도국은 일반적으로 선진국을 상대로 값싼 1차상품(농산물)을 수출하고 값비싼 2차상품(공산품)을 수입하기 때문에 무역수지는 악화하고 경제개발은 지연

3) 이와 같은 맥락에서 선진국과 개도국 사이에 이루어지는 무역을 남북무역이라 한다.

되고 있다. 따라서 선진국은 이러한 불균형을 해소하기 위해 개도국으로부터 수입하는 상품에 대한 관세를 철폐하거나 경감시키는 특혜관세제도를 실시해야 한다. 이것이 선진국과 개도국 간의 공정한 무역이다.

UNCTAD의 주장을 수용하여 일부 선진국들은 개발도상국을 원산지로 하는 수입품에 대하여 일반관세율보다 낮은 관세율이나 무관세를 적용하는 관세상의 특혜제도를 1971년부터 실시해 오고 있는데 이를 일반특혜관세제도(Generalized System of Preferences : GSP)라 한다.

개도국 원조 및 개발 네트워크와 UN개발계획(UNDP)

UNCTAD가 제기한 개도국에 대한 원조문제를 계획하고 조정하는 기구가 국제연합(UN)의 한 기관으로 1965년에 발족되었는데 이를 UN개발계획(United Nations Development Planning : UNDP)이라 부른다. 근래에 UN개발계획(www.undp.org)은 UN의 개발 네트워크로서 개도국의 빈곤을 축소하고 건강을 개선하며 환경과 성장을 양립시키는 지속 가능한 경제발전을 이루기 위해 활발하게 활동하고 있다. 각국이 개발된 정도를 조사하여 매년 인간개발지수와 인간개발보고서를 발간하고 있다. 2022년 현재 177개 국가에 지역사무소를 설치하여 개발 · 원조사업을 수행하고 있다. 우리나라는 1971년부터 참가하고 있다.

3.4 우루과이 라운드의 타결과 WTO 체제의 출현

우루과이 라운드

GATT는 1947년에 창설된 이후 세계무역환경의 변화에 따라 1970년대까지 7차례의 다자간 협상을 벌여 왔다. 그러나 이 협상들은 주로 공산품의 관세율 인하에 초점을 맞추어 진행되었다. 농산물이나 서비스는 그때까지 세계무역 규모가 크지 않았기 때문에 협상대상에 포함되지 않았다. 관세율 인하로 관세장벽을 낮추는 데에 주력하고 비관세장벽을 낮추는 데에는 소홀하였다. 제6차 케네디 라운드(Kennedy Round, 1964～1967)에 와서야 비관세장벽에 관심을 두기 시작했으나 실효를 거두지 못하였다.[4] 제7차 도쿄 라운드(1973～1979)에서 비관세장벽에 대한

4) 여기에서 말하는 라운드는 원래 원형탁자를 뜻한다. 많은 나라 대표들이 원형탁자에 앉아 협상하기 때문에 '라운드'는 다자간 협상(multilateral negotiation)의 뜻으로 쓰인다.

본격적인 논의가 이루어져 협정을 제정하였다. 그러나 일부 가트 회원국만이 이 협정에 참여함으로써 절름발이 협정에 머물렀다.

1970년대까지의 가트 라운드로 공산품에 대한 관세율은 종전보다 크게 낮아졌다. 그러나 1970년대에 두 차례의 석유파동을 겪으면서 각국은 자기 나라의 고용 안정과 산업 보호를 위해 보호무역주의를 강화함으로써 가트의 취지가 크게 퇴색되었다. 나아가 1980년대에 일본이 경제대국으로 등장하고 신흥공업국들이 급부상하자 세계무역질서를 선도해 온 미국과 유럽연합이 신보호무역주의로 돌아섰다.

수출국이 자율적으로 수출물량을 일정 수준 이하로 억제하도록 하는 수출자율규제(voluntary export restraint : VER), 수입국 국내시장 점유율을 일정 수준 이하로만 유지하도록 하는 수출질서유지협정(orderly marketing arrangement : OMA) 등을 통해 선진국들은 선별적인 수입제한조치를 빈번하게 사용해 왔다. 수출자율규제와 수출질서유지협정 등을 **회색지대조치**(grey area measure)라고 부른다. 자율규제나 질서유지라는 이름을 내세워 최혜국대우 원칙이라는 국가 간 차별을 금하는 가트의 기본 원칙을 교묘히 우회하고 있기 때문에 이런 이름이 붙여졌다. 또한 반덤핑관세와 상계관세를 남용하여 국제무역질서가 문란해졌다. 선진국이 회색지대조치와 반덤핑관세 등을 남용하는 것을 **신보호무역주의**라 부른다. 공산품 중에서도 섬유류는 완전히 가트 체제 밖에서 주요 수입국인 선진국들에 의해 **다자간 섬유협정**(Multi-Fiber Arrangement : MFA)에 따라 국가별 쿼터제로 운영되어 왔다.

한편 농산물과 서비스, 지식재산권 등 공산품 이외의 분야는 1980년대에 들어와 교역 비중이 크게 높아졌지만 이런 분야를 포괄하는 국제교역규범이 없어 통상마찰이 빈번하게 일어났다.

이러한 배경 하에 가트 체제의 보완과 격상을 위해 새로운 다자간 협상이 필요하게 되었다. 그리하여 1986년 9월 우루과이의 해변 휴양도시 푼타 델 에스테(Punta del Este)에서 각국의 통상장관들이 모여 가트 각료회의를 갖고 제8차 다자간 협상의 개시를 선언하였는데 이것이 **우루과이 라운드**(Urguay Round : UR)이다.

우루과이 라운드는 종전의 라운드와는 비교할 수 없을 정도로 포괄적이고 체계적인 협상이었다. 과거 일곱 차례의 라운드와 다른 특징으로 다음 세 가지를 들 수 있다.

첫째, 선진국과 개발도상국의 관심사항을 모두 포함하는 광범위한 의제를 채택하였다. 미국, EU 등 선진국은 그들이 경쟁력을 가지고 있는 서비스, 지식재산권 등 새로운 분야를 협상의제에 포함시켜야 한다고 주장하였다. 개발도상국은 선진국의 섬유쿼터제도, 각종 회색지대조치 등 신보호무역장벽을 폐지해야 한다고 주장하였다. 한편 농산물 수출국들은 그동안 가트 체제에서 상당한 예외조치를 받아 온 농산물 무역의 자유화를 주장하였다. 이런 다양한 주장을 모두 수용하여 의제에 포함시킨 것이다.

둘째, 가트 체제의 실효성을 확보하기 위해 가트 규율을 대폭 정비·강화하는 노력을 기울였다. 이에 따라 반덤핑(덤핑 방지), 긴급수입제한조치, 보조금 및 상계관세제도, 분쟁해결절차 등이 모두 협상의제에 포함되었다.

셋째, 전체 협상의 타결 가능성을 높이기 위해 부문별 타결방식이 아닌 **일괄타결방식**(single undertaking)을 채택하였다. 어느 한 부문에서의 협상결과가 만족스럽지 않다고 해서 그 부문만을 선택적으로 거부할 수는 없고 전체를 받아들이든지 받아들이지 않든지(all or nothing) 해야 한다는 것이다.

이러한 특징 때문에 협상을 시작한 지 7년여 만인 1993년 12월에야 UR이 타결되었다. UR 협정은 각국 정부의 서명과 의회의 비준을 거쳐 1995년 1월 1일부터 발효되었다.

세계무역기구(WTO)체제

우루과이 라운드 협정은 기존의 가트가 다루지 못하였던 섬유, 농산물, 도쿄 라운드 협정 등을 다자간체제로 복귀시키고 서비스, 지식재산권과 같은 새로운 분야도 포괄하였다. 국제무역에 관한 총괄적 규범을 제정한 것이다.

한편 과거의 가트가 단순한 국제협정이어서 구속력이 약했던 점을 개선하여 UR 협정을 관할하고 국제무역분쟁을 해결하는 **세계무역기구**(World Trade Organization : WTO)를 설립하였다. 따라서 UR 협정이 발효된 1995년부터는 제2 차 세계대전 이후 세계무역질서를 유지해 온 가트 체제가 발전적으로 확충되어 WTO 체제로 바뀌었다.

1947년에 출범한 가트 협정과 그 후 UR 협정이 종결되기 전까지 채택된 모든 부수협정을 총괄하여 **1947 가트**라 한다. UR 협상에서의 협의를 거쳐 수정된 가트 규정체계를 1994 가트라 한다. **1994 가트**는 1947 가트의 기본 골격은 그대로 유지한 채 일부 조항이 수정되거나 뜻을 명확히 하는 양해(understanding)가 부가된 것으로서 UR 협정의 부속서의 하나로 편입되었다. UR 협정으로 1995년 1월 1일부터 출범한 세계무역기구(WTO)는 1994 가트를 기본 바탕으로 하고 있는 것이다. 따라서 WTO의 출범으로 가트 체제가 종언을 고한 것이 아니라 가트와 WTO가 밀접하게 통합된 GATT/WTO 체제가 출범했다고 말해야 옳다. 그러나 실제로는 WTO 체제로 줄여 쓴다.

WTO 체제의 핵심 기구인 세계무역기구는 UR 협정에서 제정된 모든 국제교역 규범을 관장하는 강력한 다자간 무역기구이다.[5] 세계무역기구는 각료회의와 일반이사회 산하에 3개 특별이사회, 4개 위원회, 사무국 등의 하위기구를 두고 있으며 법적 구속력과 감시기능을 갖도록 무역정책검토기구(Trade Policy Review Body : TPRB)와 분쟁해결기구(Dispute Settlement Body : DSB)를 두고 있다.

각료회의(ministerial conference)는 세계무역기구의 기능을 수행하고 필요한 조치를 취한다. 일반이사회(General Council)는 전 회원국의 대표로 구성되며 각료회의 휴회 기간 중 WTO와 기타 다자간 협정을 운영 · 감독하는 한편, 산하 각 위원회를 위한 의사규칙(rules of procedures)을 제정한다. 일반이사회 산하에 재화무역이사회(Council for Trade in Goods), 서비스무역이사회(Council for Trade in Services), 무역관련지식재산권(Trade Related Intellectual Property Rights : TRIPS) 이사회가 있으며, 각 이사회에는 하위 이사회들이 있다.

각료회의는 무역과 환경을 연계하여 다루는 무역 · 환경위원회(Committee on Trade and Environment), 무역과 경제개발을 연계하여 다루는 무역 · 개발위원회(Committee on Trade and Development), 국제수지규제위원회(Committee on Balance of Payments Restrictions), 예산 · 재정 · 관리위원회(Committee on Budget, Finance and Administration) 등의 위원회를 둔다. 사무총장을 최고책임자로 하는 WTO 사무국을 설치한다. 무역정책검토기구는 각국의 무역정책을 주기적으로 검토하여 정책의 투명성을 높이고 분쟁을 사전에 예방하여 다자간 무역체제의 효율성을 높인다. 분쟁해결기구는 앞에서 본 바와 같이 모든 무역 관련 분쟁을 통합 · 관장하고, 준사법적 기능을 보유한다.

2021년 말 현재 세계무역기구(www.wto.org)에 가입한 회원국은 모두 164개국이다.

---

5) 원래 무역(trade)은 이 장 첫머리에서 정의한 것처럼 재화의 수출입으로 통했다. 그러나 세계무역기구의 출범으로 무역이 재화는 물론 서비스, 인력, 자본의 수출입까지 포괄하게 되었다.

그림 12-5

WTO의 조직

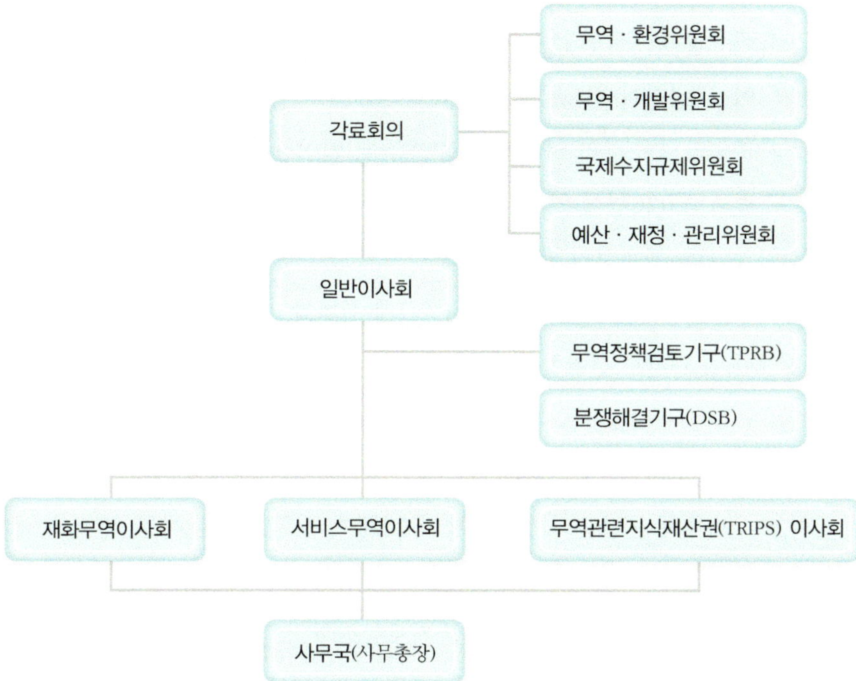

UR 협정 이후의 뉴 라운드 : 도하개발어젠다(DDA)

UR 협정에서 최장 10년으로 규정된 경과 기간 이후에도 각 분야의 개방을 더욱 진전시키고 WTO 체제를 정착시키기 위해 2001년 11월에 카타르의 수도 도하에서 아홉 번째 다자간 협상인 뉴 라운드가 출범하였다. WTO 각료회의가 주도한 이 뉴 라운드를 도하개발어젠다(Doha Development Agenda : DDA)라 부른다.

뉴 라운드는 농업 · 비농산물(공산품 · 임수산물) · 서비스 분야의 추가 개방과 무역규범 · 환경 · 지식재산권 · 개도국 우대조치 · 투자 · 경쟁 정책 등의 의제들을 다루어 당초에 2004년 말까지 협상을 마칠 것을 목표로 하였다. 그러나 선진국과 개도국 간의 이해관계가 첨예하게 대립되어 협상이 UR 때보다 더 난항을 겪으면서 교착상태에 빠져 있다.

3.5 변화하는 세계경제환경과 새로운 국제경제질서

1989년에 동구권에서 사회주의경제를 포기하는 대변혁이 일어나고 1991년에 사회주의 종주국인 소련이 해체되었다. 이로써 제2차 세계대전 이후 이념의 대립이 빚어 온 냉전시대는 끝나고 새로운 세계질서를 모색하는 대변혁의 전환기를 맞았다. 자본주의 종주국인 미국에서 2008년에 일어난 금융위기는 세계경제를 대침체에 빠뜨렸다. 2020년에 일어난 코로나19 팬데믹과 2022년에 일어난 러시아의 우크라이나 침공은 세계적인 공급망을 교란시켜 또 다른 경제질서 전환의 계기를 제공해주었다. 최근 세계경제환경의 변화는 크게 세계화, 지역화, 지방화, 신냉전시대의 가치동맹의 네 가지로 정리할 수 있다.

(1) 세계화

세계화가 단속적으로 진행되고 있다. 상품, 자본, 사람, 정보의 국제 간 이동이 자유로워지고 각국의 상호의존성이 높아지는 상태를 세계화(globalization)라 한다. WTO 체제가 정착되고 눈부신 정보통신혁명으로 인해 세계는 갈수록 국경의 의미가 엷어지면서 하나의 거대한 시장경제로 통합되어 가고 있다.

정보통신혁명은 지구촌 구석구석이 온라인으로 연결되는 인터넷시대를 열어주었다. 전자상거래가 비약적으로 성장하고 점포 없는 사이버 서점, 사이버 은행 등이 출현하는가 하면 사이버 인간과 영토 없는 사이버 국가까지 등장하고 있다. 이제 대다수의 기업은 한 나라 안의 기업들과 경쟁하는 것이 아니라 전 세계 기업들과 경쟁하는 완전경쟁기업이 되고 있다. 그러나 다국적기업과 거대 정보기술 기업들은 규모의 경제를 향유하면서 지역별 · 제품별 다각화를 추진하여 세계화된 시장경제에서도 독과점기업으로 군림하고 있다. 이에 따라 세계적으로 경제력 격차와 빈부 격차가 심화하고 있다. 많은 미래학자들은 전 세계 인구의 20%는 더욱 풍요로워지고 나머지 80%는 상대적 빈곤이 커지며 나라 안에서도 이런 현상이 일어나는 불평등사회를 점치고 있다. 소비자는 전 세계 기업들을 상대로 자기 선호에 맞게 제품을 직접 구매하는 시대가 전개되고 있다.

(2) 지역화

지역화(regionalization)와 지역주의의 흐름이 도도하게 일어나고 있다. 지역화는 지역경제 통합으로 나타나고 있다. 많은 국가들이 경제통합 또는 경제협력체 구성을 통하여 경쟁력 강화를 꾀하고 있다. 일찍이 단일시장을 이룩한 유럽공동체는 이를 바탕으로 1993년에 유럽연합(European Union : EU)을 만들고 지금까지 회원국을 28개국으로 확대하였다. 2008년부터 단일통화 유로(Euro)를 사용함으로써 각 국의 독자적인 통화정책은 사라졌다. 미국, 캐나다, 멕시코는 1994년에 북미자유무역협정(North American Free Trade Agreement : NAFTA)을 출범시켰다.[6)]

남아메리카의 브라질, 아르헨티나, 파라과이, 우루과이 4개국은 1995년에 남미의 자유무역과 관세동맹을 위한 경제공동체로 남미공동시장(메르코수르, MERCOSUR)을 결성하였다. 칠레, 볼리비아, 페루, 콜롬비아, 에콰도르 등이 자유무역지역 수준에서 준회원국으로 참가하고 있다.

아시아에서는 말레이시아, 싱가포르, 인도네시아, 태국, 필리핀, 브루나이, 베트남, 라오스, 미얀마, 캄보디아 10개국의 동남아국가연합(Association of South East Asian Nations: ASEAN)이 아세안자유무역지역(ASEAN Free Trade Area : AFTA)을 2003년에 출범시켰다. 인도, 파키스탄, 방글라데시, 스리랑카, 네팔, 부탄, 몰디브의 7개국도 2004년에 남아시아자유무역협정(Southeast Asian Free Trade Aggrement)을 체결하여 2006년부터 역내에서 거래되는 상품의 관세를 0 ~ 5%로 인하하였다. 아시아 · 태평양 지역의 21개국을 회원으로 하는 아시아 · 태평양 경제협력체(Asia-Pacific Economic Cooperation : APEC)는 동 지역에서의 경제협력을 위해 1989년에 창설되었다. APEC을 바탕으로 미국, 일본, 캐나다, 멕시코, 오스트레일리아를 비롯한 12개국이 주도하여 아시아 · 태평양 지역의 무역자유화를 추진하는 환태평양경제동반자협정(Trans-Pacific Partnership : TPP)이 2015년에 타결되었다. 일본이 호주 · 캐나다 · 멕시코 등 태평양 연안 10개국과 함께 관세 철폐와 각종 서비스무역의 확대를 목표로 포괄적 · 점진적 환태평양경제동반자협정(Comprehensive Progressive Trans-Pacific Partnership : CPTPP)이라는 이름의 자유무역협정을 2018년에 체결하였다. 아세안 10개국을 비롯해 한국 · 중국 · 일본 · 호주 · 뉴질랜드의 15개 나라가 참여하는 역내포괄적경제동반자협정(Regional Comprehensive Economic Partnership : RCFP)이 2020년에 타결되었다.

경제블럭화로 흔히 불리는 지역화가 왕성하게 일어나고 있는 이유는 크게 세 가지이다. 첫째는 시장규모 확대를 통해 규모의 경제를 누리기 위한 것이다. 둘째는

6) 2018년에 명칭이 미국 · 멕시코 · 캐나다 협정(United States-Mexico-Canada Agreement : USMCA으로 바뀌었다.

역내 간 무역장벽을 제거하여 자원 이용의 효율성을 높임으로써 종전보다 무역이 늘어나는 무역창출효과(trade creation effect)를 얻고자 하는 것이다. 지역권의 경제통합은 역외국가에게 유리한 점보다 불리한 점이 더 많다. 역외국의 무임승차를 방지하기 위해 원산지 규정과 같은 차별장치를 강화하기 때문이다. 셋째는 역외국과의 거래가 역내국 간의 거래로 바뀌는 무역전환효과(trade diversion effect)가 일어나기 때문이다.

(3) 지방화

지방화가 갈수록 중요하게 부각되고 있다. 나라별로, 그리고 한 나라 안에서도 지방별로 경쟁력과 특성화를 강조하는 것을 지방화(localization)라 한다. 세계화와 지역화의 추세 속에서 각자가 몸 담고 살아가는 곳이 '기업하기 좋은 나라', '살고 싶은 곳'이 되도록 경쟁이 치열하게 벌어지고 있다. 사람들의 개인적 자유와 기본적 복지가 확보되고 사회 정의가 구현되며 삶의 질이 높은 좋은 사회를 만들기 위해 서로 경쟁적으로 노력하는 것이다.

(4) 신냉전시대의 가치동맹

2020년대에 접어들어 신냉전시대의 가치동맹 양상이 나타나고 있다. 2000년에 WTO에 가입한 중국은 미국과 더불어 세계적인 경제대국 G2로 성장했다. 그러나 서방세계가 기대한 공정한 자유무역, 열린 시장경제, 자유민주주의와는 동떨어진 중국식 자본주의 경제와 권위주의 정치체제를 유지하고 있다. 소련의 영광을 재현하려는 러시아 독재자 푸틴은 2022년에 우크라이나를 침공하여 유럽의 평화를 깨트렸다. 두 권위주의 대국이 국제규범과 원칙을 무시하고 패권을 강화함에 따라 자유민주주의와 열린 시장경제를 지향하는 서방국가들끼리 새 국제질서를 만드는 가치동맹이 일어나고 있다.

2020년에 미국이 중국의 팽창을 견제하는 지역안보협력체 쿼드(Quad)를 일본·인도·호주와 함께 만들고, 2022년에 EU가 러시아의 동유럽 인접국 침탈을 견제하기 위해 NATO를 통해 결속을 강화하는 것이 그 예이다.

디지털, 바이오, 친환경 등의 분야에서 지금까지 없었던 새로운 규칙도 만들어지고 있다. 우리나라는 공정한 자유무역, 열린 시장경제, 자유민주주의의 가치를 공유하는 나라들과 함께 새 규칙 제정자(rule maker)로 새 국제질서를 만드는 데에 주도적으로 참여해야 한다.

요약 및 학습

01 국가 간에 재화를 수출하고 수입하는 것을 (국제)무역이라고 한다. 최근에는 서비스와 생산요소의 국가 간 거래도 광의의 무역에 포함시키고 있다. 무역이 일어나는 원인은 나라마다 생산조건과 소비선호가 다르고 규모의 경제가 일어나기 때문이다. 그러나 보다 근본적인 원인은 비교우위의 원리가 작용하기 때문이다.

02 한 나라가 다른 나라보다 한 상품을 싼 기회비용으로 생산할 때 그 나라는 그 상품 생산에 비교우위를 가진다고 말한다. 각국이 비교우위가 있는 상품을 생산하여 무역을 하면 무역당사국 모두에게 이익이 된다. 이것을 비교우위의 원리라 한다. 비교우위의 원리는 국제무역뿐만 아니라 각종 분업, 국내 교역, 개인의 행동양태 등에 폭넓게 응용할 수 있는 원리이다.

03 무역정책의 이론에 관하여는 자유무역론과 보호무역론이 있다. 자유무역론은 무역을 자유방임하자는 이론으로서 스미스가 제안하고 리카도의 비교우위의 원리에 의하여 체계화하였다. 자유무역을 촉진하기 위한 국제기구로는 GATT(관세 및 무역에 관한 일반협정)와 OECD(경제협력개발기구)가 있다. 선진국이 개도국에 대해 개발원조와 특혜관세 등을 제공하는 것이 공정한 무역이라고 주장하면서 보호무역론에 입각하여 개도국의 이익을 대변하기 위해 나타난 국제기구가 UNCTAD(UN무역개발회의)이다.

04 보호무역론은 독일의 역사학파 경제학자 리스트에 의하여 제창된 것으로, 후진국은 유치산업이나 기간산업, 고기술산업을 보호·육성하기 위해 일정 기간 수입을 제한해야 한다는 이론이다. 보호무역의 정책수단으로는 관세와 각종 수량제한조치가 있다.

05 수입을 제한하기 위해 높은 관세율을 부과하는 것을 관세장벽이라고 한다. 수입상품에 관세를 부과하면 ① 생산증가 효과(국내산업 보호효과), ② 소비억제 효과, ③ 재정수입 증가효과, ④ 무역수지 개선효과, ⑤ 소비자후생 및 사회후생의 손실효과 등의 여러 가지 효과가 발생한다. 자유무역론은 ⑤의 부정적 효과가 크다고 보아 관세장벽을 없애야 한다는 입장이다. 보호무역론은 ①~④의 긍정적 효과가 크다고 보아 관세장벽을 활용해야 한다는 입장이다.

06 수입을 제한하는 데 사용되는 관세 이외의 모든 수단을 통틀어 비관세장벽이라고 한다. 비관세장벽의 대표적인 것으로는 수입할당제, 수입과징금제, 수입담보금제, 수출입링크제, 협정무역제, 구상무역제, 정부구매 및 국영무역 등이 있다.

07 우루과이 라운드(UR) 협정으로 새로운 국제무역기구인 세계무역기구(WTO) 체제가 1995년부터 출범하였다. 이 체제는 가트의 자유무역과 선·후진국이 각각 주장하는 공정무역의 이념을

수용하고 과거 가트 밖에 있던 농산물, 섬유, 서비스, 지식소유권까지 포괄 · 관장함으로써 새로운 무역질서를 만들어냈다. 각료회의와 일반이사회 산하에 3개 특별이사회와 4개 위원회, 무역정책검토기구와 분쟁해결기구, 그리고 사무국을 두어 국제무역 규범의 행정부 및 사법부 역할을 담당하게 되었다.

08 국제경제는 WTO 체제 하에 지구촌으로의 통합화가 진전되는 한편 경제블럭화로 표현되는 지역주의와 지방화가 확산되는 중층적인 흐름을 보이고 있다. 2020년대에는 자유민주주의를 지향하는 서방세계와 권위주의를 내세우는 중국 · 러시아 간에 갈등을 보이는 신냉전시대가 왔다.

연습문제

01 리카도의 분석에서

(1) 무역 후에는 무역 전보다 두 나라 소비자들이 한 재화의 소비량을 줄이지 않고도 다른 재화의 소비량을 늘릴 수 있다고 설명하였다. 있을 수 있는 여러 가지 경우를 상정하여 이를 **그림 12-1**에서 확인하라.

(2) 본문에서 사용한 밀과 옷의 가격비 대신 옷과 밀의 가격비를 사용하여 본문과 같은 설명을 반복하라.

(3) 밀과 옷의 가격비가 1/2일 때 미국의 생산가능곡선과 소비가능곡선을 그려라.

02 관세 부과의 여러 가지 효과는 수요 · 공급의 탄력성에 따라 어떻게 크기가 달라지는지 확인하라.

03 현실 경제에서는 수입개방이 이루어져도 **그림 12-3**에서와 같이 가격이 세계가격 수준으로 떨어지지 않는 경우가 흔하다. 왜 그럴까를 생각해 보라.

04 "자유로운 국제무역으로 국내소비자들은 항상 혜택을 보지만 생산자들의 경우는 다르다." 이를 설명하라. 국내생산자들이 혜택을 보는 경우와 손해를 보는 경우를 각각 들어 보라.

05 관세철폐(혹은 관세인하)의 효과를 분석하라.

06 1980년대 이후에는 자유무역 못지않게 공정무역이 주창되고 있다. 그리고 '공정무역'은 선진국과 개발도상국 사이에 다른 뜻으로 사용되고 있다. 공정무역이론의 내용을 알아보고 개발도상국에 미치는 시사점을 논하라.

07 OECD에 가입하면서 우리나라가 약속한 자유화조항과 유보조항의 내용을 알아보라.

08 2007년에 한국 정부와 미국 정부가 체결한 한미자유무역협정에 대해

(1) 협정에서 제외된 서비스분야에는 어떤 것들이 있는지 알아보라.

(2) 협정에 포함된 각 분야에서 우리나라 법과 제도가 바뀌어야 할 것, 바뀐 것이 얼마나 많은가를 확인해 보라.

09 우리나라는 1995년 WTO 체제가 출범하면서 유예되었던 쌀시장을 2021년에 완전개방했다. 그동안의 경과와 개방의 내용을 알아보라. 쌀시장 개방의 득실을 논하라.

10 다음 각 기술이 옳은가 그른가를 밝히고 그 이유를 설명하라.

① 전통적으로 재화와 서비스의 수출입을 무역이라고 한다.

② 헥셔-올린 정리에 따르면 중국은 노동집약상품을 수출하고 자본집약상품을 수입한다.

③ 기회비용체증의 법칙은 기회비용이 일정할 때에 비해 국제분업을 제한한다.

④ 수입자유화로 한 나라의 생산이 생산가능곡선 안쪽으로 옮겨갈 수 있다.

⑤ 비교우위의 원리는 국가 간, 대륙 간은 물론 가족, 도시, 지역 간에도 적용된다.

⑥ 두 나라가 비교우위에 입각하여 특화하고 무역을 하면 관련 요소가격들은 같아지는 경향이 있다.

⑦ 한 나라가 어떤 상품에 절대우위를 가지고 있으면 그 상품에 비교우위도 가지고 있다.

⑧ 한 나라가 어떤 상품에 비교우위를 가지고 있으면 그 상품에 절대우위도 가지고 있다.

⑨ 한 나라가 어떤 상품에 비교우위를 가지면 비교되는 다른 나라는 그 상품에 비교열위를 가진다.

⑩ 관세는 수출상품과 수입상품에 대해 부과한다.

⑪ 우리나라 중소기업이 국산화에 성공하자 그동안 비싼 값을 받아 오던 일본 기업들이 수출가격을 대폭 인하하여 국산화에 성공한 중소기업이 도산하거나 큰 피해를 보게 된다면 조정관세를 부과할 수 있다.

⑫ 우리나라는 1994 GATT 11조국이다.

⑬ 미국의 슈퍼 301조는 WTO 정신에 어긋나는 쌍무적 협상과 일방적 제재를 부과할 수 있게 되어 있다.

⑭ 쌀에 대한 관세화는 쌀시장 개방을, 관세화 유예는 쌀시장을 개방하지 않는 것을 뜻한다.

13 국제수지와 환율

"무수히 많은 요인에 의해 영향을 받는 환율은 술 주정뱅이 발걸음과 같아 내일의 변동 방향과 크기를 예측할 수 없다."

— 경제학의 전통적인 지혜

"불안한 국제금융체제를 개편하기 위해서는 금융시장에 대한 범세계적 지배구조를 확립하고 헤지펀드, 사모펀드, 조세피난처(tax shelter), 신용평가기관 등을 포함한 모든 금융기관을 감독 대상으로 편입하여 감독을 강화해야 한다."

— 사르코지(前 프랑스 대통령)

[개요]

앞 장에서 설명한 바와 같이 오늘날 각국은 다른 나라와 여러 가지 형태의 경제거래를 한다. 이 장에서는 먼저 국가 간에 일정 기간 동안 일어난 여러 가지 형태의 경제거래를 기록하는 방법을 국제수지표를 통하여 배운다. 국제수지표를 통해 다른 나라와의 거래에서 외화가 얼마나 남거나 모자랐는가를 보여주는 국제수지라는 개념을 익힌다. 이어 서로 다른 통화 간의 교환비율인 환율에 대하여 공부한 후 환율이 어떻게 결정되고 환율을 매개로 국제수지의 조정이 어떻게 이루어지는가를 다룬다. 마지막으로 개방경제에서 경제정책의 효과에 대하여 배운다.

주요 학습사항

◎ 국제수지표를 읽는 방법

◎ 구매력평가와 이자율평가, 구매력평가설이란?

◎ 자유변동환율제도 하에서 환율은 어떻게 결정되고 변동되는가?

◎ 금본위제도 하에서 국제수지 조정은?

◎ 요소가격 균등화란?

◎ 투자조달 항등식과 저축사용 항등식이란?

1. 국제수지와 국제수지표

1.1 국제수지표란?

앞 장에서 각국이 비교우위에 있는 재화의 생산에 특화하여 서로 교환하면, 전체적인 생산 규모가 증대하고 무역에 참가하는 나라들이 모두 이익을 볼 수 있음을 배웠다. 비교우위의 원리는 비단 재화의 거래에만 적용되는 것이 아니다. 각종 서비스와 생산요소의 거래에도 비교우위의 원리가 기본적으로 통용된다. 따라서 각국은 다른 나라와 여러 가지 형태의 거래를 한다.

일정 기간 동안에 한 나라 거주자와 다른 나라에 있는 비거주자 사이에 이루어진 모든 경제적 거래를 체계적으로 기록한 통계표를 **국제수지표**라 한다. 국제수지표에 의해 한 나라가 다른 나라와의 모든 거래에서 외화가 얼마나 남았는지 모자랐는지를 나타내는 개념이 **국제수지**(balance of payments)이다.

'일정 기간 동안에' 라는 말은 국제수지가 국부와 같은 저량 개념이 아니고 GDP와 같은 유량 개념이라는 것을 뜻한다. 국제수지표는 통상 월별로 작성하여 1년 단위로 종합하고 있다. GDP라는 유량에 대하여 국부라는 저량의 개념이 있는 것처럼 국제수지라는 유량에 대하여 대외채권 · 대외채무라는 저량의 개념이 있다. 일정 시점에 한 나라가 다른 나라에 대해 가지고 있는 확정 금융자산을 **대외채권**이라 하고, 확정 금융부채를 **총외채** 혹은 **외채**, **대외채무**라 한다. 대외채권에서 외채를 뺀 것을 **순대외채권**, 반대로 외채에서 대외채권을 뺀 것을 **순외채**라 한다. 일정 기간 동안의 GDP의 흐름이 신투자를 통하여 기말 국부의 크기에 영향을 미치는 것처럼 일정 기간 동안의 국제수지의 흐름이 기말 순대외채권의 크기에 영향을 미친다.

'한 나라 거주자와 다른 나라에 있는 비거주자' 는 경제주체들을 그들의 국적에 따라 구분하지 않고, 경제활동에 있어서의 **이익의 중심**(the center of interest)이 어디에 있느냐를 기준으로 구분한다는 것을 뜻한다. 통상적으로 우리나라에 와서 1년 이상 생산활동에 참여하고 있는 외국인이나 영업하고 있는 외국인 투자기업은 이익의 중심이 우리나라에 있는 것으로 간주하여 우리나라 거주자로 분류한다. 우리나라 기업의 해외지사나 현지법인은 우리나라의 거주자가 아닌 다른 나라에 있는 비거주자이다. 그러나 우리나라 정부기관은 국내에 있든 해외에 있든 우리나라의 거주자로 본다. 이 예에서 알 수 있듯이 거주자(resident)는 개인뿐만 아니라 법인 및 정부기관도 포함하는 개념이다.[1)]

'모든 경제적 거래'란 재화, 서비스, 소득, 이전, 금융 등 문자 그대로 일체의 대외거래를 포괄한다는 것을 뜻한다.

1.2 국제수지표의 구성

국제수지표는 거주자와 비거주자(한 나라와 다른 나라) 간의 각종 거래를 크게 경상수지, 자본수지, 금융계정으로 나누어 기록한다.

경상수지

경상수지는 상품(재화)수지, 서비스수지, 본원소득수지, 이전소득수지로 구성된다. 한 나라는 각종 재화를 다른 나라에 수출하여 외화를 벌고, 다른 나라로부터 각종 재화를 수입(輸入)하는 데에 외화를 지급한다. 이런 재화 수출입의 결과 생기는 수출과 수입의 차가 **상품수지** 혹은 **재화수지**(goods balance)이다.[2)] 우리는 외국과 여행, 운수, 통신, 보험, 문화 등 각종 서비스거래를 하고 그 과정에서 외화가 들고 난다. 예컨대 우리나라 사람이 델타항공을 이용해 하와이에 여행 가서 쓰는 돈은 미국이 운수와 여행 서비스를 제공한 대가로서 운수 서비스 지급과 여행 서비스 지급으로 잡힌다. 외국 팬이 BTS 음반을 사면 그 돈은 우리나라가 문화 서비스를 제공한 대가로서 우리나라 문화 서비스 수입(收入)으로 잡힌다. 서비스수지는 외국과의 각종 서비스거래로 수취한 외화와 지급한 외화의 차이이다.

본원소득수지는 급료 및 임금 수지와 투자소득수지로 구성된다. 급료 및 임금수지는 거주자가 외국에 단기간(1년 미만) 머물면서 일한 대가로 받은 돈과 국내에 단기간 고용된 비거주자에게 지급한 돈의 차이이다. 투자소득수지는 거주자가 외국에 투자하여 벌어들인 배당금 · 이자와 국내에 투자한 비거주자에게 지급한 배당

1) 앞으로는 이런 거주자와 비거주자 사이에 이루어진 거래를 편의상 '한 나라와 다른 나라 간의 거래', '국가 간' 거래, '외국과의' 거래 등으로 표현한다.

2) 재화수지라 해야 정확한 표현인데 한국은행 국제수지표에는 상품수지라고 싣고 있다.

금 · 이자의 차이를 말한다. 이전소득수지는 증여 · 구호 등과 같이 반대급부 없이 재화나 서비스가 나라 사이에 이동하는 거래의 차를 말한다. 우리나라에서 장기간 (1년 이상) 일하는 외국인 근로자가 본국의 가족 · 친척에게 송금하는 금액과 정부 간에 이루어지는 무상원조도 이전소득수지에 잡힌다.

재화수지, 서비스수지, 본원소득수지, 이전소득수지를 합한 것을 경상수지라 한다. 일반적으로 국제수지라 할 때에는 경상수지를 말한다. 경상수지가 양이면 경상수지 흑자, 음이면 경상수지 적자라 한다. 한 나라의 국제수지에서 경상수지가 가장 중요한 개념이다. 경상수지가 지속적으로 큰 적자를 보이면 결국 중앙은행이 보유하는 준비자산이 감소하고 그 나라 돈값이 떨어져 국가경제가 크게 흔들리며 위기에 빠질 수 있다. 반대로 경상수지가 큰 흑자를 보이면 다른 나라와 통상마찰이 일어나고 무역 보복을 당하기 쉽다. 일반적으로 경상수지가 GDP의 3% 이내 흑자를 유지하는 것이 바람직한 국제수지 균형, 대외균형으로 인식되고 있다.

자본수지

자본수지에는 자본이전과 비생산 · 비금융자산 거래가 기록된다. 자본이전은 자산소유권의 무상 이전과 채권자에 의한 채무 면제 등을 포함한다. 비생산 · 비금융자산 거래에는 상표권, 영업권과 같은 무형자산의 취득과 처분이 기록된다. 예전에는 나라 간의 모든 금융거래를 자본수지에 기록하여 자본수지가 경상수지의 거울영상(mirror image) 역할을 했다.[3] 국제수지 통계는 국제적으로 통일된 기준인 국제통화기금(IMF)의 국제수지 매뉴얼에 따라 작성한다. 2010년에 공표한 매뉴얼 제6판에 따라 우리나라에서도 2014년부터 나라 간 모든 금융거래를 금융계정에 기록하는 것으로 편제 방법이 바뀌었다. 이제 자본수지는 국제수지에서 규모가 무시할 수 있을 정도로 사소하다.

금융계정

금융계정에는 다른 나라와의 모든 금융거래와 준비자산 증감이 기록된다. 구체적으로 금융계정은 직접투자, 증권투자, 파생금융상품, 기타 투자, 준비자산으로 구성된다.

---

3) 경상수지 + 자본수지 = 0이어서 경상수지 적자를 자본수지 흑자로 보전한다고 말했다.

직접투자는 이윤을 얻기 위해 다른 나라에서 생산활동을 직접 수행하거나 해외 기업에 투자하는 것을 말한다. 직접투자가 양(+)이라면 우리나라 기업의 해외투자가 다른 나라 기업의 우리나라에 대한 투자(외국인 직접투자)보다 크다는 것을 뜻한다. 증권투자는 거주자와 비거주자 간에 이루어진 주식, 채권 등에 대한 투자를 뜻한다. 증권투자는 포트폴리오투자 혹은 간접투자라고도 부른다. 배당이나 이자소득, 자본이득 등 투자수익을 목적으로 나라 간에 투자가 일어나는 것이 증권투자이다. 증권투자가 양이라면 우리나라 사람들이 해외증권시장에서 주식이나 채권을 산 것이 외국인이 우리나라 증권시장에서 주식이나 채권을 산 것보다 많다는 것을 뜻한다.

파생금융상품은 거주자와 비거주자 간의 파생금융상품거래에서 실현된 손익을 기록한다. 기타투자는 직접투자, 증권투자, 파생금융상품, 준비자산에 포함되지 않는 거주자와 비거주자 간의 모든 금융거래를 기록한다. 대출과 차입, 상품을 외상으로 수출하거나 수입할 때 발생하는 무역신용, 현금 및 예금 등의 금융거래가 기록된다.

준비자산은 중앙은행의 외환보유액 변동분을 나타낸다. 구체적으로 이자수익과 같은 운용수익, 운용 관련 수수료 지급 등 거래적 요인에 의한 외환보유액 변동분을 기록한다. 환율 변동과 같은 비거래적 요인에 의한 외환보유액 변동분은 제외한다.

읽을/생각할 거리 13-1

외환자유화와 자본자유화

1980년대 중반까지 만성적인 경상수지 적자에 시달려 온 우리나라는 외환의 공급보다 수요가 컸기 때문에 외환을 통화금융기관에 집중시키고 외환 사용에 각종 제한을 가하였다. 1986년부터 경상수지가 흑자로 돌아서자 이러한 외환집중제와 외환 사용에 대한 규제를 완화해야 할 필요성이 생겼다. 외환시장도 생산물시장이나 생산요소시장처럼 규제를 철폐하고 자유시장 기능을 발휘할 수 있도록 여건을 조성하는 것이 바람직하다고 인식하기 시작한 것이다. 이와 관련하여 우리나라는 1988년 11월부터 IMF 8조국으로 이행하였다.

IMF 8조국이란 IMF 협정문 제8조에 규정하고 있는 외환자유화의무를 준수하는 국가를 말한다. IMF 협정문 제8조가 규정하는 외환자유화의 주요 내용은 세 가지이다.

첫째, 경상지급 제한을 금지한다. 거주자가 비거주자로부터 재화나 서비스를 수입하고 그 대가를 지불하는 경상지급에 대하여 아무런 직접적인 제한을 가하지 못한다는 것이다. 그러나 경상거래가 아닌 자본거래를 위한 지급은 제한할 수 있다. 그리고 대외거래의 진위와 정당성, 특정 거래가 경상거래에 해당되는지의 여부 등을 확인하기 위한 통상의 외환관리는 계속 유지할 수 있다.

둘째, 차별적 통화조치를 금지한다. 회원국 정부는 IMF가 별도 승인한 경우를 제외하고 통화의 교환 · 취득 · 보유 · 사용 등에 관해 상대국에 따라, 외화의 종류에 따라, 대외거래의 성격이나 대상에 따라 차별적인 취급을 하지 못한다는 것이다. 정부개입의 결과 공정환율의 매매율 격차가 2%를 초과하면 거래의 대상에 따라 환율을 달리 적용하는 것으로서 차별적 통화조치에 해당한다.

셋째, 원화의 국제교환성 확보이다. IMF 8조국들이 가지고 있는 원화를 다른 나라 통화와 자유롭게 바꿀 수 있게 해주고 원화가 국제거래에서 결제통화가 되도록 한다는 것이다.

1988년에 IMF 8조국으로 이행할 때 첫째와 둘째만을 우선 시행하고 셋째에 대하여는 여건이 성숙되는 대로 실시하겠다는 것이 양해사항으로 합의되었다. 현재 수출입신용장에 금액을 외화와 함께 원화도 병기하게 되어 있다. 그러나 대부분의 결제는 여전히 외화로 이루어지고 있다. 이 셋째가 원화의 국제화문제이다.

자본자유화는 국제적 직접투자와 증권투자, 그리고 기타자본의 국가 간 이동에 대한 규제를 철폐하는 것을 말한다. 직접투자는 자본의 이동과 함께 경영과 기술도 이동하는 것으로서 기업활동의 국제적 이동인 반면에 증권투자는 자본의 이동만을 뜻한다. 좁은 의미의 자본자유화는 직접투자와 증권투자의 자유화를 뜻한다.

IMF 협정은 자본자유화에 관해 별다른 규정이 없다. 자본자유화는 OECD 회원국들을 중심으로 활발하게 추진되어 왔다. OECD의 '자본이동자유화규약'은 자본자유화의 대상을 자세히 분류하고 있다.

자본자유화는 국내기업이 해외에서 증권을 발행하여 자금을 직접 조달하게 함으로써 자본조달 규모를 확대하고 조달비용을 싸게 할 수 있다. 이것이 가시적으로 나타나는 가장 큰 긍정적인 효과이다. 반면에 단기 투기성 자본(hot money)의 유출입으로 국내자본시장이 교란되고 안정적 거시경제 운용에 어려움이 커진다는 것이 가장 큰 부정적인 효과이다. 2008년에 일어난 미국 금융위기의 영향을 우리나라가 가장 크게 받았는데 이는 우리나라가 개도국 중에서 자본자유화가 가장 잘 진전된 나라들 중 하나이기 때문이다.

국제수지의 원리

국제수지표는 복식부기 원칙에 따라 하나의 대외거래가 발생하면 차변과 대변에 각각 똑같은 금액을 기록한다. 그리하여

$$\text{경상수지} + \text{자본수지} = \text{금융계정} \qquad (13-1)$$

이라는 관계가 성립하도록 되어있다.[4] 자본수지는 규모가 무시할 수 있을 정도로 작

---

4) 현실 국제수지표에서 이 식이 항상 성립하지는 않는다. 그 이유는 국제수지표를 만드는 데 사용되는

아서 경상수지와 금융계정의 규모가 거의 같다. 경상수지가 흑자이면 금융계정의 순자산이 증가하고, 적자이면 금융계정의 순자산이 감소한다. 모든 대외금융거래를 기록하는 금융계정이 양(+)이라는 것은 나라 전체의 대외금융자산이 그만큼 늘어났다는 뜻이다.

표 13-1에 최근 몇 연도의 우리나라 국제수지표가 나와 있다. 표를 보면 상품수지가 경상수지의 대종을 차지하며 경상수지와 준비자산은 대체로 같은 방향으로 움직인다는 것을 알 수 있다.

표 13-1

최근 우리나라 국제수지표

(단위 : 억 달러)

	1997	1998	2007	2008	2009	2020	2021
Ⅰ. **경상수지**	−108	401	105	18	331	759	883
상품수지	−68	396	324	117	481	806	762
서비스수지	−12	29	−130	−63	−93	−147	−31
본원소득수지	−32	−52	−45	−24	−34	135	193
이전소득수지	3	28	−44	−13	−22	−35	−41
Ⅱ. **금융계정**	−178	340	171	−65	272	814	768
직접투자	11	−18	130	83	84	261	440
증권투자	−144	12	271	24	−512	417	196
파생금융상품	1	7	−54	144	49	49	0
기타투자	73	29	−326	248	−36	−87	−12
준비자산	−119	310	151	−564	687	174	144
Ⅲ. **자본수지**	0	4	0	0	0	−4	−2
Ⅳ. **오차 및 누락**	−70	66	66	−83	−59	59	−114

자료 : 한국은행.

여러 통계자료의 원천이 다르기 때문이다. 상이한 자료 원천에 따른 오차를 감안하여 위 식이 성립하도록 **오차 및 누락**이라는 조정항목을 둔다. 따라서 국제수지표에서는

$$\text{경상수지} + \text{자본수지} + \text{오차 및 누락} = \text{금융계정} \qquad (13-1)'$$

의 관계가 항상 성립한다.

2. 환율과 국제통화제도

Navigator @ Economics, ch. thirteen

앞 장에서 세계 각국은 비교우위가 있는 상품을 수출하고 비교열위가 있는 상품을 수입하고자 한다는 것을 배웠다. 그러면 국제무역은 구체적으로 어떻게 일어나는가? 옷과 밀을 직접 물물교환하는 방식으로 일어나지는 않는다. 교환의 매개수단인 화폐를 통하여 무역이 일어난다. 그런데 나라마다 통용되는 화폐가 다르다. 따라서 국제무역의 배후에는 서로 다른 통화의 교환이 이루어지고 있다.

2.1 환율과 외환시장

미국산 냉장고나 세탁기를 사고자 하는 사람은 백화점 수입상품점에 가서 우리나라 돈을 주고 살 수 있다. 미국산 냉장고나 국산 냉장고나 우리나라 소비자가 살 때에는 우리나라 돈을 치러야 한다는 점에서 똑같다.

그러나 우리가 미국산 냉장고를 사기 위해서는 우리나라 수입업자가 미국의 수출업자로부터 냉장고를 사와야 한다. 미국의 수출업자는 냉장고를 팔 때 국제결제통화인 달러화를 받는다. 따라서 우리나라 수입업자는 냉장고 구입대전인 원화를 은행에서 달러화로 바꿔야 한다. 원화를 공급하고 달러화를 수요하는 것이다. 이때 원화와 달러화가 어떻게 교환되는가를 나타내주는 것이 환율이다.

외화 1단위를 얻기 위하여 지불해야 하는 자국통화의 수량을 **환율**(exchange rate)이라고 한다.

2020년 12월 말에 미화 1달러를 얻기 위해서는 1,088원을 지불해야 했다. 이 1,088원이 우리나라 원화의 미 달러화에 대한 환율이다.[5] 환율이란 우리나라 돈으로 표시한 다른 나라 돈의 가격이다.

---

5) 우리나라의 대미(對美) 환율은 \$1 : ₩1,088로 표시된다. 이렇게 표시하는 환율을 자국통화표시환율 또는 **지급환율**이라고 한다. 그런데 \$1 : ₩1,088은 ₩1 : \$1/1,088로 표시할 수도 있다. 이렇게 표시하는 환율을 외국통화표시환율 또는 **수취환율**이라고 한다. 본서에서는 지급환율 개념을 사용한다. 지급환율을 써야 **그림 13－1**과 같은 우하향의 외환수요곡선과 우상향의 외환공급곡선을 얻는다.

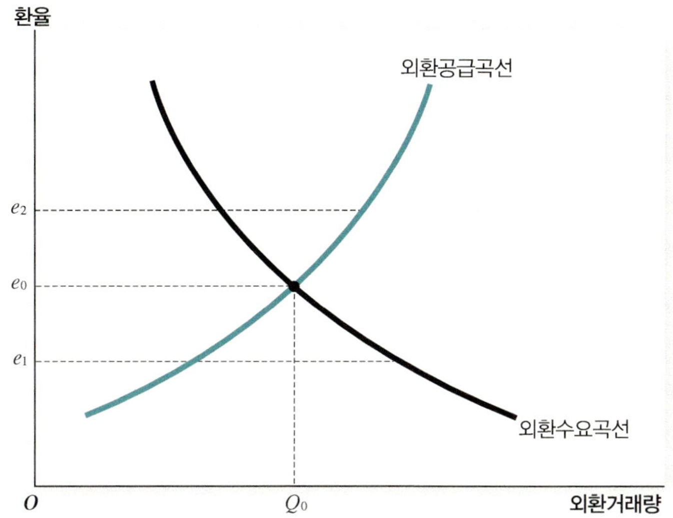

그림 13-1

외환시장과 환율의 결정

변동환율제도 하에 환율은 외환시장에서 외환수요곡선과 외환공급곡선이 만나는 점에서 결정된다.

환율의 결정

서로 다른 돈들이 교환되는 시장을 외환시장(foreign exchange market)이라 한다.[6] 은행이 대표적인 외환시장이다. 환율은 외환의 가격이다. 따라서 우리가 배운 수요 · 공급의 이론을 외환시장에 적용할 수 있다. 쉽게 말해서 외국 돈의 가격인 환율은 다른 물건값과 마찬가지로 외국 돈의 수요와 공급에 의하여 결정된다. 외환의 시장수요곡선과 시장공급곡선이 만나는 점에서 균형환율이 결정되는 것이다. 외환의 시장수요곡선과 시장공급곡선은 어떻게 도출될까?

외환에 대한 수요는 앞에서 설명한 바와 같이 우리나라 거주자가 외국의 상품이나 자산을 사고자 할 때 발생한다. 외환의 공급은 다른 나라 거주자가 우리나라 상품이나 자산을 사고자 할 때 발생한다. 우리나라 사람이 애플의 스마트폰이나 미국 기업이 발행한 주식, 뉴욕에 있는 빌딩 등을 사고자 할 때 미 달러화, 즉 외환이 필요하다. 이 필요한 달러화를 얻기 위해서는 은행에 가서 원화를 지불해야 한다. 따라서 외환의 수요는 자국통화의 공급과 같다. 반대로 미국 기업이 우리나라 상품을 살 때

6) 외화시장이라고 부르지 않고 외환시장이라고 부르는 이유는 시장에서 외화(foreign currency)만 거래되는 것이 아니고 외환이 거래되기 때문이다. 외환은 외화는 물론이고 외화예금, 외화표시어음, 외화표시 지불지시서(전신환 · 우편환 등)와 같이 외화를 청구할 수 있는 모든 유가증권을 말한다.

우리나라 수출업자들은 미국 기업으로부터 국제적 지불수단인 달러화를 받아 외환시장에 공급하여 원화로 바꾼다. 미국 사람이 우리나라 기업이 발행한 회사채, 서울에 있는 빌딩 등을 사고자 할 때도 달러화를 내놓고 원화를 수요한다. 따라서 외환의 공급은 자국통화의 수요와 같다.

이제 환율이 종전보다 올랐다고 하자. 이는 예컨대, 종전에 1달러에 1,200원이던 것이 1,300원으로 상승한 것을 말한다. 환율의 상승은 자국통화가 다른 나라 통화에 비하여 가치가 떨어진 것이기 때문에 (평가)절하(depreciation)라고 부른다. 반대로 환율의 하락은 자국통화가 다른 나라 통화에 비하여 가치가 상승한 것이기 때문에 (평가)절상(appreciation)이라고 부른다.

환율이 상승하면 우리나라 사람이 치러야 하는 외국 상품의 가격은 종전보다 비싸진다. 예를 들어 우리나라 소비자가 1,000달러짜리 애플의 아이폰을 사기 위해서는 환율이 1,200원일 때 120만원을 치러야 하지만, 환율이 1,300원으로 상승하면 130만원을 치러야 한다. 물론 외국 상품의 가격이 상승하면 수요의 법칙에 의하여 외국 상품에 대한 수요량이 감소하고 외환에 대한 수요량도 감소한다.[7] 따라서 다른 조건이 일정하다면 환율의 상승은 외환에 대한 수요량(쓰고자 하는 외화액)을 감소시킨다. 같은 논리로 환율의 하락은 외환에 대한 수요량을 증가시킨다. 즉, 환율을 세로축, 외환거래량을 가로축으로 하는 평면에서 외환수요곡선은 우하향한다.

한편 외환공급곡선은 우상향한다. 환율이 상승하면 우리나라 사람이 치러야 하는 외국 상품의 가격은 비싸지는 반면 외국 사람이 치러야 하는 우리나라 상품의 가격은 싸진다. 예컨대 30만원짜리 우리나라 TV는 환율이 1달러에 1,000원일 때 300달러지만, 1달러에 1,200원으로 오르면 250달러가 된다. 우리나라 상품의 가격이 싸지면 다른 조건이 일정할 때 해외시장에서 우리나라 상품에 대한 수요량이 증가하여 수출이 증가하기 때문에 외환의 공급량(내놓는 외화액)은 증가한다.

외환시장에서 우하향하는 외환수요곡선과 우상향하는 외환공급곡선이 만나 균형환율과 균형외환거래량이 결정된다. 자본자유화가 이루어지지 않은 경우에는 경상거래에 따른 외환의 수요 · 공급이 자율적인 외환 수급의 대종을 이루기 때문에 균형환율 수준에서 경상수지가 균형을 이룬다.

---

7) 외국 상품의 가격이 상승하고 수요량이 감소하면 가격과 수량을 곱한 지출액이 증가할 수도 있다. 그러나 교역재의 경우 대개 수요가 탄력적이어서 지출액이 감소하고 이에 따라 외환에 대한 수요량도 감소한다.

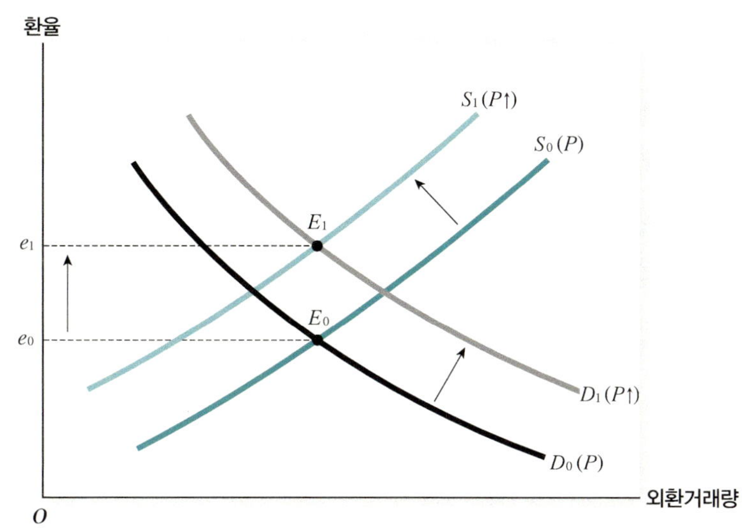

그림 13-2

우리나라 물가의 상승과 환율

우리나라 물가가 상승하면 외환의 시장수요곡선이 오른쪽으로 이동하고 시장공급곡선이 왼쪽으로 이동하여 환율이 상승한다.

2.2 환율의 변동

수요 · 공급의 이론이 으레 그러하듯 **그림 13-1**에서도 환율 이외에 외환의 수요 · 공급량에 영향을 미치는 다른 요인들은 일정 불변하다는 가정 하에 논의를 전개하였다. 다른 요인들이 변하면 외환의 시장수요곡선이나 시장공급곡선이 이동한다. 외환의 수요곡선이나 공급곡선을 이동시키는 요인들은 무수히 많다. 그중 중요한 것만 몇 가지를 들면 우리나라 물가와 해외물가, 우리나라 경기와 해외 경기, 우리나라의 이자율, 경제정책 등이다.

우리나라 물가와 환율

우리나라 물가가 오르면 조만간 수출품 가격이 비싸진다. 수출품 가격이 비싸지면 환율이 변하지 않더라도 외화로 표시한 수출품 가격도 비싸진다. 외국시장에서 우리나라 수출품 가격이 비싸지면 외국 사람들의 우리나라 상품에 대한 수요량이 감소하고, 따라서 우리나라 수출이 감소한다. 수출이 감소하면 외환의 공급량이 감소한다. 이런 현상은 환율이 어떤 수준에 있든 간에 일어난다. 따라서 우리나라 물가가 오르면 외환 공급이 감소하여 외환의 시장공급곡선이 왼쪽으로 이동한다.

한편 우리나라 물가가 오르면 수입품 가격이 상대적으로 싸진다. 따라서 우리나라 사람들의 수입품에 대한 수요량이 늘어나고 이는 환율이 어느 수준에 있든 간에 일어나기 때문에 외환에 대한 수요를 증가시킨다. 즉, 외환에 대한 시장수요곡선이 오른쪽으로 이동한다.

결국 우리나라 물가가 상승하면 **그림 13-2**에서 보는 바와 같이 외환의 시장공급곡선이 왼쪽으로 이동하고 시장수요곡선은 오른쪽으로 이동하여 환율이 상승한다. 국내물가와 환율은 같은 방향으로 변동하는 것이다. 이때 외환거래량의 변동 방향은 알 수 없다. 외환의 시장공급곡선과 시장수요곡선 중 어느 쪽이 많이 이동하느냐에 따라 그 방향이 달라진다.

해외물가와 환율

다른 나라의 물가가 내리면 우리나라 수출품은 해외시장에서 상대적으로 비싸지고 수입품은 국내시장에서 상대적으로 싸진다. 따라서 우리나라 물가가 상승한 것과 똑같은 효과를 가진다. 해외물가가 하락하면 외환의 시장수요곡선이 오른쪽으로 이동하고 시장공급곡선이 왼쪽으로 이동하여 환율이 상승하는 것이다. 해외물가가 상승하면 외환 수요가 감소하고 외환 공급이 증가하여 환율이 하락한다.

이상의 분석을 바탕으로 우리나라 물가와 해외물가를 함께 묶어서 이야기할 수 있다. 우리나라 물가가 해외물가에 비하여 상대적으로 오르면 우리나라 수입이 수출에 비하여 상대적으로 증가하여 환율이 오른다. 우리나라 물가가 해외물가에 비하여 상대적으로 내리면 우리나라 수출은 증가하고 수입은 감소하여 환율이 떨어진다. 수출 증가, 수입 감소를 위해서는 국내 물가가 주요 무역국가들의 물가보다 안정되어야 한다.

구매력평가와 구매력평가설

미화 1달러의 환율(e)은 1,200원, 미국 시장에서 바나나 1kg의 가격(P_f)은 1달러라고 하자. 미국과 우리나라 사이에 관세 없는 자유무역이 이루어진다면 수송비를 도외시할 때[8] 우리나라 시장에서 바나나 가격(P)은 1,200원일 것이다.

---

8) 수송비가 있더라도 우리나라 시장에서 바나나 가격이 수송비만큼 비싸질 뿐 이하의 논의가 기본적으로 달라지지는 않는다.

우리나라의 바나나 가격이 1,200원보다 높다고 하자. 바나나를 수입하여 팔면 팔수록 이윤이 증가하므로 수입업자들은 경쟁적으로 바나나를 수입할 것이다. 그 결과 우리나라 바나나 시장에서 초과공급이 발생하여 바나나 가격은 1,200원 수준으로 떨어진다. 반대로 우리나라 시장에서 바나나 가격이 1,200원을 하회하면 수입업자들이 수입을 줄여 바나나 가격은 1,200원 수준을 회복할 것이다. 결국

$$\text{국내가격}(P) = \text{해외가격}(P_f) \times \text{환율}(e) \tag{13-2}$$

이 성립한다. 위 식을 **구매력평가**(purchasing power parity : PPP)라 한다. 식을 다시 쓰면

$$e = \frac{P}{P_f} = \frac{1/P_f}{1/P} \qquad (13-2)'$$

이 된다. 바나나 가격이 1,200원이면 원화 1원의 구매력은 1/1,200kg의 바나나이다. $1/P$은 원화의 구매력인 것이다. 마찬가지 논리로 $1/P_f$은 외환의 구매력이다. 따라서 식 (13-2)′은 환율이 외환의 구매력과 원화의 구매력의 비율로 표시된다는 것이다. 무역상품이 많을 때에는 P는 국내물가로, P_f는 해외물가로 해석할 수 있다. 식 (13-2)′을 변화율로 표시하면

$$\frac{\Delta e}{e} = \frac{\Delta P}{P} - \frac{\Delta P_f}{P_f} \tag{13-3}$$

가 된다. 환율상승률(= 원화 평가절하율)은 국내물가 상승률과 해외물가 상승률의 차이와 같다. 이 식 (13-3)을 구매력평가설이라 부른다.

> 국내인플레이션이 해외인플레이션보다 높으면 그 인플레이션율 차이만큼 환율이 상승한다는 가설을 **구매력평가설**이라 한다.

두 나라가 자유무역을 한다면 두 나라 통화 간에는 대체로 구매력평가설이 성립한다. 무역에 인위적인 규제가 가해진다고 하더라도 외환시장에서는 장기적으로 구매력평가설이 반영되게끔 환율이 조정되는 경향이 있다.

현실 세계에서 구매력평가는 잘 성립하지 않지만 구매력평가설은 장기에 꽤 잘 성립한다. 현실 세계에서 구매력평가가 잘 성립하지 않기 때문에 식 (13－2)의 eP_f/P가 1이 되지는 않는다. P_f를 해외물가지수, P를 국내물가지수라 할 때 eP_f/P를 실질환율(real exchange rate)이라 한다. 실질환율은 국산품 수량으로 표시한 해외 상품 1단위의 가치를 나타낸다. 장기에 구매력평가설이 꽤 잘 성립하기 때문에 장기에 환율에 가장 큰 영향을 미치는 변수는 국내외 인플레이션 차이라고 말할 수 있다. 우리나라 물가가 다른 나라 물가보다 더 오르면 우리나라 돈의 가치가 상대적으로 떨어진다. 따라서 우리나라 돈으로 표시한 다른 나라 돈의 가치인 환율이 오르는 것은 당연한 이치이다.

국내외 경기와 환율

우리나라 경기가 호황이고 총소득이 높아지면 소비와 투자수요가 늘기 때문에 수입이 증가한다. 이에 따라 외환에 대한 시장수요곡선이 오른쪽으로 이동하여 환율이 오른다.

해외의 경기가 좋고 외국의 총소득이 올라가면 우리나라 상품에 대한 수출수요가 증가한다. 이에 따라 외환의 시장공급곡선이 오른쪽으로 이동하여 환율이 떨어진다.

이자율과 환율

국내이자율이 오르면 일반적으로 환율이 하락한다. 환율이 하락하는 경로는 두 가지이다. 첫째, 국내이자율이 오르면 소비와 투자 수요가 줄고 이에 따라 상품 수입이 감소한다. 상품 수입이 감소하면 외환 수요가 감소하여 외환에 대한 시장수요곡선이 왼쪽으로 이동한다.

둘째, 국내이자율이 오르면 높은 금리를 바라고 외국에서 자본이 유입된다. 이에 따라 외환 공급이 증가하여 외환의 시장공급곡선이 오른쪽으로 이동한다.[9)]

---

9) 여기에서는 국제수지를 경상수지로 놓고 논의를 전개하고 있다. 이자율이 상승하여 우리 돈으로 표시한 은행예금과 채권 등 금융자산의 수익률이 높아지면 외국 사람들이 우리나라 돈으로 표시된 금융자산을 더 선호하게 된다. 이에 따라 우리나라 금융자산을 사기 위해 외국 돈이 들어오게 되고 그 결과 많아진 외국 돈에 비해 우리 돈의 가치가 상대적으로 올라가게 되어 환율이 떨어진다. 금융거래를 고려하면 환율과 이자율이 반대 방향으로 움직인다는 본문의 명제가 한층 더 강화되어 나타나는 것이다.

제10장에서 이자율은 화폐의 사용을 포기한 대가라고 설명하였다. 따라서 국내이자율이 오르면 다른 조건이 불변일 때 우리나라 돈의 가치가 다른 나라 돈의 가치보다 높아진다. 우리나라 돈의 가치가 다른 나라 돈의 가치보다 높아지는 것은 환율이 하락할 때이다. 그러므로 국내이자율이 오르면 환율이 하락한다.

국제금융시장에서 세계이자율이 하락하면 국내이자율이 상승한 것과 같은 효과가 일어나 외국에서 자본이 유입되고 이에 따라 외환 공급이 증가하여 환율이 하락한다.

통화정책, 재정정책과 환율

확대통화정책은 이자율을 떨어뜨린다. 위에서 본 바와 같이 이자율은 환율과 반대로 움직이기 때문에 이자율이 하락하면 환율은 상승한다.

확대재정정책은 이자율을 상승시킨다. 이자율이 상승하면 환율이 하락한다. 확대재정정책은 물가도 상승시키고 총소득도 증가시킨다. 위에서 본 것처럼 물가 상승과 총소득의 증가는 환율을 상승시킨다. 그러나 단기에는 대체로 이자율 상승에 따른 환율 하락 효과가 더 크다.

예상 및 기타 요인과 환율

사람들의 예상 요인이 외환의 수요 · 공급에 중요한 영향을 미친다. 예컨대 환율이 상승할 것으로 예상되면 수출은 가급적 늦추고 수입은 앞당기는(leads and lags) 현상이 일어난다. 이에 따라 외환 공급이 감소하고 외환 수요는 증가한다. 앞으로 환율이 상승할 것으로 예상되면 일반 투자가들도 외환 공급을 줄이고 외환 수요를 늘리는 환투기가 일어난다. 그 결과 어느 정도까지는 환율이 실제로 상승하는 **예상의 자기실현적**(self-fulfilling) **현상**이 일어난다. 현실 세계에서 단기에 환율이 급변할 때는 이 예상 요인에 기인하는 바가 크다. 실상 환율은 단기에 많은 가격변수들 중에서 예상과 투기에 의해 가장 큰 영향을 받는 가격변수이다.

전쟁, 천재지변이 일어나거나 국제금융시장이 불안하면 세계적 안전자산이자 기축통화인 미 달러화에 대한 수요가 급증하여 환율이 급등할 수 있다.

지금까지 논의한 것처럼 환율은 수많은 요인에 의해 변한다. 동시에 환율은 수많은 거시변수에 영향을 미치는 중요한 가격변수이다. 나아가 환율은 가장 변동이 심한 가격변수이다. 세계 모든 나라가 서로 밀접하게 연결되는 세계화시대에 환율의 변동성을 완화시키는 것이야말로 정책당국의 중요한 과제이다.

읽을/생각할 거리 13-2

내일의 환율을 예측할 수 있나?

외환시장과 국제금융시장은 전 세계를 실시간으로 연결시켜 놓고 있다. 따라서 내일의 환율을 정확하게 예측할 수만 있다면 전 세계 외환시장을 상대로 외환을 사고팔아 억만장자가 될 수 있다. 이런 일확천금을 꿈꾸며 수많은 환율예측모형이 탄생했다. 그중에 어떤 예측모형이 제일 우수할까? 미래의 환율을 정확히 예측한다는 것이 가능한 일일까? 이에 대한 경제학의 대답은 간단하다. "미래의 환율은 결코 정확히 예측할 수 없다. 따라서 그 수많은 예측모형에 신경 쓸 필요가 없다."

내일의 환율은 오늘보다 오를 수도 있고 내릴 수도 있다. 오르고 내리는 정도가 클 수도 있고 작을 수도 있다. 온갖 경우를 감안할 때 내일 환율의 평균은 오늘 환율과 같다. 그러나 내일의 실제 환율이 어떻게 될지는 아무도 알 수 없다. 내일의 환율은 술취한 사람의 비틀거리는 걸음과 같아서 오르내리는 방향을 전혀 예측할 수 없다는 가설을 **불규칙보행가설**(random walk hypothesis)이라 한다. 어떤 정교한 모형도 이 불규칙보행가설보다 항상 예측력이 나은 모형은 없다.

불규칙보행가설이 들어맞는 가격변수가 하나 더 있다. 주식 가격이 그것이다. 외환시장과 주식시장은 가격이 들쑥날쑥하여 내일의 가격을 예측할 수 없고, 외부의 충격에 과잉반응하여 시장이 크게 요동칠 수 있다는 공통점이 있다. 일확천금을 노리며 무수히 많은 사람들이 드나드는 시장이 외환시장과 주식시장이다. 경제학은 이 두 시장의 가격 예측에는 별 도움이 안 된다. 그러나 사이비 이론가들에게 현혹되지 않도록 단호한 판정을 해준다는 점에서 선의의 투자자들에게 큰 도움을 준다.

2.3 국제통화제도의 변천과 환율제도

앞에서 외환시장은 환율이라는 가격변수를 통하여 외환시장의 수요량과 공급량을 자동적으로 조정하고 이에 따라 국제수지가 균형에 도달할 수 있음을 배웠다. 이는 사과시장이 사과 가격을 통하여 사과의 수급을 자동적으로 조절하는 것과 똑같다. 이처럼 환율의 결정을 외환시장에 맡기는 것을 **자유변동환율제도** 혹은 줄여서 **변동환율제도**라 한다. 지금까지는 환율제도가 변동환율제도라고 가정하여 논의를 전개해 왔다.

현실 세계에서는 환율을 시장에 맡기지 않고 정부가 여러 가지 형태로 규제하는 경우가 많다. 그 이유는 각국 정부가 환율을 시장에 맡기기에는 너무나 중요한 거시경제변수로 생각하기 때문이다. 환율은 앞에서 본 것처럼 물가, 총생산, 이자율, 국제수지 등 주요 거시경제변수들과 예상 요인에 의해 영향을 받을 뿐만 아니라 실제로 이들 지표와 예상 요인에 심대한 영향을 미쳐 경제를 교란시키는 경우가 많다. 따라서 경제의 안정적 성장을 위하여 정책당국은 다른 거시변수들과 함께 환율을 조화롭게 운용하려고 한다.

환율제도는 앞에서 다룬 변동환율제도 외에 고정환율제도와 관리변동환율제도가 있다.

> 세계의 주요 국가들이 채택하는 국제결제수단과 환율에 관한 제도를 **국제통화제도**(international monetary system)라 한다. 국제통화제도는 금본위제도(1870~1914) → 브레턴우즈 체제(1944~1971) → 킹스턴 체제(1976~)의 순서로 변천하여 왔다.

19세기 중엽까지 각국은 무역당사국 간의 흥정 · 협상 · 협정 등으로 그때그때 결제수단과 환율을 결정하였다. 따라서 많은 나라에서 채택하는 국제통화제도라는 개념이 없었다. 국제통화제도가 공식적으로 등장한 것은 금본위제도가 도입된 1870년부터이다.

금본위제도와 고정환율제도

역사적으로 중요한 환율제도는 19세기 후반에서 20세기 초에 걸쳐 세계 주요 국가들이 채택한 금본위제도이다.

> **금본위제도**(gold standard system)는 금의 일정량을 화폐 단위로 정하는 제도이다. 금본위제도 하에서는 각국 간 환율이 금을 통하여 고정된다.

1913년에 미국의 1달러는 0.053온스의 금으로, 영국의 1파운드는 0.257온스의 금으로 정해져 있었다. 따라서 금을 통하여 1파운드 = 4.85달러로 환율이 고정된다.

금본위제도는 통화량이 금 보유량과 연결되어 있고 금의 수출입이 자유롭게 이루어지는 특징이 있다. 고전학파에 의하면 금본위제도 하에서는 앞에서 본 자유변동환율제도 하에서와 같이 국제수지의 조정이 자동적으로 이루어진다. 이 견해는

그림 13-3

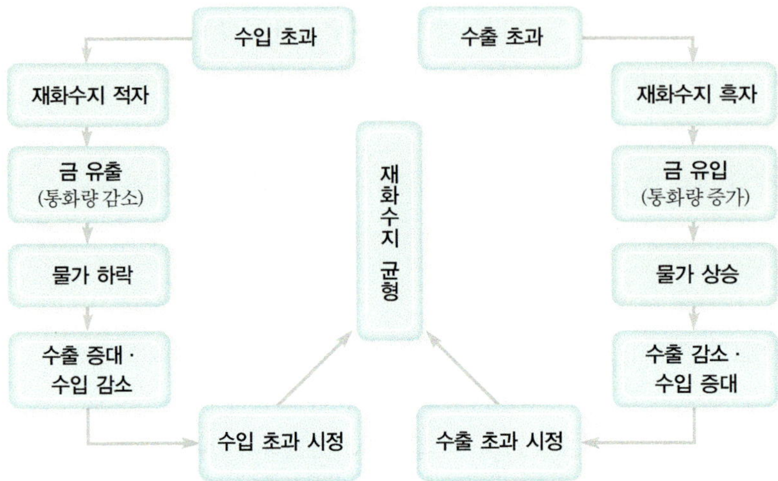

금본위제도 하에 국제수지의 자동 조절

금본위제도 하에 재화수지가 적자(흑자)이면 금이 유출(유입)되어 물가가 하락(상승)함으로써 재화 수출(수입)이 증가하여 재화수지 불균형을 자동적으로 조절한다.

18세기 중엽에 영국의 경제학자 흄(David Hume)이 고전학파의 입장을 정립한 **물가 · 정화이동이론**(price-specie-flow doctrine)으로 설명할 수 있다.

금본위제도 하에서 한 나라가 재화수지 적자를 경험하고 있다 하자. 이는 수입(외환의 수요)이 수출(외환의 공급)을 초과하여 외환부족을 겪고 있다는 말과 같다.[10)] 외환이 부족하면 그 나라 사람들은 자국화폐를 금으로 바꾸어 금을 외국에 보낸다. 금본위제도 하에서 금은 세계적인 결제통화이기 때문에 금을 수입대전으로 사용할 수 있다. 금이 유출되면 통화량이 감소한다. 통화량이 금 보유량과 연결되어 있기 때문이다. 통화량이 감소하면 국내의 물가가 하락한다. 물가가 하락하면 한편으로 수출이 증가하고 다른 한편으로는 수입이 감소하여 그 나라의 재화수지 적자를 자동적으로 해소시킨다.

한편 금본위제도 하에서 재화수지 흑자를 경험하고 있는 나라는 수출 초과 → 금 유입 → 국내 통화량 증가 → 물가 상승 → 수입 증대 및 수출 감소 → 재화수지

10) 금본위제도가 시행된 19세기 후반~20세기 초에 세계무역의 대종은 재화의 수출입이었다. 따라서 흄은 국제수지를 재화수지로 대표시켜 논의를 전개하였다.

균형의 조정 과정을 밟게 된다. 금본위제도 하에서 이와 같이 국제수지가 자동적으로 조정된다는 이론이 물가 · 정화이동이론이다. 이상을 요약 · 정리하면 **그림 13-3**과 같다.

흄이 정립한 금본위제도 하에서의 자동조정기구는 국제수지의 균형을 위해 국내물가가 자유롭게 오르내리는 것을 전제하고 있다. 그러나 현실적으로 대외균형을 유지하기 위해 국내물가가 얼마든지 오르내리도록 방임할 수는 없다. 예컨대 한 나라가 대내적으로 경기침체와 높은 실업률을 경험하면서 대외적으로는 재화수지 적자를 경험하고 있다고 하자. 국제수지 균형을 위해서는 물가가 하락해야 한다. 그러나 물가가 하락하면 실질임금이 높아져 고용량이 감소하므로 실업률이 더 높아지고 경기침체가 심화한다. 경기 회복과 실업 감소를 위해 확장적인 재정 · 통화정책을 쓴다면 수요견인 인플레이션이 일어나 재화수지 적자가 심화한다. 이러한 상황에서 각국은 대내균형을 달성하기 위한 정책들을 우선적으로 시행하였다. 금본위제도가 1930년대에 붕괴한 이유가 여기에 있다.

브레턴우즈 체제와 금환본위제도

금본위제도가 붕괴되고 과도기적인 여러 가지 실험과정을 거친 끝에 브레턴우즈(Bretton Woods) 체제라는 국제통화제도가 수립되었다. 이 체제는 미국의 브레턴우즈에서 1944년에 44개국의 대표들이 모여 국제통화기금(International Monetary Fund : IMF)과 세계은행(World Bank)을 창설함으로써 시작되었다.

브레턴우즈 체제란 '미국의 달러화를 기축통화(key currency)로 하는 금환본위제도(gold exchange standard system)로서의 고정환율제도' 이다.

브레턴우즈 체제에서 미 달러화는 금과 일정한 교환비율(금 1온스 = 35달러)을 유지하면서 이 비율로 금과 자유롭게 교환할 수 있다. 이렇게 가치가 안정된 미 달러가 기축통화가 된다. **기축통화**란 나라 간 경상거래의 결제나 금융거래의 기본이 되는 통화를 말한다. 다른 나라들의 통화는 기축통화인 미 달러화와 일정한 교환 비율을 유지한다. 그리하여 미 달러화를 매개로 하여 각국 통화 간의 환율이 일정하게 유지된다. 미국은 다른 나라 정부가 보유한 달러를 언제나 금으로 교환해 주기 때문에 각국 통화는 달러를 통해 간접적으로 금과 연결되었다. 그러나 각국은 단기적인 국제수지 불균형이 발생할 때 1% 이내에서 자국의 환율을 조정할 수 있었다. 나아가 국제수지의 만성적 · 지속적인 불균형, 즉 **기초적 불균형**(fundamental disequilibrium)상태의 경우에는 국제통화기금의 승인을 얻어 10%까지 환율을 변경할 수 있었다. 따라서 브레턴우즈 체제의 특징은 금본위제도와 같은 안정성을 바탕으로 변동환율제도의 융통성을 도입한 것이다.

금본위제도에서는 경기침체와 무역수지 적자가 있을 때 무역수지 균형을 회복하기 위해 물가가 하락해야 했기 때문에 대내균형이 더욱 파괴되는 고통을 겪어야 했다. 브레턴우즈 체제는 고정환율제이지만 조정 가능한 환율제로 보완함으로써 이러한 고통을 회피하고자 한 것이다. 이를 위해서는 국제적인 협조가 필요하다.

국제수지 적자와 무거운 외채로 어려움을 겪고 있는 나라들에 대하여 국제통화기금은 각국 중앙은행의 중앙은행으로서 자금을 공여해 주고 채무변제를 연기해 주는 등 도움을 준다. 세계은행은 개발도상국에게 필요한 개발자금을 낮은 금리로 대여해 준다.

브레턴우즈 체제는 미국이 1960년대에 국제수지 적자를 경험하면서 공정교환비율로 금을 바꾸어주는 데에 애로를 겪게 됨에 따라 흔들리게 되었다. 경상수지 적자가 악화하자 미국의 금 보유고는 계속 감소하였고 이에 따라 달러화에 대한 신뢰도는 계속 떨어졌다. 결국 미국은 1971년 8월 달러화를 더 이상 금으로 바꾸어주지 않겠다는 **금태환 정지**를 선언하고 누적되는 국제수지 적자를 완화하기 위해 달러화를 평가절하하였다. 이로써 브레턴우즈 체제와 고정환율제도는 무너지게 되었다.

킹스턴 체제와 관리변동환율제도

1976년 1월 자메이카의 킹스턴(Kingston)에서 새로운 국제통화제도를 향한 과도기적 체제를 수립했는데 이 킹스턴 체제가 오늘날의 국제통화제도라 할 수 있다.

킹스턴 체제의 기본 내용은 각국이 스스로 환율제도를 선택하도록 하고 중앙은행의 외환시장 개입을 허용함으로써 오늘날 대부분의 개도국이 실시하는 관리변동환율제도를 인정한 것이다.

관리변동환율제도(managed floating exchange rate system)는 환율의 결정을 외환시장의 수급에만 맡기지 않고 정부가 직접 또는 간접으로 규제하는 제도이다.

오늘날 대부분의 개발도상국이 관리변동환율제도를 실시하고 있다. 자유변동환율제도를 실시하지 않고 관리변동환율제도를 실시하는 이유는 환율의 결정을 시장에 맡기는 경우 환율의 변동이 너무 커서 경제의 불안정성이 높아지는 것이 두렵기 때문이다. 우리나라도 관리변동환율제도를 오랫동안 시행해 오다가 1997년에 외환위기를 맞은 이후 자유변동환율제도로 이행하였다.

새로운 국제통화제도의 모색

킹스턴 체제는 국제통화제도의 과도기적 체제라고 불린다. 과도기적 체제라고 부르는 것은 금의 공정가격제가 폐지되고 달러의 기축통화로서의 위상이 크게 낮아졌지만 이를 대신할 만한 국제통화가 아직 정해져 있지 않고 달러가 여전히 기축통화 노릇을 하기 때문이다.

새로운 국제통화제도에 관하여 오늘날 세계경제는 갈피를 못 잡고 있다. 세계경제성장에 필요한 유동성 수요를 충족시키기 위해서는 특정 국가의 통화를 세계시장에 펌프질해 주어야 하는데 이는 그 나라 경상수지 적자를 바탕으로 한다. 하지만 경상수지 적자가 확대하면 통화에 대한 신인도가 떨어져 결국 기축통화기능을 하지 못하게 되는 딜레마에 빠지게 된다. 벨기에의 경제학자 트리핀(Robert Triffin)이 『금과 달러의 위기』라는 저서에서 제기하여 **트리핀 딜레마**라 부른다. 이 때문에 중국을 비롯한 일부 국가에서는 특정 국가에 연계되지 않고 독립적 · 탄력적으로 발행되는 국제준비자산이 필요하며, 특별인출권이 그 대안이 될 수 있다고 주장한다. **특별인출권**(Special Drawing Right : SDR)은 IMF 출자금에서 공급하는 유동성으로서 미국의 달러, 유럽의 유로, 영국의 파운드, 일본의 엔, 중국의 위안 등 국제결제에서 가장 많이 통용되는 5개 통화를 가중평균한 새로운 계산 단위이다.[11] 특별인출권은 국제경제에서 일반적인 지불수단으로 받아들여지지 않고 있다. 그 이유는 특별인출권은 금과 달리 내재적인 가치가 없으며, 브레턴우즈 체제 하의 달러처럼 강력한 정부가 뒷받침해 주지도 않기 때문이다.

일부에서는 금본위제도로 복귀하자는 주장도 나오고 있다. 그러나 금본위제도 하에 대외균형과 대내균형이 첨예하게 대립되는 문제를 해결할 뾰족한 방법이 없는

11) 언론에서는 편의상 국제결제에서 가장 많이 통용되는 미국 달러를 기축통화, 나머지 네 통화를 준기축통화라고 부르는 경우가 많다. SDR의 통화 편입 비중은 2022년 봄 현재 달러화 41.7%, 유로화 30.9%, 위안화 10.9%, 엔화 8.3%, 파운드화 8.1%이다.

한 금본위제도로의 복귀는 현실적으로 가능하지도 않고 바람직하지도 않다. 다른 일부에서는 각국의 환율이 일정한 목표영역(target zone) 안에서 움직이도록 정부가 강력한 정책을 실시할 것을 주장하기도 하고, 실질환율을 고정시키는 정책을 실시해야 한다고 주장하기도 한다.

오늘날 각국의 통화제도는 미국, 일본 등과 같이 자유변동환율제를 채택한 나라에서부터 중국, 말레이시아처럼 미 달러화에 환율을 고정시키는 나라, 태국과 같이 통화바스켓제도를 실시하는 나라, 대부분의 개도국이 채택하고 있는 관리변동환율제도 등 아주 다양하다. 유럽연합은 1999년 1월 유로(euro)라는 단일통화를 출범시켜 유로존(Euro Zone, 유로화 사용 19개국)을 이루었다. 그러나 2009년 이후에 유로권 위기에서 나타난 것과 같이 재정통합 없는 통화통합은 많은 문제점을 낳았다. 유로존이 과연 최적통화지역(optimum currency area)인가에 대한 다양한 논쟁이 이어지고 있다.

외환위기를 겪은 나라들은 거의 예외 없이 광의의 고정환율제도를 채택한 나라들이다. 자유변동환율제도를 채택한 나라들에서는 환율이 단기에 지나치게 오르거나 내림으로써 경제에 불확실성을 크게 하여 골치를 앓고 있다.

한 나라 외환시장의 변동성을 증폭시키는 단기 투기자금의 국제이동에는 일부 자금의 예탁, 세금 부과(이 세금을 주창자인 미국의 경제학자 토빈(James Tobin)의 이름을 따서 토빈세라 한다) 등의 규제 방법을 써야 한다는 논의가 설득력을 얻고 있다.

2008년에 일어난 미국의 금융위기에서 겪은 바와 같이 국제통화제도의 불안정성이야말로 오늘날 세계경제의 발전에 걸림돌이 되고 있다.

3. 개방경제와 경제정책

Navigator @ Economics, ch. thirteen

개방경제에서는 폐쇄경제와는 다른 양상으로 경제가 운행되는 경우가 흔하다. 따라서 개방경제 하의 경제정책은 폐쇄경제 하의 경제정책과는 다른 효과를 낳기 쉽다. 이 절에서는 몇 가지 예를 들어 이를 살펴보기로 한다.

3.1 가격변수들의 수렴 경향

앞 장에서 자유무역의 효과를 다루면서 동질적인 상품이 국가 간에 자유롭게 거래되면 국내가격이 세계가격과 같아지는 것을 보았다.[12] 수입 개방은 상품의 국내외 가격차를 없애주는 것이다. 나라 간에 통용되는 화폐가 다르면 장기적으로 식 (13-3)으로 표시되는 구매력평가설이 성립한다.

개방경제 하에서 국내외 가격이 같아지는 것은 비단 생산물 가격에만 국한되지 않는다. 노동, 자본과 같은 생산요소에도 적용된다. 국제 간 요소이동이 자유로울 때 요소의 국내외 가격이 같아지는 경향을 **요소가격 균등화**(factor price equalization)라 한다. 방글라데시로부터 노동인력이 유입되면 국내노동시장에 노동공급이 증가하여 국내임금이 하락한다(성장경제에서는 임금이 문자 그대로 하락하지는 않고 상승세가 둔화한다). 방글라데시는 노동공급이 감소하여 임금이 상승한다. 따라서 양국의 임금 격차는 축소된다. 만약 방글라데시로부터 얼마든지 노동인력을 들여올 수 있다면 동종 노동에 대해 두 나라의 임금 사이에는 숙련도와 이주비용을 반영한 차이 이외에는 별다른 차이가 없을 것이다.

국가 간 자금거래에 규제가 전혀 없고 국내 자금거래에 비해 추가적인 비용이 들지 않는다고 하자. 이런 가정을 국가 간 **자본의 완전이동**(perfect mobility)이라 한다. 그러면 국내이자율과 해외이자율 간에는 다음과 같은 관계가 성립한다.

$$\text{국내이자율} = \text{해외이자율} + \text{환율의 기대상승률} \qquad (13-4)$$

식 (13-4)를 **이자율평가**(interest rate parity)라 부른다. 이자율평가에 의하면 환율이 앞으로 오르거나 내리지 않고 안정적이라고 예상되면 국내금리와 해외금리가 같게 된다. 만약 국내금리와 해외금리가 다르다면 환율이 앞으로 오르내릴 것이라고 예상되기 때문이다. 다른 쪽은 국내금리가 정확히 환율의 기대상승률만큼 높다.

이자율평가를 이해하기 위해 예를 들어 보자. 우리나라 이자율은 연 6%이고, 미국 이자율은 연 4%라 하자. 이자율평가에 따르면 이 국내외 금리차는 원화표시 대미 환율이 1년 동안에 2% 상승(원화가 2% 절하)할 것이라고 사람들이 예상하고 있

12) 관세와 수송비가 있으면 국내가격은 그만큼 세계가격보다 높아진다.

기 때문이다. 미국의 투자가가 달러화를 원화로 바꾸어 1년 정기예금을 한다면 1년 후에 원금과 6%의 이자를 원화로 받는다. 그러나 1년 후에 받는 6%의 원화 이자는 지금보다 달러에 비해 2%만큼 가치가 떨어질 것이기 때문에 달러화로 바꿀 때 실제 수익률은 6%가 아니라 4%이다.

우리나라 투자가가 우리나라에 원화로 예금하면 1년 후에 6%의 이자가 붙는다. 원화를 달러화로 바꾸어 미국 금융기관에 예금하면 1년 후에 4%의 이자만 붙는다. 그러나 1년 후에 받는 4%의 이자를 다시 원화로 바꾸면 기간 중 달러 가치가 2%만큼 올라가기 때문에 실제 수익률은 6%이다. 따라서 식 (13-4)의 왼쪽 항은 우리나라 금융자산에 투자할 때의 수익률이고, 오른쪽 항은 해외금융자산에 투자할 때에 얻을 것이라고 기대되는 수익률이다. 합리적인 투자가들이 금리차익을 얻고자 하는 차익거래는 양자를 같게 만든다.

현실 세계에서는 자본의 완전이동이 이루어지지 않고 사람들이 예상하는 환율상승률도 다양하다. 자본이동에 따른 제약이 덜할수록, 그리고 대부분의 시장참여자들이 예상하는 환율 변동이 비슷할수록 식 (13-4)가 더 근사하게 성립한다.

3.2 대내균형과 대외균형의 상충

제9장에서 재정정책과 통화정책을 설명할 때 이 경제정책들의 최종목표로 경제성장, 완전고용, 물가 안정, 국제수지 균형 등을 들었다. 경제가 자연성장률로 성장하면 실업은 자연실업률을 시현한다. 따라서 경제성장과 완전고용(자연고용)은 별도의 두 목표가 아니라 실상 한 목표이다. 거시경제학에서는 전통적으로 경제성장, 물가 안정, 국제수지 균형을 경제정책의 세 목표로 삼고 있다. 세 목표는 동시에 달성하기가 어렵다. 단기에 세 목표 사이에 상충관계가 있기 때문이다. 따라서 이 세 목표를 **불안정한 삼각형**(unstable triangle), 혹은 '세 마리의 토끼'라고 부른다.

제11장에서 필립스곡선은 장기에 자연실업률에서 수직선이라는 것을 배웠다. 이는 장기에 경제성장과 물가 사이에 아무런 관계가 없다는 것을 뜻한다. 그러나 단기에 필립스곡선은 우하향한다. 즉, 인플레이션율이 낮아지면 실업률이 높아지고 생산이 감소한다. 단기에 물가를 안정시키려면 생산이 낮아져 물가 안정과 경제성장 사이에는 상충관계가 존재하는 것이다.

견실한 경제성장과 물가 안정을 이룰 때 "**대내균형**(internal equilibrium)이 이루

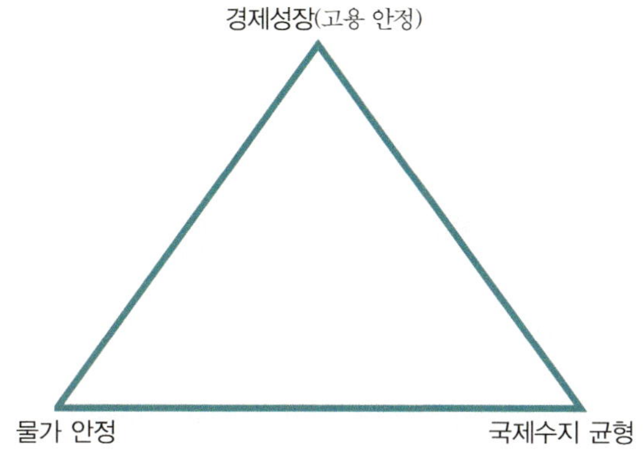

그림 13-4

전통적인 거시경제정책 목표 : 불안정한 삼각형

전통적인 세 거시경제정책 목표는 동시에 달성하기 어려운 불안정한 삼각형이다.

어지고 있다" 혹은 단순히 "대내균형이다"라고 말한다. 국제수지 균형을 대외균형(external equilibrium)이라고 한다. 경제성장과 물가 안정 간에 단기에 상충관계가 존재하기 때문에 대내균형을 이루기가 쉽지 않다. 그런데 대내균형과 대외균형 간에도 단기에 상충관계가 존재한다. 따라서 대내균형과 대외균형을 동시에 달성하는 것은 더욱 어렵다.

대내균형과 대외균형 간에 단기에 상충관계가 존재하는 것을 구체적인 예로 알아보자. 정부는 특정 농산물이나 기초 원자재의 가격이 급등하면 해당 품목을 외국으로부터 긴급 수입하여 시중에 방출한다. 이는 해당 품목의 시장공급곡선을 오른쪽으로 이동시켜 가격을 낮춘다. 재화와 서비스의 수입이 증가하면 국내공급이 증가하여 물가 안정에 기여하는 것이다. 그러나 수입이 증가하면 경상수지가 악화한다. 따라서 물가 안정과 국제수지 균형은 단기에 상충관계에 있다.

경제성장으로 국내총소득이 증가하면 재화와 서비스의 수입이 증가한다. 경제성장이 높아질수록 상품 수입이 증가하여 경상수지를 악화시킨다. 제11장에서 필립스곡선을 다룰 때 실업률을 자연실업률 이하로 유지하려 하면 인플레이션이 계속 높아진다는 것을 배웠다. 이는 자연성장률을 초과하는 높은 경제성장이 물가를 가속적으로 상승시킨다는 것과 같은 말이다. 지나치게 높은 경제성장은 한편으로 경상수지를 악화시키고 다른 한편으로 높은 물가 상승을 낳는다. 우리나라는 1960년대와 1970년대에 연평균 8%가 넘는 경제성장을 보이면서 두 자릿수의 높은 물가 상승과 지속적인 경상수지 적자를 기록한 바 있다.

단기에 경제성장, 물가 안정, 국제수지 균형의 세 목표를 동시에 만족스럽게 달성하기가 어렵다면 각 목표를 차선의 수준에서 조화시키는 슬기가 필요하다. 자연성장률 수준의 경제성장을 겨냥하면서 낮은 한 자릿수의 인플레이션, 통상마찰을 불러일으키지 않을 정도의 경상수지 흑자를 지향하는 것이 슬기로운 정책목표이다.

3.3 개방경제 하의 저축과 투자

제8장에서 한 사회의 총저축은 총투자와 같게 마련이라는 것을 배웠다. 이는 개방경제 하에서도 마찬가지이다. 그러나 개방경제에서는 다른 나라와 거래가 없는 폐쇄경제에서처럼 자국의 저축으로만 공장을 세우고 사회간접자본을 조성하는 것이 아니다. 필요하면 외국 사람들의 저축을 끌어와서 실물투자를 할 수 있다. 또한 자국의 저축을 국내에서의 투자로만 활용하지 않고 해외에 빌려줄 수도 있다. 폐쇄경제에서는 총저축(=국민저축) = 국내총저축이고, 총투자 = 국내총투자인 데 반해 개방경제에서는 이 등식이 더 이상 성립하지 않는다. 이를 국민소득계정을 통하여 확인해 보자.

제8장의 식 (8-7)에서 국내총생산은 지출접근방법으로 측정할 때 네 부분으로 구성되는 것을 보았다.

$$\begin{aligned}\text{국내총생산} &= \text{민간소비} + \text{정부소비}\\ &\quad + \text{국내총투자} + \text{재화와 서비스의 순수출}\end{aligned} \tag{13-5}$$

한편 식 (8-11)에서 한 나라의 총소비와 총저축을 결정해 주는 국민총처분가능소득은 국민총소득에 국외순수취경상이전을 더한 것으로 정의된다. 국민총소득은 국내총생산에 국외순수취요소소득을 더한 것이다.

$$\begin{aligned}\text{총소비} + \text{총저축} &= \text{국민총처분가능소득}\\ &= \text{국민총소득} + \text{국외순수취경상이전}\\ &= \text{국내총생산} + \text{국외순수취요소소득} + \text{국외순수취경상이전}\end{aligned} \tag{13-6}$$

식 (13-5)를 (13-6)에 대입하고 민간소비와 정부소비를 더한 것이 총소비라

는 것을 활용하면

$$\text{총저축} = \text{국내총투자} + (\text{재화와 서비스의 순수출} + \text{국외순수취요소소득} + \text{국외순수취경상이전}) = \text{국내총투자} + \text{경상수지} \quad (13-7)$$

를 얻는다. 재화와 서비스의 순수출은 국제수지 통계에서 재화수지와 서비스수지의 합과 같다. 국외순수취요소소득은 본원소득수지, 국외순수취경상이전은 이전소득수지와 대응된다. 따라서 식 (13-7)의 괄호 안은 국제수지 통계에 나오는 경상수지와 같다. 괄호 안의 값이 양이면 경상수지 흑자이다. 경상수지 흑자는 총저축 = 총투자의 관점에서 보면 **국외투자** 혹은 해외투자라 부를 수 있다. 우리나라의 총저축 중 국내에 투자하고 난 나머지를 국외에 투자했다고 볼 수 있기 때문이다. 따라서

$$\text{총저축} = \text{국내총투자} + \text{국외투자(경상수지 흑자)} \quad (13-8)$$

가 된다.

폐쇄경제에서는 국외투자가 없기 때문에 총저축이 국내총투자이자 총투자이다. 그러나 개방경제에서는 저축이 모조리 국내에 투자되지 않고 국외에 투자될 수 있으며 이 국외투자분이 경상수지 흑자로 나타난다. 국외투자가 음이라면 경상수지가 흑자가 아니라 적자라는 뜻이다. 이때에는 위 식을

$$\text{총저축} + \text{경상수지 적자} = \text{국내총투자} \quad (13-9)$$

$$\text{총저축} + \text{해외저축(외자)} = \text{국내총투자} \quad (13-9)'$$

로 고쳐 쓸 수 있다. 국내투자는 총저축으로만 할 수 있는 것이 아니라 경상수지 적자로도 할 수 있다는 것을 식 (13-9)는 보여준다. 경상수지 적자는 투자재원의 관점에서 볼 때 해외저축 혹은 외자이다. 국내투자 중 국내저축으로 조달하지 못한 부분을 해외에서 끌어왔기 때문이다.

국민계정에서 총저축은 항상 한 나라 국민 전체의 저축, 즉 **국민저축**(national saving)을 뜻한다. 총저축은 저축을 누가 하느냐에 따라 가계저축, 기업저축, 정부저

축으로 나뉜다. 당기에 가계와 기업이 벌어들인 소득에서 쓰고 난 나머지가 각각 가계저축과 기업저축이다. 마찬가지로 정부저축을 정의하면 세입에서 세출을 뺀 것이 정부저축이다. 그런데 제9장에서 세입에서 세출을 뺀 것이 양이면 재정수지 흑자라 하였다. 따라서 식 (13-9)를 다시 쓰면

$$\text{국내총투자} = \text{가계저축} + \text{기업저축} + \text{재정수지 흑자} + \text{경상수지 적자} \quad (13\text{-}9)''$$

가 된다. 이 식을 **투자조달 항등식**(source-of-investment identity)이라 한다. 이 식은 국내총투자의 조달재원이 민간저축(= 가계저축 + 기업저축), 정부저축(재정수지 흑자), 해외저축(경상수지 적자)의 세 가지라는 것을 보여준다. 우리나라는 1960년대와 1970년대에 민간저축이 낮은 수준이고 재정수지가 적자이면서도 급속한 경제성장을 위해 국내총투자를 계속 높은 수준으로 유지했다. 이는 높은 수준의 경상수지 적자를 통해 가능한 것이었다.

투자조달 항등식과 표리의 관계를 이루는 것은 **저축사용 항등식**(use-of-saving identity)이다. 이 항등식은 식 (13-9)″으로부터 쉽게 유도된다.

$$\begin{aligned}\text{민간저축} &= \text{가계저축} + \text{기업저축} \\ &= \text{국내총투자} + \text{재정수지 적자} + \text{경상수지 흑자}\end{aligned} \quad (13\text{-}10)$$

식 (13-10)은 민간저축이 국내총투자재원, 재정수지 적자 보전, 경상수지 흑자 시현의 세 가지 방법으로 사용되는 것을 보여준다. 일본과 대만이 오랫동안 경상수지 흑자를 보인 것은 민간저축이 국내총투자를 훨씬 상회했기 때문이다.

미국은 1980년대부터 1990년대 중반까지, 그리고 최근에 다시 방대한 경상수지 적자와 재정수지 적자라는 **쌍둥이적자**(twin deficit)를 경험하였다. 이것도 식 (13-10)으로 설명할 수 있다. 식을 다시 쓰면

$$(\text{민간저축} - \text{국내총투자}) + \text{경상수지 적자} = \text{재정수지 적자} \quad (13\text{-}10)'$$

이다. 민간저축과 국내총투자가 변하지 않으면 경상수지 적자가 재정수지 적자와 함께 발생할 수밖에 없다는 것을 식은 보여준다. 우리나라와 같은 개방경제에서 쌍둥

이적자가 지속되면 외환시장과 금융시장에 큰 혼란이 일어날 수 있다. 쌍둥이적자에 따른 외채 및 정부부채 증가와 외환보유고 감소, 국가신인도 하락 등의 영향으로 원화가치가 급락하고 외국자본이 유출하며 주가가 크게 하락할 수 있기 때문이다.

3.4 개방경제 하에 경제정책의 효과

폐쇄경제와 같이 개방경제에서도 경제정책의 효과를 총수요 · 총공급곡선을 이용하여 분석할 수 있다. 총수요는 제10장에서

총수요 = 민간소비 + 국내총투자수요 + 정부소비 + 순수출수요 (10-1)

로 정의하였다. 개방경제에서는 순수출수요를 명시적으로 고려한다는 것만 빼고는 폐쇄경제와 같다. 순수출수요는 총소득이 증가하면 감소하고 환율이 상승하면 증가한다. 총소득이 증가하면 수입수요가 증가하기 때문에 순수출수요(= 수출수요 - 수입수요)가 감소한다. 환율이 상승하면 제2절에서 본 바와 같이 수출이 증가하고 수입이 감소하기 때문에 순수출수요가 증가한다. 물가와 관계없이 순수출수요가 증가하면 우하향하는 총수요곡선이 오른쪽으로 이동한다. 총공급곡선은 우상향하는 일반영역을 이용하면 된다.

재정정책과 통화정책의 효과는 기본적으로 폐쇄경제에서와 같다. 확대재정정책이나 확대통화정책은 총수요곡선을 오른쪽으로 이동시켜 총생산의 증가와 물가의 상승을 낳는다. 폐쇄경제와 다른 점을 굳이 든다면 총생산과 총소득이 증가할 때 순수출수요가 감소하기 때문에 개방경제에서는 총수요곡선의 오른쪽 이동폭이 작아진다는 것이다.

재정정책의 효과

확대재정정책은 총생산을 증가시키고 이자율을 상승시킨다. 이자율이 상승하면 금리차익을 노리는 자본이 해외로부터 유입되어 외환 공급이 증가한다. 우리나라가 현재 채택하고 있는 변동환율제도 하에서 외환 공급이 증가하면 환율이 하락한다.

환율이 하락하면 수출이 감소하고 수입이 증가한다. 따라서 총소득 증가와 환

그림 13-5

확대재정 · 통화정책의 효과

개방경제에서도 확대재정정책이나 확대통화정책은 총수요곡선을 오른쪽으로 이동시켜 생산 증가와 물가 상승을 낳는다. 경상수지에 미치는 효과는 달리 나타난다.

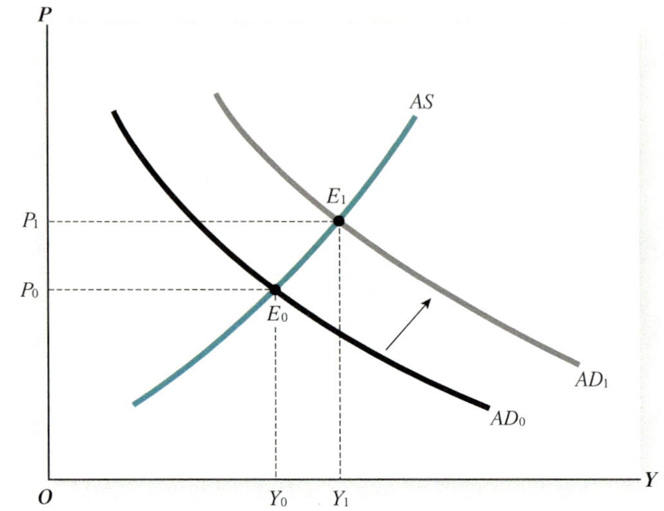

율하락이 둘 다 순수출을 감소시킨다. 이 순수출의 감소는 경상수지의 감소와 같다.

결국 확대재정정책은 물가 상승, 총생산 증가, 이자율 상승, 환율 하락, 경상수지 감소의 효과를 낳는다.

긴축재정정책은 위와 정반대의 효과를 낳는다.

통화정책의 효과

통화공급을 늘리는 확대통화정책은 총생산을 증가시키고 이자율을 하락시킨다. 이자율이 하락하면 자본이 해외로 유출되어 외환 수요가 증가한다. 변동환율제도 하에서 외환 수요가 증가하면 환율이 상승한다. 총소득이 증가하고 환율이 상승하여 순수출의 변동 방향은 확실치 않은 것으로 보인다. 그러나 일반적으로 환율 상승의 효과가 더 커서 경상수지는 증가한다. 확대통화정책은 물가 상승, 총생산 증가, 이자율 하락, 환율 상승, 경상수지 증가의 효과를 낳는다.

일본과 대만처럼 대규모 경상수지 흑자를 지속하는 나라가 아닌 한 경상수지의 증가(호전)가 감소(악화)보다 바람직하다. 따라서 대내외 균형의 조화라는 측면에서 볼 때 통화정책이 재정정책보다 낫다고 평가할 수 있다.

환율정책

고정환율제도를 채택하고 있으면서 만성적인 경상수지 적자에 허덕이는 나라에서는 인위적인 환율 인상(자국통화의 평가절하)을 실시하여 대외균형을 회복할 수 있다. 환율이 상승하면 순수출이 증가하여 총수요곡선이 오른쪽으로 이동한다. 이에 따라 총생산이 증가하고 물가가 상승한다. 총생산이 증가하고 물가가 상승하면 순수출이 감소하는 효과가 나타나지만 이는 어디까지나 2차적인 효과이다. 환율 인상의 1차적인 효과는 순수출이 증가하고 경상수지가 개선되는 것이다.

2009년 말부터 PIIGS라 불린 일부 EU 회원국들(포르투갈, 아일랜드, 이탈리아, 그리스, 스페인)이 재정위기와 경상수지 적자를 겪으면서 전통적인 환율정책의 중요성이 재인식되었다. 이 국가들은 유로라는 단일통화를 쓰고 있어서 자기 나라의 독자적인 통화가 없다. 독자적인 통화가 있으면 중앙은행이 통화공급을 증가시키는 한편 1998년의 우리나라처럼 환율이 대폭 상승하여 경상수지 적자를 극복할 수 있

읽을/생각할 거리 13-3

삼원체제의 불가능성

본문에서 다룬 바와 같이 변동환율제도가 아니라 고정환율제도라면 통화공급을 늘리는 확대통화정책의 효과는 어떻게 다르게 나타날까? 확대통화정책으로 금리가 하락하면 자본이 해외로 유출되어 외환 수요가 증가한다. 외환 수요가 증가하면 외환의 초과수요가 생겨 환율이 상승 압력을 받는다. 기존 환율을 유지하려면 외환의 초과수요를 해소해 주어야 한다. 외환의 초과수요를 해소해 주는 통상적인 방법은 통화당국이 외환시장에 나가 외환을 공급하는 것이다. 이는 통화당국이 외환시장에서 자국통화를 흡수하는 것을 뜻한다. 따라서 처음에 통화공급을 늘린 확대통화정책이 외환시장 사정으로 통화가 흡수됨으로써 결과적으로 무력화된다. 이처럼 자본자유화가 이루어지고 고정환율제도를 채택하고 있는 나라는 국내 경제상황을 고려하는 독자적인 통화정책을 쓸 수 없다. 자본자유화와 고정환율제도, 독자적인 통화정책, 이 세 가지를 동시에 누릴 수 없으며 이 중 두 가지만 선택 가능하다는 것을 **3원체제의 불가능성**(Impossible Trinity) 원리라고 한다.

1930년대 초까지의 금본위제도는 자본이동이 자유로운 상태에서의 고정환율제도였다. 따라서 독자적인 통화정책을 포기해야 했다. 브레턴우즈 체제는 고정환율제도였지만 국민경제 안정을 도모하는 주요 수단으로 재정정책과 통화정책을 실시할 수 있었다. 따라서 자본자유화가 제약될 수밖에 없었다. 고정환율제를 채택하고 있는 개발도상국들은 자본자유화를 유보함으로써 독자적인 통화정책을 쓰고 있다. 그러나 세계화가 진전되어 자본이동을 통제하는 것이 어려워지면 고정환율제도와 독자적인 통화정책 가운데 하나를 포기해야 하는 상황이다. 변동환율제도를 채택하고 있는 서방 선진국과 우리나라는 독자적인 통화정책을 펼 수 있다.

는데 그렇지 못한 것이다.

변동환율제도 하에서는 환율의 급격한 변동이 경제 안정을 해칠 수 있다고 하였다. 따라서 환율의 결정은 기본적으로 시장에 맡기되 불안심리나 외생적인 충격 때문에 비정상적으로 환율의 변동성이 확대되는 경우에는 정부가 시장에 개입하여 환율을 안정시키는 **환율안정운영**(smoothing operation)을 하는 것이 필요하다. 환율안정운영은 변동환율제도를 채택하는 나라에서 으레 하는 것이고 해야 한다. 어떤 목표환율대를 정하고 그 수준을 유지하기 위해 정부가 외환시장에 개입하거나 수출경쟁력을 유지하기 위해 자국통화의 저평가를 유도하는 것과 같은 **환율조작**과는 다른 개념이다.

3.5 1997년 우리나라의 외환위기

외환위기란 한 나라의 통화가치가 단기간에 급락하는 현상을 말한다. 원화는 1996년 말에 달러당 845원이었는데 1997년 말에 1,695원으로 환율이 100%나 폭등함으로써 달러 대비 원화가치가 절반으로 떨어졌다. 한때는 달러당 1,990원대까지 치솟았다. 일찍이 없었던 이런 원화가치의 폭락은 왜 일어났을까?

그 원인은 무엇보다 정부의 잘못된 환율정책에 기인한다. 구체적으로 말해서 정부가 경직적으로 고정환율제도를 운용했기 때문이다. 우리 경제는 1995년부터 1997년까지 매년 100억 달러가 넘는 경상수지 적자를 보이고 있었다. 방대한 경상수지 적자가 지속된다는 것은 외환시장에서 외환의 초과수요가 지속되고 있다는 말과 같다. 900원대에서 벗어나지 않는 관리변동환율제로는 이 초과수요를 진정시킬 수 없었다. 1997년 12월에 자유변동환율제로 전환하자 환율은 1998년에 연평균 1,399원으로 50% 이상 폭등하였다. 2005년까지 환율은 1,000원 아래로 떨어지지 않았다. 외환위기 이전에 외환시장에서 형성될 균형환율보다 너무 낮은 환율을 억지로 유지했다는 방증이다.

1997년의 외환위기는 외채위기(debt crisis)와 금융위기(financial crisis)의 성격을 띠고 있다. **외채위기**란 외채를 갚을 수 없게 되는 상황을 말한다. **금융위기**란 많은 금융기관이 예금이나 빚을 돌려주지 못해 부도 위기에 처하는 상황을 말한다.

외채위기와 금융위기가 일어난 원인은 주로 은행의 부실한 자금 운용과 정부(한국은행 포함)의 부실한 외환관리에 있다.

1990년대 중반에 우리나라 은행(종합금융회사 포함)은 외국은행으로부터 만기가 1년 이하인 외화자금을 싼 금리로 빌려 동남아 · 러시아 등에 비싼 금리를 받고 장기로 빌려주고 있었다.

1997년 7월에 태국, 10월에 인도네시아가 외환위기를 겪었다. 동남아 외환위기는 금융시장이 불안정한 동아시아에 대해서도 국제투자자들이 경각심을 갖게 만들었다. 11월 들어 외국 은행들이 우리나라 은행에 돈을 새로 빌려주지 않는 것은 물론이고, 빌려준 돈 중 만기가 된 몫도 다시 연장해 주지 않고 회수하기 시작하였다(종전에는 만기분 중 80% 이상을 재연장해 주었는데 그 비율이 11월에는 59%, 12월에는 32%로 급감하였다). 외화를 단기로 빌려와 장기로 빌려주는 금리의 **기간 간 미스매치**(mismatch)로 인해 은행이 가지고 있는 외화대출채권이 외채위기를 막는 데에 아무 도움이 되지 못했다. 국내은행들이 자체 능력으로 단기외채를 갚을 수 없어 국제적 부도상태에 빠지게 된 것이다.

최종대부자(lender of last resort)이자 은행의 은행인 한국은행은 국내은행들이 국제적 부도상태에 빠지는 것을 방치할 수 없어 외환보유액을 풀어 긴급외화자금을 지원하였다. 그러나 단기외채 만기 연장 거부사태를 돌이킬 수 없었고 한국은행의 가용 외환보유액은 금방 바닥났다. 당시 국제통화기금(IMF)은 적어도 한 나라 수입액의 4개월분을 외환보유액으로 중앙은행이 가지고 있어야 한다고 권고했다. 11월 말 한국은행의 외환보유액은 그때까지의 편제기준으로 89억 달러(실제로 쓸 수 있는 외환보유액은 39억 달러)에 불과하였다. 이는 한 달 수입액 120억 달러도 안 되는 금액이었다.

만기가 1년 이내인 외채를 **단기외채**라 한다. 단기외채에 만기가 1년 이내로 남은 장기외채를 더한 것을 **유동부채**라 한다. 국제통화기금은 외환보유액 대비 백분비로 나타낸 단기외채비율이 60% 미만이면 안정수준, 60 ~ 100%이면 경계수준, 100%를 초과하면 위험수준으로 평가한다. 외환보유액 대비 백분비로 나타낸 유동부채비율은 100% 미만이면 안정수준, 100 ~ 200%이면 경계수준, 200%를 초과하면 위험수준으로 평가한다. 1997년 말에 우리나라는 단기외채비율이 무려 717%, 유동부채비율이 973%였다. 단기외채가 외환보유액보다 많으면 위험수준이라는데 7배나 많고, 유동부채가 외환보유액의 2배보다 많으면 위험수준인데 거의 10배나 많았다. 외환위기가 일어날 수밖에 없는 매우 높은 위험수준이었던 것이다.

이런 다급한 상황에서 우리나라 정부는 1997년 11월 21일 국제통화기금에 구제금융을 신청한 사실을 발표한다. 이어 12월 3일 IMF와 구조조정 프로그램에 합의하고 국제금융기구로부터 총 310억 달러에 달하는 자금 지원을 약정받는다. 이로써 국가 부도의 위험은 사라졌지만 달러가 부족한 외환시장에서 폭등한 달러값은 한동안 강세를 유지하였다.

구제금융 지원조건을 놓고 협상을 벌이는 과정에서 금리는 연 20%대의 높은 수준을 유지하고 외환위기는 지속되어 환율도 높은 수준을 이어갔다. 1997년 12월 하순 외환부족 상태에서 조기에 벗어나기 위해 100억 달러를 앞당겨 지원받게 됨에 따라 진정국면으로 돌아섰다. 이어 1998년 1월 하순 단기외채 상환을 연장하는 협상을 타결함으로써 비로소 외환위기에서 벗어날 수 있었다.

구제금융 지원조건으로 우리나라는 긴축적인 통화정책과 재정정책의 조합을 실시해야 했다. 한때 1,900원대까지 지나치게 오른 환율을 안정시키는 데에는 앞에서 살펴본 대로 고금리와 물가 안정이 필요하다. 고금리는 외화의 순유입을 통해, 물가 안정은 수출 증대를 통해 외환 공급을 증가시켜 환율 안정에 기여한다. 따라서 긴축적인 통화정책은 적절하다. 그러나 긴축적인 재정정책은 잘못된 정책이었다. 외환위기의 발단은 잘못된 환율정책이었지 방만한 재정이 아니었기 때문이다. 당시에 재정 건전성은 매우 양호하였다. 따라서 음의 경제성장과 높아진 실업으로 고통을 겪는 사회적 취약계층에 대해 사회복지지출을 과감하게 늘리는 확장적인 재정정책을 써야 했다. 이런 시대적 배경에서 2000년에 국민기초생활보장제도가 도입되었다.

읽을/생각할 거리 13-4

2008년 우리나라의 외환위기

2008년 9월에 시작된 세계적인 금융위기로 우리나라는 다시 외환위기를 겪었다. 2008년 8월 말에 1,089원이었던 환율이 11월 말에 1,469원으로 35%나 상승하였다. 12월에는 안정되는 듯하다가 다시 오르기 시작하여 2009년 2월 말에는 1,534원으로 6개월 전보다 41%나 상승하였다. 이때의 외환위기는 외채위기나 금융위기와 같이 오지 않았다. 미국의 금융위기로 선진국 은행들과 증권투자가들이 우리나라에서 돈을 대량으로 빼갔지만 1997년의 외환위기 이후 외환보유액을 많이 쌓아 놓은 덕분에 외채위기와 금융위기를 겪지 않은 것이다.

표 13-1에서 보는 바와 같이 2008년에 한국은행의 준비자산은 564억 달러나 감소하였다. 우리 기업의 해외투자가 외국인 직접투자에 비해 크고, 외국인 증권투자가들이 우리나라 주식과 채권을 처분하며 선진국 은행들이 빌려준 자금을 회수해 가는 등 대규모 달러화 유출이 일어난 것이다. 그 와중에 환율이 급등하고 전년보다 외환보유액이 610억 달러나 감소하였다. 그러고도 2008년 말에 우리나라 외환보유액은 2,012억 달러였지만 안심할 수 있는 상황은 아니었다. 외환보유액이 계속 감소하여 중앙은행의 외환시장 개입능력에 대해 의구심이 생기면 투기적 공격(speculative attack)이 일어나 외환보유액이 일시에 고갈될 수 있기 때문이다. **투기적 공격**이란 시장참가자들이 한 통화의 가치가 하락할 것으로 예상하고 그 통화를 지속적으로 파는 것을 말한다. 이런 투기적 공격의 가능성을 없애기 위해 2008년 10월에 미국과 300억 달러의 **통화스왑**(currency swaps : 두 나라가 자국통화를 상대국 통화와 맞교환하는 방식으로 외환위기가 발생하면 자국통화를 상대국에 맡기고 외국통화를 차입하는 중앙은행 간 신용계약)을 맺고 일본과 중국과도 각각 300억 달러, IMF와는 200억 달러의 통화스왑을 맺음으로써 비상시에 외화를 주요국에서 끌어다 쓸 안전장치를 마련하였다. 1997년의 외환위기를 거울 삼아 경제의 기본여건도 건실해진 데다가 만일의 사태에도 철저히 대비한 것이다.

자본자유화가 이루어진 우리나라는 급격한 자본유출입에 따르는 불안정성에 고스란히 노출되어 있다. 자본자유화시대에 외환보유액은 비상시에 외국인 증권투자 자금이 거의 다 유출될 수 있다는 전제하에 종전보다 훨씬 많이 쌓아 놓고 평소에 거시경제 안정성을 다져야 한다.

자본자유화가 크게 진전된 시장경제체제에서 경제위기는 반복된다. 미국의 양적 완화가 축소되고 나아가 중단되며 금리를 올리면 많은 개도국에서 외국인 투자자금이 대량 유출되고 주식과 채권값이 폭락하며 환율이 급등하는 등 외환시장과 국제금융시장이 요동칠 것으로 우려되고 있다.

요약 및 학습

01 국제수지표란 일정 기간 동안 한 나라 거주자와 다른 나라에 있는 비거주자 사이에 이루어진 모든 대외거래를 체계적으로 작성한 표를 말한다. 국제수지표에 의해 한 나라가 대외거래에서 외화가 얼마나 남았는지 모자랐는지를 나타내는 개념을 국제수지라 한다.

02 경상수지로 기록되는 경상거래는 나라와 나라 간에 재화와 서비스가 들고 나는 거래로서 재화 거래, 서비스거래, 본원소득 거래, 이전소득 거래로 세분된다. 재화 거래는 재화의 수출과 수입을 말한다. 서비스거래는 서비스의 수입(受入)과 지급을 말한다. 재화의 수출액과 수입액의 차이를 재화수지라고 한다. 서비스의 수입과 지급의 차를 서비스수지라고 한다. 본원소득 거래는 다른 나라에서 일하고 번 임금, 투자소득 등을 기록하는 거래이다. 우리나라 사람이 해외에서 번 소득과 외국인이 우리나라에서 번 소득의 차이를 본원소득수지라 한다. 이전소득 거래는 대가를 수반하지 않는 재화 · 서비스의 거래를 말한다. 재화수지, 서비스수지, 본원소득수지, 이전소득수지를 합하여 경상수지라 한다.

03 자본수지에는 자본이전과 비생산 · 비금융자산 거래가 기록되는데 규모가 무시할 수 있을 정도로 작다. 금융계정에는 모든 대외금융거래와 준비자산 증감이 기록된다. 국제수지표에서는 경상수지 + 자본수지 = 금융계정의 관계가 항상 성립한다.

04 외화 1단위를 얻기 위하여 지불해야 하는 자국통화의 수량을 환율이라 한다. 외환이 거래되는 시장을 외환시장이라 한다.

05 환율이 외환시장에서 외환의 수요와 공급에 의해 자유롭게 결정되도록 방임하는 제도를 자유변동환율제도라 하고, 정부가 개입하여 환율을 고정하는 제도를 고정환율제도라 한다. 자유변동환율제도는 대외여건의 변화에 신속히 대응할 수 있다는 장점이 있으나, 환율의 급격한 변동으로 경제가 불안정하다는 단점이 있다. 이러한 자유변동환율제도의 장점과 단점은 그대로 고정환율제도의 단점과 장점이 된다. 양 제도의 장점을 취하고자 하는 것이 관리변동환율제도이다.

06 자유변동환율제도 하에서의 국제수지 조정과 환율의 결정은 외환의 수요 · 공급에 의하여 자동적으로 이루어진다. 고정환율제도 하에서의 국제수지 조정은 금본위제도와 브레턴우즈 체제로 나눌 수 있다. 금본위제도 하에서의 국제수지 조정은 흄이 정립한 물가 · 정화이동이론으로 설명된다.

07 주요 국가들이 채택하는 국제결제수단과 환율에 관한 제도를 국제통화제도라 한다. 오늘날의 국제통화제도는 대부분의 국가가 실시하는 관리변동환율제도를 인정한 킹스턴 체제이며, 달러화의 기축통화로서의 역할을 대신할 만한 국제통화가 아직 정해져 있지 않아 과도기적 체제이다.

08 개방경제에서는 국가 간에 가격변수들이 수렴하는 경향이 생기고, 대내균형과 대외균형을 동시에 달성하기가 어려우며, 국민저축(총저축) = 국내총투자 + 국외투자의 관계가 성립한다. 확대재정정책은 이자율 상승을 통해 환율하락, 경상수지 악화를 낳는 데 반해 확대통화정책은 이자율 하락을 통해 환율상승, 경상수지 개선을 낳는다.

연습문제

01 최근 우리나라 외환보유액, 단기외채비율, 유동부채비율을 알아보라. 1997년과 같은 외환위기를 다시 겪을 확률은 아주 낮다고 하는데 그렇게 말하는 이유를 확인하라.

02 한 나라에서 일정 기간 동안에 다음과 같은 대외거래가 일어났다고 하자.

— 상품 A를 10만 달러에 수출

— 상품 B를 8만 달러에 수입

— C기업이 상업차관 20만 달러 도입

— D은행이 은행차입 30만 달러 상환

— E회사가 10만 달러를 해외펀드에 투자하여 1만 달러의 수익을 얻다.

— F회사가 미국에 100만 달러를 들여 반도체 공장을 짓다.

(1) 국제수지표를 작성하라.

(2) 상품 B를 8만 달러에 수입하되 1년 후에 그 대전을 갚기로[延拂輸入] 했다고 하자. 국제수지표를 작성하라.

03 대부분의 개도국은 고정환율제도를 쓰고 있다. 왜 그럴까? 환율이 하락(자국통화가 절상)하면 수출 감소, 수입증가, 물가 안정, 외채상환부담 경감 등의 효과가 생긴다. 이를 설명하라.

04 우리나라의 일부 대기업은 자기네가 생산하는 상품과 같은 종류의 상품을 스스로 수입하는 데에도 열심이다. 이 효과를 논하라.

05 정부가 외국인 주식소유 한도를 40%에서 50%로 인상했다고 하자. 이와 같은 외국인 주식소유 한도의 확대가 ① 환율, ② 경상수지, ③ 자본수지, ④ 물가, ⑤ 통화량 등에 미치는 영향을 설명하라.

06 1997년의 외환위기 이후 정부는 다양한 저축촉진책과 더불어 과소비 억제를 호소하였다. 왜 그랬을까 설명해 보라. 2008년 하반기부터 본격적으로 나타난 불황에는 경제주체들이 국내에서

지갑을 열어야 한다고 언론이 강조하였다. 그 논리를 알아보라.

07 개방경제에서 긴축통화정책과 긴축재정정책의 효과를 설명하라.

08 "자본자유화가 이루어지고 자유변동환율제도를 채택하고 있는 나라에서 외환당국의 외환시장 개입이 없는 경우 외환시장을 균형시키는 환율은 금융계정을 0으로 만든다." 이를 맞는지 틀리는지 논평하라.

09 금융시장과 외환시장은 다른 시장들과 다른 특수성을 가지고 있다. 이에 대해 논하라.

10 2008년 미국발 금융위기가 전 세계로 확산되어 전 세계 금융체제가 심각한 위기를 맞게 되자 국제금융체제 개편에 대한 논의가 다시 활발하게 일어났다.

(1) 유럽 국가들은 기존의 국제금융체제를 전면 수정할 필요가 있다고 주장한다. 어떻게 수정하자는 것인지, 왜 그렇게 주장하는지를 알아보라.

(2) 미국은 적절한 금융감독시스템을 갖추는 부분수정을 주장한다. 그 논리를 알아보라.

(3) 개도국의 입장은 무엇인가를 알아보라.

(4) 논의의 귀결은 무엇이었나 알아보라.

11 다음 기술이 옳은가 그른가를 밝히고 그 이유를 설명하라.

① 우리나라는 자유변동환율제도를 채택하고 있다.

② 북한동포들에게 의연금을 보내면 이는 경상이전거래에 기록된다.

③ 저축이 국내투자보다 많으면 경상수지 적자는 생기지 않는다.

④ SDR의 구성통화는 미국의 달러, 영국의 파운드, 독일의 마르크, 일본의 엔이다.

⑤ 우리나라가 아프리카에 식량원조를 했을 경우 이는 국제수지표 상에 기록되지 않는다.

⑥ 해외관광이 증가하면 서비스지급이 증가한다.

⑦ 우리나라에서 통관기준 수입통계는 국제수지 기준 수입통계보다 크다.

⑧ 우리나라 소비자가 해외 직접구매(직구 : 국내 소비자가 해외 온라인 쇼핑몰에서 제품을 구매)하면 우리나라 외환보유액이 줄어든다.

⑨ 우리 기업이 중국에 전자·섬유공단을 건설하면 그 건설비는 자본거래 항목의 자본지급에 잡힌다.

⑩ 우리나라에 직접투자한 외국기업이 철수하면 그만큼 자본수지가 음이 된다.

⑪ 외국인이 우리나라 증권을 사는 경우 이는 자본거래의 수입으로 잡힌다.

⑫ 외채는 저량 개념이고 국제수지는 유량 개념이다.

⑬ 우리나라에 대한 외국인 직접투자와 주식투자는 우리나라 외채에 포함되지 않는다.

⑭ 경상수지가 흑자이면 한 나라의 순외화자산이 그만큼 증가하고 금융계정이 양이면 그 나라

중앙은행이 보유하는 순외화자산이 그만큼 증가한다.

⑮ 자유변동환율제 하에서 일본에 대한 미국의 무역수지 적자는 달러의 엔화 표시 가격을 떨어뜨린다.

⑯ 수입차업체가 순이익의 절반 이상을 본사에 송금한다면 소득수지의 지급에 잡힌다.

⑰ GDP 구성요소상 정부지출이 계속 늘어 재정수지 적자가 늘어나면 경상수지도 악화한다.

⑱ 외국으로부터 빌린 빚(차관)에 대해 갚는 원리금은 GDP에 포함되지만 GNI에는 포함되지 않는다.

⑲ 해외로 지급한 임금, 이자, 배당, 로열티 등은 GDP에 포함된다.

⑳ 원화가 절상될 때에는 수입대금의 결제를 연기하고 해외외상대금을 조기에 회수하며 약세통화로 수출결제하는 것이 유리하다.

㉑ 미국 금리가 상승하면 우리나라 주식 가격은 하락하고 원 · 달러 환율은 상승한다.

VI

경제성장과 경제발전

Navigator @ Economics

part six

14

ch. fourteen pp.576~615

경제성장과 경제발전

14 경제성장과 경제발전

"나는 물질주의가 좋다고 생각한다. 나는 건강한 물질주의의 모든 과실—예컨대, 맛있는 요리, 좋은 집, 멋있는 옷, 사우나, 하수시설, 전기, 자동차, 좋은 길, 밝은 거리, 긴 휴가, 새 아이디어, 승마, 매끄러운 대화, 오페라, 관현악단 등—이 가치가 있다고 생각한다. 이것들이 모든 사람들을 위해 존재해야 한다고 생각한다. 이것들을 모른 채 죽는 사람은 성자처럼 우아하고 시인처럼 정신적으로 풍요로울지 모른다. 그러나 이러한 우아와 풍요는 위의 것들을 갖추지 못한 결핍에도 불구하고 우러나는 것이지 결핍 때문에 우러나는 것은 아니다."

— 하켓(Francis Hackett)

"최악의 폭력은 굶주림이다." — 간디

"경제발전이란 전 사회체계의 총체적인 상향운동이다." — 뮈르달(Gunar Myrdal)

"우리의 꿈은 빈곤이 없는 세계이다."(Our dream is a world without poverty.) — 세계은행의 모토

[개요]

이 장에서는 경제가 장기적으로 성장·발전하는 요인과 패턴을 배운다. 먼저 각국이 성장과정에서 공통적으로 보이는 패턴을 설명하는 성장이론을 고찰한다. 이어 개발전략으로서 균형성장론과 불균형성장론을 대비·설명하고, 여러 가지 형태의 자본축적과 경제발전의 관계를 다룬다.

주요 학습사항

◎ 경제성장의 정형화된 사실과 신고전파적 성장모형

◎ 산업구조와 공업구조의 이행 과정은?

◎ 빈곤의 악순환이란?

◎ 빈곤의 악순환을 끊는 방법은?

◎ 균형성장론과 불균형성장론의 장·단점은?

◎ 투자의 세 가지 효과란?

◎ 잠재실업과 경제발전의 관계는?

◎ 외자도입의 효과는?

1. 경제성장의 요인과 정형화된 사실

지금까지는 총생산 · 물가 · 고용 · 임금 · 금리 · 국제수지 등이 단기에 어떻게 결정되고 경기순환과정에서 어떻게 움직이며 경제정책이 어떻게 영향을 미치는가를 배웠다. 이 장에서는 경제가 장기에 어떻게 성장 · 발전하는가를 다룬다.

1.1 경제성장이란?

경제성장(economic growth)이란 시간이 흘러감에 따라 실질총생산과 1인당 실질소득이 증가하는 것을 말한다. 실질총생산의 지표로는 실질 GDP가, 1인당 실질소득의 지표로는 1인당 실질 GNI가 주로 사용된다.

경제성장은 제1장에서 배운 생산가능곡선이 밖으로 이동하는 것으로 묘사할 수 있다. 또한 총수요곡선과 총공급곡선이 시간이 흘러감에 따라 오른쪽으로 이동하여 그 교차점이 오른쪽으로 이동하는 것으로 묘사할 수도 있다.

제8장에서 설명한 바와 같이 실질 GDP 증가율은 경제성장률과 동의어로 쓰이고 있다. 그러나 실질 GDP가 증가하더라도 인구가 똑같은 비율로 증가한다면 국민의 평균적인 생활수준은 상승하지 않을 것이다. 따라서 국민 한 사람 한 사람의 생활수준이 1년 사이에 평균적으로 얼마나 향상되었는가를 알아보기 위해서는 경제성장률 대신 인구의 증가까지를 고려한 1인당 실질소득 증가율을 이용하여야 한다. 1인당 실질소득 증가율은 1인당 실질 국민총소득(GNI)이 전년에 비하여 얼마나 늘어났는가를 백분율로 나타낸 것이다. 1인당 실질소득 증가율은 경제성장률에서 인구 증가율을 뺀 것이다. 경제성장률이 높더라도 인구 증가율이 그것을 앞지른다면 1인당 실질소득이 줄어들어 국민들의 생활수준은 낮아진다.

현대의 경제성장은 실질 GDP와 실질 GNI가 증가하면서 그 증가율이 인구 증가율을 상회하여 1인당 실질소득이 지속적으로 증가하는 것을 뜻한다.

1.2 경제성장의 중요성

경제성장은 한 나라의 국력과 국민의 생활수준을 제고시키는 가장 강력한 방법이다. 출발시점에선 국력이 비슷하더라도, 한 나라는 지속적으로 높은 경제성장을 경험하고 다른 나라는 낮은 경제성장을 경험한다면, 지속적으로 높은 경제성장을 이루는 나라가 장기엔 훨씬 부강하고 풍요로운 나라가 된다. 그 대표적인 예가 우리나라와 필리핀이다. 두 나라 모두 1960년대 초에 시장환율로 평가한 1인당 소득이 100달러 미만으로 못사는 나라였지만 필리핀의 1인당 소득이 우리나라보다 많았다. 그러나 지금은 우리나라가 필리핀보다 거의 10배나 높은 소득수준을 누리면서 선진국으로 대접받고 있다.

지속적인 경제성장은 사람들을 굶주림과 빈곤의 늪에서 벗어나 생활의 질을 즐길 수 있게 해준다. 경제성장은 이 장의 앞머리에 있는 미국의 작가 겸 비평가 해킷(Hackett)의 말처럼 건강한 물질주의의 모든 혜택을 누리게 해준다.

1인당 소득수준과 경제성장률이 나라마다 큰 차이를 보이고, 그 차이가 낳는 엄청난 결과를 음미해 보면 지속적인 경제성장은 경제학의 최대 관심사가 되지 않을 수 없다.[1)]

1.3 경제성장의 요인

18세기 이후 각국 경제는 대부분 성장의 추세를 보이고 있는데, 경제의 추세적인 성장을 가져오는 요인은 무엇일까? 또 각국마다 성장률이 다른데 그 원인은 무엇일까? 이에 대한 전통적인 대답으로는 보통 **요소부존량**(factor endowment)과 **기술진보**, 이 두 가지를 든다.

장기에는 먼저 자본량, 노동량과 같은 요소부존량이 증가한다. 자본량은 신투자를 통해 증가한다. 노동량은 인구 증가와 경제활동참가율의 상승을 통해 증가한다. 자본과 노동 같은 요소부존이 늘어나면 생산능력이 향상된다. 케인스가 강조하

---

1) 1인당 소득이 연평균 1%, 2%, 3% 성장하면 1인당 소득이 2배로 되는 기간이 각각 70년, 35년, 23년 걸린다. 어떤 변수의 연평균 증가율이 x%이면 그 변수가 2배로 되는 기간은 70/x년이다. 이를 70의 법칙(rule of 70)이라 부른다. 1% 포인트의 1인당 소득 증가율 차이가 장기에 각국 생활수준의 변화에 미치는 시사점은 엄청나다.

는 것처럼 생산능력이 있어도 유효수요가 없으면 기업들은 잠재 GDP까지 생산하지 않을 것이다. 그러나 이는 단기적인 현상이고, 장기적으로는 수요측이 경제에 실질적인 제약을 주지 않는다고 본다. 장기에 한 나라의 경제성장과 그에 따른 국민의 생활수준은 그 나라의 생산능력에 달려 있다.

요소부존량을 자연자원, 인적 자원, 물적 자본의 셋으로 세분하여 다음을 **성장의 4대 요인**이라고 부르기도 한다.

① 자연자원(토지, 광물, 연료, 기후 등)
② 인적 자원(노동량, 인적 자본, 기업경영능력 등)
③ 물적 자본(기계, 공장, 사회간접자본 등)
④ 기술(생산과 경영에 관한 지식)

이 중 자연자원은 다른 요인들에 비해 성장 요인으로는 취약하다. 다른 요인들이 같을 때 자연자원이 많은 나라가 적은 나라보다 더 높게 성장할 수 있다는 점에서 자연자원을 별도의 성장 요인으로 거론한다. 그러나 브라질과 같이 자연자원이 풍부한 나라가 높은 경제성장을 누리는 것은 아니다. 성장의 기적을 이룬 동아시아 국가들은 자연자원이 빈약하다. 인적 자원은 앞에서 설명한 노동량뿐만 아니라 인적 자본과 기업경영능력까지 포괄한다. 인적 자본은 우수한 교육과 훈련을 통해 축적된다.

기술은 노동자, 경영자, 기술자, 과학자 등이 가지고 있는 생산 방법에 관한 지식의 집적이다. 지식은 제6장에서 설명한 바와 같이 누구나 똑같이 사용할 수 있는 비경합성 때문에 경제 전체로 규모의 경제를 낳는다. 지식이 늘어나는 기술진보는 종전과 똑같은 자본량과 노동량으로 종전보다 더 많이 생산할 수 있게 만든다. 자본과 노동에는 수확체감의 법칙이 지배한다. 수확체감의 법칙이 시사하는 생산성의 한계를 깨주는 것이 규모의 경제를 낳는 기술진보이다. 과학과 기술이 눈부시게 발전하는 현대사회에서 기술진보가 경제성장의 가장 중요한 동력이 되는 것은 이 때문이다. 기술진보는 연구·개발 투자와 창의력을 북돋는 교육을 통해 촉진된다.

읽을/생각할 거리 14-1

세계은행 『세계개발지표』의 세계 GNI 분포

표 14-1 세계의 소득그룹별 인구와 GNI 분포(2021)

소득그룹별	인구(억 명)	명목 GNI(조 달러)	1인당 명목 GNI(달러)
저소득국가($1,035 이하)	7.0 (8.9)	0.5 (0.5)	722 〈7.4〉
중하위소득국가($1,036~$4,045)	33.6 (42.9)	8.4 (8.9)	2,485 〈22.4〉
중상위소득국가($4,046~$12,535)	25.0 (31.9)	25.9 (27.4)	10,363 〈93.4〉
고소득국가($12,536 이상)	12.4 (15.8)	59.5 (62.9)	47,904 〈431.6〉
세계	78.4 (100.0)	94.6 (100.0)	11,100 (100.0)

주 : ( ) 안은 전체에 대한 비중(%), 〈 〉 안은 1인당 GNI의 세계 평균(100.0)에 대한 비율(%)임.
자료 : World Bank, World Economic Indicators Database, 1 July 2022.

세계은행은 매년 『세계개발지표』(World Development Indicators)를 발간하여 세계 각국의 경제, 사회 관련 지표를 비교하고 있다.

세계은행은 별도로 사회 · 경제 통계를 공표하는 전 세계 190여 개 국가를 저소득국가, 중하위소득국가, 중상위소득국가, 고소득국가의 네 그룹으로 분류한다. 분류기준은 매년 조정되는데 2021년에 저소득국가는 1인당 명목국민총소득(GNI)이 미화 1,035달러 이하, 중하위소득국가는 1,036~4,045달러, 중상위소득국가는 4,046~12,535달러, 고소득국가는 12,536달러 이상인 나라이다. 여기서 환율은 Atlas 방식의 시장환율이다.

표를 보면 전 세계 인구는 대략 78억 명, 명목 GNI는 95조 달러로 전 세계 1인당 명목 GNI가 11,100달러이다. 그런데 1인당 소득이 저소득국가는 722달러, 고소득국가는 47,904달러이다. 저소득국 그룹과 고소득국 그룹 사이에 66배의 엄청난 소득 격차가 있음을 알 수 있다. 고소득국가의 인구는 세계 인구의 16%인데 세계 소득의 63%를 차지하고 있다. 이런 극심한 소득불평등을 시정할 '세계정부'는 없다. 전 세계 인구의 52%를 차지하는 저소득국가 및 중하위소득국가의 기아와 빈곤을 타파하고자 노력하는 범세계적인 조직은 있다.

국제연합과 세계은행은 하루 2달러 미만의 소득으로 살아가는 극심한 빈곤을 2030년까지 퇴치하는 것을 가장 중요한 **지속가능발전목표**(Sustainable Development Goal : SDG)로 삼아 추진하고 있다.

일찍이 간디는 "최악의 폭력은 굶주림이다" 라고 말했다. 가톨릭 교회는 "빈곤 퇴치는 평화 건설이다" 라고 강조하고 있다. 빈곤은 흔히 전쟁을 비롯한 분쟁들을 조장하거나 강화하는 요인이 되기 때문이다. 세계은행은 "우리의 꿈은 빈곤 없는 세계이다(Our dream is a world without poverty)" 라는 기치를 내걸고 있다. 그러나 전 세계 인구의 10%인 8억 명가량이 하루 2달러 미만의 소득으로 살고 있다.

GNI가 1조 달러를 넘는 나라는 미국(23.4조 달러), 중국(16.8조 달러)을 필두로 모두 16개국이다. 우리나라는 1.8조 달러로 세계 10위의 경제강국이다.

2021년에 우리나라의 1인당 GNI는 시장환율로 34,980달러로 세계 32위이고, 구매력평가환율로 보면 47,490달러로 28위이다. 구매력평가환율 기준 1인당 GNI는 일본(44,570달러)보다 앞선 고소득국이다.

통계청에 의하면 2019년 북한의 인구는 2,570만

명, 명목 GNI는 35.6조원, 1인당 GNI는 141만원으로 추정된다. 북한에 비해 우리나라 GNI는 54배, 1인당 GNI는 27배가량이다.

1.4 경제성장의 특징과 정형화된 사실

경제성장의 특징

경제성장에 관한 선구적인 업적으로 노벨 경제학상을 받은 미국의 경제학자 쿠즈네츠는 18세기 중엽부터 20세기에 걸쳐 선진국에서 일어난 경제성장에서 다음과 같은 여섯 가지 특징을 발견하였다.

① 1인당 소득과 인구의 증가율이 높다.

② 요소생산성, 특히 노동생산성(= 노동의 평균생산물 혹은 한계생산물)의 증가율이 높다. 기술진보가 1인당 소득 증가의 대부분을 설명한다.

③ 경제구조의 전환이 크게 일어난다. 농업으로부터 비농업부문으로, 소규모 개인기업으로부터 대규모 회사기업으로, 농촌으로부터 도시로 경제구조의 변동이 크게 일어난다.

④ 사회 · 경제와 행태의 변화가 크다. 전통적 관행 대신 합리적 행동이 지배하고, 기회 · 소득 · 자산 면에서 평등이 촉진되며, 이에 따라 사회제도와 개인 행태가 개선된다.

⑤ 시장과 원료의 확보를 위한 대외진출 성향이 두드러진다.

⑥ 경제성장의 성과는 전 세계적으로 확산되는 것이 아니라 세계 인구의 1/3(오늘날에는 2/3)에만 한정되어 있다.

1960년대 이후 우리나라에서도 쿠즈네츠가 말하는 경제성장의 특징 중 ①, ②, ③, ⑤가 두드러지게 나타났다. 다만 ④에 관한 한 부분적인 개선에도 불구하고 지역주의, 혈연, 학연 등의 끼리끼리 문화가 사회를 지배하고 소득분배와 자산분배가 좋지 않다는 것이 문제이다. 선진국과 우리나라를 포함한 동아시아에서 경험하고 있는 두드러진 경제성장의 열매를 아직도 세계 인구의 1/3가량이 맛보지 못하고 있다는 것이 세계경제의 현주소이다.

경제성장의 정형화된 사실

영국의 경제학자 칼도어(Nicholas Kaldor, 1908∼1986)는 선진 자본주의경제의 성장 과정에서 장기적인 규칙성을 추출하여 이를 경제성장의 정형화된 사실(stylized facts of growth)이라 불렀다. 정형화된 사실은 경제성장률, 생산요소의 증가율 및 상대적 분배율 간에 나타나는 규칙성이다. 이를 설명하면 다음과 같다.

① 자본 · 생산량 비율이 대체로 일정하다.

생산량을 실질 GDP로 놓을 때

$$\text{자본}\cdot\text{실질 GDP 비율} = \frac{\text{자본}}{\text{실질 GDP}} = \text{자본계수} \qquad (14-1)$$

가 대체로 일정하다는 것이다. 자본계수(capital coefficient)는 실질 GDP 1단위를 생산하는 데 평균적으로 사용되는 자본량을 뜻한다.

② 자본의 증가율은 대체로 일정하다.

장기적으로 볼 때(예컨대 10년 단위로 볼 때) 자본의 증가율이 크게 기복을 보이지 않는다. ②를 ①과 결부시켜 보면 실질 GDP 증가율(혹은 경제성장률)이 자본의 증가율과 거의 같고 장기적으로 일정하다는 것이다.

③ 자본 · 노동 비율과 1인당 소득이 대체로 일정한 비율로 증가한다.

①과 ②에서 자본의 증가율과 경제성장률이 거의 같다는 것을 보았다. ③에 의하면 이 양자가 노동의 증가율보다 크고 그 차이는 대체로 일정하다는 것이다. 자본 · 노동 비율이 증가하는 것을 자본의 심화(capital deepening)라 한다.

④ 실질이자율은 뚜렷한 추세를 보이지 않는다.

오랜 경제성장과정을 놓고 볼 때 명목이자율에서 인플레이션율을 뺀 실질이자율이 특별한 추세를 보이지 않는다. 실질이자율과 더불어 자본의 한계생산물도 특별한 추세를 보이지 않는다.

⑤ 노동과 자본의 상대적 분배율(relative shares)이 대체로 일정하다.

생산요소를 크게 노동과 자본으로 나누면 총소득은 노동소득과 자본소득의 두 요소소득으로 분해된다. 노동과 자본의 상대적 분배율은 노동소득을 자본소득으로 나눈 값을 말한다. 이는 국민소득통계에서 나온 노동소득분배율을 자본소득분배율(= 1 - 노동소득분배율)로 나누어 계산한다. 노동과 자본의 상대적 분배율이 대체로 일정하다는 것은 노동소득분배율이 대체로 일정하다는 것과 같다.

20세기 공산주의의 이론적 기초를 제공한 마르크스는 자본주의가 발전함에 따라 노동소득분배율이 떨어짐으로써 부익부 빈익빈이 심화할 것이라고 예언하였다. ⑤는 선진 자본주의국가의 경제성장 과정에서 마르크스의 예언이 들어맞지 않았다는 것을 보여준다.

소득분배의 한계생산력이론을 적용하면 ③, ④, ⑤는 장기적으로 실질임금이 자본·노동 비율의 증가율과 같은 비율로 상승해 왔다는 것을 뜻한다. 소득분배의 한계생산력이론에 의하면 제5장에서 배운 바와 같이 노동과 자본이 노동의 한계생산물(MP_N)과 자본의 한계생산물(MP_K)만큼 보수를 받는다. 따라서 노동과 자본의 상대적 분배율은

$$\frac{\text{노동소득}}{\text{자본소득}} = \frac{\text{노동량}(N) \times MP_N}{\text{자본량}(K) \times MP_K} = \frac{MP_N}{(K/N) \times MP_K}$$

이다. ③에서 자본·노동 비율(K/N)은 장기적으로 일정한 비율로 증가한다. ④에서는 MP_K가, ⑤에서는 노동과 자본의 상대적 분배율이 대체로 일정하다. 따라서 실질임금 $= MP_N$이 자본·노동 비율과 같은 비율로 증가해야 하는 것이다.

⑥ 1인당 소득수준과 소득 증가율은 나라마다 현저히 다르다.

선진국과 빈곤국의 소득 격차는 엄청나다. **표 14-1**에서 보는 바와 같이 고소득국 소득수준은 저소득국의 그것보다 66배나 높다. 선진국과 중진국, 후진국 간 1인당 소득수준이 현저히 다른 것을 확인할 수 있다.

OECD 국가들의 1인당 실질소득 증가율은 1960년대부터 지금까지 연평균 2.5% 안팎이다. 지역별로는 일반적으로 유교의 전통이 강한 동아시아가 5%대의 높은 경제성장을 보인 반면에 서아시아, 아프리카, 중남미가 1% 내외의 낮은 경제성장을 보여 왔다. 같은 지역권 안에서도 나라마다 1인당 실질소득 증가율은 다르다.

읽을/생각할 거리 14-2

현생 인류의 경제성장과 인구 증가

우리 인류는 지구상에 태어난 지 30만 년이 되는데 최근 300년을 제외한 전 기간에 걸쳐 '지속적이고 현저한 1인당 소득의 증가'라는 의미의 경제성장이 없었다. 일시적으로, 그리고 지역적으로 경제성장을 경험하긴 했다. 그러나 지속적이고 광범위하게 경제성장이 일어난 것은 18세기 산업혁명 이후부터였다. 표 14-2에서 보는 것과 같이 기원후 17세기까지 세계경제는 연평균 0.1% 성장하였다. 그러나 인구도 0.1% 증가하여 1인당 소득 증가율은 0%였다. 기원전에는 세계경제의 성장률도, 인구의 증가율도, 1인당 소득의 증가율도 0%일 것이다.

표 14-2 세계의 경제성장과 인구 증가(연평균 %)

연대	경제성장률[1]	인구 증가율	1인당 소득 증가율[2]				
			세계	유럽	아메리카	아프리카	아시아
0~1700	0.1	0.1	0.0	0.0	0.0	0.0	0.0
1700~1820	0.5	0.4	0.1	0.1	0.4	0.0	0.0
1820~1913	1.5	0.6	0.9	1.0	1.5	0.4	0.2
1913~2012	3.0	1.4	1.6	1.9	1.5	1.1	2.0
1913~1950	1.8	0.9	0.9	0.9	1.4	0.9	0.2
1950~1980			2.5	3.4	2.0	1.8	3.2
1980~2012			1.7	1.8	1.3	0.8	3.1
2012~2100[1]	2.3	0.4	1.9	−0.1	0.3	1.5	0.2
1700~2012	1.6	0.8	0.8	1.0	1.1	0.5	0.7

주 : 1) 연평균 실질 GDP 성장률.
2) 연평균 1인당 실질 GDP 성장률.
3) 중립적 전망치.

자료 : 피케티, 『21세기 자본』.

18세기에 세계경제는 산업혁명에 힘입어 인류 최초로 지속적이고 현저한 경제성장을 경험하게 되었다. 세계경제는 연평균 0.5% 성장하고, 인구는 0.4% 증가하여 1인당 소득이 0.1% 성장하였다. 이어 성장에 가속도가 붙어 19세기에 연평균 1.5%, 20세기에 3.0% 성장하고, 1인당 소득도 각각 0.9%, 1.6% 성장하였다. 18세기부터 20세기까지 300년을 통틀어 세계경제는 연평균 1.6% 성장하고, 인구 증가율과 1인당 소득 증가율이 각각 0.8%였다. 1인당 소득 증가율이 고작 0.8%이지만 그 함의는 엄청나다. 인류가 태고 때부터 수렵 · 채집을 해 오고 최근 1만년 간 농업을 해 오는 등 이른바 1차 산업에 종사해 오면서 변함없이 겪었던 굶주림에서 비로소 해방된 것이다. 1인당 소득 증가율이 0.8%이면 70의 법칙에 의해 대략 90년 만에 소득이 2배가 된다. 270년 만에 소득이 8배가 된다. 지난 300년 동안에 대략 실질소득이 10배 늘어났다.

경제성장 면에서 황금기는 20세기, 특히 1950 ~ 1980년 기간이었다. 20세기에 경제는 연평균 3.0% 성장하고, 인구는 1.4%, 1인당 소득은 1.6% 증가하였다. 앞으로 세계경제는 20세기와 같은 높은 성장을 누리지는 못할 것으로 전망된다. 낙관적인 전망에 따르면 21세기에 세계경제가 연평균 2.3% 성장하여 20세기의 3.0%보다 낮아진다. 그러나 인구 증가율이 1.4%에서 0.4%로 크게 낮아짐에 따라 1인당 소득은 1.9% 증가한다. 20세기 후반에 한국, 대만, 싱가포르, 홍콩 등 아시아의 네 마리 용은 연평균 1인당 소득 증가율이 5%를 넘었다. 1인당 소득이 14년에 2배, 28년에 4배가 된 것이다. 세계성장의 역사에 처음 있던 일이다. 성장의 기적으로 불리는 이유이다. **표 14-2**는 18세기 이후 1인당 소득 증가율이 지역마다 차이가 크다는 것을 보여준다. 각 지역을 구성하는 나라들 간에도 경제성장률과 1인당 소득 증가율의 차이가 크다.

2. 경제성장의 이론

2.1 신고전파적 성장이론

앞 절에서 소개한 경제성장의 정형화된 사실들을 대부분 만족스럽게 설명할 수 있는 모형이 있다. 이 모형을 **신고전(학)파적 성장모형**(neoclassical growth model)이라 부른다. 영국의 경제학자 해러드(Roy Harrod)와 도마(Evsey Domar)가 최초로 제시하고 미국의 경제학자 솔로(Robert Solow)가 발전시킨 신고전파적 성장모형을 간단히 살펴보자.

노동인구가 매년 2%씩 증가하는 경제를 상정하자. 논의를 단순화하기 위해 노동자들의 생산성이 매년 3%씩 증가한다고 하자. 이는 기술향상과 직업훈련으로 작년에 103명의 노동자가 하던 일을 금년에는 100명의 노동자가 할 수 있다는 것을 뜻한다. 단순한 형태의 기술진보율을 3%로 가정한 것이다. 이 단순한 형태의 기술진보 하에서는 관점을 달리해 보면 작년에 100명의 노동자가 올해에는 똑같은 노동생산성을 가진 103명의 노동자로 늘어난 것과 같다. 이 경우 자연노동(N)은 매년 2%씩 늘어나지만 **실효노동**(effective labor)은 5%씩 늘어난다고 말한다. 작년에 100명이었던 노동자가 올해에는 자연적인 인구 증가로 102명이 되지만 기술진보까지 감안하면 이 102명의 노동자는 작년의 노동생산성을 가진 노동자 105명과 같다는 것이다.

실효노동의 증가율과 같은 경제성장률(g)을 **자연성장률**이라 한다. 신고전파적 성장모형의 핵심은 노동과 자본 등 모든 생산요소가 완전고용되기 위해서는 생산량과 자본이 자연성장률과 같은 비율로 증가해야 한다는 것이다. 위 예에서는 생산량과 자본이 5%로 증가해야 한다. 생산량과 자본, 유효노동이 모두 자연성장률로 성장하는 것을 **균형성장**(balanced growth)이라 한다. 솔로는 균형성장이 이루어지면 일반적인 생산함수 하에 모든 생산요소가 완전고용된다는 것을 보였다.

생산량(Y)과 자본(K)이 매년 5%씩 증가하기 위해서 필요한 총저축 = 총투자는 얼마이고 총저축률은 얼마일까? 이는 자본계수가 얼마나 크냐에 달려 있다.

$$\frac{\Delta K}{K} = \frac{\Delta Y}{Y} = 0.05 \text{ 혹은 } \Delta K = \frac{\Delta Y}{Y} \times K = 0.05K$$

그런데 자본의 증분 ΔK는 신투자와 같다. 대체투자가 없다고 가정하면 신투자는 총투자(I)와 같다. 국민소득계정에서 총투자는 총저축(S)과 같다. 따라서 균형성장을 위해 필요한 총저축은

$$S = \frac{\Delta Y}{Y} \times K = 0.05K \qquad (14-2)$$

이다. 즉, 자본량에 자연성장률을 곱한 만큼 총저축이 있어야 한다. 따라서 자본량을 알면 균형성장에 필요한 총저축을 계산할 수 있다. 앞에서 자본계수가 대체로 일정한 것이 성장의 정형화된 사실 중 하나라고 하였다. 경제의 자본계수(K/Y)가 4라 하자. 그러면 위 식의 양변을 Y로 나누면 저축률은

$$s = \frac{S}{Y} = \frac{\Delta Y}{Y} \times \frac{K}{Y} = 0.05 \times 4 = 0.2$$

가 된다. 총소득 가운데 20%를 저축하면 균형성장을 이룰 수 있다는 것이다. 일반적으로 균형성장을 위한 방정식은 위 식에서

$$\text{저축률}(s) = \text{자연성장률}(g) \times \text{자본계수}(K/Y) \qquad (14-3)$$

로 주어진다. 자연성장률이나 자본계수가 높아지면 그만큼 저축률이 높아져야 한다는 것을 위 식은 보여주고 있다.

신고전파적 성장모형을 발전시켜 노벨 경제학상을 받은 미국의 경제학자 솔로

는 자유시장기구에서 위 식이 성립할 수 있도록 자본계수가 자동적으로 조정되는 것을 보였다. 나아가 저축률이 높아지면 장기에 자본계수도 같이 증가하여 자연성장률이 변하지 않는다는 것을 보였다. 저축률의 상승은 경제성장률을 일시적으로 상승시킬 뿐 영구적으로 상승시키지는 못한다는 것이다. 그러나 경제성장 문헌에서 '영구적'인 것은 수백 년, '일시적'이라는 것은 수십 년이기 십상이다. 제2차 세계대전 이후 60여 년간 동아시아권이 다른 개도국들보다 지속적으로 높은 성장을 보인 것은 높은 저축률 = 투자율에 크게 기인한다. 솔로는 장기에 자연성장률을 결정하는 기본 요인은 인구 증가율과 기술진보율이라는 것도 보였다. 따라서 장기에 1인당 실질소득의 증가율을 결정하는 기본 요인은 기술진보율이다.

일단 식 (14-3)이 성립하면 저축률과 자연성장률이 변하지 않는 한 자본계수는 불변이다. 따라서 성장의 정형화된 사실 ①이 설명된다. 위의 예에서 자본 증가율과 경제성장률은 5%이다. 반면에 자연노동은 2%씩 증가한다. 따라서 자본 · 노동비율과 1인당 소득은 매년 기술진보율 3%씩 증가한다. 따라서 정형화된 사실 ②, ③이 설명된다.

자본의 각 단위는 종전과 똑같은 실효노동과 결합되기 때문에 시간이 흘러도 자본의 한계생산물이 변하지 않는다. 자본의 한계생산물은 실질이자율과 밀접한 연관이 있다.[2] 따라서 정형화된 사실 ④가 설명된다.

실효노동이 아닌 자연노동이 효율성의 증가분을 한계생산물로 수취하므로 자연노동이 받는 실질임금은 매년 3%씩 증가한다. 자본 · 노동 비율이 3%씩 증가하는데 자본의 한계생산물은 불변이고 실질임금은 3%씩 증가하므로 노동과 자본의 상대적 분배율은 변하지 않는다. 따라서 정형화된 사실 ⑤도 설명된다.

이 신고전파적 성장이론을 바탕으로 하여 최적성장이론이 등장하였다. 최적성장이론에 의하면 실질이자율이 실효노동의 증가율과 같도록 자본축적이 이루어지면 국민들의 후생이 최대가 된다. 실효노동의 증가율은 인구 증가율과 기술진보율의 합으로서 경제성장률과 같았다. 따라서

$$\text{실질이자율} = \text{인구 증가율} + \text{기술진보율} = \text{경제성장률} \qquad (14-4)$$

---

2) 실질이자율에 자본의 감가상각률을 더한 것을 자본의 실질사용자비용이라고 부른다. 매기에 생산시설을 자유자재로 쓸 수 있다면 이윤극대화를 추구하는 기업은 자본의 한계생산물이 자본의 실질사용자비용과 같아지는 수준까지 생산시설을 사용한다. 중급 거시경제학에서 이런 한계원리를 배운다.

을 만족시키는 자본축적이 국민들의 후생을 최대로 하는 가장 바람직한 자본축적이라는 것이다. 이러한 뜻에서 식 (14-4)를 **자본축적의 황금률**(golden rule of capital accumulation)이라 부른다.

실질이자율이 경제성장률보다 낮으면 자본이 필요 이상으로 과잉축적되어 있다는 것을 뜻한다(단기에는 수확체감의 법칙이 작용하여 자본축적이 늘어날수록 자본의 한계생산물과 실질이자율이 떨어진다). 자본이 과잉축적되면 식 (14-4)를 만족시키는 자본축적에 비해 경제성장이 단기에 높게 나타난다. 이러한 높은 성장이 최적성장이 아니라는 것이다. 최적성장이론에 의하면 자연성장률을 초과하는 고도성장이 국민복지를 최대로 하는 최적성장은 아니다.

2.2 신성장이론

오늘날 세계 각국의 인구 증가율은 0~3%대에서 안정적이다. 제2차 세계대전 이후 상품과 기술의 국제교류는 갈수록 확대되어 각국의 기술진보율이 크게 차이가 난다고 할 수 없다. 따라서 신고전파적 모형의 균형성장조건에 따르면 각국의 경제성장률은 비슷비슷해야 한다. 차이가 있다면 개도국은 인구 증가율이 높고 기술수준이 낮은 상태에서 출발하기 때문에 기술진보율이 높게 나타나서 선진국보다 경제성장률이 높아야 한다. 이에 따라 시간이 흐를수록 선진국과 개도국 간 생활수준의 격차가 축소되어야 한다. 그런데 현실세계에서는 나라마다 경제성장률이 크게 다르고, 선진국과 동아시아 사이의 소득 격차는 축소되고 있지만 선진국과 나머지 개도국 간의 소득 격차는 확대되고 있다.

신고전파적 성장모형의 또 하나의 한계는 1인당 소득 증가율을 결정하는 유일한 요인인 기술진보율이 어떻게 결정되는가에 관해 설명하지 못한다는 것이다.

이 두 가지 한계를 극복하기 위해 등장한 성장이론이 **신성장이론**(new growth theory) 혹은 **내생적 성장이론**(endogenous growth theory)이다. 신성장이론은 미국의 경제학자 로머(Paul Romer)와 루카스(Robert Lucas)에 의해 1980년대 중반에 개발되어 그 후 비약적인 연구가 이루어져 왔다.

신성장이론에 의하면 기술진보는 새로운 아이디어와 지식이 창출되는 것을 뜻하며 인적 자본에 대한 투자와 연구·개발 등에 의해 내생적으로 일어난다. **인적 자본**(human capital)은 개개인이 교육과 훈련을 통해 쌓은 기술과 지식을 말한다. 인적 자본에 대한 투자가 이루어지면 똑같은 노동량으로 종전보다 많이 생산하기 때문에 노동 측면에서의 수확체감의 법칙을 극복할 수 있다. 연구 · 개발을 통해 새로운 아이디어와 기계설비가 개발되면 생산성이 향상된다.

신성장이론은 물적 자본 축적의 중요성도 강조한다. 물적 자본이 축적되어 새로운 기계설비가 등장하면 처음에는 근로자들이 서툴지만 차차 익숙해져 갈수록 생산성이 높아진다. 생산량이 늘어남에 따라 기계설비를 능숙하게 조작하여 생산성이 늘어나는 것을 학습효과(learning by doing)라 한다. 물적 자본의 축적에는 이런 학습효과가 따른다. 따라서 저축률이 높아 물적 투자율이 높고, 교육 · 훈련이 잘 되어 있고, 연구 · 개발투자가 활발히 이루어지는 나라에서는 그렇지 못한 나라에 비해 장기적인 경제성장률이 높다. 동아시아권이 성장의 기적을 보여온 것은 이런 성장요인 면에서 다른 개발도상국들보다 압도적인 우위를 보였기 때문이다. 많은 개도국이 성장의 파국을 겪고 빈곤의 굴레에서 벗어나지 못하는 것은 저축률과 인적 자본 축적이 낮고 연구 · 개발 투자가 저조한 때문이다.

2.3 경제성장정책

자연성장률을 실현하고 제고하고자 하는 정책을 경제성장정책이라 한다. 지금까지 다룬 산업혁명 이후 경제성장의 경험과 성장이론에 입각하여 몇 가지 주요한 경제성장정책을 다음과 같이 들어볼 수 있다.

(1) 경제활동인구 확대

표 14-2에서 보는 것처럼 경제성장률, 1인당 소득 증가율과 인구 증가율은 높은 양(+)의 상관관계를 가지고 있다. 인구 증가율이 낮아지면 연구 · 개발 인력이 줄고 경제성장률과 1인당 소득 증가율이 낮아지는 경향이 있다. 우리나라는 2010년대 말부터 경제활동인구가, 2020년부터 인구가 감소하기 시작하였다. 장기적인 인구감소는 국력 쇠퇴로 연결되는 것은 물론이고 국가 존립 자체를 어렵게 만든다. 인구감소를 역전시키는 실효성 있는 정책이 필요하다. 먼저 0.8명대의 합계출산율로 세계에서 가장 낮은 저출산을 완화해야 한다. 출산과 육아로 인한 여성 경력 단절을 방지할 수 있도록 보육지원 인프라와 육아휴직제를 강화하고 비혼 출산도 적극 지원해야 한다. 공교육 강화를 통해 사교육비 부담을 없애고, 집값 안정, 자녀 장려금 확대

등으로 출산과 양육 의욕이 일어나게 해야 한다. 재택근무, 탄력적인 근로 시간, 스마트 워크(smart work) 확대, 비정규직의 처우 개선 등을 통해 여성과 60대 이상 퇴직 연령 인구의 경제활동참가율을 높여야 한다. 외국인 난민, 숙련노동자, 고급 인력과 투자이민 등을 적극 받아들이는 전향적인 이민정책도 필요하다.

(2) 인적 자본 축적

미국의 시카고대 교수이자 노벨상 수상자인 베커(Gary Becker)와 루카스(Robert Lucas)가 경제발전에 인적 자본이 중요하다는 것을 강조한 이래 인적 자본은 경제성장의 주요 원천으로 인식되고 있다. 인적 자본을 많이 보유한 근로자일수록 생산성이 높기 때문에 임금을 많이 받는다. 이런 근로자가 많을수록 경제성장도 촉진된다. 미국과 서유럽의 근로자가 아프리카 근로자보다 수십 배, 수백 배 많은 급여를 받는 것은 인종적으로 우수하기 때문이 아니라 인적 자본을 많이 가지고 있기 때문이다. 인적 자본은 교육과 훈련의 양이 많을수록, 교육의 질이 좋을수록 더 많이 축적된다. 우리나라는 교육의 양(재학 연수와 사교육)이 많지만 질이 낮다. 교육의 질을 높이기 위해서는 교육 개혁이 중요하다. 디지털 혁명과 인공지능 시대에 맞게 암기 위주의 중등교육을 개혁하여 창의성과 융복합 마인드를 북돋고 코딩을 익히며 인성을 닦는 교육이 이루어져야 한다. 특히 저소득층 자녀가 인공지능(artificial intelligence : AI)을 영리한 조교(intelligent assistant : IA)로 활용할 수 있게 하는 개인별 맞춤학습이 보급되어야 한다.

교육 외에 인적 자본을 축적하는 유력한 방법은 재교육, 평생학습 등을 포괄하는 훈련이다. 인공지능에 의해 인간 노동이 대체되어 갈 때 대학이 재교육과 평생훈련의 요람이 되어야 한다.

(3) 혁신

성장 잠재력을 확충하여 자연성장률(잠재성장률)을 제고하는 가장 강력한 방법은 슘페터가 경제발전의 원동력이라고 강조한 혁신이다. 확충된 성장 잠재력을 현실 경제에서 실현시키는 동력도 혁신이다. 혁신은 제6장에서 설명한 것과 같이 새로운 아이디어나 방법을 사용하여 새로운 가치를 창출해내는 것이다. 성장이론에서 중요시한 기술진보도 혁신에 포함된다. 혁신은 으레 연구 · 개발을 통해 일어난다. 우리나라 기업과 정부가 R&D에 투자하는 자금 규모는 GDP 대비 4%대로 세계 최상위권이다. 그러나 대부분의 R&D 투자가 선진국 기술을 따라잡고 범용기술을 개량하는 데에 집중되고 있다. 기초과학에 과감히 투자하여 기술 변경을 개척하는 선도자 역할을 해야 과학기술 선진국이 될 수 있는데 그렇지 못하다. 정부는 기초과학 기술에 투자를 집중하여 원천기술을 개척하는 선도국가가 되어야 한다. 기술벤처기업과 첨단산업의 R&D 투자에 대한 세제 혜택을 확대해야 한다.

(4) 경제 개방

무역자유화와 적극적인 외자 도입과 같은 경제 개방이 경제성장을 촉진한다. 이는 우리나라, 대만, 중국 등을 통해 드러난 사실이다. 무역자유화는 비교우위를 가지는 국내 기업들이 세계시장을 개척하고 질적 도약을 맞는 계기가 될 수 있다. 선진국 기업이 개도국에 들어오면 고용이 창출되는 것은 물론이고 선진 기술과 경영 노하우를 익힐 수 있다. 경제 개방은 경제의 생산능력을 높이는 디딤돌이다. 북한이 권위주의체제를 유지하더라도 중국과 비슷한 정도의 경제 개방을 했다면 오늘날 빈곤의 늪에 빠져 헤어나지 못하는 일은 없었을 것이다.

(5) 좋은 사회하부구조와 포용적 제도 구축

지속적인 성장과 높은 생활수준을 낳는 핵심적인 요인으로 근래에 정치학계와 경제학계가 주목하는 것이 좋은 사회하부구조와 포용적 제도이다. 좋은 **사회하부구조**(social infrastructure)란 현재소비보다 투자, 지대추구보다 생산을 북돋는 제도와 정책, 정치·사회 환경을 말한다. 개도국은 기업의 투자환경이 열악하고 생산활동 못지않게 지대추구행위가 많다. 이를 나쁜 사회하부구조라 부른다. **지대추구행위**(rent-seeking behavior)란 불로소득, 이권 등을 차지하려는 로비활동이나 불공정한 행위를 말한다. 좋은 사회하부구조와 관련하여 애쓰모글루-로빈슨은 포용적 경제제도와 포용적 정치제도를 강조하였다. **포용적 경제제도**란 법치와 공정한 경쟁환경이 보장되는 시장경제를 말한다. **포용적 정치제도**란 중앙정부가 특정 세력에 휘둘리지 않고 입법, 행정, 사법, 외교, 국방 등의 국가기능을 수행하면서 한 개인이나 소수 집단이 권력을 독점하지 않고 복수의 집단이 정치권력을 나누어 갖는 형태를 말한다. 대의민주정치의 현실에 비추어 쉽게 풀어 말하자면 포용적 정치제도란 독재정치나 권위주의체제가 아니라 정권 교체가 이루어지는 자유민주주의체제라는 것이다. 서구 선진국은 좋은 사회하부구조와 포용적 정치·경제 제도를 가지고 있다. 개도국은 그렇지 못하다. 그렇지 못한 이유는 역사적 요인(오랜 식민지배를 받았다), 지리적 요인(적도 지역에 사는 사람들은 대개 낙천적이고 게으르다), 정치 리더십의 부재

(한국과 싱가포르가 이룬 성장의 기적은 박정희 대통령과 리콴유 수상의 리더십에 크게 기인한다. 많은 개도국의 지도자는 가부장적이고 대중영합적인 독재자이거나 무능하고 부정부패한 사람인 경우가 많다), 종교적 · 문화적 요인, 민족성 등 여러 요인들이 복합적으로 작용하기 때문이다. 주요 선진국은 더 좋은 사회하부구조와 포용적 제도를 갖추기 위해 규제 완화와 제도 개혁을 상시적으로 추진하여 바람직한 성과를 얻고 있다. 우리나라도 규제 완화와 제도 개혁으로 더욱 '기업 하기 좋은 나라' 를 만들고 교육, 문화예술, 의료, 관광, 엔터테인먼트 등의 서비스산업을 선진화해야 한다. 노동시장의 경직성을 완화하는 노동부문의 제도 개혁과 비효율적인 공공부문의 개혁도 중요한 과제이다.

읽을/생각할 거리 14-3

인류의 가장 위대한 발명과 사회하부구조

세계적인 지성인 110명에게 인류 역사상 가장 위대한 발명을 꼽아달라고 한 결과 아홉 가지로 모아졌다. 인쇄기계, 통신기술, 전기, 비행기, TV, 컴퓨터, 인터넷, 핵폭탄이 그중 여덟 가지이다. 나머지 한 가지는 '발명을 가능케 하는 사회구조' 이다.

세계적인 갑부 빌 게이츠는 "오늘날 나를 있게 한 일등공신은 지식재산권이다" 라고 말했다. 일찍이 에이브러햄 링컨은 "특허란 천재라는 불꽃에 이익이라는 기름을 붓는 것이다" 라고 말했다.

산업혁명 이전에도 인류는 경제성장을 경험해 왔다. 그러나 경제성장은 현저하지 못했고 또 지속적이지도 않았다. 산업혁명 이후에야 인류가 현저한 경제성장을 지속적으로 이룰 수 있었다. 왜 그럴까? 이에 대한 해답은 특허권과 같은 지식재산권 제도가 산업혁명 이후에 생겼기 때문이다. 시장경제 하에 지식재산권 제도가 확립되자 좋은 아이디어 개발과 발명에 엄청난 보상이 주어졌다. 시장에 의해 발명가가 이윤을 향유할 수 있는 제도적 틀이 확립된 후에야 기술진보와 혁신이 지속적으로 활발하게 일어났다.

지식재산권 제도는 발명을 촉진시키는 좋은 사회하부구조이다.

우리 경제가 근래에 성장률이 크게 낮아진 중요한 이유는 정부가 포용적 제도인 자유민주주의와 시장경제를 경시하고 경제 논리를 무시하는 등 하지 말아야 할 일을 서슴지 않은 경우가 적지 않았기 때문이다. '경제는 2류인데 정치는 4류이고 행정은 3류' 라는 말이 오랫동안 회자되어 왔는데 이는 정부가 하지 말아야 할 일을 하고, 해야 할 일은 못하는 데 크게 기인한다. 선출된 권력자를 포함한 모든 사람이 법 앞에 평등하고, 법이 엄정하고 투명하게 집행되는 법치야말로 시장경제의 기본 전제이다. 법치를 작동시키고 관철시키는 책임은 정부의 기본적인 역할 중 하나이다. 나아가 다양한 집단 간 갈등을 공정한 심판으로 조정하고 해결하는 것이 정부가 해야 할 또 다른 중요한 역할이다. 정부가 해야 할 법치와 갈등 조정과 같은 기본 역할을 잘 하는 것이 좋은 사회하부구조와 포용적인 정치제도에 속한다. 사회 갈등이 적고 사회구성원 간 신뢰와 도와주려는 마음이 큰 것도 좋은 사회하부구조에 포함된다.

3. 경제개발의 전략 : 균형성장론과 불균형성장론

3.1 경제성장과 경제발전

후진국(가치중립적인 표현으로 개발도상국, 줄여서 개도국)은 대개 소득과 교육수준이 낮고 인구 증가율과 사망률이 높으며, 공업 비중은 작고 농업 비중은 크다는 특징을 갖는다. 이러한 특징을 갖는 개도국은 선진국과는 다른 양상의 문제를 가지고 있다.

선진국의 경제성장에서는 생산요소 부존량의 증가와 기술진보에 따른 생산능력의 제고에만 관심을 집중할 수 있다. 그러나 개도국의 경제성장에서는 생산능력의 제고뿐만 아니라 전통적 사회구조의 근대화, 공업화, 인적 자원의 개발 등 구조적인 측면의 질적 향상에 주력해야 한다. 개도국의 경제성장 못지않게 구조적인 측면의 질적 향상을 강조하는 뜻으로 **경제발전** 혹은 **경제개발**(economic development)이라는 말이 쓰여져 왔다. 『아시아의 드라마』를 써서 노벨 경제학상을 받은 스웨덴 경제학자 뮈르달(Gunnar Myrdal, 1898~1987)은 경제발전을 '전 사회체계의 총체적인 상향운동'으로 정의하였다.

최근에는 경제성장과 경제발전을 굳이 구분하지 않고 섞어 쓰는 경향이 늘어나고 있다. 쿠즈네츠가 밝힌 경제성장의 여섯 가지 특징에도 나온 것처럼 경제성장이 지속되면 경제 · 사회제도와 행태의 변화도 수반되기 때문이다. 본서도 가급적 관행을 따르면서 양자를 혼용한다.

3.2 경제발전의 과정

미국의 경제사학자인 로스토(William Rostow)는 모든 나라들이 다섯 단계를 밟아 발전한다고 주장하였다. 그 다섯 단계란 전통사회단계, 도약준비단계, 도약단계(take-off stage), 성숙단계, 대중적 고도소비단계이다. 비행기가 이륙하는 것처럼 경제가 도약하는 단계를 거쳐야 본격적으로 발전할 수 있다는 데에 착안하여 도약단계를 중심으로 발전단계를 나눈 것이다.

영국의 산업혁명 이래 세계 각국의 공업화 과정을 실증분석한 독일의 경제학자 호프만(W. Hoffman)은 모든 나라들의 공업구조를 세 단계로 분류하였다. 제1단계는 소비재산업의 비중이 압도적인 단계로 발전의 초기 단계이다. 제2단계는 점차 생산재산업의 비중이 커지는 단계이다. 제3단계는 경제발전이 충분히 이루어져 생산재산업의 비중이 소비재산업의 비중과 대등하거나 더 큰 단계이다.

19세기 이후 세계 각국의 산업구조와 소비구조를 분석한 미국의 경제학자 클라크(Collin Clark)는 산업을 제1차산업(농림수산업), 제2차산업(광공업), 제3차산업(사회간접자본 및 기타 서비스업)으로 구분하였다. 그리고 경제가 발전할수록 산업구조는 제1차산업에서 제2차산업으로, 제2차산업에서 제3차산업으로 그 중심이 이행한다고 주장하였다.

이와 같은 경제발전과정에 관한 분석은 각국의 특수한 발전 경험을 도외시하고 도식적으로 분류한다는 한계점을 갖는다. 그러나 뒤늦게 공업화를 통한 경제발전을 추구하는 개도국에게 미래에 대한 큰 전망을 할 수 있게 해준다.

개도국에서 선진국으로 발전해 나가기 위해 일반적으로 몇 가지 과정이나 단계를 거쳐야 한다면 정부가 어떤 발전전략을 세우는 것이 이런 과정을 단축시키는 길인가 하는 문제의식이 대두된다. 균형성장론과 불균형성장론은 이와 같은 문제의식에서 비롯된 이론이다.

3.3 균형성장론

균형성장론을 주창한 사람은 미국의 경제학자 넉시(Ragnar Nurkse)이다.

넉시에 의하면 오늘날 후진국들은 가난하기 때문에 가난하게 살 수밖에 없는 **빈곤의 악순환**(vicious circle of poverty)을 경험하고 있다. 이 악순환은 **그림 14-1**

그림 14-1

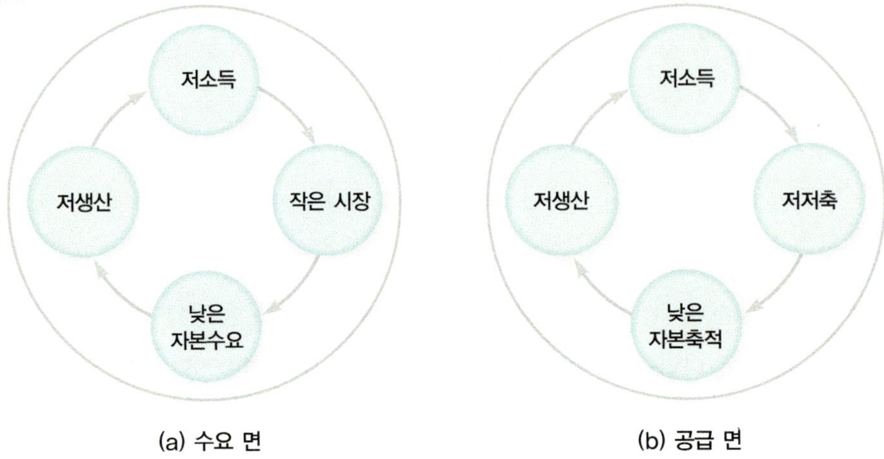

빈곤의 악순환

후진국은 수요와 공급의 양면에서 가난하기 때문에 가난한 빈곤의 악순환에 빠져 있다.

에서 보는 바와 같이 수요와 공급의 양면에서 작용하고 있다. 수요 면에서는 소득이 낮으니까 시장이 작고, 시장이 작으니까 자본수요가 낮으며, 자본수요가 낮은 결과 생산이 낮고, 생산이 낮으니까 다시 소득이 낮은 악순환이 일어난다. 공급 면에서는 소득이 낮으니까 저축이 낮고, 저축이 낮으니까 자금공급이 부족하여 자본축적이 낮고, 그 결과 저생산 · 저소득 · 저저축의 악순환이 일어난다.

후진국의 개발문제는 바로 이 악순환을 단절하는 것이다. 후진국의 경제발전에 가장 큰 애로는 수요 면에서 작은 시장이고 공급 면에서 낮은 자본축적이다. 낮은 자본축적의 사슬을 끊는 방법에 대해서는 다음 절에서 다룬다. 작은 시장의 사슬을 끊기 위해서는 해외시장을 개척하거나 국내시장을 개발해야 한다. 수출을 통해 해외시장을 개척하는 데에 주력하는 전략을 **외향적 발전전략**이라 한다. 국내시장을 개발 · 확대하는 데에 주력하는 전략을 **내향적 발전전략**이라 한다. 동아시아권이 일찍부터 외향적 발전전략을 채택한 데 반해 남미권은 내향적 발전전략을 채택하였다.

균형성장론에 따르면 국내시장을 개발 · 확대하는 방법은 모든 산업에 고르게 투자하여 각 산업의 제품을 서로 사가도록 하는 것이다. 즉, 경제의 모든 부문이 골고루 성장하여 **상호수요**(reciprocal demand)를 일으킴으로써, 판로부족 때문에 산업별로 과부족이 생기는 낭비를 제거하고 시장수요능력과 공급능력이 균형을 유지하도록 하는 것이다.

3.4 불균형성장론

미국의 경제학자 허쉬만(Albert Hirschman)은 균형성장론을 비판하면서 불균형성장론을 주장하였다. 허쉬만에 의하면 균형성장론은 개도국이 자본·기술 면에서 취약하여 모든 산업을 동시에 성장시키기가 어렵고, 산업마다 후술하는 연관효과가 상이한 점을 간과하고 있다. 자본부족에 허덕이는 개도국은 특정 산업에 집중투자하여 경제의 선도산업으로 삼고 그 선도산업으로부터 파급되는 전후방 연관효과를 통해 역동적인 경제개발을 추진해야 한다.

허쉬만은 투자의 효과를 생산능력창출효과, 소득창출효과, 연관효과의 세 가지로 구분하였다. 투자(특히 신투자)는 자본량을 증가시켜 생산능력을 확장시킨다. 이는 경제학계가 전통적으로 중시해 온 투자의 효과이다. 한편 투자는 지출 측면에서 총생산의 구성요소이기 때문에 투자가 증가하면 소득이 늘어나는 효과를 발휘한다. 이는 케인스가 유효수요의 이론으로 중시한 투자의 효과이다. 이 두 가지 효과보다 허쉬만은 투자의 연관효과를 강조한다. 연관효과가 큰 산업에 집중투자하여 이것을 선도부문으로 삼아야 한다는 것이다.

연관효과는 전방연관효과와 후방연관효과로 나누어진다. **전방연관효과**(forward linkage effect)는 A산업에 대한 투자가 A산업 제품을 사가는 B산업의 성장과 투자를 유발하는 효과를 말한다. **후방연관효과**(backward linkage effect)는 A산업에 대한 투자가 A산업에 투입물을 공급하는 C산업의 성장과 투자를 유발하는 효과를 말한다.

제철공장이 건설되어 철강 공급이 늘고 철강 가격이 내린다면, 철강을 투입물로 쓰는 자동차산업의 생산과 투자, 그리고 수익성이 높아진다. 제철공장 건설로 자동차산업의 성장이 유발되는 효과가 전방연관효과이다. 반면에 제철공장 건설이 철광업의 성장을 유발하는 효과는 후방연관효과이다.

허쉬만은 개도국의 개발에는 전방연관효과보다 후방연관효과가 더 중요하다고 주장한다. **표 14-3**에서 보는 바와 같이 후방연관효과는 대체로 농업보다 공업이 크다. 따라서 허쉬만의 불균형성장론에 의하면 1차산업보다 제조업을 우선적으로 개발해야 한다.

표 14-3

산업별 연관효과의 크기

산업류별	후방연관효과	전방연관효과
중간재 제조업(예 : 철강)	크다	크다
최종재 제조업(예 : 의류)	크다	작다
중간재 1차산업(예 : 양잠)	작다	크다
최종재 1차산업(예 : 어업)	작다	작다

3.5 균형성장론과 불균형성장론의 평가

균형성장론과 불균형성장론 중에서 어느 쪽이 현실 적합성이 있는 전략이냐 하는 것은 각국의 경제사정에 따라 좌우된다.

궁극적으로 산업의 각 부문이 균형을 이루면서 성장해야 한다는 점에 있어서는 양론이 일치한다. 자본과 우수인력, 기술 등의 제약을 받지 않는다면 균형성장이 바람직스러울 것이다. 그러나 이러한 요소들의 제약을 받지 않는 나라라면 그 나라는 선진국이지 개도국이 아니다. 자본, 우수인력, 기술 등이 부족한 개도국의 개발 초기 단계에서 모든 부문을 골고루 발전시키기는 실제로 불가능하다는 점에서 어떤 형태로든 불균형성장으로 출발할 수밖에 없다. 경제개발을 수행하는 입장에서 볼 때 불균형성장론의 권고대로 투자의 우선순위에 따라 집중투자하되, 균형성장론의 주장을 따라 산업 간의 불균형이 너무 크지 않도록 유의하는 것이 바람직하다.

4. 자본축적과 경제발전

Navigator @ Economics, ch. fourteen

경제발전의 기본적인 애로 요인은 낮은 자본축적(저투자)이다. **그림 14-1**에서 보인 빈곤의 악순환에서도 저생산 · 저소득의 기본 원인은 낮은 자본축적이다. 따라서 자본축적이 경제발전의 활력소가 된다. 개도국이 자본을 축적하는 방법은 자발적인 저축 증대, 잠재실업인구의 생산인구화, 외자도입의 세 가지가 있다. 자발적인 국내저축 증대에 의한 자본축적은 제2절의 신고전파적 성장이론에서 다루었다. 이 절에서는 잠재실업에 의한 자본축적과 외자도입에 의한 자본축적을 다룬다.

4.1 잠재실업의 생산인구화를 통한 자본축적

개도국에는 선진국에 비해 잠재실업이 많다.

잠재실업(disguised unemployment)이란 노동의 한계생산물이 0이거나 0에 가까운 농촌인구로서 사실상 실업상태에 있지만 표면적으로는 실업자로 노출되지 않는 상태를 말한다.

표면적으로 실업자로 노출되지 않고 잠재실업이 존재하는 이유는 개도국의 전통적인 산업인 농업이 가족노동에 의해 경영되기 때문이다.

미국의 경제학자 루이스(Arthur Lewis)는 잠재실업에 의하여 자본이 축적되는 경로를 설명하였다. 우리나라의 경제발전 패턴과 부합되는 루이스의 모형을 살펴보기로 하자.

루이스는 1960년대의 우리나라와 같이 농업부문에 방대한 잠재실업이 존재하는 경제를 상정한다. 농업부문에 방대한 잠재실업이 존재할 때 공업부문에서 농업부문보다 높은 임금을 주면 잠재실업자들이 도시의 공업부문으로 이동하게 된다. 잠재실업자들이 방대하기 때문에 공업부문의 실질임금이 오르지 않더라도 공업부문에 신규 노동인구는 계속 유입된다. 루이스는 이를 **무한노동공급**이라고 표현하였다.

잠재실업자들이 유입되면 공업부문의 기업가는 실질임금 = 노동의 한계생산물이라는 이윤극대화조건이 만족되도록 고용한다. 기업가가 금기의 생산활동으로 얻은 자본소득과 이윤을 재투자한다고 하자. 그러면 차기에 공업부문의 자본량이 증가하여 노동의 한계생산물이 상승한다. 이에 따라 노동수요가 증가한다. 그러나 무한노동공급 하에 임금은 상승하지 않으므로 임금소득보다 자본소득과 이윤이 상대적으로 더 많이 증가한다. 임금소득보다 자본소득의 (한계)저축성향이 더 크다. 따라서 잠재실업으로 인해 공업부문의 자본소득이 빨리 증가하면서 자본축적이 급속히 이루어질 수 있다.

루이스의 이론을 쉽게 풀어 말하면, 농촌의 생산 증대에 거의 도움이 되지 않는 과잉노동인구를 공업부문이 싼 임금으로 고용하면 공업부문의 자본소득이 빨리 늘어나면서 자본축적이 가속될 수 있다는 것이다. 이러한 싼 임금 따먹기로 우리나라에서 1960~1970년대에 공업화가 급속히 추진되었다. 우리나라보다 후발주자로서 급속한 공업화와 높은 경제성장을 보이고 있는 중국, 태국, 말레이시아 등 후발개도국도 기본적으로 루이스 모형으로 설명할 수 있다.

공업부문에서 처음에 농촌의 잠재실업을 흡수할 자본은 어떻게 조달할 것인가? 인플레이션 조세에 의하거나 외자도입으로 자본을 조달할 수 있다. 인플레이션 조세에 의해 자본을 조달한다는 것은 인플레이션을 무릅쓰고 돈을 찍어내 개발재원으로 삼는다는 것이다. 외자도입에 의해 자본을 조달하는 것은 아래에서 좀 더 자세히 살펴보자.

4.2 외자도입에 의한 자본축적

저생산 · 저소득의 연결고리가 되는 저저축 · 저투자를 해결하는 한 가지 유력한 방법은 외자도입이다. 외자란 외국에서 들어온 자금을 말한다. 앞 장의 식 (13-9)′으로 본 것처럼 외자는 다른 나라 국민들의 저축이 국내로 들어온 부분이므로 **해외저축**(foreign saving)이라고도 불리고 국내총투자와 총저축(국민저축)의 차액과 같다. 한마디로 국민들이 저축한 이상으로 국내에 투자하게 해주는 것이 외자이다.

$$\text{외자} = \text{해외저축} = \text{경상수지 적자} = \text{국내총투자} - \text{총저축} \qquad (14-5)$$

외자도입의 유형에는 외국인 투자, 기술도입과 차입이 있다. 외국인 투자는 앞 장에서 설명한 바와 같이 직접투자와 간접투자(혹은 증권투자)로 구분된다. **직접투자**는 외국인이 주식의 인수와 함께 회사의 경영에 직접 참여하는 형태이다. 예컨대 우리나라의 삼성자동차 회사를 프랑스의 르노 회사가 사서 경영하는 형태이다. **간접투자**는 외국인이 직접 경영에 참가하지 않고 배당이나 이자수입을 목적으로 주식이나 채권을 사고 예금을 하는 형태이다.

기술은 생산에 관련된 제품기술과 공정기술, 그리고 경영에 관련된 제반 지식(know-how)을 포함한다. 기술의 도입에는 일정한 대가(royalty)가 지급된다. 따라서 해외에서 도입된 기술은 광의로 외자의 한 형태라고 볼 수 있다.

차입 형태로는 차관, 금융기관차입 및 기타 민간차입이 있다. 차관은 상대국의 정부나 금융기관에서 자금을 조달하는 형태이다. 차관계약의 주체가 정부(또는 공공기관)일 때는 공공차관이라 부르며, 민간기업이 외국 금융기관으로부터 자금을 조달하는 것을 상업차관이라 한다. 외자도입 중 가장 큰 비중을 차지하는 것이 금융기관의 해외차입이다. 기타 민간차입은 무역거래과정에서 발생하는 신용공여를 말한다. 예를 들면 외상수입의 경우 그 대금을 상환할 때까지 외국은행에서 대출을 받는 단기무역신용이 신용공여의 한 형태이다.

외자가 외자를 도입하는 나라의 경제에 미치는 효과는 다양하다. 국민경제에 유용하고 긍정적인 역할을 하는가 하면 해악을 끼치기도 한다.

긍정적인 효과

외자도입의 긍정적인 효과는 크게 소득 및 고용효과와 개발효과로 나누어 볼 수 있다.

첫째, 외자도입은 투자를 증대시켜 소득과 고용을 늘려준다. 외국에서 도입한 자본재의 생산성이 높을수록 소득 및 고용효과는 커진다.

둘째, 외자는 개도국의 경제개발을 촉진시키는 **개발효과**(development effect)를 가진다. 외자도입, 특히 자본재 형태로 들어오는 차관이나 외국인 직접투자에는 기술이 따라 들어온다. 도입되는 기술은 생산기술, 경영 · 관리능력과 정보 등을 포괄한다. 새로운 생산기술과 그에 따른 노동생산성의 향상은 경제개발을 추진하는 후진국에게 '성장의 엔진'으로 작용할 수 있다. 외자가 고속도로 · 항만 · 철도와 같은 사회간접자본에 투자되면 두고두고 상품 생산에 직접 · 간접으로 기여한다.

부정적인 효과

외자도입의 부정적인 효과는 경제의 대외의존, 원리금상환 부담, 국민저축 위축 등의 세 가지를 들 수 있다.

첫째, 외자수출국에 대한 의존도가 높아진다. 차관의 경우에는 차관 상환을 확실하게 하기 위하여, 직접투자의 경우에는 투자의 수익성과 안전성을 확보하기 위하여 자본수출국이 도입국의 경제에 직접 · 간접으로 개입하는 경우가 많다. 무역 면에서도 도입국의 수출국에 대한 의존도가 높아진다. 의존도가 높아져 때로는 도입국의 정치와 경제정책의 독립성을 해치기도 한다. 차관선이나 직접투자기업이 다국적기업인 경우에는 국제적인 막강한 경제력을 활용하여 도입국의 경제는 물론 정치에까지 부당한 영향력을 행사하는 경우도 있다. 단기에나 장기에나 대외의존도가 높아진다는 것이 외자도입의 부작용이다.

둘째, 외자는 앞에서 언급한 바와 같이 결국 원리금을 상환해야 한다. 외채 잔액이 크고 차입금리가 높을수록, 그리고 상환 만기가 짧을수록 원리금상환 부담은 커진다.

셋째, 외자는 흔히 국민저축을 대체함으로써 적어도 단기에는 국민저축을 감소시키는 경향이 있다.

이처럼 외자도입은 복합적인 측면을 가지고 있으므로 외자도입이 개도국의 경제발전에 반드시 유리하다거나 불리하다고 단정할 수 없다. 도입국이 외자를 생산적인 부문에 효율적으로 사용하면서 외자도입의 부정적인 효과를 줄이는 데에 슬기롭게 대처한다면, 빈곤의 악순환 중 낮은 자본축적이라는 가장 굵은 고리를 외자가 끊게 해준다. 우리나라는 외자도입의 긍정적인 효과를 최대로 누린 나라로 손꼽힌다. 남미 여러 나라에서는 부정적인 효과가 두드러지게 나타나 외자가 성장의 엔진이 아니라 성장의 걸림돌이 되었다.

외채의 상환능력

외자를 도입하여 대개 일정한 거치기간(grace period)이 지나면 원리금상환(amortization)이 시작된다. 예컨대 '3년 거치 10년 분할상환'이라 하면 이자는 첫해부터 내지만 원금은 3년이 지난 뒤부터 10년 동안 균등하게 갚는다는 것을 뜻한다. 상환해야 할 원리금을 제때 갚지 못하면 IMF와 같은 국제금융기구로부터 긴급구제금융을 받거나 **지불유예선언**(moratorium)을 하게 된다. 이 경우 대외신용이 떨어져 투자부적격국으로 판정받고 대외거래가 크게 위축된다. 특히 지불유예선언은 나라가 부도를 내는 셈이 되어 대외신용이 결정적으로 나빠진다. 따라서 외채의 상환능력은 외자도입국의 경제운영에 중요한 고려사항이다.

외자도입국의 외채상환능력은 무엇에 의해 결정될까? 단기적으로 보면 외채상환능력은 외화를 얼마나 쉽게 조달할 수 있는가 하는 대외유동성의 문제이다. 대외유동성의 크기는 여러 가지의 변수에 의해 결정되는데 그중 중요한 것은 수출능력, 외환보유액, 신규 외자도입 능력, 원리금상환부담액 등을 들 수 있다.

단기상환능력을 나타내는 구체적인 척도로서 외채상환부담률과 외환보유액이 사용되고, 외채 규모의 추이를 나타내는 지표로는 채무차환율이 사용된다.

외채상환부담률(debt service ratio : DSR)은 당해연도의 원리금상환부담액이 재화와 서비스의 수출액에서 차지하는 비중을 말한다. 일반적으로 외채상환부담률이 20% 이하이면 외채상환능력이 양호하다고 본다. 외환보유액은 최소한 그 나라 3～4개월 수입액만큼은 가지고 있는 것이 안전하다고 IMF와 세계은행이 권고하고 있다.

단기에는 매년 새로이 외자를 들여와 그 외자로 기존 외자의 원금을 상환하는 데 쓸 수 있다. 남미국가에서 볼 수 있는 빚 얻어 빚 갚기가 그 예이다. 이때 외채원금상환액이 당해연도의 신규 외자도입액에서 차지하는 비중을 **채무차환율**(roll-over ratio)이라 한다. 채무차환율이 100%를 상회하면 외채 잔액은 감소한다.

5. 우리나라의 경제성장과 앞으로의 과제

Navigator @ Economics, ch. fourteen

5.1 제조업 위주의 수출주도형 불균형성장

우리 경제의 본격적인 발전은 1962년부터 실시한 제1차 경제개발 5개년계획으로부터 시작되었다. 정부는 허쉬만이 주장한 제조업 위주의 불균형성장전략을 채택하였다. 급속한 공업화에 필요한 투자재원은 국민저축이 적기 때문에 외자도입을 통한 해외저축과 통화증발을 통한 인플레이션 조세로 조달하였다.

공업화는 수출지향형과 수입대체형으로 구분된다. 남미 여러 나라가 종전에 수입해 오던 공산품을 자국에서 생산하는 **수입대체형 공업화**를 추진한 데 비하여 우리나라는 **수출지향형 공업화**를 추진하였다. 후진국이 수출시장을 개척하는 것은 쉬운 일이 아니다. 우리나라는 낮은 임금을 바탕으로 수출공산품이 가격경쟁력을 가짐으로써 수출지향형 공업화를 지속적으로 추구할 수 있었다. 수출입국이라는 기치 하에 저임금 외에도 원자재를 거의 무관세로 수입하고 수출에는 1980년대 초까지 보조금을 주었다.

저임금은 루이스가 말하는 농촌지역의 방대한 잠재실업과 저농산물가격으로 가능하였다. 저농산물가격정책과 농업을 비교열위산업으로 치부한 정부의 농업경시정책 때문에 농업·농촌부문은 녹색혁명(green revolution : 품종개량으로 다수확 농작물을 생산해 냄)을 이룩했음에도 불구하고 낙후를 면치 못하였다.

이상에서 설명한 불균형성장전략을 일곱 차례에 걸친 5개년계획으로 추진한 결과 우리 경제는 빈곤의 악순환을 끊고 전통적인 농업사회에서 중진공업국으로 이행하였다. 1962～1997년 기간 중 연평균 총저축률은 25%, 국내총투자율은 30%, 경제성장률은 8%에 이름으로써 같은 기간 중 세계에 유례가 없는 고도의 압축성장을 이룩하였다. 1960년대에 전체 인구의 40%에 달했던 절대빈곤인구는 선진국 수준인 5～7%대로 줄어들었다.

산업구조는 농림어업의 비중이 꾸준히 감소하고 사회간접자본 및 기타 서비스업의 비중이 꾸준히 증가하여 클라크가 말하는 선진국형 산업구조를 갖추었다. 1997년 산업구조는 농림어업, 광공업, 사회간접자본 및 기타 서비스업이 각각 5%, 27%, 68%로 고도화되었다. 공업구조는 경공업이 24%, 중화학공업이 76%로 호프만이 말하는 공업화의 마지막 단계로서의 선진국형 공업구조를 갖추었다. 1962～1997년 기간 중 연평균 22%대로 증가해 온 수출은 고도성장의 견인차 역할을 해왔다. 수출지향형 공업화를 넘어 수출주도형 공업화를 이루어온 셈이다. 지속적인 고도성장으로 실업률은 1960년대 초반의 8%대에서 1990년대 중반에는 2%대로 떨어져 늘어나는 신규 노동력을 흡수하면서 고용의 안정을 유지할 수 있었다.

우리 경제는 3반세기에 걸친 고도성장과정에서 많은 경제·사회지표들이 현저하게 개선·향상되는 추세를 보였다. 압축성장이 지속되는 과정에서 우리나라는 어느덧 고도산업사회와 고소득국가로 발돋움하였다. 장기간의 양적인 경제성장이 질적인 경제발전까지 이룩한 것이다.

5.2 우리나라는 경제강국이자 선진국

1997년의 외환위기를 겪고 난 이후 한국경제는 종전의 8%대 고도성장 궤도에서 4%대 저성장 궤도로 내려앉았다. 연평균 경제성장률이 1960～1996년의 1/3세기 동안 8.0%였는데 1997~2010년 기간에는 4.1%로 낮아졌다. 그러나 3%대의 세계성장률에 비하면 상대적으로 높은 성장세였다. 각 부문 구조 조정과 제도 개혁으로 경제의 기본여건이 튼튼해져 2008년의 세계적인 금융위기도 비교적 쉽게 이겨낼 수 있었다. 그 결과 이제 우리나라는 경제 강국이자 선진국이 되었다. 유엔 회원국(주권국가) 기준으로 전 세계에 190여 개 나라가 있는데 사회 · 경제적으로 인구가 5,000만 명을 넘고 1인당 소득이 3만 달러 이상인 세계 7대국(미국, 영국, 독일, 프랑스, 일본, 이탈리아, 한국)에 속한다. 국내총생산과 국민총소득이 세계 9~12위권인 경제 대국이다. 반도체, 자동차, 선박, 정보통신기기 등을 잘 만드는 제조업 강국이다. 무역 규모(수출과 수입의 합계)가 1조 달러대의 세계 10대 무역 대국이다. 제2차 세계대전 이후 산업화와 민주화에 성공한 몇 안 되는 나라 중 하나이다. 제2차 세계대전 이후 원조를 받는 나라에서 원조를 공여하는 나라로 바뀐 유일한 국가이다. 민주화를 이룬 덕에 정치적으로 주요 20개국(G20)의 일원이다. 주요 7개국(G7 : 자유민주주의 국가인 미국, 영국, 독일, 프랑스, 이탈리아, 캐나다, 일본의 정상 간 협의체)에서 G11로 확대 개편하기 위해 호주, 인도, EU와 더불어 가입 초청을 받는 나라이기도 하다. 유엔무역개발회의(UNCTAD)가 설립 이래 처음으로 2021년에 개도국 그룹에서 선진국 그룹으로 소속을 변경해 준 나라이다. 대한민국은 이제 개도국이 아니라 선진국이다.

문화적으로도 K 팝, K 드라마, K 영화, K 스포츠 등 한류 붐을 일으키고 있는 강국이다. 지난 50년간 경제발전의 기적과 정치 민주화의 기적을 이룩한 우리나라는 앞으로 문화 창달의 기적, 남북 통일의 기적도 내다볼 수 있다. 이런 '한강의 기적'에 대해 우리 국민은 얼마든지 자부심을 가질 수 있다. '다이나믹 코리아(dynamic Korea)'는 세계가 인정하는 우리나라 국가 브랜드다. 많은 중저소득 국가들이 우리나라를 부러워하고 한국의 경제발전 경험을 배우고자 한다.

5.3 멈춰 선 다이나믹 코리아

2020년대 초 현재 우리 경제는 낮은 한 자릿수의 저성장시대에 있다. 최근 잠재성장률이 1~2%대로 추락하고 머지않아 0%대로 진입할 전망이다. 자랑스러운 국가 위상에도 불구하고 우리나라의 많은 국민은 행복하지 않다. 국가 행복지수가 OECD 국가 중 꼴찌 수준이다. 소득이 일정 수준을 넘어서면 소득이 늘어나도 행복이 늘어나지 않는다는 이스털린의 역설이 우리나라에 강하게 적용되는 상황이다. 무엇보다 2003년부터 2022년까지 한 해를 빼고는 줄곧 OECD 국가 중 자살률 1위를 기록하고 있다. 산업재해율, 노인빈곤율도 OECD 국가 중 제일 높다. 청년들이 결혼과 출산을 꺼려 세계에서 가장 낮은 출산율을 보이고 있다. 청년실업률은 일찍이 우리나라에서 볼 수 없었던 20%대이다. 소득분배는 체감분배가 공식 분배 통계보다 나쁘고 사회는 분열되어 있다. 각종 연금은 장기적으로 지속 가능하지 않다. 저출산과 일본 버금가는 고령화, 그리고 저성장, 고실업은 한국경제의 역동성이 사라졌음을 시사해 주고 있다. 경제구조에 일대 전환이 일어난 것이다. 이런 대전환기와 저성장시대에 걸맞게 인식의 전환과 포괄적인 정책 대응이 있어야 한다.

5.4 앞으로의 주요 과제

혼란스러운 대전환기를 슬기롭게 극복하고 더불어 잘 사는 선진화합사회를 만들기 위해 해결해야 할 과제가 많이 있다. 제2장에서 소개한 대로 일찍이 케인스는 "인류의 정치 문제는 경제적 효율, 사회 정의, 개인의 자유, 이 세 가지를 결합하는 것이다" 라고 설파하였다. 인류의 문제와 경제체제의 문제를 한 문장으로 묘사한 명언이다. 이에 맞추어 우리나라의 정치 · 경제 · 사회 문제와 관련하여 크게 네 가지 과제와 그 실현방안을 살펴본다.

적정성장의 지속

무엇보다 먹고 사는 경제문제와 관련하여 우리나라의 (잠재)성장률이 세계 평균 성장률 2 ~ 3%는 되어야 한다. 일부 종교인과 환경론자들은 성장하지 않아도 골고루 나누면 충분하다고 말한다. 환경 파괴로 인류가 멸망하지 않기 위해 제로 성장(zero growth)이 실현되어야 한다고 주장하기도 한다. 그러나 성장하지 않아도 골고루 나누면 충분하다는 말은 근시안적인 생각이다. 극소수에 엄청난 부가 집중되어 있는 것은 너무 불공평하기 때문에 이들에게서 세금을 걷어 빈곤층에게 나누어주어야 한다는 주장은 감성적으로 공감할 수 있다. 그러나 파격적인 재분배는 단기에만 가능하다. 세금 부담이 과중할수록 현재의 부자들과 미래의 잠재적인 부자들이 열심히 일하고 저축할 유인이 없어져 갈수록 경제활동이 위축되고 경제 규모가 축소한다. 해외 이민과 국부의 유출이 일어나 장기에는 경제성장이 0%가 아니라 마이너스가 된다. 20세기 초에 세계 7대 고소득국에 속했던 베네수엘라가 분배를 앞세운 대중영합주의정책으로 인해 중위소득국으로 내려 앉고 경제위기를 자주 겪는 나라가 된 것이 단적인 예이다. 경제가 성장하지 않으면 늘어나는 복지 수요를 감당할 수 없고 국제적 위상이 낮아진다. 국민생활수준이 낮아져 사회 갈등이 커진다. 우리나라가 문화강국이 된 것도 강력한 경제력의 기반 위에서 가능했다. 노조가 요구하는 지속적인 임금 인상을 위해서도 경제는 성장해야 한다. 더 이상의 환경 파괴를 막기 위해 제로 성장을 해야 한다고 주장해도 잘 살아 보겠다는 개발도상국들의 성장 의지를 꺾을 수는 없다. 이래저래 현대사회에서 제로 성장이나 마이너스 성장은 상상할 수 없는 명제이다. 장기에 경제적 효율은 잠재성장률을 실현하는 것이다.

21세기에 전망되는 연평균 세계성장률 2~3% 정도는 우리나라도 달성해 나가는 것이 바람직하다. 잠재성장률이 1~2%대에서 계속 하락 추세를 보이는 것을 이 장에서 다룬 각종 성장정책을 통합적으로 운용하여 잠재성장률을 1~2%포인트 높이는 노력을 기울여야 한다. 지속적인 성장을 위해 단기에 경기침체가 심할 때 경제안정화정책을 케인스학파 처방대로 적절하게 운용하는 것이 전제되어야 함은 물론이다. 그렇지 않으면 이력효과에 의해 잠재성장률 자체가 낮아지기 때문이다. 보통의 경제후퇴기에는 고전학파 처방대로 경기부양에 연연하지 말고 구조개혁과 성장잠재력 배양에 힘써야 한다.

개인의 자유와 자유민주주의 확립

인간에게 가장 소중한 가치는 자유이다. 개인의 존엄성과 창의성, 인간다움의 원천은 개인의 자유이다. 유명한 『정의론』을 쓴 미국의 철학자 롤스(John Rawls)는 모든 사람이 인간으로서 당연히 가져야 할 기본적 자유를 모두 평등하게 누리는 것을 **정의의 제1원칙**이라고 명명하였다.

우리나라의 이른바 진보진영에 속하는 적지 않은 사람들이 '자유는 가진 자들의 전유물이다', '경제적 약자들에게 자유는 자살할 자유, 굶어 죽을 자유밖에 더 있느냐' 고 폄훼하는데 이는 천박한 인식이다. 20세기에 이런 인식을 바탕으로 사회주의가 등장했지만 수백만 명을 굶어 죽이고 체제경쟁에서 패퇴한 역사의 교훈을 망각하는 것이다. 약자들의 불행한 선택을 막는 복지와 사회안전망이 있어야 하는 것과 더불어 정부의 획일적 통제와 간섭에서 벗어나는 개인의 자유야말로 가장 소중한 가치이다. 자유는 공기와 같아서 그 안에선 얼마나 소중한지 모른다. 인류 역사는 개인의 자유의 확대 과정이었다고 말해도 과언이 아니다. 개인의 자유는 '사람이 먼저' 인 인본주의의 초석이다.

21세기 초반인 현재는 다시 체제경쟁이 나타난 신냉전의 시대이다. 개인의 자유와 인권을 중시하지 않는 중국, 러시아, 북한 등의 권위주의체제는 인민민주주의를 내세우는데 서구의 자유민주주의를 적대시하는 비자유민주주의(illiberal democracy)이다. 개인의 자유를 중시하지 않기 때문에 독재자나 대중영합적 선동가가 군림하면서 민주주의도 허울만 있기 십상이다. 중국은 과거 중국의 영광을 되찾는다는 중국몽을 가지고 홍콩의 독자적 지위를 박탈하고, 대만을 압박하며, 독립을 꿈꾸는 신장 위구르 지역민들을 무자비하게 탄압하고, 남중국해를 해상 기지화하고 있다. 러시아는 과거 제국의 영광을 되찾는다는 비전을 내세워 우크라이나를 침공함으로써 인접국의 주권을 유린하고 수많은 사람들의 자유와 목숨을 빼앗었다. 북한 정권은 절대 빈곤도 해결하지 못하고 개인의 자유도 없는 권위주의체제를 핵과 미사일로 수호하려는 집착에서 벗어나지 못함으로써 동북아 평화를 위협하고 있다. 이에 따라 서방세계는 서구의 규범에 따른 시장경제와 자유주의적 세계화의 확산, 국가간 상호의존의 확대, 이를 통한 경제적 풍요의 공유로 이상적인 세계를 함께 만들 수 있다는 기대를 접게 되었다. 미국이 북미, 아시아, 유럽을 망라하여 중국과 러시아를 압박하는 신냉전체제를 주도하는 이유이다.

WTO 체제에서 자유무역과 세계화를 통해 전 세계 회원국들이 경제적 이익을 누렸다. 그러나 '경제적 이득을 위해 자유와 민주주의를 포기해서는 안 된다', '자유는 자유무역보다 더 중요하며 민주주의 가치의 보호는 경제 이익보다 중요하다'는 인식을 서방세계가 공유하고 있다. 이 때문에 권위주의국가들이 체제 수호를 내세워 자유와 인권을 경시하고 호전적인 패권 추구를 계속하는 한 세계화가 종전보다 둔화하고 블록화가 진행될 전망이다. 경제학에서 중시한 경제적 자유보다 훨씬 포괄적인 의미의 자유가 중요해진 것이다.

자유민주주의와 권위주의체제 간의 경쟁과 대립이 진행되는 신냉전의 시대에 우리나라는 안으로 인류의 보편적 가치인 개인의 자유와 인권을 존중하는 참된 자유민주주의를 정립해야 한다. 밖으로는 개인의 자유와 인권의 중요성을 공유하는 자유민주국가들과 연대를 강화하고, 세계 공급망의 재편과 첨단기술 경쟁에서 우위를 점하는 섬세한 산업 · 통상전략이 필요하다. 남북한이 통일된다면 포용적 제도인 자유민주주의와 시장경제체제로 되어야 한다는 것은 두말할 나위 없는 일이다.

사회 정의와 분배 정의의 확보

사회 정의는 롤스의 말대로 모든 개인의 기본적 자유가 평등하게 확보되는 것을 전제로 한다. 나아가 기회가 균등하고 과정이 공정하며 결과도 공정해야 한다. 경제적 결과에 대해서는 20세기 사회주의의 거창한 실험에 의해 생산성과 관계없이 누구에게나 똑같이 나누어주는 것은 지속 가능하지 않고 정의롭지도 않다는 것이 드러났다. 생산에 기여한 만큼 보상해주고 생산과정에 참여하지 못하는 노약자, 장애인 등 시회취약계층에는 최소한의 인간다운 생활을 할 수 있는 최저소득을 보장해주는 것이 공정한 분배이자 분배 정의이다. 생산과정에 참여한 각자가 생산에 기여한 만큼 받는 것은 경쟁시장의 기제이다. 불완전경쟁시장에서 각자가 생산에 기여한 만큼 받는가는 공정거래 차원에서 정부가 감독해야 한다. 사회적 취약계층에게 최저소득을 보장해 주는 것은 정부의 기본 임무 중의 하나이다. 제7장에서 본 것처럼 중부담-중복지의 장기 비전 하에 보편복지가 아닌 선별복지, 현금복지가 아닌 서비스복지가 주축이 되어야 한다. 가난한 사람에게 지원을 집중하여 절대적 빈곤을 없애야 한다. 근로장려세제를 대폭 확대하여 일을 해도 가난한 근로빈곤층을 획기적으로 줄여야 한다. 증세 없는 복지는 허구라는 당연한 명제가 통용되도록 응능주의에 따른 조세 부담이 있어야 한다.

무엇보다 문재인 정부의 소득주도성장정책에서 경험한 것처럼 최저임금을 급격히 인상하고 현금복지를 대폭 확대하는 등 대중영합적 분배정책을 화끈하게 쓰면 분배가 눈에 띄게 좋아질 것이라는 환상을 가져서는 안 된다. 경제논리에 맞지 않는 이른바 '선량한 정부의 선량한 정책' 이라는 것은 사회적 약자에게 의도한 혜택이 가지 않고 의도하지 않은 폐해를 끼치게 마련이다. 분배는 수많은 요인과 영향을 주고받는다. 분배정책은 대중영합적인 접근이 아니라 여러 정책들의 상호관계를 파악하는 다원적 · 종합적인 접근을 통해 입안 · 실시되어야 한다. 미시경제학에서 다루는 빈곤정책과 재분배정책, 사회복지정책이 분배정책이라는 것은 주지의 사실이다. 그런데 거시경제학에서 다루는 단기의 경제안정화정책과 장기의 경제성장정책도 광의의 중요한 분배정책이다. 경기침체가 심할 때나 인플레이션이 높을 때 가장 큰 피해를 보는 사람들은 저소득층이다. 경제성장은 장기에 빈곤을 줄이는 빈곤정책이자 재분배를 가능하게 해 준다.

근래에는 가진 자가 인류공동체의 공존원리인 상호주의(남이 나를 대접해주기를 바라는 대로 남을 대접하라)에 입각해 못 가진 자를 배려하는 노블레스 오블리주(기득

권층의 도덕적 의무)가 분배 정의를 완성한다고 보는 것이 학계의 대체적인 합의이다.[3] 최근 우리나라도 기부문화가 점차 확산되고 있거니와 기부에 대한 조세 감면이 서구 선진국 수준으로 확대되어야 한다.

삶의 질이 높은 사회 만들기

위 세 가지가 이루어지면 우리나라는 경제강국의 지위와 선진 자유민주국가의 국격을 유지하고 복지국가의 면모를 보이면서 다이나믹 코리아의 진가를 계속 발휘해 나갈 수 있다. 이것만으로도 국민 모두 더불어 잘 사는 나라가 되고, 어느 개도국보다 삶의 질이 높은 사회가 될 것이다. 나아가 깨끗한 자연환경, 튼튼한 국방, 각종 사고와 범죄로부터의 안전, 풍요로운 문화생활과 다양한 여가활동, 차별이 없는 사회 등의 여건이 갖추어지면 다른 어느 선진국 못지않게 삶의 질이 높은 사회를 만들 수 있을 것이다. 세상에 공짜가 없다. 서구 선진국 수준의 삶의 질을 높이는 데에 많은 비용이 들어간다. 그러나 우리나라와 같은 경제대국이 적정성장을 지속하면 이런 비용을 들이는 데에 별 문제가 없다. 삶의 질이 높아지면 부끄러운 세계 제일의 자살률도 사라지고 높은 산업재해율과 노인빈곤율도 하락할 것이다. 배 부르고 등 따뜻해야 윤리와 도덕을 안다는 '항산(恒産)에서 항심(恒心)' 이라는 맹자의 말은 옳다. 먹고 사는 데에만 매달리는 생활에서 벗어나 문화, 예술, 스포츠 등 자기실현의 활동과 여가를 즐기는 여유가 생기면 우리 사회도 차츰 양식과 염치와 품위가 있는 사회, 공정과 상식과 규범이 통하는 사회로 올라설 것이다.

요약 및 학습

01 경제성장이란 시간이 흐름에 따라 실질 GDP와 1인당 실질 GNI가 증가하는 것을 뜻한다. 경제성장의 4대 요인은 ① 자연자원, ② 인적 자원, ③ 물적 자본, ④ 기술이다. 이 중에서 기술이 경제성장의 가장 중요한 기본 요인이다. 지식의 증가를 뜻하는 기술진보가 성장의 엔진이다. 최근에는 이 4대 요인에 영향을 미치는 더 심층적인 요인으로 좋은 사회하부구조와 포용적 제도를 강조한다.

3) 이런 학계의 논의에 대해서는 졸저, 『한국의 분배』, 2021을 참고할 것.

02 쿠즈네츠는 근대 경제성장의 특징으로 ① 1인당 실질 GDP와 인구의 높은 증가율, ② 요소생산성의 높은 증가율, ③ 경제구조의 큰 전환, ④ 사회 · 경제 · 행태의 큰 변화, ⑤ 두드러지는 대외 진출 성향, ⑥ 세계적으로 제한된 성장을 들었다.

03 자본주의경제의 성장 과정에서 나타난 장기적인 규칙성을 칼도어는 경제성장의 정형화된 사실이라 불렀다. 경제성장의 정형화된 사실은 다음의 여섯 가지이다.

① 자본 · 생산량비율이 대체로 일정하다.

② 자본의 증가율은 대체로 일정하다.

③ 자본 · 노동 비율과 1인당 소득이 대체로 일정한 비율로 증가한다.

④ 실질이자율은 어떤 뚜렷한 추세를 보이지 않는다.

⑤ 노동과 자본의 상대적 분배율이 대체로 일정하다(실질임금은 상승추세를 보인다).

⑥ 1인당 소득수준과 소득 증가율은 나라마다 현저하게 다르다.

04 경제성장의 정형화된 사실을 설명하기 위해 신고전파적 성장모형이 등장하였다. 신고전파적 성장모형은 해러드와 도마가 처음으로 제시하고 솔로가 발전시켰다. 이 모형의 균형성장조건은

$$\begin{aligned} \text{저축률} &= \text{자연성장률} \times \text{자본계수} \\ &= (\text{인구 증가율} + \text{기술진보율}) \times \text{자본계수} \end{aligned}$$

이다. 이 균형성장조건을 이용하여 성장의 정형화된 사실들을 설명할 수 있다.

05 기술진보를 R&D, 인적 자본 등으로 설명하는 이론이 신성장이론이다. 자연성장률을 유지하거나 제고하는 정책을 경제성장정책이라 한다. 주요 경제성장정책으로는 ① 경제활동인구 확대 ② 인적 자본 축적 ③ 혁신 ④ 경제 개방 ⑤ 좋은 사회하부구조와 포용적 제도 구축 등이 있다.

06 넉시에 의하면 후진국(개도국)은 수요와 공급의 양면에서 빈곤의 악순환을 겪고 있다. 수요 면에서의 빈곤의 악순환은 저소득 → 작은 시장 → 낮은 자본수요 → 저생산 → 저소득으로 표시된다. 공급 면에서의 빈곤의 악순환은 저소득 → 저저축 → 낮은 자본축적 → 저생산 → 저소득으로 표시된다.

07 경제개발의 전략에 관한 이론으로는 균형성장론과 불균형성장론이 있다. 균형성장론은 빈곤의 악순환을 낳는 핵심적인 고리를 작은 시장이라고 보고 경제의 모든 부문을 고르게 성장시켜 전체적으로 시장의 확대를 도모해야 한다고 주장한다. 반면에 불균형성장론에 의하면 자본 부족에 직면하는 개도국은 몇몇 전략산업에 집중 투자하여 전후방연관효과를 통한 역동적인 경제개발을 추진해야 한다.

08 균형성장과 불균형성장 중 어느 쪽이 합리적인 전략이냐 하는 것은 각국의 경제사정에 따라 좌우된다. 처음 경제개발을 추진할 때는 자본이 부족하기 때문에 불균형성장론의 권고대로 어느 정도의 불균형성장은 불가피하다. 그러나 균형성장론의 주장을 따라 산업 간의 불균형이 너무 크지 않도록 하고 우선순위산업의 판로문제를 적절하게 고려하며, 자본축적이 어느 정도 이루어지면 균형성장전략으로 회귀하는 것이 바람직하다.

09 개도국의 기본 애로 요인인 낮은 자본축적을 해결하는 방법에는 ① 국민저축, ② 잠재실업의 생산인구화, ③ 외자도입의 세 가지가 있다.

10 루이스에 의하면 농업부문에서 많은 잠재실업이 있을 때 공업부문이 싼 임금으로 이 잠재실업을 흡수하여 생산인력으로 전환시키면 공업부문의 자본축적이 이루어질 수 있다. 우리나라의 자본축적은 루이스의 잠재실업이론과 적극적인 외자도입정책으로 설명된다.

11 외자도입은 긍정적인 효과와 부정적인 효과를 가진다. 긍정적인 효과는 소득 · 고용효과, 개발효과, 국제수지효과를 들 수 있다. 부정적인 효과로는 경제의 대외의존효과, 원리금상환부담효과, 국민저축위축효과를 들 수 있다.

12 우리나라는 1960년대 초부터 제조업 위주의 수출주도형 불균형성장전략을 써서 유례없이 빠른 시일 안에 전통적인 후진농업국을 벗어나 산업사회와 지식기반사회, 고소득경제로 진입하는 압축성장을 이룩하였다. 이제 선진국이자 경제강국이다. 적정성장의 지속, 개인의 자유와 자유민주주의 확립, 분배 정의의 확보 등을 통해 삶의 질이 높은 사회를 만들어가야 한다.

연습문제

01 이 장의 처음에 있는 물질적인 복지를 찬양하는 Hackett의 말에 모든 사람이 동의할 것인가? 모든 사람이 동의하지 않는다면 동의하지 않는 사람은 얼마나 많을 것이라고 생각하는가?

02 한 나라 신규 노동의 증가율이 매년 2.5%, 기술진보율은 3%, 자본계수는 3.5라 하자. 신고전파적 성장모형에 의하면

(1) 자연성장률은 얼마인가?

(2) 균형성장을 이루기 위해서 필요한 투자율과 저축률은?

(3) 국민저축률이 21%라면 균형성장을 이루기 위해 필요한 해외저축률은?

03 맬서스(T. Malthus)는 인구는 기하급수(1, 2, 4, 8, …)로 증가하고 식량은 산술급수(1, 2, 3, 4, …)로 증가한다고 주장하였다. 이 경우 1인당 식량이 갈수록 줄어드는 것을 보여라. 맬서스의 주장은 그릇된 것으로 밝혀졌다. 그가 간과한 것은 무엇일까?

04 빈곤의 악순환은 수요와 공급 양면에서 발생하는데, 그 발생과정을 논리적으로 비교 · 설명하라. 빈곤의 악순환을 직장 小 ⟶ 저소득 ⟶ 낮은 구매력 ⟶ 생산기업 小 ⟶ 직장 小로 설명하면 어떤가?

05 경제 규모(GDP)로 세계 9~12위인 우리나라가 1인당 소득으로는 30위 안팎이다. 이러한 괴리의 원인은 무엇일까? 제5장에서 다룬 노동생산성 향상이 1인당 소득 향상의 지름길인 것을 설명하라.

06 우리나라 제조업 상용근로자 월 평균임금은 2012년에 300만원, 비정규직도 200만원 안팎을 받았다. 개성공단이 가동될 때 근로자의 월 평균임금은 고작 65달러였다. 개성공단 근로자의 임금이 이렇게 낮을 수밖에 없었던 이유를 설명해 보라. 남한은 고소득국가가 되고 북한은 저소득국 언저리에 있는 이유는?

07 우리나라의 경제발전은 1970년대 중반까지는 루이스의 무한노동공급모형이 그럴 듯하게 들어맞지만 그 후부터는 우상향의 노동공급곡선에 직면한 것으로 분석되고 있다. 1970년대 중반 이후의 경제발전의 요인은 무엇일까? 북한이 저성장, 저소득에서 벗어나지 못한 이유는 무엇일까?

08 북한을 뺀 동아시아권이 '성장의 기적'을 이룬 반면 남미, 아프리카 사하라 이남의 많은 개도국들은 '성장의 파국'을 맞았다. 이 개도국들이 성장의 파국을 맞은 이유를 알아보라.

09 한 나라의 생산함수가 $Y = F(K, N) = AK^{\alpha}N^{1-\alpha}$라 하자. 단, Y는 실질 GDP, K는 총자본스톡, N은 총고용인구, A는 기술 파라미터, $0 < \alpha < 1$이다.

(1) 경제성장률은 $\frac{\Delta Y}{Y} = \frac{\Delta A}{A} + \alpha\frac{\Delta K}{K} + (1-\alpha)\frac{\Delta N}{N}$으로 나타낼 수 있다. 이 성장회계방정식을 설명해 보라.

(2) 노동자 1인당 GDP의 증가율은 $\frac{\Delta(Y/N)}{Y/N} = \frac{\Delta A}{A} + \alpha\frac{\Delta(K/N)}{K/N}$로 나타낼 수 있음을 보여라.

(3) 현실 세계에서 1인당 (실질)소득을 증가시킬 수 있는 다른 방법들을 포괄적으로 들고 설명하라.

10 제1장에서 소개한 경제학의 주요 원리들과 제2장에서 소개한 시장경제원리들을 구체적인 예를 들어가며 설명하라.

11 김상규, 『도랑치고 경제 잡는다』, 노상채, 『속담 속의 경제학』을 읽고 경제학의 주요 원리와 시장경제원리에 맞는 우리나라 속담을 찾아보라.

12 "불편해도 좀 참아보라. 갖고 싶어도 좀 기다려 보라. 그 속에 존재의 깊은 풍요가 있다." 이 말은 우리가 배운 경제학의 기본 전제나 주요 원리를 부정하는 것인가? 경제학의 기본 전제나 주요 원리와 연관시켜 논하라.

13 제1장의 **읽을거리 1-4**에 소개된 '가슴이 뜨거운 주장들'이 틀린 이유, 혹은 맞기 위해 충족되어야 할 조건들을 설명해 보라.

14 2022년 우리나라 대선에서 여당 후보가 '마구 식당을 열어 망하는 것은 자유가 아니다. 음식점 허가 총량제를 실시해야 한다'고 말했다. "선량한 국가에 의한 선량한 규제는 필요하다"고 강조했다. 선량한 정부에 의한 선량한 규제가 의도와는 달리 엉뚱한 결과를 낳은 것을 소득주도성장, 부동산 규제, 탈탄소, 비정규직법 등의 예로 설명하라.

15 장하준의 책 『그들이 말하지 않는 23가지』에는 자본주의와 경제학에 관한 20여 가지의 실증적 · 규범적 명제가 나온다. 송원근 · 강성원은 『장하준이 말하지 않은 23가지』에서 이 명제들을 반박한다. 양쪽 입장을 음미하고 자본주의와 경제학에 관한 올바른 관점을 생각해 보라.

16 우리나라 남북한 통일의 편익과 비용, 분단의 편익과 비용에 대하여 생각해 보라.

17 다음의 기술이 옳은가 그른가를 밝히고 그 이유를 설명하라.

① 누군가가 명목경제성장률이라는 말을 쓴다면 이는 명목 GDP 증가율을 뜻한다.
② 노동소득분배율이 0.6이면 노동과 자본의 상대적 분배율은 1.5이다.
③ 경제가 성장함에 따라 자본심화가 일어난다.
④ 채무차환율이 100%이면 외채 잔액은 변하지 않는다.
⑤ 우리나라 기업의 해외투자는 우리나라의 대외채권에 포함된다.
⑥ 경제성장률이 4%이고 인구 증가율이 5%이면 1인당 실질소득은 종전보다 감소한다.
⑦ 제8장에서 정의한 1인당 GNI가 두 배로 늘어난다는 것은 1인당 실질소득이 두 배로 늘어난다는 것을 뜻한다.
⑧ 3년 거치 10년 분할상환이란 이자와 원금을 3년 후부터 10년간 균등하게 분할하여 상환한다는 것을 뜻한다.
⑨ 철강산업은 자동차산업에 전방연관효과를 낳고 자동차산업은 철강산업에 후방연관효과를 미친다.
⑩ 보리음료산업이 발전함으로써 보리 생산이 촉진되는 것은 보리음료산업의 후방연관효과 때

문이다.

⑪ 최종재보다 중간재가 전방연관효과가 크다.

⑫ 해외투자는 음의 해외저축과 같다.

⑬ 신성장이론에 의하면 수입개방과 외국인 직접투자 촉진은 경제성장을 높이는 적절한 경제정책이다.

⑭ 신고전파적 성장이론이 성장의 동인으로 물적 자본의 축적과 기술진보를 강조하는 데 비해 신성장이론은 훨씬 다양한 요인과 사회하부구조의 중요성을 강조한다.

⑮ 1인당 경제성장률이 기술진보율과 같을 때 자본축적의 황금률이 만족된다.

찾아보기

Navigator @ Economics
Fifth Edition
Index

가

사

자

지은이에 대하여

안국신

서울대학교 상과대학 경제학과(경제학사)

한국은행, 외환은행 조사부 근무

State University of New York, Albany 대학원 경제학과 수학

University of Minnesota 대학원 경제학과(경제학석사 및 경제학박사)

제17회 이코노미스트賞(매일경제신문사 제정) 수상

중앙대학교 정경대학 경제학과 교수

한국계량경제학회 회장

중앙대학교 부총장

한국경제학회 회장

중앙대학교 총장

현, 중앙대학교 경제학부 명예교수

주요 저서 및 논문

『고급거시경제이론』, 박영사, 1989.

『개방경제하의 금리정책』(공저), 한국경제연구원, 1989.

「한국경제, 동태적으로 효율적인가?」(공저), 한국경제학회 편, 『경제학연구』, 1998. 6.

"Income Distribution, Regionalism and Socio-Political Instability in Korea," *Growth, Distribution and Political Change*, Macmillan Press, 1999.

「정경언유착의 거시경제모형」, 한국경제발전학회 편, 『경제발전연구』, 1999. 6.

「경제원론 교육 : 무엇을 어떻게 할 것인가?」, 한국경제학회 편, 『경제학연구』, 2001. 12.

「우리나라 정부의 국가경쟁력정책 문제점과 대안」, 한국경제학회 편, 『경제학연구』, 2005. 12.

『현대거시경제학』(제4판), 박영사, 2005.

「부동산가격과 거시경제모형」, 한국경제발전학회 편, 『경제발전연구』, 2008. 6.

『경제학으로 세상 읽기』(안국신 칼럼집), 비봉출판사, 2013. 2.

『현대경제학원론』(제7판, 4인 공저), 박영사, 2018. 3.

「경제학원론으로 본 소득주도성장론」, 한국경제학회 편, 『한국경제포럼』, 12권 2호, 2019. 6.

『한국의 분배』, 율곡출판사, 2021. 11.

제5판 안국신 경제학 길잡이

초 판 1쇄 발행 2000년 2월 21일
개정판 1쇄 발행 2004년 3월 1일
제3판 1쇄 발행 2009년 2월 25일
제4판 1쇄 발행 2014년 1월 25일
제5판 1쇄 발행 2022년 8월 31일

지은이 안국신

펴낸이 박기남
펴낸곳 **율곡출판사**
08590 서울시 금천구 가산디지털1로 84(에이스하이엔드 8차), 803호
전화 (代) 02) 718-9872/3
팩스 02) 718-9874
home-page www.yulgokbooks.co.kr
e-mail yulgokbook@naver.com
등록 1989.11.10. 제2014-000031호

ISBN 979-11-91812-35-0 93320

정가 33,000원